suhrkamp taschenbuch
wissenschaft 2419

Mit analytischer Schärfe zeichnen Craig Calhoun, Dilip Parameshwar Gaonkar und Charles Taylor in diesem Buch aus unterschiedlichen Perspektiven die Aushöhlung unserer Demokratie nach. Sie beleuchten, wie die herrschenden Eliten versuchen, ihre Privilegien zu sichern, und wie individuelle Freiheit zum Feind von Gleichheit und Solidarität wurde. Aber sie zeigen auch Wege einer möglichen demokratischen Erneuerung auf: Zum einen gilt es, die Idee des Gemeinwohls wiederzuentdecken und an republikanische Traditionen anzuschließen, zum anderen könnten soziale Bewegungen wie Black Lives Matter oder der Green New Deal als Kompass dienen. Ein Weckruf.

Craig Calhoun ist Professor für Sozialwissenschaften an der Arizona State University in Phoenix. Zuvor war er Direktor der London School of Economics and Political Science und Präsident des Social Science Research Council.

Dilip Parameshwar Gaonkar ist Direktor des Zentrums für Transkulturelle Studien und Professor für Rhetorik und öffentliche Kultur an der Northwestern University in Evanston.

Charles Taylor ist emeritierter Professor für Philosophie an der McGill University in Montreal. Im Suhrkamp Verlag sind zuletzt erschienen: *Multikulturalismus und die Politik der Anerkennung* (stw 1929), *Ein säkulares Zeitalter* (2012), *Die Wiedergewinnung des Realismus* (zus. mit Hubert Dreyfus, 2016) und *Das sprachbegabte Tier. Grundzüge des menschlichen Sprachvermögens* (2017).

Craig Calhoun
Dilip Parameshwar Gaonkar
Charles Taylor

Zerfallserscheinungen der Demokratie

Aus dem Englischen
von Andreas Wirthensohn

Suhrkamp

Die Originalausgabe erschien erstmals 2022 unter dem Titel
Degenerations of Democracy bei Harvard University Press.

Herausgegeben vom Institut für
die Wissenschaften vom Menschen

Institut für die Wissenschaften vom Menschen
Institute for Human Sciences

Klimaneutral
Druckprodukt
ClimatePartner.com/14438-2110-1001

Erste Auflage 2024
suhrkamp taschenbuch wissenschaft 2419
Deutsche Erstausgabe

Umschlag nach Entwürfen
von Willy Fleckhaus und Rolf Staudt
Druck und Bindung: C. H. Beck, Nördlingen
Printed in Germany
ISBN 978-3-518-30019-0

www.suhrkamp.de

Wir widmen dieses Buch dem Center for Transcultural Studies und seinem Vorläufer, dem Center for Psychosocial Studies, die es uns ermöglicht haben, mehr als dreißig Jahre lang gemeinsam zu lernen.

Inhalt

Einleitung

Die Zukunft der Demokratie scheint immer düsterer zu werden. Wir wollen dem entgegenhalten, dass sich die Demokratie erneuern lässt, dass sie florieren kann, dass sie inklusiver, egalitärer und mit mehr Macht ausgestattet werden kann. Wir müssen allerdings einräumen, dass dies eine Umkehr der Entwicklungen bedeuten würde, die wir um uns herum beobachten.

Die Amerikaner könnten Hoffnung schöpfen aus der bemerkenswert hohen Wahlbeteiligung im Jahr 2020. Zumindest konnte die langjährige politische Apathie abgebaut werden. Doch dann weigerten sich der unterlegene Präsidentschaftskandidat und Millionen seiner Anhänger, die Ergebnisse zu akzeptieren. Im Zuge vielfältiger Bemühungen, die Wahl rückgängig zu machen, kam es sogar zur Erstürmung des US-Kapitols. Die Extremheit, Bösartigkeit und sogar Gewalttätigkeit der Spaltung zwischen den Parteien sind nach wie vor alarmierend.

Uneinigkeit und Konflikte sind freilich nicht auf die Vereinigten Staaten beschränkt. Die Demokratie ist weltweit unter Druck geraten. Ähnliche Fragen und Emotionen bestimmten 2016 das Brexit-Votum in Großbritannien und lasten seither schwer auf dem Land. Ängste mit Blick auf Veränderungen, die Macht der Bürger und nationale Identitäten sind in Frankreich, Deutschland, Polen, Ungarn und den meisten anderen europäischen Ländern weit verbreitet. Russland ist offiziell, nicht aber in der Praxis demokratisch. Trotz beeindruckender Widerstandsfähigkeit ist die größte Demokratie der Welt in Indien durch Polarisierung und majoritären Nationalismus bedroht. Und dort, wo die Demokratie Wurzeln zu schlagen schien, zerfällt sie stattdessen wie in Äthiopien oder wird wie in Südafrika und weiten Teilen Mittelamerikas immer problematischer. China schwankt seit langem zwischen der Behauptung, eine Form von Demokratie aufzubauen, und der Kontrastierung des eigenen Modells – das wahlweise als konfuzianisch, kommunistisch oder einfach chinesisch bezeichnet wird – mit dem, was es als zunehmendes Versagen der westlichen Demokratien ansieht. Während liberalere Demokratien unter der Corona-Pandemie litten, wurde China immer autoritärer und rühmte sich zugleich, eine »funktionierende Demokratie« zu verkörpern.

In diesem Buch konzentrieren wir uns nicht auf schwierige oder gestoppte Übergänge zur Demokratie. Vielmehr geht es um Zerfallserscheinungen in Ländern, die lange Zeit als starke Demokratien galten. Natürlich gibt es zwischen beiden Aspekten einen Zusammenhang. Der Zerfall der Demokratie in Ländern wie den Vereinigten Staaten lässt sie für angehende Demokraten in anderen Ländern weniger vielversprechend erscheinen. Die ethno-nationalistische Herrschaft und die zunehmende Missachtung von Verfassung und Recht machen Indien weniger zu einem Vorbild.

An Büchern und Artikeln über die Krise und den möglichen Verlust der Demokratie herrscht kein Mangel. Dieses Buch hebt sich dadurch ab, dass es die langfristigen Zerfallserscheinungen der Demokratie von innen heraus betont, im Gegensatz zu Angriffen von außen und den Verheerungen, die schlechte Politiker anrichten; dass es gleichzeitig aber auch die Bedeutung sozialer und kultureller Grundlagen – und nicht nur rein politischer Reformen – für die Erneuerung der Demokratie deutlich macht.

Zweifellos wird die Demokratie durch korrupte und eigennützige Politiker geschädigt, die die soziale Spaltung aus machttaktischen Gründen bewusst voranreiben. Sie wird durch die Manipulation ihrer Regeln, die Unterdrückung von Wählerstimmen, Gerrymandering und Versuche, Wahlen zu diskreditieren, geschwächt. Die »Rettung« der Demokratie erfordert jedoch mehr als nur prozessuale oder technische Reparaturen.

Die Erneuerung muss sich mit zwei Arten von Grundlagen für die Demokratie befassen, die nicht gänzlich in der politischen Demokratie als solcher enthalten sind: erstens mit republikanischen Verfassungen und Normen der Bürgertugend und zweitens mit den sozialen Voraussetzungen für eine wirkmächtige Bürgerschaft, zu denen auch gesellschaftliche Solidarität und Grenzen der Ungleichheit gehören. Ohne die Wiederherstellung dieser Grundlagen kann die Demokratie nicht gedeihen.

Die Grundlagen sind zum Teil kultureller und moralischer Natur. Der Wiederaufbau muss das Engagement für bürgerliche Tugenden und das Gemeinwohl wiederherstellen; er muss die kollektive Identität erneuern und die Korruption eindämmen. Der verfassungsmäßige Schutz der Rechtsstaatlichkeit, der guten Regierungsführung und der Rechte *aller* Bürger darf nicht nur auf dem Papier stehen, sondern muss auch verinnerlicht und geachtet werden. Entscheidend sind dafür nicht zuletzt materielle Faktoren. Die Ungleichheit hat dramatisch zugenommen – beim Einkommen, beim Vermögen und während der Corona-Pandemie sogar bei der Qualität der Gesundheitsversorgung. Das bedeutet, dass in vielen Ländern ganze Gruppen von Bürgern sehr unterschiedliche Erfahrungen mit politischen Maßnahmen und sozialen Veränderungen gemacht haben; sie sitzen buchstäblich nicht »in einem Boot«. Aber auch die Ungleichheit ist nicht die ganze Geschichte. Mindestens genauso wichtig ist die Erosion sozialer Bindungen – auf kommunaler und übergreifender Ebene –, die die Bürger über alle Unterschiede hinweg zusammenschweißen. Gesellschaftliche Solidarität ist nicht nur ein Gefühl, sondern auch eine Struktur sozialer Beziehungen. Sie muss auf der Ebene der lokalen Gemeinschaften, der nationalen Institutionen und der vielen dazwischenliegenden Vereinigungen wiederhergestellt werden.[1]

Dimensionen des Zerfalls

In Kapitel 1 skizziert Charles Taylor drei Faktoren, die für die jüngsten Abwärtsspiralen des Zerfalls von zentraler Bedeutung sind: die Entmächtigung der Bürger, das Scheitern der Inklusion und das hyperparteiische und majoritäre Streben nach politischen Siegen auf Kosten einer gemeinsamen Zukunft. Das sind nicht die einzig möglichen Komponenten des Zerfalls, aber sie sind entscheidend, und wir kommen in diesem Buch immer wieder auf sie zurück.

Eine robuste Demokratie ist eine Möglichkeit, alle Bürger und Bürgerinnen zu »ermächtigen«, sowohl in der Politik als auch in ihrem sonstigen Leben. Ein solches Empowerment ermutigt zu Kontroversen und bringt Spannungen zwischen öffentlichen und

1 Wir konzentrieren uns in diesem Buch auf die Demokratie innerhalb von Staaten, nicht auf die Perspektiven für eine transnationale Demokratie. Letztere mag wünschenswert sein, aber dazu wären nicht nur neue rechtliche Regelungen oder die Achtung universeller Rechte erforderlich, sondern auch soziale Grundlagen, die derzeit nicht existieren. Die Fähigkeiten des Staates werden heute durch globale Zwänge herausgefordert, aber Staaten sind nach wie vor von zentraler Bedeutung für demokratische Projekte.

privaten Interessen zum Vorschein. Es führt zu Widerstand seitens einiger Eliten. Es bringt aber auch die Fähigkeit zur Mobilisierung mit sich, um gemeinsam Probleme zu lösen und das Zusammenleben weiter zu verbessern. Freiheit, Gleichheit und Solidarität sind keine bloßen Abstraktionen, sondern von praktischer Bedeutung für das Leben der Bürger einer Demokratie. Sie können aber auch degenerieren.

Die Demokratie hängt von der Ermächtigung (*empowerment*) der Bürger ab – und zerfällt mit ihrer Entmächtigung (*disempowerment*). Letztere untergräbt sowohl die Möglichkeit, sich wirksam in öffentliche Angelegenheiten einzumischen, als auch die Bemühungen, persönliche Herausforderungen zu bewältigen. Die Entmächtigung erfolgt nicht nur durch explizite Blockaden wie z. B. Wahlbeschränkungen, sondern auch durch den Verlust der sozialen Voraussetzungen für wirksames Handeln. Um im Alltag von der Demokratie zu profitieren und für mehr Demokratie zu kämpfen, sind nicht nur individuelle, sondern auch soziale Fähigkeiten erforderlich. Bürger werden durch Gemeinschaften und Nachbarschaften, Organisationen wie Gewerkschaften, in Kirchen, Moscheen und Synagogen gebildete Netzwerke, Eltern-Lehrer-Vereinigungen, Jugendsportvereine und Sozialverbände gestärkt. Soziale Bewegungen ermächtigen die Menschen, die sie mobilisieren, indem sie auf bestehenden Verbindungen aufbauen und neue entwickeln. Und sie können selbst dann ermächtigend wirken, wenn sie ihre expliziten Ziele nicht erreichen.

Verstärkt wird die Entmächtigung durch extreme wirtschaftliche wie auch durch *politische* Ungleichheit. Die Regierung ist intransparent und distanziert, für den Normalbürger unzugänglich und wird von einer scheinbar eigenen politischen Klasse geführt. Die Mitglieder dieser Klasse als privilegierte Eliten zu bezeichnen heißt nicht, dass es sich um dieselben privilegierten Eliten handelt, die den Unternehmens- und Finanzkapitalismus beherrschen. Es handelt sich um verschiedene Fraktionen der herrschenden Klasse, die nicht immer völlig auf einer Linie liegen.[2] Die so genannten popu-

2 In Anlehnung an Pierre Bourdieu könnte man anmerken, dass Universitätsprofessoren, Journalisten und einige andere Fachleute einen dominanten Teil dieser herrschenden Klasse ausmachen. Sie sind privilegiert, verfügen über eine Eliteausbildung und besitzen Möglichkeiten der Mitsprache und des Einflusses, die den meisten Bürgern verwehrt sind. Aber sie haben im Allgemeinen weder wirtschaft-

listischen Bewegungen, für die beispielhaft die Brexiteers in Großbritannien und der Trumpismus in den Vereinigten Staaten stehen, haben gezeigt, dass selbst relativ gutsituierte Menschen das Gefühl haben können, keine politische Macht zu haben. Dabei geht es nicht nur darum, dass sie in Washington oder Westminster kein Gehör finden; es geht auch darum, dass sie nicht in der Lage sind, für eine funktionierende Müllabfuhr zu sorgen oder die Straßen in ihrer Gegend ausbessern zu lassen.

Eine weitere Dimension der Demokratie ist die politische Inklusion. Dabei geht es nicht um mehr oder weniger Macht, sondern um ein stärkeres oder schwächeres Gefühl der Zugehörigkeit und Beteiligung. Die Demokratie wurde häufig durch Restriktionen bei der formalen politischen Teilhabe eingeschränkt – wie zum Beispiel durch die Vorenthaltung des Wahlrechts für Sklaven, Frauen und Männer ohne ausreichenden Besitz in den Vereinigten Staaten. Die US-Demokratie hat sich mit der Ausweitung des Wahlrechts weiterentwickelt und zerfällt, wenn versucht wird, dieses zu beschneiden, wie es nach der Reconstruction geschah und heute in vielen US-Bundesstaaten geschieht. Und die Wahlunterdrückung ist nicht auf die Vereinigten Staaten beschränkt.

Aber auch die informelle Einbeziehung ist wichtig. Erkennen sich die Bürger gegenseitig als gemeinsame und gleichberechtigte Mitglieder des Gemeinwesens an? Wird die formelle Anerkennung durch den Staat ergänzt durch die informelle Anerkennung unter den Mitbürgern? Race, ethnische Zugehörigkeit, Religion, Einwanderungsstatus und andere Unterscheidungen können die politische Inklusion fragmentieren und einschränken. Dabei geht es nicht nur um die Rechte von Minderheiten; wir müssen uns fragen, inwiefern manche Menschen als Mehrheit anerkannt werden, während andere als Minderheiten behandelt werden, oder was passiert, wenn Menschen, die sich für die rechtmäßige Mehrheit halten, sich mit der zunehmenden Bedeutung anderer Gruppen konfrontiert sehen. Der Mehrheitsstatus ist eine Frage der Kulturpolitik, nicht nur der Zahlen.[3]

liche noch politische Macht. Siehe Pierre Bourdieu, *Die feinen Unterschiede. Kritik der gesellschaftlichen Urteilskraft*, übers. von Bernd Schwibs und Achim Russer (Frankfurt am Main: Suhrkamp, 1982).

3 Als das ehemalige Jugoslawien zerfiel, wurde die ethnische Neuordnung durch eine Frage befördert, die ein gängiges Sprichwort so auf den Punkt brachte: »War-

Ein beträchtlicher Teil der US-Bürger wehrt sich gegen eine Neudefinition der amerikanischen Identität, die Schwarze, Indianer, Latinos/as, Asiaten und andere einschließt. Einige halten an der alten Vorstellung einer weißen, christlichen Nation fest.[4] Sie wollen nicht zur Minderheit werden. Ähnliche Fragen stehen im Raum, wenn Kanada versucht, anglophone und frankophone Bürger gleichzustellen, den First Nations volle Staatsbürgerrechte und Anerkennung zu gewähren und neue Einwanderer zu integrieren. Eine ängstliche »Englishness« bildete die Grundlage für den Brexit und untergräbt eine integrativere britische Identität. Dominante ethnische Gruppen scheinen offensichtlich in der Mehrheit zu sein – sie werden oft als »legacy nations« bezeichnet. Doch nationale Mehrheiten sind immer konstruiert – sowohl durch materielle Veränderungen als auch durch den Diskurs –, in Frankreich oder Ungarn nicht anders als in Ländern, die sich explizit durch ihre Vielfalt auszeichnen, wie Kanada, die Vereinigten Staaten und Großbritannien.

Wenn die Bekundung »Wir, das Volk« nicht mehr das Ganze einschließt und stattdessen die Feindseligkeit einer realen oder imaginären Mehrheit gegenüber allen Minderheiten zum Ausdruck bringt, ist das Ergebnis eine verzerrte, schädliche Ausdrucksform des echten Bedürfnisses nach Solidarität unter demokratischen Bürgern. Solidarität ist nicht Konformität und beinhaltet selten Einstimmigkeit. Demokratie ist fast immer streitbar und strittig. Die Bürger, die ihre unterschiedlichen Vorstellungen durchsetzen wollen, sind agonistisch, aber nicht unbedingt antagonistisch. Sie wollen argumentative Auseinandersetzungen gewinnen, aber nicht unbedingt auf Kosten des anderen. Anders verhält es sich, wenn eine extreme politische Polarisierung die Parteinahme in den Vordergrund stellt. Die Demokratie zerfällt, wenn die Bürger zuerst fragen, was die Menschen in meinem eigenen Lager glauben oder denken oder tun – und nicht, was für die gesamte Gesellschaft gut ist.

um sollte ich in deinem Land in der Minderheit sein, wenn du in meinem Land in der Minderheit sein kannst?« So berichtet es der Politikwissenschaftler Ivan Krastev in Ezra Klein, The Rest of the World is Worried about America, in: *New York Times*, 1. Juli 2021.

4 Robert P. Jones, *The End of White Christian America* (New York: Simon and Schuster, 2017).

Parteilichkeit kann konstruktiv oder zumindest handhabbar sein, solange sie der Sorge um das Gemeinwohl untergeordnet ist. Die Befürworter der jeweiligen Seite dürfen sich gerne darüber streiten, was das Beste für alle ist. Es ist jedoch nur ein kleiner Schritt von dem Versuch, einen Streit zu gewinnen, zu der Einschätzung, dass der Sieg wichtiger ist als das Streben nach dem Gemeinwohl. Kein Wunder, dass Parteigänger nach taktischen Vorteilen suchen. Wie Ezra Klein gezeigt hat, verleiten verschiedene Anreize rationale politische Akteure leider regelmäßig dazu, auf eine Art und Weise nach kurzfristigen Vorteilen zu streben, die eine gute Regierungsführung untergräbt und die Polarisierung fördert.[5] Extrem oder übermäßig parteiische Menschen stellen den Sieg über alle anderen Überlegungen – und das ist ein Problem. Extreme Parteigänger finden sich nicht nur in Konfrontationen wieder, sondern suchen sie geradezu und arrangieren sie, weil sie Kooperation als Verrat an ihrer parteipolitischen Sache ansehen. Sie blockieren eine effektive Regierung, wenn sie ihren Willen nicht durchsetzen können, und sie steigern damit Groll und Frust der Öffentlichkeit. Sie machen sich die kulturellen Gräben zunutze, damit die Wahlinteressen einzelner Kandidaten mit den Präferenzen der polarisierten Wähler übereinstimmen. Sie verlangen die uneingeschränkte Befolgung extremer Parteipositionen und hindern gewählte Amtsträger daran, unabhängig zu handeln. Extreme Parteilichkeit kann eine Partei nicht nur mit anderen Parteien, sondern auch mit den Präferenzen der meisten Bürger in Konflikt bringen – und es ihr dennoch erlauben, kurzfristig wählerwirksam zu bleiben. Kurz gesagt: Extreme Parteilichkeit kann ein wichtiger Faktor für den Zerfall der Demokratie sein.

Eine solche extreme Parteilichkeit lässt sich nicht einfach mit den Einstellungen des Einzelnen erklären. Sie wird durch den Karrierismus der Politiker gefördert, aber auch das ist keine ausreichende Erklärung. Vielmehr spiegelt extreme Parteilichkeit gesellschaftliche Spaltungen wider. Sie entstehen, wenn die sozialen Grundlagen der Demokratie nicht geteilt werden. Wenn die Verbindungen zwischen verschiedenen Gesellschaftsgruppen schwach sind, können ihre Mitglieder leichter stark unterschiedliche Auffas-

5 Ezra Klein, *Der tiefe Graben. Die Geschichte der gespaltenen Staaten von Amerika*, übers. von Katrin Harlaß (Hamburg: Hoffmann und Campe, 2020).

sungen darüber entwickeln, was in der Gesellschaft vor sich geht, widersprüchliche Erzählungen darüber, wie die Dinge so geworden sind, wie sie sind, und schrille Schuldzuweisungen für die Entstehung von Problemen und das blockierte Vorankommen. Und die Extreme der Parteilichkeit sind in der Regel reaktiv. Es handelt sich nicht einfach um stabile Meinungsverschiedenheiten, sondern um Bewegungen, die durch destabilisierende Veränderungen – große Transformationen – ausgelöst werden.

Die Spaltung der Gesellschaft in sich gegenseitig nicht verstehende Fraktionen wird durch die Geographie, durch unterschiedliche Positionen mit Blick auf den ökonomischen Wandel und ökonomische Sicherheit sowie auf ethnische und religiöse Zugehörigkeit und durch die Politik beeinflusst. Sie überschneidet sich mit den oft beschworenen Echokammern der verschiedenen Mediennetzwerke. Eindimensionale, abgeschottete Medien verstärken die soziale Spaltung. Sie machen aus der Parteilichkeit eine beinahe epistemologische Divergenz, wenn das primäre Kriterium für die Wahrheit das ist, was diejenigen auf meiner Seite glauben. Auf jeder Seite bleiben die Menschen nicht nur bei ihren bevorzugten Kanälen oder Feeds, sondern sie filtern auch abweichende Nachrichten und Belege heraus. Die Ansichten über die »Realität« werden sowohl durch emotionale als auch intellektuelle Bemühungen, die kognitive Dissonanz zu verringern, verzerrt. Das heißt, die Menschen erkennen die Fakten, die mit ihren etablierten Denk-, Fühl- und Handlungsweisen übereinstimmen, und widersetzen sich den Fakten, die nicht dazu passen, oder ignorieren sie.[6] Jahrzehntelang

6 In Zeiten politischer Polarisierung wird häufig darauf verwiesen, dass Fakten an Meinungen nichts ändern würden. Richtiger wäre es zu sagen, dass die Art und Weise, wie Fakten aufgenommen werden, das unbewusste Bemühen widerspiegelt, an bereits bestehenden Denk- und Gefühlsweisen festzuhalten. In einer berühmten Studie untersuchten der Sozialpsychologe Leon Festinger und seine Kollegen, wie die Mitglieder einer Sekte, deren Anführer den Weltuntergang prophezeite, reagierten, als die Katastrophe nicht eintrat. Die kurze Antwort lautet, dass zwar einige aus der Sekte austraten, die meisten jedoch Mittel und Wege fanden, die Auswirkungen dieser unangenehmen Tatsache herunterzuspielen, sie zu einem bloßen Rechenfehler zu erklären und ihre Verpflichtungen gegenüber ihrem Glaubenssystem und ihrer Gemeinschaft aufrechtzuerhalten. Sie wollten damit aktiv die »kognitive Dissonanz« reduzieren, die sowohl ein emotionaler Zustand als auch ein Problem des Denkens ist. Leon Festinger/Henry W. Riecken/Stanley Schachter, *When Prophecy Fails* (New York: Harper, 1956); siehe auch David Heise,

haben hochmobile Eliten die Globalisierung mit Freude betrachtet und geglaubt, dass »wir alle kosmopolitisch werden«. Nicht-Eliten waren angesichts der Veränderungen eher frustriert und glaubten lieber an QAnon oder andere Verschwörungstheorien. Unterschiedliche Medien verbreiten und verstärken solche Überzeugungen, verursachen sie aber nicht selbst.

Polarisierung bedeutet also mehr als extreme Meinungsverschiedenheiten; sie meint eine Divergenz in der Art und Weise, wie die Welt gesehen wird. Sie resultiert nicht nur aus dem taktischen Opfern des Gemeinwohls, sondern aus grundlegend unterschiedlichen Auffassungen von Öffentlichkeit und Gemeinwohl. Diese unterschiedlichen Auffassungen von der Welt beruhen auf unterschiedlichen sozialen Positionen mit unterschiedlichen materiellen Aussichten sowie auf unterschiedlichen Lebensweisen. Und diese Unterschiede korrelieren in der Regel mit dem Wahlverhalten: ländlich versus urban, mehr versus weniger gebildet, beruflich hochqualifiziert oder nicht, religiös oder nicht, rote Staaten versus blaue Staaten.

Die Demokratie ist nicht nur ein Projekt des rationalen Diskurses. Auch Emotionen, Identitäten und Interessen spielen bei ihr eine Rolle. Wo die Demokratie robust ist, werden unterschiedliche Identitäten anerkannt und konkurrierende Interessen ausgehandelt. Das Gefühl der politischen Ausgrenzung und der Ohnmacht kann manchmal zur Resignation und zum Rückzug aus der Politik führen. Aber zu anderen Zeiten ruft das Gefühl, vernachlässigt oder ausgeschlossen zu werden oder bei politischen Entscheidungen immer den Kürzeren zu ziehen, Wut, Ressentiment und parteiische Bemühungen hervor, Schuldige zu finden, die dafür verantwortlich gemacht werden können.

Die Frustration wächst, wenn Menschen in ihrem Leben und in ihren Gemeinschaften Verwerfungen oder Verschlechterungen er-

Expressive Order: Confirming Sentiments in Social Actions (New York: Springer, 2007). Damit ließe sich auch die Bereitschaft vieler Anhänger von Donald Trump erklären, seine Wahlniederlage als Diebstahl zu interpretieren. Zweifellos hat dazu auch die Ermutigung durch mediale Filterblasen und Verschwörungstheoretiker beigetragen. Aber wir sollten die gleiche Art von Analyse auch auf die herrschende liberale Elite anwenden, die jahrelang große Schwierigkeiten hatte, die ›Tatsache‹ der Unzufriedenheit in der Bevölkerung, die ein Hauptgrund für die Unterstützung Trumps ausmachte, überhaupt zu erkennen.

leben, wenn sie das Gefühl haben, ihren Kindern nicht versprechen zu können, dass die Dinge in Zukunft besser werden, wenn, kurz gesagt, »das System« für sie nicht gut funktioniert. Noch zusätzlich verstärkt wird der Frust, wenn die politischen Eliten es versäumen, auf den Schmerz oder die Wut der Bevölkerung einzugehen. Ungleichheit wirkt sich unter anderem darauf aus, wie die Globalisierung, neue Technologien und die Rolle des Finanzwesens erfahren werden. Politische Ausrichtungen spiegeln jedoch nicht einfach und unmittelbar materielle Interessen oder Nöte wider.

Entmächtigung, fehlende Inklusion und extreme Polarisierung zeigen sich öffentlich am deutlichsten, wenn sie in politischen Bewegungen zusammenkommen, die behaupten, den von der konventionellen Politik vernachlässigten »echten Menschen« eine Stimme zu geben. Diese Bewegungen, die häufig als »populistisch« bezeichnet werden, sind Reaktionen auf eine wahrgenommene (und vielleicht auch tatsächliche) Vernachlässigung. Ihre Motivation ist weniger ideologisch als emotional und spiegelt Ressentiments und Frustration wider. Befeuert durch die Zerfallserscheinungen der Demokratie, können solche Bewegungen zu weiteren Verwerfungen, aber auch zu einer neuen Beteiligung am demokratischen Prozess führen.

Wütende und ressentimentgeladene Populisten müssen nicht zwangsläufig am Rand der Gesellschaft stehen. Natürlich sind einige von ihnen direkte Opfer des ökonomischen Wandels. Viele leben außerhalb der Großstadtregionen, die die meiste öffentliche Aufmerksamkeit erhalten. Einige fühlen sich tatsächlich abgehängt; bei anderen werden einfach ihre Erwartungen nicht erfüllt. Sie haben das Gefühl, dass sie nicht zu ihrem Recht kommen, selbst wenn sie in Vororten der oberen Mittelschicht leben und ihre Kinder auf Privatschulen schicken. In der Überzeugung, dass sie doch eigentlich *das* Volk sind, ärgern sie sich, wenn »zu viele« Chancen an Einwanderer oder ethnische Minderheiten vergeben werden. Einige verteidigen traditionelle Geschlechterrollen. Sie sind in Sorge wegen gesellschaftlicher Veränderungen – sogar Veränderungen in den intimen Beziehungen –, die ihnen ihre Länder als fremd erscheinen lassen oder so, als würden sie nicht mehr ganz ihnen gehören.

Überrumpelt

Jahrelang gingen die Menschen, die in den älteren liberalen Demokratien lebten, einfach davon aus, dass diese die Zukunft der Menschheit darstellen. Diese Demokratien als »liberal« zu bezeichnen bedeutet, dass sie die Rechte des Einzelnen, von Minderheiten und offene politische Meinungsverschiedenheiten schützen – im Gegensatz zur Demokratie, die als Streben nach Gleichheit oder anderen potenziellen Fortschritten mit autoritären Mitteln verstanden wird. Wie wir insbesondere in Kapitel 2 zeigen, ist es die Ergänzung der Demokratie durch den Republikanismus, die ihre liberale Spielart hervorbringt.

Früher oder später, so die Annahme, würde sich jeder für diese Regierungsform entscheiden. Dieser Glaube wurzelt in einer optimistischen Lesart der Geschichte der modernen Demokratie im Allgemeinen, so als wäre sie seit der Magna Charta oder der Amerikanischen Revolution gut gewesen und stetig besser geworden, während sie in Wirklichkeit in Schüben verlief und mit der Überwindung erheblicher Hindernisse zu kämpfen hatte. Die Amerikaner zum Beispiel erzählten sich (und lehrten ihre Schulkinder) die Geschichte einer Republik, die trotz Sklaverei und Bürgerkrieg, trotz brutaler Behandlung der Indianer und langem Ausschluss der Frauen vom Wahlrecht immer demokratisch war.

Gestärkt wurde dieses optimistische Narrativ durch die aufeinanderfolgenden Demokratisierungswellen des 20. Jahrhunderts: nach dem Ersten Weltkrieg, nach dem Zweiten Weltkrieg und nach dem Fall der Berliner Mauer 1989. Diese Zuversicht überlebte sogar das Scheitern und den Zusammenbruch einiger der neuen Demokratien, die auf jede Welle folgten. Aber jetzt ist sie ins Wanken geraten.

Wenn man bedenkt, wie extrem die Krisen von Großer Depression, Weltkrieg und Entkolonialisierung waren, ist es beeindruckend, dass in der Folge so viele Menschen in verschiedenen Ländern der Meinung waren, die Demokratie sei quasi unvermeidlich. Die Demokratie wurde zu einem Leitprojekt der einzelnen europäischen Länder und schließlich der Europäischen Union, aller drei nordamerikanischen Länder, Japans, Australiens und Neuseelands. Die postkolonialen Staaten machten sich die Demokratie zu eigen, obwohl sie erkannten, dass die heuchlerischen Kolonialherren im eigenen Land oft demokratisch, fern der Heimat hingegen imperialistisch gewesen waren. Indien sticht dabei heraus, steht aber nicht allein. Bemerkenswerterweise ist Südafrika eine multirassische Demokratie, trotz all der Schwierigkeiten, die aus der Vergangenheit der Apartheid herrühren. Nach 1989 kam die Demokratie nach Osteuropa und in einige Teile der ehemaligen Sowjetunion. Es gab eine kurze Welle der Beinahe-Euphorie – und allzu oft auch der Selbstzufriedenheit.

Optimisten vertraten die Auffassung, dass die Demokratie unmittelbar mit dem angeborenen Wunsch der Menschen nach Freiheit und der offensichtlichen Gerechtigkeit der Gleichheit zu tun habe. Wenn die Menschen die Demokratie in Aktion erlebten, würden sie sie für sich und ihr Land wollen. Das ist nicht völlig falsch, aber doch stark vereinfacht und irreführend. Demokratie ist nicht einfach eine statische, im Voraus festgelegte Reihe von Verfahren, die übernommen werden können wie eine neue Technologie oder die Praxis, westliche Businessanzüge zu tragen und sich bei Begegnungen die Hand zu geben. Demokratie lediglich als ein Gefüge formaler Verfahren oder rechtlicher Mindestgarantien wie die Pressefreiheit zu betrachten, greift viel zu kurz. Sie kann nur durch Transformationsprozesse hergestellt werden. Und wenn erst einmal ein Paket demokratischer Verfahren vorhanden ist, wird sich der Wandel zwangsläufig fortsetzen. Demokratie gedeiht, wenn sie als Projekt angegangen wird.

Die Demokratie selbst weckt Erwartungen, die die bestehenden Strukturen nicht erfüllen können. Bürger, die über ein gewisses Maß an Demokratie verfügen, wollen in der Regel mehr und bessere Demokratie – und haben unterschiedliche Vorstellungen davon, was das konkret bedeutet. In dem Maße, wie sich die sozialen und wirtschaftlichen Bedingungen ändern, ändern sich auch die Wünsche und Bedürfnisse der Bürger sowie ihre Fähigkeiten zu kollektivem Handeln. Beide Tendenzen erinnern uns daran, dass Demokratie nicht einfach an- oder ausgeknipst wird wie ein Lichtschalter, vorhanden oder nicht vorhanden oder gar auf einer linearen Bewertungsskala mehr oder weniger vollständig verwirklicht ist.

Demokratie, so behaupten wir, ist notwendigerweise ein »telisches« Konzept. Es bezeichnet nicht nur eine Reihe von Bedingungen, sondern auch Verpflichtungen und Bestrebungen; es definiert sich durch Ziele, auch wenn diese nie vollständig erfüllt werden.

Nicht nur ihre Routineabläufe, sondern auch ihre Veränderungen sind von Idealen geleitet. An der Demokratie teilzuhaben bedeutet, sich für mehr und bessere Demokratie einzusetzen. In diesem Sinne ist die Demokratie mehr als die unmittelbarste Ausdrucksform des Volkswillens. Auch in dieser Hinsicht ist die republikanische Tradition eine wichtige Quelle für die Vorstellung, dass die Demokratie besser sein kann, aber sie ist nicht die einzige. Die Berücksichtigung des Wohlergehens künftiger Generationen kann schlicht eine Erweiterung der demokratischen Idee des Volkes sein. Damit die Demokratie jedoch Bestand hat und gedeihen kann, ist es von entscheidender Bedeutung, dass sie auf die Zukunft ausgerichtet und offen für Bewertung und Verbesserung ist.

Da die Demokratie jedoch von Natur aus Erwartungen weckt, kann sie auch Frustration in Bezug auf bestehende Beschränkungen hervorrufen. Die Grenzen der Demokratie ergeben sich nicht nur aus politischen Mechanismen, die ihre Ideale (oder die Ideale einer bestimmten demokratischen Verfassung) nur unvollständig verwirklichen. Sie ergeben sich größtenteils aus ökonomischen und anderen gesellschaftlichen Veränderungen, die demokratische Prozesse nicht vollständig kontrollieren können, auf die sie aber reagieren müssen, wie z. B. technologischer Wandel, zunehmende Größendimensionen sowie die Ungleichheit und Volatilität des Kapitalismus. Diese Entwicklungen können auch positive Aspekte haben, etwa größeren Wohlstand und eine höhere Lebenserwartung. Aber sie verursachen auch Umwälzungen in Gemeinschaften und gesellschaftlichen Institutionen und eine zumindest vorübergehende Entmächtigung der Bürger. Entscheidend ist, wie die Demokratien darauf reagieren.

Karl Polanyi hat einen solchen Prozess der »großen Transformation« während der ersten 150 Jahre des Industriekapitalismus beschrieben. Einfriedungen schränkten den gemeinschaftlichen Zugang zu Land ein, landwirtschaftliche und handwerkliche Arbeit wurden entwertet, neuartige Eigentumsrechte verabsolutiert, Unterstützungsleistungen für Arme und Arbeitslose abgeschafft. Es entstand eine neue Marktgesellschaft, die zwar neuen Reichtum brachte, diesen aber ungleich verteilte und stets von großer Instabilität und Unsicherheit begleitet war.[7] Nach zwei Weltkriegen und

7 Karl Polanyi, *The Great Transformation. Politische und ökonomische Ursprünge von*

einer Weltwirtschaftskrise wurde die »Doppelbewegung« von Disruption und Reaktion durch aktives staatliches Eingreifen und den Aufbau neuer Institutionen der öffentlichen Wohlfahrt gebändigt.

Wir sind der Auffassung, dass seit den 1970er Jahren eine neue »große Transformation« im Gange ist. Sie brachte Finanzialisierung und Globalisierung, aufeinanderfolgende Krisen und als Reaktion darauf eine brutale Sparpolitik. Sie hat dazu geführt, dass Hochschulbildung wichtiger ist als je zuvor, teurer ist als je zuvor und ungleicher ist als je zuvor. Für einige war sie befreiend und brachte neuen Respekt für kulturelle Vielfalt. Für Angehörige der industriellen Arbeiterklasse hat sie jedoch zu einer deutlichen Entmächtigung geführt und viele Bürger vor neue Herausforderungen gestellt. Sie hat eine populistische Reaktion hervorgebracht, aber noch nicht den notwendigen Wiederaufbau von Institutionen und Gemeinschaften.

Selbst wenn ein politisches System formal demokratisch bleibt – zum Beispiel durch das Abhalten von Wahlen und friedliche Machtwechsel –, kann die Demokratie zerfallen. Die Bürger können sich entmächtigt fühlen, und Gemeinschaften verlieren womöglich die Fähigkeit, das kollektive Leben zu organisieren. Anstatt schrittweise ein breiteres Spektrum von Bürgern in die volle Teilhabe einzubeziehen, kann eine demokratische Nation Ausgrenzung und Hierarchie zulassen. Eine parteipolitische Polarisierung kann nicht nur die Politik, sondern auch die normale gesellschaftliche Solidarität zersetzen.

Wenn sich die gesellschaftlichen Verhältnisse ändern, müssen die Demokratien ihre politischen Institutionen erneuern. Allzu oft jedoch haben die Eliten stattdessen abseits gestanden, haben randständige Probleme beklagt, aber auch von Veränderungen profitiert, die für andere disruptiv oder sogar zerstörerisch sind. Ein gutes Beispiel dafür ist die Globalisierung. Sie ist ökonomisch vorteilhaft für Unternehmen, ihre Aktionäre und ihre leitenden Angestellten. Sie ist von Vorteil für die Verbraucher, denen eine neue Produktvielfalt geboten wird und die angesichts des Wettbewerbsdrucks mit niedrigen Preisen rechnen können. Sie bringt einen Steuervorteil für diejenigen, die ihren Reichtum in ausländischen Steueroasen

Gesellschaften und Wirtschaftssystemen [1944], übers. von Heinrich Jelinek (Frankfurt am Main: Suhrkamp, 1973).

und Briefkastenfirmen verstecken können. Aber sie ist kein Vorteil für Arbeitnehmer, die ihren Arbeitsplatz verlieren oder gezwungen sind, an einen anderen Ort zu ziehen, oder für andere, die in Kommunen leben, die durch den Verlust von industriellen Arbeitgebern benachteiligt werden. Jahrzehntelang haben die Eliten die Vorteile genossen und sich über die Verluste hinweggesetzt. Das hat zu einer schwachen politischen Reaktion geführt, nicht nur auf die Globalisierung, sondern auch auf die Veränderungen der Globalisierung, der Finanzialisierung, der neuen Technologien und der neu strukturierten Unternehmensmacht.

In der Tat können wir heute feststellen, dass die Zerfallserscheinungen der Demokratie die Reaktionen nicht nur auf wirtschaftliche Veränderungen und Verwerfungen bestimmen, sondern auch auf drängende globale Probleme, die von der Corona-Pandemie bis zum Klimawandel und zur Migration reichen. Diese Herausforderungen sind eindeutig grenzüberschreitend. Die Reaktion darauf erfordert transnationales kollektives Handeln. Stattdessen erleben wir eine Renaissance des kompetitiven und manchmal kriegerischen Nationalismus. Die Bürger stehen diesen Krisen mit wenig Vertrauen in die Regierung gegenüber. Die Institutionen sind zu oft beschädigt oder dysfunktional. Und die tatsächliche Geschichte der Führungselite gibt denn auch eher Anlass zu Ressentiments als zu Vertrauen.

Ein typisches Beispiel dafür ist die Corona-Pandemie. Die Hoffnung auf Besserung hat viele dazu verleitet, von einer Rückkehr zur »Normalität« zu sprechen. Das ist nicht nur deshalb irreführend, weil die Pandemie länger dauerte, als viele sich vorstellten, und ihre sozioökonomischen Folgen noch länger zu spüren sein werden. Im Grunde genommen wird die Erholung keinesfalls eine Rückkehr zu irgendwelchen imaginären stabilen Verhältnissen früherer Zeiten sein. Wir werden uns von der Pandemie nur durch einen Wandel erholen. Dabei geht es nicht nur um das öffentliche Gesundheitswesen, sondern auch um systemische Fragen, von Lieferketten über die Neugestaltung von Beschäftigung bis hin zur globalen Zusammenarbeit. Ebenso schwierig ist es, sich vorzustellen, was in Fragen der globalen Migration mit einer Rückkehr zur Normalität gemeint sein könnte. Und was den Klimawandel betrifft, so ist dies bestenfalls ein Hirngespinst.

Um diese Herausforderungen ohne weiteren Zerfall der Demokratie zu bewältigen, müssen wir uns sowohl von den Degenerationen der letzten fünfzig Jahre erholen als auch die sozialen Grundlagen der Demokratie wiederherstellen. Von entscheidender Bedeutung dabei ist, republikanische politische Normen zu erneuern und dies durch den Wiederaufbau von Solidaritätsstrukturen von den Kommunen bis zu den staatlichen Institutionen zu ergänzen. Und während wir uns noch von jeder dieser Krisen erholen, werden wir schon wieder vor neuen Herausforderungen stehen.

Ohne einen solchen Wandel wird es nicht möglich sein, die demokratischen Freiheiten, die Verfassungsprozesse und den politischen Zusammenhalt zu retten. Dies erfordert die Wiederaufnahme historischer Kämpfe zur Vertiefung der Demokratie; es erfordert das Engagement für neue Agenden.

In diesem Buch nähern wir uns diesen Herausforderungen aus zwei Blickwinkeln. Craig Calhoun und Charles Taylor konzentrieren sich vornehmlich auf die Vereinigten Staaten und andere westliche Demokratien, die durch einen Kompromiss mit dem Kapitalismus zu Wohlstand gekommen sind. Sie untersuchen tiefreichende Probleme und beharren dennoch darauf, dass diese gelöst werden können und die Demokratie ihre telischen Verbesserungen wieder fortsetzen kann, wenn auch in nichtlinearen Transformationen. Dilip Gaonkar konzentriert sich auf Indien, wo eine beeindruckende demokratische Geschichte mit massiver Ungleichheit und großer Heterogenität zu kämpfen hat. Er bietet ein Gegengewicht zu Calhouns und Taylors entschlossenem Optimismus und verweist auf die »Politik der Straße«, in der der Wille des Volkes zum Ausdruck kommt, ohne vollständig in republikanische oder andere telische Verbesserungspläne integriert zu sein. Er erinnert an die griechischen Annahmen, wonach die Demokratie notwendigerweise instabil sei.

Die Fälle sind nicht diametral entgegengesetzt. Indien zeigt, dass republikanische Institutionen und das telische Streben nach einer besseren Demokratie außerhalb des Westens und in einem Land, das mit enormer Armut und Spaltung zu kämpfen hat, Wurzeln schlagen können – auch wenn der Erfolg dieser Errungenschaft jetzt in Frage steht. Umgekehrt gibt es in den Vereinigten Staaten und in Europa auch eine Politik der Straße, eine Mobilisierung der Bürger, die ihre Wut oder ihren Unmut zum Ausdruck bringen, ohne klare Ziele für Verbesserungen zu verfolgen. Calhoun und

Taylor betonen zwar die Bedeutung einer inklusiveren Demokratie, erkennen aber auch an, dass eine solche Demokratie eine enorme Herausforderung ist und auf absehbare Zeit unvollständig bleiben wird. Gaonkar befürchtet eine Phase der »hässlichen Demokratie«, hofft aber, dass eine Erneuerung des Republikanismus und der gesellschaftlichen Solidarität diese Phase abmildern kann.

Konventionelle Geschichten und Vorstellungen über die Demokratie können anfällig für Illusionen sein. Viele Amerikaner erzählen sich zum Beispiel Geschichten von unschuldigen Ursprüngen, die die Bedeutung von Ausgrenzungen und Unterdrückungen, nicht zuletzt in Gestalt der Sklaverei, herunterspielen. Oder sie räumen zwar ein, dass es Probleme gab, glauben aber, dass diese im Zuge einer linearen Fortschrittsgeschichte beseitigt wurden, wobei sie den Bürgerkrieg und andere Rückschläge vergessen. Und es gibt Inder, die eine Geschichte erzählen, in der das Mogul- und das britische Weltreich Verwerfungen in ein im Wesentlichen hinduistisches Land brachten, das eine blühendere Demokratie und stärkere Nation wäre, wenn sie beseitigt würden, und die dabei sowohl die Notwendigkeit von Kämpfen gegen Ungleichheit als auch deren Teilerfolge vergessen.

Wir sollten diese Illusionen überwinden, sie aber nicht durch Zynismus ersetzen. Es wäre ein Fehler, Ungerechtigkeit und Unterdrückung als Konstanten zu betrachten und zu verkennen, wie sehr Demokraten nicht nur für mehr Freiheit, Gleichheit und Solidarität gekämpft, sondern manchmal auch viel erreicht haben. Zerfallserscheinungen der Demokratie haben das, was diese demokratischen Kämpfe errungen haben, untergraben, aber der Blick auf die vergangenen Kämpfe zeigt, dass Erfolge möglich sind. Tatsächlich gab es sogar bemerkenswerte Erfolge. So werden wir zum Beispiel auf Misserfolge und Schwierigkeiten bei der sozialen und politischen Integration von Migranten hinweisen. Das ist eine ernsthafte Herausforderung. Selbst berühmte Einwanderernationen wie die Vereinigten Staaten und Australien haben sich immer wieder schändlich verhalten. Die historische Bilanz zeugt jedoch nicht von unablässigem Versagen, sondern von einer beeindruckenden Leistung, die trotz Rückschlägen und Hindernissen erbracht wurde. Nach langen Kämpfen haben die Frauen das Wahlrecht erlangt. Die Ungleichheit wurde verringert und die Möglichkeiten sozialer Mobilität wurden verbessert, als ein allgemeines öffentliches Bildungswesen mit expandierenden Arbeitsmärkten und der Unterstützung der Gewerkschaften einherging. Heute haben viele den Eindruck, dass diese Möglichkeiten nicht mehr gegeben sind. Dem stimmen wir nicht zu.

Die Grenzen des Liberalismus

Fünfzig Jahre lang haben die herrschenden Eliten in den Industrieländern im weitesten Sinne liberale Agenden verfolgt. Diese betonten zwar Freiheit und Rechte, setzten aber sehr unterschiedliche Prioritäten. Der klassische Liberalismus und später der »Neoliberalismus« basierten auf dem »Besitzindividualismus« und konzentrierten sich darauf, den Besitzern von Eigentum ein Maximum an Rechten zu gewähren und staatliche Regulierung sowie Staatseigentum so gering wie möglich zu halten. Die andere Agenda war ein »expressiver Liberalismus«, der darauf abzielte, das Ausmaß, in dem Individuen ihre eigenen Identitäten und Ziele wählen und ungehindert verfolgen können, zu erweitern.[8] Beide haben individu-

8 Zum »Besitzindividualismus« siehe C. B. Macpherson, *Die politische Theorie des Besitzindividualismus. Von Hobbes bis Locke* (1962), übers. von Arno Wittekind (Frankfurt am Main: Suhrkamp, 1990). Zur »expressiven« Tradition siehe Charles Taylor, *Quellen des Selbst. Die Entstehung der neuzeitlichen Identität*, übers. von Joachim Schulte (Frankfurt am Main: Suhrkamp, 1996). So gut wie alle Begriffe in den Debatten über Demokratie sind mehrdeutig und umstritten, aber für keinen gilt das mehr als für »liberal« und »Liberalismus«. Beide Wörter haben einen offensichtlichen Bezug zur Idee der Freiheit, können aber auch (1) die Freiheit des wirtschaftlichen Handelns von staatlichen Beschränkungen, (2) die Freiheit des Einzelnen, seine eigene Identität zu entwickeln und seine eigenen Ziele zu verfolgen, (3) den institutionellen Rahmen, der die Freiheit garantieren soll, insbesondere durch die Artikulation von Rechten, oder (4) die freie Bildung von freiwilligen Vereinigungen der Zivilgesellschaft betonen. Die erste Bedeutung ist in Europa stärker ausgeprägt, die zweite in Nordamerika, wo sie sowohl für die Betonung der Religionsfreiheit in der Gründerzeit des Landes als auch für die in jüngerer Zeit zunehmenden Forderungen nach Anerkennung verschiedener Identitäten maßgeblich war. Die dritte Bedeutung findet sich in Begriffen wie »liberale Demokratie«, d. h. eine Demokratie, die mit der Garantie von Bürgerrechten verbunden ist. In diesem Buch beziehen wir diese dritte Bedeutung in unsere Verwendung des Begriffs »republikanisch« mit ein, um zum einen die Verwechslung mit den ersten beiden Bedeutungen von Liberalismus zu vermeiden und zum anderen die wichtige republikanische Tradition im politischen Denken kenntlich zu machen,

elle Freiheiten gefördert, auch wenn diese unterschiedlich ausgelegt wurden. Sie konnten sich bei der Anerkennung eines ähnlichen Rechts aus unterschiedlichen Gründen annähern – zum Beispiel bei der Religionsfreiheit mit der Begründung, dass Glaube und Gewissen Formen von Privateigentum sind oder weil Religion eine Form des Selbstausdrucks ist. Doch wie Calhoun und Taylor in Kapitel 4 zeigen, kann die Betonung individueller Freiheit auf Kosten von Gleichheit und gesellschaftlicher Solidarität gehen. In den letzten Jahrzehnten haben die beiden Formen des Liberalismus gemeinsam dazu beigetragen, das für eine lebensfähige demokratische – und wahrhaft liberale – Gesellschaft notwendige Gleichgewicht zu kippen.

Der Neoliberalismus hat eine Wirtschaft mit Chancen und Belohnungen für Unternehmer geschaffen. Zusammen mit der Finanzialisierung hat er dazu beigetragen, dass Kapital aus den reichsten Ländern in mehrere historisch unterentwickelte, aber schnell wachsende Länder floss, und insbesondere den Aufstieg Chinas begünstigt. Im Inland hat er eine dramatische Zunahme der Ungleichheit mit sich gebracht, Gemeinschaften zerrüttet und die Umwelt geschädigt. Der expressive Liberalismus hat zu einer erheblichen Ausweitung der individuellen Freiheit geführt. Er hat sich für die Rechte der zuvor unterrepräsentierten und benachteiligten Menschen eingesetzt – aber nur so lange, wie diese Rechte nicht mit einer wirtschaftlichen Umstrukturierung oder Umverteilung einhergehen.[9] Allzu oft war die Inklusion deshalb eher symbolischer

die für die Entwicklung der verfassungsmäßigen Regierung grundlegend war. Der Republikanismus betont zudem das Zusammenleben der Bürger, wenn auch oft entweder als überkommene Gemeinschaft oder als persönliche moralische Verpflichtung gegenüber dem Ganzen. Der Liberalismus im vierten Sinne legte die Betonung vor allem auf die *freiwilligen* Vereinigungen. In dieser Hinsicht wurde er durch die schottische Moralphilosophie mit ihren Ideen der bürgerlichen Gesellschaft, der Sympathie und des gesunden Menschenverstands gestärkt. Noch komplizierter wird es bei der Frage, ob Gruppen Freiheiten (oder Rechte) haben, die sich nicht auf die Freiheiten ihrer einzelnen Mitglieder beschränken. Wird beispielsweise die Religionsfreiheit ausschließlich durch die Freiheit des individuellen Gewissens bestimmt, oder gibt es eine zusätzliche Dimension der Freiheit für Religionen als gesellschaftlich organisierte oder kulturell integrierte Gruppen mit anderen Autoritätsstrukturen als dem individuellen Gewissen?

9 Hier gibt es eine Analogie zum internationalen Projekt der Menschenrechte, das insbesondere seit den 1970er Jahren anstelle von Projekten der politischen Trans-

als materieller Natur. Gemeinsam haben Liberale beider Richtungen den Kosmopolitismus, aber nicht die Gemeinschaft propagiert und den technologischen Wandel begrüßt, ohne sich ausreichend um diejenigen zu kümmern, deren Leben prekärer wurde.

In diesem Kontext blühte der Rechtspopulismus auf. Mochte er auch von oben beeinflusst oder durch finanzielle Zuwendungen gesteuert worden sein, so war er doch Ausdruck einer Reaktion der Bevölkerung. Erstens reagierten die Populisten auf fünfzig Jahre Deindustrialisierung und neoliberale Globalisierung, die Gemeinschaften zerstört, gute Arbeitsplätze vernichtet, Arbeitnehmern mittleren Alters die Aussicht auf einen glücklichen Ruhestand genommen und verheerende Opioidabhängigkeiten verursacht hatten. Zweitens reagierten die Populisten auf das, was sie als Respektlosigkeit der politischen Eliten empfanden, und auf das Gefühl, dass weniger berücksichtigenswerte Minderheiten, Zuwanderer oder Frauen auf ihre Kosten gewannen. Für einen außenstehenden Beobachter mag das wie Panik vor dem möglichen Verlust von Privilegien aussehen, aber viele empfanden es als Bedrohung ihrer berechtigten Ansprüche. Im Extremfall befürchteten sie, dass sie, obwohl sie die »echten« Bürger und »wahren« Vertreter der legitimen Nation waren, ersetzt werden würden.

Ursprünglich mehr von Wut, Frustration und Ressentiments gegenüber den Eliten als von Ideologie geprägt, wurden diese populistischen und basisdemokratischen Mobilisierungen mit Hilfe der neuen Medien erfolgreich von Demagogen und Verschwörungstheoretikern vereinnahmt. Rassismus und Feindseligkeit gegenüber Einwanderern werden im Namen des »Volkes« und damit der demokratischen Bürger geäußert, auch wenn sie gegen das demokratische Versprechen der Inklusivität verstoßen. Nicht zuletzt führen die neuen Informations- und Kommunikationstechnologien auf nationaler und internationaler Ebene zusammen mit

formation florierte. Siehe Sam Moyn, *The Last Utopia* (Cambridge, MA: Harvard University Press, 2010). Um die von allen »Identitäts«-Gruppen geforderte Gleichberechtigung oder die von den zahlreichen Aktivisten in den letzten fünfzig Jahren versprochenen Menschenrechte wirklich zu erreichen, wären weitreichende politische und wirtschaftliche Veränderungen erforderlich. Es ist jedoch sehr wohl möglich, die utopische und notwendigerweise kollektive Dimension vom weniger radikalen Projekt des Schutzes der Rechte des Einzelnen zu trennen, für die es keiner Veränderung politischer oder wirtschaftlicher Regime bedarf.

Unternehmen, Märkten und Finanzwesen zu einer dramatischen Ausweitung der soziotechnischen Systeme, die den Einzelnen in immer mehr indirekte Beziehungen einbinden, welche nur schwer zu erkennen, geschweige denn zu steuern sind. Die Bürger, die mit all diesen Veränderungen konfrontiert sind, erhalten zu wenig gesellschaftliche Unterstützung durch Gemeinschaften, intermediäre Vereinigungen und Institutionen des Wohlfahrtsstaats; viele haben diese als zutiefst entmündigend erlebt. Die kollektive Identität, das Zugehörigkeitsgefühl und das Wohlbefinden haben gelitten, während gleichzeitig die wirtschaftliche Leistungsfähigkeit und die politische Mitsprache abgenommen haben.[10]

Ein Beispiel dafür ist die Reaktion auf die Corona-Pandemie. Reiche Länder kümmerten sich darum, Impfstoffe zu produzieren, nicht darum, sie in ihren Gesellschaften zu verteilen – geschweige denn in der ganzen Welt. Das schwächte ihre Wirksamkeit und ermöglichte immer neue Virusvarianten und Infektionsausbrüche. Die durch den Neoliberalismus verschärften Ungleichheiten manifestierten sich in unterschiedlichen medizinischen Behandlungen und Todesraten für Arm und Reich. Die Aktien- und anderen Vermögensmärkte erlebten einen Boom und haben Milliardäre noch reicher gemacht; Millionen ihrer Mitbürger hingegen haben ihren Arbeitsplatz verloren oder waren gezwungen, aus dem Erwerbsleben auszuscheiden, um unbezahlte Carearbeit zu leisten. Andere haben prekäre Beschäftigungen als Fahrer, Reinigungskräfte und Krankenpfleger angenommen. Der Aufruf zum »social distancing« hat die tatsächliche soziale und ökonomische Distanz zwischen denjenigen, die sich in komfortablen Häusern und gut bezahlten Berufen gut anpassen konnten, und denjenigen, die gezwungen waren, unter problematischeren Bedingungen zu arbeiten, verschleiert. Die Reaktion auf die Pandemie war weder egalitär noch einheitlich.

Trotz ihres Reichtums waren die Vereinigten Staaten anfangs nicht in der Lage, das Gesundheitspersonal mit der erforderlichen Schutzausrüstung auszustatten und die Patienten auf den Inten-

10 Es ist ein schmutziges und selten wahrgenommenes Geheimnis, dass der Triumph des Neoliberalismus, der Finanzialisierung und eines neuen Clusters von Riesenkonzernen nicht nur die Deindustrialisierung der Vereinigten Staaten, Großbritanniens und anderer westlicher Länder mit sich brachte, sondern auch ihren Niedergang angesichts eines aufstrebenden Chinas einläutete.

sivstationen mit Beatmungsgeräten zu versorgen. Experten für das öffentliche Gesundheitswesen hatten seit Jahren vor den Risiken gewarnt, aber Planung und Vorbereitung hielten nicht Schritt. Im Gegenteil, das Streben allein nach Effizienz in den Einrichtungen des Gesundheitswesens war der Feind von Einsatzbereitschaft und Widerstandsfähigkeit, da die Einsparung von Geld durch den Verzicht auf Lagerhaltung zur Abhängigkeit von langen Lieferketten führte, die die Ausrüstung »just in time« liefern sollten – Lieferketten, die dann aber nicht funktionierten. Die Institutionen waren nicht nur überfordert, sondern der Widerstand gegen Maßnahmen im Bereich der öffentlichen Gesundheit wurde auch politisiert. Führende Politiker haben Konflikte verschärft, wo Zusammenhalt und ein gemeinsames Ziel nötig gewesen wären. Die Bürger haben sich hilflos gefühlt, unfähig, ihr Leben selbst in die Hand zu nehmen, ohne Einfluss auf die nationale Politik oder die globale Ausbreitung der Krankheit. Die Vereinigten Staaten sind nicht die einzige Demokratie, die nicht in der Lage ist, regionale, klassen- und berufsbedingte Ungleichheiten – und politische Polarisierung – zu überwinden. In Deutschland beispielsweise haben die Landesregierungen ebenfalls gegen die Beschränkungen des Bundes rebelliert. In Großbritannien und Frankreich stießen notwendige Maßnahmen im Bereich der öffentlichen Gesundheit auf politisierten Widerstand und Ablehnung. Wie viele andere Länder schwankte auch die indische Regierung zwischen Selbstgefälligkeit und erratisch verhängten Notmaßnahmen, die die Armen am härtesten getroffen haben.

Ein zunehmend autoritäres China hat den Eindruck erweckt, dass westliche (sprich: liberale) demokratische Gesellschaften zu schwach seien, um mit Herausforderungen wie Covid-19 fertig zu werden. Das ist in dreifacher Hinsicht eine verzerrte Wahrnehmung. Es ignoriert erstens, welche Rolle die Pathologien der autoritären Regierungsführung Chinas beim ersten Auftreten von Covid gespielt haben, nicht zuletzt die Tatsache, dass die lokalen Behörden wichtige Informationen verheimlichten, weil sie Angst davor hatten, was passieren würde, wenn sie sie an höhere Stellen weitergaben – von den Bürgern ganz zu schweigen. Es ignoriert zweitens, wie gut einige Demokratien – zum Beispiel Neuseeland – den Umgang mit Covid-19 gemeistert haben und dass Demokratien bei der Entwicklung von Impfstoffen weltweit führend sind.

Und es übertreibt drittens das Ausmaß, in dem bestimmte Regime, wie das von Donald Trump in den Vereinigten Staaten, ein Versagen der Demokratie als solcher und nicht »bloß« eine degenerierte Form darstellen. Dennoch muss die Frage nach den demokratischen Fähigkeiten gestellt werden, ebenso wie die Frage nach dem Klimawandel und anderen Notlagen jenseits der Pandemie.

Amartya Sen hat bekanntlich behauptet, eine der Tugenden der Demokratie bestehe darin, Hungersnöte zu verhindern.[11] Seuchen, Überschwemmungen und Missernten haben im Laufe der Geschichte zu katastrophalen Einbrüchen bei der Nahrungsmittelversorgung geführt. Die Frage, wer hungern musste, hing jedoch nicht nur davon ab, wie viel Nahrung vorhanden war, sondern auch davon, wie sie verteilt wurde; der Anspruch auf einen Anteil daran war eine Grundvoraussetzung für das Überleben. In Demokratien hatte jeder Anspruch auf die verfügbaren Lebensmittel, und selbst die Armen und sozial Schwachen mussten kaum Hunger leiden.[12] Man hätte deshalb meinen können, dass ein ähnliches Engagement für das Wohlergehen – und sei es nur das Überleben – aller Bürger die Zahl der Todesopfer während der Corona-Pandemie, die Ende 2019 begann, in den demokratischen Ländern niedrig gehalten hätte. Das war jedoch nicht der Fall. Die Vereinigten Staaten, Brasilien, Indien und mehrere europäische Demokratien waren mit am stärksten betroffen. Die Demokratie mag gut darin sein, Hungersnöte zu minimieren, aber sie hat sich nicht als ähnlich gut darin

11 Amartya Sen, *Poverty and Famines: An Essay on Food Supply and Distribution* (Oxford: Oxford University Press, 1983).

12 Sowohl in der Sowjetunion als auch in China waren katastrophale Hungersnöte der Beweis dafür, dass der Kommunismus ohne Demokratie seinen eigenen Idealen nicht gerecht werden und die Bürger nicht am Leben erhalten konnte. Im sowjetischen Holodomor kamen 1932/33 etwa sechs Millionen Menschen ums Leben. Die Zwangskollektivierung war dabei ein wichtiger Faktor, aber der Hunger wurde auch politisch gegen Bauern eingesetzt, die sich dem Wandel widersetzten, insbesondere in der Ukraine. Eine klassische Darstellung der lange verschwiegenen Hungersnot ist Robert Conquest, *Ernte des Todes. Stalins Holocaust in der Ukraine 1929-1933*, übers. von Enno von Löwenstein (München: Langen Müller, 1988). Im Falle von Chinas großer Hungersnot 1959-1961 kosteten eine schlechte Agrarpolitik, eine verpfuschte zentrale Planung sowie die politisch motivierte Bereitschaft, Todesfälle in Kauf zu nehmen, mehr als fünfzehn Millionen Menschen das Leben; auch das wurde lange Zeit geleugnet. Siehe Frank Dikötter, *Maos Großer Hunger. Massenmord und Menschenexperiment in China*, übers. von Stephan Gebauer (Stuttgart: Klett-Cotta, 2014).

erwiesen, Seuchen zu verhindern – zumindest nicht, wenn sie von Zerfallserscheinungen geprägt war.

Wie sich die Folgen der Pandemie auswirken werden, ist noch nicht ganz klar; es können immer noch verschiedene Entscheidungen getroffen werden. Wie Calhoun und Taylor in Kapitel 7 darlegen, ist eine Schlüsselfrage dabei, inwieweit diese Entscheidungen auf der Grundlage eines egalitären und einheitlichen Strebens nach dem Gemeinwohl getroffen werden. Klar ist, dass Covid-19 es unmöglich gemacht hat, das zu ignorieren, was einst als »soziale Frage« bezeichnet wurde. Während der Industriellen Revolution bezog sich dieser Begriff auf Herausforderungen wie Armut, Arbeitslosigkeit, Nahrungsmittelknappheit, Umweltverschmutzung und unzureichenden Wohnraum. Heute zeigt sich, dass die alten Übel nicht einmal aus den reichen Ländern verschwunden sind, geschweige denn aus den ärmeren Ländern.[13] Ungleichheiten in Bezug auf Vulnerabilität, Impfungen und Pflege sind zu einer neuen sozialen Frage geworden.

Die Demokratien sind bei der Bewältigung der Pandemie weniger deshalb gescheitert, weil es ihren Regierungen an Ressourcen, Macht oder politischen Fähigkeiten mangelte, sondern weil es ihnen an sozialem Zusammenhalt und Verpflichtung auf das Gemeinwohl fehlte. Das Problem ist nicht, dass die Demokratie zwangsläufig schwach ist. Das Problem ist, dass die Demokratie Zerfallserscheinungen zeigt.

Ursachen des Zerfalls

Der Zerfall der Demokratie wird nicht einfach durch schlechte Politiker verursacht, auch wenn zu viele von ihnen entweder kindisch oder korrupt sind, oder durch »technische« Mängel der Wahlsysteme. Er ist auch nicht ausschließlich auf äußere Einflüsse zurückzuführen, obwohl diese durchaus real sind: massive wirtschaftliche Umwälzungen, geopolitische Verschiebungen, Destabilisierung nationaler Institutionen, Scheitern globaler Zusammenarbeit, heimtückische Manipulation von Medien und Informationssystemen, Verschärfung der Ungleichheit.

13 Siehe Jan Bremen et al. (Hg.), *The Social Question in the Twenty-First Century* (Berkeley: University of California Press, 2019).

Die Demokratie zerfällt, wenn die Menschen das Gefühl haben, dass sie nicht in der Lage sind, sich und ihren Familien ein gutes Leben verschaffen zu können. Sie verfällt, wenn Gemeinschaften nicht in der Lage sind, ihre eigene Zukunft auf demokratische Weise zu gestalten, weil sie so sehr von den Entscheidungen ferner Mächte und den unpersönlichen Mechanismen kapitalistischer Märkte oder anderer groß angelegter Systeme bestimmt wird. Sie degeneriert, wenn einige Bürger versuchen, andere an den Rand zu drängen, indem sie nicht nur ihre Stimmen bei Wahlen blockieren, sondern auch ihren Zugang zu öffentlichen Einrichtungen und sogar zu öffentlichen Räumen einschränken. Die Demokratie verkommt, wenn die Bürger sich gegenseitig nicht mehr mit grundlegendem Respekt und Anerkennung behandeln und wenn sie sich weigern zu akzeptieren, dass sie wirklich zusammengehören.

Die Zerfallserscheinungen spiegeln die Erosion der sozialen Grundlagen der Demokratie wider. Die Bürger haben stabile Gemeinschaften, unterstützende und befähigende Institutionen und politische Parteien verloren, die in der Lage sind, wirksame interne Koalitionen und externe Allianzen zu schmieden, um sich für das Gemeinwohl einzusetzen. Wir sind über Gemeinschaften hinweg durch abstrakte und unpersönliche Systeme verbunden – vor allem durch Märkte. Aber wir haben zu wenige Gelegenheiten, über die Entfernungen persönlichere Verbindungen zwischen uns zu knüpfen. Die massenhafte Beteiligung am Militär hat dies bei den Amerikanern im Zweiten Weltkrieg bewirkt. Im miserabel geplanten Vietnamkrieg, der die Gesellschaft entzweite, wurde weniger Solidarität erreicht. Doch im Gefolge dieses Konflikts ersetzten die Vereinigten Staaten den selektiven, aber obligatorischen Militärdienst leider nicht durch ein faires Modell eines allgemeinen nationalen Dienstes, sondern durch eine »freiwillige« Rekrutierung, die die Beteiligung zu einer Frage der Klassenposition, einer kastenähnlichen innerfamiliären Kontinuität und für einige eines hochgradig politisierten Patriotismus machte. In ähnlicher Weise kann die Teilnahme an religiösen Aktivitäten das Lokale mit größeren Netzwerken, nationalen Konfessionen und internationalen Missionen verbinden. Aber selbst in den Vereinigten Staaten, wo die religiöse Partizipation lange Zeit viel höher war als in den meisten Industrieländern, ist sie in den letzten Jahrzehnten um mehr als ein Drittel zurückgegangen (und die lokale Kirchenmitgliedschaft ist hier seltener in nationale Konfessionen integriert).[14] Die alten Medien – Zeitungen, Fernsehen – haben den öffentlichen Diskurs einst zum Teil dadurch unterstützt, dass sie solche übergreifenden Verbindungen und einen gemeinsamen Wissenshintergrund geschaffen haben. Durch den Verlust ihrer wirtschaftlichen Grundlagen im Zeitalter der neuen elektronischen Medien sind sie jedoch deutlich geschwächt. Die neuen Medien haben zwar die demokratische Teilhabe erweitert, aber noch keine angemessenen Wege gefunden, um auf wahrheitsgetreues Wissen und Zusammenarbeit statt auf Täuschung und Konflikt ausgerichtet zu sein.

Demokratien haben schon früher tiefe Krisen überstanden, aber manchmal sind sie auch daran zerbrochen. Das berühmteste Beispiel ist das Ende der Weimarer Republik in Deutschland, als die Nationalsozialisten an die Macht kamen.[15] Das Ende der deutschen Demokratie spiegelte Zerfallserscheinungen der Art wider, wie wir sie hier beschreiben, kombiniert mit einer Wirtschaftskrise, ungünstigen internationalen Beziehungen und einer effektiven, organisierten und rücksichtslosen Bewegung, die die Macht an sich riss. Die Demokratie wurde erst wiederhergestellt, nachdem Deutschland einen fürchterlichen Krieg verloren hatte, und auch das nur in der einen Hälfte des nunmehr geteilten Landes.

Dennoch kann die Demokratie auch nach dem Niedergang überleben und sogar gedeihen – wenn den Zerfallserscheinungen mit energischen konstruktiven Maßnahmen begegnet wird. Wir legen unsere Darstellung der Zerfallserscheinungen der Demokratie in der Hoffnung vor, dass sie solche Projekte der Erneuerung und Regeneration fördern kann. Wir fügen aber sogleich hinzu, dass diese Projekte mehr beinhalten müssen als bloße Reparaturen oder Versuche, zu einem alten »Normalzustand« zurückzukehren.

14 Dieses Schwinden sozialer Bindungen ist das zentrale Thema von Robert Putnam, *Bowling Alone: The Collapse and Revival of American Community* (New York: Simon and Schuster, 2000). In *Upswing: How America Came Together a Century Ago and How We Can Do It Again* (New York: Simon and Schuster, 2020, zusammen mit Shaylyn Romney) zeigt er einige Gründe auf, die auf eine Erneuerung dieser Bindungen hoffen lassen.

15 Der Zusammenbruch der deutschen Demokratie in den 1930er Jahren ist bei weitem nicht das einzige Beispiel. Siehe die bei Steven Levitsky und Daniel Ziblatt behandelten Fälle in *Wie Demokratien sterben*, übers. von Klaus-Dieter Schmidt (München: Deutsche Verlags-Anstalt, 2018) sowie Adam Przeworski, *Krisen der Demokratie*, übers. von Stephan Gebauer (Berlin: Suhrkamp, 2020).

In Kapitel 7 skizzieren wir einige Möglichkeiten. Entscheidend ist, die Demokratie als ein Projekt zu betrachten – um eine stärkere Demokratie und ganz allgemein eine bessere Zukunft zu schaffen.

Kapitel 1
Zerfallserscheinungen der Demokratie

Charles Taylor

Lassen Sie uns zunächst einige weithin bekannte Dinge über die Geschichte des Wortes »Demokratie« wiederholen, denn sie können Dilemmata, in denen wir gegenwärtig stecken, verdeutlichen.

»Demokratie« ist, wie jeder weiß, erst seit zweihundert Jahren kein abwertender Begriff mehr. Ihr schlechter Ruf geht auf Aristoteles zurück. Für Aristoteles war Demokratie die uneingeschränkte, gleichsam unkontrollierte Macht des *demos* – der *demos* gedacht als die Nicht-Elite der Gesellschaft – über alle anderen, einschließlich der Eliten, d. h. der Aristokraten und derjenigen mit Geld. Auf der anderen Seite bedeutete Oligarchie die uneingeschränkte Kontrolle durch die Reichen und Adligen. Für Aristoteles war die beste Gesellschaft also das, was er eine *politeia* oder Politie nannte, ein Gleichgewicht zwischen beiden, ein Gleichgewicht der Macht.

Hätte man bis ins 18. Jahrhundert hinein unter anderem den Verfassern der amerikanischen Verfassung die Demokratie vorgeschlagen, so hätten sie gesagt: »Das wollen wir doch gar nicht.« Auch sie dachten in Kategorien des Gleichgewichts und nannten ihr neues Gemeinwesen »Republik«, was eine mögliche Übersetzung von Aristoteles' Begriff ist: *Politeia* lautet schließlich der Originaltitel von Platons großem Werk, der sich auch als *res publica* oder Republik übersetzen lässt. Aber Demokratie war im späten 18. Jahrhundert tatsächlich eine schlechte Nachricht.

Und dann wird sie plötzlich zu unserem Wort für die erstrebenswerteste Gesellschaft. Oder anders gesagt: Der Begriff, der zuvor im Gegensatz zu einem »Gemeinwesen« oder einer »Republik« definiert wurde – nämlich »Demokratie« –, bemächtigt sich plötzlich deren Ansehen und Legitimität. Er wird zu unserem Wort für das, wofür wir kämpfen, um die Welt dafür sicher zu machen (»make the world safe for democracy«), für die höchste Form des politischen Lebens.

Diese Verschiebung hinterlässt jedoch eine gewisse Zweideutigkeit, wie wir an der Doppeldeutigkeit der Wörter erkennen können, die wir für die Übersetzung von *demos* verwenden, also Volk, *peuple*, *people*, *popolo* und so weiter. Sie haben immer einen zweifachen Sinn. Einerseits bezeichnen sie die gesamte Bevölkerung einer Nation oder einer politischen Einheit, wie zum Beispiel das französische Volk oder das niederländische Volk, die 1944/45 von der nationalsozialistischen Besatzung befreit wurden. Andererseits verwenden wir den Begriff oft für das, was die Griechen den *demos* nannten, d. h. die Nicht-Eliten, so wie die frühe Neuzeit »demotische« Sprachen vom Lateinischen und den Sprachen der oft als Eroberer aufgetretenen Eliten unterschied, oder wie heute, wenn politische Führer behaupten, dass das Volk von den Eliten betrogen, ausgebeutet oder anderweitig übel behandelt wird.

Demokratie ist ein telisches Konzept

Diese Doppelbedeutung ist nicht zu eliminieren, denn sie spiegelt den Anspruch wider, der hinter dem Wort »Demokratie« steht. Im Idealfall würden die beiden Bedeutungen des Wortes miteinander verschmelzen: Es gäbe eine Gesellschaft, die vom ganzen Volk regiert wird, aber ohne eine Elite, die es schafft, den Rest der Bevölkerung in den Hintergrund zu drängen und zu dessen Nachteil zu handeln. Mit anderen Worten: Die Demokratie wäre eine wirklich gleichberechtigte Gesellschaft. Denn die Demokratie ist ein telisches Konzept, das notwendigerweise von Zielen und Idealen abhängt und nicht nur von Voraussetzungen oder Kausalbeziehungen. Sie wird durch Standards definiert, die niemals erfüllt werden können.

Es gibt also verschiedene Arten, Demokratie zu definieren: Wir sprechen davon, dass bestimmte Länder eine Demokratie haben, weil sie zum Beispiel über einen Rechtsstaat verfügen oder weil sie Wahlen abhalten, an denen alle Menschen teilnehmen können. In diesem Fall ist das allgemeine Wahlrecht der Schlüssel, zusammen mit dem Erfordernis »freier und fairer« Wahlen, was wiederum voraussetzt, dass die Medien frei sind. Oftmals aber fällen wir auch ein ganz anderes Urteil über bestimmte Gesellschaften, die den Test »frei und fair« bestehen, nämlich dass sie sehr »undemokratisch« sind, weil sie Ungleichheiten – in Bezug auf Einkommen, Vermögen, Bildung, Klasse oder Rasse – aufweisen, die durch eine unverhältnismäßig große Macht der Eliten verursacht sind, gleichzeitig diese enorme Machtfülle aber noch zusätzlich befördern.

Das Wahlkriterium ist eine Art Ein/Aus-Kriterium: Entweder erfüllt ein Land die Anforderung allgemeiner »freier und fairer« Wahlen oder es erfüllt sie nicht. (Die Welt ist natürlich viel unschärfer, aber unsere Urteile sind kategorisch.) Der zweite Demokratiebegriff ist jedoch telisch.

Gemeint ist damit eine Vorstellung davon, was das Ideal sein sollte, was die Demokratie ganzheitlich verwirklichen sollte. Das wäre so etwas wie ein Zustand idealer Gleichheit, in dem alle Klassen und Gruppen, Eliten und Nicht-Eliten gleichermaßen, im Verhältnis zu ihrer Anzahl über die Macht verfügten, die Ergebnisse zu beeinflussen und zu bestimmen.[1] Das aber definiert einen Zustand, den wir nie ganz erreichen – oder vielleicht erreichen wir ihn für kurze Zeit, und dann gleiten wir wieder davon ab. Und das verschafft uns den Schlüssel zu einer sehr wichtigen Dynamik in der Demokratie, die für meinen ersten Aspekt, meinen ersten Weg zum Zerfall, entscheidend ist.

Es gibt Phasen, in denen wir uns auf die Demokratie zubewegen – Befreiung von fremder Herrschaft, Befreiung von diktatorischer Herrschaft –, so wie es 1989 in Osteuropa geschah, so wie es nach dem Tahrir-Platz während des Arabischen Frühlings zu geschehen schien. Und etwas Ähnliches geschieht, wenn die Macht des *demos* in etablierten Demokratien (die das Kriterium »Wahlen« erfüllen) geltend gemacht wird.

Dann herrscht ein Gefühl großer Begeisterung, das Gefühl, dass wir uns in die richtige Richtung bewegen.

Und dann gibt es Zeiten, in denen die Stimmung sinkt, wenn wir das Gefühl haben, dass wir uns von der Demokratie entfernen. Betrachtet man die zweihundert Jahre dessen, was wir heute als »westliche Demokratie« bezeichnen, so stellt man fest, dass es viele Bewegungen gab, die scheinbar einen Schritt nach vorn darstellten; die Jackson'sche Revolution in den 1820er Jahren in den Vereinigten Staaten beispielsweise war eine Art demokratische Revolution gegen eine bestimmte Klasse von Eliten, gegen mächtige

1 Es sollte klar sein, dass die Institutionen und verfassungsrechtlichen Regelungen, die zur Verwirklichung dieses Zustands erforderlich sind, in verschiedenen Gesellschaften und Epochen sehr unterschiedlich ausfallen können, je nach der Rolle der Regierung, den Quellen der Macht, der Art von Parteien und sozialen Bewegungen und einer Vielzahl anderer Faktoren. Was das Telos erfordert, ändert sich in der Geschichte fortwährend.

Landbesitzerinteressen. Später dann im 19. Jahrhundert setzten sich jedoch neue und mächtige Interessen durch – beispielsweise die »Räuberbarone« im Gilded Age, gegen die die Progressiven und später Theodore Roosevelt mit Kartellgesetzen vorgingen.

Ab den 1930er Jahren und nach dem Zweiten Weltkrieg gab es in einigen Ländern einen weiteren Vorstoß gegen die unkontrollierte Macht der Industrie, diesmal mit der Schaffung von Wohlfahrtsstaaten, der Stärkung der Arbeitnehmermacht, einer Politik der Vollbeschäftigung und anderen sozialdemokratischen Elementen. Und dann, seit etwa 1975, sind wir in die andere Richtung gerutscht. Es ist dieses wichtige Merkmal – zuerst demokratische Ermutigung, Begeisterung und Vorwärtsbewegung, dann demokratische Entmutigung und Rückwärtsbewegung –, auf das ich aufmerksam machen möchte.

Hinter dem demokratischen Zerfall verbirgt sich zum Teil das Festhalten am ersten Konzept, dem Ein/Aus-Konzept. Es wird weithin mit dem berühmten Ökonomen Joseph Schumpeter in Verbindung gebracht, für den das Volk (zumindest theoretisch) aus gleichen Individuen besteht. Sie alle haben das Wahlrecht. Tatsächlich regieren Eliten von Experten und selbst ausgewählten Politikern.[2] Doch das Volk wählt regelmäßig, und diese Wahlen sind frei und fair. Es besteht also die reale Möglichkeit, dass die Amtsinhaber abgewählt werden können, und es gibt immer eine alternative Elite, die bereit ist, die Macht zu übernehmen, wenn die derzeitigen Machthaber ins Wanken geraten.

Nennen wir dies das »Kontingenzmerkmal«.

Dieses Merkmal hat noch weitere Voraussetzungen. Es erfordert freie Medien, offene Foren des Austauschs, das Recht, sich zu organisieren, und so weiter. Diese tragen zu freien und fairen Wahlen bei; ohne sie ist die Kontingenzbedingung nicht erfüllt. Und in einigen Varianten (z. B. in der US-Verfassung) wird versucht, einen Ausgleich zum ungezügelten und direkten Volkswillen zu schaffen (beispielsweise durch ein Wahlmännerkollegium, das aus lokalen Eliten besteht und den Präsidenten wählt).

Heute gibt es im liberalen Denken des Westens zudem das Erfordernis, dass alle gleich und gerecht behandelt werden müssen.

2 Joseph A. Schumpeter, *Kapitalismus, Sozialismus und Demokratie* [1942], 10., vervollständigte Aufl., mit einer Einführung von Heinz D. Kurz; übers. von Susanne Preiswerk u. a. (Tübingen: Narr Francke Attempto, 2020).

Die Forderung lautet, alle einzubeziehen, auch die Menschen, die sich von der Mehrheit unterscheiden, ob nun ethnisch, kulturell oder religiös.

Diese Inklusivität ist natürlich ein weiteres telisches Konzept, ein Standard, den wir nie ganz erreichen, dem wir uns aber je nachdem zu jedem Zeitpunkt annähern oder von dem wir uns entfernen können. In diesem Abschnitt werde ich mich jedoch mit dem Standard befassen, der verschlüsselt unmittelbar im Begriff »Demokratie« enthalten ist: die Herrschaft des Volkes, die Forderung, dass Nicht-Eliten eine bedeutende Rolle in der Regierung spielen. Auf die Frage der Inklusion gehe ich im nächsten Abschnitt ein.

Heute glauben wir nur allzu gerne, dass das soeben beschriebene System letztendlich die Zustimmung zumindest der meisten Menschen garantieren wird. Und dieser Konsens wird zu einer in der Geschichte noch nie dagewesenen Stabilität führen (und hat in einigen Fällen auch tatsächlich dazu geführt). Eine solche qua Konsens erzeugte Stabilität ist wie gesehen eine große Umkehrung gegenüber der klassischen Periode und auch noch im Vergleich zum späten 18. Jahrhundert. Die amerikanischen Gründerväter waren der Demokratie gegenüber misstrauisch. Sie vertraten immer noch die Ansicht, die auf Aristoteles zurückgeht: Demokratie ist die Herrschaft des Volkes, im Sinne von Nicht-Eliten. Eine solche Herrschaft würde eine gefährliche Instabilität mit sich bringen, ja sogar die Enteignung der Besitzenden, von denen Wohlstand und Zivilisation abhingen.

Aber diese Angst verschwindet in der quasi-Schumpeter'schen Sichtweise, zusammen mit dem telischen Konzept. Und hinter der optimistischen Prognose des etablierten liberalen Denkens steht die Erkenntnis, dass Demokratien stabil sind. Das Geheimnis der Attraktivität der Demokratie liegt dieser Auffassung zufolge darin, dass sie Rechtsstaatlichkeit bietet. Die Menschen können in Sicherheit leben, weil ihre Rechte geachtet werden, und wenn dies nicht der Fall ist, können sie vor Gericht Rechtsmittel einlegen. Gleichzeitig wird durch die Abhaltung regelmäßiger Wahlen mit allgemeinem Wahlrecht sichergestellt, dass die Interessen zumindest der Mehrheit nicht völlig außer Acht gelassen werden können.

Aus dieser Sicht können Demokratien also auf eine Weise stabil sein, wie es andere Regime nicht können. Darüber hinaus werden diese anderen Systeme aufgrund der weit verbreiteten Merkmale unserer heutigen Welt zwangsläufig immer stärker unter Druck geraten. Dahinter steht die Vorstellung, dass Bildung, die Verbreitung von Medien, ökonomischer Wandel, Globalisierung, Konsumkapitalismus usw. die Menschen von ihren älteren Bindungen an die Macht der Eliten lösen werden. Autoritäre Länder werden schließlich in ein Meer der Instabilität geraten. Die einzige Möglichkeit, diese Wogen zu glätten, ist die Einführung der Demokratie. Daher haben viele vorausgesagt, dass auch China eines Tages dem demokratischen Klub beitreten wird.

An dieser Behauptung ist *etwas* Wahres dran. Menschen, die in einem Rechtsstaat leben, wehren sich dagegen, ihre Rechte zu verlieren, was die Demokratie stabiler macht. Aber die Geschichte zeigt auch, dass die Verlockung einer starken Herrschaft oder die Versuchung, »Unordnung zu überwinden« oder gefährliche Elemente zu beseitigen, diesen Widerstand beseitigen kann.

Dieses Vertrauen in die Stabilität unterschätzt eindeutig die Ressourcen, auf die autoritäre Regime zurückgreifen können: insbesondere den Nationalismus, ein Gefühl der historischen Verbitterung über die ehemals herrschenden westlichen Kolonialmächte, ein Gefühl der Demütigung durch diese Mächte und das Gefühl, dass dieselben westlichen Mächte versuchen, uns zu schwächen, indem sie das moralische Gefüge unserer Gesellschaft und ihrer Religion zerstören und Laxheit, Homosexualität usw. fördern. Der russische Präsident Wladimir Putin versucht sogar, auf der Grundlage eines gemeinsamen Widerstands gegen die kulturell-moralische Erosion eine gegenliberale Internationale zu schaffen.

Was die optimistische Perspektive ebenfalls vernachlässigt, sind der Verfall und die Rückschritte innerhalb der etablierten Demokratien, was wiederum deren Unfähigkeit, auf neue Herausforderungen zu reagieren, verstärkt. Übermäßiges Vertrauen in den Fortbestand der Rechtsstaatlichkeit wirkt im Zeitalter von Trump plötzlich leichtsinnig.

Das Schumpeter'sche Modell scheint davon auszugehen, dass die Demokratie bereits unwiderruflich ihre höchste Ausformung erreicht hat, so dass die restriktive oder klassenbezogene Verwendung des Begriffs »Volk« einfach vergessen werden kann. Ja, oft wird sogar gefordert, dass sie vergessen werden *sollte*, und den Verfechtern einer egalitären Politik wird oft vorgeworfen, sie würden einen »Klassenkampf« führen. Aber jetzt erleben wir, wie das Vergessen des Telos die Demokratie angesichts bestimmter Arten von autoritären Herausforderungen entscheidend schwächt.

Die schwindende Wirkmacht der Bürger

Das bringt mich zu meinem ersten Degenerationspfad: Aus einer Vielzahl von Gründen müssen Demokratien ihre telische Bewegung, ihr Streben nach bestimmten Zwecken und Zielen, immer wieder neu gestalten. Das mag damit zu tun haben, dass sich, sagen wir, im Übergang vom frühen zum späten 19. Jahrhundert die Quellen der Macht völlig verändert haben. Diese Machtquellen wechselten vom Grundbesitz hin zu industrieller Macht, und die Macht hat sich vom Landadel hin zu großen Unternehmen verlagert; und dann ändern sich die Quellen und die Nutznießer erneut: Das Finanzwesen spielt eine ungeheuer wichtige Rolle dafür, auf welche Art und Weise wir unser Leben führen.

Die Notwendigkeit, die Dinge neu zu gestalten, kann aber auch aus Selbstgefälligkeit oder Rückschritten entstehen, wenn die Demokratie auf dem Höhepunkt ihrer Entwicklung ist, kurz vor ihrem Telos.

In jedem Fall aber ist klar, dass wir in den westlichen Demokratien seit etwa 1975 einen Rückwärtsgang eingelegt haben. Wir könnten das den »Great Downgrade« nennen. Was nach und nach verloren gegangen ist, ist das Gefühl der bürgerlichen Wirkmacht (*efficacy*). Damit meine ich das Gefühl, das gewöhnliche Bürger in einer Demokratie haben sollten, nämlich dass sie, wenn sie ihre Anstrengungen bündeln, die Regierung durch Wahlen beeinflussen und so Missstände beseitigen und erträgliche Lebensbedingungen für sich und ihre Familien schaffen können.

In dem Zeitraum, über den ich spreche, ging die Wirkmacht der Bürger tatsächlich zurück. Und dieser Rückgang schlug sich in wachsender Ungleichheit nieder; sie ist das Ergebnis davon, aber auch die Ursache dafür. Deshalb spreche ich von »Rutschungen«, obwohl es sich nicht um einen geraden Abwärtstrend handelt, sondern eher um eine Abwärtsspirale.

Diese spiralförmige Wirkung kann folgendermaßen aussehen: Je mehr die Menschen das Gefühl haben, dass sie über keine wirkliche Macht gegenüber den Eliten verfügen – dass ihr Schicksal anderswo entschieden wird, z. B. ob es in ihrer Gegend Arbeitsplätze, gute und sichere Jobs oder eine bezahlbare Ausbildung für ihre Kinder gibt –, desto entmutigter fühlen sie sich hinsichtlich ihrer Fähigkeit, diese Bedingungen zu beeinflussen, und desto weniger gehen sie zur Wahl. Und tatsächlich ist die Wahlbeteiligung in den letzten Jahrzehnten des 20. Jahrhunderts in fast allen westlichen Demokratien gesunken. Einige begannen mit einer höheren, andere mit einer niedrigeren Partizipation, aber im Allgemeinen ging der Trend nach unten. Und natürlich stärkte die Wahlenthaltung die Macht des Geldes und der Sonderinteressen, so dass sich die Entmutigung noch verstärkte.

In den letzten zwei Jahrzehnten ist die Wahlbeteiligung in vielen Ländern gestiegen. In den Vereinigten Staaten erreichte sie bei den Präsidentschaftswahlen 2020 einen neuen Höchststand. Das ist jedoch auf die Polarisierung zurückzuführen, die durch die so genannten populistischen Herausforderungen für die liberale Demokratie entstanden ist. Die Herausforderer, wie z. B. Donald Trump, behaupteten, den Bürgern mehr Wirkmacht zu verschaffen, aber in Bezug auf die realen Missstände und Ungleichheiten, unter denen die Nicht-Eliten litten, war dieses Angebot reine Augenwischerei. Tatsächlich hat die Trump-Präsidentschaft die Ungleichheit verschärft – etwa durch die Steuersenkung von 2017 – und den Affordable Care Act demontiert.

Hier besteht die Gefahr einer Abwärtsspirale – oder besser gesagt von verschiedenen Arten von Abwärtsspiralen, die sich wechselseitig verstärken.

Der Niedergang der gleichberechtigten Staatsbürgerschaft

Es lohnt sich, einen genaueren Blick auf die Veränderungen in den westlichen Demokratien seit 1975 zu werfen, was Craig Calhoun in Kapitel 2 ausführlicher tun wird. In den Jahrzehnten nach dem Zweiten Weltkrieg (in den Vereinigten Staaten beginnend mit dem New Deal) stand das politische Leben dieser Demokratien häufig im Zeichen einer Polarisierung zwischen links und rechts, die zur Entwicklung von Wohlfahrtsstaaten, zu einer gewissen Verstaatlichung und/oder staatlichen Wirtschaftsplanung, zur Ausweitung der Rechte und Befugnisse der organisierten Arbeiterschaft usw.

führte. Diese Maßnahmen wurden von Parteien der Linken vorgeschlagen und beschlossen und von einer großen Partei der Rechten bekämpft oder abgemildert. Im Laufe dieses Wettbewerbs/Kampfes wurden gemeinsam politische Regime geschaffen. Das beherrschende Thema dieser Gemeinwesen war eine Art gezähmter Klassenkampf.

Seitdem hat sich in unseren Gesellschaften viel verändert.

Erstens ist der gezähmte Klassenkampf zum Erliegen gekommen oder zumindest zersplittert, und zwar aus einer Vielzahl von Gründen. Einer davon, der sich in anderer Hinsicht als sehr vorteilhaft erwiesen hat, ist das Aufkommen neuer Themen, die in der alten Polarisierung an den Rand gedrängt wurden, insbesondere die von den Frauenbewegungen, von Umweltschützern, von Verfechtern des Multikulturalismus und der Homosexuellenrechte aufgeworfenen Fragen.

Hinzu kommt der zunehmende Wohlstand, der dazu führen kann, dass einige Menschen, auch unter den Nicht-Eliten, keine Klassensolidarität mehr empfinden.

Außerdem wächst eine neue Kultur heran, die in gewisser Hinsicht individualistischer ist. Ein Aspekt dieser neuen Kultur ist der Konsumismus, ein anderer die Ethik der Authentizität mit ihrem Interesse für Identitätsfragen; und beide wirken sich, einzeln und zusammen, dahingehend aus, dass sie den Individualismus verstärken.

Auf diese Weise fragmentieren die Themen. Und auch das Parteiensystem kann sich durch diese Veränderungen wandeln, wie das mit dem Aufstieg der grünen Parteien der Fall war. Die älteren »Themenpakete« werden lockerer, und in einigen Fällen rücken neue Pakete, die Fragen des Lebensstils miteinander verknüpfen, in den Vordergrund. Der Wechsel des Modells ist jedoch größtenteils darauf zurückzuführen, dass die Menschen das Vertrauen in das erste Modell verloren haben, weniger darauf, dass das zweite Modell so attraktiv ist.

Das alte Gefühl für die Wirkmacht der Bürger wird dementsprechend untergraben; es gibt einen Verlust an Gruppensolidarität rund um das ursprüngliche Cluster, so dass ich keine offensichtliche Möglichkeit mehr habe, meine Ziele politisch effektiv einzubringen. Die Unterstützung für die Parteien der Linken nimmt ab: Die aufeinanderfolgenden Alterskohorten stimmen weniger für diese Parteien, teils aus mangelndem Interesse, teils aus Nicht-Identifikation mit einer Partei, teils aus Verzweiflung über die eigene Unwirksamkeit.

Im ersten Teil unseres Zeitraums (etwa bis zum Crash von 2008) wurde die Verzweiflung noch verstärkt, weil die Wahlenthaltung das System auf eingefahrene Privilegien und den Status quo ausrichtete. Tatsächlich ging die Wahlbeteiligung bei denjenigen, die sich mit den etablierten Interessen identifizierten, weniger stark zurück:

- Bei den Reichen ging sie weniger stark zurück als bei den Armen.
- Unter den Gebildeten sank sie weniger stark als unter den Ungebildeten.
- Bei Menschen mit festem Einkommen und Wohneigentum ging sie weniger stark zurück als bei Menschen, die von der Hand in den Mund leben.
- Bei den Alten ist die Wahlbeteiligung weniger stark gesunken als bei den Jungen.
- In Mehrheitsgemeinschaften (Klasse, Ethnie, Religion oder andere) ging die Wahlbeteiligung häufig weniger stark zurück als in Minderheitsgemeinschaften.[3]

So wuchs ein Gefühl der Ohnmacht gegenüber Bürokraten, Sonderinteressen und Eliten. Verstärkt wurde dieses Empfinden durch die zunehmende wirtschaftliche Globalisierung und die Macht der Finanzwelt, die unser Leben immer mehr beeinträchtigt. All das verstärkte das Gefühl, dass wir, wenn überhaupt, nicht auf Wahlen

3 Bemerkenswerterweise gelten diese Zusammenhänge zwischen sozialer Stellung und Wahlbeteiligung nicht universell. So zeigt Mukulika Banerjee in *Why India Votes?* (Neu-Delhi: Routledge India, 2017), wie sich diese Beziehungen in Indien umkehren, so dass zum Beispiel die Armen und die untere Kaste stärker wählen gehen als die Reichen und die obere Kaste. Ihre Studie zeigt, dass die Rituale des Wahltags, an dem die vielfältigen, strengen Hierarchien der Gesellschaft zumindest vorübergehend außer Kraft gesetzt zu sein scheinen und der Bereich des Volkes scheinbar mit dem der Machthaber auf einer Ebene steht, ein Gefühl für die Macht der Demokratie schaffen und das nähren, was hier als »Enthusiasmus« bezeichnet wird, eine Erfahrung der Vorwärtsbewegung. Ob ein »Hochgefühl« am Wahltag die vielen täglichen Erfahrungen spektakulärer Elitenmacht überdauern kann, bleibt abzuwarten.

setzen sollten, sondern (vielleicht) auf die Mobilisierung für bestimmte Themen.

Hier gibt es Teufelskreise, Abwärtsspiralen, durch die das Gefühl der Wirkungslosigkeit die Wirkmacht in der Tat verringert, was wiederum das Gefühl der Ohnmacht verstärkt. So führt beispielsweise die Verzweiflung ob der Wirkungslosigkeit zu Wahlenthaltung und einem Rückgang der Bürgerbeteiligung, was wiederum die Macht des Geldes in der Politik steigert. Die Politiker verlassen sich stärker auf das teure Fernsehen, weil ihnen ein »ground game« fehlt; eine zersplitterte Gesellschaft mit weniger Mobilisierung bedeutet, dass wir mehr Medien brauchen.

Doch die größere Macht des Geldes, die durch das Oligopol der Medien ausgeübt wird, macht den gesamten Prozess weniger transparent, was wiederum objektiv die Wirksamkeit von bürgerlichem Handeln verringert, was wiederum die Verzweiflung steigert – und der Kreislauf beginnt von neuem.

Dann vergrößert sich die Kluft zwischen Arm und Reich. Die Mittelschicht schrumpft.[4] Es gibt immer weniger feste Arbeitsplätze. Und es scheint keine Mechanismen zu geben, um diesen Trend umzukehren.

Der Sinn für eine gleichberechtigte Bürgerschaft, der zum Teil eine Frage des Selbstverständnisses ist, schwindet in dem Maße, in dem die Erfahrung, gemeinsam zu handeln oder auch nur in der Gegenwart des anderen zu sein, seltener wird. Menschen in Ghettos einerseits und in Gated Communities andererseits haben Schwierigkeiten, sich gemeinsam als Partner in einer demokratischen Bewegung vorzustellen.[5]

Die Kraft des Ideals der gleichberechtigten Bürgerschaft wird dann durch Ideologien der Unwürdigkeit umgelenkt. Die Reichen und Erfolgreichen kommen zu der Überzeugung, dass diejenigen, die Sozialhilfe, Lebensmittelmarken und andere Unterstützungsleistungen beziehen, der in Nordamerika so ausgeprägten Ethik der Eigenverantwortlichkeit nicht wirklich gerecht werden und es daher nicht verdienen, zusammen mit ihnen vollwertige Bürger zu

4 Siehe Thomas Piketty, *Das Kapital im 21. Jahrhundert*, übers. von Ilse Utz und Stefan Lorenzer (München: C. H. Beck, 2014), Kap. 8 und 9.

5 Zur Kommerzialisierung amerikanischer Freizeitaktivitäten siehe Michael J. Sandel, *Was man für Geld nicht kaufen kann. Die moralischen Grenzen des Marktes*, übers. von Helmut Reuter (Berlin: Ullstein, 2012), S. 203-250.

sein.[6] Daher die Versuche rechter Parteien (US-Republikaner, kanadische Konservative), den Gang zur Wahlurne zu erschweren.

Dies sind sich selbst nährende Spiralen. Wir befinden uns nicht nur in einer Ära des demokratischen Rückschritts, in der sich das Telos zurückzieht, sondern es hat den Anschein, als ob sich der Niedergang von selbst vollzieht. Es ist schwer auszumachen, wie man ihn aufhalten kann.

Vertrauensverlust

Die Spiralen führen dazu, dass das Vertrauen in das repräsentative System als Mittel zur Behebung von Missständen bei Nicht-Eliten schwindet. Das hat verschiedene Teufelskreise des Niedergangs in Gang gesetzt. Ich möchte sie in aller Kürze aufzählen.

Erstens hat die rückläufige Wahlbeteiligung, vor allem der Nicht-Eliten, und/oder die abnehmende Unterstützung für linke Parteien den Einfluss der Bessergestellten und auch den des Geldes in der Politik erhöht. Ich denke dabei nicht nur an die Wahlbeteiligung, sondern auch an die Beteiligung der Bürger an Wahlkämpfen. Je geringer die Partizipation ist, desto größer ist die Bedeutung des Fernsehens und damit der Bedarf an Geld.

Einiges davon ist (zumindest rechtlich) noch in Ordnung, aber der heutige Zustand nähert sich dem an, was der Norden und der Westen spöttisch »Korruption« oder »Vetternwirtschaft« nennen, wenn es im Osten und Süden auftritt. Und wenn Nicht-Eliten anfangen, sich stärker zu beteiligen, gibt es oft Bestrebungen, dies einzuschränken.

Die Wahlbeteiligung hat sich zweitens durch eine Zunahme der Ungleichheit, der Kluft zwischen Arm und Reich, verschlechtert, die sich zwischen dem Gilded Age und dem, was die Franzosen *les trentes glorieuses* nennen, verringerte und dann in immer schnellerem Tempo wieder auseinanderzugehen begann. Das ist (a) auf die Globalisierung, d. h. den Abbau von Handelsschranken, und (b) auf die damit einhergehende Abwanderung der Produktion

6 Gemeint ist die berühmt-berüchtigte Bemerkung von Mitt Romney während des Präsidentschaftswahlkampfs 2012, wonach 47 Prozent der Bevölkerung vom Reichtum des Landes zehren würden, statt zu ihm beizutragen, und dass die Verfechter einer Rückkehr zu strenger Eigenverantwortung bei jeder Wahl mit einem Handicap antreten müssten.

aus Hoch- zu Niedriglohnstandorten sowie auf die zunehmende Automatisierung vieler Funktionen zurückzuführen. Zusätzlich verschärft wurden die Auswirkungen beider Entwicklungen in den reicheren Demokratien durch das blinde ideologische Vertrauen der Regierungen, selbst der Linken, in den Neoliberalismus: also in die Grundannahme, dass, wenn die Märkte frei sind, die Wachstumsgewinne immer nach unten durchsickern (eine steigende Flut hebt alle Schiffe). Folglich waren die Versuche, den Auswirkungen der Globalisierung und der Automatisierung durch Bildung, Umschulung, angemessene Sozialleistungen, Konjunkturpakete und Ähnliches entgegenzuwirken, unzureichend. Das Ausbleiben einer wirksamen Reaktion der Regierungen verstärkte bei den Nicht-Eliten das Gefühl, dass sie keinen wirklichen Einfluss auf das System haben, und führte zu einem weiteren Rückgang der Wahlbeteiligung (zumindest so lange, bis sie einen charismatischen Fürsprecher hatten, um den sie sich scharen konnten).

Drittens fließt der Frust in Aktionsformen, die außerhalb des repräsentativen Systems stattfinden. Protestbewegungen bleiben oft wirkungslos, gerade weil sie keinen Einfluss auf die Wahlbeteiligung haben (Occupy Wall Street), oder sie schlagen vor, das System ganz zu verlassen (die Cinque Stelle in Italien).

Und viertens öffnet die scheinbare Unfähigkeit der sozialdemokratischen Parteien, die wirtschaftlichen und beschäftigungspolitischen Bedingungen der Nicht-Eliten zu verbessern, den Weg für eine Neudefinition des Telos der Demokratie, in der das »Volk« nunmehr kulturell oder religiös definiert wird und sein Angriffsziel der »Andere« ist, während seine politischen Feinde die liberalen und multikulturellen Eliten sind. Diese Dynamik erleben wir heute praktisch überall in den westlichen Demokratien. Natürlich ist das die Grundlage für eine weitere Abwärtsspirale, denn die Programme dieser populistischen Bewegungen können nichts gegen Armut und Arbeitslosigkeit ausrichten. Sie können nur den *demos* spalten, der als die Gesamtheit der benachteiligten Nicht-Eliten definiert ist.

Zusätzlich zu diesen vier Spiralen scheint es eine »Verdummung« der Wählerschaft zu geben, in dem Sinne, dass das Verständnis für die Probleme und die vielfältigen Zusammenhänge in großen Teilen der Bevölkerung abnimmt. Oder täusche ich mich, träume ich von einer Vergangenheit, die es nie gab, wenn ich behaupte, dass frühere Wählerkohorten in den USA der Nachkriegszeit über die Vorstellung gelacht hätten, dass Konjunkturpakete nicht zu mehr Beschäftigung führen oder (noch verrückter) dass eine Steuersenkung für Superreiche automatisch zu mehr Beschäftigung führt? Wie könnte man besser auf die »Voodoo-Ökonomie« reagieren, die von Ronald Reagan eingeführt und von George W. Bush und Trump aufgegriffen wurde? Das Paradoxe daran ist, dass die Wählerschaft im Westen formal gesehen besser ausgebildet ist als je zuvor.

Tatsächlich wird es sich aber als fruchtbarer erweisen, wenn wir dieses Phänomen von der anderen Seite her betrachten und von der zunehmenden Undurchsichtigkeit des repräsentativen Systems sprechen.

Wenn ich von zunehmender Undurchsichtigkeit spreche, dann heißt das nicht, dass in einer früheren Periode, etwa unmittelbar nach dem Zweiten Weltkrieg, völlige Transparenz herrschte. Allein schon die Tatsache, dass es Wellen der Irrationalität wie die der McCarthy-Ära gibt, widerspricht dieser Annahme. Aber der Begriff versucht, das Phänomen zu erfassen, dass bestimmte Angelegenheiten, die für frühere Generationen relativ offensichtlich waren, aus dem Blickfeld geraten sind – eine Vergesslichkeit, die es im Zuge der Tea-Party-Kampagne gegen den Affordable Care Act einigen erlaubte, Dinge zu sagen wie »Keep your government hands off my Medicare«.[7]

Aber vielleicht ist diese zunehmende Undurchsichtigkeit eine unvermeidliche Folge der Abkehr vom repräsentativen politischen System; was nicht zu funktionieren scheint, ist es nicht wert, genauer verfolgt zu werden. Doch selbst diejenigen, die sich nicht vom System abwenden, die sich gerne engagieren würden, aber nicht so recht wissen, wie sie etwas bewirken können, kann die frustrierende Undurchsichtigkeit des Systems anfällig für Heilsbringer machen, die versprechen, eine bessere Vergangenheit wiederherzustellen (wie das geschehen soll, wird nie gesagt).

Ich glaube nicht, dass der Rückzug aus dem politischen System die einzige Ursache dafür ist; ich werde weiter unten darauf zurückkommen. Aber in dem Maße, in dem Entfremdung eine Rolle

7 Joan C. Williams, *White Working Class: Overcoming Class Cluelessness in America* (Boston: Harvard Business Review Press, 2017), S. 100.

spielt, ist sie sowohl Ursache als auch Folge der zunehmenden Undurchsichtigkeit; damit haben wir eine fünfte Spirale.

In vielen westlichen Gesellschaften führt diese Undurchsichtigkeit dazu, dass die politische Debatte im Mainstream vor den Mythologien des Neoliberalismus kapituliert, was natürlich die Fähigkeit des Systems, den Nicht-Eliten zu helfen, weiter einschränkt. Diese sechste Spirale zeigt sich im Abbau sozialer Leistungen, die zur Unterstützung von Nicht-Eliten eingerichtet wurden, als deren Interessen in der Politik noch besser vertreten waren. So schlug beispielsweise Bill Clinton als US-Präsident eine Gesetzgebung vor, die »die Wohlfahrt, wie wir sie kannten, beenden sollte«.[8] Die von den Republikanern dominierte Legislative verabschiedete den Personal Responsibility and Work Opportunity Act, der Amerikas einstmals robustes Sicherheitsnetz tatsächlich dramatisch aushöhlte. Trotz aller Behauptungen der Republikaner, dass Sozialhilfeempfänger insbesondere die Demokratische Partei unterstützen würden, gehen die »Nutznießer« von Sozialhilfe (für solche Fälle sollte es das Wort »Ausnutzer« geben) im Allgemeinen seltener zur Wahl als die Bessergestellten. Sich in die Politik einzumischen würde nur Energie von ihren täglichen Kämpfen um Arbeit und um die Vermeidung von Hunger oder Zwangsräumung abziehen – und groß zu helfen scheint es ohnehin nicht.

Undurchsichtigkeit

Es lohnt sich, die treibende Kraft hinter der fünften Spirale genauer zu betrachten, die ich den Effekt der »zunehmenden Intransparenz« nenne. Dahinter verbirgt sich ein ganzer Komplex von Ursachen. Eine davon ist zweifellos die wachsende Kontrolle von Big Money über die Medien (Murdoch und Fox News) und deren zunehmende Verantwortungslosigkeit (zuletzt veranschaulicht durch den Umgang mit Trump während der Präsidentschaftswahlen 2016 und 2020, der die Quoten nach oben schnellen ließ, aber die Medien hätten auch darauf hinzuweisen können, wenn Menschen logen oder absurde Dinge sagten).

Gleichzeitig hat eine Zersplitterung des Publikums stattgefun-

8 Siehe Alana Samuels, The End of Welfare as We Know It, in: *Atlantic*, 1. April 2016.

den, weshalb viele Menschen nie mit abweichenden Meinungen in Berührung kommen. Einerseits haben sich die verschiedenen Medien allmählich zu »Echokammern« zusammengeschlossen, so dass ältere Formen des Aufeinanderprallens gegensätzlicher Ideen nicht mehr stattfinden. Andererseits verstärkt der Aufstieg der sozialen Medien als Informations- und Meinungsquellen die Bildung solcher Echokammern. Verschärft wird all das noch durch den Zustrom von Fake News, die in einer Echokammer kursieren und nie mit den »Wahrheiten« konfrontiert werden, die in anderen zirkulieren. Dieser Effekt hat dazu beigetragen, dass sich der Glaube an wilde und abstruse Verschwörungstheorien wie QAnon offenbar enorm verbreitet hat.

Michael Warner, der sich eingehend mit der öffentlichen Sphäre beschäftigt hat, weist darauf hin, dass sich die Art des Austauschs, der durch die sozialen Medien fließt, verschoben hat, und zwar in Richtung des Autobiografischen, ja sogar des Narzisstischen: »Ihre politischen Posts stehen als Selbstdarstellung neben Fotos von Ihrem Hund.«[9] Was sind die kumulativen Auswirkungen dieser Tendenz?

Neben den oben genannten Faktoren wurde die Undurchsichtigkeit teilweise durch institutionelle Veränderungen verstärkt, die unsere Gesellschaft weniger durchschaubar gemacht haben.[10] Wie bereits erwähnt, kann man sich bei einer großen Partei auf der Linken und einer großen Partei auf der Rechten, die jeweils allgemeine Programme haben, ziemlich gut vorstellen, dass es mehr Wohlfahrt geben wird, wenn man so wählt, und weniger, wenn man so wählt. Aber heute gibt es eine viel stärkere Zersplitterung, mit Bewegungen verschiedenster Art – Ökologie, Feminismus, Homosexuellenrechte –, so dass die politischen Optionen und Alternativen weniger gut erkennbar sind. Und es ist oft weniger klar, wie man abstimmen sollte, wenn man ein bestimmtes Ergebnis anstrebt.

Diese größere Undurchsichtigkeit ist sicherlich einer der Gründe für den Rückgang der gefühlten Wirkmacht der Bürger, was

9 Zitat aus einem persönlichen Gespräch. Ähnliche Bemerkungen finden sich in Michael Warners Vortrag »Fake Publics«, einer bislang leider unveröffentlichten Mitschrift; eine Zusammenfassung findet sich unter ⟨https://www.jfki.fu-berlin.de/en/v/dgfa2018/program/keynotes/warner_abstract/index.html⟩.

10 Luke Bretherton, *Resurrecting Democracy: Faith, Citizenship, and the Politics of a Common Life* (Cambridge, UK: Cambridge University Press, 2015).

einerseits zu einer größeren Wahlenthaltung und andererseits zu einem geringeren Verständnis der Funktionsweise unseres Systems führt. Und in diesem Fall bestehen das Unglück und die Ironie darin, dass dies zum Teil durch den Aufstieg sozialer Bewegungen wie der im letzten Absatz erwähnten verursacht wurde, die größtenteils einen Gewinn für die Demokratie darstellten, insofern wichtige Anliegen und seit langem bestehende Missstände in einer Weise relevant wurden, wie sie es in der Vergangenheit nicht waren, und die Stimmen von LGBTQ-Personen, Frauen, Behinderten und anderen endlich einen gewissen Einfluss hatten.

Aber es gibt noch einen anderen Grund für die schwindende Transparenz, der weniger harmlos ist, nämlich die wachsende Macht, die der Glauben an ungehinderte Märkte als Wachstumsmotoren, die letztlich allen nützen, über unsere Institutionen hat. Seit den späten 1970er Jahren haben neoliberale Ideen in vielen westlichen Demokratien die Vorherrschaft erlangt, und selbst jetzt, da durch den Crash von 2008 die Torheiten einer geringeren Regulierung deutlich wurden, haben diese Illusionen immer noch enormen Einfluss.

Erst in jüngster Zeit, mit dem Ausbruch der Corona-Pandemie im Jahr 2019, sind die wahren Kosten des Neoliberalismus zutage getreten – unterfinanzierte Gesundheitssysteme, unzureichende Vorsorge für ältere Menschen, eklatante Ungleichheiten, die bestimmte Gruppen viel stärker gefährdet haben als andere.

Aber dass sich diese Art von Fantasievorstellung so hartnäckig hält, ist vielleicht weniger überraschend, wenn wir ein grundlegendes Merkmal der modernen Demokratie im Vergleich zur antiken Demokratie in Betracht ziehen. Im antiken Athen wurde die *ecclesia*, wenn sie zusammenkam, vom *demos* beherrscht, und wenn sie darüber abstimmte, *x* oder *y* zu machen, war das Ergebnis der Wille des Volkes. Mag sein, dass sie im Nachhinein dachten, sie hätten etwas Schreckliches getan, aber es war eindeutig ihr Wille gewesen. In unseren rechtsstaatlichen, komplexen, repräsentativen Systemen hingegen ist es oft sehr schwer, sicher zu sein, ob der Wille des Volkes Beachtung findet oder nicht. Es liegt in der Natur der Sache, dass die demokratische Entscheidungsfindung immer undurchsichtiger wird, je weniger offen sie für die Beteiligung der Nicht-Eliten ist. In dem Maße, in dem das Volk nicht abstimmt, klinkt es sich auch aus und weiß immer weniger, was tatsächlich geschieht.

Das bedeutet, dass die Menschen sehr offen für verschiedene Arten von Appellen sind, die von kundigeren Menschen als eindeutig magisches Denken angesehen werden – nehmen wir als Beispiel nur das Versprechen »I'm going to make America great again«. Aber auch so kann sich die Spirale weiter nach unten drehen.

In jedem Fall hat die neoliberale Illusion den Weg für bestimmte politische Maßnahmen geebnet, die der Lebensgrundlage großer Teile der Bevölkerung in den westlichen Demokratien großen Schaden zugefügt haben. Dazu gehört die Globalisierung des Handels, d. h. der Abbau von Handelsschranken. Das hat den Entwicklungsländern an sich große Vorteile gebracht und dazu beigetragen, die weltweite Armut zu verringern. Allerdings hätte die Globalisierung von einer nationalen Politik begleitet werden müssen, die dafür gesorgt hätte, dass die Vorteile innerhalb der Industrieländer breiter und gleichmäßiger verteilt werden. Der unreflektierte Glaube an den Markt hat dazu beigetragen, dass die Regierungen die Notwendigkeit einer solchen Politik nicht erkannt haben (zum Glück ist dies nicht überall der Fall; einige europäische, insbesondere skandinavische Sozialdemokratien haben in diesem Bereich größere Erfolge erzielt). Das rächt sich jetzt, und die Bevölkerung verschiedener »rust belts« und anderer abgehängter Regionen in den Vereinigten Staaten und Europa steht auf und fordert Rechenschaft.

Wenn wir die drei hier erwähnten Faktoren betrachten, die dazu beigetragen haben, dass sich unsere westlichen Demokratien von den politischen Mustern der Nachkriegszeit entfernt haben (und es gibt natürlich noch andere) – nämlich soziale Bewegungen, die Ausbreitung des Neoliberalismus und der globalisierte Handel –, wird deutlich, wie fragil die Errungenschaften einer solchen Phase der Annäherung an das Telos der Demokratie sein können. Sie sind stets anfällig für weitgehend unvorhersehbare Veränderungen in Wirtschaft und Kultur und für wechselnde Ideologien. Keine Formel für eine erfolgreiche Demokratie kann für immer gültig sein.

Sobald das positive Gleichgewicht der Sozialdemokratie verlassen wird, setzen die oben erwähnten Spiralen ein, die uns, wenn keine klugen und wirksamen Gegenmaßnahmen ergriffen werden, noch weiter von unserem Ziel entfernen und die Hegemonie der Eliten sogar noch stärken. Das ist eine Art und Weise, in der die Demokratie für den Zerfall, für den Verlust ihres Wesens anfällig ist. Etwas anderes wäre es, wenn das Abweichen vom Telos automatisch zu einer Korrektur führen würde, aber im Gegenteil verschlimmern die sich selbst nährenden Spiralen die Abweichung.

Nichtbeteiligung und Deprivation

Wir sollten uns keine Illusionen machen: Nichtwähler mögen eine Art zynische Gleichgültigkeit an den Tag legen, aber in Wirklichkeit fühlen sich viele von ihnen um ihr Geburtsrecht betrogen. Dieses Gefühl zeigt sich in der großen Wirkung von Slogans wie Obamas »Yes, we can« von 2008. (Eine der Parteien, die aus der spanischen Indignados-Bewegung hervorgegangen ist, heißt denn auch bemerkenswerterweise »Podemos«). Viele Partizipationsverweigerer zeigen sich bereit, sich wieder zu beteiligen, sobald sie eine Chance sehen, etwas zu bewirken. Die jüngsten Mobilisierungen in vielen westlichen Demokratien sind ein Beweis dafür. Neue Wähler und Wählerinnen waren wichtig für den Erfolg der Demokraten bei den US-Zwischenwahlen 2018; sie waren wichtig für die Rekordbeteiligung bei den Präsidentschaftswahlen 2020. Zu den neuen Wählern gehören auch junge Menschen – und gerade junge Leute sind beim Thema Klimawandel führend.

Für viele wird der Mangel an bürgerschaftlichem Engagement als Deprivation empfunden; unter anderem das ist gemeint, wenn wir davon sprechen, dass die Demokratie, wie sie von vielen in unserer Zivilisation gedacht und gelebt wird, ein telisches Konzept ist.

Darüber hinaus hat die Funktionsweise unseres Systems einigen Teilen der Bevölkerung große Verluste zugefügt. Im Zusammenhang mit der Globalisierung des Handels und der Automatisierung haben die fortgeschrittenen Volkswirtschaften den Verlust regulärer, potenzieller Vollzeitarbeitsplätze erlebt; viele Menschen finden nur noch prekäre und/oder Teilzeitbeschäftigung. Für viele Arbeitnehmer hat dies einen Rückgang des Lebensstandards und für die betroffenen Gesellschaften eine Zunahme der Ungleichheit bedeutet. Früher, direkt nach dem Krieg, hätte dies zu einem Anstieg der Stimmen für die große(n) linke(n) Partei(en) geführt. Heute jedoch scheinen die traditionellen linken Parteien nicht in der Lage zu sein, diese Unzufriedenheit zu kanalisieren. Das ist unter anderem in den Vereinigten Staaten, im Vereinigten Königreich und in Frankreich zu beobachten. In Europa zog die Krise von 2008 in den meisten EU-Mitgliedstaaten eine strikte Sparpolitik nach sich. In einigen

Fällen war das angesichts der Schuldenkrise und des mangelnden Handlungsspielraums der Länder, die an dieselbe (Euro-)Währung gebunden sind, im Rahmen der klassischen Haushaltsplanung erforderlich. Mitunter war die Austeritätspolitik aber auch freiwilliger Natur und ideologisch motiviert. Die Sparmaßnahmen haben die Notlage der weniger Wohlhabenden verschlimmert, doch die sozialdemokratischen Parteien waren entweder nicht in der Lage oder nicht willens, eine Alternative anzubieten. Vielmehr hat die Unzufriedenheit zu einem Anstieg populistischer Wählerstimmen geführt, der natürlich durch die von den Gebrüdern Koch, Sky News und anderen finanzierten Vernebelungen befördert wurde.

In der Tat hat die Macht der neoliberalen Mythologie, gestützt durch die Angst vor der Handelskonkurrenz aus anderen Gesellschaften, verhindert, dass Programme aufgelegt und umgesetzt wurden, die die Krise der guten Arbeitsplätze bewältigen würden: mehr Investitionen in Umschulungen; bessere Unterstützung für Arbeitnehmer und ihre Kinder in Zeiten der Arbeitslosigkeit; Konjunkturpakete zum Aufbau der Infrastruktur; Ausbau der öffentlichen Dienstleistungen, einschließlich Gesundheit, Bildung und Altenpflege (siehe Kapitel 7). Im Gegenteil lag der Schwerpunkt auf Steuersenkungen oder zumindest auf dem Verzicht auf Steuererhöhungen mit der Begründung, dass dies der Königsweg zu mehr Beschäftigung sei; aber diese Politik hat oft zu überzogenen Austeritätsprogrammen geführt – siehe insbesondere Europa nach 2008.

So kam es im Westen zu einem Niedergang der »fordistischen« Industrien, in denen die Arbeitnehmer auf Lebenszeit beschäftigt waren und Zusatzleistungen erhielten. Vom fordistischen Arbeitnehmer zum prekären Teilzeitbeschäftigten: das ist das Schicksal vieler Arbeitnehmer oder ihrer Kinder – ein Schicksal, das einem »Great Downgrade« unserer Zeit gleichkommt. Davon sind viele Menschen und ganze Landstriche betroffen. Dazu gehören die so genannten »Rostgürtel«, ehemalige Standorte der Großindustrie, die heute im Niedergang begriffen sind, aber auch Kleinstädte und ländliche Gebiete, die ebenfalls ins Hintertreffen geraten sind. Die wirtschaftliche Entwicklung in vielen westlichen Gesellschaften hat im letzten halben Jahrhundert zu einer Konzentration der wirtschaftlichen Aktivitäten und des Arbeitsplatzzuwachses in einigen wenigen Großstädten geführt. Kleine Zentren haben nicht nur an Bevölkerung verloren, sondern auch viele ihrer früheren Institutionen, darunter häufig die Lokalzeitung.[11] Viele der Menschen, die in diesen Regionen leben, stehen vor der beängstigenden Aussicht, dass es für sie und ihre Kinder sozial abwärts geht.

Nun könnte man argumentieren, dass wir als Ausgleich für unsere Verluste etwas gewonnen haben. Wie ich weiter oben behauptet habe, war einer der Gründe für den Niedergang des alten Links-Rechts-Schemas der Politik im Westen das Aufkommen sozialer Bewegungen wie Feminismus, LGBTQ-Rechte, ökologische Verantwortung und dergleichen. Diese Bewegungen haben uns dem näher gebracht, was wir als ein weiteres Telos oder Hauptziel der liberalen Demokratie anerkennen – nämlich die Schaffung einer gleichberechtigteren und inklusiveren Gesellschaft oder, negativ ausgedrückt, die Beseitigung bestimmter gravierender und seit langem bestehender Exklusionen oder inegalitärer hierarchischer Inklusionen (wie der von Frauen in patriarchalischen Lebensformen).

Aber wir können diese beiden Entwicklungen nicht als einen Gesamtgewinn oder gar eine Verschiebung betrachten, bei der die Verluste durch die Gewinne vollständig kompensiert werden. Und zwar deshalb, weil die Reaktionen auf die »Große Verschlechterung« die Inklusionsgewinne sehr deutlich und spürbar in Frage gestellt haben. Das ist eine der schockierenden Schlussfolgerungen, zu denen uns die aktuellen Ereignisse zwingen. Die »populistischen« Revolten (wir werden schon bald Grund haben, diesen Begriff in Frage zu stellen) haben der nicht-hierarchischen Inklusion großen Schaden zugefügt.

Wenden wir uns nun diesen Revolten zu und fragen danach, warum Demokratien dafür anfällig sind.

Wellen der Ausgrenzung

Der zweite Weg zum Zerfall, über den ich sprechen möchte, ist die Entwicklung verschiedener Ausgrenzungsbewegungen (bzw. die Macht, die sie erlangen). Gemeint sind damit Bewegungen, die behaupten, dass bestimmte Mitglieder der Polis, bestimmte Mitglieder der Republik, nicht *wirklich* Mitglieder der Republik sind.

11 Letzteren Aspekt und einen Großteil der obigen Ausführungen verdanke ich den Diskussionen mit Dan Carpenter.

Das ist eine weitere grundlegende Anfälligkeit der modernen Demokratie, die wir genauer betrachten müssen.

Demokratische Republiken erfordern ein sehr ausgeprägtes Identitätsgefühl: Amerikaner, Kanadier, Québécois, Deutsche, Franzosen und so weiter. Und warum? Nun, weil das Wesen der Demokratie aus mehreren Gründen dieses starke Engagement benötigt: Sie verlangt die Beteiligung an Wahlen, die Beteiligung an der Zahlung von Steuern, die Beteiligung am Krieg, wenn es eine Wehrpflicht gibt. Wenn es Umverteilung geben soll, muss es eine sehr ausgeprägte Solidarität geben, um Transfers von den Wohlhabenderen zu den weniger Wohlhabenden zu motivieren. Demokratie erfordert deshalb eine starke gemeinsame Identität.

Schließlich, und das ist wirklich wichtig, müssen wir, wenn wir uns in einer deliberativen Gemeinschaft befinden – wir reden miteinander, beratschlagen untereinander, stimmen ab und treffen Entscheidungen –, darauf vertrauen, dass die anderen Mitglieder der Gruppe wirklich an unserem Gemeinwohl interessiert sind.

Wie leicht kann es zu einer Situation kommen, in der Unabhängigkeitsbewegungen entstehen – und ich kenne zufällig einen solchen Fall aus Québec –, bei denen die Minderheit sagt: »Wenn die da über das Wohl unserer Gesellschaft reden, dann reden sie nicht über uns, sondern nur über sich. Wir sind außerhalb ihres Horizonts.« Wenn diese Art von Vertrauen zusammenbricht, ist die Demokratie in großen Schwierigkeiten. Am Ende kann sie sich sogar in zwei Teile spalten. Wir brauchen also eine starke gemeinsame Identität.[12]

Aber diese starken Identitäten können sehr leicht in eine negative und ausgrenzende Richtung abgleiten. Ein sehr gutes Buch des Yale-Soziologen Jeff Alexander, *The Civic Sphere*,[13] bringt das so auf den Punkt: Die gemeinsamen Eigenschaften, die diese Identität ausmachen, sind sehr stark moralisch aufgeladen; sie sind gut. In den meisten zeitgenössischen demokratischen Gesellschaften hat

12 Craig Calhoun, *Nationalism* (Minneapolis: University of Minnesota Press, 1997); Craig Calhoun, *Nations Matter: Culture, History and the Cosmopolitan Dream* (Oxford: Routledge, 2007).

13 Jeffrey C. Alexander, *The Civic Sphere* (Oxford: Oxford University Press, 2006). Siehe auch Michael Mann, *Die dunkle Seite der Demokratie. Eine Theorie der ethnischen Säuberung*, übers. von Werner Roller (Hamburg: Hamburger Edition, 2007).

diese Identität erwiesenermaßen zwei Aspekte: Der eine wird durch bestimmte Grundsätze definiert – wir glauben an die repräsentative Demokratie, die Menschenrechte, die Gleichheit –, aber diese haben auch einen spezifischen Charakter: Als Bürger bin ich in ein bestimmtes historisches Projekt eingebunden, das auf die Verwirklichung dieser Grundsätze abzielt. Kanadier, Amerikaner, Franzosen, Deutsche – jeder von uns glaubt an sein nationales Projekt, das diese Werte verkörpern soll. Das ist es, was Jürgen Habermas mit dem Begriff des »Verfassungspatriotismus« meint.[14]

Es ist unschwer zu erkennen, wie diese Auffassung von Prinzipien zu Ausgrenzung führen kann. Erinnern wir uns an die berüchtigte Rede von Mitt Romney bei den US-Präsidentschaftswahlen 2012, die zu seiner Niederlage gegen Obama beitrug. Sie enthielt die Bemerkung »47 Prozent«: 47 Prozent der Menschen sind nur Trittbrettfahrer; sie bekommen, was sie brauchen; sie produzieren nicht wirklich; sie nehmen von der Allgemeinheit, ohne zu ihr beizutragen. Dem liegt die moralische Vorstellung zugrunde, dass der *wahre* Amerikaner produktiv, unternehmerisch und selbstständig ist. Die Behauptung lautet, dass 47 Prozent der Menschen den strengen Anforderungen dieser Vorstellung nicht gerecht werden. Diese Menschen verhalten sich also nicht wie wahre Amerikaner.

Ein wenig Nachdenken würde zeigen, wie falsch diese spezifische Moralisierung ist: Viele der Menschen, die staatliche Hilfe, etwa Sozialhilfe oder Lebensmittelmarken, erhalten, tun eindeutig ihr Möglichstes, um für sich und ihre Familien zu sorgen; viele von ihnen arbeiten, wenn auch in schlecht bezahlten Jobs; während auf der anderen Seite viele von denen, die in dieser Berechnung zu den anderen 53 Prozent gezählt werden, ihren Wohlstand dem Glück oder ihren Eltern oder irgendeiner Form von ererbtem Reichtum verdanken.

Diese falsche Moralisierung ist keineswegs harmlos. Sie liefert die Rechtfertigung für viele Maßnahmen in vielen Bereichen – einschließlich der Bemühungen des kanadischen Premierministers Stephen Harper, die Rechte auf freie Meinungsäußerung und den Zugang zu den Medien einzuschränken, die glücklicherweise von der Öffentlichkeit blockiert wurden. Falsche Moralisierung ist

14 Jürgen Habermas, *Die Einbeziehung des Anderen. Studien zur politischen Theorie* (Frankfurt am Main: Suhrkamp, 1996).

bei der amerikanischen Rechten weit verbreitet – z. B. indem die Unterdrückung von Wählern als Dienst an der Ehrlichkeit dargestellt wird, indem die rassistischen und anderen Diskriminierungen ignoriert werden, die mit der Forderung nach bestimmten Arten von Identifikation einhergehen, und so weiter. Eine solche falsche Moralisierung könnte ein durch und durch zynischer Schachzug sein, aber sie wird wahrscheinlich durch das Gefühl gerechtfertigt, dass die ausgeschlossenen Menschen den moralischen Anforderungen der Staatsbürgerschaft, wie wir sie definieren (gute, aufrechte, selbstbewusste Bürger), nicht gerecht werden.

Es gibt aber auch eine andere Art der Ausgrenzung: Dabei liefern ethnische Zugehörigkeit und Geschichte in unterschiedlichen Kombinationen die Kriterien. Es gibt die Menschen, die wirklich zu der Ethnie gehören, die »unsere« Identität definiert, und dann gibt es die Menschen, die später dazugekommen sind. Es gibt die Menschen, die schon immer hier waren, im Gegensatz zu den Einwanderern, die später kamen. Was hier zum Tragen kommt, ist im Wesentlichen eine ethnische Kodierung. Und hier kann es zu diesem Abgleiten in die Ausgrenzung kommen.

Nehmen wir Québec: Was steckt hinter der Identität, die in »Je suis Québécois« zum Ausdruck kommt? In gewisser Weise steckt dahinter eine sehr starke ethnische Geschichte: Siebzigtausend französischsprachige Menschen wurden einst an den Ufern des Sankt-Lorenz-Stroms zurückgelassen, als die britische Eroberung stattfand und durch den Vertrag von Paris im Jahr 1763 ratifiziert wurde. Und dann bauten sie das auf, was heute eine pulsierende französischsprachige Gesellschaft mit acht Millionen Einwohnern ist. Das ist also das Ergebnis eines äußerst erfolgreichen Überlebenskampfs. Es ist sehr einfach, von einer Definition von »Québécois« als Bürger des heutigen Québec zu einem enger gefassten Begriff zu gelangen, der nur das einschließt, was wir Québécois de souche/alteingesessene Québecer nennen. Die Erinnerung an den Überlebenskampf und die damit verbundenen Ängste können diese Verengung begünstigen. Und tatsächlich ist es nicht ungewöhnlich, dass alteingesessene Bevölkerungsgruppen mit Angst auf die Ankunft von Menschen aus fremden Kulturen und mit fremden Sitten reagieren. Die Reaktion auf die Ankunft von Sikhs und Muslimen in Québec war oft die ängstliche Frage »Est-ce qu'ils vont nous changer?« (»Werden sie uns verändern?«).

In unserer heutigen Zeit, in der die Menschenrechte als selbstverständlich angesehen werden, wird diese Frage oft in einer neuen Tonart gestellt: nicht nur mit Angst, sondern oft auch voller Empörung. Denn der Grund für das Unbehagen, der schlicht lautet: »Sie machen mich unruhig«, klingt zu schwach, um Ausgrenzungsmaßnahmen zu rechtfertigen. Man braucht einen ernsthaften moralischen Grund. Und so werden Neuankömmlinge heutzutage oft als Bedrohung unserer Grundprinzipien abgestempelt. So können fremdenfeindliche Bewegungen in vielen westlichen Gesellschaften plötzlich neue Kraft gewinnen, wenn sie die Außenseiter als homophob und antifeministisch hinstellen – wie wir es zum Beispiel in den Niederlanden mit der Verteufelung muslimischer Einwanderer durch Pym Fortuyn erlebt haben, einen Politiker, der seine schwule Identität nutzte, um Vorwürfen zu entgehen, er sei Teil der extremen Rechten. Fortuyn wurde ermordet, und seine Kampagne wurde von Geert Wilders in einer Reihe von wüsten Übertreibungen aufgegriffen.[15]

Natürlich stimmt es, dass die Fortschritte, die in der westlichen Welt in Bezug auf die Befreiung von Homosexuellen und die Gleichstellung von Männern und Frauen gemacht wurden, in islamischen Gesellschaften nicht erreicht wurden. Dennoch verbreiten islamfeindliche Kampagnen nicht nur eine essenzialistische Sicht des Islam, sondern behaupten auch entgegen allen Belegen, dass sämtliche Muslime diese Sichtweise teilen. Vor allem aber geben sie die Sichtweise der Muslime in der westlichen Welt völlig falsch wieder.

Solcherart Verunglimpfungen sind Ausdruck von Angst, schüren zugleich aber auch Angst, und sie stellen eine Versuchung dar, der bestimmte Demagogen nicht widerstehen können. Sie erzeugen eine modernisierte Fremdenfeindlichkeit, wie sie nicht nur in den Niederlanden, sondern auch in Frankreich zu beobachten ist. Als Marine Le Pen ihrem antisemitischen Vater die Kontrolle über den Front National entriss, benannte sie ihn in Rassemblement National um und richtete ihn in mehreren Bereichen, darunter auch bei den Homosexuellenrechten, stärker auf zeitgenössische Ansichten aus. Das Misstrauen gegenüber Außenstehenden, das früher eine wichtige Säule der Rechten war, gewinnt jetzt bei manchen Anhän-

15 Siehe Sasha Polakow-Suransky, *Go Back to Where You Came From* (New York: Nation Books, 2017), Kap. 2.

gern der Frauen- und Homosexuellenrechte an Stärke, die früher eine Domäne des linksliberalen Milieus waren.

Eine ähnliche Umkehrung hat im sozialen und ökonomischen Bereich stattgefunden, wo »populistische« Demagogen behaupten, sie seien die Verteidiger der Arbeiter gegen die politischen Eliten, darunter auch gegen die Parteien der linken Mitte, die früher unangefochten in dieser Verteidigerrolle agierten, und zwar mit der Begründung, diese Eliten würden Außenstehende gegenüber dem echten, einheimischen »Volk« bevorzugen. Diese Argumentationslinie wurde mit großem Erfolg von Marine Le Pen in Frankreich und Donald Trump in den Vereinigten Staaten, von der Folkeparti in Dänemark, von den Konservativen gegen die Labour-Partei im Vereinigten Königreich und von der Rechten an vielen anderen Orten ausgenutzt.[16]

Fremdenfeindlichkeit kann vor allem durch den Kontakt und die Zusammenarbeit zwischen Zuwanderern und Einheimischen überwunden werden, am Arbeitsplatz, in der Schule, bei gemeinsamen Projekten. Doch gerade die Ängste und Stereotype der Einheimischen sowie die Gesten und sogar Maßnahmen der Ausgrenzung, die sie anwenden, können diese Art des transformativen Kontakts immer schwieriger machen. Auf diesem Weg kann es einen Punkt geben, an dem es praktisch kein Zurück mehr gibt. Das heutige Frankreich scheint sich diesem Punkt zu nähern.

Die Angst vor dem Anderen, die sich auf einer moralischen Ebene verstärkt, kann in der albtraumhaften Vorstellung, dass unsere angestammte Kultur nicht überleben könnte, dass wir vollständig »ersetzt« werden, einen faktischen Höhepunkt erreichen.[17]

Es gibt aber auch Fälle, in denen diejenigen, die zu Bürgern zweiter Klasse degradiert werden, keine Einwanderer oder Neuankömmlinge sind, sondern langjährige Mitglieder der Gesellschaft. Sie sind Opfer seltsamerer, durchaus beunruhigender Vorstellungen

16 Ebd., Kap. 3.

17 Ebd., Kap. 8. Ängste dieser Art spielen auch in den Vereinigten Staaten eine Rolle, wie in späteren Kapiteln dieses Buches gezeigt wird. Erinnert sei nur an den Slogan der White Supremacists bei der Demonstration in Charlottesville 2017: »Jews will not replace us«, der Renaud Camus zitiert. Der psychisch gestörte Mann, der 2019 in El Paso 22 Menschen erschoss, verfasste ein Manifest, in dem er die gleichen Gedanken zum Ausdruck brachte; siehe John Eligon, The El Paso Screed, and the Racist Doctrine Behind It, in: *New York Times*, 7. August 2019.

von Hierarchie. Wir erleben das zum Beispiel in den Vereinigten Staaten. In einem sehr interessanten Buch mit dem Titel *Strangers in Their Own Land* beschreibt Arlie Hochschild diese Geisteshaltung. In der Vorstellung bestimmter »alteingesessener« Bevölkerungsgruppen gibt es eine Art Rangordnung: Die »Ureinwohner« (dazu gehören natürlich nicht die Indigenen, die bequemerweise vergessen werden) stehen an erster Stelle, die später Eingewanderten kommen an zweiter Stelle (wie es in vielen Ländern der Fall ist); aber in einer noch schädlicheren Version gilt diese Rangordnung auch zwischen Gruppen, die in jeder Hinsicht seit langem ansässig sind, so dass die Weißen an erster Stelle stehen und Schwarze, Latinos usw. erst danach kommen. Und in praktisch allen »Siedler«-Gesellschaften haben die Interessen der Indigenen tendenziell eine niedrige Priorität, wenn sie nicht sogar als totale Außenseiter betrachtet werden. Diese – selten explizit ausgesprochenen – Annahmen einer Rangordnung bilden die Grundlage für Kampagnen gegen »liberale« Regierungen, die angeblich all diesen Menschen aus der zweiten Reihe auf Kosten der Menschen aus der ersten Reihe helfen. Das war ein sehr wirkungsvoller Teil der Trump-Kampagne. Man rutscht von der Vorstellung, dass alle Amerikaner gleich sind, zu der Vorstellung, dass einige von ihnen vollwertigere, echtere Kernamerikaner sind. Die Vorstellung einer Rangordnung als Grundlage für größere Anrechte wird so zu einem Ausgrenzungsmechanismus.[18]

Die Annahme einer Rangordnung kann Phänomene wie die feindseligen Reaktionen vieler Weißer auf Black-Lives-Matter-Kampagnen erklären. Überall in den Vereinigten Staaten und sogar weltweit gab es inspirierende Reaktionen auf den Polizistenmord an George Floyd. Sie zeigen, dass diese unausgesprochenen Hierarchievorstellungen nicht unveränderlich sind. Unter Umstän-

18 Diese Sichtweise wird deutlich in W. E. B. Du Bois' Beschreibung der Perspektive weißer amerikanischer Männer: »Sie sind erfüllt von Wohlwollen für alle Menschen, vorausgesetzt, diese Menschen sind an dem ihnen zukommenden Platz«, und sie »streben danach, andere so zu behandeln, wie sie selbst behandelt werden wollen, soweit dies mit ihrer notwendigerweise ausgrenzenden Position vereinbar ist« (zitiert von Robert Gooding-Williams im *Bulletin of the American Academy of Arts and Sciences*, Winter 2019, S. 28). Natürlich können diese Annahmen einer Rangordnung ganz unterschiedliche Handlungen motivieren, die von einem einfachen Gefühl des »Wir sind zuerst dran« bis hin zu faschistischen Milizen von White Supremacists reichen. Sie alle müssen bekämpft werden, aber mit ganz unterschiedlichen Methoden.

den hat die Pandemie dazu beigetragen, dass einige der hässlicheren und schrecklich dysfunktionalen Seiten unserer Gesellschaft erkannt wurden. Aber die inspirierende Protestwelle war relativ kurzlebig, und die Rechten hatten teilweise Erfolg mit ihrer Dämonisierungskampagne gegen Black Lives Matter.

Das Abgleiten in die Ausgrenzung ist aus verschiedenen Gründen eine Katastrophe. Zum einen, weil sie die demokratische Gesellschaft tief spaltet, behindert und lähmt und uns in Bürger erster und zweiter Klasse teilt. Zum anderen aber auch deshalb, weil sie auf der Frustration aufbaut, die durch das erste Abrutschen verursacht wurde, das ich im vorigen Abschnitt erörtert habe, nämlich den »Great Downgrade«, in dessen Folge die Menschen das Gefühl haben, dass ihnen das System zum Nachteil gereicht, dass sie es nicht beeinflussen können und dass ihre Wirkmacht als Bürger praktisch nicht vorhanden ist. Sie sind bereit für ein Programm, das den *demos* befreit oder dem *demos* wieder Macht gibt, und zwar gegen die Eliten.

Nur ist der *demos* jetzt neu definiert worden, entweder moralistisch, ethnisch oder auf historische Vorrechte pochend, was qua Definition ausschließend ist, und diese Neudefinition hat den doppelten Nachteil, dass sie die Gesellschaft tief spaltet und dass sie den tatsächlichen Problemen und Herausforderungen des Downgrades in keinster Weise gerecht wird. Es ist ein offenes Geheimnis: Trump wird Amerika nicht wieder groß machen.

Der Glaube, dass Probleme in der realen Welt dadurch gelöst werden können, dass man die Schuld auf die angeblich unwürdige Minderheit im eigenen Land schiebt und sie zum Sündenbock macht, hat etwas von einem quasi magischen Denken. Tatsächlich ist diese Art von Glaube Teil des Sündenbockmechanismus – eine ständige Versuchung für Gesellschaften zu allen Zeiten. Wir identifizieren eine Gruppe, die nicht *wirklich* zu unserer Gesellschaft gehört, ob es sich nun um äußere Feinde oder versteckte innere Feinde handelt, und sehen in ihr die Ursache für unser Unglück. Diese Diagnose ist verführerisch, weil sie uns, die *wahren* Mitglieder unserer Gesellschaft, von jeglicher Verantwortung für unser Unglück freispricht und ein scheinbar einfaches Heilmittel anbietet – nämlich die Vertreibung, Absonderung oder Neutralisierung der »schädlichen« Gruppe.[19] Die Befolgung dieses »Heil-

19 Zu einer umfassenderen Erörterung des Sündenbock-Mechanismus siehe die Arbeiten von René Girard, insbesondere *Le bouc émissaire* (1984), deutsch als

mittels« wird mit Sicherheit zum Scheitern und zu Schlimmerem führen.

Solche Ausgrenzungspraktiken stellen den tröstlichen Gedanken in Frage, dass unser Abgleiten vom definitorischen Telos der Demokratie – dass der *demos* wirklich ein Mitspracherecht bei der Regierung hat – durch die Hinwendung zu einem anderen Telos kompensiert werden könnte – dem Aufbau einer egalitären Gesellschaft ohne Diskriminierung und Ausgrenzung, dem bestimmenden Ziel der modernen liberalen Demokratie. Es liegt auf der Hand, dass eine solche Gesellschaft ohne einen starken Sinn für Solidarität und gegenseitige Hilfe nicht lebensfähig ist. Sobald man die Gleichheit des Respekts so darstellt, dass sie mit der weitgehenden Nichtberücksichtigung wichtiger Bevölkerungsgruppen erkauft wird, lässt sie sich nicht mehr aufrechterhalten.

Nun noch ein Wort zum Begriff »Populismus«. Es gibt mehr als eine Art von Populismus, mit unterschiedlichen politischen Implikationen. Selbst bei den Wahlen 2016 in den Vereinigten Staaten wurde der Begriff für zwei Bewegungen verwendet, die von Bernie Sanders bzw. von Donald Trump vertreten wurden. Eine offensichtliche Bedeutung des Begriffs liegt vor, wenn das »Volk«, im Sinne des *demos* oder der Nicht-Eliten, mobilisiert wird, um gegen ein System aufzubegehren, das ohne Rücksicht auf sie regiert wird; sie reißen die Mauern ein, brechen die Türen auf, stören das »business as usual« und fordern die Behebung von Missständen. Aber es gibt einen sehr großen Unterschied zwischen der Bernie- und der Donald-Version: Die Bernie-Version ist wirklich inklusiv; sie schließt niemanden aus. Man mag mit der vorgeschlagenen Politik nicht einverstanden sein, man mag sich über diesen populistischen Ausbruch freuen oder nicht, aber das Programm von Bernie Sanders beinhaltet nicht die Vorstellung, dass einige Bürger aufgrund ihrer Vorrangstellung mehr Rechte haben als andere. Dieses ausgrenzende Merkmal ist grundlegend und, wie ich meine, absolut fatal für die populistischen Appelle von Donald Trump, Marine Le Pen und Geert Wilders. Es spaltet zutiefst und stellt programmatisch gesehen eine Sackgasse dar.

Aber der »schlechte«, ausgrenzende Populismus tritt heute in

Ausstoßung und Verfolgung. Eine historische Theorie des Sündenbocks, übers. von Elisabeth Mainberger-Ruh (Frankfurt am Main: S. Fischer, 1992).

verschiedenen Varianten auf. Die oben erwähnte Variante nutzt ein berechtigtes Unbehagen angesichts sozioökonomischer Missstände, um in der Gesellschaft weit verbreitete Ausgrenzungsgefühle oder implizite Auffassungen von Vorrang zu erzeugen. Der Trump'sche Republikanismus, Le Pens Rassemblement National und in gewissem Maße auch die Brexit-Bewegung in Großbritannien sind Beispiele dafür.

Dass »wir« vernachlässigt werden, ist ein Ausdruck dessen, was ich als mangelnde Wirkmacht der Bürger bezeichne. Das ist in bestimmten Gesellschaften eng mit einem Mangel an Wirkmacht in einem umfassenderen Sinne verbunden. In einem modernen demokratischen Staat wollen die Bürger nicht nur von der Regierung gehört werden, sondern auch für sich selbst und ihre Angehörigen sorgen können; sie wollen ihren Lebensunterhalt verdienen, entweder mit bezahlter Arbeit oder mit einer Erwerbstätigkeit, die sie aus eigener Initiative ausüben. Wenn die Umstände, auf die sie keinen Einfluss haben, dies unmöglich machen, erwarten sie, dass ihnen der Staat hilft. Und wenn die Regierungen diese Hilfe nicht gewähren, gleichzeitig aber denjenigen, die es weniger verdienen, die geringere Priorität haben oder Gruppen angehören, die als »Außenseiter« betrachtet werden, eine (vermeintlich) üppige Unterstützung zukommen lassen, kann sich eine mächtige Wut über diese empfundene Ungerechtigkeit entladen. Das Gefühl der Vernachlässigung wird vermutlich weniger ausgeprägt sein in Gesellschaften, die in solchen Krisen routinemäßig verschiedene Formen der Unterstützung anbieten, d. h. in Gesellschaften mit einem stärker entwickelten Wohlfahrtsstaat. Der Ausreißer in der westlichen Welt sind in dieser Hinsicht natürlich die Vereinigten Staaten, und das hat dazu geführt, dass der Aufstieg des »bösen« Populismus in den Vereinigten Staaten ganz spezielle Merkmale aufweist. Das niedrige Niveau der Sozialleistungen geht einher mit (und ist bedingt von) einer eher unrealistischen Ethik der Selbstständigkeit, die oft sogar von den Opfern der Vernachlässigung geteilt wird. Menschen, die in den »rust belts« ihre Arbeit verloren haben, müssen sich oft den Vorwurf gefallen lassen, sie hätten sich nicht genug angestrengt – warum sind sie nicht umgezogen, warum haben sie sich nicht weitergebildet? –, selbst wenn diese Erwartungen ungebührlich sind.[20]

20 Siehe Williams, *White Working Class.*

Schlimmer noch, diese Ethik wird oft zumindest zur Hälfte von denjenigen geteilt, auf die diese Kritik zielt, was dem äußeren Unglück noch das innere Elend hinzufügt.[21] Kein Wunder, dass diese unerträgliche Situation in einer Welle von Ressentiments gegen die »unverdienten« Nutznießer staatlicher Hilfe und die »liberalen Eliten«, die angeblich Letztere bevorzugen, ihren Niederschlag findet. Und es ist auch kein Wunder, dass diese psychologische und soziale Notlage diejenigen, die sie teilen, blind macht für die Verantwortung der »konservativen« Kräfte, deren falsche Moralisierung ihnen die dringend benötigte Hilfe verweigert hat.

Anderswo, in Europa, hingegen finden wir Mobilisierungen des Nativismus, die scheinbar nur wenig mit sozioökonomischer Deprivation zu tun haben. Ein typisches Beispiel dafür scheint Deutschland zu sein. Abgesehen vom Sonderfall der ostdeutschen Bundesländer ist die Wirtschaft in relativ guter Verfassung, und die Arbeitslosenquote ist etwa halb so hoch wie in Frankreich. Bei genauerer Betrachtung zeigt sich jedoch, dass unter den Wählern, die für die rechtsgerichtete Alternative für Deutschland (AfD) stimmen, viele erleben müssen, dass ihre Löhne im Verhältnis zu den Lebenshaltungskosten sinken und dass die lokale Infrastruktur und die örtlichen Dienstleistungen, wie lokale Geschäfte und öffentlicher Nahverkehr, unter Kürzungen leiden. Auch hier gibt es den bereits erwähnten Niedergang in den kleineren Zentren; auch diese Wähler fürchten den sozialen Abstieg und ein unsicheres Alterseinkommen. Selbst Menschen, die schon lange mit »Gastarbeitern« in Deutschland leben und arbeiten und nicht um die deutsche Kultur fürchten, haben aus einem Gefühl der relativen Vernachlässigung heraus die AfD gewählt. Wenn schon unsere Bedürfnisse vom politischen System nicht befriedigt werden, so fragen sich viele, warum werden dann so viel Aufmerksamkeit und Ressourcen auf Außenseiter verwandt? Tatsächlich entstand die AfD lange vor der aktuellen Flüchtlingskrise aus Protest gegen die angeblich zu großzügige Unterstützung, die die Bundesregierung den weniger gesegneten EU-Volkswirtschaften, die Opfer der Krise von 2008 waren, gewähren wollte. (Diese angeblich übertriebene deutsche Großzügigkeit war in Griechenland kaum spürbar, aber das unterstreicht nur den engstirnigen Nationalismus der neuen Partei.)

21 Siehe J. D. Vance, *Hillbilly-Elegie. Die Geschichte meiner Familie und einer Gesellschaft in der Krise*, übers. von Gregor Hens (Berlin: Ullstein, 2017).

Das Motiv »Warum sie und nicht wir?« ist vielen »populistischen« Bewegungen gemeinsam.[22] Und in diesem Sinne erinnert das an die Rangordnungsvorstellungen, die die Trump-Kampagne in den Vereinigten Staaten angetrieben haben, nur dass sie im deutschen Fall mitunter von den halb latenten Annahmen ethnischer und zivilisatorischer Überlegenheit befreit sind, wie man sie in den Vereinigten Staaten (und auch anderswo im Westen) findet.

Zu den Motiven für die Ausgrenzung in Deutschland wie auch in anderen europäischen Ländern gehört sicherlich die Angst, dass sich die Kultur verändern könnte, dass die Mehrheit gezwungen wäre, anders zu sein, wenn zu viele Einwanderer kämen. Das entspricht teilweise der Angst der Québecer, gegen ihren Willen verändert zu werden. Aber diese Parallele betrifft nicht Québec mit seinem Hintergrund eines langen Überlebenskampfs als frankophone Gesellschaft in einem weitgehend anglophonen Umfeld. Vielmehr gibt es Ähnlichkeiten mit den jüngsten Ängsten der Québecer vor nicht-westlichen Einwanderern, die die relative Homogenität ihrer Gesellschaft und die Errungenschaften ihres Kampfes um sprachliche Autonomie bedrohen. Europäische Ängste erwachsen ebenfalls aus der Konfrontation mit nicht-westlichen Einwanderern, angefangen mit den deutschen Gastarbeiterwellen der 1960er Jahre. Daher auch die unheilvollen Beschwörungen einer deutschen »Leitkultur« in den letzten Jahrzehnten. Die geopolitische Lage

22 Siehe Johannes Hillje/Paulina Fröhlich/Philipp Sälhoff, »Rückkehr zu den politisch Verlassenen. Studie in rechtspopulistischen Hochburgen in Deutschland und Frankreich«, Bericht, Das Progressive Zentrum, 2018, online verfügbar unter ⟨https://www.progressives-zentrum.org/publication/rueckkehr-zu-den-politisch-verlassenen/⟩. Darüber hinaus ist Deutschland nicht gänzlich von den Verheerungen des Neoliberalismus verschont geblieben. Eine mildere Version des Neoliberalismus hat prekäre Beschäftigung verstärkt und die soziale Ungleichheit vergrößert (für andere Länder der Eurozone hatte sie sogar noch schädlichere Folgen). Siehe Oliver Nachtwey, *Die Abstiegsgesellschaft. Über das Aufbegehren in der regressiven Moderne* (Berlin: Suhrkamp, 2016). Eine treffliche Besprechung dieses Buches bietet Hans Kundnani, Downwardly Mobile Society: Unseen Problems in the German Economy, in: *Times Literary Supplement*, 8. Februar 2019. Ein ganz ähnliches Gefühl der Abwertung und des Abgehängtseins scheint der Rebellion der *gilets jaunes* in Frankreich zugrunde zu liegen, die auf den Niedergang von *la France profonde*, das Ausbluten kleinerer Zentren und die übermäßige Konzentration auf Paris auf deren Kosten sowie auf die als bedrohlich empfundene Gefahr eines dauerhaft prekären Lebensstandards reagieren. Siehe Christophe Guilluy, *Le crepuscule de la France d'en haut* (Paris: Flammarion, 2017).

und die mediale Aufmerksamkeit für den Dschihadismus haben dazu geführt, dass einige Politiker der Versuchung nicht widerstehen können, die Gefahren zu übertreiben und dann von diesen Überzeichnungen zu profitieren. Ein markantes Beispiel dafür ist, wie ein massenhafter Flüchtlingszustrom im Jahr 2015 die bayerische CSU dazu veranlasste, aus Verärgerung über Angela Merkels Versuch, eine positive Aufnahme der Neuankömmlinge zu organisieren, das traditionelle Bündnis mit der CDU in Frage zu stellen.

Kulturelle Ängste, das Gefühl zivilisatorischer Überlegenheit und der Unmut darüber, von der Regierung zu Unrecht zugunsten von Außenseitern vernachlässigt zu werden, spielen also allesamt eine Rolle beim Aufschwung der europäischen Ausgrenzungsbewegungen. Zwischen den verschiedenen Bewegungstypen gibt es keine scharfe Trennlinie, sondern eine gleitende Skala: Sie reicht von denjenigen, bei denen sozioökonomische Benachteiligung eine große Rolle spielt, über diejenigen, bei denen sie die Anziehungskraft der Bewegung zu einem geringen Teil bestimmt, bis hin zu denjenigen, bei denen sie praktisch überhaupt keine Rolle zu spielen scheint und kulturelle Ängste und Ressentiments dominieren (z. B. Österreich, Dänemark).

Doch trotz aller augenscheinlich antidemokratischen Tendenzen sind die meisten europäischen Länder offenbar fest entschlossen, Demokratien zu bleiben und das definitorische Telos zu verwirklichen, dem *demos* mehr Mitsprache bei der Regierung zu geben. Sie alle sind Demokratien im Sinne des Kriteriums »freie und faire Wahlen«. Fremdenfeindliche Parteien würden die Macht abgeben, wenn sie eine Wahl verlieren. Sie behalten das Merkmal der Kontingenz, d. h., es gibt keine von vornherein festgelegte Grenze für Wahlergebnisse.

Aber die fremdenfeindlichen Bewegungen in diesen europäischen Gesellschaften arbeiten mit anderen Regierungsparteien zusammen, die Gesellschaften regieren, welche in diesem Sinne keine eindeutigen Demokratien mehr sind. Prominente Beispiele sind Ungarn und Polen. Dort hat die geheiligte nationale oder »Leitkultur« einen ganz besonderen Status. Ihre Vorrangstellung sollte niemals in Frage gestellt werden. Obwohl also zahlreiche Merkmale der Demokratie vorhanden sind, besteht das Ziel darin, die Dinge so zu regeln, dass keine Regierung an die Macht kommen kann, die sich nicht für die Wahrung der Vorherrschaft dieser Kultur einsetzt.

Es handelt sich dabei nicht nur um »illiberale Demokratien«, um Viktor Orbáns Formulierung zu verwenden, insofern sie sich erlauben, Minderheiten und diejenigen zu diskriminieren, deren Moral nicht mit der vermeintlichen nationalen Kultur übereinstimmt, sondern auch um »manipulierte Demokratien«, weil sie mit der Absicht aufgebaut wurden, eine Machtübernahme durch die Opposition unmöglich zu machen.[23] Ein solches Regime gibt es bereits in Ungarn unter Fidesz, und ein weiteres ist (vielleicht) in Polen unter der PiS im Aufbau begriffen.[24]

Manipulierte Demokratien scheinen zu einem Hauptmerkmal der heutigen Zeit geworden zu sein. Russland, die Türkei und der Iran könnten dazu gehören. Fremdenfeindliche Bewegungen erscheinen Liberalen im Westen oft als Rückfall in die 1930er Jahre, als totalitäre Regierungen der Rechten eine Reihe europäischer Länder übernahmen. Doch die gegenwärtige Welle manipulierter Demokratien scheint nicht danach zu streben, beispielsweise zum Modell des faschistischen Italiens oder Nazideutschlands zurückzukehren. Sie geben sich mit weniger zufrieden, solange ein echter Regierungswechsel ausgeschlossen ist.

Folglich können Wahlergebnisse einen gravierenden Unterschied ausmachen – nur nicht den entscheidenden eines Regimewechsels. Doch das Spektrum der Oppositionsparteien kann sich ändern. Sogar Regierungen können gestürzt und ausgewechselt werden, wie es im Iran (1997, 2003, 2013 und 2017) geschehen ist – nur dass dort die Wahlen unter Aufsicht des Wächterrats der Ajatollahs stattfinden, der das Recht und die Aufgabe hat, bestimmte Kandidaten vor den Wahlen auszuschließen. Die Regierungen agieren im Schatten der niemandem verantwortlichen Macht der

23 »Als offener Verfechter einer ›illiberalen Demokratie‹ – sein Land ist der erste und einzige EU-Mitgliedstaat, der von der Denkfabrik Freedom House als nur ›teilweise frei‹ eingestuft wird – hat Orbán nie versucht, seine autokratischen Ziele zu bemänteln, und sie stets mit dem Verweis auf die nationale Souveränität und die nationale Sicherheit gerechtfertigt.« Yasmeen Serhan, The EU Watches as Hungary Kills Democracy, in: *Atlantic*, 2. April 2020.

24 »Populistische« Herrschaft in den osteuropäischen Gesellschaften muss vor dem Hintergrund der besonderen Bedingungen des Übergangs vom Kommunismus und der angespannten Beziehungen zu den seit langem etablierten Demokratien Westeuropas verstanden werden. Siehe die interessanten Überlegungen in Ivan Krastev/Stephen Holmes, *Das Licht, das erlosch. Eine Abrechnung*, übers. von Karin Schuler (Berlin: Ullstein, 2019), insbes. Kap. 1.

Revolutionsgarde und der Streitkräfte, die ihre eigene Außen- und Militärpolitik verfolgen, und sind nicht in der Lage, das Justizsystem mit seinen weit verbreiteten Missbräuchen und der Anwendung von Folter zu kontrollieren. Die zentrale Rolle der Ajatollahs bleibt unumstößlich bestehen.

Die gute alte totalitäre Herrschaft scheint sich hauptsächlich auf Ostasien zu beschränken: auf China, Nordkorea und die indo-chinesische Halbinsel. Nicht, dass das chinesische Modell des »entschlossenen Handelns« in den kommenden Jahrzehnten keine Anhänger finden könnte, denn der wirtschaftliche und politische Einfluss Chinas nimmt zu. Diktatorische Regime gibt es auch anderswo, nicht zuletzt in Zentralasien, aber sie haben – zumindest bisher – keine totalitäre Herrschaft für eine längerfristige Reproduktion institutionalisiert.

Entgegen unseren naiven Erwartungen von 1989 sind die Antidemokratien nach wie vor zahlreich und stark, und seit 2010 haben sie sich in beeindruckender Weise neu formiert. Wer die Geschichte des 20. Jahrhunderts kennt, hat in dieser Hinsicht vielleicht ein Déjà-vu-Empfinden: Angesichts der Weltwirtschaftskrise in den 1930er Jahren hatten viele in den westlichen Gesellschaften das Gefühl, dass die repräsentativen Demokratien nicht in der Lage waren, die Krise zu bewältigen. Wirksame Maßnahmen schienen allein in den Diktaturen der Linken und der Rechten, in Sowjetrussland, Nazideutschland und im faschistischen Italien möglich zu sein.[25] Der New Deal sowie die Folgen des Zweiten Weltkriegs und der Sieg über die Diktaturen ließen dieses Gefühl der Ohnmacht zu einer fast vergessenen Vergangenheit werden. Angesichts der heutigen politischen Szenerie kann man sich jedoch fragen, ob die Herausforderung des globalen Klimawandels nicht eher eine Reaktion nach der Art Chinas erfordert als die, die unsere demokratischen Regime, insbesondere das der Vereinigten Staaten, zu entwickeln in der Lage sind.

25 Siehe die interessante Darstellung der Sichtweise im Westen in den frühen 1930er Jahren bei Ira Katznelson, *Fear Itself: The New Deal and the Origins of Our Time* (New York: Liverwright, 2013).

Kommen wir zur dritten Achse des Zerfalls der Demokratie – der dritten großen Abweichung von ihrem Telos –, nämlich dann, wenn sie als »Herrschaft der Mehrheit« definiert wird, wobei sowohl »Mehrheit« als auch »Minderheit« von vornherein festgelegt sind, ohne Bezug auf einen bestimmten Zeitpunkt oder eine bestimmte Entscheidung. Das bedeutet, dass diejenigen, die zur »Minderheit« gezählt werden, nicht mehr die gleiche Legitimität haben wie ihre Gegner; sie sind nicht wirklich oder vollwertig Teil der Gesellschaft. Wir betrachten die gesamte Republik nun nicht mehr als eine deliberative Gemeinschaft im Sinne Hannah Arendts, als eine Gemeinschaft, die die Dinge gemeinsam regeln muss, indem sie die Meinung des jeweils anderen respektiert, ihm zuhört und eine Lösung findet, die möglichst wenig spaltet.[26] Im Gegenteil wird nun ein bestimmter Teil des Volkes von diesem gegenseitigen respektvollen Austausch ausgeschlossen.

Das normale Funktionieren einer deliberativen Gemeinschaft im obigen Sinne führt unweigerlich dazu, dass sich die Verfassung der siegreichen Mehrheit im Laufe der Zeit verändert, unabhängig davon, ob wir eine bestimmte Mehrheit mit Blick auf die Bürger definieren, die für ihr Programm gestimmt haben, oder im Sinne der Interessen, politischen Überzeugungen und Identitäten, die in ihr stark vertreten sind. Wenn alles normal läuft, können die Menschen ihre Ansichten über ihre Interessen im Lauf der Zeit revidieren, ihre politischen Überzeugungen modifizieren, ihr Identitätsverständnis ändern. Außerdem verschieben sich im Laufe der Zeit die Themen, die aktuell im Vordergrund stehen. Kurzum, es ist normal, dass sich neue Konstellationen ergeben.

Hier sind verschiedene Bedeutungen des Begriffs »Mehrheit« relevant. Es gibt die operative Mehrheit, also diejenige, die Macht verleiht – wie die Mehrheit der Sitze in einer gesetzgebenden Versammlung oder die Mehrheit der Wählerstimmen bei einer US-Präsidentschaftswahl. Aber diese Mehrheit entspricht nicht unbedingt der Mehrheit der abgegebenen Stimmen, und die Ansichten dieser Wählermehrheit können sich wiederum von den Meinungen der

26 Hannah Arendt, *Vita activa oder Vom tätigen Leben* [1958] (München: Piper, 1967).

Mehrheit der Bürger unterscheiden. Selbst wenn Letzteres gleich bleibt, können Unterschiede in der Wahlbeteiligung oder bei der Stimmenverteilung zwischen den Parteien, das Vorhandensein oder Fehlen von Gerrymandering und dergleichen zu unterschiedlichen operativen Mehrheiten führen.

Der Wunsch, eine bestimmte Mehrheitskoalition zum dauerhaften Sieger zu machen, ist zwangsläufig eine Bedrohung für das normale Funktionieren einer deliberativen Gemeinschaft. Auch wenn man durchaus verstehen kann, dass eine bestimmte Partei oder politische Führung eine dauerhafte Mehrheit anstrebt, stellt es eine Gefahr für die Demokratie dar, wenn sie bereit ist, alle Mittel einzusetzen, um dies zu erreichen. Das ist eine der Pathologien, denen die Demokratie zum Opfer fallen kann.

Diese Pathologie kann nur dort entstehen, wo die Meinungsunterschiede sehr tief reichen und sehr ausgeprägt sind. Natürlich muss dieses Gefühl eines radikalen Gegensatzes über die Führung hinausgehen, wenn der Versuch, einen dauerhaften Sieg zu erringen, erfolgreich sein soll. Daher muss eine Führung, die sich für diesen Weg entschieden hat, alles in ihrer Macht Stehende tun, um die ursprüngliche Koalition zusammenzuhalten. Sie muss den Eindruck erwecken, dass die Opposition in irgendeiner Weise illegitim ist, dass die Einbeziehung einiger ihrer Mitglieder in eine neue siegreiche Konstellation einen Verrat an der nationalen Identität darstellt.

Hier können die Sprache und die Anziehungskraft des fremdenfeindlichen Populismus praktisch unwiderstehlich werden. Die Gegner werden aus dem Volk hinausinterpretiert, ihnen wird die Einbeziehung in die legitime deliberative Gemeinschaft verweigert – die zwangsläufig nicht mehr als normale deliberative Gemeinschaft funktioniert, wenn sie nur aus dem »wahren« Volk besteht. Im Gegensatz dazu wird eine zeitweilige Mehrheit in einer normalen deliberativen Gemeinschaft allmählich auf Meinungsverschiedenheiten stoßen, wenn ihre Mitglieder ihre Ansichten über Identität, Politik und Interessen sowie über die in ihren Augen entscheidenden Fragen revidieren; und das wiederum wird dazu führen, dass sich die ursprüngliche Konstellation lockert.

Eine solche Lockerung muss eine Führung, die einen dauerhaften Sieg anstrebt, um jeden Preis bekämpfen. Ihr Interesse liegt daher darin, die ursprünglichen Identitätsunterschiede wieder zu betonen und die zugehörigen Ressentiments zu schüren, das Gefühl, herabgesetzt und vernachlässigt zu werden, das die ursprüngliche Koalition zusammengeführt hat.

Diese Strategie ermöglicht, ja verlangt offenbar eine autoritäre Form der Herrschaft, vor allem wenn sich eine Führungspersönlichkeit findet, die auf der gleichen Wellenlänge liegt wie die weiter bestehende und homogene Mehrheit, die nun das (echte, wahre) »Volk« genannt wird und die verlässlich dafür sorgt, dass die ursprünglichen, einenden Missstände weiterbestehen. Diese Strategie bedarf keiner zwischengeschalteten Instanzen, die konsultiert werden müssen oder die Vorschläge an die Spitze weiterleiten, wohin sie sonst nicht gelangen würden – sie schließt solche Instanzen sogar aus.

Insbesondere aber ist hier kein Platz für das, was der französische Politiktheoretiker Pierre Rosanvallon »Gegenmächte« (*contre-pouvoirs*) nennt: Dazu gehören verschiedene Gremien, die konsultiert werden müssen, aber auch Gerichte, die Entscheidungen der obersten Machtinstanzen, ob in Form von Gesetzen oder Dekreten, für ungültig erklären können. Und sie richten sich auch gegen die Medien, einen weiteren wichtigen Pfeiler der »Gegenmächte«, sofern sie der Führung kritisch gegenüberstehen.[27]

Es ist ein verhängnisvoller Schritt, diesen Weg einzuschlagen und einen unumkehrbaren Sieg erringen zu wollen. Auch wenn er zunächst die Methoden des fremdenfeindlichen Populismus scheut, kann seine Logik den Weg für einen demagogischen Fremdenfeind bereiten, so wie der Mainstream-Republikanismus in den Vereinigten Staaten Trump den Weg geebnet hat. Wir begeben uns auf ein Terrain, das einem Bürgerkrieg ohne Waffen ähnelt (zumindest für den Moment; manchmal bringt diese Art der Spaltung am Ende aber auch die Waffen hervor).

Wenn eine Seite versucht, ihren vorübergehenden Sieg dauerhaft zu machen, werden die normalen Regeln der Höflichkeit und des Anstands außer Kraft gesetzt, ebenso wie all jene informellen Regeln, die sicherstellen sollen, dass die Debatte weitergehen kann. Wenn eine Partei diesen Weg einschlägt, ist die Wahrscheinlichkeit sehr groß, dass die andere Partei letztlich in gleicher Weise reagiert, und dann beginnt der (hoffentlich) unblutige Bürgerkrieg.

27 Pierre Rosanvallon, *Die Gegen-Demokratie. Politik im Zeitalter des Misstrauens*, übers. von Michael Halfbrodt (Hamburg: Hamburger Edition, 2017).

Die Geschehnisse in den Vereinigten Staaten veranschaulichen diese Entwicklung auf krasse und beunruhigende Weise. Seit 2012 versuchen die Republikaner, ihre Hegemonie dauerhaft zu sichern, und greifen dabei zu immer extremeren Mitteln: Wählerunterdrückung, Gerrymandering, die Weigerung des republikanischen Senats, Obamas Kandidaten für den Obersten Gerichtshof zu bestätigen, und andere Aktionen dieser Art.[28] Donald Trumps Weigerung, die Wahlniederlage 2020 einzugestehen, ist ein Extremfall, der teilweise auf seinen persönlichen Ambitionen beruht. Aber es ist auch eine Fortsetzung des von der Republikanischen Partei vorgegebenen Musters.

Welche Art von Spaltung motiviert dieses Spektrum extremen, destruktiven Verhaltens? Bestimmte eng gesteckte Interessen – zum Beispiel die der Reichen und Mächtigen – können hier eine Rolle spielen (man denke an das Ende der Weimarer Republik). Um jedoch eine ausreichend breite Bewegung zu schaffen, die einen solchen Extremismus unterstützt, muss ein Thema auf der Agenda stehen, das massenhaft Menschen zusammenbringt. Normalerweise dreht sich der entscheidende Streit um konkurrierende Definitionen dessen, was wir als politische Identität bezeichnen können. Und genau das geschieht heute in den Vereinigten Staaten.

Der Kampf darum, wofür die Vereinigten Staaten stehen, lohnt eine genauere Betrachtung. Er ist komplex und (für mich als Ausländer) ziemlich verwirrend: Insbesondere der amerikanische »Konservatismus« scheint Elemente wie Waffen, das Evangelium und eine Schwäche für Ayn Rand in sich zu vereinen, die für Außenstehende unvereinbar erscheinen. Aber der amerikanische Fall ist zu wichtig, um ihn zu ignorieren, und wir werden später in diesem Buch darauf zurückkommen, wenn wir überlegen, was getan werden kann, um die aktuelle Krise zu bewältigen.

Für den Moment können wir jedoch feststellen, dass ähnlich tiefe Spaltungen in Fragen politischer Identität andere »populistische« Bewegungen prägen, die ihre Gegner als Verräter und Feinde des »Volkes« denunzieren. Wie bereits erwähnt, gibt es in ganz Europa Beispiele dafür, von Viktor Orbáns Fidesz in Ungarn bis zum französischen Rassemblement National und im Grunde überall auf der

28 Zu weiteren Details hierzu siehe die interessante Darstellung in Steven Levitsky/Daniel Ziblatt, *Wie Demokratien sterben*, übers. von Klaus-Dieter Schmidt (München: Deutsche Verlags-Anstalt, 2018).

Welt. In einer solchen Situation kommen die zweite und die dritte Zerfallserscheinung – nämlich die Wellen der Ausgrenzung und die Polarisierung – leicht zusammen, und zwei Teile der Bevölkerung werden als außerhalb des »Volkes« stehend erklärt: einerseits die abgelehnten Außenseiter (z. B. Einwanderer oder Muslime) und andererseits die »Eliten«, die diese Außenseiter angeblich gegenüber den »wahren« Mitgliedern der Nation bevorzugen.

Schwindende Wirkmacht der Bürger, Wellen der Ausgrenzung und Polarisierung: Diese drei Achsen des Zerfalls gehen heute Hand in Hand. Sie gehen nicht immer miteinander einher, aber sie treten jetzt zusammen auf, und sie verstärken sich gegenseitig. Die Demokratie ist anfällig für jeden dieser Faktoren. Sie ist anfällig für ein Abgleiten in Richtung Elitenherrschaft, und sie ist anfällig für verschiedene Mechanismen, die in Gang gesetzt werden und sie in eine Abwärtsspirale zwingen. Sie ist anfällig für fälschlicherweise moralisierende oder »nativistische« Neudefinitionen – um diesen vielleicht etwas zu simplen Oberbegriff für verschiedene Formen der ethnisch-historischen Ausgrenzung zu verwenden. Und diese Neudefinitionen haben ebenfalls eine gewisse selbstnährende Eigenschaft, denn die Spaltungen und Ausgrenzungen, die sie hervorrufen oder verschärfen, verstärken sich tendenziell. Die Spaltungen und Barrieren, die sie errichten, machen es sehr schwer, das ganze Volk wieder zusammenzubringen.

Die ausgrenzende Polarisierung eignet sich zudem besonders gut für eine Neudefinition der Demokratie als unumkehrbare Hegemonie der heute siegreichen Partei oder Tendenz, die qua Beschluss als »Mehrheitsherrschaft« *tout court* »bestimmt« wird.

Die beiden letztgenannten Zerfallserscheinungen verbinden sich gern in der Vorstellung, dass es einen Mehrheitswillen der breiten Masse gibt, der von der Elite und den Außenseitern, denen diese Elite hilft, nicht beachtet wird, und dass Demokratie bedeutet, diesen Willen durchzusetzen, ohne Diskussion, ohne Kompromiss, ohne Respekt. Er wird einfach durchgedrückt.

Natürlich kann auch »guter« (d. h. nicht ausgrenzender) »Populismus« ins Extrem getrieben werden, so dass alle Gegner aus dem »Volk« ausgeschlossen werden. Wir haben das beim Bolschewismus erlebt, wo diejenigen, die sich der zwangsweisen Umgestaltung der russischen Gesellschaft in den Weg stellten – Adlige, »Kulaken«, »Abweichler« – zu Volksfeinden erklärt und rücksichtslos eliminiert wurden. Etwas von diesem rücksichtslosen Vorgehen erleben wir heute in Xi Jinpings China, aber diese Art von Politik findet in den heutigen Demokratien wenig Anklang.

Das Abgleiten der Demokratie in eine permanente »Mehrheits«-Herrschaft ist für jede Gesellschaft eine Katastrophe. Es trägt Rücksichtslosigkeit ins politische Leben hinein. Es spaltet und vergiftet den öffentlichen Raum. Es versetzt die Gesellschaft viel weniger in die Lage, mit den großen gemeinsamen Herausforderungen fertig zu werden, die beide Seiten der Kluft gleichermaßen betreffen – Herausforderungen wie dem Klimawandel und den negativen Auswirkungen von Globalisierung und Automatisierung.

Nicht zuletzt hat diese Gleichsetzung von Demokratie und unumkehrbarer Mehrheitsherrschaft dazu beigetragen, die (vollständige) Demokratie in verschiedenen sehr fragilen Kontexten zu zerstören – ich denke dabei an Russland, Ungarn und die Türkei. Ihre Verschiebung in die Kategorie »manipuliert« beruht auf der Vorstellung, wer die wahren Russen, Ungarn und Türken sind – welche Kultur und welche religiöse Orthodoxie gegen westliche liberale Werte oder Homosexualität verteidigt werden. Im Falle der Türkei basiert die manipulierte Demokratie auf dem »frommen Islam« und der Ablehnung jeglichen Kompromisses mit den Kurden, die als »Terroristen« verteufelt werden. Diese Art von Vorgehen kann eine funktionierende Demokratie tatsächlich zerstören. Auch wenn es sich in den genannten Fällen nicht um sehr stabile Demokratien gehandelt hat, sieht man, wohin diese Art von Politik führen kann.

Und es gibt heute viele Demokratien, die noch nicht in die Kategorie »manipuliert« gekippt sind. Oder dort, wo sie bereits gekippt sind, hat sich das noch nicht institutionell verfestigt. Das gilt für Polen, wo der Kampf noch nicht entschieden ist. Die »offene« politische Identität, für die Solidarność und Johannes Paul II. eintraten und die in der frühneuzeitlichen polnisch-litauischen Union (Rzeczpospolita) wurzelte, wurde durch einen späteren, engeren, übersteigert integristischen Katholizismus unter dem Banner der irreführend »Recht und Gerechtigkeit« genannten Partei ins Gegenteil verkehrt. Doch die Proteste im Jahr 2020 gegen diese Verengung der politischen Identität zeigen, dass das Spiel noch nicht vorbei ist. Die Partei besetzte die Gerichte, eine in jüngster Zeit verbreitete Taktik der Rechten. Ein Verfassungstribunal, das sich größtenteils aus neu ernannten Richtern zusammensetzt, entschied, das Recht auf Abtreibung einzuschränken. Das löste jedoch einen massiven Frauenstreik aus, der sich mit allgemeineren Demonstrationen gegen die Regierung überschnitt.

Demokratie ist nicht das, was eine Mehrheit in diesem oder jenem Moment gerade will. Sie ist ein Projekt für mehr Mitwirkung und Integration, für Freiheit, Gleichheit und Solidarität in der Zukunft.

Unsere derzeitige prekäre Lage resultiert aus der Kombination dreier gravierender Zerfallserscheinungen, nämlich der schwindenden Wirkmacht der Bürger, der Ausgrenzungswellen und der Polarisierung. Wir sind in der unglückseligen Situation, dass sie zusammen auftreten. Wir können uns Welten vorstellen, in denen dieses zerstörerische Trio nicht gemeinsam aufgetreten wäre. Aber sie sind nicht gänzlich ohne Zusammenhang. Der »Great Downgrade« und der Niedergang der gefühlten Wirkmacht der Bürger haben den Boden bereitet für demagogische Versuche, »Außenseiter« ins Visier zu nehmen, und für eine immer ungeheuerlichere Politik der Diskriminierung, was uns so sehr polarisiert hat, dass unsere demokratischen Systeme in Gefahr sind – und einige sind bereits über die Klippe gestürzt.

Wir müssen diese Krise an der Wurzel packen: dem »Great Downgrade« und der galoppierenden Ungleichheit und dem Ohnmachtsempfinden der Bürger, die er hervorruft. Und das bedeutet, dass wir dringend eine neue Solidarität schaffen müssen, über die Gräben hinweg, die uns heute lähmen und die uns unfähig machen, die Herausforderungen, vor denen wir stehen, anzugehen und eine auf das Gemeinwohl ausgerichtete Politik zu definieren und durchzusetzen. Wir müssen die Organisationen und Bündnisse aufbauen, die für uns das tun werden, was die Sozialdemokratie nach dem Zweiten Weltkrieg getan hat, indem sie die Grundlage für den Aufschwung legte, der in Frankreich als *les trente glorieuses* in Erinnerung ist. Wir können heute vergleichbare Schritte nach vorne machen.

Kapitel 2
Widersprüche und Doppelbewegungen

Craig Calhoun

Demokratie ist ein Projekt, nicht einfach ein Zustand. Sie wird nicht wie ein Licht angeknipst und dann geflissentlich ignoriert. Demokratie ist immer ein *work in process*, sie wird stets gerade aufgebaut, vertieft oder erneuert. Dieser Prozess erfordert die Verpflichtung, ihn in die Zukunft zu prolongieren, die Demokratie fortwährend weiterzuentwickeln – und nicht etwa vorübergehende Vorteile nutzen zu wollen, um Möglichkeiten für künftige Demokratie auszuschließen. Wenn Erneuerung und Weiterentwicklung ins Stocken geraten, zerfällt die Demokratie.

Das ist vor allem deshalb der Fall, weil Demokratie das ist, was Charles Taylor ein telisches Konzept nennt. Sie wird durch Ideale definiert, die sich niemals vollständig und endgültig verwirklichen lassen. Freiheit, Gleichheit und Solidarität zum Beispiel werden nie vollendet, und das Gleichgewicht zwischen ihnen ist nie ganz stabil. Dennoch sind sie ein Ansporn und eine Orientierung, um weiterzumachen. Darüber hinaus wird Demokratie nicht nur um ihrer selbst willen betrieben, sondern sie dient auch dem Gemeinwohl, dem Wohlergehen der Bürger im Allgemeinen und ihren Beziehungen untereinander, was durch die Selbstregierung gefördert werden soll.

Zweitens werden Demokratien nicht in utopischer Abstraktion entworfen, sondern im Rahmen spezifischer historischer Kontexte aufgebaut. Sie sind dauerhaft geprägt durch ihre Vorgeschichte, durch spezifische Entscheidungen und Kompromisse bei ihrer Entstehung und durch Generationen von Bemühungen, Probleme zu lösen oder abzumildern, die manchmal neue Probleme schaffen. Die Vereinigten Staaten sind über die Kompromisse in Sachen radikaler Rassenungleichheit noch nicht hinweg, und auch Großbritannien hat das Erbe von Monarchie, Aristokratie und Empire noch nicht überwunden. Die kanadische Demokratie hat mit einem geteilten kolonialen Erbe zu kämpfen, Frankreich mit der Härte seines Bekenntnisses zur Laizität und Deutschland mit den Bedingungen der Wiedervereinigung. Demokratien dürfen nicht nur ihre konstitutiven Ideale verfolgen, sondern müssen auch immer wieder ihre Institutionen reformieren und verbessern und sich mit Widersprüchen in ihren Verfassungsstrukturen auseinandersetzen.

Drittens, und das ist entscheidend, hängt Demokratie von gesellschaftlichen Grundlagen ab. Die Bürger müssen nicht nur frei und gleichberechtigt, sondern auch gut miteinander vernetzt sein. Ihre Fähigkeit, sich wirksam an der Politik zu beteiligen, sich zu organisieren, um gemeinsame Güter zu verfolgen, und individuelle Freiheiten auszuüben, hängt von sozialen Ressourcen und Beziehungen ab. Die Bürger werden durch lokale Gemeinschaften, größere Institutionen, Freiwilligenorganisationen, soziale Bewegungen und Kommunikationsmedien gestärkt. Diese tragen dazu bei, dass eine verstreute oder geteilte Bevölkerung als politischer Körper – ein *demos* – mit einer inklusiven Identität, sozialen Bindungen und dem Gefühl, einer Schicksalsgemeinschaft anzugehören, zusammenwächst. Die Bürger sind durch die Kultur sowohl geeint als auch geteilt. Größendimensionen, Komplexität und eine ausgeprägte, aber widersprüchliche Beziehung zum Kapitalismus sind allesamt Herausforderungen für moderne Demokratien.

In diesem Kapitel wird untersucht, wie die Demokratie im Ringen mit diesen Herausforderungen geformt und umgestaltet wird. Zunächst wird die Bedeutung republikanischer Ideen und Ideale für die Institutionalisierung der Demokratie hervorgehoben – ein Thema, das für die Vereinigten Staaten von entscheidender Bedeutung ist, aber auch für die Demokratie im Allgemeinen. Der Fortschritt der Demokratie vollzog sich innerhalb des republikanischen Rahmens, nicht ohne Kampf und oft mit Fortschritten für einige und gleichzeitigen Rückschlägen für andere. Die Ideen der Öffentlichkeit und des Gemeinwohls waren von entscheidender Bedeutung, allerdings nicht unter Ausschluss anderer Dimensionen von »Volkszugehörigkeit«. Diese Fragen nach der Form und den Idealen der Demokratie spielten sich im Zusammenhang mit der Ausweitung der Dimensionen, neuen Kommunikationstechnologien und sich verändernden Beziehungen zwischen der lokalen und der metropolitanen Gesellschaft ab. Die Veränderungen brachten immer wieder das mit sich, was der Wirtschaftshistoriker Karl Polanyi die »Entbettung« der Bürger aus älteren Unterstützungssystemen nannte, sowie »Doppelbewegungen«, bei denen Disruption Reaktionen hervorrief – darunter Bemühungen um eine Erneuerung gesellschaftlicher Institutionen, aber auch scharfe Auseinandersetzungen.

Eine Republik mit unvollständiger Demokratie

Bei der Gründung der Vereinigten Staaten war die Demokratie ein nachrangiges, aber gleichwohl wichtiges Thema. Die Betonung lag auf der Schaffung einer Republik. »Die Vereinigten Staaten gewährleisten jedem Staat innerhalb dieses Bundes eine republikanische Regierungsform« heißt es in der Verfassung. Von Demokratie ist nirgends die Rede.

Verfassungen sind die grundlegendste Formulierung der Rechtsstaatlichkeit, die wiederum die wichtigste Begrenzung zügelloser individueller Macht darstellt. Macht wird aber auch durch staatliche Bürokratien mit ihren festgelegten Verfahren »gechecked und gebalanced«. Republikanische Verfassungen sehen zudem eine öffentliche Debatte vor, die sich auf das Wissen der Öffentlichkeit stützt – vor allem durch Mechanismen wie eine freie Presse, öffentliche Bildung und Transparenz in der Regierung. Dies ist von entscheidender Bedeutung, um sicherzustellen, dass die Gesetze auch tatsächlich befolgt werden und dass die Regierung zum Wohle der Allgemeinheit gut organisiert ist. Der letzte und vielleicht am schwierigsten zu gewährleistende Punkt ist die Tugendhaftigkeit der Bürger: Eine republikanische Regierung hängt ab von Ehrlichkeit, Ablehnung von Korruption und Einsatz für das öffentliche Wohl.

Die meisten Länder, die wir als Demokratien bezeichnen, sind formell als Republiken konstituiert.[1] Frankreich ist offiziell die

1 Natürlich sind einige Demokratien dieser Welt offiziell immer noch Königreiche; das ist eine der Möglichkeiten, wie Demokratie unvollständig sein kann. Aber es handelt sich um *konstitutionelle* Monarchien, d.h. Monarchien mit republikanischen Zügen. Der Wille des Monarchen wird durch Regeln und durch die Möglichkeit der Machtausübung durch andere begrenzt. Die Regierung existiert für das öffentliche Wohl und nicht nur zum Nutzen des Monarchen. Weder sie noch das Land können wie Privateigentum besessen werden. Das Gemeinwohl wurde im England des 17. Jahrhunderts als »Commonwealth« bezeichnet. Das Wort lebt fast unbemerkt in den offiziellen Namen mehrerer amerikanischer Staaten und einiger Länder wie Australien und den Bahamas weiter. Schließlich tragen mehrere Länder offiziell den Namen »Demokratische Republik«, um die Bedeutung beider

Französische Republik (tatsächlich ist es heute die Fünfte Republik, da jede Revolution oder größere strukturelle Veränderung rechtlich einen neuen Staat einleitete). Wir können die Volksrepublik China, die Republik Indien, die Bundesrepublik Deutschland und so weiter hinzufügen. Amerikanische Schulkinder schwören »Treue auf die Fahne der Vereinigten Staaten von Amerika und die *Republik*, für die sie steht«.[2]

Seit Aristoteles bedeutete Republik (*politeia*) »gemischte Verfassung«. Anstelle des Zyklus von Monarchie, Aristokratie und Demokratie, die in mehr oder weniger traumatischen Übergängen aufeinanderfolgen, versprach der Republikanismus, Elemente aus allen Bereichen zu kombinieren. Das herausragende Beispiel dafür war die Römische Republik. Sie währte fünfhundert Jahre vom Sturz der Königsherrschaft bis zur Errichtung des Römischen Reiches.

Die Gründer der USA waren von dieser *morality tale* durchdrungen.[3] Zu ihren Themen gehörten die Probleme, Frieden oder Macht auf Kosten der Freiheit zu erlangen, der korrumpierende Einfluss von Reichtum und Luxus und die destabilisierende Wirkung von Machthunger.[4] Die Gründerväter wollten verhindern, dass sich ein

Ideen zu unterstreichen, auch wenn viele von ihnen, wie die Demokratische Volksrepublik (Nord-)Korea, ironischerweise kaum republikanische Freiheit, Rechtsstaatlichkeit oder demokratische Mitsprache aufweisen.

2 Der US-amerikanische Treueeid (*Pledge of Allegiance*) ist eine sehr amerikanische Formulierung von Idealen und Verpflichtungen. Er wurde erst im Zweiten Weltkrieg formell von der Regierung übernommen, und die Formulierung »unter Gott« wurde erst während der antikommunistischen Bewegung der frühen 1950er Jahre eingefügt. Seine Wurzeln liegen jedoch im Streben nach nationaler Einheit nach dem Bürgerkrieg. Formuliert wurde er von Francis Bellamy, einem Aktivisten und Unternehmer, der versuchte, anlässlich des 400. Jahrestags der Landung von Kolumbus in der Neuen Welt Zeitschriftenabonnements zu verkaufen. Als baptistischer Geistlicher, christlicher Sozialist und rassistischer Einwanderungsgegner vereinte Bellamy in seiner Person viele der Widersprüche des amerikanischen Patriotismus und Fortschrittsstrebens. Siehe Richard J. Ellis, *To the Flag: The Unlikely History of the US Pledge of Allegiance* (Lawrence: University Press of Kansas, 2005). Kevin Kruse, *One Nation under God: How Corporate America Invented Christian America* (New York: Basic Books, 2015).

3 Siehe Thomas E. Ricks, *First Principles: What America's Founders Learned from the Greeks and Romans and How that Shaped Our Country* (New York: Harper, 2020).

4 Der römische Historiker Sallust wurde viel gelesen und schrieb über den Übergang zum Imperium: »Nachdem es dahin gekommen war, dass Reichtum an sich ehrenvoll war und zu Ruhm, Macht und Einfluss führte, schwand der Sinn für

Präsident wie ein Diktator, König oder Kaiser verhielt. So sorgten sie für ein Gleichgewicht zwischen der Macht des Präsidenten und der des Kongresses, einschließlich des eher aristokratischen Senats und des eher demokratischen Repräsentantenhauses. Sie unterwarfen es der Kontrolle durch eine unabhängige, aber mächtige Judikative. Der Unterschied zu Frankreichs mehr integraler Staatsgewalt stand selbst den Zeitgenossen deutlich vor Augen.[5]

Doch während die Verfassung Aussagen zur Ausgestaltung der Gesetze und der politischen Institutionen für die neue Republik traf, sagte sie kaum etwas über die sozialen Verhältnisse aus, die für den Erfolg und das Überleben einer Republik ebenfalls grundlegend waren. Die fast zeitgleich stattfindende Französische Revolution setzte diese Verhältnisse deutlicher auf die Tagesordnung. Eine ihrer berühmten Parolen war »Liberté, Egalité, Fraternité«. Nicht nur stand die Gleichheit auf einer Ebene mit der Freiheit, sondern in der französischen Formulierung wurde die Solidarität (oder *fraternité*, wie es im Original hieß) als notwendige Ergänzung angesehen.[6]

Tüchtigkeit, und Armut hielt man mehr und mehr für eine Schande, Unbescholtenheit für böse Absicht. Deshalb riss bei der Jugend als Folge des Reichtums Luxusleben und Raffgier gepaart mit Arroganz ein: Man raubte, verprasste, verachtete das Eigene und verlangte nach fremdem Eigentum. Man machte sich keine Gedanken um den eigenen ehrbaren Ruf und eigenes ehrbares Verhalten, die göttliche und menschliche Ordnung behandelte man ohne Unterschied, nirgends hielt man Maß.« Siehe Sallust, *De coniuratione Catilinae/Die Verschwörung des Catilina*, hg. von Michael Mohr (Stuttgart: Reclam, 2021), 12,1-2, S. 25-27.

5 Als Reaktion auf französische Kritik, wonach Amerikaner sich zu sklavisch an der englischen Vorstellung einer gemischten Verfassung voller *checks and balances* orientierten, schrieb John Adams *A Defence of the Constitutions of Government of the United States of America* (1787).

6 Die Parole *Liberté, Egalité, Fraternité* wurde von Robespierre in einer Rede von 1790 formuliert, fand auf Plakaten weite Verbreitung und wurde auf Wände gemalt. *Fraternité* ist der am schwersten zu übersetzende Begriff. »Solidarität« ist eine weniger sexistische Alternative zur »Brüderlichkeit«. Aber sie umfasst nicht alle wichtigen Abstammungslinien der *fraternité*. Denn die Brüderlichkeit meint nicht nur familiäre Beziehungen, sondern bezieht sich auch auf das Christentum sowie auf die Traditionen und Institutionen der Handwerker. Siehe William H. Sewell, Jr., *Work and Revolution in France: The Language of Labor from the Old Regime to 1848* (Cambridge, UK: Cambridge University Press, 1980). Zwar haben sich die Konnotationen verschoben, aber die Idee der Brüderlichkeit war in Amerika lange Zeit ein grundlegendes politisches Thema. Siehe Wilson Carey McWilliams, *The Idea of Fraternity in America* (Berkeley: University of California Press, 1973).

Darunter können wir sowohl die Gegenseitigkeit als Dimension der zwischenmenschlichen Beziehungen als auch den Zusammenhalt als Merkmal der Gesellschaft insgesamt verstehen. Die Solidarität ist sowohl für den Republikanismus als auch für die Demokratie ein entscheidender Gesichtspunkt. Sie verweist darauf, wie wichtig es für die Bürger ist, das Gefühl zu haben, dass sie wirklich miteinander verbunden sind und »gemeinsam an einem Strang ziehen«.

Freiheit wird manchmal als Freiheit von jeglicher Einmischung verstanden. Diese Vorstellung von Freiheit ist in den Vereinigten Staaten besonders beliebt. Sie ist ein Produkt der Erfahrung und der intellektuellen Traditionen. Das Leben als Kleinbauer, Ladenbesitzer oder unabhängiger Handwerksproduzent brachte ein intuitives Verständnis von Freiheit als Nichteinmischung mit sich, das wiederum die Ansichten über politische Rechte prägte.[7]

Der zeitgenössische republikanische Philosoph Philip Pettit hat behauptet, Nichteinmischung sei ein zu extremer Standard und wir sollten republikanische Freiheit als Freiheit von Beherrschung verstehen.[8] Das ist durchaus sinnvoll. In der Tat ist die Vorstellung, dass niemand herrscht, sowohl für die Ideale der Gemeinschaft als auch für den Individualismus wichtig (obwohl viele Menschen patriarchalische Dominanz als normal für die Familie akzeptiert haben). Und die Vorstellung von Freiheit als Nichteinmischung ist angesichts der notwendigen Interdependenz moderner sozialer Beziehungen zutiefst unplausibel. Aber Pettits Vorschlag ist immer noch eher negativ als positiv und verkennt das Ausmaß, in dem republikanisches Denken versucht, die Freiheit mit Tugend, bürgerlicher Beteiligung und dem Streben nach dem Gemeinwohl zu verbinden. Bei der republikanischen Vorstellung von Freiheit ging es denn auch nicht nur um Freiheit, denn sie war in Normen für eine gute Elite eingebettet.

7 Das galt für die gesamte frühe Neuzeit, und diese Erfahrung besonderer sozialer Verhältnisse und Lebensweisen ist von bleibender Bedeutung. Das Denken in Sachen Freiheit änderte sich, wie vieles andere auch, durch die Entwicklung der Industrie, der Städte, der großen Märkte und der nationalen Integration. Die vorindustriellen Vereinigten Staaten unterschieden sich von Europa unter anderem durch die größere Entfernung zwischen den Farmen und zwischen den Städten, was ein ausgeprägtes Ethos der Selbstständigkeit begünstigte.

8 Philip Pettit, *Republicanism: A Theory of Freedom and Government* (Oxford: Oxford University Press, 1997); Philip Pettit, *Gerechte Freiheit. Ein moralischer Kompass für eine komplexe Welt*, übers. von Karin Wördemann (Berlin: Suhrkamp, 2017).

Bei der Ermächtigung der Bürger geht es nicht nur um die Freiheit *von* Einmischung oder gar Beherrschung, sondern vielmehr um die Fähigkeit, frei gewählte Güter zu verfolgen.[9] Dabei handelt es sich nicht nur um Objekte des utilitaristischen Begehrens, so als ob demokratische Freiheit nur mit einer größeren Auswahl an Konsumgütern verbunden wäre. Freie Bürger streben auch nach höheren Gütern wie Gerechtigkeit, Schönheit oder einer nachhaltigen Zukunft, an denen sie sich bei der Beurteilung dessen, was wirklich wertvoll ist, orientieren können. Ihre Freiheit liegt zum Teil in der Möglichkeit, diese höheren Güter aus eigener Einsicht heraus zu erkennen.[10] In scharfem Kontrast dazu steht die radikale Unfreiheit der Versklavung; sie ist der »soziale Tod«, wie Orlando Patterson in Anlehnung an Frantz Fanon sagt. Freiheit ist das Gegenteil – eine positive Fülle an Lebensmöglichkeiten.[11]

Die US-Verfassung akzeptierte die Sklaverei, versagte den Frauen das Wahlrecht und erlaubte Eigentumsbeschränkungen bei den Rechten für Männer. Das stand in krassem Widerspruch zu den eindringlichen Worten der früheren Unabhängigkeitserklärung, wonach »alle Menschen gleich geschaffen« und von ihrem Schöpfer mit unveräußerlichen Rechten ausgestattet seien. Selbst die stärker

9 Die Vorstellungen von negativer vs. positiver Freiheit sind alt. Siehe Isaiah Berlin, Zwei Freiheitsbegriffe (1958), in: ders, *Freiheit. Vier Versuche,* übers. von Reinhard Kaiser (Frankfurt am Main: S. Fischer, 1995); Charles Taylor, What's Wrong with Negative Liberty?, in: Alan Ryan (Hg.) *The Idea of Freedom: Essays in Honour of Isaiah Berlin* (Oxford: Oxford University Press, 1979); Amartya Sen, *Development as Freedom* (Oxford: Oxford University Press, 1999); Martha Nussbaum, *Fähigkeiten schaffen. Neue Wege zur Verbesserung menschlicher Lebensqualität*, übers. von Veit Friemert (Freiburg im Breisgau: Karl Alber, 2015); Elizabeth Anderson, What is the Point of Equality?, in: *Ethics* 109:2 (1999), S. 287-337.

10 Charles Taylor hat in vielen Werken von Bewertungshorizonten und qualitativen Unterscheidungen zwischen Gütern gesprochen, unter anderem in *Quellen des Selbst. Die Entstehung der neuzeitlichen Identität*, übers. von Joachim Schulte (Frankfurt am Main: Suhrkamp, 1996). Siehe auch Michiel Meijer, *Charles Taylor's Doctrine of Strong Evaluation* (Lantham, MD: Rowman and Littlefield, 2018).

11 Orlando Patterson hat die Ansicht vertreten, dass die antike Geburt der Idee der Freiheit als solcher mit der Unfreiheit der Sklaverei verbunden gewesen sei; siehe *Freedom,* Bd. 1: *Freedom in the Making of Western Culture* (New York: Basic Books, 1991). Er verbindet die Sklaverei mit der entmenschlichenden Lage, die Frantz Fanon als »sozialen Tod« bezeichnet; siehe *Slavery and Social Death: A Comparative Study* (Cambridge, MA: Harvard University Press, 1982).

auf Freiheit ausgerichtete Erklärung ließ Frauen außen vor und ging nicht auf das Problem der Sklaverei ein.[12] Aber sie beschwor in stärkerem Maß Ideale. Die spätere Verfassung war, vielleicht zwangsläufig, eher von instrumentellen Kompromissen geprägt und konzentrierte sich auf jeden Fall mehr auf konkrete Regierungsmechanismen als auf Zielsetzungen. Sie ging in die Geschichte ein, weil sie die Demokratie akzeptierte, schränkte diese aber mindestens ebenso deutlich auch ein.

Dennoch ebnete diese Verfassung den Vereinigten Staaten den Weg hin zu immer mehr Demokratie, auch weil sie ihre eigene Revision vorsah. Diese Revision begann fast sofort mit den zehn als Bill of Rights bekannten Zusatzartikeln. Diese schützten die grundlegenden Freiheiten, insbesondere die der Religion, der Presse, der Versammlung und der Einreichung von Petitionen an die Regierung. Doch schützten sie die Freiheit einiger auf Kosten anderer. Der zweite Verfassungszusatz, der das Recht des Volkes, Waffen zu besitzen und zu tragen, schützt, ist ein typisches Beispiel dafür. Er sollte unter anderem sicherstellen, dass weiße Grundbesitzer in der Lage waren, Aufstände der von ihnen versklavten Menschen niederzuschlagen. Gleichzeitig wurde der Besitz von Waffen für Schwarze verboten.[13]

12 Wie viele Beobachter festgestellt haben, wird in der Erklärung beklagt, dass der englische König die Amerikaner beinahe auf den Status von Sklaven reduziere, ohne auf die Frage nach der Gerechtigkeit der Sklaverei, wie sie in Amerika praktiziert wurde, einzugehen. Die Verfasser, darunter Thomas Jefferson, scheinen eine bemerkenswerte Fähigkeit besessen zu haben, dieses Thema aus ihren Überlegungen auszublenden. Siehe Danielle Allen, *Our Declaration: A Reading of the Declaration of Independence in Defense of Equality* (New York: W. W. Norton, 2014). Allein die Ausweitung des Wahlrechts auf die Mehrheit ihrer Bürger hat in den Vereinigten Staaten über 130 Jahre gedauert. In Frankreich wurde das allgemeine Wahlrecht für Männer 1792 verkündet, aber schnell wieder verworfen; die französischen Frauen erhielten das Wahlrecht erst in den letzten Tagen des Zweiten Weltkriegs. In anderen »Demokratien« dauerte es ähnlich lange. Sanford Lakoff sieht die schrittweise Überwindung solcher Grenzen als grundlegend für die Demokratie an; siehe Sanford Lakoff, *Democracy: History, Theory, Practice* (Boulder, CO: Westview, 1996).

13 Carol Anderson, *The Second: Race and Guns in a Fatally Unequal America* (London: Bloomsbury, 2021). Diese Probleme sind nicht verschwunden. Die Angst vor Schwarzen ist ein wichtiger Faktor sowohl für den Widerstand gegen strengere Waffengesetze als auch für das strikte, oft tödliche polizeiliche Vorgehen gegen Schwarze mit Waffen.

Die Versklavung war ein noch radikalerer Ausschluss als die Verweigerung des Wahlrechts für Frauen oder Männer mit geringem Besitz. Sie bedeutete nicht nur Beherrschung statt Freiheit, sondern den völligen Ausschluss vom Gemeinwesen und vom Recht, Rechte zu haben.[14] Als die Vereinigten Staaten gegründet wurden, waren schwarze Amerikaner, einschließlich der aus der Sklaverei Befreiten, im zeitgenössischen Verständnis von »dem Volk« nicht vollständig enthalten. Im berüchtigten Dred-Scott-Fall von 1857 bestätigte der Oberste Gerichtshof der USA dies mit brutaler Deutlichkeit:

> Die Frage ist einfach die folgende: Kann ein Neger, dessen Vorfahren in dieses Land gebracht und als Sklaven verkauft wurden, Mitglied der politischen Gemeinschaft werden, die durch die Verfassung der Vereinigten Staaten gebildet und ins Leben gerufen wurde, und als solches Anspruch auf alle Rechte, Privilegien und Immunitäten haben, die dieses Instrument den Bürgern garantiert? […]
>
> Wir sind der Meinung, dass dies nicht der Fall ist und dass sie nicht unter dem Wort »Bürger« in der Verfassung eingeschlossen sind und auch nicht eingeschlossen werden sollten und dass sie daher keines der Rechte und Privilegien beanspruchen können, die dieses Instrument für die Bürger der Vereinigten Staaten vorsieht und garantiert.[15]

Der Gerichtshof entschied, dass selbst in Staaten, in denen der Sklavenbesitz aufgrund demokratischen Handelns illegal war, die ehemaligen Sklaven und ihre Nachkommen keine Bürger sein konnten.

Veränderung war nicht nur schwierig, sondern erforderte einen verheerenden Bürgerkrieg. Doch mit dem dreizehnten und vierzehnten Zusatzartikel zur Verfassung wurde die Sklaverei abgeschafft und die Staatsbürgerschaft für alle in den Vereinigten

14 Ich entlehne diese berühmte Wendung von Hannah Arendt, die damit die Situation staatenloser Menschen wie etwa derjenigen, die vor dem Holocaust flohen, beschrieben hat. Siehe *Elemente und Ursprünge totaler Herrschaft. Antisemitismus, Imperialismus, totale Herrschaft* [1951] (München/Zürich: Piper, 1986). Wie Flüchtlinge waren auch Sklaven ohne politische Gemeinschaft.

15 Urteil des US Supreme Court im Fall *Dred Scott v. John F. A. Sanford*, 6. März 1857, Case Files 1792-1995, Record Group 267, Records of the Supreme Court of the United States, National Archives, Washington, DC. Das Transkript der Mehrheitsentscheidung, wie sie von Chief Justice Roger B. Taney verkündet wurde, ist einsehbar unter ⟨https://www.archives.gov/milestone-documents/list⟩.

Staaten geborenen oder eingebürgerten Personen garantiert. Der Versuch, dieses Staatsbürgerschaftsrecht durchzusetzen, war ein zentrales Thema der »Reconstruction« nach dem Krieg; der Versuch, es einzuschränken, stand im Mittelpunkt der darauffolgenden Jim-Crow-Ära. Und so ist es seither weitergegangen, Schritte hin zu mehr Demokratie und Schritte zurück, und zwar explizit bis zum gegenwärtigen Zeitpunkt (mehr dazu in Kapitel 7).

Die Widersprüche zwischen der Realität der Sklaverei und den erklärten Idealen des Landes bildeten die vielleicht größte Herausforderung, der sich die amerikanische Demokratie zu stellen hatte. Die Sklaverei konnte ohne Rassismus nicht existieren, und der Rassismus hatte auch nach der Abschaffung des Sklavereisystems Bestand. In Gesetzen und Institutionen sind immer noch Vorurteile verankert. Rassismus motiviert nach wie vor Handlungen, die die Demokratie untergraben.[16] Und Rassismus ist nicht der einzige Widerspruch, der in der amerikanischen Demokratie steckt.

Doch Widersprüche sind keine »fatalen Fehler« und bedeuten nicht, dass es keine Verbesserungen in der Qualität und im Ausmaß der Demokratie geben kann. Sie bedeuten jedoch, dass solche Verbesserungen selten einem geradlinigen Weg des stufenweisen Fortschritts folgen. Widersprüche sind grundlegende Gegensätze zwischen verschiedenen Elementen einer gesellschaftlichen Formation – wie z. B. Versklavung und Freiheit oder Rassismus und

16 Im Jahr 2019 löste die *New York Times* mit der Veröffentlichung einer Reihe von Essays und literarischen Werken, die Sklaverei und Rassismus in den Mittelpunkt des amerikanischen Selbstverständnisses stellen wollten, eine heftige Debatte aus. Damit sollte an die Ankunft eines Sklavenschiffs im Jahr 1619 und an den Verkauf dieser verschleppten Afrikaner an amerikanische Kolonisten erinnert werden. Dies, so schlugen die Autoren vor, bilde genauso oder sogar in noch stärkerem Maße den Beginn des Landes als viele bekannte Daten und Ereignisse, einschließlich der Unabhängigkeitserklärung. »Unsere Gründungsideale von Freiheit und Gleichheit waren falsch, als sie niedergeschrieben wurden«, heißt es in dem einleitenden Essay von Nikole Hannah Jones; »schwarze Amerikaner haben dafür gekämpft, dass sie wahr werden.« Nikole Hannah Jones, America Wasn't a Democracy, Until Black Americans Made It One, in: *New York Times*, 14. August 2019. Die binäre Rhetorik von wahr und falsch ist irreführend, und die Darstellung enthielt Übertreibungen, die dazu beitrugen, die Kontroverse selbst unter ansonsten wohlwollenden Historikern zu schüren. Aber die neue nationale Ursprungserzählung hat die Aufmerksamkeit auf einen grundlegenden strukturellen Widerspruch in der amerikanischen Geschichte und im Streben nach Demokratie gelenkt.

Gleichheit. Um sie zu ändern, muss die gesamte Beziehungsstruktur, zu der sie gehören, umgestaltet werden. Ein Widerspruch lässt sich nicht beseitigen, wenn alles andere unangetastet bleibt. Es ist daher schön und gut, wenn der Einzelne versucht, auf persönlicher Ebene weniger rassistisch zu sein. Und individuelle Veränderungen können sich summieren. Die Überwindung von Widersprüchen erfordert jedoch tiefgreifendere strukturelle Veränderungen, woraus eine Gesellschaftsordnung entsteht, die nicht mehr durch einen Antagonismus zwischen den sie bestimmenden inneren Merkmalen geprägt ist.

Im Falle der USA war die republikanische Verfassung des Landes paradoxerweise sowohl entscheidend als auch ein Problem. Sie verkörperte grundlegende Widersprüche und trug dazu bei, diese zu reproduzieren. Doch sie hat auch beim Kampf um die Überwindung dieser Widersprüche geholfen und Hebel für grundlegende Veränderungen bereitgestellt. Das gilt für die ganze Welt. Die Bedeutung republikanischer Verfassungen liegt paradoxerweise sowohl in der Stabilisierung der Demokratie – was ihre Einschränkung bedeutet – als auch in der Bereitstellung von Mechanismen, um notwendige grundlegende Veränderungen zu erkennen.

In den Vereinigten Staaten ist die Beseitigung der Beschränkungen für die vollen Staatsbürgerrechte eine lange Geschichte, und sie ist leider immer noch nicht abgeschlossen. Während des frühen 19. Jahrhunderts wuchs eine Bewegung für die Rechte der Frauen heran, doch erst 1920 garantierte der neunzehnte Zusatzartikel den Amerikanerinnen das Wahlrecht. In den 1820er und 1830er Jahren wurden die Eigentumsvoraussetzungen für fast alle weißen männlichen Wähler abgeschafft; die Folge war die erste große populistische Bewegung des Landes, die Andrew Jackson 1828 an die Macht brachte. Natürlich wurden Arbeiterorganisationen noch ein weiteres Jahrhundert lang gewaltsam unterdrückt; das formale politische Wahlrecht reichte nicht aus, um volle Bürgerrechte zu garantieren. Nicht nur Gesetze, sondern auch Verwaltungsverfahren, kulturelle Normen und soziale Fähigkeiten können zu Unterschieden zwischen den Bürgern führen – selbst bei einer so grundlegenden Frage wie dem Wahlrecht. Um die Sklaverei abzuschaffen, bedurfte es eines Bürgerkriegs, und der Kampf um die Durchsetzung des Wahlrechts für schwarze Amerikaner dauert bis heute an.

Die Vereinigten Staaten sind nicht die einzige Republik, in der viele Menschen, die im Land leben und zum Wohl des Landes beitragen, vom Status als Bürger ausgeschlossen waren. Sie sind auch nicht die einzige Republik, die formal gleiche Bürgerrechte in der Praxis ungleich machte. Nehmen wir nur das Wahlrecht. In Frankreich wurden mit der Revolution von 1789 radikale Schritte in Richtung Demokratie unternommen. Mit dem allgemeinen Wahlrecht für Männer zwischen 1792 und 1795 war das Land den Vereinigten Staaten voraus. Doch unter Napoleon degenerierte Frankreich zum Kaiserreich. Eine Reihe von Revolutionen im 19. Jahrhundert brachte Experimente mit der Demokratie, doch die Errungenschaften wurden immer wieder rückgängig gemacht – bis ins 20. Jahrhundert hinein. Französische Frauen erhielten erst 1944/45 das Wahlrecht, als Frankreich gegen Ende des Zweiten Weltkriegs seine Unabhängigkeit von Deutschland wiedererlangte. Im Vereinigten Königreich brachten die Reformgesetze von 1832 und 1867 nur zwei der sieben Millionen Männer Englands das Wahlrecht. Die Eigentumsbeschränkungen wurden erst 1918 abgeschafft, als auch Frauen über 30 das Wahlrecht erhielten; jüngere Frauen mussten noch einmal zehn Jahre warten. In der Schweiz bekamen die Frauen erst 1971 das Wahlrecht.

In den USA gab es zwischen der Gründung des Landes und dem verheerenden Bürgerkrieg mehrere Fälle, in denen die Demokratie für einige vorankam und anderen vorenthalten wurde. Derselbe Populist Andrew Jackson, der dazu beitrug, das Wahlrecht für weiße Amerikaner auszuweiten, unterzeichnete den berüchtigten Indian Removal Act, der die brutale Umsiedlung der ostamerikanischen Stämme aus ihren angestammten Gebieten in Reservate im Westen erzwang.

Der US-Bürgerkrieg selbst resultierte sowohl aus Problemen, die in der Verfassung angelegt waren, als auch aus gesellschaftlichen Veränderungen, die die Spaltungen noch verschärften. Wirtschaftliche Umwälzungen und religiöse Erweckungen, die Expansion nach Westen und die Einwanderung stellten allesamt Herausforderungen für die verfassungsmäßige Ordnung und die praktische politische Problemlösung dar. Die Demokratie verfiel zuweilen, weil es ihr nicht gelang, sich in Richtung einer stärkeren Beteiligung der Bürger und eines integrativeren Gemeinwesens zu entwickeln. Manchmal artete die Parteilichkeit in unüberbrückbare Feindschaft aus. So schlug ein Kongressabgeordneter aus South Carolina in den

1850er Jahren den Abolitionisten Senator Charles Sumner im Senatssaal fast zu Tode.[17]

Der Bürgerkrieg kostete anderthalb Millionen Amerikaner das Leben – und weitete die amerikanische Demokratie aus. Nach dem Bürgerkrieg wurde dem Süden von der siegreichen Union ein Mehr an Demokratie aufgezwungen. Diese als »Reconstruction« bezeichnete Zeit brachte den ehemals Versklavten und ihren Nachkommen das Wahlrecht und andere Schutzmaßnahmen. Einer ihrer Höhepunkte war der Civil Rights Act von 1875, das letzte Gesetz zur Förderung der Bürgerrechte – für Afroamerikaner und andere – bis zum Civil Rights Act von 1957.[18]

Zwei Schritte vorwärts, einer zurück

Gegen Ende des Bürgerkriegs lieferte Abraham Lincoln eine der nachhaltigsten Darstellungen der Idee der Demokratie. Der Krieg selbst sei auf den gravierendsten Zerfall gefolgt, den die amerikanische Demokratie je erlebt habe. Dennoch, so Lincoln, bedeutete sein erfolgreicher Abschluss, dass »die Regierung des Volkes, durch

17 Preston Brooks prügelte mit einem schweren Rohrstock auf Sumner ein und hörte erst auf, als der Stock zerbrach. Das zementierte das Bild des Nordens von der Brutalität der Südstaaten, wurde aber im Süden weithin als berechtigte Verteidigung der Ehre gefeiert. Alle Bemühungen, Brooks aus dem Kongress zu entfernen, schlugen fehl, und er wurde sogar wiedergewählt. Zwei Städte im Süden benannten sich ihm zu Ehren um. Siehe Williamjames Hull Hoffer, *The Caning of Charles Sumner: Honor, Idealism, and the Origins of the Civil War* (Baltimore, MD: Johns Hopkins University Press, 2010). Siehe auch Harlan Joel Gradin, Losing Control: The Caning of Charles Sumner and the Breakdown of Antebellum Political Culture, Diss., University of North Carolina, Chapel Hill, 1991, vor allem wegen seiner klugen Darstellung der Degeneration und Divergenz der politischen Kulturen Amerikas.

18 Das soll nicht heißen, dass es keine Gesetze oder politischen Maßnahmen gab, von denen Schwarze und andere profitierten, oder dass es keine Versuche gab, Diskriminierung abzubauen. Der New Deal war in vielerlei Hinsicht ein Segen für schwarze Amerikaner, auch wenn er enorme Ungleichheiten mit sich brachte. Vielmehr meine ich, dass es in dieser mehr als fünfundsiebzigjährigen Zeitspanne keine Gesetze auf Bundesebene gab, die speziell die Schwarzen als demokratische Bürger stärkten.

das Volk und für das Volk, nicht von der Erde verschwinden möge«.[19]

Diese Zeile findet sich in Lincolns brillanter Rede anlässlich der Einweihung des Nationalfriedhofs nach der blutigsten Schlacht des Bürgerkriegs. Mit 272 Wörtern war Lincolns »Gettysburg Address« kurz genug, dass begeisterte Bürger oder fleißige Schulkinder sie auswendig lernen konnten – so wie ich es im Alter von etwa elf Jahren tat. Dass Generationen von Schulkindern das Gleiche taten, war lange Zeit Teil der immer wiederkehrenden Erneuerung der amerikanischen Polis – und ist es vielleicht immer noch, auch wenn ich glaube, dass es heute weniger verbreitet ist. Der Glaube an die amerikanische Demokratie – und sogar ein Gefühl amerikanischer Identität – wurde durch eine ständige Neuverflechtung am Leben erhalten, bei der sich solche Fäden rhetorischer Kontinuität mit neuen Inspirationen, historischen Gedenkfeiern, kulturellen Kontexten, materiellen Errungenschaften und Erinnerungen verbanden.[20]

Das war nicht einfach die glückliche Geschichte der etablierten Demokratie, auch wenn das Gedenken manchmal in Selbstbeweih-

19 Um genau zu sein: Lincoln hat das Wort »Demokratie« in dieser Rede nie verwendet. Er beschrieb die Vereinigten Staaten als ein Land, das in Freiheit gezeugt und der Gleichheit verpflichtet sei, sagte, dass es eine »Wiedergeburt der Freiheit« erleben möge, und erklärte, dass die Regierung des Volkes, durch das Volk und für das Volk nicht untergehen werde. Garry Wills, *Lincoln in Gettysburg: The Words that Remade America* (New York: Simon and Schuster, 1992) sieht in der Rede eine neue Betonung der Gleichheit; James T. Kloppenberg erkennt in *Toward Democracy: The Struggle for Self-Rule in European and American Thought* (Oxford: Oxford University Press, 2012), Kap. 14, Solidarität und Einheit als Kernbotschaft, zusätzlich zu früheren Bekundungen der Gleichheit.

20 Nach der Ermordung Lincolns hielt Senator Charles Sumner eine Traueransprache, in der er Lincolns Rede treffend mit der Unabhängigkeitserklärung in Verbindung brachte. Darin erkannte er auch zu Recht an, dass in der Geschichte nicht nur Worte, sondern auch Taten zählen. Lincoln sprach in seiner Rede über den Heldenmut derer, die in Gettysburg gekämpft hatten, und sagte Folgendes voraus: »Die Welt wird wenig Notiz davon nehmen noch sich lange an das erinnern, was wir hier sagen, aber sie kann niemals vergessen, was jene hier taten.« Doch damit lag Lincoln, wie Sumner andeutete, natürlich falsch. Die Rede selbst war »eine monumentale Tat«, behauptete er: »Die Welt hat sofort zur Kenntnis genommen, was er gesagt hat, und wird nie aufhören, sich daran zu erinnern. Die Schlacht selbst war weniger wichtig als die Rede.« Charles Sumner, *Promises of the Declaration of Independence: Eulogy on Abraham Lincoln, June 1, 1865* (Boston: Ticknor & Fields, 1865).

räucherung ausartete. Ebenso wenig war der Fortschritt hin zu mehr Demokratie stets garantiert. Der Bürgerkrieg führte dies genauso *ad absurdum* wie spätere Rückschritte bei den Errungenschaften für Schwarze Amerikaner. Das Gleiche gilt für die Niederlage der großen amerikanischen Populistenbewegung in den 1890er Jahren, die von den Eliten teilweise kooptiert und teilweise untergraben wurde, indem sie rassistische Spaltungen schürten. Gleiches galt für die Mitwirkung der Regierung an der gewaltsamen Unterdrückung der Gewerkschaften durch die Arbeitgeber. Gleichwohl war die Versuchung, die Geschichte als linear und fortschrittlich zu betrachten, oft größer als die Erinnerung an Zerfall und Zerrüttung.

Lincolns Satz wurde immer wieder zitiert, manchmal als Formulierung eines erstrebenswerten Ideals, manchmal so, als könne er die Spannungen und Grenzen der tatsächlichen Demokratie überdecken. Ich lernte die Rede um 1963 auswendig, inmitten des vielbeschworenen »Nachkriegsbooms« oder dem, was die Franzosen *les trente glorieuses* nennen. Die Vereinigten Staaten machten wie Europa in der Mitte des 20. Jahrhunderts enorme Fortschritte. Die Gleichberechtigung nahm zu, das Bildungswesen wurde ausgebaut, die Wirtschaft eröffnete neue Möglichkeiten. Eine Reihe von Institutionen und politischen Maßnahmen bot einem zuvor nie erreichten Teil der Bevölkerung Unterstützung und Sicherheit. Einige dieser Maßnahmen hatten ihre Wurzeln in der Progressive Era, andere im New Deal der 1930er Jahre, und wieder andere basierten auf den Erfahrungen des Krieges.

Aber nicht alles war glorreich. Die Bürgerrechtsbewegung spaltete Amerika und inspirierte es zugleich. 1963 war das Jahr, in dem Martin Luther King während des Marsches auf Washington seine »Ich habe einen Traum«-Rede hielt. Es war auch das Jahr, in dem Präsident John F. Kennedy ermordet wurde. Der tief spaltende Vietnamkrieg war in vollem Gange. Und der American Indian Movement versuchte, die Verletzung von Verträgen und den Landraub rückgängig zu machen, die nicht nur längst vergangene Geschichte, sondern aktive Regierungspolitik während des Nachkriegsbooms waren. Die hehren Ideale, die Lincoln formulierte, wurden damals nicht erreicht und sind auch heute noch nicht vollständig verwirklicht.[21]

21 Andere »fortgeschrittene« Demokratien sind mit ähnlichen Widersprüchen konfrontiert. In Deutschland begleitete ein Schweigekomplott die Übernahme von

Doch Demokratie braucht Ideale; selbst die Vorstellung davon, was ein Fortschritt sein könnte, erfordert einen Bewertungsrahmen. Lincoln berief sich in seiner Rede auf Ideale, die in der Unabhängigkeitserklärung und der Verfassung formuliert worden waren. Im Jahr 1863 ging es nicht darum, das Scheitern bei der Umsetzung dieser Ideale zu betonen, sondern vielmehr die Hoffnung auf eine bessere Zukunft herauszustellen. Dennoch brauchen wir auch einen klaren Blick auf die Realität, die unsere Ideale einschränkt oder ihnen manchmal widerspricht.

Die Kämpfe um die Verwirklichung der Ideale von Lincoln oder der amerikanischen Gründerväter, von Freiheit, Gleichheit und Solidarität oder des Traums von Martin Luther King mussten von Anfang an mit den Grenzen und Widersprüchen, die in der US-Verfassung angelegt waren, zurechtkommen. Aber die demokratischen Fortschritte hingen auch von ebendieser republikanischen Verfassung mit ihren Auslegungs- und Änderungsverfahren ab. Nicht zuletzt haben die von der Verfassung geschützten Rechte die Bürger gestärkt. Aber auch die Art und Weise, wie das soziale und wirtschaftliche Leben organisiert ist, das Ausmaß, in dem sich die Bürger aufeinander verlassen können, und die Institutionen, die geschaffen wurden, um sowohl ihr individuelles als auch ihr kollektives Leben zu unterstützen, tragen zur Ermächtigung bei.[22]

Da die Vereinigten Staaten nun einmal ein großes Land sind und schnell wachsen, konnten sie sich weniger als alle anderen Republiken zuvor auf persönliche Beziehungen und ein festes Gefühl der Zugehörigkeit zum Ganzen verlassen. Sie mussten neue Formen der sozialen Organisation und tatsächlich neue Infrastrukturen für Transport und Kommunikation aufbauen, um ein zusammenhän-

ehemaligen Nazis in Machtpositionen. In vielen europäischen Ländern waren die Widersprüche aus der gleichzeitigen Bildung von Nationalstaaten im Inland und von Kolonien im Ausland ererbt. Frankreich zum Beispiel kämpfte von 1954 bis 1962 gegen die Unabhängigkeit Algeriens und davor fast ein Jahrzehnt lang darum, Vietnam zu behalten.

22 Das republikanische Denken betonte die Tugenden der Politik und suchte die Lösung von Problemen in der Debatte und im Einvernehmen mit den Mitbürgern. Das Denken in Rechtskategorien hat wohl dazu geführt, dass man sich zu sehr auf die Justiz verließ, anstatt politische Lösungen anzustreben. Eines der Probleme für die Bürgerrechtsbewegung war, wie sehr ihre Siege von Gerichten abhingen und in der Legislative – und in Gemeinden, freiwilligen Vereinigungen und Unternehmen – auf Widerstand stießen.

gendes Land zu sein. Es war schwierig, persönliche Beziehungen und ortsgebundene Gemeinschaften mit größeren Dimensionen, mit Institutionen und bürokratischen Organisationen, mit durch Märkte oder Medien weit gespannten Verbindungen zu verknüpfen.[23] Von Anfang an brachte die Einwanderung zusätzliche Herausforderungen mit sich. Das Land wurde geografisch – und wirtschaftlich – immer vielfältiger, als es expandierte.

Demokratien erzählen ständig von ihren Fort- und Rückschritten. Diese Erzählungen können strittig, voller Verurteilungen und bitter sein. Sie können auch übertrieben feierlich sein – wie etwa viele Beschwörungen von Lincoln und dem Ende der Sklaverei. Wie die Narrative des Nordens und des Südens über den Bürgerkrieg (oder für einige im Süden über den »Krieg der Yankee-Aggression«) können sie die Gegensätze am Leben erhalten. In diesem Fall ist die Erzählung des Nordens zu einer Halb-Erinnerung und einer bloßen Feier zusammengeschrumpft. Die bitterere Erzählung des Südens bleibt in der zeitgenössischen Diskussion lebendig. Aber beide werden auch durch neue Themen verändert – durch die Weltkriege, in denen die Vereinigten Staaten »für die Demokratie« kämpften, oder den Niedergang des *rust belt* und den Aufstieg des *sun belt*. In solchen Erzählungen reklamieren die Bürger ihre Vergangenheit für sich, versuchen gleichzeitig aber auch herauszufinden, was als Fortschritt, Niederlage oder Frustration gilt.

Fortschritte werden vor allem durch die Kämpfe in sozialen Bewegungen erzielt. Sie kommen aber auch zustande durch einsame Kämpfe von Einzelpersonen, die versuchen, in ihrem Leben »das Richtige zu tun«, durch Mitglieder von Gemeinschaften, die versuchen, lokale Fairness und Solidarität zu erreichen, durch Gerichts-

23 Sowohl Unternehmen als auch Regierungen bauten Bürokratien auf, um das Problem der Koordinierung von Maßnahmen in großem Maßstab anzugehen; siehe Max Weber, *Wirtschaft und Gesellschaft* [1922], mit textkritischen Erläuterungen hg. von Johannes Winckelmann, 5., rev. Aufl. (Tübingen: Mohr, 1976), Kap. 2. Es ist lehrreich, die enge Verbindung zur Transport- und Kommunikationsinfrastruktur genauer in den Blick zu nehmen, etwa bei der Entwicklung der Kontinentaleisenbahnen, die den Aufstieg des modernen Unternehmens in den Vereinigten Staaten prägten; siehe Alfred Chandler: *The Visible Hand* (Cambridge, MA: Harvard University Press, 1977). Siehe auch Craig Calhoun, The Infrastructure of Modernity: Indirect Relationships, Information Technology, and Social Integration, in: Hans Haferkamp/Neil J. Smelser (Hg.), *Social Change and Modernity* (Berkeley: University of California Press, 1992), S. 205-236.

verfahren, durch schrittweise Verbesserungen in der Regierungspolitik und durch kulturelle Veränderungen, die von Künstlern, Entertainern, Gesprächen am Esstisch und schärferen Argumenten darüber, was fair ist, vorangetrieben werden.

Oft folgt auf zwei Schritte vorwärts mindestens ein Schritt zurück. Gewinnen in einer Dimension stehen Verluste in einer anderen gegenüber. Allgemeiner ausgedrückt: Die Mechanismen, die den Fortschritt in einigen Dimensionen ermöglichen, blockieren oft den Fortschritt oder führen sogar zu Rückschritten in anderen Dimensionen. Dieses Muster von Widersprüchen zieht sich durch die gesamte amerikanische Geschichte, von der Zeit vor dem Bürgerkrieg bis in die aktuelle Gegenwart. Es ist in der Verfassung verankert, aber auch im sozialen Wandel und in der Art und Weise, wie wir auf diesen reagieren.

Ein gutes Beispiel dafür ist die GI Bill nach dem Zweiten Weltkrieg.[24] Staatliche Gelder für Veteranen ermöglichten einen dramatischen Wandel in der Frage, wer Universitäten besuchen und nach dem Abschluss einen Mittelschicht-Arbeitsplatz anstreben konnte. Sie eröffneten außerordentliche neue Möglichkeiten und trugen zum Wirtschaftswachstum des Landes in der Nachkriegszeit bei. Zusammen mit anderen Maßnahmen des New Deal und der Nachkriegszeit gilt die GI Bill als eindrücklicher Beweis für die positiven Auswirkungen, die staatliche Sozialprogramme haben können.

Bei ihrer Umsetzung jedoch wurden Schwarzen Veteranen die meisten Möglichkeiten der GI Bill vorenthalten. Wäre das Gesetz so angewendet worden, wie es geschrieben stand, hätten mindestens eine Million mehr schwarze Amerikaner die Chance gehabt, ein College zu besuchen.[25] Ebenso begünstigte die GI Bill aufgrund der Geschlechterstruktur diejenigen, die beim Militär waren, also

24 Das ursprüngliche Gesetz wurde 1944 verabschiedet und verband frühere Anliegen des New Deal mit dem Bestreben, heimkehrenden Veteranen des Zweiten Weltkriegs Chancen zu eröffnen. Siehe Glenn Altschuler/Stuart Blumin, *The GI Bill: The New Deal for Veterans* (Oxford: Oxford University Press, 2009).

25 Siehe Ira Katznelson, *When Affirmative Action Was White* (New York: W. W. Norton, 2006); Sarah Turner/John Bound, Closing the Gap or Widening the Divide: The Effects of the G. I. Bill and World War II on the Educational Outcomes of Black Americans, NBER Working Paper Nr. 9044, Juli 2002; Erin Blakemore, How the GI Bill's Promise Was Denied to a Million Black WWII Veterans, in: *History Today*, 30. September 2019.

Männer. Sie vergrößerte damit sogar die Kluft zwischen Männern und Frauen in Sachen Hochschulbildung.[26]

Auch in anderer Hinsicht wirkten sich politische Maßnahmen, die weißen Männern nach dem Krieg zugutekamen, auf Frauen und Minderheiten weniger positiv aus. Während des Krieges hatten Frauen erfolgreich eine Vielzahl von Berufen ergriffen – Rosie the Riveter (Rosie, die Nieterin) ist das beste Beispiel aus der Populärkultur. Nach dem Krieg verloren sie meist die Jobs wieder, in denen sie gut gearbeitet hatten. Die späten 1940er und 1950er Jahre kehrten nicht nur zu der Ideologie zurück, wonach Arbeitsplätze an männliche Ernährer vergeben werden und Frauen sich um den Haushalt kümmern sollten, sondern verstärkten sie sogar noch. In der Automobilindustrie und in anderen Sektoren wurden Frauen ohne Rücksicht auf die Dauer der Betriebszugehörigkeit und oft ohne großen Widerstand von Seiten der Gewerkschaften entlassen.[27]

Schwarze Veteranen kehrten aus dem Militärdienst zurück und fanden segregierte Gemeinden und diskriminierende Einstellungspraktiken vor. Nur wenige Männer fanden eine Arbeit, die einen »existenzsichernden Lohn« erbrachte, mit dem sie ihre Familien vollständig ernähren konnten.[28] Schwarze Frauen arbeiteten häufiger als weiße Frauen außerhalb des Hauses, das heißt: außerhalb ihres eigenen Hauses, da viele von ihnen sich um die Häuser und Kinder weißer Frauen kümmerten. Die sexistische Ideologie, wonach Frauen zu Hause bleiben sollten, um sich um ihre Familien zu kümmern, war in ihrer praktischen Umsetzung rassistisch. Es be-

26 Im Jahr 1940 hatten 5,5 Prozent der Männer und 3,8 Prozent der Frauen eine vierjährige Collegeausbildung mit Abschluss. Im Jahr 1964 betrug das Verhältnis 11,7 Prozent zu 6,8 Prozent – und der Unterschied vergrößerte sich bis in die 1980er Jahre weiter, ehe er wieder kleiner wurde. Im Jahr 2014 überholte die Zahl der Frauen die Zahl der Männer. Ein Diagramm der vom US Census Bureau gesammelten Daten ist abrufbar bei Statista, »Percentage of the US Population Who Have Completed Four Years of College or More from 1940 to 2020, by Gender«, veröffentlicht von Erin Duffin, 11. Juni 2021, ⟨https://www.statista.com/statistics/184272/educational-attainment-of-college-diploma-or-higher-by-gender/⟩.

27 Nancy Felice Gabin, *Feminism in the Labor Movement: Women and the United Auto Workers, 1935-1975* (Ithaca, NY: Cornell University Press, 1990).

28 Leah Platt Boustan/William J. Collins, The Origins and Persistence of Black-White Differences in Women's Labor Force Participation, NBER Working Paper Nr. 19040, Mai 2013; siehe auch Claudia Goldin, Female Labor Force Participation: The Origin of Black and White Differences, 1870 and 1880, in: *Journal of Economic History* 37:1 (1977), S. 87-108.

durfte der Bürgerrechtsbewegung, um einen Veränderungsprozess einzuleiten. Leider geriet der Fortschritt ins Stocken, und das Einkommensgefälle zwischen schwarzen und weißen Arbeitnehmern ist heute noch genauso groß wie 1968.[29] Als Deindustrialisierung und Globalisierung ab den 1970er Jahren Jobs der Arbeiterklasse vernichteten, hatten Weiße häufiger andere Möglichkeiten, und weniger Schwarze hatten die Chance, ein College zu besuchen.

Diese sozialen und wirtschaftlichen Faktoren haben alle Auswirkungen auf die Demokratie – und ihren Zerfall. Für viele Amerikaner waren die Sozialprogramme und neuen Institutionen der Nachkriegszeit eine Erleichterung. Für andere waren sie es in geringerem Maße oder gar nicht. Vorurteile schränkten die Einbeziehung aller Bürger in das demokratische Gemeinwesen ein. Und obwohl sich die Vereinigten Staaten insgesamt als offen für Veränderungen in Richtung einer umfassenderen Ermächtigung und Einbeziehung erwiesen, geschah dies nicht ohne Widerstand. Die Nutznießer der bestehenden Regelungen versuchten, ihre Vorherrschaft dauerhaft zu sichern – ob nun rassisch, männlich oder christlich begründet oder aus all diesen Gründen. Und die neuen Regelungen hatten ihrerseits wieder ihre Nutznießer – Besitzer von investierbaren Vermögenswerten, hochgebildete Meritokraten und kosmopolitische Eliten, die am besten darauf vorbereitet waren, von der Globalisierung zu profitieren.

Das Volk, die Öffentlichkeit und das Gemeinwohl

Die amerikanische Unabhängigkeitserklärung bezieht sich nicht einfach auf die dreizehn Kolonien oder potenziell unabhängige Staaten oder auf das Handeln einer Mehrheit. Sie bezieht sich auf

29 Das ist zum Teil auf niedrigere Löhne zurückzuführen, aber auch auf Unterschiede bei den Beschäftigungsquoten, die wiederum eine Vielzahl von Faktoren widerspiegeln, von der Bildung über Art und Ort der angebotenen Arbeitsplätze bis hin zu direkter Diskriminierung und indirekter Diskriminierung wie Vorurteilen gegenüber ehemals Inhaftierten (und Voreingenommenheit bei der Frage, wer im Gefängnis landet). Siehe dazu den Überblick bei Olibenga Ajilore, On the Persistence of the Black-White Unemployment Gap, Center for American Progress, 24. Februar 2020, ⟨https://cdn.americanprogress.org/content/uploads/2020/02/20113909/Unemployment-Gap-1.pdf?_ga=2.130885647.1246435009.1614528832-1612283697.1614528832⟩.

die »Vereinigten Kolonien«, vor allem aber auf ein »Volk« (*people*).[30] Als Lincoln die Regierung des Volkes, durch das Volk und für das Volk betonte, griff er die Erklärung auf. Es geht nicht um einige Menschen (*some people*), auch nicht um alle Leute (*all the people*) als Individuen. Die Rede ist von *dem* Volk als Körperschaft.

Der Zusammenhalt eines »Volkes« hat viele Dimensionen. Eine gemeinsame Kultur, Ethnie und Lebensweise, der Zusammenhalt in gesellschaftlichen Netzwerken und Institutionen oder die Unterwerfung unter äußere Herrschaft können allesamt eine Rolle dabei spielen.[31] Der Republikanismus betont jedoch eine zusätzliche Dimension: die wechselseitige Beteiligung an der öffentlichen Vernunft und Willensbildung.[32] Das Engagement in der Öffentlichkeit ist nicht nur eine Möglichkeit, Entscheidungen zu treffen. Es ist ein Weg, um Zusammenhalt zu *erreichen*, um etwas Neues zu schaffen, nicht nur um es zu finden oder zu erben. Die Philosophin Hannah Arendt, die 1933 aus Nazi-Deutschland geflohen war und es schließlich in die Vereinigten Staaten schaffte, pries dieses Bild der Bürger,

30 Tatsächlich heißt es in der Erklärung, dass sich dieses Volk in Nordamerika von einem anderen Volk trennt – implizit also vom englischen oder vielleicht britischen Volk (nicht nur vom britischen Empire, einer politischen Struktur, die kein Volk ist). England war ein altes Königreich und eine alte Identität, mit einem seit langem bestehenden, aber nicht unproblematischen Gefühl der gemeinsamen »Volkszugehörigkeit«. Die immer wieder in Frage gestellte Vorstellung von einem britischen Volk, das Engländer, Schotten und Waliser umfasst, war in dieser Zeit neu. Siehe Linda Colley, *Britons: Forging the Nation 1707-1832* (New Haven, CT: Yale University Press, 1992).

31 In einer umfangreichen Literatur wird der »ethnische« dem »staatsbürgerlichen« Nationalismus gegenübergestellt, was jedoch irreführenderweise einen scharfen Gegensatz zwischen zwei Typen impliziert und sie auf andere Gegensätze wie traditionell und modern oder einfach schlecht und gut überträgt. Hilfreicher ist es, wenn man von einer Vielzahl von Möglichkeiten, »Volkszugehörigkeit« zu schmieden, ausgeht, die sich in verschiedenen Kombinationen in unterschiedlichen Umgebungen überschneiden. Zur einschlägigen Literatur siehe Craig Calhoun, *Nations Matter: Culture, History and the Cosmopolitan Dream* (London: Routledge, 2007).

32 J. G. A. Pocock, *The Machiavellian Moment: Florentine Political Thought and the Atlantic Republican Tradition* (Princeton, NJ: Princeton University Press, 1975) zeichnet den Republikanismus von Florenz über das England des 17. Jahrhunderts bis Amerika nach. Zu einer philosophischen Darstellung des Verhältnisses von Republikanismus und Demokratie siehe Philip Pettit, *On the People's Terms: A Republican Theory and Model of Democracy* (Cambridge, UK: Cambridge University Press, 2012).

die gemeinsam eine neue Gesellschaft bilden, sie buchstäblich *konstituieren*, als Teil der Amerikanischen Revolution.[33]

Als die Unabhängigkeitserklärung bekundete, dass alle Menschen bestimmte selbstevidente und unveräußerliche Rechte haben, darunter »Leben, Freiheit und das Streben nach Glück«, formulierte sie eine erste Vorstellung von Gemeinwohl. Sie behauptete nicht einfach, dass die Menschen am Leben, frei und auf der Suche nach ihrem eigenen Glück sind. Sie erklärte vielmehr, dass das neue Land so organisiert sein sollte, dass diese Rechte für alle gesichert sind. Das war das Ziel der Regierungsgestaltung – Ausarbeitung der Verfassung und Gesetzgebung. Es war aber auch eine Verpflichtung für jeden einzelnen Bürger – eine Forderung nach öffentlicher Tugend.

Es ist leicht, vom »Gemeinwohl« zu reden, ohne darüber nachzudenken, was es wirklich bedeutet. Individualismus und die Beschäftigung mit materiellen Gewinnen und Verlusten verleiten uns zu der Annahme, das Wohl der Allgemeinheit müsse das sein, was die Mehrheit will, oder der unmittelbare materielle Nutzen für möglichst viele Individuen (das utilitaristische »größtmögliche Wohlergehen für die größtmögliche Zahl«). Doch das Gemeinwohl ist mehr. Hier sind vier Unterscheidungsmerkmale: Das Allgemeinwohl als öffentliches Gut kann langfristig sein, wie z. B. die Nachhaltigkeit der Gesellschaft angesichts eines Krieges oder des Klimawandels. Es kann nicht nur die Gesamtheit der Güter – das Bruttosozialprodukt – umfassen, sondern auch die faire und gerechte Verteilung dieser Güter. Die Öffentlichkeit, für die es gut ist, ist nicht notwendigerweise eine Gemeinschaft oder eine Kategorie von im Wesentlichen gleichartigen Menschen; sie ist Öffentlichkeit, weil sie Mitglieder mehrerer Gemeinschaften und verschiedener Kategorien – wie etwa verschiedener Religionen – umfasst. Und schließlich kann das öffentliche Gut auch moralische Normen wie die Ablehnung von Korruption beinhalten.

Ein zentrales republikanisches Ideal besteht darin, dass die öffentliche Vernunft das Gemeinwohl bestimmt und den Willen formt, es zu erreichen. Das bedeutet, dass wir uns bewusst dafür

33 Hannah Arendt, *Über die Revolution* [1963] (München: Piper, 1965). Siehe auch Craig Calhoun, The Democratic Integration of Europe: Interests, Identity, and the Public Sphere, in: Mabel Berezin/Martin Schain (Hg.), *Europe without Borders: Remapping Territory, Citizenship, and Identity in a Transnational Age* (Baltimore: Johns Hopkins University Press, 2003), S. 243-274.

entscheiden können, wie wir unsere Leben miteinander verbinden wollen. Aber Solidarität lässt sich niemals allein durch Vernunft oder rational-kritische Debatten erreichten. Selbst wenn sie keine Demokratien sind, sind Republiken auch auf andere Dimensionen der Solidarität zwischen ihren Bürgern angewiesen (wenngleich die republikanische Theorie diese weniger klar beschreibt).[34]

Die kommunikative Beteiligung am öffentlichen Leben umfasst Poesie und Geschichten ebenso wie Debatten, Unterhaltungsfernsehen ebenso wie Nachrichten, Musik ebenso wie Worte. Die Bürger sind sowohl in privaten als auch in öffentlichen Beziehungen miteinander verbunden, in Gemeinschaften, Vereinen, Unternehmen und Markttransaktionen. All dies macht ein Volk aus. Nicht zuletzt hängt die Konstitution eines Volkes von der gemeinsamen Identität ab, von der Unterscheidung *dieses* Volkes von anderen.

Die Einbindung der Demokratie in die Verfassung einer Republik stellt einen besonders hohen Anspruch an die gemeinsame Volkszugehörigkeit. Das ist der *demos*, von dem sich das Wort »Demokratie« ableitet. Demokratien sind darauf angewiesen, dass die Bürger selbstbewusst »Wir, das Volk« sagen können, dass sie sich dem *demos* und damit einander *zugehörig* fühlen und daran glauben. Es besteht ein Spannungsverhältnis – aber kein Widerspruch – zwischen den gemeinschaftlichen Dimensionen der Volkszugehörigkeit und dem öffentlichen Respekt für die Vielfalt und Eigenständigkeit der Bürger.

Die Unabhängigkeitserklärung beginnt genau damit, dass sie das Ausmaß, in dem sich das amerikanische Volk von den Briten entfernt hat, zum Ausdruck bringt: »Wenn im Gange menschlicher Ereignisse es für ein Volk notwendig wird, die politischen Bande zu lösen, die sie mit einem anderen Volk verknüpft haben [...]« Das bedeutet, dass Volkszugehörigkeit mehr ist als nur eine Frage der politischen Bande. Doch damit es eine »Selbstregierung« geben kann, muss man wissen, was dieses Selbst ist.

Die Unabhängigkeitserklärung behauptet sicherlich nicht, dass alle Amerikaner gleich sind. Politische Identität erfordert keine kul-

34 Arendt stand den anderen sozialen Dimensionen des Zusammenhalts geradezu feindselig gegenüber und betrachtete sie bestenfalls als mindere Formen der Integration, als das Eindringen von Notwendigkeit und Interesse in Bereiche, wo der Schwerpunkt eigentlich auf Wahlmöglichkeiten und dem Gemeinwohl liegen sollte. Siehe Arendt, *Elemente und Ursprünge totaler Herrschaft*.

turelle Einheitlichkeit oder auch nur einen gemeinsamen Nenner wie die Sprache. Auch die Lösung politischer Fragen erfordert keine Einmütigkeit. Sie kann eine Frage der Verhandlung zwischen Menschen sein, die das Problem und die Optionen unterschiedlich sehen und sogar unterschiedliche Werte vertreten. Parteien können dabei helfen, divergierende Interessen in Verhandlungen zu bringen.[35] Ein Gemeinwesen verbietet keine Parteilichkeit, aber es verlangt, dass die Loyalität gegenüber der größeren Republik über parteipolitischen Interessen steht.

Es bleibt die Frage, ob und wann die besonderen Loyalitäten von Familie und Gemeinschaft ebenso wie die parteipolitischen Interessen in einem Spannungsverhältnis zur Republik stehen und wann und wie sehr sie für die soziale Integration eines Volkes entscheidend sind, das entweder Subjekt der Demokratie oder Objekt des republikanischen Strebens nach dem Gemeinwohl sein kann. Wenn die Bürger sich nicht gegenseitig als Mitglieder eines integrativen Gemeinwesens anerkennen, zerfällt die Demokratie und der Republikanismus scheitert.

In der Erklärung wird nicht viel Zeit darauf verwendet, was das Volk zu einer zusammenhängenden Körperschaft macht. Es ist jedoch bezeichnend, dass die Repräsentanten, die die Erklärung im Namen ihrer verschiedenen ehemaligen Kolonien unterzeichnet haben, sich gegenseitig »unser Leben, unser Gut und unsere heilige Ehre« versprechen, wie es am Ende heißt. Die republikanische Selbstregierung – einschließlich der Demokratie – hängt demnach von den expliziten oder impliziten Verpflichtungen ab, die die Bürger wechselseitig eingehen.[36]

Zu diesen Verpflichtungen gehört es, dem Gemeinwohl Vorrang

35 Das wird erörtert in Federalist Nr. 10, wo Madison davon abrückt, Parteien als Fraktionen zu betrachten – ein Begriff, der unter Republikanern missbraucht wird, weil sie das Gemeinwesen zum persönlichen Vorteil spalten. Es besteht immer die Gefahr, dass sich Parteilichkeit in diese Richtung bewegt, wenn Parteien oder Parteigänger die Bereitschaft oder Fähigkeit zum Kompromiss verlieren und stattdessen einfach um jeden Preis gewinnen wollen. Siehe Alexander Hamilton/James Madison/John Jay, *Die Federalist Papers* [1787-1788], vollständige Ausgabe, übers., eingeleitet und mit Anmerkungen versehen von Barbara Zehnpfennig (München: C.H. Beck, 2007), S. 93-100.

36 Craig Calhoun, Plurality, Promises, and Public Spaces, in: ders./John McGowan (Hg.), *Hannah Arendt and the Meaning of Politics* (Minneapolis: University of Minnesota Press), S. 232-259.

einzuräumen. »Fragt nicht, was euer Land für euch tun kann, fragt, was ihr für euer Land tun könnt«, wie Präsident John F. Kennedy es ausdrückte (und damit ein altes republikanisches Motto aufgriff). Das heißt nicht, dass die Bürger in vielen Aspekten ihres Lebens nicht eigene, private Interessen in den Vordergrund rücken. Es ist legitim, dass sie bei der Wahl ihres Ehepartners oder bei der Unterzeichnung von Geschäftsverträgen persönliche Ziele verfolgen. Natürlich hat auch ein privater Vertrag eine öffentliche Dimension; das macht ihn gerichtlich einklagbar. Und zumindest traditionell beinhaltete die Ehe nicht nur eine Vereinbarung zwischen den Eheleuten, sondern auch den Vollzug dieser Vereinbarung vor einer versammelten Gemeinschaft oder Öffentlichkeit, die dazu angehalten war, die Ehe zu unterstützen. Ein guter Bürger zu sein bedeutet nicht zwangsläufig, all diese privaten Dimensionen des eigenen Lebens zu opfern, sondern vielmehr, ein gutes Gleichgewicht zu finden. Es bedeutet, dass wir in unserem Leben und in unserer Aufmerksamkeit Raum für öffentliche, gemeinsame Anliegen schaffen. Und es bedeutet, dass wir unser öffentliches Engagement nutzen, um das Wohl der Allgemeinheit zu fördern und nicht nur private Ziele zu verfolgen.

Das Gemeinwohl ist mehr als die Summe dessen, was die Bürger in einem bestimmten Moment wollen. Es ist auch ein Bestreben und ein Ausgreifen in die Zukunft. Abstimmungen und Mehrheiten sind zwar wertvolle Mechanismen für die Entscheidungsfindung, aber sie sind nicht die endgültige Definition des Gemeinwohls oder der Identität des Gemeinwesens. Wie James Madison an James Monroe (seinen Nachfolger als Präsident) schrieb: »Meiner Meinung nach gibt es keine Maxime, die häufiger falsch angewandt wird und die daher einer genaueren Erläuterung bedarf als die derzeitige, wonach das Interesse der Mehrheit der politische Maßstab für richtig und falsch ist.«[37]

Das Interesse der Mehrheit ist kurzfristig und wandelbar. Es vernachlässigt leicht das Allgemeinwohl. Und es lässt die Interessen von Minderheitsmitgliedern der politischen Gemeinschaft außer Acht. Hinzu kommen die Probleme, die »wahren« – oder grundsätzlicheren, längerfristigen und reflektierten – Interessen von den

37 Zitiert in James T. Kloppenberg, *The Virtues of Liberalism* (Oxford: Oxford University Press, 1998), S. 178.

momentanen Vorstellungen der Mitglieder einer vorübergehenden Mehrheit darüber, was sie wollen, zu unterscheiden.[38]

Nachdem sie die Tür zu einem noch nie dagewesenen Maß an Demokratie geöffnet hatten, waren Madison und andere US-Gründer äußerst besorgt über ungezügelte und unmittelbare Äußerungen des Volkswillens. Dabei hatten sie vor allem die direkte Demokratie im Sinn – die Bemühungen der Bürger, sich selbst zu regieren, ohne die vermittelnde Auswahl von Repräsentanten.

Sie befürchteten, dass dieses Arrangement sich im größeren Maßstab ausbauen lasse, dass es anfällig für Massenpsychologie und Demagogie sei und dass es für eine versammelte Menge zu einfach sei, sich für die Mehrheit – oder sogar für das Volk als solches – zu halten, ohne die Ansichten der nicht Versammelten wirklich zu berücksichtigen. Damit eine demokratische Regierung wirksam, gerecht und stabil sein konnte, musste sie mit republikanischen Institutionen kombiniert werden – und genau das war die Aufgabe der Verfassung.[39]

Die Französische Revolution bot ein beängstigendes Beispiel, weil zeitweilige Mehrheiten nicht nur den König, sondern auch eine Reihe der eigenen Revolutionsführer aufs Schafott schickten. Viele Gründer der Vereinigten Staaten waren zunehmend in Sorge, dass ihr demokratisches Experiment nur von kurzer Dauer sein würde.[40] In der Tat *war* die radikale Republik der Französischen

38 Rousseau beschäftigte sich mit ähnlichen Fragen, als er den Mehrheitswillen (*volonté de la majorité*) von der Einstimmigkeit oder dem Willen aller Individuen (*volonté de tous*) unterschied und beide vom allgemeinen Willen (*volonté générale*) als Ausdruck dessen, was die Menschen als Mitglieder einer Gemeinschaft teilen. Das kommt der Idee des Gemeinwohls nahe, ist aber nicht ganz dasselbe. Wenn man von »Willen« statt von »Interessen« spricht, werden Engagement und Wahlmöglichkeiten betont, während der Begriff »Interessen« potenzielle Vorteile suggeriert, die die Bürger erkennen können oder nicht und für deren Sicherung sie handeln können oder nicht.

39 In letzter Zeit behaupten einige Mitglieder der Republikanischen Partei, dass die US-Verfassung eine Republik und keine Demokratie vorsehe – und nicht eine Regierung, die beides miteinander verbindet. Das ist nicht nur falsch, sondern auch verhängnisvoll. Siehe George Thomas, »America Is a Republic Not a Democracy« Is a Dangerous – and Wrong – Argument, in: *Atlantic*, 2. November 2020.

40 Dennis C. Rasmussen, *Fears of a Setting Sun: The Disillusionment of America's Founders* (Princeton, NJ: Princeton University Press, 2021) mag die Sache etwas überbewerten, ist jedoch lesenswert.

Revolution von äußerst kurzer Dauer. Das erinnert uns daran, dass gesellschaftliche Stabilität einen positiven Wert hat; Veränderung, selbst idealistische Veränderung, ist nicht das einzig Gute. Aber sie kann entscheidend sein, unter Umständen sogar für die Rettung dessen, was wir wertschätzen, wenn es unter Druck gerät.

Schlichter Majoritarismus ist eine degenerierte Form der Demokratie und ein Problem für republikanische Ideale. Und wie Charles Taylor in Kapitel 1 andeutet, ist er ein noch größeres Problem, wenn Parteien versuchen, vorübergehende Mehrheiten in dauerhafte Herrschaftsstrukturen zu verwandeln. Doch genau das geschieht immer wieder, im Großen wie im Kleinen. So ist das beispielsweise ein zentraler Aspekt bei den Bemühungen um Wählerunterdrückung, die in der amerikanischen Geschichte so stark ausgeprägt sind (siehe dazu Kapitel 7).

Der Unabhängigkeitserklärung zufolge bringen die Bürger nicht nur den individuellen Drang nach persönlicher Freiheit zum Ausdruck, sondern entscheiden sich auch für eine Gesellschaft, in der alle frei sind.[41] Sie entscheiden sich dafür, diese Gesellschaft miteinander zu teilen. Die Entscheidungen für Gleichheit und Solidarität werden gleichermaßen geteilt. Ohne das Teilen – und die damit verbundenen Grenzen – kann demokratische Freiheit zersetzend und selbstzerstörerisch sein.

Wie viel wir von »Leben, Freiheit und dem Streben nach Glück« bekommen, hängt sowohl von den gesellschaftlichen Bedingungen als auch von den politischen Freiheiten ab. Diese Rechte mögen »selbstverständlich« sein, aber sie sind nicht von Natur aus selbstverwirklichend. Das Leben hängt natürlich von Nahrungsmitteln ab, von sauberem und nicht verunreinigtem Trinkwasser, von der Gesundheitsversorgung (insbesondere im Falle einer Pandemie) und langfristig von der Umkehrung oder Bewältigung des Klimawandels. Die Bürger verfügen über sehr ungleiche Möglichkeiten, nach Glück zu streben. Sie können mehr oder weniger Geld haben und bessere oder schlechtere Schulen besuchen; sie können sexueller Belästigung und geschlechtsspezifischer Diskriminierung sowie brutaler Polizeigewalt ausgesetzt sein oder auch nicht. Und sie sind von weitreichenden sozialen Bedingungen betroffen, wie

41 Eine eloquente Darstellung zur zentralen Rolle der Gleichheit ist Allen, *Our Declaration: A Reading of the Declaration of Independence in Defense of Equality.*

Fabrikschließungen und der Zerstörung von Gemeinden oder, in den Vereinigten Staaten, der Inhaftierung einer großen Zahl von Schwarzen Männern.

Dabei geht es sowohl um »öffentliche Güter« als auch um *das* Gemeinwohl. Erstens sind einige *Güter* – wie saubere Luft, nationale Sicherheit, Gleichheit oder Solidarität – nur schwer zu genießen, wenn man sie nicht mit anderen teilt. Niemand kann in ihren Genuss kommen, ohne dass andere daran teilhaben (und in der Tat bekommt niemand weniger davon, weil andere mehr bekommen).[42] Die Bereitstellung und der Zugang zu öffentlichen Gütern sind in den Vereinigten Staaten und den meisten kapitalistischen Demokratien in den letzten fünfzig Jahren des Neoliberalismus unter Beschuss geraten. Die Stärkung der Versorgung damit ist sowohl für Empowerment als auch für Gleichheit wichtig. Sie ist zudem von grundlegender Bedeutung, um Herausforderungen wie die anhaltende Corona-Pandemie und den sich beschleunigenden Klimawandel zu bewältigen (siehe Kapitel 7).

Zweitens ist das öffentliche Gut – die Singularität im Sinne von Gemeinwohl – ein Ideal für die Gesamtverfassung eines Volkes, nicht einfach eine Klasse von Gütern. Wie John Adams schrieb: »Das Wohl der Allgemeinheit, die *salus populi*, ist das erklärte Ziel jeder Regierung.«[43] Es geht nicht um den Nutzen für den Verbraucher – so als ob der Wunsch nach einem Land ohne Korruption dasselbe wäre wie der Wunsch nach einem schickeren Auto. Das öffentliche Gut ist ein höherer Wert als solche privaten Güter. Es

42 Für Ökonomen (im Anschluss an Paul Samuelson) sind Güter von Natur aus öffentlich, (a) wenn sie von niemandem konsumiert werden können, ohne dass sie auch vielen anderen, wenn auch nicht unbedingt allen, zur Verfügung stehen (z. B. saubere Luft); und/oder (b) wenn der Konsum eines Einzelnen die Verfügbarkeit für alle nicht verringert (»Nicht-Rivalität«); Paul A. Samuelson, The Theory of Public Expenditure, in: *Review of Economics and Statistics* 36 (1954), 386-389. Die von mir als »interdependent« bezeichneten Güter sind ähnlich, aber es gibt auch Unterschiede. Saubere Luft ist gut, unabhängig davon, ob andere daran teilhaben oder nicht; öffentlich ist sie nur in dem Sinne, als es schwierig ist, den Zugang zu ihr einzuschränken (wenn auch nicht völlig unmöglich, wie die unterschiedlichen Preise für Häuser, die direkt an der Autobahn oder an einer schmutzigen Fabrik gebaut werden, zeigen). Aber bei Gleichheit und Solidarität geht es nicht nur darum, wie sie verteilt oder verbraucht werden. Die Interdependenz ist in das, was sie sind, eingebaut.

43 Zitiert in Ricks, *First Principles*, S. 287-288.

ist eine Frage der Tugend und der moralischen Verpflichtung, wie es der persönliche Nutzen nicht ist. Natürlich steckt im Wunsch nach einem besseren Auto Eigeninteresse, aber er ist keine Frage der Tugend. Ein besseres Land zu wollen – eines, das seinen höchsten Idealen oder seinem Potenzial gerecht wird – ist etwas anderes. Für ein solches höheres Gut könnte man sogar persönliche Vorteile opfern – wie es zum Beispiel Soldaten tun.

Natürlich stimmen die Menschen bei Wahlen oft auf der Grundlage dessen ab, was sie als ihre kurzfristigen materiellen Interessen ansehen. Sie wählen danach, was die eine oder andere Partei ihrer Meinung nach für Arbeitsplätze, Wohnen oder Altersversorgung tun wird. Das ist nicht unvernünftig, auch wenn uns allzu oft – sowohl in der Schule als auch durch Erfahrung – beigebracht wird, dass Egoismus belohnt wird, ja dass »Gier gut ist« (wie es im Film *Wall Street* von 1987 heißt). Aus der Addition privater Interessen jedenfalls lässt sich das Gemeinwohl nicht ermitteln.

Dennoch wählen viele Menschen diese oder jene Partei, weil sie glauben, dass sie besser für ihr Land – oder sogar für die Welt – ist. Manche stimmen für bessere Schulen, auch wenn sie keine Kinder haben, oder für weniger Staatsverschuldung oder für den Frieden. Es gibt (zum Glück) noch viele Beispiele für bürgerliche oder öffentliche Tugend. Sie ist nicht verschwunden, aber sie scheint erodiert zu sein.

Maßstab, Kommunikation und Überwachung

Das republikanische Denken der Antike und der Renaissance konzentrierte sich auf kleine Gesellschaften, in denen alle Bürger miteinander bekannt sein konnten. Sowohl die Sorge um den eigenen Ruf als auch die Möglichkeit, die Folgen des eigenen Handelns zu erkennen, wären, so die Annahme, der Tugendhaftigkeit zuträglich. Im großen Maßstab würde das jedoch nicht so gut funktionieren. Das bedeutete, dass sowohl die Ausgestaltung der Republik als auch das Projekt der Demokratie in diesen Fällen vor anderen Herausforderungen standen als in kleineren Gesellschaften, in denen jeder jeden kennt.

Es lohnt sich, kurz innezuhalten, um diese Maßstabsveränderung zu betonen. Bei ihrer Gründung zählten die Vereinigten Staaten fast vier Millionen Menschen. Das antike Athen umfasste in seiner Blütezeit vielleicht 250 000 Menschen. Das Florenz der Renaissance erreichte im frühen 15. Jahrhundert mit vielleicht 60 000 Menschen seinen Höhepunkt. Im Jahr 1900 machte die Volkszählung in den USA Schlagzeilen, als sie meldete, dass die Bevölkerung im vorangegangenen Jahrzehnt um 21 Prozent auf insgesamt 76 212 168 Menschen gewachsen war. Im Jahr 2000 ergab die Volkszählung eine Einwohnerzahl von 281 421 906. Heute, nur zwanzig Jahre später, sind es mehr als 330 Millionen, von denen 93 Prozent US-Staatsbürger sind, und 250 Millionen sind alt genug, um zu wählen. In jedem Bezirk, in dem ein Mitglied des US-Repräsentantenhauses gewählt wird, leben im Durchschnitt 750 000 Menschen. In der ursprünglichen US-Verfassung war ein Abgeordneter auf je dreißigtausend Einwohner vorgesehen. Und die Vereinigten Staaten sind klein im Vergleich zur größten, wenn auch angeschlagenen Demokratie der Welt: Indien. Bei der letzten Wahl in Indien haben mehr als 600 Millionen Menschen von insgesamt etwa 900 Millionen Wahlberechtigten ihre Stimme abgegeben. Die Bevölkerung umfasst mehr als 1,4 Milliarden Menschen.

Der französische Analytiker der amerikanischen Demokratie im 19. Jahrhundert, Alexis de Tocqueville, wollte herausfinden, wie bürgerliche Tugenden nicht nur bei einer kleinen Elite, sondern bei der breiten Masse der Bürger kultiviert werden können. Politische Vereinigungen, so argumentierte er, seien »große unentgeltliche Schulen der Demokratie«.[44] Mit anderen Worten: Bürger können lernen, die Demokratie besser zu machen. Und sie lernen das *by doing*. Sie lernen nicht nur, wie man die demokratischen Verfahren handhabt – z. B. die Anwendung von Roberts *Rules of Order* (oder »Marthas« eher kommunitaristischen Regeln) zur Durchführung einer Sitzung oder die Einschätzung der Vorzüge und Grenzen verschiedener Abstimmungsverfahren. Sie lernen den Geist der Demokratie kennen, der sie ermutigt, als Demokraten in neuen Kontexten zu improvisieren.

Im engeren Sinne umfasst die öffentliche Tugend eine Vielzahl von »guten Verhaltensweisen«, wie z. B. keinen Müll zu hinterlassen oder Maske zu tragen, um die Verbreitung von Infektionen wäh-

44 Alexis de Tocqueville, *Über die Demokratie in Amerika* [1835, 1840], beide Teile in einem Band, übers. von Hans Zbinden (München: dtv, 1976), S. 506.

rend einer Pandemie zu verhindern. Viele dieser Verhaltensweisen können gelehrt, zu Gewohnheiten gemacht oder mittels Gesetzen durchgesetzt werden. Sie sind allgemeiner Ausdruck einer guten Regierung (oder einer guten Erziehung). Demokratie kann zu einer Lebensweise werden. Aber Demokratie verlangt auch einen stärkeren Sinn für öffentliche Tugend. Sie besteht darauf, dass bloße Befolgung nicht ausreicht, dass öffentliche Tugend eine bewusste Teilnahme am öffentlichen Leben erfordert und die Verpflichtung beinhaltet, Entscheidungen für das Gemeinwohl zu treffen. Die Grenzen sind fließend, denn die Bürger können sich gute Gewohnheiten aneignen und durch öffentliche Debatten zu guten Entscheidungen gelangen.

Madison war bekanntlich besorgt darüber, dass Größe und Komplexität die Wirksamkeit bürgerlicher Tugend einschränkten; er forderte den Rückgriff auf Gesetze und politische Maßnahmen, um sicherzustellen, dass Einzel- und Gruppeninteressen auch das Gemeinwohl unterstützen.[45] Diese sollten nicht nur der Größe, sondern auch einer schnell wachsenden und zunehmend komplexen Marktwirtschaft (die wir heute als »kapitalistisch« bezeichnen würden) gerecht werden. Die individuelle Autonomie, die der liberalen Tradition am Herzen liegt, ließe sich entweder in eine Art nackten Wirtschaftsegoismus umwandeln oder, wie Tocqueville hoffte, in einen »wohlverstandenen Eigennutz«, der bürgerliche Tugend und religiöse Moral ergänzen konnte.[46] Was der Philosoph

45 Madison geht es in erster Linie darum zu zeigen, dass direkte Demokratie in diesem Maßstab nicht funktionieren kann und dass es der repräsentativen Demokratie bedarf. Siehe neben Federalist Nr. 10 auch Federalist Nr. 14: Der Unterschied zwischen Demokratie und Republik sei, »dass in einer Demokratie das Volk selbst zusammentritt und die Regierung ausübt, während sich in einer Republik die Vertreter des Volkes versammeln und regieren. Eine Demokratie muss folglich auf einen engen Bereich beschränkt bleiben; eine Republik hingegen kann auf ein großes Gebiet ausgedehnt werden.« (Hamilton/Madison/Jay, *Die Federalist Papers*, S. 114) Die zentrale Unterscheidung ist jedoch die zwischen der direkten Ausübung der Regierung und der Vermittlung oder Verwaltung durch Vertreter. Die Möglichkeit, in größerem Maßstab zu arbeiten, war ein Vorteil republikanischer politischer Strukturen; andere Mechanismen waren ebenfalls wichtig, um das längerfristige Gemeinwohl im Blick zu behalten. Es handelte sich jedoch nicht um eine simple Gegenüberstellung von Demokratie und Republikanismus. Es war ein Versuch, beide zu kombinieren.

46 Tocqueville, *Über die Demokratie in Amerika* enthält einen ganzen Abschnitt darüber, »Wie die Amerikaner den Individualismus durch die Lehre vom wohl-

Michael Sandel als »das formative Projekt der republikanischen Bürgerschaft« bezeichnet hat, trug dazu bei, gute Bürger heranzubilden.[47] Das war nicht nur eine vorab stattfindende Vorbereitung, sondern beinhaltete auch Lernen »on the job«. Beteiligung war selbst eine Schule für bessere Partizipation.

Auf der Suche nach einem Gleichgewicht zwischen Freiheit, Gleichheit und Solidarität hob Tocqueville die Bedeutung von Vereinigungen hervor.[48] Kirchen, Bruderschaften, Gesellschaften auf Gegenseitigkeit, bürgerliche Organisationen, Gewerkschaften und Unternehmen, politische Parteien, Wohltätigkeitsorganisationen, soziale Bewegungen und Klubs waren für die amerikanische Gesellschaft von grundlegender Bedeutung. Sie banden die Gesellschaft auf den Ebenen zwischen Individuum und Zentralstaat zusammen. Die Amerikaner seien von ihrem Charakter und ihrer Kultur her »joiners«, meinte er, und das sei eine gute Sache. Soziale Zusammenschlüsse seien ein Gegenmittel gegen einen überzogenen Individualismus, der paradoxerweise zu einer übermäßigen Abhängigkeit von der Zentralregierung führen könne und dazu, dass Demokratie zum Ruf nach der Regierung, die die Defizite der Bürger beheben solle, verkomme. Genau dieses reichhaltige Netz freiwilliger, zwischengeschalteter Vereinigungen hat Amerika nach Ansicht von Robert Putnam am Ende des 20. und zu Beginn des 21. Jahrhunderts verloren. Das scheinbar banale Beispiel, das er berühmt machte, war der Niedergang der Bowling-Ligen.[49] Wie Tocqueville ging es ihm nicht darum, dass die Vereinigungen direkt politisch waren, sondern dass in den grundlegenden Praktiken der Demokratie geschulte Bürger die Solidarität und die öffentliche

verstandenen Eigennutz bekämpfen«. Dieses Thema wird dann später im Buch gesellschaftlich und kulturell eingehender analysiert.

47 Michael J. Sandel, *Das Unbehagen in der Demokratie. Was die ungezügelten Märkte aus unserer Gesellschaft gemacht haben* [1998], übers. von Helmut Reuter (Frankfurt am Main: S. Fischer, 2023).

48 Tocqueville sah in der Gleichheit das entscheidende Merkmal der Demokratie – und doch ignorierte er die Sklaverei weitgehend. Seine englische Zeitgenossin Harriet Martineau erkannte diesen Widerspruch und seine Auswirkungen auf die Zukunft der Vereinigten Staaten deutlicher (kein Wunder, dass sie auch die Geschlechterfrage klarer sah). Siehe ihr *Society in America* (London: Saunders and Otley, 1937).

49 Robert Putnam, *Bowling Alone: The Collapse and Revival of American Community* (New York: Simon and Schuster, 2000).

Tugendhaftigkeit förderten. Das war seiner Meinung nach sowohl für den Einzelnen als auch für das Land von Vorteil.

Im frühen 20. Jahrhundert vertrat John Dewey die einflussreiche Ansicht, Demokratie müsse ein Bildungsprozess sein.[50] Es reiche nicht aus, dass die Bürger gebildet seien, *um* sich zu beteiligen, sondern es sei auch entscheidend, dass sie *durch* ihre Beteiligung gebildet würden. Ein guter Wahlkampf war in seinen Augen einer, in dem die Bürger mehr über Themen und politische Vorhaben erfahren konnten. Dies erforderte sowohl Ehrlichkeit als auch klare Erklärungen der An- und Absichten seitens der Kandidaten. Aber er hing auch von einer offenen, reflektierten Debatte ab. Zu der Zeit, als Dewey schrieb, wurden sowohl Partizipation als auch Bildung durch die wachsende Größe der Gesellschaft verändert – und problematisiert.[51] Das alte Bild vom Rathaus, in dem sich die Bürger zur Debatte versammeln mussten, war selbst in Städten überholt, ganz zu schweigen von Großstädten oder dem ganzen Land. Die Debatte und die öffentliche Bildung der Bürger veränderten sich.

Tocqueville sah in den Zeitungen ein zentrales Instrument, um diese Debatte zu bestimmen und sie im erforderlichen Umfang zu führen. Zeitungen bilden die Bürger nicht nur und ermöglichen es ihnen, ihre Meinung zu äußern (und die Meinung anderer zu erfahren). Sie versammeln auch die verstreute Bürgerschaft zu einer

50 John Dewey, *Demokratie und Erziehung. Eine Einleitung in die philosophische Pädagogik* [1919] (Weinheim: Beltz, 2000); John Dewey, *Die Öffentlichkeit und ihre Probleme* [1927] (Bodenheim: Philo, 1996).

51 Das ist ein wichtiger Hintergrundaspekt für Deweys berühmte Debatte mit Walter Lippmann. Lippmann war nicht nur politisch konservativer und weniger optimistisch, er war auch Journalist, der die Veränderungen, die die Größendimension mit sich brachte, aufmerksamer verfolgte. Er schrieb von einer »Phantom-Öffentlichkeit«, in der sich die meisten Menschen nur sehr wenig mit öffentlichen Angelegenheiten befassten, es sei denn, sie wurden von führenden Politikern mobilisiert, die die öffentliche Meinung oft eher durch Manipulation als durch Diskussion erzeugten. Siehe Walter Lippmann, *The Phantom Public* [1925] (Piscataway, NJ: Transaction, 2006). Angesichts des Faschismus und desillusioniert von der Demokratie, forderte Lippmann, man solle sich einfach darauf konzentrieren, die Regierung effizient zu machen, und sich auf die Gemeinwohl-Definitionen der Elite verlassen. Dewey vertrat die Ansicht, demokratische Öffentlichkeiten würden lediglich im Dunkeln liegen und ließen sich erneuern. Die Verfasser dieses Buches teilen diese Hoffnung, auch wenn sie durch die erneute mediale Manipulation von Öffentlichkeiten, die Lippmann so desillusioniert hat, getrübt wird.

demokratischen Öffentlichkeit und nicht zu atomistischen Individuen. »Nur eine Zeitung«, schrieb Tocqueville, »kann gleichzeitig denselben Gedanken in ungezählte Geister pflanzen.«[52] Natürlich hat er es nicht mehr erlebt, Radio zu hören, Fernsehen zu schauen oder von den sozialen Medien abhängig zu werden.

Im späten 18. Jahrhundert waren Zeitungen in der Regel das Projekt von Einzelpersonen, oft von Druckern, die Artikel schrieben, während sie eigentlich als Setzer arbeiteten. Doch mit der Demokratie wuchsen auch die Zeitungen. Zu Tocquevilles Zeiten waren sie eng mit Vereinigungen verbunden. In seinen Worten: »Die Zeitungen machen die Vereinigungen und diese die Zeitungen.«[53] Doch im Laufe des 19. Jahrhunderts wuchsen die Zeitungen zu Unternehmen heran, in der Regel auf lokaler Ebene. Mitte des 19. Jahrhunderts wurden sie zu großen Organisationen (unterstützt von anderen wie Reuters, United Press International, Associated Press und anderen »Nachrichtenagenturen« für den Informationsaustausch über große Entfernungen). Die Zeitungen blieben bestehen, auch als die Rundfunkmedien an Bedeutung gewannen, obwohl die Gewinne unter Druck gerieten. Es folgte eine Konsolidierungswelle, als Ketten die zuvor lokalen Zeitungen aufkauften und sie in nationalen Strukturen organisierten.[54] Natürlich boten die Rundfunkmedien sowohl Journalismus als auch Unterhaltung. Und der Journalismus entwickelte sich zu einem Beruf mit strengen (wenn auch variablen) Normen für objektive und faire Berichterstattung, die zum Teil durch eine professionelle Berufsausbildung reproduziert wurden.

Eine lehrreiche, informative öffentliche Debatte hängt nicht nur von den Medien ab, sondern auch von einer transparenten Regierungsführung. Die Bürger müssen wissen, welche Gesetze oder politischen Maßnahmen in Erwägung gezogen werden, welche Informationen den Politikern darüber vorliegen und welche Daten

52 Tocqueville, *Über die Demokratie in Amerika*, Zweiter Teil, II. Teil, Kap. 6., S. 600.

53 Ebd., S. 601.

54 Zu dieser Geschichte gibt es zahlreiche Studien. Für die USA siehe Paul Starr, *The Creation of the Media: Political Origins of Modern Communications* (New York: Basic Books, 2005). Wie bei so vielem anderen markierten die 1970er Jahre auch hier einen Wendepunkt. Die Verbreitung von Zeitungen erreichte in den USA 1973 ihren Höhepunkt und ist seither um fast zwei Drittel zurückgegangen. Pew Research Center, Newspapers Fact Sheet, 29. Juni 2021, ⟨https://www.pewresearch.org/journalism/fact-sheet/newspapers/⟩.

die Regierung bei der Umsetzung berücksichtigt. Durch Maßnahmen wie die Veröffentlichung von Kongressdebatten – oder heute durch deren Übertragung im Fernsehen – wurden Fortschritte in diesem Bereich erzielt. Es gibt Vorschriften, wonach viele Regierungssitzungen für alle Bürger offen sein müssen. Doch in Wirklichkeit scheint die nationale Regierung für die meisten Bürger weit weg und relativ undurchsichtig zu sein. Das liegt zum Teil an ihrer Größe und ihrer Komplexität; mit dem Versuch, Geheimnisse zu bewahren, hat das relativ wenig zu tun, außer in einigen wenigen Schlüsselbereichen.

Die Teilnahme am öffentlichen Leben kann den Bürgern einen erweiterten Blick auf das verschaffen, was möglich und wünschenswert ist; sie kann unsere Bewertungsmaßstäbe verändern. Ein besseres Verständnis des Gemeinwohls kann sogar mit einem besseren Verständnis von uns selbst verbunden sein. Tocqueville und eine Reihe republikanischer Denker nach ihm sahen die öffentliche Tugend nicht nur als Selbstaufopferung, sondern auch als Möglichkeit, von den vielen Gütern zu profitieren, die nur verfügbar sind, wenn man sie teilt. Insofern waren sowohl das tatsächliche Teilen als auch das Erkennen des allgemeinen Nutzens wichtig.

Natürlich kann es sein, dass einige derjenigen, die am öffentlichen Leben teilnehmen, nur nach Macht oder nach der Befriedigung ihrer unmittelbaren Wünsche streben. Wir verlassen uns nicht allein auf moralische Ermahnungen, um dem Grenzen zu setzen. Ein traditioneller republikanischer Gedanke war, dass die Bürger um ihren Ruf besorgt sein würden. Sie wollten von anderen als tugendhaft angesehen werden. Wenn von einer kleinen Elite oder in einem kleinen Gemeinwesen regiert wurde, konnte die Beobachtung ziemlich unmittelbar sein. In größeren Ländern spielt die Publicity von Politikern eine ähnliche Rolle. Innerhalb von Gemeinschaften können manche Menschen als gemeinwohlorientiert gelobt oder dafür kritisiert werden, dass sie sich vor ihren Verpflichtungen drücken.

Direkte Beobachtung unter Bürgern funktioniert in sehr großen Gesellschaften weniger gut. Deshalb sind indirekte Mechanismen der Beobachtung und Bewertung inzwischen allgegenwärtig. Staaten überwachen soziale Medien, um Terrorismus zu verhindern oder abweichende Meinungen zu unterdrücken. Unternehmen überwachen die Nutzung von Kreditkarten, um Risiken gegenzusteuern und Werbung gezielt einzusetzen. Wer einen Kredit beantragt, wird nicht von einem Bankangestellten vor Ort beurteilt, der die jeweiligen persönlichen Umstände kennt oder dem Antragsteller in die Augen sehen oder die Hand geben kann, sondern von Algorithmen. Und auch die Mediennutzer sind aktive Teilnehmer, die ihre eigenen Nachrichten verfassen oder die von anderen kommentieren und weiterleiten. Diese Interaktivität ist ausschlaggebend dafür, wie die sozialen Medien die alten Print- und Rundfunkmedien verändert haben, aber sie führt auch dazu, dass viel mehr Daten über jeden Einzelnen generiert werden.

Über jeden von uns werden immer mehr Daten gesammelt, und zwar nicht nur durch gezielte Überwachung, sondern auch als Nebenprodukt all der Routinetransaktionen, die gespeichert werden – vom Einkaufen über das Surfen im Internet bis hin zum Fernsehen. Wer etwa an einer scheinbar harmlosen Umfrage auf Facebook teilnimmt – z. B. über die Gesundheit oder darüber, wo es sich gut leben lässt –, liefert Daten an eine riesige Marketingmaschinerie. Anschließend werden sowohl echte als auch künstlich konstruierte »Nachrichten« über diese oder jene Krankheit aufploppen. Wenn Sie bei Google nach »gesundem Gewicht« suchen, werden Sie Werbung für Diätprogramme erhalten. Die Werbefirmen und die sozialen Medienplattformen verdienen mit dem Wettbewerb um die Aufmerksamkeit der Verbraucher ihr Geld.[55] Diese riesigen Mengen an persönlichen Daten werden von KI-Programmen verarbeitet, die Profile erstellen, Muster erkennen und Vorhersagen treffen. Diese künstlichen Intelligenzen erkennen vieles mit bemerkenswerter Genauigkeit, bringen aber auch eine Reihe von Fehlern mit sich, darunter rassistische Vorurteile.[56]

Darüber hinaus werden wir in eine allgegenwärtige Bewertungskultur hineingezogen, und zwar für Konsumgüter, aber auch für politische Äußerungen. Solche Ratings sind eine weitere Quelle

55 Tim Wu, *The Attention Merchants: From the Daily Newspaper to Social Media. How Our Time and Attention Is Harvested and Sold* (London: Atlantic Books, 2017).

56 Die derzeitigen Systeme erkennen das Geschlecht weißer Männer in fast 100 Prozent der Fälle richtig, das von schwarzen Frauen jedoch in mehr als 30 Prozent der Fälle nicht. Zur Empörung vieler hat Google Frauen, die auf das Problem aufmerksam machten, aus dem Unternehmen gedrängt. Cade Metz, Who Is Making Sure the AI Machines Aren't Racist?, in: *New York Times,* 15. März 2021.

für Daten über die Ansichten und Vorlieben jedes Einzelnen und werden nicht nur für den Verkauf von Autos oder Kosmetika, sondern auch von Politikern und politischen Maßnahmen genutzt. Im Westen wird dies vor allem durch Wirtschaftsunternehmen umgesetzt.[57] China hat vor kurzem computergestützte Überwachungssysteme eingeführt, die mit Hilfe künstlicher Intelligenz ein »Sozialkredit-System« erstellen.[58]

Die allgegenwärtige Überwachung, ob nun kapitalistisch oder staatlich organisiert, hat die Privatsphäre quasi zunichtegemacht. Das ist für den Einzelnen frustrierend und mit materiellen Risiken wie Identitätsdiebstahl verbunden. Es ist aber auch eine Herausforderung für die Demokratie, die in der Vorstellung wurzelt, dass sowohl Einzelpersonen als auch Gruppen »innere« Überlegungen und Debatten anstellen können, die nicht vollständig den Blicken oder der Kontrolle von außen unterworfen sind. Ein Bürger kann einen inneren Dialog darüber führen, wie er verschiedene Interessen und Werte abwägt, wie er die Risiken verschiedener Handlungen einschätzt – einschließlich politischer Meinungsäußerungen. Die Privatsphäre ermöglicht aber auch – und das ist von entscheidender Bedeutung – unpolitisches Engagement: Liebe, Freundschaft, Familie, Musik, Sport, Tanz und literarische Vergnügungen. Alles der politischen Kontrolle oder Beurteilung zu unterwerfen ist ein ebenso grundlegendes Merkmal des Totalitarismus wie die Unterdrückung politisch Andersdenkender. Beides sind tödliche Feinde der Demokratie, die sowohl die öffentliche als auch die private Ermächtigung der Bürger und ein Netz sozialer Beziehungen erfordert, das beide miteinander verbindet.

Weder bei der kapitalistischen noch bei der staatlichen Überwachung geht es darum, dass die Bürger sich gegenseitig direkt beobachten. Es handelt sich vielmehr um eine asymmetrische Überwachung. Sie findet auf Wegen statt, die wir nicht einmal sehen geschweige denn kontrollieren können. Dabei geht es um mehr als nur um die Privatsphäre. Undurchsichtige oder verdeckte Technologien werden eingesetzt, um unsere Identitäten, Loyalitäten und Vorlieben zu beeinflussen. Das steht in einem Spannungsverhältnis

57 Shoshana Zuboff, *Das Zeitalter des Überwachungskapitalismus*, übers. von Bernhard Schmid (Frankfurt am Main/New York: Campus, 2018).

58 Nicole Cobie, The Complicated Truth about China's Social Credit System, in: *Wired*, 7. Juni 2019.

zum republikanischen Grundgedanken, wonach Individuen, die frei von Beherrschung sind, die Bedingungen ihres Lebens gemeinsam mittels vernünftiger Diskussion bestimmen sollten. Damit steht die Idee der demokratischen Willensbildung in Frage.

Es ist aber auch einfach ein Schock und ein Orientierungsverlust. Neue Technologien haben die Infrastruktur und die Kommunikation seit Jahrhunderten verändert. Druckerpressen waren einst neu und grundlegend für den Aufstieg der modernen Demokratie. Telegrafen und Eisenbahnen verbanden ganze Länder miteinander. Telefone ermöglichten die Aufrechterhaltung von zwischenmenschlichen Verbindungen über große Entfernungen hinweg. Erst das Radio und dann das Fernsehen machten es möglich, Botschaften an die »Massen« zu senden. Diese Medien veränderten die Struktur des Lebens grundlegend. Sie trugen zum Entstehen einer urbanen Gesellschaft bei, aber auch dazu, dass selbst die entlegensten ländlichen Gebiete in die großen Informationsflüsse eingebunden wurden. Die jüngste Welle neuer Technologien (einschließlich, aber nicht nur, der sozialen Medien) hat einige Entwicklungen fortgeführt und andere verändert, insbesondere dadurch, dass viel mehr Menschen in die Lage versetzt wurden, »Absender« von Nachrichten zu sein, die potenziell über große Entfernungen und von großen Bevölkerungsgruppen empfangen werden können, aber auch dadurch, dass sie die Öffentlichkeit fragmentierten.

Die neuen Medientechnologien gehören zu einem Paket allgegenwärtiger Überwachung, z. B. mittels Smartwatches, die die Herzfrequenz aufzeichnen. Zusammen mit der Automatisierung von Arbeitsplätzen und dem Aufstieg von computergestützten Logistikunternehmen wie Amazon und Uber führen sie zu wirtschaftlichen Veränderungen. Alarmierend ist auch die Art und Weise, wie sie die Kriegsführung verändern könnten. Die Häufigkeit tatsächlicher Cyberangriffe und Systemausfälle sorgt für eine allgegenwärtige Angst.

Allein die Tatsache, dass es sich um neue Technologien handelt, erzeugt ein Gefühl der Bedrohung, das mindestens genauso groß ist wie das Gefühl der neuen Möglichkeiten, manchmal sogar noch größer. Sie hat Routinen und Erwartungen durcheinandergebracht. Die Antwort kann jedoch nicht darin bestehen, die computergestützten Technologien abzuschaffen. Vielmehr müssen wir gute institutionelle Strukturen finden, die uns dabei helfen, sie gut zu nutzen, sie, wo nötig, zu regulieren und Ersatz zu schaffen für die Unterstützung, die die alten Medien der Demokratie gaben.

Das Lokale und das Metropolitane

Die Gründer Amerikas lehnten sich gegen das imperiale Großbritannien auf, und sie entschieden sich nicht für die Schaffung eines weiteren Imperiums. Sie schufen eine Republik. Sie sahen deren Bürger als »ein« Volk an (auch wenn die Loyalität der meisten zu ihren Bundesstaaten anfangs mindestens so stark war wie ihre Loyalität gegenüber dem neuen Land).

Tatsächlich waren die Gründer in vielerlei Hinsicht Lokalisten. Trotz seiner glücklichen Jahre in Frankreich zog sich Thomas Jefferson immer wieder auf seine Farm in Monticello zurück. In seiner Vorstellung war die amerikanische Demokratie in kleinen Städten und Bauerndörfern verwurzelt. Dies wäre, so glaubte er, der Tugendhaftigkeit der Bürger förderlich und würde Bestrebungen zur Wiedereinführung der Aristokratie entgegenwirken. Das war nicht nur eine Geschmacks-, sondern auch eine Grundsatzfrage, denn wie andere Vertreter der klassischen republikanischen Tradition war er besorgt darüber, dass ein großes Land und insbesondere ein Imperium von Natur aus ein Feind der Tugend sei, da es übermäßigen Luxus und Prunk, Intrigen und Verschwörungen, Arroganz bei den Führern und Unterwürfigkeit bei den übrigen Bürgern fördere. Er war in Sorge ob einer kostspieligen Regierung und eines stehenden Heeres.

Doch Jefferson war auch für den Louisiana-Kauf verantwortlich. Dadurch verdoppelte sich das Territorium des Landes. Außerdem wurden die Vereinigten Staaten dadurch de facto zu einer imperialen Macht, da sie mit einer Reihe von Nationen der American Indians um die Kontrolle über das neue Gebiet stritten.[59]

59 Über die Bezeichnungen wird heute heftig gestritten. In diesem Buch bezeichnen wir diejenigen, die die Vereinigten Staaten vor der Kolonisierung bewohnten und nach wie vor wichtige Mitglieder des Landes sind, als »American Indians« oder »amerikanische Indianer«. Dieser Name spiegelt ganz offensichtlich einen historischen Irrtum wider, ist aber auch Teil der historischen Realität geworden. Unsere Entscheidung, diesen Begriff anstelle von »Native Americans« oder anderen Bezeichnungen zu verwenden, beruht hauptsächlich auf den Entscheidungen

Trotz der Spannungen mit den republikanischen Ideen der Gründerväter wuchsen die Vereinigten Staaten weiter. Sie expandierten nach Westen und annektierten schließlich Hawaii und Alaska. In all diesen Gebieten herrschten sie über die Natives als unterworfene Bevölkerungsgruppen. Die Expansion erfolgte nicht nur durch Käufe oder durch den Beitritt von Staaten, die von Siedlern gegründet worden waren. Sie war auch das Ergebnis von Eroberungen und Kriegen mit Spanien und Mexiko sowie mit den Nationen der American Indians. Und in den Weltkriegen erwarben die Vereinigten Staaten Überseeterritorien wie die Philippinen. Sie besetzten Haiti, die Dominikanische Republik und die Panamakanalzone. In dem Glauben, eine Republik zu sein, wurden die Vereinigten Staaten zu einer imperialen Macht, ohne das Wort »Imperium« zu benutzen. Dies ist nach wie vor ein ungelöstes Problem – insbesondere in Bezug auf Puerto Rico, auf die American Indians und den District of Columbia, ein mehrheitlich von Schwarzen bewohntes Gebiet, das von der US-Bundesregierung ohne die Rechte eines Bundesstaates regiert wird.

Wachstum bedeutete auch Einwanderung und vor allem Städte. Heute leben weniger als 20 Prozent der US-Bevölkerung in auch nur halbwegs ländlichen Gebieten, und weniger als ein Zehntel dieser mehr oder weniger ländlichen Amerikaner sind tatsächlich Farmer. In den Vereinigten Staaten gibt es heute viel mehr Reichtum und Luxus als bei ihrer Gründung. Das demokratische Projekt Amerikas hat sich durch Industrialisierung, Urbanisierung, die Ausdehnung des Landes selbst und die Entwicklung einer Infrastruktur zum Zwecke der Integration verändert. Ähnliche Versionen dieser Geschichte haben sich in der ganzen Welt abgespielt. Ein Beispiel dafür ist der englische »Binnenkolonialismus« gegenüber Schottland, Wales und Irland – und auch er ist heute noch ein Problem. Die europäischen Länder versuchten, im eigenen Land Republiken (und Nationalstaaten) zu sein, während sie im Ausland als

der betroffenen Menschen (wenn sie sich auf eine allgemeinere Kategorie und nicht auf ihr jeweils eigenes Volk beziehen). In Kanada lautet der Begriff »First Nations«. Den Begriff »indigen« verwenden wir, wenn wir uns auf das globale Spektrum an Völkern beziehen, die sich der Besiedlung, dem Imperialismus und der nationalen Expansion als Eingriffe in ihre Territorien und Lebensweisen widersetzt haben. Missbrauch und Enteignung sind zweifellos Unrecht. In Sachen Nomenklatur gibt es keine einfache richtige Antwort.

Imperien auftraten. Mit den komplexen Folgen leben sie bis heute.[60]

In den Vereinigten Staaten bildeten die Farmer das Rückgrat der großen populistischen Bewegung des späten 19. Jahrhunderts.[61] Sie hatten nicht zuletzt mit der Schuldenlast zu kämpfen, denn sie mussten sich Geld für Geräte und Saatgut leihen, und die deflationäre nationale Fiskalpolitik erschwerte die Rückzahlung, selbst wenn die Ernte gut war. 1896 hielt William Jennings Bryan eine der berühmtesten Reden der amerikanischen Geschichte, die in dem Ausruf gipfelte: »Ihr sollt die Menschheit nicht an ein Kreuz aus Gold nageln.« Es ging dabei um die Frage, ob mehr Silbermünzen geprägt werden sollten, um die Geldmenge zu erhöhen (ähnlich wie die Federal Reserve heute die Zinssätze senken könnte, um einer Rezession entgegenzuwirken). Das hätte den Farmern, nicht aber den Banken geholfen. Die Regierung stellte sich auf die Seite der Banker. Viele Familienbetriebe mussten aufgeben.

Gleichzeitig mit den großen Farmerbewegungen des späten 19. Jahrhunderts erlebten die Vereinigten Staaten einen starken Anstieg der Einwanderung. Zwischen 1860 und 1900 hat sich die Bevölkerung der Vereinigten Staaten mehr als verdoppelt, trotz der Verluste an Menschenleben im Bürgerkrieg. Leider kam es nie zu einem wirksamen politischen Bündnis zwischen den populistischen Farmern und den überwiegend eingewanderten Industrie- und Minenarbeitern. Zusammen mit den Schwarzen Amerikanern wurden die Einwanderer zu Sündenböcken, die von Politikern attackiert wurden, um so die Stimmen der Farmer und anderer ländlicher Produzenten zu mobilisieren. Damals wie heute ist die Einwanderung ein entscheidender Faktor für das Wirtschaftswachstum. Doch das »Teile und herrsche« ist eine immer wiederkehrende Strategie der politischen Eliten, die ihre Macht gegen die Bedrohung durch eine mehr geeinte Demokratie verteidigen wollen.

Das späte 19. Jahrhundert war in vielerlei Hinsicht ein Vorgriff auf unsere heutige Zeit. Mark Twain und Charles Dudley Warner nannten es »das vergoldete Zeitalter« und spotteten über die gras-

60 Spannungen zwischen Imperialismus und Demokratie finden sich nicht nur in kolonisierten Territorien. Die ersten Kolonialmächte Europas, Spanien und Portugal, gehörten zu den letzten Demokratien Europas.

61 Lawrence Goodwyn, *Democratic Promise: The Populist Moment in America* (Oxford: Oxford University Press, 1976).

sierende Gier und Korruption.[62] Es war die Zeit, in der »Raubritter« (die berüchtigten »robber barons«) mit Investitionen in Eisenbahnen, Öl und sogar Schulden ein riesiges Vermögen anhäuften. Die Ungleichheit war extrem. Schließlich wurden Anstrengungen unternommen, um sie unter Kontrolle zu bringen. Mit Gesetzen wie dem Sherman Act von 1880 versuchte die Regierung, Kartelle und andere Absprachen zur Beschränkung des Handels zu bekämpfen. Das bildete die Grundlage für das Kartellrecht und die Bemühungen zur Zerschlagung von Monopolen. Es gab zudem neue Bestrebungen, für eine gemeinsame Wohlfahrt zu sorgen, da man erkannte, dass viele Amerikaner in prekären wirtschaftlichen Verhältnissen und ohne große Unterstützung der Gemeinschaft lebten. Die Gründung von Gewerkschaften war ein Versuch der Arbeitnehmer, für kollektive Sicherheit zu sorgen und neue Gemeinschaftsinstitutionen aufzubauen, die das Leben in den Metropolen und Fabrikstädten unterstützen sollten. Die Arbeitsbeziehungen waren angespannt und oft von Gewalt geprägt, da Eigentümer und Manager die Arbeitnehmer an der Gründung von Gewerkschaften zu hindern versuchten. Renten wurden zunächst für die Witwen und Kinder von Bürgerkriegsveteranen, später für die Arbeiter einiger Unternehmen eingeführt. Siedlungsbauten waren dazu gedacht, Einwanderern zu helfen. Die Unterstützung war bescheiden, bis ein weiterer Schock, die Weltwirtschaftskrise in den 1930er Jahren, genügend Druck erzeugte, um weitergehende staatliche Maßnahmen zu ergreifen.

Doch die Konsolidierung der landwirtschaftlichen Betriebe setzte sich fort, bald unter der Kontrolle von Unternehmen. Die Farmer liebten ihr Land und versuchten, ihre Höfe trotz des wirtschaftlichen Drucks am Leben zu erhalten. 1985 organisierten Willie Nelson, Neil Young und John Mellencamp das erste Farm-Aid-Konzert, um Geld zu sammeln, das den Farmerfamilien helfen sollte, ihre Schulden zu bezahlen und auf ihrem Land zu bleiben. Das Projekt wird fortgesetzt, auch wenn der Anteil der Farmer an der amerikanischen Bevölkerung von 40 Prozent im Jahr 1900 auf etwas mehr als ein Prozent gesunken ist. Die Landwirtschaft hat natürlich nicht aufgehört, sie ist nur von großen Konzernen übernommen worden.

62 Mark Twain/Charles Dudley Warner, *Das vergoldete Zeitalter. Roman* [1873], übers. von Moritz Busch (Leipzig: F. W. Grunow, 1876).

Das Leben auf dem Land und in den Kleinstädten hat nach wie vor enormen Einfluss auf das amerikanische Selbstverständnis. Es ist vor allem die gefühlte Vergangenheit und die ersehnte Gegenwart weißer Amerikaner. Den Schwarzen Amerikanern ist es nicht völlig fremd, aber für sie ist es deutlich problematischer. Bei den jüngeren Einwanderern, die das Land vor allem durch seine Städte kennengelernt haben, sind der Mythos und die Sehnsucht weniger präsent. Dennoch bringen Einwanderer – vor allem aus Lateinamerika – manchmal eine Sensibilität mit, die sich wenn auch nicht mit der spezifischen Geschichte, so doch mit der gesellschaftlichen Vision der ländlichen Vereinigten Staaten verbindet.

Diese Vision ist die der individuellen Eigenständigkeit und Autonomie in Verbindung mit starken familiären Bindungen und einem Gefühl der Sicherheit. Sie ist weitgehend ein Mythos, aber deswegen nicht weniger wirkmächtig. Sie ist nicht weniger mythisch als die Vorstellung, Stadtbewohner seien allesamt kosmopolitische Anhänger der Vielfalt, die lieber ins Theater gehen als Fernsehen zu schauen oder in Cafés ständig politische Diskussionen führen. Das sind keine zutreffenden Beschreibungen, sondern vielsagende Mythen.

Der Niedergang der ländlichen Regionen und der Aufstieg der Industriestädte sind beide Teil eines Wandels, der das gesellschaftliche Leben grundlegend verändert. Und beide finden ihren Widerhall in der gesamten entwickelten Welt. Nur wenige moderne Staaten haben sich so sehr um den Schutz des ländlichen Lebens bemüht wie Frankreich. Dennoch machte eine französische Version dieser Geschichte 2019 Schlagzeilen – dank der Demonstranten, die gelbe Westen trugen. Die Warnwesten verwiesen gleichzeitig auf eine Kraftstoffsteuer, die Nicht-Städter als ungerecht empfanden, auf einen Anspruch auf eine weithin geteilte französische Identität, da jeder Autobesitzer eine solche Weste dabeihaben muss, und auf ein Gefühl der Dringlichkeit, da die Westen darauf ausgelegt sind, in Notfällen Aufmerksamkeit zu erregen. Die Proteste der Gelbwesten (»gilets jaunes«) waren klassisch »populistisch« und richteten sich gegen einen technokratischen Staatspräsidenten, der einen abgehobenen Stil pflegt und eine Politik verfolgt, die eher den Reichen als der breiten Masse dient. Zwar wollten sowohl der rechtsgerichtete Front National als auch die Linkspartei die Proteste der Gelbwesten für sich vereinnahmen, doch dabei ging es mindestens ebenso sehr um das Schicksal von Gemeinschaften und Lebensgrundlagen im nicht-metropolitanen Frankreich wie um eine bestimmte politische Ideologie.[63]

Während des gesamten 20. Jahrhunderts war Frankreich bestrebt, einen so umfassenden Wandel der Lebensbedingungen, wie ihn die Vereinigten Staaten erlebt haben, zu vermeiden. Mit einer Reihe von Preissubventionen und anderen politischen Maßnahmen wurde versucht, sowohl die ländlichen Dörfer, die als zentral für *la France profonde* galten, als auch die Lebensmittel zu schützen, die als integraler Bestandteil einer echten französischen Lebensweise angesehen wurden. Die Industrie entwickelte sich dennoch weiter, und insgesamt genoss Frankreich einen hohen Lebensstandard. Es baute eines der stärksten Sozialsysteme der Welt auf. Und lange Zeit konnte es seinen landwirtschaftlichen Wohlstand aufrechterhalten, bei dem täglich mindestens 350 verschiedene Käsesorten und frisches Brot hergestellt wurden.

Doch in den 2020er Jahren sind die Lebensgrundlagen der französischen Landbevölkerung tiefgreifend und schmerzhaft aus dem Lot geraten. Frankreich hat es geschafft, den Niedergang der ländlichen Gebiete und Kleinstädte zumindest zu verlangsamen, wenn auch nicht ganz aufzuhalten. Eine solche Verlangsamung kann bedeuten, dass der Prozess weniger disruptiv und humaner verläuft. Doch nun ist Frankreich, auch aufgrund der neoliberalen Ausrichtung der Regierungspolitik, gleichzeitig mit dem Niedergang des ländlichen Raums und der Deindustrialisierung konfrontiert. In den 1950er und 1960er Jahren ging der demografische Wandel mit einem Anstieg der Beschäftigung in der Industrie einher. Die neuen Arbeitsplätze waren relativ gut bezahlt, und die Arbeitnehmer wurden durch einen hohen gewerkschaftlichen Organisationsgrad gestärkt. Jetzt werden diese Industriearbeitsplätze prekärer oder ganz vernichtet.

Heute gibt es vor allem im Dienstleistungssektor zahlreiche Arbeitsplätze, allerdings in der Regel nicht für ehemalige Landwirte oder ehemalige Industriearbeiter. Das hat zum Teil mit geschlechtsspezifischen Vorurteilen zu tun – nicht nur gegen Männer in traditionellen Frauenberufen, sondern auch unter Männern

63 Siehe Christophe Guilluy, *Le Crépuscule de la France d'en haut* (Paris: Flammarion, 2016).

gegen diese Berufe. Und nicht der gesamte Dienstleistungssektor floriert. Bäckereien und Käseläden schließen angesichts der großen Supermärkte und der Doppelverdienerfamilien. Außerdem stoßen die Kosten des französischen Sozialstaats auf den Widerstand der Steuerzahler aus der Mittel- und Oberschicht. Dieser Wandel ist zu einem integralen Bestandteil sowohl der politischen Agenda der populistischen Rechten als auch der Proteste geworden, die Teile der Linken und der Rechten im Widerstand gegen technokratische liberale Reformen vereinen, welche die Wettbewerbsfähigkeit der französischen Wirtschaft im Kontext der europäischen Integration und der Globalisierung verbessern sollen.

Der Wandel des ländlichen und nicht-metropolitanen Lebens bedeutet nicht, dass Jeffersons Vision von einem dörflichen und kleinstädtischen Amerika oder die Priorisierung von *la France profonde* falsch waren. Es bedeutet jedoch, dass keine der beiden Visionen ohne Änderungen den heutigen Verhältnissen gerecht wird. Die Tatsache, dass in Gebieten mit geringer Bevölkerungsdichte populistische Politiker gewählt wurden, sagt viel darüber aus, wie sich die Menschen in diesen Gebieten fühlen und wie sie glauben behandelt zu werden. Sie ist aber kein Hinweis darauf, dass die populistischen Demagogen tatsächliche Lösungen für die Probleme der Menschen oder irgendwelche Vorstellungen davon hätten, wie sich die lokale Zukunft mit dem Wachstum einer großen Volkswirtschaft in Einklang bringen ließe.

Bei dieser Geschichte geht es nicht nur um die Landwirtschaft, sondern auch darum, dass die sozialen Voraussetzungen für die Demokratie empfindlich gestört werden. Das trifft auch auf die industriellen Midlands in England zu.[64] Diese Region stand im Mittelpunkt der Industriellen Revolution des 19. Jahrhunderts und war zentral für eine Bergbau- und Fabrikwirtschaft – und eine Lebensweise –, die danach florierte. Doch im späten 20. Jahrhundert war das meiste davon verschwunden. Während Birmingham eine Großstadt blieb, erlebten die Kleinstädte in der gesamten Region einen

64 Dieses Gefühl befeuerte auch den Brexit. Siehe Craig Calhoun, Populism, Nationalism, and Brexit, in: William Outhwaite (Hg.), *Brexit: Sociological Responses* (London: Anthem Press, 1976), S. 57-76. Und es sorgt für einen wiederauflebenden englischen Nationalismus. Siehe Alisa Henderson/Richard Wyn Jones, *Englishness: The Political Force Transforming Britain* (Oxford: Oxford University Press, 2021).

Niedergang. Sinnbildlich dafür steht der Flughafen East Midlands: Er ist ein reiner Frachtflughafen, denn Lagerhaltung und Versand für die neue Logistikwirtschaft haben die älteren Produktionsverfahren ersetzt. Er brachte aber auch Arbeitsplätze nach dem bekannten Muster: nicht gewerkschaftlich organisiert und nicht so gut bezahlt wie die, die verloren gingen. Obwohl die Region nach wie vor das geografische Herz Englands ist, befindet sie sich ironischerweise an der Peripherie der neueren Wirtschaftskreisläufe des globalen Handels und der globalen Technologie.[65]

Die zunehmende Integration in großem Maßstab hat die ortsgebundenen, lokalen Gemeinschaften untergraben. Sie hat es den Arbeitgebern ermöglicht, die Gewerkschaften zu schwächen, indem sie die Konkurrenz unter den Arbeitnehmern verschärft haben, indem sie sich aus den Orten, in denen sich die Arbeitnehmer organisieren, zurückgezogen haben und indem sie manchmal einfach ganze Arbeitsstätten an Orte verlagert haben, an denen die Arbeitnehmer über weniger Macht verfügen. In den Vereinigten Staaten bedeutete dies Anfang des 20. Jahrhunderts die Verlagerung von Textilfabriken aus Neuengland in den Süden. Doch ab den 1970er Jahren wurden diese Verlagerungen zunehmend international. Lange Versorgungsketten machten die Logistikwirtschaft von Natur aus ortsungebunden.

Genau die Systeme, die die Nationalstaaten mit der Weltwirtschaft verbanden, zogen die Nationalstaaten im Inneren auseinander. Die Schläge konnten so dramatisch sein wie die Schließung einer Fabrik, die die Hauptstütze der Wirtschaft einer Stadt gewesen war. Sie konnten aber auch schrittweise erfolgen, wie z. B. durch das Vordringen von Großmärkten und Versandhandel, was einem Geschäftsviertel in der Innenstadt den Garaus machte. Noch verschlimmert wurde dieser Verlust oft durch die Zentralisierung von Dienstleistungen; die Zusammenlegung von Schulbezirken untergrub die Identität und den Zusammenhalt von Städten; örtliche Krankenhäuser und Arztpraxen schlossen zugunsten größerer regionaler Versorgungszentren. Ein frühes Symptom war oft die

65 Siehe Michael McQuarrie, The Revolt of the Rust Belt: Place and Politics in the Age of Anger, in: *British Journal of Sociology*, 68 (2017), S. S120-S152, und seine noch unveröffentlichten Forschungsarbeiten zu England und den Vereinigten Staaten.

Abwanderung junger Menschen, wenn die Stadt keine guten wirtschaftlichen Chancen bieten konnte.

Solange die gewerkschaftlich organisierte Industrie florierte, konnte das Verlassen des Heimatorts für die Arbeiterklasse anderswo attraktive Karrieren mit sich bringen. So suchten beispielsweise Jugendliche aus Kentucky in Michigan, Ohio und der dortigen Autoindustrie nach Möglichkeiten oder, noch ehrgeiziger, in Kalifornien und in der Luft- und Raumfahrtindustrie.[66] Aber selbst nachdem die guten Fabrikjobs verschwunden waren, verließen sie weiterhin die Kleinstädte in Kentucky – und in West-Virginia und im Osten Ohios –, weil es dort keine lebensfähige Zukunft gab. Das stetig steigende Durchschnittsalter und die oft schrumpfenden Schülerzahlen zeigten den Verlust an.[67]

Entbettung

Der Ökonom, Historiker und Anthropologe Karl Polanyi erkannte ein ähnliches Spannungsverhältnis zwischen Lokalität und großräumiger Organisation in der Industriellen Revolution. Er beschrieb dies als einen Prozess der »Entbettung«. In früheren Gesellschaftsformationen waren die Marktakteure auf vielfältige Weise miteinander verbunden, unter anderem durch traditionelle Verpflichtungen der Wohlhabenden gegenüber den Armen.

Die Industrielle Revolution hat sowohl diese Gegenseitigkeit als

66 Den Beschäftigungsrückgang in der Automobilbranche genau zu erfassen ist kompliziert. Zählt man nur die Automobilproduktion oder auch die Herstellung von Reifen, Glas und Farbe? Aber der Trend ist eindeutig und Teil eines starken Gesamtrückgangs. Die Zahl der Arbeitsplätze im verarbeitenden Gewerbe in den USA erreichte 1979 einen Höchststand von etwa 20 Millionen, fiel bis 1982 auf weniger als 17 Millionen und sank nach einer leichten Erholung zwischen 1999 und 2011 auf 11 Millionen. Eine von der Federal Reserve Bank of St. Louis (FRED) erstellte Grafik des US Bureau of Labor Statistics findet sich unter ⟨https://fred.stlouisfed.org/series/MANEMP⟩. Parallel zum zahlenmäßigen Rückgang sanken auch der Anteil der gewerkschaftlich organisierten Arbeitnehmer und die Durchschnittslöhne.

67 Siehe die bewegende Reportage in George Packer, *Die Abwicklung. Eine innere Geschichte des neuen Amerika*, übers. von Gregor Hens (Frankfurt am Main: S. Fischer, 2014) sowie die Analyse bei McQuarrie, The Revolt of the Rust Belt.

auch die lokale Gemeinschaft zerstört. Im Laufe der Zeit wurden neue soziale Unterstützungssysteme entwickelt; Gemeinschaft wurde in neuen Formen wiederhergestellt. Die Menschen begegneten sich in einer Vielzahl von Kirchen, ihre Kinder gingen in dieselben Schulen, ihre Kunden waren Nachbarn, ihre Gläubiger waren Einheimische. Aber die lokale Gemeinschaft konnte nicht all die Unterstützung bieten, die in einer großen und volatilen Gesellschaft benötigt wurde. Schulen und Kirchen verbanden das Lokale mit dem Größeren. Soziale Unterstützung kam ebenfalls von größeren Institutionen. Die nach dem Zweiten Weltkrieg aufgebauten staatlichen Institutionen waren dabei von entscheidender Bedeutung, aber auch andere Einrichtungen wie landwirtschaftliche Beratungsprogramme und Gewerkschaften.

Für die Eliten und die Aufsteiger war die Entbettung in der Regel mit Chancen verbunden. Der Umzug in eine städtische Gegend konnte höhere Bildung, Arbeitsplätze, Zugang zu Museen und darstellenden Künsten bringen. Städte waren zwar weniger »gemeinschaftlich«, aber die relative Anonymität hatte auch ihre Vorteile.[68] Ein Städter konnte sich leichter zwischen verschiedenen Kontexten bewegen und erfuhr größere Freiheit, da diese Kontexte sich weniger überschnitten. Frauen konnten frei von paternalistischen Familien leben; Lebensstile konnten flexibler gestaltet werden. Es hat seinen Grund, dass die Schwulenkultur zuerst in San Francisco und New York aufblühte und erst dann in kleineren, nicht-metropolitanen Städten.

Während eines Großteils der Moderne schien es, als würden die individuell Ambitionierten immer wegziehen. Sie gingen an die Universität, wenn sie konnten. Sie gingen zum Militär und kehrten nicht mehr zurück. Sie machten sich auf den Weg zu den hellen Lichtern der Großstadt. Nicht immer waren diese Bemühungen von Erfolg gekrönt. Manchmal kehrten die einstmals Ehrgeizigen enttäuscht zurück (ein häufiges Thema in Countrysongs). Aber die vorherrschende Geschichte war die Suche nach neuen Chancen *anderswo*. Das machte es leicht, diejenigen, die noch immer in

68 Diese Erfahrung ist Thema in Georg Simmels klassischem Aufsatz »Die Großstädte und das Geistesleben« [1903], in: ders., *Gesamtausgabe*, hg. von Otthein Rammstedt, Bd. 7/1: *Aufsätze und Abhandlungen. 1901-1908*, hg. von Rüdiger Kramme, Angela Rammstedt und Otthein Rammstedt (Frankfurt am Main: Suhrkamp, 1995), S. 116-131.

kleineren, ortsgebundenen Gemeinschaften lebten, als irgendwie rückständig zu betrachten. Es verdeckte auch die Möglichkeit, aufzusteigen, ohne wegzuziehen, indem man lokale Gemeinschaften stärkte und *deren* wirtschaftliches und sonstiges Potenzial entwickelte.

Die Entbettung war nicht nur eine Lebensstilentscheidung der Eliten. Sie war eine Notwendigkeit für Millionen von Arbeitnehmern, die in der alten Agrarwirtschaft und im Handwerk immer weniger Chancen hatten. In den 1840er Jahren arbeiteten mehr als 70 Prozent der Amerikaner in der Landwirtschaft; heute sind es weniger als zwei Prozent. Zwischen dem Ende des Zweiten Weltkriegs und 2015 verschwanden vier Millionen landwirtschaftliche Betriebe. Die Demografie der Vereinigten Staaten wurde zugunsten von Städten und Vorstädten neu geordnet. Doch sosehr die Mobilität neue Möglichkeiten eröffnete, so sehr erschwerte sie den Aufbau enger Gemeinschaften. Das hatte nicht nur damit zu tun, dass die Städte weniger gemeinschaftlich waren, sondern auch damit, dass das Umziehen selbst eine Entbettung bedeutete. Viele waren bereit, das in Kauf zu nehmen, aber selbst für diejenigen, die sich bewusst dafür entschieden hatten, konnte es ein Verlust sein.

Die große Schwarze Migration aus dem ländlichen Süden in Städte wie Detroit und Chicago im industriellen Norden war eine solche große Entbettung. Gleiches gilt für die internationale Migration aus den ländlichen Gebieten Irlands, Italiens und Mexikos, den jüdischen Schtetls in Russland und den ländlichen Regionen Chinas, auch wenn sie über die Küstenstädte verlief. Denjenigen, die auswanderten, eröffneten sich oft wirtschaftliche Chancen. Ihr Erfolg hing jedoch wesentlich von der »Wiedereinbettung« ab. Sie bauten neue Gemeinschaften und Organisationen auf, um diejenigen zu ersetzen, die sie verloren hatten. Gewerkschaften waren wichtig, um aus den schwierigen wirtschaftlichen Bedingungen das Beste zu machen. Synagogen und Kirchen trugen dazu bei, die Gemeinschaft wieder aufzubauen und den Glauben zu stärken. Eine Rückgewinnung war möglich, aber die Entbettung hatte ihren Preis. Und für diejenigen, deren wirtschaftliches oder berufliches Glück sich verbesserte, war das etwas anderes als für diejenigen, die die versprochenen Möglichkeiten nie fanden.

Polanyis Darstellung der Entbettung enthält drei verschiedene Aspekte. Auch wenn sie leicht zu verwechseln sind, sind sie alle hilfreich, um zu verstehen, was mit den westlichen Demokratien geschehen ist – und was zu tun ist.[69]

Erstens erkennt Polanyi einen historischen Prozess, der nur in einer Richtung verläuft und während des größten Teils der Moderne zu einer immer stärkeren Entflechtung der Märkte führte. Ein Paradebeispiel dafür sind landwirtschaftliche Produkte, die an immer weiter entfernte Verbraucher vermarktet werden, mit einer immer komplexeren Kette von Zwischenhändlern. Man denke aber auch an die Kapitalmärkte. Das Kapital für die Gründung eines neuen Unternehmens kann lokal beschafft werden, von Freunden, von der Familie und bei bereits erfolgreichen lokalen Geschäftsleuten. Bill Gates und Donald Trump bekamen beide das Geld für den Start ihrer Geschäftskarriere von ihren Vätern; reiche Eltern zu haben hilft. Eine solche lokale Unterstützung ist für viele Unternehmer entscheidend, auch für Einwanderer, die an der Straßenecke einen Lebensmittelladen oder ein Nagelstudio eröffnen. Im Laufe der modernen wirtschaftlichen Entwicklung hat diese lokale Unterstützung jedoch immer mehr an Bedeutung verloren, weil sich größere Kapitalmärkte entwickelt haben. Manchmal halfen religiöse und verwandtschaftliche Netzwerke über große Entfernungen hinweg. Aber heute stellen junge Unternehmer ihre Ideen auch Risikokapitalgebern vor, zu denen sie keine persönliche Beziehung haben. Sie leihen sich Geld von Banken und nicht von ihren Schwiegereltern. Diese Entpersönlichung hat ihre Reize, aber sie ist dennoch eine Transformation. Und das Muster gilt noch lange nach der Gründung neuer Unternehmen, wenn die Firmen auf den Aktien- und Finanzmärkten Kapital aufnehmen.

Zweitens weist Polanyi zu Recht darauf hin (betont das aber nicht gleichermaßen), dass es kontinuierliche Prozesse der Wiedereinbettung von Märkten in neue und andere soziale Beziehungsnetze gibt. Während der Neuzeit bauten diejenigen, die aus ländlichen Gebieten und Kleinstädten in die Industriestädte abwanderten,

69 Karl Polanyi, *The Great Transformation. Politische und ökonomische Ursprünge von Gesellschaften und Wirtschaftssystemen*, übers. von Heinrich Jelinek (Frankfurt am Main: Suhrkamp, 1973). Siehe die hilfreichen Ausführungen bei Fred Block/Margaret R. Somers, *The Power of Market Fundamentalism: Karl Polanyi's Critique* (Cambridge, MA: Harvard University Press, 2014); und Kurtuluş Gemici, Karl Polanyi and the Antinomies of Embeddedness, in: *Socio-Economic Review* 6:1 (2008), S. 5-33.

zumeist neue Netzwerke sozialer Beziehungen auf, in die Märkte eingebettet wurden. Man kann darüber streiten, ob die neuen Großstädte besser oder schlechter waren als die alten Kleinstädte, aber im Laufe der modernen Geschichte wurde das soziale Gefüge, das die Märkte umgab und unterstützte, immer wieder neu gewoben. Dazu gehörte eine Mischung aus Mehrzweckbeziehungen, die denen ähnelten, die kleinere, traditionellere Marktstädte kennzeichneten, und neuen, oftmals bürokratischen Strukturen. Das bedeutete beispielsweise die Schaffung von Verbraucherschutzämtern und webbasierten Bewertungen, die den Klatsch und Tratsch von Fremden als unpersönliche Informationen über gute Restaurants, Autos oder sogar Universitäten präsentieren. Im Prinzip kann es solche neuen Unterstützungsmöglichkeiten nicht nur für große Verbrauchermärkte, sondern auch für Arbeitnehmer geben. Das beste Beispiel dafür sind die Gewerkschaften. In den letzten vierzig bis fünfzig Jahren ist die Wiederherstellung der sozialen Einbettung jedoch weit hinter der Disruption zurückgeblieben. Das ist für den gegenwärtigen Moment von zentraler Bedeutung.

Drittens verweist Polanyi darauf, dass Märkte nie so stark entbettet sind, wie es den Anschein hat. Die Verwurzelung in einer bestimmten Stadt hinter sich zu lassen heißt nicht, ins Nirgendwo zu gehen; es bedeutet, sich in ein breiteres Spektrum organisatorischer Beziehungen zu begeben. Märkte, die ihre Bindung an lokale Orte und sogar traditionelle Warenströme verloren haben, sind »metatopisch« geworden – sie operieren über spezifische Räume hinweg. Es stimmt jedoch nicht, dass diese Märkte überhaupt nicht in einem Netz sozialer Beziehungen verankert sind, die Beziehungen sehen nur radikal anders aus. Es handelt sich in der Regel um indirekte Beziehungen, nicht um direkte zwischenmenschliche. Sie setzen den Markt in Beziehung zu Unternehmen und anderen formellen Organisationen, einschließlich Regierungen, und in Relation zu abstrakten Personenkategorien wie Investoren und Kunden.[70] Wichtig ist zu erkennen, dass es sich immer noch um soziale Beziehungen handelt, auch wenn sie nicht unmittelbar zwischenmenschlich sind. Und natürlich spielen direkte zwischenmenschli-

70 Siehe Craig Calhoun, Indirect Relationships and Imagined Communities: Large-Scale Social Integration and the Transformation of Everyday Life, in: Pierre Bourdieu/James S. Coleman (Hg.), *Social Theory for a Changing Society* (Boulder, CO: Westview Press, 1991); Craig Calhoun, The Infrastructure of Modernity.

che Beziehungen in manchen Kontexten immer noch eine wichtige Rolle, auch wenn sie nicht mehr so stark organisiert sind wie früher. Wirtschaftsführer treffen sich vielleicht jeden Mittwoch persönlich zum Gebetsfrühstück. Und wenn Warren Buffett anruft, nimmt ein CEO das Gespräch natürlich persönlich entgegen.

Doch wenn wir eine Stadt bewohnen, bewohnen wir auch eine Landschaft, Gebäude, ja sogar ortsgebundene Erinnerungen und ein Netz sozialer Beziehungen. Systemische Bedrohungen wie der Klimawandel werden im Zusammenhang mit dem Ort ganz konkret: Es ist *dieser* Fluss, der Hochwasser führt; es ist *dieser* Bauernhof, der möglicherweise aufgeben muss. Wir schätzen vertraute Orte – etwa eine Straße in New York – selbst dann, wenn unsere sozialen Kontakte mit Fremden oder mit Menschen bestehen, mit denen wir nur begrenzte Beziehungen teilen.[71] Wir bewohnen auch Orte unterschiedlicher Größe – zum Beispiel nicht nur eine Stadt, sondern auch ein Land, nicht nur ein Stadtviertel, sondern eine ganze Stadt. Und auf der anderen Seite steht die Lokalität nicht nur einem System, sondern einer Vielzahl von Systemen gegenüber: großen Organisationen wie Unternehmen und der Regierung, die im Mittelpunkt dieser systemischen Welt stehen.[72] Sie

71 Anselm Strauss, *Images of the American City* (New York: Free Press, 1961); Lyn Lofland, *A World of Strangers: Order and Action in Urban Public Space* (New York: Basic Books, 1974); Harvey Molotch/William Freudenburg/Krista E. Paulsen, History Repeats Itself, But How? City Character, Urban Tradition, and the Accomplishment of Place, in: *American Sociological Review* 65:6 (2000), S. 791-823; Gary Fine, The Sociology of the Local, in: *Sociological Theory*, 28:4 (2010), S. 355-376.

72 Unternehmerische Akteure zeichnen sich durch mehr als nur Hierarchie oder gar Größe aus. Sie sind durch Gesetze ermächtigt, die sie als konzertierte Handlungsträger anerkennen, wobei zwischen dem Willen und der rechtlichen Verantwortung des Unternehmens als solchem und seinen Eigentümern oder Mitarbeitern zu unterscheiden ist. Unternehmen können Eigentum besitzen, Verträge abschließen oder vor Gericht ziehen, obwohl sie keine Personen im herkömmlichen Sinne sind. In einer befremdlichen Entscheidung des Obersten Gerichtshofs der USA aus dem Jahr 2010 im Fall *Citizens United v. Federal Election Commission* wurde sogar erklärt, dass Unternehmen durch die Bill of Rights in gleicher Weise geschützt sind wie andere »Bürger« – zumindest insofern, als ihre Meinungsfreiheit nicht durch Beschränkungen ihrer politischen Wahlkampfspenden beeinträchtigt werden darf. Diese Asymmetrie wird in der politischen Theorie erstaunlich wenig berücksichtigt. Zu einer soziologische Sicht siehe James S. Coleman, *The Asymmetric Society* (Syracuse, NY: Syracuse University Press, 1982).

bringen die potenziell gleichen Ausgangsbedingungen für gleichwertige und vergleichbar befähigte Bürger durcheinander. Sowohl auf den Märkten als auch in der Politik sind Unternehmen grundlegend andere Akteure, mit asymmetrischer Macht.

Unternehmen spielen eine enorm wichtige Rolle bei der groß angelegten sozialen Integration sowohl auf nationaler als auch auf globaler Ebene. Sie sind natürlich von zentraler Bedeutung für die Kapitalakkumulation, aber sie sind auch von zentraler Bedeutung für die Konnektivität. Sie verfügen nicht nur über Marktmacht, sondern sie erweitern die Märkte. Die Kommunikation zum Beispiel hat sich durch Computer, Mobiltelefone, das Internet, soziale Medien und eine Reihe anderer Technologien, die auf der Mikroelektronik basieren, verändert. Die zugrunde liegende Forschung und Entwicklung wurde größtenteils von der Regierung finanziert, aber die Einführung im großen Maßstab erfolgte durch gewinnorientierte Unternehmen.[73] Viele von ihnen beschäftigen Zehn- oder sogar Hunderttausende von Menschen in Dutzenden von Ländern. Dadurch werden gleichzeitig bestimmte Verbindungen auf die große Ebene ausgedehnt und die dichten und vielfältigen Verbindungen der lokalen Gemeinschaft untergraben. Unternehmen können ein gewisses Maß an Gemeinschaft unter ihren Mitarbeitern schaffen, wenngleich der Trend eher in Richtung Kontingenz und Volatilität als in Richtung stabiler langfristiger Karrieren geht.

Außerdem sind die indirekten Beziehungen, die große Gesellschaften zusammenhalten, zumindest teilweise automatisiert. Ich meine das nicht nur im Sinne von Technologien, die mit wenig oder gar keiner menschlichen Beteiligung funktionieren. Es gibt auch Standardverfahren und Arbeitsabläufe, die die Wahlmöglichkeiten einschränken, selbst wenn weiterhin Menschen beteiligt sind. Und nicht zuletzt gibt es komplexe adaptive Systeme, die Aktivitäten organisieren und durch Rückkopplungsmechanismen von Ursache und Wirkung und nicht durch Wahlmöglichkeiten Wirkungen erzeugen. Bei ihrer Ausgestaltung mag es eine Wahlmöglichkeit geben, aber in großem Maßstab gibt es selten den einen Moment, in dem sie konzipiert werden, sondern sie entstehen aus Millionen von Einzelaktionen, wie z. B. dem Kaufen und Verkaufen, das

73 Siehe Mariana Mazzucato, *Das Kapital des Staates. Eine andere Geschichte von Innovation und Wachstum*, übers. von Ursel Schäfer (München: Kunstmann, 2014).

Märkte ausmacht. Sie können nur mit Hilfe von Statistiken über ihren Betrieb überwacht und geregelt werden, nicht aber durch direkte Beobachtung. Die Vorstellung, dass Systeme »objektiv« sind, entkoppelt sie von Gemeinwohlüberlegungen. Man stellt sich zum Beispiel vor, dass Märkte materielle Outputs als Reaktion auf wirtschaftliches Angebot und Nachfrage erbringen. Regieren wird allzu leicht zu einer Angelegenheit, bei der man sich um solche Systeme – Märkte, Infrastrukturen, Bürokratien – kümmert, anstatt zu verlangen, dass sie für das Wohl der Bürger sorgt.

Märkte waren einst konkrete Orte, die an bestimmten Wochentagen geöffnet waren. Wie Adam Smith im späten 18. Jahrhundert erkannte, wurden sie zu Systemen; sie funktionierten wie durch eine »unsichtbare Hand«. Sie waren zumindest teilweise selbstorganisierend und selbstregulierend (oder konnten es sein). Sie wurden zu nationalen Systemen und weiteten sich dann aus auf (und durch) globale Beziehungen von Angebot und Nachfrage, Käufern und Verkäufern sowie komplexe, zunehmend elektronisch geführte Bilanzen. Logistiksysteme, die immer ausgefeilter werden, erfüllen jetzt Bestellungen von fast überall mit Produkten von fast überall (vor allem aber aus Asien). Doch auch wenn die Märkte enträumlicht wurden und undurchsichtig geworden sind, stellen sie immer noch eine grundlegende Dimension menschlicher Beziehungen dar.

Ein Großteil der ökonomischen Ideologie, einschließlich des Neoliberalismus, verdeckt diese Tatsache. Sie konzentriert sich stattdessen auf den Einzelnen, sein Eigentum und seine Entscheidungen in Bezug auf Knappheit und Chancen. Selbst die sonst so strenge akademische Wirtschaftswissenschaft betont die Entscheidungen individueller Akteure, die zu Beziehungen zwischen mehr oder weniger abstrakten Variablen – etwa Angebot und Nachfrage – zusammengefasst werden. Das beschreibt bestenfalls die systemische Funktionsweise der »Wirtschaft«. Es wird jedoch nicht deutlich, dass die Wirtschaft auch ein Netz von Verbindungen zwischen Menschen ist. Darüber hinaus überzeichnet sie in der Regel das Ausmaß, in dem all diese Beziehungen nicht nur durch natürliche Knappheit oder spontane Aggregation individueller Entscheidungen geprägt sind. Tatsächlich sind diese grundlegenden wirtschaftlichen Beziehungen in hohem Maße mittels Macht organisiert. Macht kann direkt ausgeübt werden in der Art und Weise, wie Unternehmen arbeiten. Sie kann indirekt ausgeübt werden, wenn Unternehmen Lobbyarbeit bei Gesetzgebern leisten (und deren Wahlkämpfe finanzieren), um sicherzustellen, dass Gesetze und Vorschriften in einer für sie akzeptablen Weise abgefasst werden. International zeigt sie sich, wenn Länder heimische Unternehmen subventionieren und andere blockieren. Und sie ist ausschlaggebend dafür, ob Steuerhinterziehung als Straftat verfolgt wird oder nicht.

Natürlich ist auch die Ungleichheit grundlegend. Aber die Märkte entmachten die *Bürger* – im Gegensatz zu den Verbrauchern – nicht nur durch einen Mangel an Geld, sondern weil die Bürger nicht in der Lage sind, die Organisation der Märkte zu ändern – Investitionen so zu lenken, dass Frauenkrankheiten genauso hohe Priorität haben wie Männerkrankheiten, der Profitmacherei mit lebensrettenden Impfstoffen ein Ende zu setzen, die Zerstörung lokaler Gemeinschaften zu stoppen oder wirksam auf den Klimawandel zu reagieren.

Die Bürger können Marktmechanismen nutzen, um Einfluss zu nehmen. Sie können Kampagnen gegen Unternehmen organisieren, die die Produkte von Sweatshops vermarkten, oder gegen Universitäten, die ihre Stiftungsgelder in Unternehmen investieren, die mit fossilen Brennstoffen Geschäfte machen. Aber im Großen und Ganzen sehen die Bürger die Märkte als Systeme an, die durch autonome Beziehungen von Ursache und Wirkung funktionieren, über die sie selbst wenig Kontrolle haben. Ihr wichtigstes Mittel ist die Forderung, dass staatliche Politik die Märkte reguliert oder sogar umgestaltet. Dies wird durch die Wirtschaftsideologie verhindert, die die Autonomie der Märkte und das Ausmaß, in dem sie allein nach ihrer inneren »Effizienz« beurteilt werden sollten, übertreibt.

Die Ideologie stellt Märkte und Staat so dar, als seien sie scharf voneinander getrennt, zumindest im Idealfall, und nicht, als seien sie voneinander abhängig und würden sich gegenseitig beeinflussen. Sie fördert die Ansicht, dass die Märkte unangetastet bleiben und als autonome Kräfte bei der Verfolgung des Gemeinwohls behandelt werden sollten. Das schränkt den Spielraum demokratischer Entscheidungsfindung ein. Märkte schaffen zwar eine Sphäre partieller Freiheit, aber sie funktionieren nur innerhalb strenger Beschränkungen durch Ungleichheit und mächtige Organisationsstrukturen. Weder der Kauf von Konsumgütern noch der Verkauf der Arbeitskraft an Unternehmer ist wirklich mit einer Abstimmung über den besten Ansatz für das Gemeinwohl vergleichbar.

All das bedeutet nicht, dass Märkte schlecht sind oder dass Staaten versuchen sollten, eine so umfassende Kontrolle auszuüben, dass Marktmechanismen blockiert werden. Märkte haben in modernen Gesellschaften einen enormen Beitrag sowohl zur Schaffung als auch zur Verteilung von Wohlstand geleistet. Aber sie sind nicht nur neutrale Aggregatoren individueller Entscheidungen. Märkte sind gesellschaftlich organisierte Systeme, die nicht nur durch Ungleichheit, sondern auch durch die Ausübung von Macht geprägt sind, nicht zuletzt durch große Unternehmen, Hedgefonds und Risikokapitalgeber. Sie werden durch staatliche Maßnahmen gefördert und geformt: die Ausgabe von Geld und die Garantie von Krediten, die Absicherung von Bankeinlagen und massive Beschaffungen für die Verteidigung oder das Gesundheitswesen, die Bereitstellung von Polizei zum Schutz von Privateigentum und von Gerichten zur Regelung von Vertragsstreitigkeiten sowie den Abschluss internationaler Vereinbarungen zur Verwaltung von Infrastrukturen wie Flugverkehr, Schifffahrt und Internet. Die Einmischung des Staates in der Wirtschaft ist also keine unzulässige Neuerung, sondern ein normales und konstitutives Merkmal kapitalistischer Märkte. Allerdings kann sich auch der Staat selbst so fern und fast so abstrakt anfühlen wie die Märkte.

Die zunehmend distanzierte, systemische Organisation des gesellschaftlichen Lebens trägt dazu bei, dass die Bürger das Gefühl haben, nicht genügend wirkmächtig zu sein. Es ist nicht nur so, dass ihr politischer Einfluss im Vergleich zu Geld und Macht eines Unternehmens mickrig erscheint. Es hat auch damit zu tun, dass weit entfernte systemische Faktoren immer wieder ins lokale Leben eingreifen: Arbeitsplätze werden geschaffen oder vernichtet; die Umwelt wird verschmutzt, vielleicht saniert, oft aber auch nicht; Geschäfte werden eröffnet oder geschlossen; Produkte werden verkauft, die gefährlich sein können; medizinische Behandlungen werden beworben, die teuer sind und auf mysteriöse Weise von der Versicherung übernommen werden können oder auch nicht und die dann helfen können oder auch nicht; es entsteht ein Gefühl der Unsicherheit. Und wenn Systeme nicht gut funktionieren, wie zum Beispiel während der Corona-Pandemie, sind nicht nur die Armen die Leidtragenden. Auch viele relativ gut situierte Bürger können sich entmächtigt fühlen.[74]

Der »Staat« ist unpersönlicher und distanzierter geworden. Gesetzgebung und Regulierung sind enorm komplex. Die Politik wird von Bürokratien voller Fachleute verwaltet – und spezielles technisches Wissen ist erforderlich. In den meisten entwickelten Demokratien hat es einen Prozess der Zentralisierung gegeben, der geprägt ist von politischen Entscheidungen und Machtkämpfen. Aber die Zentralisierung ist auch eine Folge des Wachstums großer soziotechnischer Systeme. Der Luftverkehr beispielsweise umfasst lokale Einrichtungen, hängt aber von einem national und international organisierten Luftverkehrsmanagement ab. Die Landesverteidigung ist eine Angelegenheit der globalen Logistik und nicht nur der Soldaten, die Waffen bereithalten. Unternehmen sind auf die Fähigkeit angewiesen, Waren über große Entfernungen und in verschiedenen lokalen Zuständigkeitsbereichen zu beschaffen und zu verkaufen. Die lange Geschichte kumulativer Veränderungen hat zu einem Grad an Zentralisierung und Distanz geführt, den niemand bewusst gewählt hat. Das alles kann nicht ohne eine radikale Transformation des menschlichen Lebens rückgängig gemacht werden, aber es kann durch stärkere lokale Beziehungen und zwischengeschaltete Vereinigungen ausgeglichen werden.

Gesellschaften mit Millionen von Menschen hängen zwangsläufig von indirekten Verbindungen zwischen den Bürgern ab, die oftmals durch Technologie sowie durch staatliche Bürokratie und private Unternehmen vermittelt werden. In modernen Demokratien kennen sich die Bürger nicht direkt, außer in ihrem Sprengel oder über medial vermittelte Bilder. Millionen von Bürgern mit-

74 Venkatesh Rao weist darauf hin, dass ein zunehmend entscheidender Klassenunterschied darin besteht, ob man »oberhalb der API« arbeitet oder nicht, also oberhalb der »Programmierschnittstelle« (*application programming interface*), über die zwei Softwaresysteme miteinander kommunizieren können. (Die Prägung des Begriffs »unterhalb der API« in diesem Sinne schreibt er dem Tech-Manager Peter Reinhardt zu). Mit anderen Worten: Erteilen Sie den digitalen Netzen, die unser Leben bestimmen, Befehle, oder erteilen diese Ihnen Befehle? Siehe Venkatesh Rao, The Premium Mediocre Life of Maya Millennial, Blogeintrag, 17. August 2017, ⟨https://www.ribbonfarm.com/2017/08/17/the-premium-mediocre-life-of-maya-millennial/⟩. Siehe auch Peter Reinhardt, Replacing Middle Management with APIs, Blogeintrag, 3. Februar 2015, ⟨https://rein.pk/replacing-middle-management-with-apis⟩.

einander in Verbindung zu halten ist eine grundlegende Herausforderung sowohl für die Demokratie als auch für den Republikanismus. Und wie Abraham Lincoln sagte, ist es genauso wichtig, »die *Verbundenheit* des Volkes« mit seiner Regierung und ihren Gesetzen aufrechtzuerhalten.[75]

Die Größendimension macht nicht nur die politischen und wirtschaftlichen Machtstrukturen weniger transparent und lässt die Regierungsinstitutionen ferner rücken, sondern drängt auch die Bedeutung der bürgerlichen Tugenden in den Hintergrund. Das Vertrauen auf technische Experten ist zwar notwendig, erschwert es den Bürgern jedoch, sich bei wichtigen Entscheidungen gut informiert zu fühlen. Es ist für die Bürger zudem schwieriger, die positiven Ergebnisse ihres öffentlichen Engagements wahrzunehmen

Nur: Wenn die großen Systeme für die Gutsituierten nicht funktionieren, verfügen diese über Möglichkeiten, die andere nicht haben. Sie können ihr Geld nutzen, um andere Arten von Unterstützung zu kaufen. Sie können ihre Kinder auf Privatschulen schicken. Sie können abgeschottete Häuser kaufen und für private Sicherheitsdienste bezahlen. Sie können die öffentliche Gesundheitsversorgung umgehen und private Ärzte und Krankenhäuser in Anspruch nehmen. Sie können in verschiedenen Geschäften einkaufen. Die materiellen Ressourcen ermöglichen es der Mittel- und Oberschicht, den Problemen zu entgehen, die die Unterstützung ihrer Mitbürger erschweren. Die meisten Bürger sind viel stärker als die Wohlhabenden auf eine Kombination aus lokaler, gemeinschaftlicher Unterstützung und öffentlichen Einrichtungen angewiesen. Es ist nicht so, dass sie nicht mobil wären. Sie wandern aus, dauerhaft oder temporär, um Arbeit zu finden. Sie gehen zur Marine. Sie fahren Lastwagen. Aber ihre Mobilität ist weniger gut abgefedert.

Die Mobilität der Elite trägt dazu bei, eine globale Ideologie und ein globales Selbstverständnis zu unterfüttern, das ich »das Klassenbewusstsein der Vielflieger« genannt habe.[76] Es ist typisch vor allem für diejenigen, die Business Class fliegen und sich häufig in Clubs und Lounges nur für Mitglieder aufhalten, und zu ihm gehört die

75 Zitiert in Kloppenberg, *Toward Democracy*, S. 633.

76 Craig Calhoun, The Class Consciousness of Frequent Travelers: Toward a Critique of Actually Existing Cosmopolitanism, in: *South Atlantic Quarterly* 101:4 (2002), S. 869-897.

Illusion, dass man sich die Welt als ganze zu eigen machen kann, ohne sich bestimmte Orte in ihr zu eigen zu machen.[77] Ein Ergebnis ist ein unkritischer Kosmopolitismus, der unter anderem übersieht, wie sehr die problemlose Mobilität der Vielflieger von Pässen bestimmter Länder, Kreditkarten und oft weißer Haut abhängt. Solche Kosmopoliten vergessen die materiellen Grundlagen ihres eigenen Verhältnisses zur Welt und glauben, dass diejenigen, die ihre Ansichten nicht teilen, nur eine schlechte Einstellung haben oder Bildung benötigen. Für sie ist es ein Leichtes, eine moralische Haltung zur Einheit und zum Wert der Welt als Ganzer mit einem Lebensstil zu verbinden, der auf dem gut betuchten Konsum von Verbrauchsgütern aus aller Welt beruht.

Während der Corona-Pandemie haben sich Vielreisende darüber geärgert, dass sie am Boden bleiben mussten. Ihr Frust ist real, aber es ist vor allem einer von Menschen, die in großen und schönen Häusern leben, die online arbeiten, ohne dass ihr Einkommen darunter leidet, die sich einfach das bestellen können, was sie brauchen, aber nostalgische Sehnsucht nach Cafés empfinden. Andere hingegen haben entweder ihren Arbeitsplatz verloren oder mussten hohe Risiken eingehen, um zu arbeiten.

Kosmopoliten halten das Lokale gemeinhin für rückständig, beschränkt aufgrund kultureller Eigenheiten. Sie glauben, dass sie dem in eine Welt der Vernunft, der kompetenten und fundierten Analyse und des Universalismus entkommen können. Es kommt ihnen nicht in den Sinn, dass die Kultur derjenigen, die die *Financial Times* lesen und kenntnisreich über die Politik von einem Dutzend Länder diskutieren, trotzdem noch Kultur ist und deshalb blinde Flecken aufweist. Der Begriff »Flyover Country« weist auf einen solchen blinden Fleck hin.[78] Kosmopoliten und die globalen Städte, in denen sie leben, sind viel besser miteinander verbunden als mit dem Rest ihres jeweils eigenen Landes. Solche kosmopolitischen Vielflieger gehören zu den »liberalen Eliten«, die die heutigen populistischen Rebellen gegen die Globalisierung so sehr in Wallung bringen.

77 Um hier Abhilfe zu schaffen, plädiert Appiah für einen stärker »verwurzelten« Kosmopolitismus. Siehe Kwame Anthony Appiah, *Der Kosmopolit. Philosophie des Weltbürgertums*, übers. von Michael Bischoff (München: C. H. Beck, 2007).

78 Einer der ersten und besten Berichte über das lokale Leben, das kosmopolitische Eliten so oft übersehen, stammt von Sarah Kendzior, *The View from Flyover Country: Dispatches from the Forgotten America* (New York: Flatiron Books, 2018).

Covid-19 und Beschränkungen, die zum Schutz der öffentlichen Gesundheit verhängt werden, stellen natürlich massive Störungen des heutigen Lebens dar. Kriege, Überschwemmungen und Dürreperioden, Hungersnöte und Waldbrände sind allesamt disruptive Ereignisse. Der Klimawandel kann ihre Häufigkeit und Heftigkeit steigern. Aber die unerbittlichste Triebkraft für Disruptionen bleibt der Kapitalismus mit seinem Wachstums- und Innovationszwang und seiner Tendenz zu Krisen. Für diejenigen, die davon profitieren, sehen alle Innovationen gut aus. Es ist jedoch wichtig, daran zu denken, dass für die meisten Bürger Sicherheit ein überragender Wert und schwer zu erreichen ist.

Wie Karl Marx und Friedrich Engels schrieben: »Die Bourgeoisie kann nicht existieren, ohne die Produktionsinstrumente, also die Produktionsverhältnisse, also sämtliche gesellschaftlichen Verhältnisse fortwährend zu revolutionieren.«[79] Oder, um es mit einem im Silicon Valley beliebten Satz zu sagen: »Move fast and break things.« Es ist gut, schnell zu sein und Dinge zu zerstören.[80]

Die neueren Anhänger des unternehmerischen Kapitalismus sind zwar keine Marxisten, aber Enthusiasten der Disruption geworden. Aus der Sicht derjenigen, die mit wirtschaftlichen Umwälzungen Geld verdienen, könnte Disruption gut aussehen, wie rasanter Fortschritt. Raus mit dem Alten und rein mit dem Neuen. Clayton Christensen von der Harvard Business School forderte seine Leser auf, »die Welle« der »disruptiven Technologien« zu erwischen.[81] Das Silicon Valley ist voll von Risikokapitalgebern und Unternehmern, die versuchen, die nächste große technologische Disruption zu erkennen und davon zu profitieren.

Die TED-Talks der Wirtschaftsgurus offenbaren eine Haltung,

79 Karl Marx/Friedrich Engels, *Manifest der Kommunistischen Partei*, MEW 4, S. 465.

80 Die Wendung wird zumeist Facebook-Gründer Mark Zuckerberg zugeschrieben. Siehe Jonathan Taplin, *Move Fast and Break Things* (Boston: Little Brown, 2017). Für die Mut machende Hoffnung, dass sich die Wirtschaft von dieser Ideologie abwendet, siehe Hemant Taneja, The Era of »Move Fast and Break Things« Is Over, in: *Harvard Business Review*, 22. Januar 2019.

81 Der Begriff der »disruptiven Technologien« wurde von dem Innovationstheoretiker Clayton Christensen bekannt gemacht. Siehe etwa Joseph L. Bower/Clayton M. Christensen, Disruptive Technologies: Catching the Wave, in: *Harvard Business Review*, 73 (Januar-Februar 1995), S. 43-53.

die so alt ist wie die Industrielle Revolution. Im 19. Jahrhundert zerstörte der Kapitalismus – und zwar radikal – ältere Lebensformen, die auf lokalen Gemeinschaften, Handwerk, Kirchen und der Gegenseitigkeit zwischen Besitzenden und Arbeitenden beruhten. Das sorgte für viel menschliches Leid, aber es wurde auch eine Menge Geld verdient.[82]

Der vielleicht berühmteste Fall von Disruption und Verdrängung waren die »Ludditen«, die 1811, zu Beginn des Industriezeitalters, in England Maschinen zerschlugen. Sie wurden als rückwärtsgewandt verspottet und werden heute gern von denjenigen zitiert, die behaupten, dass der Widerstand gegen technologische Veränderungen sinnlos sei. Aber die Ludditen waren nicht gegen jegliche Technologie. Sie waren Arbeiter, die mit Hilfe einer Generation neuer Technologie (Strumpfrahmen) relativ wohlhabend wurden und dann von einer anderen verdrängt wurden, nämlich von vollständig mechanisierten und schließlich motorgetriebenen Webstühlen.[83] Die Ludditen waren wütend, aber nicht nur über die neue Technologie. Sie waren wütend darüber, dass diese neue Technologie von den Kapitalisten auf eine Art und Weise eingeführt wurde, die sie als betrügerisch und manipulativ empfanden, nämlich mit dem Ziel, zuvor übliche und gemeinsam vereinbarte Arbeits- und Bezahlpraktiken zu umgehen. Sie waren wütend, weil ihnen im neuen industriellen Produktionsprozess keine guten Chancen geboten wurden. Sie waren wütend darüber, dass die Regierung das Kapital schützte, das die Unternehmer in Maschinen

82 In *Die Lage der arbeitenden Klasse in England. Nach eigner Anschauung und authentischen Quellen* (1845, MEW 2, S. 225-506) berichtet Friedrich Engels: »Ich ging einmal mit einem solchen Bourgeois nach Manchester hinein und sprach mit ihm von der schlechten, ungesunden Bauart, von dem scheußlichen Zustande der Arbeiterviertel und erklärte, nie eine so schlecht gebaute Stadt gesehen zu haben. Der Mann hörte das alles ruhig an, und an der Ecke, wo er mich verließ, sagte er: And yet, there is a great deal of money made here – und doch wird hier enorm viel Geld verdient — guten Morgen, Herr!« (S. 487).

83 »Ludditen« heißen sie, weil viele von ihnen sich zu Anhängern eines (wahrscheinlich mythischen) Anführers namens Ned Ludd erklärten. Zwei klassische Darstellungen sind Eric J. Hobsbawm, The Machine Breakers, in: *Past and Present* 1 (Februar 1952), S. 57-70; und E. P. Thompson, *Die Entstehung der englischen Arbeiterklasse* [1965] (Frankfurt am Main: Suhrkamp, 1987). Siehe auch Craig Calhoun, *The Question of Class Struggle: Social Foundations of Popular Radicalism During the Industrial Revolution* (Chicago: University of Chicago Press, 1982).

investierten, nicht aber das Humankapital, das die Handwerker in den Erwerb von Fertigkeiten investiert hatten. Sie durften nicht einmal Gewerkschaften gründen, um ihre Interessen gemeinsam zu vertreten, um über Umschulungen oder andere Möglichkeiten zu verhandeln.

Die Rahmenstricker gehörten nicht zu den großen alten Handwerken mit langer Tradition wie die Goldschmiede, die Stellmacher oder die Drucker. Der Wohlstand der Handweber war relativ jung. Durch einen vorübergehenden Engpass in der technischen Entwicklung war eine Nische entstanden. Die Spinnerei wurde vor der Weberei mechanisiert. Rückblickend können wir feststellen, dass es sich um eine Übergangstätigkeit handelte, nicht unähnlich dem Beruf des Fahrers bei Uber oder Lyft. Die computergestützte Kommunikation übernahm die Bestellung der Wagen, und die neuen Fahrdienste haben ihrerseits die klassischen Taxis verdrängt oder zumindest in Bedrängnis gebracht. Aber das ist keine Branche für die Ewigkeit. Menschliche Fahrer werden nur so lange per Computer zugeteilt, bis fahrerlose Autos sie überflüssig machen. In der Zwischenzeit drückt das Überangebot an Fahrern (und die Vorherrschaft der Unternehmen) den Verdienst.

Während der Industriellen Revolution bestanden die Verfechter des Fortschritts darauf, dass die britische Wirtschaft auf lange Sicht größer und das ganze Land reicher werden würde. Das geschah auch tatsächlich. Aber wie John Maynard Keynes sagte: »Auf lange Sicht werden wir alle tot sein.«[84] Keynes wollte damit nicht sagen, dass die Zukunft egal ist. Er wollte damit sagen, dass die Vernachlässigung des gegenwärtigen Leids nicht durch eine eventuelle wirtschaftliche Erholung oder gar Verbesserung gerechtfertigt ist.[85]

84 Vollständig lautet der Abschnitt: »Aber die lange Sicht ist ein schlechter Führer in bezug auf die laufenden Dinge. Auf lange Sicht sind wir alle tot. Die Volkswirtschaft macht es sich zu leicht und macht ihre Aufgabe zu wertlos, wenn sie in stürmischen Zeiten uns nur sagen kann, daß, nachdem der Sturm lang vorüber ist, der Ozean wieder ruhig sein wird.« (John Maynard Keynes, *Ein Traktat über Währungsreform* [München: Duncker & Humblot, 1924], S. 83). Das war eine Vorwegnahme der Betonung antizyklischer staatlicher Investitionen in Keynes' späteren Arbeiten.

85 Diese merkwürdige Fehlinterpretation – die manchmal vielleicht auch eine absichtliche Verzerrung ist – wird oft wiederholt, unter anderem auf ganz berüchtigte Weise von Niall Ferguson; siehe Simon Taylor, The True Meaning of »In the Long Run We Are All Dead«, Blogeintrag, 5. Mai 2013, ⟨https://www.

Es dauerte hundert Jahre, bis die Nachkommen der Ludditen mit Fabriklöhnen rechnen konnten, die mit denen ihrer handwerkenden Vorfahren vergleichbar waren – und das vor allem deshalb, weil sie endlich das Recht errungen hatten, sich gewerkschaftlich zu organisieren.[86] Doch auch wenn sich die Einkommen erholten, waren die lokalen Gemeinschaften und die Netzwerke, auf die sie für Sicherheit und Solidarität angewiesen waren, damit noch nicht wiederhergestellt. Ganze Gemeinschaften – wie die der Rahmenstricker – sahen ihre Lebensweise zerstört.[87]

Die Fabrik und das Fließband waren zu ihrer Zeit bahnbrechende Technologien, die erste Schritte auf dem Weg zur industriellen Automatisierung darstellten. Die Eisenbahn war disruptiv, weil sie zum Beispiel die Art und Weise veränderte, wie landwirtschaftliche Produkte auf den Markt gebracht wurden, und im Zuge dessen eine später zerstörerische Technologie des Konsums ermöglichte, den Supermarkt.[88] Eisenbahnsysteme brachten Städten und Gemeinden mit Bahnhöfen enorme Vorteile – und ließen andere darben. Ein auf den ersten Blick so simpler Fortschritt wie die Ersetzung von Kohle durch Diesel bedeutete nicht nur, dass die Züge länge-

simontaylorsblog.com/2013/05/05/the-true-meaning-of-in-the-long-run-we-are-all-dead/⟩.

86 Robert C. Allen, Engels' Pause: Technical Change, Capital Accumulation, and Inequality in the British Industrial Revolution, in: *Explorations in Economic History,* 46:4 (2009), S. 418-435.

87 In *The Question of Class Struggle and Roots of Radicalism* vertrete ich die Ansicht, dass diese Art der Auslöschung von Gemeinschaften und Lebensgrundlagen für eine stärkere Radikalisierung sorgt als die Zugehörigkeit zu einer wachsenden Arbeiterklasse, die in der Lage ist, Kompromisse mit dem Kapitalismus zu schließen.

88 Die erste Supermarktkette A&P wurde als unmittelbare Reaktion auf die Fertigstellung der transkontinentalen Eisenbahn im Jahr 1869 gegründet, spezialisierte sich zunächst auf abgepackten Tee und baute ihre Logistik aus, um niedrigere Preise anzubieten. Damit war das Unternehmen eine Bedrohung für kleine Lebensmittelläden. Siehe Marc Levinson, *The Great A&P and the Struggle for Small Business in America* (New York: Hill and Wang, 2011); James R. Beniger, *The Control Revolution: Technological and Economic Origins of the Information Society* (Cambridge, MA: Harvard University Press, 1986). Für John Kenneth Galbraith, *Der amerikanische Kapitalismus im Gleichgewicht der Wirtschaftskräfte* [1952] (Stuttgart/Wien/Zürich: Walter, 1956), ist A&P das Paradebeispiel eines Großunternehmens als Alternative sowohl zu staatlichen Preiskontrollen als auch zur Ideologie des vollständigen Wettbewerbs. Im Jahr 2010 war A&P dann selbst bankrott, Opfer eines weiteren disruptiven Wandels.

re Strecken ohne Nachtanken zurücklegen konnten, sondern auch den »Tod durch Verdieselung«, wenn die Züge nicht mehr in einst florierenden Gemeinden hielten.[89] Das war nicht nur eine Frage der Selbstregulierung der Märkte oder des technischen Fortschritts. Zu den Eisenbahnlinien gehörten auch Eisenbahngesellschaften – mächtige Unternehmensstrukturen – und neue Formen der Finanzierung mit ihren ganz eigenen Raubrittern.[90]

Doch nicht nur neue Technologien führten zu Arbeitslosigkeit. Das Gleiche gilt für die Verlagerung von Industriestandorten, ob nun innerhalb eines Landes oder ins Ausland. Und Gleiches gilt für jeden wirtschaftlichen Abschwung. Während der Industriellen Revolution wurde England von liberalen Wirtschaftstheoretikern bedrängt, die sich mit den Industriellen zusammentaten, um gegen mehr als die Minimalhilfe für die Leidtragenden zu argumentieren. Sie befürchteten, mehr Unterstützung würde die Bereitschaft der Arbeitnehmer, die angebotenen Arbeitsplätze anzunehmen, untergraben oder sie dazu ermutigen, höhere Löhne anzustreben.[91] Dieselben Argumente wurden von Neoliberalen während der Deindustrialisierung im späten 20. Jahrhundert wiederholt. Sie trugen zur »Sozialreform« unter Präsident Bill Clinton bei. Im Zusammenhang mit der Corona-Pandemie haben sich republikanische Senatoren mit ähnlichen Argumenten gegen eine Verlängerung der Arbeitslosenunterstützung ausgesprochen.

Disruption ist nicht nur eine Marktchance. Sie wirft Lebenspläne aus dem Gleis, sorgt für Stress unter Eheleuten und lässt Eltern darum kämpfen, ihre Kinder zu versorgen. Sie bedeutet einen Umbruch in den sozialen Beziehungen, wenn Menschen umziehen, um Arbeit zu finden, und einen Schaden für wichtige Institutionen, wenn Schulen und Krankenhäuser geschlossen werden. Zu den Kosten der Disruption gehört auch der Verlust der impliziten sozialen Sicherungssysteme, die lokale Gemeinschaften bieten. Und wie Polanyi in seinem Klassiker *The Great Transformation* gezeigt

89 W. Fred Cottrell, Death by Dieselization: A Case Study in the Reaction to Technological Change, in: *American Sociological Review* 16:3 (1951), S. 358-365.

90 Siehe Alfred D. Chandler Jr., *The Visible Hand: The Managerial Revolution in American Business* (Cambridge, MA: Harvard University Press, 1977).

91 Siehe Block/Somers, *The Power of Market Fundamentalism,* Kap. 5, über das »alte Armenrecht«, das mit Speenhamland und der Sozialpolitk in Verbindung gebracht wird.

hat, ist nicht nur das Ausmaß des sozialen Wandels entscheidend, sondern auch das Tempo.

Friedrich Engels wies auf die lange Zeitspanne hin, die zwischen der Zerstörung alter Lebensformen und der Schaffung von Wohlstand in neuen Lebensformen liegt. Der Wirtschaftshistoriker Robert Allen nennt das »Engels' Pause«.[92] Engels wollte damit sagen, dass dieses Dazwischen ein guter Zeitpunkt für eine Revolution sei. Tatsächlich kam die politische Revolution nicht so, wie Marx und Engels es erwartet hatten, aber Engels' Pause ist nach wie vor von Bedeutung. Während des langen Zeitraums zwischen der zerstörerischen Phase des frühen Industriekapitalismus und der Entstehung »reiferer« Industriegesellschaften im Nachkriegsboom bauten die Arbeiter die Bewegungen auf, die sowohl die Entwicklung von Wohlfahrtsstaaten als auch die Erzielung von Kompromissen in den Arbeitsbeziehungen ermöglichten, Kompromisse, die den Arbeitern erhebliche Vorteile brachten. Anstatt Revolutionen zu veranstalten, forderten die Arbeitnehmer in reichen und relativ liberalen Gesellschaften eine soziale Demokratie.

Polanyi, der sein Buch im Gefolge der Weltwirtschaftskrise und inmitten des Krieges verfasste, beschrieb dies als Teil einer »Doppelbewegung«.[93] Die erste Bewegung war die Disruption. Die Reaktion war die zweite. Das war unvermeidlich – Aktion und Reaktion –, aber die Reaktion konnte verschiedene Formen annehmen. Ohne Organisation und Überlegtheit war es wahrscheinlich, dass es zu Aufständen, Kriminalität oder Unterstützung für den Faschismus kam. Eine der häufigsten politischen Reaktionen war der Populismus, ob von links oder rechts. Die Liberalen warben oft für Genügsamkeit und Selbstständigkeit, doch damit konnten sie nur bei besser gestellten Arbeitnehmern punkten, nicht aber bei denen, deren Gemeinschaften völlig zerstört wurden.

Allzu oft wurden Arbeitnehmer buchstäblich verdrängt – sei es aus der Landwirtschaft, dem Handwerk oder der Kleinindustrie. Diese Verdrängungen verstärkten sowohl die internationale als auch die Binnenmigration. Letztlich wurden die alten Arbeitsplätze durch neue ersetzt, aber bis zu diesem »letztlich« ist es ein langer Weg. In der Regel gingen mit den verschwindenden alten Arbeits-

92 Engels, *Die Lage der arbeitenden Klasse in England*, MEW 2.

93 Polanyi, *The Great Transformation*.

plätzen auch die Unterstützungssysteme verloren, die im besten Fall erst nach langer Zeit wieder aufgebaut werden konnten.

Angesichts der neuen wirtschaftlichen Herausforderungen und des Verlusts der alten Unterstützungssysteme verließen sich die Arbeitnehmer auf ihre Familie, auf Gemeinschaftsmitglieder und Kirchen. Sie betrieben Tauschhandel in der Schattenwirtschaft, als nur wenige über Bargeld verfügten. Sie organisierten sich zudem für gegenseitige Hilfe. Viele große Versicherungsgesellschaften tragen immer noch den Begriff »mutual« oder »Wechselseitige« in ihrem Namen, weil sie aus beitragsfinanzierten Gesellschaften mit gemeinsamen Leistungen entstanden sind. Gemeinschaften konnten wieder aufgebaut werden. Aber das Muster war – und ist fast immer –, dass jede Verdrängung eher die Ausdehnung der Städte als die vollständige Wiederherstellung der alten Ortschaften fördert. Formale Institutionen sind hilfreich, ersetzen aber nicht das Netz der zwischenmenschlichen Beziehungen.

Am wichtigsten war vielleicht, dass die Arbeiter Gewerkschaften gründeten, die sowohl der gegenseitigen Unterstützung als auch der Verhandlung dienten. Diese neuen Solidaritäten waren häufig von alten Ausgrenzungsmustern geprägt. In den Vereinigten Staaten bildeten die »Rassengrenzen« und die Feindseligkeit gegenüber Zuwanderern die grundlegende Trennlinie. Eine Zeit lang gab es ähnliche Probleme mit irischen Arbeitern in England. Das erleichterte es mächtigen Interessen, zu spalten und zu herrschen.

Dennoch war es möglich, soziale Bewegungen aufzubauen. Die Arbeiter- und die sozialistische Bewegung entstanden als Teil dieser reaktiven »zweiten Bewegung«. Gleiches gilt für die christlichen Reformbewegungen und Kampagnen für den Aufbau lokaler Gemeinschaften. Wie die Rede von »Engels' Pause« nahelegt, dauerte es lange, Gewerkschaften, die Labour Party und ihre Vettern in anderen Ländern zu gründen, vehementer auf die Veränderung der Arbeitsbedingungen und der Löhne zu drängen. All dies erforderte eine enorme institutionelle Entwicklung – beispielsweise Regelungen zur Sicherheit und zum Gesundheitsschutz am Arbeitsplatz oder zur industriellen Produktion von Lebensmitteln, um Verunreinigungen zu verhindern. Über diese Regulierungsmaßnahmen hinaus mussten die Regierungen neue Kapazitäten aufbauen: für die Arbeitslosenversicherung, für die Renten, für die Gesundheitsversorgung.

Die Reaktionen auf die Disruption waren chaotisch und ergebnisoffen. Die Möglichkeiten reichten vom Schrecklichen – etwa dem Faschismus – bis zum Vielversprechenden – beispielsweise der Sozialdemokratie. Der Kampf für die Demokratie war mit dem Kampf für den Aufbau neuer Gesellschaftsformen verbunden. Die Doppelbewegung dauerte zu lange, und zu viele Menschen erlitten enorme Verluste, bevor die Regierungen erfolgreiche Programme für die Bekämpfung von Arbeitslosigkeit, für Rente, Gesundheitsfürsorge, Schulbildung, Wohnungsbau und vieles mehr entwickelten. Es bedurfte zweier Weltkriege, bevor eine relativ stabile Lösung gefunden wurde.[94] Die nach dem Zweiten Weltkrieg aufgebauten Wohlfahrtsstaaten waren nicht perfekt. Dennoch zeigten *les trente glorieuses*, dass die Demokratie im Kompromiss mit dem Kapitalismus gedeihen konnte und dass die Regierungen neue Institutionen aufbauen konnten, um den sich verändernden sozialen Bedürfnissen gerecht zu werden.

Das bildete die Grundlage für eine Ära des Wohlstands und der relativen Gleichheit, auch wenn man den Umwälzungen nicht dauerhaft entkam. Nach der verheerenden Weltwirtschaftskrise und dem Zweiten Weltkrieg wurde die Gesellschaft auf der Grundlage neuer Institutionen reorganisiert und stabilisiert. Die Bürger profitierten enorm von den groß angelegten staatlichen Strukturen – Altersversorgung, Gesundheitsfürsorge, Bildung –, auch wenn ihr Wohlergehen nach wie vor von der gegenseitigen Unterstützung in Gemeinschaften und Vereinigungen abhing.

Die relative Stabilität der Nachkriegszeit – *les trente glorieuses* – erlebte Ende der 1960er und Anfang der 1970er Jahre ihrerseits eine Disruption. Erneut vollzog sich in Industrie und Infrastruktur ein rasanter Wandel. Stahlwerke und Fabriken wurden geschlossen. Einst große Städte im »Rostgürtel« der USA, im Norden und in

94 In unseren Ausführungen hier geht es um die Innenpolitik, aber die Demokratie wird auch von internationalen Umwälzungen beeinflusst, nicht zuletzt durch die Verschiebung der globalen Hegemonie, wie im Dreißigjährigen Krieg, als die Holländer und dann die Briten ihre Hegemonialstellung in Auseinandersetzungen mit dem Habsburgerreich festigten. In den Konflikten von 1918 bis 1945, die auch Kämpfe mit neuen imperialen Mächten umfassten, gab Großbritannien die Hegemonie an die Vereinigten Staaten ab. Siehe Immanuel Wallerstein, *Das moderne Weltsystem*, 4 Bde. (Wien: Promedia, 1984-2011); Giovanni Arrighi/Beverly J. Silver, *Chaos and Governance in the Modern World System* (Minneapolis: University of Minnesota Press, 1999).

den Midlands Großbritanniens und in der »Peripherie« Frankreichs erlebten einen Niedergang. Schuld daran waren ganz offensichtlich die Globalisierung, neue Technologien und Überinvestitionen in ältere Produktionszweige, die entweder den Konjunkturzyklen oder der veränderten Verbrauchernachfrage zum Opfer fielen. Eine neue Welle riesiger Konzerne entstand, die sich die neuen Computer- und Kommunikationstechnologien zunutze machten und sie beeinflussten.

Kurz gesagt, es gab nicht nur *eine* große Transformation und Doppelbewegung. Solche Doppelbewegungen finden wir in der gesamten Moderne. Die Transformation von Gesellschaften durch Kapitalismus, Technologie und zunehmende Größe hat sich während der gesamten Neuzeit fortgesetzt. Teilweise ist sie in die Muster des steten Wachstums eingebaut worden. Aber der Kapitalismus bringt immer wieder Disruptionen mit sich. Dazu gehört oft auch eine drastische Enteignung, wenn Arbeitnehmer, die unter den alten Bedingungen sicher waren, ihre Existenzgrundlage und die Institutionen der gegenseitigen Unterstützung verlieren. Die Reaktion darauf kann populistische Wut von rechts oder links sein, die oft eher auf Missstände hinweist, als dass sie Lösungen anbietet. Häufig geht es darum, die Lebensweisen, die gerade zerstört werden, zu verteidigen. Manchmal geht es auch um den Aufbau neuer Lebensformen. Die Demokratie kann zerfallen, sie kann aber auch erneuert werden.

Kapitel 3
Kompromisse mit dem Kapitalismus

Craig Calhoun

Nach dem Zweiten Weltkrieg wurde die Demokratie in weiten Teilen der Welt überraschend schnell zur Normalität und anderswo zu einer weit verbreiteten Sehnsucht. Wie schon im Krieg spielte Europa auch dabei eine zentrale Rolle. Doch die Auswirkungen waren global.

Im Rahmen des Wiederaufbaus nach den Zerstörungen des Krieges wurde die Demokratie mit der Schaffung starker sozialer Institutionen verknüpft. Arbeiter- und sozialdemokratische Parteien taten sich als Verfechter politischer Rechte und sozioökonomischer Integration hervor. Kommunisten waren in der Politik und in den Gewerkschaften prominent vertreten, zögerten aber in der Regel, die Demokratie als solche in den nach wie vor kapitalistischen Gesellschaften anzustreben.[1] Entscheidend war, dass konservative Parteien in ganz Europa die Demokratie und sogar wohlfahrtsstaatliche Institutionen akzeptierten. Eine wesentliche Rolle spielten dabei die gemeinsamen Erfahrungen des verheerenden Krieges und der vorangegangenen Wirtschaftskrise. Wäre die Rechte entschlossen in der Opposition geblieben, wäre viel weniger erreicht worden.[2] Zwischen Demokratie und Kapitalismus wurde eine Art Kompromiss geschmiedet.

1 Das änderte sich in den 1970er Jahren mit dem Aufkommen des »Eurokommunismus« und dem Eintreten kommunistischer Parteien in Italien, Spanien und anderswo für die elektorale Demokratie. Siehe Santiago Carrillo, *Eurokommunismus und Staat* (Hamburg: VSA, 1977); Ernest Mandel, *Kritik des Eurokommunismus. Revolutionäre Alternative oder neue Etappe in der Krise des Stalinismus?* (Berlin: Olle und Wolter, 1978).

2 Siehe Daniel Ziblatt, *Conservative Parties and the Birth of Democracy* (Cambridge, UK: Cambridge University Press, 2017). Dazu, dass Demokratisierungen häufig Eliten an der Macht belassen, siehe Michael Albertys/Victor Menaldo, *Authoritarianism and the Elite Origins of Democracy* (Cambridge, UK: Cambridge University Press, 2018). Zum möglichen Ende der Elitenunterstützung für die Demokratie siehe Anne Applebaum, *Die Verlockung des Autoritären. Warum antidemokratische Herrschaft so populär geworden ist*, übers. von Jürgen Neubauer (München: Siedler, 2021).

Ein solcher Kompromiss hatte sich bereits in den Vereinigten Staaten entwickelt, wo er durch den New Deal vorangetrieben wurde, sowie in Großbritannien, wo die größten Erfolge der Labour Party noch bevorstanden. Die Demokratie wurde so aufgebaut, dass sie für den Kapitalismus eher förderlich als bedrohlich war, doch zugleich wurde der Kapitalismus einer Regulierung und Reform unterworfen. Entgegen den Behauptungen der extremen Linken, durch demokratische Reformen lasse sich in kapitalistischen Gesellschaften nichts Wesentliches erreichen, gab es bei vielen sozialen Bedingungen für die Demokratie bemerkenswerte Verbesserungen – in den Vereinigten Staaten, Kanada und anderen relativ reichen Ländern sowie in Europa. Die Steuersätze waren zwar hoch, aber die Tatsache, dass die Wirtschaft auf dem Privateigentum basierte, wurde nicht in Frage gestellt. Natürlich ist jeder Kompromiss sowohl eine Einschränkung als auch eine Errungenschaft. Es wurde darum gerungen, die Bedingungen und das Gleichgewicht zu verbessern. Der Kalte Krieg sowie die politische Repression – und ganz allgemein die Unterdrückung – schränkten die Freiheit ein. Aber die Errungenschaften dieser Ära zeigen, dass konzertiertes Handeln die Grundlagen der Demokratie stärken kann.

Eine zentrale Rolle kam dabei den staatlichen Institutionen zu. Sie boten den Bürgern mehr Sicherheit – ein stärkeres Sicherungsnetz gegen Arbeitslosigkeit, gegen Altersarmut und gegen weniger vorhersehbare Schicksalsschläge, als es die Arbeitnehmer und ihre Familien zuvor kannten. Sie leisteten direkte Unterstützung für die Gesundheitsfürsorge, die Qualität und Versorgung mit Lebensmitteln sowie die sanitären Einrichtungen. Sie förderten die wissenschaftliche Forschung und erweiterten den Zugang zu Bildung und ansonsten elitärer Kultur drastisch. Sie bauten Straßen, dehnten das Stromnetz auf ländliche Gebiete aus, bestanden darauf, dass die Post alle Ortschaften bediente und dass Züge an einer Reihe lokaler Bahnhöfe und nicht nur an Großstadtknotenpunkten hielten. Sie setzten sich zudem für die Beseitigung der Armut und die Verringerung der Ungleichheit ein, aber wie die obige Auflistung zeigt, reizt das den Begriff der »Wohlfahrt« nicht wirklich aus.

So wichtig die staatlichen Institutionen auch waren, so bedeutete der Aufbau einer demokratischen Gesellschaft mehr als die Stärkung des demokratischen Staates. Entscheidend war das Gemeinschaftsleben. Die Gewerkschaften sorgten nicht nur für höhere Löhne, sondern auch für sichere Arbeitsplätze, Renten und Krankenversicherungen für ihre Mitglieder (sei es in den Vereinigten Staaten über den Markt oder andernorts über die staatliche Gesundheitsversorgung). In der Zivilgesellschaft breitete sich eine enorme Vielzahl an Organisationen aus, die das Angebot der staatlichen Institutionen ergänzten. Von Pfadfindern und Pfadfinderinnen bis hin zu Kirchen und philanthropischen Kampagnen für die medizinische Forschung wurde privates Handeln kollektiv für das Gemeinwohl organisiert; lokale Gemeinschaften waren weitgehend selbstorganisiert.[3] In einigen Ländern spielte das eine proportional gesehen größere Rolle als in anderen, nirgendwo aber fehlte es ganz.

In diesem Kapitel wird zunächst die Konsolidierung der Demokratie – und der sozialen Voraussetzungen für die Demokratie – in den ersten Jahrzehnten nach dem Zweiten Weltkrieg untersucht. Natürlich gab es immer Grenzen und Spannungen, aber die Errungenschaften sind bemerkenswert. In vielerlei Hinsicht stellten sie einen positiven Höhepunkt der großen Transformation dar, die während der Industriellen Revolution begann (zumindest für den globalen Norden).[4] Wie wir im vorangegangenen Kapitel gesehen haben, brachte diese Transformation sowohl eine dramatische Ausweitung der Produktionskapazitäten als auch eine massive Disruption des Lebens und der Lebensgrundlagen der arbeitenden Menschen mit sich. Ältere Gemeinschaften und Bewältigungsmechanismen wurden untergraben. Ersatzlösungen entwickelten sich nur langsam und wurden von denjenigen, die über Kapital und Macht verfügten, oft aktiv bekämpft. Die staatliche Politik war geprägt von einem »liberalen« Engagement für die Freiheit des Eigentums auf Kosten von Gleichheit oder Solidarität, was die

3 Mitgliedsorganisationen konnten ein wesentlicher Bestandteil der lokalen Gemeinschaft sein; wo diese erodierte, konnten sie sie nicht ganz ersetzen. In der neuen, neoliberalen Ära nahm ihre Zahl rapide ab. Das ist das zentrale Thema von Robert Putnam, *Bowling Alone: The Collapse and Revival of American Community* (New York: Simon and Schuster, 2000). In einem späteren Buch beleuchtet Putnam einige Gründe, die auf eine Erneuerung hoffen lassen: Robert D. Putnam mit Shaylyn Romney Garrett, *The Upswing: How America Came Together a Century Ago and How We Can Do It Again* (New York: Simon and Schuster, 2020)

4 Besonders aufschlussreich dazu Karl Polanyi, *The Great Transformation. Politische und ökonomische Ursprünge von Gesellschaften und Wirtschaftssystemen* [1944], übers. von Heinrich Jelinek (Frankfurt am Main: Suhrkamp, 1973).

Unterstützung für die Marginalisierten blockierte und die Situation manchmal sogar noch verschlimmerte.

Die daraus resultierende Unordnung brachte eine chaotische Mischung aus großen Verwerfungen und massenhaften Migrationsbewegungen, Kriminalität, der Großen Depression der 1930er Jahre, dem Aufstieg des Faschismus und dem Krieg selbst. Konstruktivere Antworten auf diese Unordnung und Disruption kamen von Wohlfahrtsorganisationen, Kirchen, Gewerkschaften und sozialen Bewegungen. Entscheidend ist, dass die Sozialdemokratie versuchte, die frühere, begrenzte politische Demokratie auszuweiten und gleichzeitig die wirtschaftlichen und sozialen Bedingungen unmittelbar zu verbessern. Dazu gehörten im weitesten Sinne die amerikanische Mobilisierung für den New Deal und die Bürgerrechte, den demokratischen Sozialismus und andere Mobilisierungen, die den Aufbau von »Wohlfahrtsstaaten« von den 1930er Jahren bis zum Nachkriegsboom prägten.

Beginnen wir mit den Jahren des wirtschaftlichen Aufschwungs. Sie haben die politische Demokratie nicht perfektioniert, keine vollständige wirtschaftliche Gleichheit gebracht und keine ausreichende Solidarität geschaffen, um Minderheiten zu integrieren, auf soziale Bewegungen zu reagieren oder grundstürzende kulturelle und technologische Veränderungen zu bewältigen. Aber sie brachten Bewegung in die Sache. Im zweiten Teil dieses Kapitels wird untersucht, wie diese Bewegung blockiert und teilweise wieder rückgängig gemacht wurde und wie eine neue politische Ökonomie die nachfolgenden Zerfallserscheinungen der Demokratie bestimmte.

Les trente glorieuses

Aus der Zeit der Rezession und des verlangsamten Wachstums in den 1970er Jahren zurückblickend, bezeichnete ein französischer Autor die Nachkriegsjahre als *les trente glorieuses*.[5] Der Begriff setzte sich durch. Wie das Pendant des »Nachkriegsbooms« verwies er vor allem auf ein rasantes Wirtschaftswachstum. Wir verwenden hier in diesem Buch den französischen Begriff, um eine umfassendere

5 Jean Fourastié, *Les Trente Glorieuses, ou la révolution invisible de 1946 à 1975* [1975] (Paris: Hachette, 2004).

Erfahrung sozialer Verbesserungen hervorzuheben, die durch dieses ökonomische Wachstum wie auch durch die staatliche Politik unterfüttert wurde.

Das Wachstum war im Vergleich zu den vorangegangenen Jahrzehnten des Krieges und der Depression besonders dramatisch. Genauso wichtig für die Demokratie waren jedoch die relativ breite Verteilung von Wohlstand und Einkommen, die Eröffnung neuer Chancen und der Aufbau neuer Institutionen. Rentensysteme, Arbeitslosenunterstützung und Krankenversicherungen brachten ein neues Gefühl der Sicherheit. Grundlegende Verbesserungen im Bereich der öffentlichen Gesundheit zeigen, dass diese Entwicklung über das rein Ökonomische hinausging. So war zum Beispiel die Müttersterblichkeit lange Zeit eine fast alltägliche Tragödie. Innerhalb von dreißig Jahren wurde sie in den reicheren Ländern der Welt zu einer Seltenheit.[6]

Der amerikanische Wirtschaftswissenschaftler John Kenneth Galbraith vertrat die Ansicht, dass das Wachstum einen langfristigen Übergang zur »Wohlstands-« oder »Überflussgesellschaft« mit sich brachte.[7] Die Mittelschichten blühten auf, und es gab relativ viele Möglichkeiten, nicht nur von der Arbeiterklasse in die Mittelschicht aufzusteigen, sondern auch als Arbeitnehmer einen besseren Lebensstandard zu genießen. Der zunehmende Konsum wurde von den einen geliebt, von anderen kritisiert, aber Autos, Kühlschränke und Fernseher wurden immer mehr zum Standard – ebenso wie verarbeitete Lebensmittel und Fertiggerichte. Das Gleiche gilt für das höhere Bildungsniveau. Während der *trente glorieuses* stieg der Anteil der amerikanischen Kinder, die eine Schule besuchten, von etwas mehr als der Hälfte auf 90 Prozent. Der Anteil der Erwachsenen, die eine weiterführende Schule abgeschlossen haben, verdoppelte sich.[8]

6 In den meisten Industrieländern hatte sich die öffentliche Gesundheit im Laufe des 20. Jahrhunderts verbessert. Während der *trente glorieuses* beschleunigten sich die Trends im Allgemeinen; besonders im Fokus stand dabei die Müttersterblichkeit in diesem Zeitraum. Zum britischen Beispiel siehe Geoffrey Chamberlain, British Maternal Mortality in the 19th and Early 20th Centuries, in: *Journal of the Royal Society of Medicine* 99:11 (2006), S. 559-563.

7 John Kenneth Galbraith, *Gesellschaft im Überfluss* [1958], übers. von Rudolf Mühlfenzl (München/Zürich: Droemer/Knaur, 1963).

8 Thomas D. Snyder (Hg.), *120 Years of American Educational Statistics* (Washington, DC: Center for Educational Statistics, 1993). Wie das vorangegangene Ka-

Die 1950er Jahre werden oft als eine kulturell dumpfe, erstickende Ära betrachtet, aus der die 1960er Jahre eine Befreiung darstellten. Dieses Zerrbild ist zwar nicht ganz falsch, aber dennoch irreführend. In den 1950er Jahren gab es in den Vereinigten Staaten mehr als nur ein bisschen Konformität, einschließlich des Aufstiegs des »Funktionärs« im grauen Anzug. Es gab auch die »Red Scare«, eine panische Angst vor dem Kommunismus, die von dem populistischen Senator Joseph McCarthy und vom House Un-American Activities Committee (dessen Name schon für die Unterdrückung von Vielfalt steht) geschürt wurde. In Deutschland versuchte sich Bundeskanzler Konrad Adenauer an der Balance zwischen »Entnazifizierung« und dem Schutz der Karrieren ehemaliger Nazis sowie der Einschränkung öffentlicher Debatten und abweichender Meinungen. In Frankreich regierte Charles de Gaulle im Namen des konservativen Nationalismus. Doch schließlich nahm die Freiheit in der Politik und auch im Privatleben zu. Nicht zuletzt *wegen* der zunehmenden kulturellen und persönlichen Experimente werden die 1950er Jahre als repressiv in Erinnerung behalten: Sie brachten Innovationen hervor, die manche zu unterdrücken versuchten.[9]

In den 1950er Jahren blühte die moderne Kunst auf, Museen, Galerien, Medien und das Bildungswesen wurden ausgebaut, um einen breiteren Zugang zur »Hochkultur« zu ermöglichen.[10] Die Literatur war aufregend, und das Lesepublikum wuchs. Sowohl Schulen als auch Museen wurden zugänglicher, insbesondere für die wachsende Mittelschicht.

Die Harlem Renaissance mochte zwar mit der Großen Depression zu Ende gegangen sein, aber die Jazzmusik blühte weiter auf. Der Jazz war sowohl multiracial als auch international und verband die Vereinigten Staaten mit Brasilien, Japan, Südafrika und Äthiopien. Noch beunruhigender für die Kulturunterdrücker war die Rockmusik.

Das westliche Nachkriegsprojekt hatte zudem eine utopische Dimension. Vom Krieg zerstörte und unterentwickelte (oder vom

pitel gezeigt hat, verdeckten die Zahlen, die eine Gesamtverbesserung belegen, Disparitäten zwischen den Rassen.

9 Siehe dazu die bemerkenswerte allgemeine Darstellung bei Louis Menand, *The Free World: Art and Thought in the Cold War* (New York: Farrar, Straus and Giroux, 2021).

10 Ebd.

Kolonialismus beherrschte) Gesellschaften sollten im Rahmen neuer transnationaler Strukturen wieder aufgebaut werden, die Frieden und Menschenrechte sowie wirtschaftlichen Wohlstand gewährleisten sollten. Die Vereinten Nationen wurden 1945 gegründet, die Allgemeine Erklärung der Menschenrechte 1948 verabschiedet. Die Bretton-Woods-Institutionen (Weltbank und Internationaler Währungsfonds) gingen den Vereinten Nationen um ein Jahr voraus, was womöglich den Primat der Wirtschaft in der neuen Weltordnung signalisierte. Auch hier waren die westlichen Demokratien ehrgeizig und stellten sich einen Prozess der »Modernisierung« vor, der durch die Ausweitung des Kapitalismus wirtschaftlichen Fortschritt bringen und gleichzeitig die Demokratie fördern sollte.[11]

Im Nachhinein erklärten die westlichen Alliierten, Ziel des Krieges sei die Rettung der Demokratie gewesen. Sie forderten demokratische Verfassungen für Japan, Italien und Westdeutschland. Ostdeutschland schloss sich anderen kommunistischen Ländern an und beanspruchte den Mantel der Demokratie für ein politisches System, das die materielle Gleichheit über die politische Freiheit stellte (und dennoch auf lange Sicht keinen vergleichbaren Wohlstand brachte). Während des darauffolgenden Kalten Krieges kämpfte der Westen für eine »Freiheit«, die Demokratie und Kapitalismus verband.

11 Die »Modernisierungstheorie« hat eine üppige Literatur hervorgebracht, und ihre kritische Bewertung ist fast genauso umfangreich. Im Mittelpunkt der Debatten steht die Frage, inwieweit sie auch nach dem Ende der formalen Kolonialherrschaft westliche Macht proportional zum »Wohlwollen« ausübte und ob die Festlegung auf den Kapitalismus das von ihr angestrebte sanfte Wachstum blockierte. Zur politischen und Gesellschaftstheorie siehe Nils Gilman, *Mandarins of the Future* (Baltimore, MD: Johns Hopkins University Press, 2003). Zu den frühen und einflussreichen Wirtschaftskritiken gehören Walter Rodney, *Afrika – Die Geschichte einer Unterentwicklung* (Berlin: Wagenbach, 1973); Samir Amin, *Die ungleiche Entwicklung. Essay über die Gesellschaftsformationen des peripheren Kapitalismus,* übers. von Hildegard und Hartmut Elsenhans (Hamburg: Hoffmann und Campe, 1975); Fernando Henrique Cardoso/Enzo Faletto, *Abhängigkeit und Entwicklung in Lateinamerika*, übers. von Hedda Wagner (Frankfurt am Main: Suhrkamp, 1976). Zu den fortbestehenden wirtschaftlichen Beschränkungen, die nicht nur durch den Kapitalismus, sondern auch aufgrund der Eigeninteressen der westlichen kapitalistischen Mächte individuell und via Weltbank und den Internationalen Währungsfonds auferlegt wurden, siehe Ha-Joon Chang, *Kicking Away the Ladder: Development Strategy in Historical Perspective* (London: Anthem Press, 2002).

In den oft insularen und isolationistischen Vereinigten Staaten gab es neben den Kampagnen für einen Amerikanismus ein ungewöhnlich großes Interesse am Rest der Welt. Der Fremdsprachenunterricht erlebte einen Aufschwung, die akademischen »area studies« blühten auf – und es ist bemerkenswert, dass beides gerade in der Ära der so genannten Globalisierung, die in den 1970er Jahren begann, zurückging. Die Amerikaner wurden zu Touristen und Auslandsreisenden und besuchten scharenweise »Weltausstellungen« (wie schon Ende des 19. Jahrhunderts). Die Vereinigten Staaten verstanden sich als Anführer der »freien Welt« und waren zuversichtlich, dass die Modernisierung sowohl beispiellosen Wohlstand als auch Demokratie bringen würde.

Als Beweis für ihre Führungsrolle konnten die Amerikaner auf den Marshallplan verweisen. Dieser war zwar durchaus eigennützig und nicht wirklich utopisch, aber dennoch großzügig in seiner Mischung aus Hilfe für den Wiederaufbau Europas und Investitionen in einen wachsenden kapitalistischen Markt. Ähnliche Bemühungen trugen dazu bei, die japanische Wirtschaft zu erneuern und eine starke langfristige Beziehung zu den Vereinigten Staaten aufzubauen. Und der Utopismus von Projekten wie dem Friedenskorps lässt sich nur schwer leugnen.[12]

Der Ruf der Utopie war stark, als Westeuropa eine Agenda für eine integrierte wirtschaftliche Entwicklung in Angriff nahm. Das begann mit dem materiellen Wiederaufbau in der Nachkriegszeit, beinhaltete aber immer auch das Ziel, den Frieden zu sichern und die Basis für die Demokratie zu schaffen. Die 1951 gegründete Europäische Gemeinschaft für Kohle und Stahl bildete die Grundlage für die Europäische Wirtschaftsgemeinschaft mit ihrem »Gemeinsamen Markt« im Jahr 1958 und schließlich für die Europäische Union seit 1993. Wirtschaftliche Ziele dominierten, auch wenn sie in Form von Freiheiten artikuliert wurden – freier Verkehr von Waren, Dienstleistungen, Menschen und Geld. Die politische Integration nahm im Laufe der Zeit zu, freilich begleitet von heftigen Debatten darüber, wie demokratisch die EU selbst sei. Doch unabhängig vom »Demokratiedefizit« der konsolidierten Struktur wurden nur Demokratien als Mitglieder zugelassen. Das war eine

12 Zu den utopischen Dimensionen der Nachkriegszeit und der Zeit des Kalten Krieges in den USA siehe Menand, *The Free World*.

wichtige Grundlage für die Aufnahme Griechenlands, Spaniens und Portugals in den 1980er Jahren und der osteuropäischen Länder ab 2004.[13]

Irritierenderweise schienen die Führer des westlichen Bündnisses keinen Widerspruch darin zu sehen, sich selbst zu Hütern der Demokratie zu erklären, während sie diese den Kolonien, über die sie herrschten, verweigerten. Frankreich führte einen brutalen Krieg, um die Unabhängigkeit Algeriens zu verhindern; Belgien war mörderisch in seinem Bemühen, den Kongo zu behalten. Indonesien kämpfte vier Jahre lang um die Unabhängigkeit von den Niederlanden; ehemalige Verbündete aus dem Zweiten Weltkrieg unterstützten die Niederländer zunächst, übten dann aber Druck aus, um die Anerkennung des neuen Staates zu erzwingen. Und natürlich war das Erbe des Siedlerkolonialismus im südafrikanischen Apartheidsystem (und in der Behandlung der indigenen Bevölkerung in vielen Ländern) zu spüren. Selbst die Vereinigten Staaten, die keine formellen Kolonien hatten, widersetzten sich den Forderungen nach Demokratie in Puerto Rico und intervenierten in ganz Amerika und der Karibik gegen die Demokratie. Und sie mischten sich in einen vietnamesischen Bürgerkrieg ein, dessen Wurzeln in einer früheren Niederlage der französischen Kolonialherren lagen.

Doch unabhängig davon, ob das Glas halb leer oder halb voll war, gab es auch Erfolge der Dekolonisierung. Der größte von ihnen war vielleicht, dass Indien nach langem Kampf mit Großbritannien

13 Leider verlor die EU etwa zur gleichen Zeit, als sie den Höhepunkt ihrer Erweiterung erreichte, ihre Fähigkeit, solidarisch in die Zukunft zu blicken. Die Erweiterung selbst verschärfte andere Ursachen der Ungleichheit und Spannungen mit Blick auf die finanziellen Lasten und Vorteile der Mitgliedstaaten. Im Jahr 2005 suchten die Eliten Unterstützung für eine stärkere Integration und mussten in unüberlegten Referenden Niederlagen einstecken. Die Finanzkrise 2008/09 traf Europa besonders hart und wurde noch verschlimmert durch politische Reaktionen, die Finanzinstitutionen und Investoren begünstigten, während den Bürgern Sparmaßnahmen auferlegt wurden. Spannungen mit Blick auf den Islam und die Zuwanderung nahmen zu und mündeten schließlich in das katastrophale Versagen von 2015. Die Finanz- und Migrationspolitik führte zu Konflikten sowohl innerhalb der Länder als auch zwischen ihnen. Innenpolitische Unzufriedenheit und Polarisierung haben denn auch den Brexit befördert – sowohl das Referendum von 2016 als auch die Jahre der weitgehend verpfuschten Umsetzung, die darauf folgten – und befeuern auch weiterhin Unruhen und Austrittsdrohungen in verschiedenen EU-Ländern.

1949 seine Unabhängigkeit erlangte und damit demokratisch wurde. Die Philippinische Republik wurde 1946 unabhängig, obwohl die Vereinigten Staaten weiterhin erheblichen Einfluss ausübten.[14] Korea erlangte seine Unabhängigkeit von Japan, nur um dann in die Teilung des Kalten Krieges zu schlittern, aber die Demokratie gewann im Süden an Stärke. Ghana führte 1957 eine Reihe afrikanischer Länder in die Unabhängigkeit und zur Demokratie.[15] Haiti hatte bereits im 18. Jahrhundert den Weg zur Unabhängigkeit der karibischen Länder geebnet, doch 1962 leiteten Jamaika sowie Trinidad und Tobago eine neue Welle der Unabhängigkeit und des demokratischen Wandels in den ehemaligen britischen Kolonien ein.

Der internationale Optimismus der Nachkriegszeit war nie ein restloser. Die Angst vor einem Atomkrieg im Gefolge von Hiroshima und Nagasaki prägte die Kampagnen zur nuklearen Abrüstung, die bereits in den späten 1950er Jahren den Aufstieg der Neuen Linken mitgestalteten. Misstrauen und Ängste aus dem Kalten Krieg waren allgegenwärtig. Der »Verlust« Chinas beunruhigte die westlichen und insbesondere die US-amerikanischen politischen Eliten, und ihm folgte ein ausgewachsener Krieg in Korea. Die Kubakrise und die Post-Sputnik-Mobilisierung für den Wettlauf ins All lösten beinahe Panik aus. Aber selbst diese Alarmsignale wurden in eine positivere Geschichte der Errungenschaften kanalisiert. Leider war derselbe Optimismus auch die Grundlage für den sich ausweitenden Krieg der Vereinigten Staaten in Vietnam, der dazu beitragen sollte, die Nachkriegszeit zu beenden.

Kurz gesagt, es war eine Epoche der Widersprüche: fortgesetzte Unterdrückung und erneute Kämpfe für die Freiheit. Das galt nicht nur international. War die amerikanische Bürgerrechtsbewegung ein optimistisches Zeichen des Wandels oder ein Beleg dafür, dass

14 Die Philippinen hatten 1898 ihre Unabhängigkeit von Spanien erklärt und wollten eine konstitutionelle demokratische Republik errichten, mussten jedoch erleben, dass die spanische durch die amerikanische Herrschaft ersetzt wurde. Zum nie wirklich expliziten Imperium der USA siehe Julian Go, *American Empire and the Politics of Meaning* (Durham, NC: Duke University Press, 2008) und Daniel Immerwahr, *How to Hide an Empire* (New York: Farrar, Straus and Giroux, 2019).

15 Allerdings hatte die Demokratie in Ghana und in Afrika ganz allgemein eine ziemlich uneinheitliche Geschichte. Siehe unter anderem Nic Cheeseman, *Democracy in Africa* (Cambridge: Cambridge University Press, 2015); Claude Ake, *Democracy and Development in Africa* (Washington, DC: Brookings Institution, 1996).

der Widerstand gegen eine vollständige Demokratie anhielt? Wie im vorangegangenen Kapitel erörtert, war sie sicherlich nur eine Phase in einem sehr langen amerikanischen Kampf mit dem Erbe der Sklaverei und dem anhaltenden Rassismus. Sie war inspirierend, aber war sie mehr als zwei Schritte vorwärts und ein Schritt zurück? Oder weniger?

Im engeren und negativen Sinne könnte die Bürgerrechtsagenda dahingehend interpretiert werden, dass sichergestellt werden soll, dass Schwarze Amerikaner rechtlich nicht gegenüber Weißen benachteiligt werden. Das würde die Beseitigung rassistischer Beschränkungen in Sachen Wählen, Wohnen, Arbeit und Bildung erfordern. Man könnte die Agenda aber auch breiter und positiver verstehen, nämlich als Aufforderung, dass alle Amerikaner in den Genuss der unveräußerlichen Rechte auf Leben, Freiheit und das Streben nach Glück kommen, wie sie in der Unabhängigkeitserklärung formuliert sind. Das würde nicht nur voraussetzen, dass Schwarze nicht schlechter gestellt sind als Weiße, sondern dass sie zusammen mit Weißen in einer freieren, gleichberechtigteren und geeinteren Gesellschaft ein besseres Leben führen können. In diesem Sinne würde die Verwirklichung der Bürgerrechte eine gesellschaftliche Transformation erfordern. Martin Luther King Jr. artikulierte diese sozialdemokratische (oder demokratisch-sozialistische) Agenda, als er zu einer Kampagne für die Armen aufrief und das von Bayard Rustin zu diesem Zweck entwickelte Freedom Budget unterstützte:

> Der lange Weg, der vor uns liegt, verlangt, dass wir die Bedürfnisse *aller* Armen Amerikas in den Vordergrund stellen, denn es ist unmöglich, nur für Negroes Arbeit, angemessenen Wohnraum oder gute integrierte Schulen zu finden. Wir werden die Slums für Negroes nur beseitigen, wenn wir Ghettos abreißen und neue Städte für *alle* bauen. Wir werden die Arbeitslosigkeit der Negroes erst beseitigen, wenn wir volle und faire Beschäftigung für *alle* fordern. Wir werden erst dann massenhaft gebildete und qualifizierte Negroes hervorbringen, wenn wir ein dem 20. Jahrhundert angemessenes Bildungssystem für *alle* schaffen.[16]

16 Martin Luther King Jr., *A Freedom Budget for All Americans* (New York: A. Philip Randolph Institute, 1967), Vorwort.

Die Poor People's Campaign erreichte 1968 ihren Höhepunkt, konnte sich aber letztlich nicht durchsetzen. King wurde ermordet. Die Bürgerrechtsbewegung, die er angeführt hatte, wurde nicht nur von der Rechten, sondern auch von den Befürwortern der Black Power in Frage gestellt. Die Republikaner erzielten Wahlerfolge. Vietnam wurde zum beherrschenden Thema. Und in den 1970er Jahren neigte sich die lange Wachstumsphase der Nachkriegszeit ihrem Ende zu. Dennoch bleibt die Bürgerrechtsbewegung ein eindrucksvolles Beispiel nicht nur für einen lange aufgeschobenen Fortschritt, sondern auch für die optimistische, ja utopische Dimension der *trente glorieuses*.

Die Vision wurde zwar nicht vollständig verwirklicht, aber es wurden große Fortschritte erzielt. Trotz ausgeprägter und fortdauernder Rassentrennung verabschiedete der Kongress wichtige Gesetze zur Förderung des Wahlrechts und der Gleichheit. Dabei sollte nicht vergessen werden, dass die Unterstützung parteiübergreifend war; die Republikaner glichen den Widerstand der Südstaaten-Demokraten aus. Der Johnson-Regierung gelang es, Medicare, Medicaid, wichtige Programme zur Armutsbekämpfung und zur Förderung wirtschaftlicher Möglichkeiten, Unterstützung für den öffentlichen Nahverkehr und die Sicherheit im Straßenverkehr, umfangreiche staatliche Unterstützung für das Bildungswesen, die Städte und die Verbraucher sowie neue Organisationen wie das National Endowment for the Arts and Humanities und die Corporation for Public Broadcasting einzuführen.[17] Während der *trente glorieuses* dienten öffentliche Investitionen nicht nur der Bereitstellung spezifischer Dienstleistungen, sondern auch dem Zusammenhalt der Gesellschaft. Die Verbesserung des Zugangs zu Bildung diente beiden Zielen. Doch der vielleicht deutlichste Beweis für das zweite Ziel war der Ausbau der Infrastruktur. In Europa sorgte das Projekt des Wiederaufbaus nach den Zerstörungen des Zweiten Weltkriegs dafür, dass Züge, Postdienste und das Stromnetz alle (oder fast alle) Bürger erreichten. Die Verstaatlichung der Eisenbahnen war eine zentrale politische Maßnahme.

17 Alan Brinkley, Great Society, in: Eric Foner/John A. Garraty (Hg.), *The Reader's Companion to American History* (Boston: Houghton Mifflin, 1991), S. 42; Alan Brinkley, *The End of Reform: New Deal Liberalism in Recession and War* (New York: Knopf, 1995); Steve Fraser/Gary Gerstle (Hg.), *The Rise and Fall of the New Deal Order, 1930-1980* (Princeton, NJ: Princeton University Press, 1989).

Auch die Vereinigten Staaten machten sich an den Aufbau neuer, besserer und demokratischer verteilter Infrastrukturen. Die Elektrifizierung wurde auf das ganze Land ausgedehnt, indem man auf der New-Deal-Erfolgsgeschichte der Tennessee Valley Authority aufbaute und genossenschaftliche statt allein gewinnorientierter Versorgungsunternehmen unterstützte. Doch die Vereinigten Staaten entschieden sich für den Straßenbau statt für die Stärkung des Schienenverkehrs.

Das Interstate-Highway-System, das 1956 von Präsident Dwight Eisenhower initiiert wurde, verband alle Staaten des Kontinents (und ich bin sicher, dass meine Familie in den 1950er und 1960er Jahren nicht die einzige war, die jeden Sommer die Kinder in den Kombi packte und sich aufmachte, all diese Staaten zu besuchen, damit die Kinder ihr Land kennen lernten). Das Reisen *on the road* wurde von Freiwilligenvereinigungen wie Autoclubs unterstützt und sorgte für einen Boom bei Motels, Fast-Food-Ketten und ähnlichen Unternehmen. Hinzu kam die wachsende Zahl von Nationalparks – ein System, das im Zuge der Expansion nach Westen nach dem Bürgerkrieg eingeführt worden war. Öffentliche Investitionen in Straßen und Parks förderten private Investitionen in Motels, Tankstellen und vor allem in Autos. Das alles verband nicht nur ein großes und geografisch vielfältiges Land, sondern beförderte auch ein Gefühl öffentlicher Solidarität, da Amerikaner aus der Mittelschicht und aus der Arbeiterklasse in Scharen kamen, um die verschiedenen Teile des Landes zu genießen. Natürlich beruhte das Solidaritätsgefühl auf Kompromissen, die zu späteren Krisen beitrugen. Autos brachten die Abhängigkeit von fossilen Brennstoffen mit sich, die zum Klimawandel, zur Anfälligkeit für Ölschocks und sogar zu künftigen Kriegen und Terror beitrugen. Die Auto- und Reifenhersteller sowie die Ölkonzerne, die vom Autoboom profitierten, betrieben Lobbyarbeit gegen öffentliche Verkehrssysteme. Als der Schienenverkehr neu organisiert wurde, entstand ein katastrophal schlechtes System, das dazu führte, dass der Personenverkehr ständig unterfinanziert war, nicht zuletzt deshalb, weil er vom profitablen Güterverkehr getrennt war.

In den Jahrzehnten nach dem Zweiten Weltkrieg gelang es sowohl den europäischen als auch den nordamerikanischen Ländern, die Wohnverhältnisse für die Mehrheit ihrer Bevölkerung drastisch zu verbessern (obwohl Substandardwohnungen nach wie vor ein

Zeichen von Armut sind). In Europa ging der Trend zum öffentlichen Wohnungsbau und zur staatlichen Förderung des privaten Mietwohnungsbaus. In den Vereinigten Staaten wurde der Erwerb von Eigenheimen durch staatlich subventionierte oder garantierte zinsgünstige Darlehen ermöglicht. In einigen städtischen Gebieten wurden die Mietpreise gedeckelt, aber staatlicher Wohnungsbau blieb die Ausnahme und fand hauptsächlich für die städtischen Armen statt. Die Ängste der Weißen vor einer »Rassenintegration« übten dabei starken Einfluss aus.

Individuelles Wohneigentum – das die Menschen übers Land verteilte und sie vom Auto abhängig machte – war eher eine populäre Entscheidung als eine gegen Widerstand durchgesetzte Politik. Dennoch wurde sie nicht nur durch Bebauungspläne, sondern auch durch Finanz- und staatliche Investitionen gesteuert. In den USA wurde der Eigenheimbau in Vorstädten organisiert, die hauptsächlich mit dem Auto erreichbar waren, während die Wohnviertel in Europa besser mit Zügen und Bussen erschlossen waren. Politische Entscheidungen vermischten sich mit persönlichen Vorlieben und einer Kultur, die individuelle Autonomie betonte. In den Vereinigten Staaten stand das Auto im Mittelpunkt des Nachkriegsbooms.

Die Trennung von Wohn- und Gewerbegebieten war unter dem Gesichtspunkt der Geselligkeit ein zweischneidiges Schwert.[18] Häuserblocks wurden so angelegt, dass sie innerhalb enger Preisspannen verkauft werden konnten, was die Homogenität der Verhältnisse maximierte. In vielen Fällen gab es ausdrückliche Verbote, an Schwarze, Juden und andere ausgeschlossene Gruppen zu verkaufen. Der Oberste Gerichtshof entschied 1948 gegen diese Verbote, sorgte aber nicht für die Durchsetzung seines Urteils. Das geschah erst mit dem Fair Housing Act von 1968. Das Gesetz verlangte unter anderem, dass Klauseln mit rassistischen Einschränkungen aus den Urkunden gestrichen werden mussten (eine Aufgabe, die ich während meiner Highschool-Zeit in einer Versicherungsgesellschaft übernahm).

Die Suburbanisierung brachte Vorteile für den Einzelnen, verstanden als Konsument, allerdings auf Kosten der Umwelt und

18 Das war ein zentrales Thema in Jane Jacobs' populärem und einflussreichem Buch *Life and Death of Great American Cities* (New York: Vintage, 1961), auch wenn sie sich darin vor allem auf innerstädtische Viertel und weniger auf die Suburbs konzentrierte (die sie als eher hoffnungslose Fälle betrachtete).

einhergehend mit einer Verstärkung der sozialen Spaltung. Die zunehmende geografische Mobilität verringerte die Bindung an lokale Gemeinschaften – in Amerika schneller als in Europa, aber weit verbreitet. Immer mehr junge Menschen, die zum Studium weggingen, kehrten nicht mehr in ihre Heimatstädte zurück. Führungskräfte in Unternehmen wurden an verschiedene Standorte versetzt. Wirtschaftliche Chancen lockten die Menschen in die Städte und Industriegebiete. Auch die Familie veränderte sich. Immer weniger Menschen lebten in Großfamilien, dafür mehr in Kernfamilien mit lediglich Eltern und Kindern. Da immer mehr Menschen auf der Suche nach wirtschaftlichen Möglichkeiten umzogen, lebten immer weniger in der Nähe ihrer Verwandten, auch wenn sie dank des Telefons in Kontakt bleiben konnten. Die durchschnittliche Anzahl der Kinder in den Familien ging zurück. Die Zeitspanne, in der Eltern ohne ihre Kinder lebten, nahm zu. Und die Kernfamilie der damaligen Zeit ging mit einer wirkmächtigen Ideologie einher, der zufolge die Männer das Geld verdienten und die Frauen zu Hause blieben. Da die Männer außer Haus arbeiteten und oft weit pendelten, waren die Frauen zunehmend isoliert.

Kurzum, selbst reale Fortschritte hatten ihre Schattenseiten. Und einige der Fortschritte waren langsamer oder begrenzter als von vielen erhofft. Dennoch erlebten *les trente glorieuses* nachhaltiges Wachstum, relativen Frieden und einen verbesserten Lebensstandard.

Sozialdemokratie und organisierter Kapitalismus

Der Kompromiss zwischen Kapitalismus und Demokratie bedeutete auch einen Kompromiss zwischen Pragmatismus und Möglichkeiten für radikalere Verbesserungen. Selbst in den nordischen Ländern, die am meisten Sozialismus in ihre Kompromisse zwischen Demokratie und Kapitalismus integrierten, konzentrierte man sich eher auf schrittweise Verbesserungen als auf umfassende Veränderungen. Überall gab es einen Kompromiss zwischen der Wahrung bestehender und ererbter Privilegien und der Einführung von mehr Gleichheit.

Dieses neue Regime entstand erst nach der Great Depression,

nach dreißig Jahren Weltkrieg und nach dem Wechsel von der britischen zur amerikanischen Hegemonie.[19] Es entstand aus dem Wiederaufbau nach der Katastrophe. Dennoch war es ein bemerkenswerter Wandel. Er erwuchs aus dem Zusammentreffen von Kampagnen zur Verbesserung der Gesellschaft, den Bemühungen der Unternehmen, Wachstum mit Stabilität zu verbinden, und dem aktiven Einsatz der Regierungen für ein erweitertes Gemeinwohlkonzept. Das Wachstum ermöglichte den Ausbau der Wohlfahrtsstaaten, Vereinbarungen zwischen Gewerkschaften und Arbeitgebern und bessere Arbeitsbedingungen in einer Reihe von Branchen. Eine neue, integrative Politik führte zu höherer Wahlbeteiligung und zunehmendem Druck auf die Regierung, die Bedingungen in der gesamten Gesellschaft zu verbessern. Parteien, die explizit Arbeitnehmer vertraten, spielten eine zunehmend zentrale Rolle. Sie setzten sich nicht nur für materielle Zugewinne für die Arbeitnehmer ein, sondern auch für breitere politische Verbesserungen und den Aufbau staatlicher Institutionen. In den Vereinigten Staaten bedeuteten der Civil Rights Act von 1964 und der Voting Rights Act von 1965 etwas Ähnliches. In ihnen kulminierten Errungenschaften des New Deal und der Bürgerrechtsbewegung, und ohne die Unterstützung der Gewerkschaften hätten sie nicht verabschiedet werden können. Dieses kombinierte Streben nach ökonomischer Gerechtigkeit und Ermächtigung in Verbindung mit Demokratie stellte eine amerikanische Version dessen dar, was die Europäer als soziale Demokratie bezeichneten.

In vielerlei Hinsicht waren *les trente glorieuses* die große Zeit der Sozialdemokratie – nicht nur der Parteien mit diesem Namen, sondern des Projekts, vor dem Hintergrund des relativen kapitalistischen Wohlstands gemeinsam nach politischer Demokratie und einer besseren Gesellschaft zu streben. Das hing jedoch auch davon ab, wie aufgeschlossen die Wirtschaft und die politische Rechte gegenüber diesem Projekt waren. Die soziale Demokratie spiegelte sich in dem wider, was als »organisierter Kapitalismus« bezeichnet

19 Zum Wesen solcher Transformationen im modernen Weltsystem siehe Giovanni Arrighi/Beverly J. Silver, *Chaos and Governance in the Modern World System* (Minneapolis: University of Minnesota Press, 1999); Craig Calhoun/Georgi Derluguian (Hg.), *Aftermath: A New Global Economic Order?*, Bd. 3 von *Possible Futures* (New York: New York University Press, 2011).

wurde.[20] Im Mittelpunkt standen dabei die Vorteile, die sich für die Unternehmen aus einer engen Beziehung zur Regierung und aus einer stabileren Arbeitsbeziehung zu den Beschäftigten ergaben. Die Arbeitnehmer in den fortgeschrittenen Industriegesellschaften spielten zudem eine zentrale Rolle bei der Ausweitung des Konsumismus.

Die Unternehmen selbst waren Schauplatz sozialer Beziehungen sowie von Arbeitsplätzen und Profiten. Die Beschäftigung brachte zudem eine Reihe von sekundären Vorteilen mit sich, darunter ein Gefühl von Würde und Planungssicherheit für die Zukunft. Im industriellen Kapitalismus konzentrierten sich die Arbeitskräfte in den Städten, und viele Unternehmen unterstützten die Gemeinden, in denen sich ihre Fabrikanlagen befanden. Unternehmen waren die Verteiler von Leistungen wie etwa der Gesundheitsversorgung – nicht nur freiwillig, sondern als Ergebnis von Tarifverhandlungen. Aus diesem Grund hatten die spätere Deindustrialisierung und die radikale Betonung des Privateigentums eine so brutale und destabilisierende Wirkung.

Was ich soeben als »organisierten Kapitalismus« benannt habe, wird mitunter auch als »Fordismus« bezeichnet, nach der führenden Rolle, die die Ford Motor Company bei der Entwicklung der Industriegesellschaft gespielt hat.[21] Ford leistete nicht nur Pionierarbeit in Sachen Fließbändern und Massenproduktion, sondern auch bei der vertikalen Integration, d. h. bei der Zusammenführung

20 Der Begriff geht zurück auf Rudolf Hilferding, der zu Beginn des 20. Jahrhunderts einen Gegensatz zum extremen Wirtschaftsliberalismus des 19. Jahrhunderts ausmachte. Größere Bekanntheit erlangte er, als sich die organisierte Spielart auflöste und der Neoliberalismus durchsetzte. Siehe Claus Offe, *Disorganized Capitalism: Contemporary Transformations of Work and Politics* (Cambridge: Polity, 1985); Scott Lash/John Urry, *The End of Organized Capitalism* (Cambridge: Polity, 1987); Martin Höpner, Coordination and Organization: The Two Dimensions of Nonliberal Capitalism, MPIfG Discussion Paper, Nr. 07/12 (Köln: Max-Planck-Institut für Gesellschaftsforschung, 2007); Wolfgang Streeck/Kozo Yamamura (Hg.), *The Origins of Nonliberal Capitalism: Germany and Japan in Comparison* (Ithaca, NY: Cornell University Press, 2001).

21 Der Begriff »fordistisch« stammt von Antonio Gramsci. Er soll deutlich machen, dass asymmetrische Macht die Vereinbarungen prägte, die den organisierten Kapitalismus hervorbrachten. Siehe Michel Aglietta, *Theory of Capitalist Regulation* (London: Verso, 1976); Bob Jessop/Ngai-Ling Sum, *Beyond the Regulation Approach* (Northampton, MA: Edward Elgar, 2006).

möglichst vieler verschiedener Teile des Produktionsprozesses unter die Kontrolle eines einzigen Unternehmens, anstatt sie verschiedenen kleineren Unternehmen zu überlassen. Ford besaß Eisenerzminen und Kautschukplantagen, Frachtschiffe und eine Eisenbahn und stellte sein eigenes Glas für die Autofenster her. Diese Strategie stärkte die Kontrolle von Ford und verringerte seine Angreifbarkeit im marktwirtschaftlichen Wettbewerb.

Auf gesellschaftlicher Ebene bedeutete der Fordismus ein System der Zusammenarbeit zwischen Kapital (Unternehmen, aber auch deren Investoren und Gläubiger), Arbeit (vertreten durch die Gewerkschaften) und Staat. Der Kapitalismus erzeugte weiterhin Reichtum – ja, er ließ ihn weiter wachsen. Die Reichen wurden reicher. Sie wurden nur nicht so schnell reicher wie zu Beginn des 20. Jahrhunderts oder seit den 1970er Jahren und auch nicht so sehr auf Kosten der arbeitenden Klassen und der Mittelschicht. Es gab zudem nicht mehr so viele Superreiche im Verhältnis zu den nur ziemlich Reichen. Damit ließ sich die Kluft zwischen den Reichen und den anderen Bürgern verringern – was gut für die Demokratie war.

Als Teil des Nachkriegskompromisses investierten die Regierungen direkt in das kapitalistische Wachstum. Sie bauten Infrastrukturen, bildeten Fachkräfte aus und finanzierten die Forschung, die für die neuen Hightech-Industrien und die Umgestaltung des Gesundheitswesens, die ab den 1970er Jahren einsetzte, von entscheidender Bedeutung war. Das kam nicht nur den Konsumenten zugute, sondern verschaffte auch den Unternehmen und ihren Geldgebern enorme Gewinne. Tatsächlich war das wirtschaftliche Engagement der Regierung gut fürs Geschäft. Staatliche Regulierung half, den Kapitalismus als solchen zu stabilisieren. Vorschriften über Kreditvergabepraktiken, Kapitalanforderungen für Banken und die Verpflichtung börsennotierter Unternehmen zur Offenlegung ihrer Bilanzen waren Korrektive gegen die Art von Rücksichtslosigkeit, die zur Großen Depression geführt hatte. Die Regierungen unterstützten die Unternehmen überdies durch die Bereitstellung von Versicherungen für Banken und Hypothekenkredite. Die Arbeitnehmer profitierten von Vorschriften, die Arbeitszeiten und Mindestlöhne festlegten. Und den Verbrauchern kam zugute, dass in Bereichen wie der Lebens- und der Arzneimittelversorgung Standards für die Produktsicherheit festgelegt wurden – so durften etwa Schlafanzüge für Babys nicht mehr aus leicht entflammbaren Materialien hergestellt werden, wie das früher der Fall gewesen war.

Dieser sozialdemokratische Kompromiss beinhaltete Transferzahlungen des Staates und damit der Steuerzahler an diejenigen, die als bedürftig eingestuft wurden. Davon profitierten in erster Linie Kinder und ältere Menschen (und die Unterstützung für kleine Kinder veränderte ihr gesamtes Leben). Diese Transferleistungen reduzierten die Armut erheblich, aber sie standen nicht im Mittelpunkt des Wohlfahrtsstaats: Hier ging es vor allem um die Bereitstellung von Dienstleistungen wie Bildung oder Gesundheitsfürsorge. Sie waren auch nicht so wichtig für die Verringerung der Ungleichheit, sondern erweiterten insbesondere die Möglichkeiten für Beschäftigung und soziale Mobilität. Entscheidend jedoch waren sie für Sicherheit und Stabilität.

Das Gleiche gilt für politische Maßnahmen und Vereinbarungen im privaten Sektor, wie z. B. Verträge zwischen Gewerkschaften und Arbeitgebern, die den Arbeitnehmern (einschließlich Büroangestellten und Fachkräften der Mittelschicht) einen größeren Anteil am Volkseinkommen einbrachten. Die Verhandlungen zwischen Arbeitnehmern und Arbeitgebern erbrachten weitere Kernelemente des Gesamtkompromisses, wie z. B. bessere Arbeitsbedingungen, ein Ende der Kinderarbeit und eine Begrenzung des Arbeitstags, von denen einige dann durch Gesetze und Vorschriften unterfüttert wurden. Diese Verhandlungen waren starken Gewerkschaften geschuldet. Nachdem die Arbeitgeber ein Jahrhundert lang in die entgegengesetzte Richtung gearbeitet hatten, als sie die Gründung von Gewerkschaften verhinderten oder streikende Arbeitnehmer verprügeln und auf sie schießen ließen, verabschiedeten die Regierungen schließlich Gesetze, die das Recht auf gewerkschaftliche Organisierung und auf faire Verhandlungsbedingungen garantierten. Genauso wichtig wie spezifische materielle Gewinne oder größere Gleichheit war das breite Spektrum an Zwischenorganisationen, denen Arbeitnehmer und andere Bürger angehörten.

Solidarität und soziale Organisation waren also nicht nur Errungenschaften *der* sozialen Demokratie, sondern auch entscheidende Mittel, *um* sie zu erreichen. Ein Gesellschaftsvertrag, der für die einfachen Bürger vorteilhafter war, beruhte zum Teil auf der Solidarität, die im Krieg selbst entstanden war. Mehr Gleichheit und das Bewusstsein, dass staatliche Institutionen für das Wohlergehen aller Bürger zu sorgen hatten, waren Vorstellungen, die in langen Kämpfen – vom Englischen Bürgerkrieg bis zur Amerikanischen und Französischen Revolution – durch das Wachstum von Gewerkschaften, Arbeiter- und sozialdemokratischen Parteien, der sozialistischen Bewegung und christlichen Bewegungen für Gesellschaftsreformen vorangetrieben wurden. Eine breitere demokratische Teilhabe wurzelte in eineinhalb Jahrhunderten Kampagnen für die Rechte von Frauen, für Religionsfreiheit und Integration sowie für die öffentliche Gesundheit. Und jede dieser sozialen Bewegungen hat nicht nur Kultur und Denken verändert und instrumentelle Ziele verfolgt, sondern auch die Solidarität gefördert.

Die Sozialdemokratie und der organisierte Kapitalismus brachten eine relativ gute, aber vorübergehende Lösung für die Doppelbewegung, wie Karl Polanyi sie beschrieben hatte. Sie stabilisierten die chaotische Dynamik von Aktion und Reaktion, die durch Disruption und Enteignung während der Industriellen Revolution ausgelöst worden war. Die sozialdemokratischen Kompromisse erbrachten eine Mischung aus Stabilität und Wachstum, breitem Wohlstand und Fürsorge für die Bedürftigsten. Wie bereits zu Beginn von Kapitel 2 erwähnt, blieben einige außen vor, und einige wurden sogar zurückgedrängt, während andere vorankamen. Nichtsdestotrotz wuchsen Gleichheit und Chancen, und man blickte zunehmend optimistisch in die Zukunft.[22] Solidarität oder sozialer Zusammenhalt waren ebenfalls wichtig und beruhten auf einer Kombination aus lokalen Gemeinschaften, Staaten oder Provinzen und nationalen Institutionen, auf starken Gewerkschaften, Organisationen der Zivilgesellschaft und der Ausweitung der Mittelschicht. Solidarität war genauso bedeutsam wie individuelle wirtschaftliche Anreize, um die Unterstützung der Mehrheit für den Aufbau steuerfinanzierter öffentlicher Einrichtungen zu sichern, die Gesundheitsfürsorge, Bildung, Altersversorgung und sogar hochwertiges Fernsehen bereitstellten. Es war wichtig, dass die Bürger diese Leistungen als etwas ansahen, an dem die ganze

22 Wie Danielle Allen betont hat, ist das, was Demokratie verlangt, möglicherweise weniger tatsächliche Gleichheit als vielmehr ein Gerechtigkeitsempfinden, das teilweise durch eine kontinuierliche Bewegung in Richtung Gerechtigkeit erreicht wird. Siehe Danielle Allen, *Education and Equality* (Chicago: University of Chicago Press, 2016).

Gesellschaft teilhatte, und dass sie ihre Mitbürger als vollwertige Mitglieder dieser Gesellschaft betrachteten.

In allen entwickelten Ländern wuchs die Mittelschicht. Der Anteil des reichsten einen Prozents am Gesamteinkommen ging seit der Großen Depression und dem Zweiten Weltkrieg bis in die späten 1970er Jahre zurück – und begann dann rapide zu steigen.[23] Tatsächlich kamen gewerkschaftlich organisierte Arbeiter oft in den Genuss von ausreichend hohen Löhnen und Sozialleistungen, so dass die Grenze zwischen »Arbeiterklasse« und »Mittelschicht« zunehmend verschwamm. Die Arbeitnehmer verdienten nicht nur genug, um ihre Familien zu ernähren, sondern genossen auch ein hohes Maß an Arbeitsplatzsicherheit und konnten für ihr eigenes Alter und die Ausbildung ihrer Kinder vorsorgen.

Aber so wie die politische Integration von Frauen, Schwarzen Amerikanern und Einwanderern viele Jahrzehnte dauerte und unvollständig blieb, war auch die wirtschaftliche Integration natürlich ungleichmäßig. Die Arbeitgeber waren einseitig ausgerichtet, aber selbst Sozialdemokraten konzentrierten sich vor allem auf die Bedürfnisse einer relativ privilegierten Untergruppe von Arbeitnehmern – hauptsächlich männlich, weiß und einheimisch (d. h. ohne Migrationshintergrund, aber manchmal fielen nicht einmal die Kinder von Einwanderern darunter). Andere genossen weniger Arbeitsplatzsicherheit, mussten sich mit niedrigeren Löhnen und oft weniger Würde bei der Arbeit zufriedengeben.[24] Allein schon die Idee eines »Familienlohns« ging vom männlichen Ernährer aus und idealisierte eine Art von Kernfamilie, die in den 1950er Jahren zwar weiter verbreitet war als heute, aber kaum universell zu finden war. Und wie in Kapitel 2 kurz erörtert, waren Angebote wie die amerikanische GI Bill oft speziell für weiße Männer gedacht.

Mehr Fairness für rassische und ethnische Minderheiten, Frauen und andere entwickelte sich nur langsam und stieß fortwährend auf Widerstand. Das hatte fatalerweise zur Folge, dass einige Gruppen dauerhaft von der vollen Teilhabe am allgemeinen Fortschritt

23 Siehe die gesammelten Daten bei Thomas Piketty, *Das Kapital im 21. Jahrhundert*, übers. von Ilse Utz und Stefan Lorenzer (München: C. H. Beck, 2014). Siehe auch David M. Kotz, *Rise and Fall of Neoliberal Capitalism* (Cambridge, MA: Harvard University Press, 2015).

24 Das hatte nachhaltige Folgen; siehe Roberto Frega, The Fourth Stage of Social Democracy, in: *Theory and Society* 50:6 (2021), S. 489-513

ausgeschlossen blieben. Die besten Beispiele dafür sind Schwarze Amerikaner und Frauen, aber es gab auch andere Bereiche, die relativ stark ausgegrenzt waren – vor allem die Appalachen, aber auch große Teile des ländlichen Südens.[25] Während viele internationale Einwanderer in den Vereinigten Staaten beeindruckende Möglichkeiten vorfanden, war die rassische und ethnische Voreingenommenheit erheblich. Die Ausbeutung von Wanderarbeitern, vor allem mexikanischen Landarbeitern, war extrem.

Die soziale Demokratie – die vor dem Zweiten Weltkrieg als radikales Projekt galt – wurde nun Mainstream: das Bestreben, mit Hilfe demokratischer Regierungen für mehr wirtschaftliche und gesellschaftliche Gleichheit zu sorgen. In Europa trugen manche politischen Parteien dieses Vorhaben im Namen, wie etwa die Sozialdemokratische Partei Deutschlands. Aber ein viel breiteres Spektrum von Bürgern nahm sich des Projekts an, gleichzeitig die Demokratie auszuweiten und Institutionen zu schaffen, die sie stützen sollten. Nationale Gesundheits-, Renten-, Kinderbetreuungs- und Bildungssysteme sorgten für eine breitere Teilhabe an den Erträgen des kapitalistischen Wachstums. Sie förderten zudem eine stärkere Beteiligung an der Verfolgung des Gemeinwohls. Und sie wurden von Christdemokraten und sogar von einigen Konservativen genauso unterstützt wie von Parteien, die sich offiziell Sozialdemokraten oder sogar Sozialisten nannten.

In den Vereinigten Staaten war die Angst vor der Linken stärker. Kaum jemand sprach explizit von sozialer Demokratie (geschweige denn von Sozialismus). Dennoch entstanden manche der Institutionen, die die Sozialdemokraten in Europa aufgebaut hatten, auch in den Vereinigten Staaten, und zwar mit Unterstützung der Demokraten und manchmal auch der liberalen Republikaner. In einigen Bereichen wie dem Bildungswesen waren die Vereinigten

25 Genauer gesagt handelt es sich bei diesen »Gruppen« um Kategorien von Menschen, die unter Ungleichheit zu leiden hatten. Innerhalb der jeweiligen Kategorie, die mit dem entsprechenden Etikett versehen wurde, variierten die Erfahrungen zum Teil je nach den sozialen Beziehungsgeflechten. So glich die aktive Partizipation an Kirchen und Gemeinschaften im Umfeld einiger historisch Schwarzer Colleges und Universitäten die Diskriminierungen, die aus der Zugehörigkeit zur umfassenderen Kategorie resultierten, teilweise aus. Siehe die Diskussion in Charles Tilly, *Durable Inequality* (Berkeley: University of California Press, 1999).

Staaten sogar führend – in anderen wie dem öffentlichen Gesundheitswesen allerdings nicht. Die US-Version der sozialen Demokratie setzte auf Unternehmen, die viele Leistungen erbringen sollten, von der Krankenversicherung bis zur Rente. Das bedeutete, dass diese Leistungen, anders als in Europa, nicht universell waren und dass die Rolle der politischen Mobilisierung bei der Sicherung dieser Leistungen weniger offensichtlich war. Dennoch bedeutete dies für die meisten amerikanischen Arbeitnehmer eine Zeit lang wachsende Sicherheit. Die Abhängigkeit von den Unternehmen führte jedoch zu einer Krise, die sich ab den 1970er Jahren verstärkte, als die Zahl der sicheren Jobs drastisch zurückging. Die Arbeitnehmer in den Vereinigten Staaten büßten ihre Gewinne schneller ein als die in Europa.

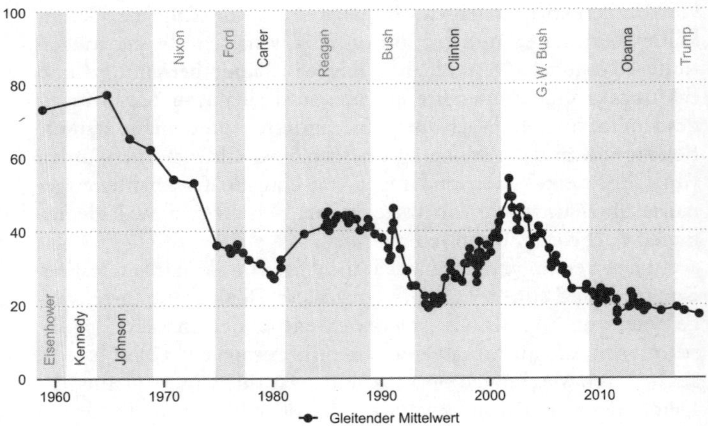

Abb. 1: Schwindendes Vertrauen der Amerikaner in ihre Regierung: Anteil derjenigen, die der Regierung in Washington stets oder meistens vertrauen (in Prozent).
Pew Research Center, »Public Trust in Government: 1958-2021«, 17. Mai 2021.

Die große Errungenschaft der Nachkriegszeit bestand darin, das Wohlergehen zumindest der meisten Bürger zum Ziel staatlicher Politik und Institutionen zu machen und dieses Vorhaben durch eine gerechtere Verteilung der Kosten und ein zumindest stillschweigendes, manchmal aber auch aktives Eintreten der Wirtschaft für eine gleichere Gesellschaft zu unterstützen. Das geschah weder automatisch, noch war es einfach das Ergebnis staatlicher Top-down-Entscheidungen, sondern es bedurfte eines langwierigen Kampfes. Letztendlich wurde die Zusammenarbeit sowohl durch die Anerkennung des sozialen Wandels als auch durch die Einsicht der Mächtigen bestimmt, dass aufgrund der Konsumentenmärkte und des allgemeinen Wachstums höhere Löhne und größere Sozialleistungen nicht unmitttelbar auf Kosten der Eigentümer und Manager gehen mussten. Noch bevor der Nachkriegsboom zu Ende ging, begann jedoch das Vertrauen darauf zu schwinden, dass er all das erbringen würde, was er erbringen sollte. Das ist in vielerlei Hinsicht die Geschichte der zunehmend kritischen 1960er Jahre. Haben die Schulen wirklich allen Menschen eine Chance gegeben? Überwogen die Vorteile staatlicher Programme die frustrierenden Erfahrungen mit der Bürokratie? Haben die Kirchen das Heil gebracht oder die Bequemlichkeit gefördert? Hat die Rassenintegration funktioniert? Unser Vertrauen ineinander und in die Institutionen schwand. Dieser Vertrauensverlust der Öffentlichkeit in die Regierung setzte in den 1960er Jahren ein und hält bis heute an (siehe Abbildung 1, die einen gleitenden Mittelwert mehrerer Umfragen darstellt).[26] Sowohl der Trump'sche Anti-Intellektualismus des 21. Jahrhunderts als auch die Abspaltung Großbritanniens von der EU durch den Brexit sind Ausdruck eines enttäuschten Optimismus, aber gerade deshalb ist es umso wichtiger, sich an die Hoffnung und das Versprechen zu erinnern.

26 Zu einem aufschlussreichen Überblick über die politikwissenschaftliche Literatur, in dem sich auch der wichtige Hinweis findet, dass wir uns nicht nur mit dem Gesamtniveau des Vertrauens befassen sollten, sondern auch damit, wie vertrauenswürdig die Objekte des Vertrauens sind, siehe Margaret Levi/Laura Stoker, Political Trust and Trustworthiness, in: *Annual Review of Political Science* 3:1 (2000), S. 475-507. Siehe auch Lee Rainie/Andrew Perrin, Key Findings about Americans' Declining Trust in Government and Each Other, Pew Research Center, 22. Juli 2019, ⟨https://www.pewresearch.org/fact-tank⟩.

Drei Haken

Demokratie ist immer auch ein Versprechen aller Bürgerinnen und Bürger an jeden Einzelnen, die Zusicherung, dass bei kollektiven Entscheidungen die Interessen aller eine Rolle spielen werden. Insofern überrascht es nicht, dass das Glas des Fortschritts selten mehr als halb voll ist.

Es mag paradox klingen, aber vielleicht erwuchsen die Proteste der späten 1960er Jahre gerade aus dem Optimismus der *trente glorieuses*, aus dem Glauben, dass eine bessere Gesellschaft aufgebaut werden könnte und sollte. Doch sie resultierten auch aus der Erkenntnis, dass einige Versprechungen dieser Ära falsch oder zumindest übertrieben waren. Die westlichen Länder waren immer noch imperialistisch. Die Ausweitung der Bildungschancen hatte die ererbte Ungleichheit nicht beseitigt. Die öffentliche Debatte blieb trotz formaler Demokratie eingeschränkt. Wohlstand allein sorgte nicht für ein zufriedenes Leben.

Diese Fortschritte hatten drei Haken, durch die sich die Errungenschaften der Wohlfahrtsstaaten in den 1960er und 1970er Jahren weniger befreiend anfühlten. Wir können sie nach großen Gesellschaftstheoretikern benennen, die den Blick auf die Komplexität, ja die Paradoxien der demokratischen Ausweitung staatlicher Leistungen in kapitalistischen Gesellschaften gelenkt haben.

Der erste Haken ist die Abhängigkeit des Wohlfahrtsstaats von bürokratischen Strukturen und von der Rationalisierung des sozialen Lebens. Nennen wir dies den Weber'schen Haken, nach dem deutschen Gelehrten Max Weber, der sich schon vor hundert Jahren über die Bedeutung der Größendimension im Klaren war: »Die bürokratische Organisation […] ist insbesondere eine unvermeidliche Begleiterscheinung der modernen Massendemokratie im Gegensatz zu der demokratischen Selbstverwaltung kleiner homogener Einheiten.«[27] In allen nationalen Varianten setzten die-

27 Max Weber, *Wirtschaft und Gesellschaft* [1922], mit textkritischen Erläuterungen hg. von Johannes Winckelmann, 5., rev. Aufl. (Tübingen: Mohr, 1976). Diese Passage steht im Kontext (a) einer ausführlichen Erörterung des Zusammenhangs zwischen Bürokratie und dem Ausbau der materiellen Infrastruktur für Konnektivität und Kommunikation und (b) der Entwicklung von Webers Ideen zur Selbstverwaltung nicht nur in lokalen Gemeinschaften, sondern in »kollegia-

jenigen, die als Antworten der »zweiten Bewegung« auf das, was durch die kapitalistische Industrialisierung zerstört worden war, wohlfahrtsstaatliche Einrichtungen aufbauten, eher auf formale Organisationen und Fachwissen als auf Dezentralisierung und gemeinschaftliches Engagement.

Wirklich wichtige öffentliche Leistungen sorgten für Frustration, wenn der Zugang zu ihnen von Bürokratien geregelt wurde, die zu komplex, zu unpersönlich und zu sehr von Regeln besessen schienen und die zu oft denjenigen die Leistungen verweigerten, die bei ihren Anträgen Fehler machten. Von der Ausstellung von Führerscheinen bis hin zu Gesundheitsfürsorge, Renten und Steuern – die Bürokratie verlieh der Regierung ein unattraktives Antlitz. In Schulen schien es oft mehr um Regeln und deren Einhaltung als um Bildung zu gehen. In Krankenhäusern schien es mehr Formulare als Medikamente zu geben. Natürlich konnten auch Unternehmen bürokratisch sein, aber Bürokratie bestimmte die Erfahrung der Bürger im Umgang mit der Regierung.[28]

Der zweite Haken ist, dass sich die Bereitstellungsmechanismen des Wohlfahrtsstaats als disziplinarisch erwiesen. Nicht nur in Gefängnissen, beim Militär oder bei der Verkehrskontrolle verlangen moderne Staaten die Einhaltung detaillierter Regeln und bestrafen Abweichungen. Auch in den Bereichen Gesundheit, Sexualität und Bildung wird der Staat disziplinierend tätig. Staaten gewähren Wohlfahrtsleistungen nur im Tausch gegen die Partizipation an Disziplinarregimen.[29] Sozialarbeiter suchen die Haushalte auf, um die Leistungsempfänger zu kontrollieren; selbst gut gemeinte Ratschläge können mit Kritik verbunden sein und implizit darauf abzielen, die Empfänger so zu disziplinieren, dass sie den kulturellen Werten der Bürokraten genügen.

In der Schule gibt es nicht nur offensichtliche Wissensgebie-

len« Umgebungen, in denen die Beziehungen zwischen Kollegen die Kontrolle von oben ersetzen oder zumindest verringern könnten.

28 Luc Boltanski und Ève Chiapello haben überzeugend dargelegt, dass die Wirtschaft im späten 20. Jahrhundert gerade deshalb immer attraktiver wurde, weil sie eine »Coolness«, Dynamik und Ausdrucksfreiheit ausstrahlte, die der staatlichen Bürokratie fehlten. Luc Boltanski/Ève Chiapello, *Der neue Geist des Kapitalismus*, übers. von Michael Tillmann (Konstanz: UVK, 2003).

29 David Garland, *Punishment and Modern Society: A Study in Social Theory* (Chicago: University of Chicago Press, 1993).

te, sondern auch einen »versteckten Lehrplan«, bei dem es darum geht, pünktlich zu erscheinen, stillzusitzen und die Arbeiten rechtzeitig und ordentlich abzugeben. Das alles sind Dimensionen der Disziplin, die den Anforderungen der Arbeitgeber entsprechen, vor allem im wachsenden Sektor der Büroarbeit.[30] Die Schule diszipliniert die Kinder zudem in Übereinstimmung mit den Geschlechterrollen. Das hat sich zwar geändert, aber erst in jüngster Zeit und nur teilweise. In den 1950er Jahren wurden Mädchen in der Regel im Kochen und in hauswirtschaftlichen Fertigkeiten unterrichtet – Jungen hingegen nicht. Selbst außerschulische Aktivitäten wie Sport oder Tanzen waren Orte einer disziplinierten Einübung in die vorherrschenden binären Geschlechterrollenerwartungen.

Der Geist der Disziplin bestimmt auch viele der jüngsten Bemühungen von Verhaltensökonomen und politischen Entscheidungsträgern, die Bürger zu einer besseren Gesundheitsfürsorge, zu mehr Sparsamkeit oder zur Einhaltung von Vorschriften »anzuschubsen«.[31] Das Anschubsen (*nudging*) kann leicht in Überwachung und Kontrolle umschlagen, nicht zuletzt, wenn »Big Data« mobilisiert wird, um alle möglichen menschlichen Verhaltensweisen zu beeinflussen.[32] Bereits in den 1960er Jahren verwandelten Demonstranten in Berkeley die Anweisung »Bitte nicht falten, biegen oder beschneiden« in einen Protest dagegen, auf einen bloßen Bestandteil eines bürokratischen Systems reduziert zu werden.[33] Wir können dies den Foucault'schen Haken nennen.

30 Siehe Henry Giroux/David Purpel (Hg.), *The Hidden Curriculum and Moral Education: Deception or Discovery?* (Berkeley: McCutchan, 1983); Samuel Bowles/Herbert Gintis, *Schooling in Capitalist America: Educational Reform and the Contradictions of Economic Life* (New York: Basic Books, 1976).

31 Siehe Richard H. Thaler/Cass R. Sunstein, *Nudge. Wie man kluge Entscheidungen anstößt*, übers. von Stephen Gebauer (Berlin: Ullstein, 2011). Wenn man davon spricht, dass Disziplin eine Dimension von Projekten zur Verhaltensänderung (oder des Social Engineering) ist, heißt das nicht, dass sie keinen echten Nutzen bringt. Es bedeutet, dass Entscheidungen – und die Befolgung von Verhaltensregeln – auf einer anderen Grundlage als der der bewussten Wahl getroffen werden und dass, wie Foucault behaupten würde, der Mensch, die Person, die der Disziplin unterworfen ist, im Zuge dieses Prozesses umgestaltet wird.

32 Siehe David Lyon, *The Culture of Surveillance: Watching as a Way of Life* (Cambridge, UK: Polity, 2018); Shoshana Zuboff, *Das Zeitalter des Überwachungskapitalismus*, übers. von Bernhard Schmid (Frankfurt am Main/New York: Campus, 2019); siehe dazu auch Kapitel 2 dieses Buches.

33 Dieser Satz war auf die Lochkarten gedruckt, die von den immer weiter verbreite-

Der dritte Haken ist die Tendenz, Ungleichheit in neuen und verdeckten Formen aufrechtzuerhalten. Nennen wir dies den Bourdieu'schen Haken, nach dem französischen Soziologen Pierre Bourdieu, der gezeigt hat, wie Ungleichheit durch kulturelle Unterschiede und Ressourcen (kulturelles Kapital) reproduziert werden kann, die selbst in nominell leistungsorientierten oder egalitären Gesellschaften den Effekt der Vererbung haben.

Nehmen wir als Beispiel die Bildung. Vor den 1930er Jahren gab es selbst in den am weitesten entwickelten Ländern nur selten die Möglichkeit, eine weiterführende Schule abzuschließen, und ein Hochschulstudium war nur einer kleinen Elite vorbehalten. Beginnend mit den Reaktionen auf die Weltwirtschaftskrise in den 1930er Jahren und drastisch verstärkt seit den 1950er und 1960er Jahren, wurde der Zugang zur Bildung wesentlich verbreitert. Das war gut, aber weniger egalitär, als es den Anschein hatte. Schüler verschiedener Gesellschaftsklassen und Rassen wurden in Schulen sehr unterschiedlicher Qualität und unterschiedlichen Anspruchs unterrichtet. Die Unterschiede in dem, was Familien ihren Kindern zur Vorbereitung auf die Schule und für zusätzliche Aktivitäten bieten konnten, waren enorm. Das bedeutete, dass das Spielfeld nicht für alle gleich war. Doch standardisierte Tests und formal gleichwertige Zeugnisse verschleierten diese Ungleichheit. So vergaben beispielsweise alle Universitäten Bachelor-Abschlüsse, die aber auf dem Arbeitsmarkt oder für den sozialen Status nicht die gleiche Bedeutung hatten. Gleichzeitig stieg der Umfang der formalen Bildung, die für die Arbeit auf einer bestimmten Ebene der Wirtschaft erforderlich war. Für Jobs, die früher von Studienabbrechern ausgeübt werden konnten, wurden zunehmend Hochschulabschlüsse verlangt. Mit dieser Konzentration auf immer mehr Abschlüsse wurde Bildung zunehmend zu einem Sortiermechanismus.[34] Nicht

ten Computern verwendet wurden. Er verband den studentischen Protest gegen die Bürokratie an der Massenuniversität – zum Beispiel bei der Einschreibung – mit der Kritik an disziplinarischen Tendenzen in der Gesellschaft insgesamt. Siehe Steven Lubar, »Do Not Fold, Spindle or Mutilate«: A Cultural History of the Punch Card, in: *Journal of American Culture*, 15:4 (Winter 1992), S. 43-55.

34 Pierre Bourdieu/Jean-Claude Passeron, *Die Erben. Studenten, Bildung und Kultur* [1964], übers. von Stephan Egger und Eva Kessler (Konstanz: UVK, 2007); Randall Collins, *The Credential Society: An Historical Sociology of Education and Stratification* (New York: Academic Press, 1979)

zuletzt der scheinbar gleichberechtigte Zugang ließ den Eindruck entstehen, als sei das Versagen, nicht genügend oder nicht gut genug ausgebildet zu sein, ausschließlich ein persönliches Versagen und nicht auf die familiären Ressourcen oder die Funktionsweise des Systems zurückzuführen.[35]

Der Bourdieu'sche Haken meint also mehr als nur die Tatsache fortdauernder Ungleichheit. Er bezeichnet die verdeckte Art und Weise, in der soziale Transformationen, auch wenn sie meist gut sind, durch die Reproduktion hartnäckiger Ungleichheiten behindert werden. Er meint die Einbindung von Individuen in scheinbar gerechte und gemeinsame Projekte, für die sie sehr ungleich vorbereitet sind. Das hat zur Folge, dass die Gewinner sicherer sind, dass sie Belohnungen verdienen – und weniger demütige Dankbarkeit verspüren –, und dass andere sich selbst die Schuld geben oder wütend auf die Institutionen sind, wenn sie nicht erfolgreich sind (siehe Kapitel 4). Nicht zuletzt bringt er ein Gefühl falscher Versprechungen mit sich. Selbst progressive gesellschaftliche Veränderungen, die in einigen Bereichen Fortschritte bringen, sorgen in anderen Bereichen für Stillstand; Fortschritte für die einen gehen mit Blockaden oder Nachteilen für andere einher.

Diese drei Haken beförderten die Unzufriedenheit mit den Wohlfahrtsstaaten, die sich in den 1960er Jahren zuspitzte. Schienen zunächst die ersten beiden Aspekte zentraler zu sein, so wurde in der neoliberalen Ära, die auf den Nachkriegsboom folgte, der dritte Punkt immer markanter. Dabei waren die drei Haken nicht unvermeidlich. Sie befeuerten politische Bemühungen zur Vertiefung und Verbesserung der Demokratie, Proteste zur Beendigung bestimmter Missstände oder Probleme und eine Gegenkultur, die eine Zeit lang in Opposition zur ungleichen, rationalisierten und disziplinierten Gesellschaft florierte. Das führte zu einigen dauerhaften Veränderungen, insbesondere bei den Geschlechterrollen. Insgesamt sind die Probleme jedoch nicht verschwunden, sondern haben sich mit der Verstärkung der Ungleichheit seit den 1970er Jahren noch verschärft. Das Streben nach Authentizität und persönlicher Ausdrucksfreiheit ging einher mit einer Ideologie der Leistungsgesellschaft, die vorgab, Ungleichheit gerecht zu machen (siehe Kapitel 4).

35 Richard Sennett/Jonathan Cobb, *The Hidden Injuries of Class* (New York: W.W. Norton, 1972).

Alle drei Haken der *trente glorieuses* blieben auch nach dem Ende dieses optimistischeren Zeitalters bestehen und verstärkten sich in der neuen neoliberalen Ära der massiven Privatisierung und des Vertrauensverlusts gegenüber der Regierung sogar noch. Die 1960er und frühen 1970er Jahre waren eine Übergangszeit. Wenn *les trente glorieuses* nicht so viel Gleichheit erreicht haben, wie sie versprachen, so hat die darauffolgende neoliberale Ära die Ungleichheit radikal verschärft. Das geschah zum Teil nach dem Motto »Gier ist gut«, aber auch durch die Verunglimpfung der öffentlichen Institutionen, die die Bemühungen um Gleichheit vorantrieben. Die neoliberalen Reformen des Staates haben diesen nicht weniger bürokratisch gemacht, sondern nur den Institutionen mitunter die Ressourcen entzogen, was wiederum die Bürokratie noch frustrierender machte. Die wohlfahrtsstaatlichen Reformen haben zumindest Teile des Systems noch stärker diszipliniert, indem sie den Empfängern von Sozialleistungen Arbeit und die Kontrolle des Privatlebens abverlangten. Die Ideologie der Leistungsgesellschaft verstärkte den Bourdieu'schen Haken (siehe Kapitel 4).

Krise

In den 1960er und frühen 1970er Jahren stellten verschiedene soziale Bewegungen die Legitimität der institutionellen Arrangements in Frage, die in den wohlhabenden westlichen Ländern Kapitalismus, Demokratie und den Kalten Krieg miteinander in Einklang gebracht hatten. Von der Bürgerrechtsbewegung über die Arbeiterbewegung bis hin zur Friedens- und Umweltbewegung waren die Aktivisten der Meinung, dass die Demokratien besser funktionieren könnten. Dabei rückten vor allem die Bemühungen um eine stärkere Beteiligung an der demokratischen Politik in den Vordergrund. Die öffentliche Unterstützung für internationale Konflikte und den dahinterstehenden Kalten Krieg und Imperialismus begann zu schwinden. Die sozialen Bewegungen, für die symbolisch das Jahr 1968 stand, verbanden den Ruf nach Frieden mit Forderungen nach mehr Gleichheit, der Ablehnung kapitalistischer Wachstumsanforderungen und der Rebellion gegen kulturelle Konformität. Die institutionellen Kompromisse, die für *les trente glorieuses* entscheidend waren, gerieten auf verschiedenen Ebenen unter Druck, von der persönlichen Psychologie über die nationale Politik bis hin zur globalen politischen Ökonomie.

Wie so oft brachte die Krise einen perfekten Sturm von Ursachen mit sich, von denen viele intern miteinander verbunden waren. Einige waren kultureller, ja sogar »gegenkultureller« Natur, da Studenten und andere so manche Ideale der Nachkriegskultur in Frage stellten und gleichzeitig von den Gesellschaften verlangten, dass sie ihren erklärten Idealen besser gerecht werden. Man lehnte die stillschweigenden Einschränkungen der gepriesenen Freiheiten der demokratischen Gesellschaft ab. Es wurde gefordert, die Blockaden der Chancen für Schwarze Amerikaner, Indianer, Frauen und andere zu beseitigen.[36] Zunehmend wurde man sich der Umweltschäden bewusst, die durch die Verpflichtung auf wirtschaftliches Wachstum verursacht wurden, das den Nachkriegskompromiss zwischen Demokratie und Kapitalismus untermauert hatte.

So wichtig die kulturellen und politischen Bewegungen der 1960er Jahre auch waren, in den Jahren 1973 bis 1975 gingen *les trente glorieuses* schlagartig zu Ende. Der Wiederaufbau nach dem Zweiten Weltkrieg, staatliche Investitionen und die Kommerzialisierung neuer Technologien hatten zu einem massiven säkularen Aufschwung geführt. In den 1970er Jahren brach diese lange Periode stabilen Wachstums abrupt ab.

Unter dem Versprechen von Gleichheit und Chancen verlangten die Arbeitnehmer höhere Löhne und Sozialleistungen; Frauen und Minderheiten forderten Inklusion. Die Erinnerungen an die Große Depression und den Weltkrieg verblassten, während die Steuern hoch und die Gewinne bestenfalls stabil blieben. Die Expansion der Märkte konnte den Rückgang der Profitraten nicht mehr kompensieren. Gleichzeitig begannen neue Technologien, die etablierten Industriebranchen in Frage zu stellen. Die stillschwei-

36 Eine der vielen Herausforderungen für jede Kategorie von subordinierten oder marginalisierten Amerikanern sind seit jeher die identifikatorischen Benennungen. Dabei gab es nicht nur beleidigende, abwertende Begriffe, sondern auch paternalistische Bemühungen, ihnen Würde zu verleihen. Es gab Verbesserungsvorschläge von Intellektuellen und Aktivisten. Perfektion ist in dieser Hinsicht wahrscheinlich nicht zu erreichen. Wir haben uns auf die Bezeichnungen Schwarz, Indianer und Latino bzw. Latina geeinigt, die vermutlich die gebräuchlichsten Selbstbezeichnungen sind.

gende Übereinkunft zwischen Kapitalismus und Sozialdemokratie geriet zunehmend unter Druck.

1971 reagierte Präsident Richard Nixon auf die steigende Inflation mit dem Einfrieren der Löhne, der Erhebung von Einfuhrzöllen und der einseitigen Aufkündigung der internationalen Konvertibilität des US-Dollars in Gold. Aus Sicht der USA hatten sich die europäischen und japanischen Volkswirtschaften von Kunden zu immer stärkeren Konkurrenten entwickelt. Die Expansion in den »Entwicklungsländern« sah sich zunehmendem Druck von Regierungen und Bewegungen ausgesetzt, die einen größeren Anteil an den Erträgen für sich reklamierten. Es gab Revolutionen, gescheiterte Revolutionen und nationale Unabhängigkeitsbewegungen. Gleichzeitig wurde der Vietnamkrieg immer kostspieliger – zum einen, weil er entgegen den wiederholten Versprechungen der Führung, er sei so gut wie beendet, ausgeweitet wurde, und zum anderen, weil immer teurere Waffen eingesetzt wurden. Da der Krieg immer stärker umstritten war, ging die Regierung dazu über, ihn nicht mehr am Boden, sondern aus der Luft zu führen und ihn nicht mehr über Steuern, sondern über Anleihen zu finanzieren.

1973 dann besiegte Israel im Jom-Kippur-Krieg die benachbarten arabischen Staaten. Als Reaktion darauf verwandelten die arabischen Führer die Organisation erdölexportierender Länder (OPEC) von einer schläfrigen Gesprächsrunde in ein beeindruckendes Kartell. Sie drosselten die Produktion und trieben die Preise in die Höhe. In Europa und vor allem in den Vereinigten Staaten sahen sich Autofahrer mit Benzinknappheit konfrontiert; Heizöl war zu Beginn des kalten Winters Mangelware. Die Industrie fuhr ihre Produktion entweder herunter oder musste viel mehr für Energie bezahlen. All dies führte zur tiefsten wirtschaftlichen Rezession zwischen der Großen Depression und der Finanzkrise 2008/09.

Waren die 1960er Jahre die Jahre eines übertriebenen Voluntarismus, in denen eine Gegenkultur davon träumte, die Welt umzugestalten, indem sie fast einseitig die Kultur umgestaltete, so machten die 1970er Jahre deutlich, dass die Wahlmöglichkeiten begrenzt waren. Die Krise demonstrierte unter anderem die Macht eines größeren »Systems«, in dem Finanzwesen, Ölversorgung, Arbeitsmärkte und Inflation miteinander verbunden waren. In den entwickelten Demokratien führte sie zu einem grundlegenden Richtungswechsel. Im Mittelpunkt standen dabei (a) eine neue Ideologie, die besagte, dass Privateigentum heilig sei, staatliche Alternativen illegitim seien und Markteffizienz das Ziel aller wirtschaftlichen Aktivitäten sein sollte, (b) eine Umstrukturierung des Kapitalismus, die die Produktion materieller Güter weniger in den Mittelpunkt rückte und dem Finanzwesen und dem globalen Handel einen deutlich höheren Stellenwert einräumte, und (c) eine drastische Erinnerung an die Abhängigkeit der entwickelten Demokratien von fossilen Brennstoffen und den Ländern, die diese exportierten.

Neoliberalismus

Die einflussreichste Wirtschaftsideologie der letzten fünfzig Jahre, der Neoliberalismus, hat dem gesamten Zeitraum und dem politischen Ansatz den Namen gegeben. Seine Wurzeln liegen in den 1930er Jahren, und er hat über die Jahrzehnte immer mehr Anhänger gefunden. Einen ersten Anstoß erhielt er jedoch durch seinen Einfluss auf die Politik in Chile nach dem Militärputsch gegen die demokratisch gewählte sozialistische Regierung von Salvador Allende. Der General, der das Kommando übernahm, Augusto Pinochet, stützte sich in hohem Maße auf eine Gruppe von Wirtschaftswissenschaftlern, die ihre Ausbildung bei führenden Neoliberalen an der University of Chicago erfahren hatten (und diese wiederum bei ihren alten Professoren). 1979 wurde Margaret Thatcher auf der Grundlage eines neoliberalen Programms zur Premierministerin des Vereinigten Königreichs gewählt, und Ronald Reagan trug als Präsident der Vereinigten Staaten ab 1980 dazu bei, dass der Neoliberalismus die Oberhand gewann und nicht nur ein Aspekt der Wirtschaftspolitik war.

Wir sollten uns allerdings darüber im Klaren sein, dass sich hinter dem Begriff »neoliberal« eine enorme Komplexität verbirgt.[37]

37 Mittlerweile gibt es eine umfangreiche Literatur zum Neoliberalismus. Der Begriff wurde 1938 geprägt, um Thesen zu beschreiben, die insbesondere von Friedrich Hayek und Ludwig von Mises vertreten wurden (Angus Burgin, *The Great Persuasion* [Cambridge, MA: Harvard University Press, 2015], S. 38-52). Er wurde dann zu einer Ideologie weiterentwickelt und unter anderem von Milton Friedman wirkungsvoll und breit kommuniziert. Es handelte sich dabei sowohl um ein Netzwerk und eine soziale Bewegung als auch um ein spezifisches Ideengefüge. Hayek, Friedman und ihre Kollegen gründeten die Mont Pèlerin So-

Nicht alle Neoliberalen dachten genau dasselbe – obwohl sie über einen beeindruckenden Apparat zur Entwicklung und Aufrechterhaltung einer Parteilinie verfügten. Neoliberale Ideale haben sich im Laufe der Zeit verändert und weiterentwickelt und wurden in verschiedenen praktischen Kontexten mit unterschiedlichen Schwerpunkten versehen. Sowohl Anhänger als auch Kritiker reduzierten den Neoliberalismus oft auf eine Karikatur; mehr als einmal sagten die einen, es sei vorbei mit ihm, und die anderen, es habe ihn nie gegeben.[38]

Zahlreiche Kerngedanken des Neoliberalismus fanden sich auch bei einem breiteren Spektrum von Ökonomen, wenngleich einige Merkmale besonders hervorgehoben wurden (vor allem jene, die mit individueller Freiheit und Privateigentum zu tun haben) und einige Denkansätze ein Gräuel waren (vor allem jene, die als »kollektivistisch« galten). Der Aufstieg des Neoliberalismus hatte zum Teil damit zu tun, dass die Wirtschaft in den Mittelpunkt rückte und ökonomische Überlegungen die staatliche Politik von den

ciety, um ihre neue Bewegung zu fördern. Zur neoliberalen Wirtschaftslehre und ihrem politischen Engagement siehe Angus Burgin, *The Great Persuasion*; Philip Mirowski/Dieter Plehwe (Hg.), *The Road from Mont Pèlerin: The Making of the Neoliberal Thought Collective* (Cambridge, MA: Harvard University Press, 2009); Binyamin Applebaum, *The Economists' Hour* (New York: Little Brown, 2019); Daniel Stedman Jones, *Masters of the Universe: Hayek, Friedman, and the Birth of Neoliberal Politics* (Princeton: Princeton University Press, 2014). Eine kritische, marxistisch inspirierte Betrachtung bietet David Harvey, *Kleine Geschichte des Neoliberalismus*, übers. von Niels Kadritzke (Zürich: Rotpunktverlag, 2007). Eine intellektuelle Geschichte des neoliberalen Verhältnisses zum Globalismus findet sich bei Quinn Slobodian, *Globalisten. Das Ende der Imperien und die Geburt des Neoliberalismus*, übers. von Stephan Gebauer (Berlin: Suhrkamp, 2019).

38 Die Behauptung, dass »der Neoliberalismus keine geeignete analytische Kategorie ist, weil er sich verändert oder weil er mehrere und manchmal widersprüchliche Bedeutungen hat, läuft auf eine selbstzerstörerische Verleugnung hinaus und ist Ausdruck des Wunsches nach einer sauberen und einfachen, singulären Ideologie mit einer ahistorischen Essenz, die die chaotische Welt der konkurrierenden Weltanschauungen ersetzen soll. Marxismus, Liberalismus und Konservatismus haben im Laufe der Jahrzehnte eine kaleidoskopartige Brechung, Zersplitterung und Neuzusammensetzung erfahren. Wir sehen keinen Grund, warum der Neoliberalismus nicht die gleiche Vielfalt aufweisen sollte.« (Dieter Plehwe/Quinn Slobodian/Philip Mirowski [Hg.], *Nine Lives of Neoliberalism* [London: Verso, 2020], Kindle Edition, S. 3).

1970er Jahren bis mindestens zur Finanzkrise 2008 dominierten.[39] Zwar ist der Neoliberalismus in der Wirtschaft und der politischen Philosophie begründet, doch gleichzeitig war er immer auch eine politische Bewegung.

Der Neoliberalismus signalisierte ein grundsätzliches Bekenntnis zum Privateigentum und zu einem Minimalstaat. Das deckte sich mit dem seit langem bestehenden konservativen Einwand, dass eine große Regierung teuer sei. Im Mittelpunkt stand nun jedoch die Befürchtung, dass jede Regierung, die über ein Minimum hinausging, eine Bedrohung der Freiheit darstellte. Das ist das Thema von Friedrich Hayeks grundlegendem Buch *The Road to Serfdom* (1944, dt. *Der Weg zur Knechtschaft*), das vor allem vor dem Hintergrund des Nationalsozialismus verfasst wurde, sich aber auf die Bedrohung durch den Sozialismus konzentriert. Das Vereinigte Königreich und die Vereinigten Staaten, so Hayek, schienen »Schritt für Schritt [...] jene Freiheit der Wirtschaft [aufzugeben], ohne die es persönliche und politische Freiheit in der Vergangenheit nie gegeben hat«.[40]

Der Neoliberalismus war im wahrsten Sinne des Wortes liberal, nicht konservativ im traditionellen Sinne. Es ging nicht darum, das Beste einer alten Ordnung zu retten, sondern um die radikale Überzeugung, dass Privateigentum die notwendige Grundlage für Freiheit und Wohlstand ist. Das machte ihn mit einem ausgeprägten gesellschaftlichen Liberalismus vereinbar. Viele Neoliberale betrachteten sich selbst sogar als libertär. Sie sprachen sich für die Legalisierung von Marihuana und die Abschaffung der Be-

39 Paradoxerweise wurde der Einfluss der Wirtschaftswissenschaften genau zu der Zeit immer größer, als sie immer abstrakter und mathematischer wurden. Möglicherweise war es das Verständnis formaler Modelle, das den Praktikern zusätzliche Autorität verschaffte; auf jeden Fall gab es eine Nachfrage nach Experten, die diese Modelle erklären konnten.

40 Friedrich Hayek, *Der Weg zur Knechtschaft* [1944] (München: Olzog, 2009), S. 31. Hayeks Buch ist genau im gleichen Jahr erschienen wie Karl Polanyis *The Great Transformation* (1944), das im vorherigen Kapitel Thema war. Beide flohen vor dem Nationalsozialismus und verbrachten die Kriegsjahre in London, und der Aufstieg des Faschismus beeinflusste jeweils ihre großen Werke, auch wenn sie gegensätzliche Analysen vorlegten. Hayek fürchtete die Herrschaft des Staates und sah beim Sozialismus zu große Ähnlichkeit mit dem Nationalsozialismus. Polanyi betrachtete den Nationalsozialismus als eine gescheiterte Antwort auf die soziale Zerrüttung, ihm erschien die Sozialdemokratie als bessere Antwort.

schränkungen für Homosexuelle aus. Es wurde üblich zu sagen: »Gesellschaftlich bin ich liberal, wirtschaftlich aber konservativ.« Doch wo »Konservatismus« den Neoliberalismus und seinen Marktfundamentalismus meinte, verlor er den Kontakt zu älteren konservativen Traditionen. Er setzte sich für den Kapitalismus und das Privateigentum ein, nicht aber für das traditionell konservative Ziel, Gemeinschaften zu bewahren.

In der Überzeugung, dass Märkte immer die gerechtesten und der Freiheit förderlichsten Ergebnisse hervorbringen würden, lehnten die Neoliberalen Einschränkungen ab. Die meisten erkannten an, dass einige minimale kollektive Bedürfnisse, wie z. B. die nationale Sicherheit, auf nicht-marktwirtschaftlicher Basis erfüllt werden könnten. Ansonsten aber waren sie »Marktfundamentalisten«. Sie befürworteten die Privatisierung und Vermarktlichung des Gesundheitswesens, des Bildungswesens, der Altenpflege, des Baus und Betriebs der Infrastruktur und so gut wie aller anderen Bereiche. Obwohl Hayek selbst die Auffassung vertrat, dass es sinnvoll sei, eine universelle Gesundheitsversorgung auch durch staatliche Maßnahmen anzustreben, folgten spätere Neoliberale, insbesondere in den Vereinigten Staaten, seinem Beispiel nicht. Die extremeren unter ihnen lehnten Mindestlohngesetze und die Existenz einer staatlichen Behörde zum Schutz der Umwelt ab. Viele waren sogar der Meinung, der Staat solle bei der Festlegung von Standards für die Reinheit von Lebensmitteln oder für die Sicherheit von Arzneimitteln nur eine geringe oder gar keine Rolle spielen.[41]

Der Marktfundamentalismus veranlasste die Neoliberalen auch dazu, Beschränkungen des Kapitalverkehrs, Zölle und Versuche, die nationalen Volkswirtschaften vor internationaler Konkurrenz zu schützen, abzulehnen. Sie waren eifrige Befürworter des Freihandels. Mit Margaret Thatcher sagten sie: »Es gibt keine Alternative« zum globalen Wettbewerb. Thatcher wiederholte diesen Satz und

41 Natürlich gab es Ökonomen, die stark vom Neoliberalismus beeinflusst waren und eine andere Politik, einschließlich aktiverer staatlicher Eingriffe, befürworteten. Die Begründer des Neoliberalismus boten nicht nur politische Rezepte an, sondern auch ein begriffliches Instrumentarium, das von anderen Ökonomen, die zu anderen Schlussfolgerungen kamen, genutzt werden konnte. Und auch wenn es schwer nachzuvollziehen ist, gibt es einen Unterschied zwischen dem Neoliberalismus als Modus der Wirtschaftsanalyse und dem Neoliberalismus als einer rigideren Ideologie, die in wirtschaftspolitischen Debatten zum Einsatz kommt.

das Akronym »TINA« (*there is no alternative*) oft und gerne. Ihre Formulierung paraphrasierte eine Wendung von Herbert Spencer und reihte sich ein in eine lange Geschichte des Beharrens darauf, dass Wirtschaftspolitik überwiegend als eine Frage der Notwendigkeit und nicht der Wahl angesehen werden sollte. Dies lud zu der Erwiderung ein: »Eine andere Welt ist möglich.« Es lief auch darauf hinaus, die Demokratie aus dem Bereich der Wirtschaft auszuschließen.

Den konkreten politischen und wirtschaftlichen Forderungen des Neoliberalismus lag die Vorstellung zugrunde, dass die Regierung sich nicht mit »substanziellen« Aufgaben wie der Verbesserung der Gesellschaft befassen sollte. Stattdessen sollte sie den »Prozess« verteidigen, der auf Märkten und Privateigentum beruhte. Hayek begründete dies in erster Linie mit der Maximierung der individuellen Freiheit; um das Gemeinwohl zu verfolgen, müsse der Staat dem Einzelnen Eigentum wegnehmen und damit seine Freiheit, es zu nutzen, einschränken. Darüber hinaus argumentierten Hayek und spätere Neoliberale, Märkte auf der Grundlage von Privateigentum würden das Gemeinwohl besser sichern als planmäßige Maßnahmen von Regierungen. Märkte seien einfach viel effizienter. Selbst eine demokratische Regierung sollte sich nicht in die Selbstverwaltung des Marktes einmischen.

Hayek und die meisten neoliberalen Ökonomen erkannten zwar an, dass es einige Fälle von »Marktversagen« geben werde – Fälle, in denen rationale individuelle Entscheidungen nicht zu rationalen kollektiven Ergebnissen führen würden. Sie vertraten jedoch die Ansicht, dass Märkte die bei weitem besten Mechanismen zur Aufdeckung von Ineffizienzen seien und dass die Beseitigung dieser Ineffizienzen der beste Weg zur Verbesserung sei. Die neoliberale Annahme lautet, dass staatliche Eingriffe zur Behebung von Marktversagen in den meisten Fällen tatsächlich zu schlechteren Ergebnissen führen – aufgrund von Bürokratie, von Werten, die im Widerspruch zur Effizienz stehen, oder von unzureichender Weitsicht. Die bevorzugte neoliberale Lösung besteht fast immer darin, wettbewerbsfähige Märkte einfach machen zu lassen. Wettbewerbshemmnisse – wie Zölle oder Subventionen – müssen beseitigt werden. Auf dieser Grundlage haben vom Neoliberalismus beeinflusste Politiker seit den 1970er Jahren versucht, die staatliche Bereitstellung von Wohnraum, Sozialleistungen oder Postdiensten zu reduzieren. All das galt ihnen lediglich als Beschränkung des freien Marktwettbewerbs.

Extremere Neoliberale lehnten sogar Mindestlohngesetze ab, die eine Art Indikator dafür darstellen, was die neoliberale Ära für die Arbeitnehmer bedeutet hat. In den USA wurde der nationale Mindestlohn im Rahmen des New Deal eingeführt. Er wurde in regelmäßigen Abständen angepasst und erreichte 1968 seinen Höchstwert. Seitdem ist er langsamer gestiegen als die Lebenshaltungskosten, der Durchschnittslohn oder die wirtschaftliche Produktivität. Hätte er sich tatsächlich an der Produktivität orientiert, hätte er im Jahr 2021 bei 24 US-Dollar liegen müssen.[42] Gemessen daran war der Vorschlag von Präsident Joe Biden aus dem Jahr 2021, den Mindestlohn auf 15 US-Dollar anzuheben, moderat, und die vorherrschende Realität von 7,25 US-Dollar pro Stunde war schockierend niedrig. Natürlich spielen bei der Festlegung der Löhne nicht nur die Produktivität, sondern auch viele andere Faktoren eine Rolle. Und bei vielen Komponenten der Lebenshaltungskosten gab es zwar eine Inflation, bei einigen gab es aber auch eine Deflation, und selbst Niedriglohnempfänger profitieren heute von Gütern, die es 1968 noch gar nicht gab – zum Beispiel Handys. Aber es geht hier nicht darum, darüber zu diskutieren, wie hoch genau der Mindestlohn sein sollte, sondern zu zeigen, wie neoliberales Denken in praktische Politik umgesetzt wurde.[43] Für die Neoliberalen war die Rendite von Vermögenswerten wichtiger als die Entlohnung von Arbeit.

Die Neoliberalen betrachteten die Arbeitnehmer lediglich als ein Sonderinteresse und behandelten die Gewerkschaften daher als Hemmnis für freie Märkte. Ironischerweise – oder vielleicht einfach widersprüchlicherweise – sahen die meisten Neoliberalen

42 Dean Baker, This Is What Minimum Wage Would Be If It Kept Pace with Productivity, Center for Economic and Policy Research, 21. Januar 2020, ⟨https://www.cepr.net/this-is-what-minimum-wage-would-be-if-it-kept-pace-with-productivity/⟩.

43 Die Republikaner haben sich jahrzehntelang gegen eine Anhebung des Mindestlohns gewehrt und widersetzen sich ihr als Bestandteil von Konjunkturpaketen auch weiterhin – selbst für Beschäftigte im Gesundheitswesen als Reaktion auf die aktuelle Pandemie. Die Argumentation lautet zum Teil, dass höhere Mindestlöhne die Schaffung von Arbeitsplätzen verhindern würden, vor allem aber, dass die Märkte schon für höhere Löhne sorgen werden, wenn sie wirklich gerechtfertigt sind.

weder Unternehmen noch Vermögenskonzentrationen in Investmentfonds als vergleichbare Probleme für den Wettbewerb auf dem freien Markt an. Ihre abstrakten Wirtschaftsmodelle gingen schlicht von Individuen als den Hauptakteuren aus.

Unternehmen

Die Neoliberalen beriefen sich auf Adam Smith als Vorbild und vertraten die Idee des Laisser-faire-Ansatzes in der Wirtschaft. Smith sah jedoch in der relativen Gleichheit eine Voraussetzung dafür, dass die »unsichtbare Hand« wirken kann, indem sie das Verhalten aller Marktteilnehmer beeinflusst. Aus diesem Grund lehnte er »Kombinationen« von Kapital – d. h. modernen Unternehmen – und Arbeit ab.[44] Die Neoliberalen folgten nur zur Hälfte dem Rezept ihres großen Vorfahren. Größtenteils ignorierten sie die Asymmetrie zwischen modernen Unternehmen und menschlichen Individuen.[45]

Nun ist die Bedeutung von Unternehmen für die heutige wirtschaftliche und soziale Organisation unübersehbar, doch sowohl in der Theorie als auch in der breiteren öffentlichen Diskussion ist unklar, was überhaupt ein Unternehmen ist. Eine seit langem vertretene Rechtstheorie geht davon aus, dass Unternehmen durch die Übertragung staatlicher Befugnisse geschaffen werden, wie dies historisch durch die staatliche Verleihung von Unternehmens-»Charterurkunden« nahegelegt wurde – nicht zuletzt an die Unternehmen, die die britischen Kolonien in Nordamerika gründeten, aus welchen dann die Vereinigten Staaten hervorgingen.[46]

44 Adam Smith wurde häufig als ikonengleicher Vorläufer genannt, aber der Neoliberalismus spiegelte seine Ansichten über Märkte in *Der Wohlstand der Nationen* nicht eindeutig wider. Smiths Betonung von Mitgefühl und Tugenden in seiner *Theorie der ethischen Gefühle* war sogar noch viel weiter vom Neoliberalismus entfernt.

45 Siehe die Diskussion im vorherigen Kapitel. James S. Coleman, *The Asymmetric Society* (Syracuse, NY: Syracuse University Press, 1982), ist eine der wenigen Arbeiten, die sich systematisch mit dieser Asymmetrie befassen. Sie ist auch deshalb interessant, weil sie von einem methodologischen Individualisten stammt, der in vielerlei Hinsicht mit der neoliberalen Ökonomie sympathisiert, aber in diesem Fall ernsthaft Adam Smiths Vorbild folgt.

46 Um es klar zu sagen: Der Staat ist selbst eine Art Unternehmen im Sinne von Körperschaft (das englische *corporation* bringt diese Körperlichkeit sehr schön

Neoliberale hingegen betrachteten Unternehmen häufiger als eine Form von Eigentum, die durch Verträge zwischen einzelnen Eigentümern strukturiert ist. Doch diese Form des Eigentums hängt in ihrer Struktur und wirtschaftlichen Lebensfähigkeit ihrerseits vom Recht ab. Investoren in Kapitalgesellschaften sind durch eine beschränkte Haftung für alle Handlungen der Gesellschaft geschützt. Das ermöglicht mehr oder weniger unpersönliche, groß angelegte Märkte für Unternehmensanteile – im Gegensatz zu Partnerschaften zwischen Investoren, die sich untereinander kennen. Die beschränkte Haftung macht die Aktiengesellschaft zu einer besonderen Art von Wesen. In einer wegweisenden Stellungnahme des Obersten Gerichtshofs der USA aus dem Jahr 1819 beschrieb Richter Marshall eine Aktiengesellschaft als »ein künstliches Wesen, unsichtbar, nicht greifbar und nur in Anbetracht des Gesetzes existierend [...], ohne Seele, die verdammt werden, und ohne Körper, den man treten kann«.[47] Darauf aufbauend werden Aktiengesellschaften manchmal als eine Art Person behandelt. In der Rechtssache *Citizens United* aus dem Jahr 2010 entschied der Supreme Court, dass Unternehmen die gleichen Rechte nach dem Ersten Verfassungszusatz genießen wie menschliche Bürger – in diesem Fall das Recht auf politische Spenden im Rahmen der Meinungsfreiheit.

Die Übertragung von Befugnissen ist die Perspektive eines Staates; die Gründung qua Vertrag ist die Sichtweise der Gründer einer Aktiengesellschaft. Für einen Investor ist die beschränkte Haftung

zum Ausdruck), die sich aus einer ehrwürdigen Vorstellung entwickelt hat, welche die individuellen menschlichen Herrscher vom Amt des Königtums und, im erweiterten Sinne, von dem ihnen unterstellten Organisationsapparat unterscheidet. Siehe Ernst Kantorowicz, *Die zwei Körper des Königs. Eine Studie zur politischen Theologie des Mittelalters* [1957], übers. von Walter Theimer (München: dtv, 1990). Eine ähnliche Argumentationslinie unterschied die Kirche und formale Positionen wie Bischof und Papst von den Personen, die eine solche Position bekleiden konnten. Diese Unterscheidung wurde von korrupten Königen und Bischöfen kaum beachtet, spielte aber eine wichtige Rolle bei der Entwicklung der Idee der Souveränität. Diese beanspruchte nicht nur Autonomie gegenüber äußeren Einflüssen, sondern auch das Recht, interne Regelungen und Gesetze zu erlassen. Die Republiken beanspruchten ebenfalls Souveränität und waren besonders darauf bedacht, sich vor Amtsträgern zu schützen, die eher an persönlichem Gewinn als am Gemeinwohl interessiert waren.

47 *Dartmouth v. Woodward* 17 US (4 Wheat.), S. 518.

entscheidend. Sie ist im Grunde die Garantie dafür, dass die Anleger nicht mehr Geld verlieren können, als sie investiert haben. Es handelt sich um eine gesetzliche Bestimmung, die besagt, dass sich der Vertrag über das gemeinsame Eigentum nicht auf die gemeinsame Verantwortung für Schäden erstreckt, die das Unternehmen verursachen kann. Wenn das Unternehmen unsichere Arbeitsbedingungen schafft oder schädliche Produkte erzeugt, können die Investoren (normalerweise) nicht verklagt werden. Für einen Manager ist ein Unternehmen eine hierarchische Organisation mit Regeln, einer Machtstruktur und vielleicht sogar einer Kultur.

Unabhängig davon, welche Begründung angeführt wird, besteht eine grundlegende Asymmetrie zwischen Unternehmen und »natürlichen« Menschen – da Unternehmen unter anderem keine natürliche Lebensdauer haben und viel größer, mächtiger und reicher sein können als Menschen.[48] Wie ich in Kapitel 2 dargelegt habe, stellt diese Asymmetrie (zusammen mit quasi-automatisierten Systemen) eine große Herausforderung für die von Adam Smith angenommene und ins neoliberale Denken übernommene Gleichheit zwischen einzelnen Individuen dar.

Solange Unternehmen lediglich als Instrumente zur Ausübung der Macht ihrer Eigentümer betrachtet werden, passen sie gut in den Mainstream des neoliberalen Denkens. Wenn man jedoch erkennt, dass sie organisiert sind, um Macht auszuüben, und nicht nur, um Markteffizienz anzustreben, passt beides nicht mehr zusammen. Unternehmen sind in ihrem Inneren Bürokratien und Hierarchien, und sie nutzen ihre asymmetrische Macht, um andere Akteure zu beeinflussen und oft auch zu dominieren, von den Beschäftigten über die Kommunen bis hin zu den Lieferanten und Kunden. Aber im Großen und Ganzen haben die Neoliberalen Unternehmen gerne akzeptiert, auch wenn sie nicht ganz genau wissen, was Unternehmen sind und warum sie legitim sind.

Milton Friedman vertrat eine extreme Ansicht. Unternehmen seien geschaffen worden, um die Investitionen der Anteilseigner zu verwalten, schrieb er, und sollten daher ausschließlich zur Stei-

48 Siehe Coleman, *The Asymmetric Society;* Meir Dan-Cohen, *Rights, Persons, and Organizations: A Legal Theory for Bureaucratic Society* (Berkeley: University of California Press, 1986); Craig Calhoun, The Infrastructure of Modernity, in: Hans Haferkamp/Neil J. Smelser (Hg.), *Social Change and Modernity* (Berkeley: University of California Press, 1992), S. 205-236.

gerung des »Shareholder Value« betrieben werden – und nicht, um anderen Interessengruppen wie Mitarbeitern, Kunden oder den Gemeinden, in denen sie angesiedelt sind, zu dienen. »Es gibt nur eine einzige soziale Verantwortung der Unternehmen – ihre Ressourcen zu nutzen und sich an Aktivitäten zu beteiligen, die darauf ausgerichtet sind, ihre Gewinne zu steigern.«[49] Wenn sie wollten, könnten die Investoren ihren Anteil an diesen Gewinnen für wohltätige Zwecke oder für eine bessere Gesellschaft verwenden, aber weder das Unternehmen noch die Regierung sollten diese Entscheidung für sie treffen. Es sollte ihnen also auch erlaubt sein, nur den privaten Nutzen zu wählen und das Gemeinwohl zu ignorieren.

Friedman betrachtete Ungleichheit nicht als wirtschaftliches Problem, sondern hielt ein gewisses Maß an Ungleichheit sogar für wünschenswert, vor allem aus Motivationsgründen. Er sprach sich für die Armutsbekämpfung aus und forderte eine negative Einkommenssteuer als Möglichkeit, den Armen grundlegende Ressourcen zur Verfügung zu stellen. Er schlug dies jedoch aus Mitgefühl vor und nicht, weil er Ungleichheit für falsch hielt.[50] Das grundlegende ökonomische Prinzip für die Einkommensverteilung sollte lauten: »Jedem dasjenige, was er und die in seinem Besitz befindlichen Mittel erwirtschaften.«[51]

Im Zusammenhang mit der Deindustrialisierung vertraten neoliberale Doktrinen die Auffassung, dass die Staaten den Arbeitnehmern nicht helfen sollten. Das würde bedeuten, dass man den Reichtum besteuerte, um eine »substanzielle« Agenda zu verfolgen. Selbst wenn diese Agenda das Gemeinwohl beträfe, sollte dies keine Entscheidung der Regierung sein, sondern eine Entscheidung der privaten Nutznießer der Unternehmensgewinne (die sich dabei allerdings nicht besonders hervortaten). Ebenso sollten Unternehmen Beschäftigten, die ihren Arbeitsplatz verlieren, nicht über das

49 Das Zitat stammt aus einem Artikel in der *New York Times*, in dem Friedman Ideen aus seinem 1962 erschienenen Buch *Capitalism and Freedom* einer breiteren Öffentlichkeit präsentierte. Milton Friedman, A Friedman Doctrine: The Social Responsibility of Business Is to Increase Its Profits, in: *New York Times*, 13. September 1970.

50 Siehe dazu Julio H. Cole, Milton Friedman on Income Inequality, in: *Journal of Markets and Morality*, 11:2 (2008), S. 239-253.

51 Milton Friedman, *Kapitalismus und Freiheit* [1962], übers. von Paul C. Martin (Frankfurt am Main: Eichborn, 2002), S. 193-194.

hinaus helfen, was für reibungslose Unternehmensabläufe erforderlich ist, da dies eine Veruntreuung des Eigentums der Investoren wäre.

Darüber hinaus legten neoliberale Argumente nahe, dass die Unterstützung von Mitbürgern weniger gemeinwohlfördernd sei, als einfach die Marktkräfte wirken zu lassen. So könnte die Unterstützung von Arbeitnehmern an ihrem Wohnort sie beispielsweise davon abhalten, anderswohin zu ziehen, um dort Arbeit zu finden. Von den 1970er Jahren bis heute hat sich die Situation im Wesentlichen nach neoliberalen Vorstellungen entwickelt: Der Staat wird immer weniger aktiv, und die Unternehmen agieren bestenfalls zögerlich. Das ist natürlich nicht nur auf die neoliberale Ideologie zurückzuführen, sondern auch auf den Druck der Finanzmärkte. Maßnahmen, die den Arbeitnehmern einen angemessenen Übergang ermöglichen, würden in den Unternehmensbilanzen als Kosten aufscheinen.

Es gibt auch andere Möglichkeiten, über die Verantwortung von Unternehmen nachzudenken. In jüngster Zeit wurden zum Beispiel die Argumente für den »Stakeholder-Kapitalismus« wieder aufgegriffen. Der Gedanke dabei ist schlicht der, dass Unternehmen gegenüber mehreren Interessengruppen verantwortlich sein sollten. Dazu gehören die Investoren, aber auch die Arbeitnehmer, die Gegenparteien wie Lieferanten, Kunden und Finanzinstitute sowie die Gemeinden (und Länder), in denen die Unternehmen tätig sind. Einige argumentieren, dass angesichts des Klimawandels und ähnlicher Bedrohungen die Menschheit insgesamt oder sogar der ganze Planet auf der Liste der Stakeholder stehen sollten. Auf Veranstaltungen wie dem Weltwirtschaftsforum in Davos wird die Ansicht vertreten, dies sei im aufgeklärten Eigeninteresse der Unternehmen: Es sei moralisch richtig und auch wirtschaftlich klug, weil sonst weniger wünschenswerten Formen staatlicher Intervention Tür und Tor geöffnet würden.[52]

Ob aus Eigeninteresse oder zum Wohle der Allgemeinheit: Für Unternehmen ist es eindeutig gut, die Interessen anderer Stakeholder als nur der Aktionäre zu berücksichtigen. Unternehmen sind nun einmal zentrale Institutionen in der heutigen Welt. Sie prägen

52 Siehe Klaus Schwab/Peter Vanham, *What Is Stakeholder Capitalism? The Davos Agenda 2021*, ⟨https://www.weforum.org/agenda/2021/01/klaus-schwab-on-what-is-stakeholder-capitalism-history-relevance/⟩.

die Wirtschaft zu sehr, beschäftigen zu viele Menschen und setzen zu viel Reichtum ein, um aus Demokratietheorien ausgeklammert zu werden. Es ist deshalb von entscheidender Bedeutung, Mittel und Wege zu finden, wie sie einen positiven Beitrag zum Gemeinwohl leisten können. In der Tat gibt es große Unterschiede im Ausmaß, in dem Unternehmen in positiver Weise arbeiten. Das legt nahe, dass es ein Fehler ist, Unternehmen pauschal zu verurteilen, und dass es wichtig ist, Möglichkeiten zu finden, wie sie und ihre Auswirkungen sich verbessern lassen.

Die soziale Verantwortung von Unternehmen wird manchmal vor allem als Wohltätigkeit begriffen, als Verwendung eines Teils der Gewinne für öffentliche Zwecke. Und es kann durchaus etwas Gutes haben, Orchester oder Schulen auf diese Weise zu unterstützen. Aber viel grundlegender geht es bei der unternehmerischen Verantwortung um die Art und Weise, wie Unternehmen Geschäfte machen. Handeln sie ehrlich und transparent, achten sie auf die Umwelt, zahlen sie ihren Mitarbeitern gute Löhne und engagieren sie sich für die Gemeinden, in denen sie ansässig sind? Oder verstecken sie ihre Finanzen, lassen sie korrupte Praktiken zu, versuchen sie mit allen Mitteln, Gewerkschaften zu behindern, verschmutzen sie die Umwelt, wenn es ihnen passt, und versuchen sie, durch fragwürdige Buchführung oder Manipulation des internationalen Berichtswesens Steuern zu hinterziehen? Nutzen sie das Outsourcing nur, um eine bessere Bezahlung der Arbeitnehmer zu vermeiden? Ist die Jagd nach billigeren Arbeitskräften im Ausland nur ein Mittel, um die Zahlung gerechterer Löhne »daheim« zu umgehen? Suchen sie nach Zulieferern, die ebenfalls nach hohen ethischen Standards arbeiten? Sind sie bereit, Waren zu kaufen, die von Zwangsarbeitern hergestellt wurden oder gar von internierten ethnischen Minderheiten wie den Uiguren in China?

Inwieweit erkennen die Unternehmen überhaupt an, dass sie ein Zuhause haben? Sie arbeiten in Kommunen und in Ländern. Aber sie entwickeln auch eine Vielzahl von Möglichkeiten, um nicht an die Zugehörigkeit zu einer dieser Gemeinschaften gebunden zu sein. Der Fall *Citizens United*, in dem der Oberste Gerichtshof der USA bestätigte, dass Unternehmen Rechte nach dem ersten Verfassungszusatz genießen, war nicht nur deshalb merkwürdig, weil sie als Personen behandelt wurden, sondern auch, weil sie vereinfachend als Bürger behandelt wurden – was ignorierte, in welchem

Ausmaß sie transnational operieren und Steuerpflichten und Gesetze umgehen, die menschliche Bürger viel stärker einschränken.

Freiwillige Maßnahmen auf der Grundlage des Stakeholder-Kapitalismus können in jeder Hinsicht Verbesserungen bringen. Aber das Ausmaß der Verbesserungen wird wahrscheinlich begrenzt sein. Manager werden sich oft für das entscheiden, was zweckmäßig ist, denn sie treffen ihre Entscheidungen im Wettbewerb mit anderen Unternehmen. Sie können nicht einfach ihre Preise im Vergleich zu den Konkurrenten erhöhen und dann problemlos im Geschäft bleiben. Ebenso grundlegend ist der Druck, der von den Finanzmärkten mit sehr kurzen Zeithorizonten ausgeht. Freiwillige Maßnahmen können staatliche Versäumnisse in Sachen Regulierung nicht ersetzen.

Es ist ohnehin keineswegs naheliegend, dass der Schutz oder die Förderung der sozialen Voraussetzungen für die Demokratie dem Wohlwollen von Investoren oder Unternehmensmanagern überlassen werden sollte. Die Regierung hat eine zentrale Verantwortung und eine besondere Fähigkeit, die Voraussetzungen für die Demokratie zu gewährleisten. Sie kann bestimmen, ob und in welchem Umfang Unternehmen zum Gemeinwohl beitragen. Dabei spielen vor allem Besteuerung und Umverteilung eine wichtige Rolle. So könnten Unternehmen zum Beispiel einen größeren Anteil der Kosten für die Schulen übernehmen, in denen ihre künftigen Beschäftigten ausgebildet werden. Gesetze und deren Durchsetzung könnten Steuervermeidung verhindern. Regulierungen sind unerlässlich, sei es um faire Arbeitspraktiken oder einen angemessenen Umgang mit dem Missbrauch sozialer Medien zu gewährleisten. Vorschriften können Unternehmen, die einen Beitrag zum Gemeinwohl leisten wollen, sogar helfen, indem sie sicherstellen, dass sie nicht von Konkurrenten unterboten werden, die ihre öffentlichen Werte nicht teilen.

Die letzten fünfzig Jahre werden zu Recht als neoliberales Zeitalter bezeichnet, auch weil sie durch den Rückzug des Staates aus der Regulierung der Wirtschaftstätigkeit gekennzeichnet sind. Vor allem in den Vereinigten Staaten, aber nicht nur dort, wurden Gesetze, die lange Zeit für mehr Stabilität, Ehrlichkeit und Transparenz in den Geschäftspraktiken gesorgt hatten, ersatzlos abgeschafft. Das hat es den Unternehmen ermöglicht, mehr Reichtum für Investoren zu erwirtschaften (was laut Neoliberalismus ihr einziger Zweck ist). Manchmal haben sie als nettes Nebenprodukt zum allgemeinen Wohlstand beigetragen, doch im Grunde genommen ging ihr Aufblühen mit einer Spaltung zwischen den in die Höhe schießenden Aktienkursen und einer viel volatileren Realwirtschaft einher. Auch die Zahl der Insolvenzen hat dramatisch zugenommen.

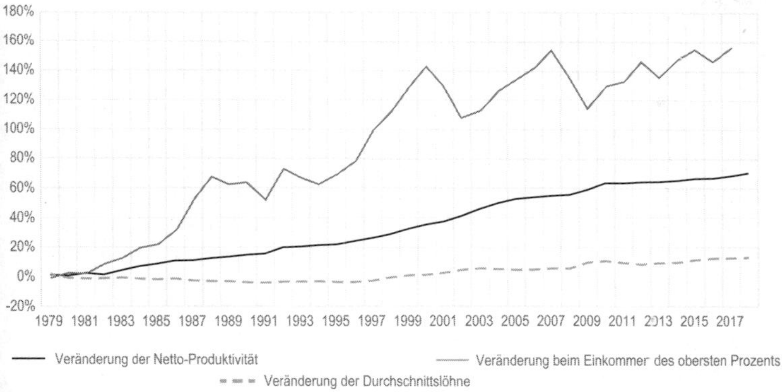

Abb. 2: Veränderungen bei Produktivität und Einkommen seit 1979.

Quellen: Lawrence Mishel/Julia Wolfe, »Top 1.0 Percent Reaches Highest Wages Ever – Up 157 Percent since 1979«, Economic Policy Institute, 18. Oktober, 2018; Josh Bivens et al., »Raising America's Pay«, Economic Policy Institute, 4. Juni 2014, Update vom Mai 2021 als »The Productivity-Pay Gap«.

Dabei gibt es vor allem drei Problemfelder. Erstens haben die Deregulierung und die Schaffung von Reichtum durch das Finanzwesen die Volkswirtschaften volatiler und riskanter gemacht. Vom New Deal bis zum organisierten Kapitalismus der Nachkriegszeit war neben dem Wachstum auch die Stabilität ein wichtiges Ziel. Sie war eine wichtige Voraussetzung für die Demokratie, denn sie gab den Bürgern mehr Möglichkeiten, ihr eigenes Leben zu gestalten, sowohl individuell als auch in Gemeinschaften. Und sie ermöglichte die Beteiligung an Regierungszielen, die auf Verbesserungen und nicht auf Notstandsverwaltung ausgerichtet waren.

Zweitens kam der von den Unternehmen geschaffene Reichtum hauptsächlich Investoren und einigen wenigen hochbezahlten Managern zugute. Für die meisten Arbeitnehmer hingegen stagnierten die Löhne (siehe Abbildung 2).

Der Neoliberalismus hat ein Wirtschaftssystem hervorgebracht, in dem die Gewinne weit weniger breit verteilt sind als im organisierten Kapitalismus der Nachkriegszeit. Demokratie hängt jedoch nicht nur von der Gesamthöhe des Reichtums ab, sondern auch davon, wie er verteilt ist.

Drittens hat der neoliberale Kapitalismus nicht nur enormen Wohlstand geschaffen, sondern auch massenhaften »Übelstand«.[53] Statistiken wie das Bruttosozialprodukt (BSP) oder das Bruttoinlandsprodukt (BIP) messen, wie viel Wert in einer Volkswirtschaft geschaffen wird. Was sie nicht messen, sind der Schaden für die Umwelt, Tod und Krankheit durch unsichere Konsumgüter oder das Einatmen verschmutzter Luft oder die Entlassung von Arbeitnehmern ohne angemessene Entschädigung. Übelstand ist, kurz gesagt, die negative Seite des Wohlstands, das Schlechte, das durch ein und dieselbe Wirtschaftstätigkeit entsteht. In der neoliberalen Ära wurde der Reichtum von einer immer kleiner und exklusiver werdenden Oberschicht angehäuft – nennen wir sie das oberste 1 Prozent. Der Übelstand hingegen wurde breiter verteilt. Krankheit zum Beispiel hat für die Regierungen Kosten verursacht, wenn sie versuchten, Umweltprobleme zu beseitigen. Übelstand war ein Problem für die Bürger im Allgemeinen und für die Gemeinden überall. Aber die größte Belastung durch Übelstand hatten diejenigen zu tragen, die am nächsten an den schädlichen Dingen lebten oder an den ungesündesten Arbeitsplätzen arbeiteten. In den Vereinigten Staaten hatten vor allem Schwarze Amerikaner, Indianer, hispanische Bevölkerungsgruppen und Einwanderer sowie Menschen in bestimmten Regionen, die dem Gestank von Fleischverarbeitungsfabriken oder Krebserkrankungen aufgrund von Giftmüll nicht entgehen konnten, die Kosten zu tragen. Das aber ist eine grundsätzliche Infragestellung demokratischer Gleichheit.

53 Der Begriff stammt von John Ruskin, der im England des 19. Jahrhunderts feststellte, dass das Augenmerk stets auf dem Neuen und neu Hinzugekommenen zu liegen schien und nicht auf dem Verlorenen und Beschädigten – oder gar dem, was hässlich geworden war. Siehe John Ruskin, *Diesem Letzten. Vier Abhandlungen über die ersten Grundsätze der Volkswirtschaft* [1862] (Leipzig: Diederichs, 1902).

Aus Sicht der einzelnen Unternehmen sind alle diese negativen Auswirkungen »Externalitäten« oder »externe Effekte«. Das heißt, sie tauchen in den Bilanzen der Unternehmen nicht auf – es sei denn, die Regierungen greifen ein und verlangen, dass die Unternehmen zum Beispiel für die Beseitigung von Umweltschäden zahlen. Eines der grundlegenden Merkmale des modernen Kapitalismus ist – besonders ausgeprägt in der neoliberalen Ära – die enorme Fähigkeit der Unternehmen, die von ihnen verursachten Schäden zu externalisieren.

Die Externalisierung von Kosten – sowohl finanzieller als auch menschlicher Art – war für die Deindustrialisierung und die allgemeineren ökonomischen Veränderungen des neoliberalen Zeitalters von grundlegender Bedeutung. Wenn Fabriken schließen, lehnen die Neoliberalen öffentliche Subventionen zur Aufrechterhaltung von Dienstleistungen ab. Wenn Kommunen zusammenbrechen, sagen sie, man solle sie zugrunde gehen lassen. Wenn Arbeitnehmer Jobs brauchen, sollen sie einfach dorthin ziehen, wo es Jobs gibt, auch wenn das bedeutet, dass sie mit wenigen Mitteln neu anfangen müssen. Und wenn es keine guten Jobs gibt, sollte die Arbeitslosenunterstützung auf ein Minimum beschränkt werden (vielleicht auf das Existenzminimum, vielleicht auf das Minimum, das notwendig ist, um soziale Unruhen zu vermeiden), damit die Arbeitnehmer die angebotenen Arbeitsplätze zu den von den Arbeitgebern gewünschten Löhnen annehmen.

Der überwältigende neoliberale Fokus auf Eigentumsrechten hat die Gemeinschaft und die sozialen Beziehungen stark entwertet. Er verbindet sich mit der Auffassung, dass der Einzelne für seine Arbeit mit dem entlohnt werden sollte, was sie dem Markt wert ist, und nicht mit mehr. Alle anderen ökonomischen Rechte gehören dem investierbaren Kapital und stehen im Gegensatz zu den Forderungen der Arbeitnehmer nach besserer Behandlung oder dem Recht, Gewerkschaften zu gründen, den Forderungen nach Umweltschutz oder »racial justice« oder ganz allgemein nach einem Ausgleich zwischen der Freiheit des Eigentums und anderen Auffassungen des »Guten«. In der Tat definiert der Neoliberalismus das Gemeinwohl als maximale Freiheit in Verbindung mit maximaler Wertschätzung des Kapitals. Dem sozialen Zusammenhalt oder der Vereinigung misst der Neoliberalismus keinen Wert bei, es sei denn, sie sind den Interessen der Eigentümer förderlich. Damit aber höhlt er die Solidarität aus, auf der die Demokratie beruht.

Wie die klassischen Konservativen befürworten die Neoliberalen einen Minimalstaat. Doch die konservative Tradition seit ihrem großen Wegbereiter Edmund Burke war nicht einfach individualistisch; sie bestand darauf, dass Gemeinschaft und soziale Institutionen von entscheidender Bedeutung sind. Durch die Abwertung dieser Institutionen hat der Neoliberalismus nur die Märkte übrig gelassen. Märkte sind jedoch eine schwache Grundlage für das gegenseitige Engagement der Bürger. Da der Marktfundamentalismus mit dem Streben nach einer reibungslosen Globalisierung einherging, bot er den Bürgern keine Grundlage für die Wertschätzung ihres Landes ganz allgemein oder ihrer Mitbürger im Besonderen.

Da die Neoliberalen nicht an eine umfassendere Idee des Gemeinwohls glauben, sehen sie die Förderung und Sicherung der wirtschaftlichen Freiheit als grundlegenden Zweck der Politik an. Die meisten haben die früher vorherrschende keynesianische Auffassung abgelehnt, wonach starke Regierungen ihre Macht ausüben sollten, um die Wirtschaft zu lenken und soziales Wohlergehen zu erreichen. Natürlich unterscheiden sich die neoliberalen Ökonomen darin, wo sie legitime Ausnahmen von dieser Regel sehen. Einige haben sich sogar den Bemühungen angeschlossen, eine bessere staatliche Politik zu entwickeln – zum Beispiel zum Schutz der Umwelt. Aber die eher orthodoxe neoliberale Ideologie war ausgesprochen einflussreich (und trug dazu bei, politische Zielsetzungen zu legitimieren, die sich weniger aus der Ökonomie als aus den Eigeninteressen verschiedener wirtschaftlicher und politischer Akteure ergaben). Aufgrund seiner überragenden Betonung des Privateigentums und seiner Feindseligkeit gegenüber kollektivem Handeln ist der Neoliberalismus nicht einfach die radikale Verteidigung der Freiheit, als die ihn seine Befürworter hinstellen.

Obwohl die neoliberale Ideologie weniger Staat fordert, wurde die neoliberale Politik weitgehend von den Regierungen umgesetzt. Dazu gehörte der Verkauf von Staatsvermögen wie Eisenbahnen (nicht immer so, dass die Ideale des öffentlichen Dienstes erhalten blieben, und oft zu Preisen, die für Investoren ein Schnäppchen waren), die Erhebung von Gebühren für den Zugang zu öffentlichen Parks, die zuvor kostenlos zur Verfügung standen, und eine

Bildungspolitik, die private Schulen gegenüber öffentlichen bevorzugt. Trotz der individualistischen Rhetorik waren die Hauptnutznießer große Unternehmen und Investoren.

Darüber hinaus hat der Neoliberalismus, der eigentlich weniger Regulierung anstrebt, tatsächlich neue Anforderungen an den Staat geschaffen. So haben Konzerne die Regierungen dazu gedrängt, das Recht auf Enteignung zu nutzen, um beispielsweise Land für Autobahnen und Flughäfen zu erwerben. Sie haben das nicht allein dem Markt überlassen, denn das hätte die Kosten für die von ihnen favorisierten Projekte in die Höhe getrieben. Ganz allgemein waren kapitalistische Unternehmen darauf angewiesen, dass der Staat viele der Kosten übernahm, die sie als externe Effekte betrachteten.

Finanzialisierung

Die Krisen Mitte der 1970er Jahre ließen sich nicht im Rahmen des Kompromisses bewältigen, der die kapitalistischen Demokratien in den vorangegangenen dreißig Jahren bestimmt hatte. An die Stelle des fordistischen Strebens nach einem institutionell organisierten, verwalteten Kapitalismus trat der »Neoliberalismus« mit Angriffen auf Steuern, Regulierung, staatliche Programme und Gewerkschaften – alles im Namen größerer individueller Freiheit.[54] Überdies trug er zu einer dramatischen Verschiebung von der Industrie hin zur Finanzwirtschaft bei.[55]

Der Wandel kündigte sich in gewisser Weise in den politischen Reaktionen auf die »Stagflation« an, die auf die Wirtschaftskrise von 1973 bis 1975 folgte. Arbeitnehmer und Kapitalisten waren sich einig, dass eine stagnierende Wirtschaft ein Problem darstellte. Uneins waren sie sich jedoch darüber, ob die Inflationsbekämpfung oder der Schutz von Arbeitsplätzen Vorrang haben sollte. Die Federal Reserve Bank hatte dazu einen klaren Standpunkt. Sie setzte alles daran, die Inflation zu senken, auch wenn dies bedeutete, dass die Beschäftigung und das Lohnniveau darunter leiden würden, wie das in den Jahren danach dann auch tatsächlich der Fall

54 Zusammenfassend zu den Auswirkungen des Neoliberalismus siehe Harvey, *Kleine Geschichte des Neoliberalismus*.

55 Der Aufstieg des Finanzwesens wurde nicht nur von der Wirtschaft, sondern auch von der Politik gefördert. Siehe Greta Krippner, *Capitalizing on Crisis* (Cambridge, MA: Harvard University Press, 2011).

war.[56] Die Bank stellte sich auf die Seite des Kapitals, nicht auf die der Arbeitnehmer. Vor allem aber stellte sie sich auf die Seite des Finanzkapitals.[57] Schließlich mussten die Industriellen Waren herstellen und verkaufen – und schufen im Zuge dessen Arbeitsplätze. Diejenigen, die am meisten unter der Inflation litten, waren diejenigen, die Schulden hatten.

Dieses Problem war schon früher aufgetreten. Es war der Grund für die großen Farmerbewegungen in den 1890er Jahren. Die Banken bestanden nicht nur darauf, dass die Landwirte in schwierigen Zeiten ihre Schulden zurückzahlten, anstatt sie zu unterstützen, bis sich das Wetter und die Märkte verbesserten, sondern sie beharrten auch darauf, dass die Zahlungen in harter Währung, dem golddeckten US-Dollar, erfolgen sollten. Sie hinderten die US-Münzanstalt daran, mehr Silbermünzen auszugeben. In ihren Augen war Inflation schlimmer, als die Bauern von ihrem Land zu vertreiben (auch weil sie das Land dann billig kaufen konnten). Das veranlasste den Populistenführer William Jennings Bryan 1896 zu einer der berühmtesten Reden der amerikanischen Politikgeschichte, die in dem Ausruf gipfelte: »Ihr sollt die Menschheit nicht an ein Kreuz aus Gold nageln.«

In den 1970er Jahren und danach wurde die Rolle des Finanzwesens, d. h. der handelbaren Schulden, noch extremer. Es war die Zeit der Anleihehändler, die sich für die »Herren des Universums« hielten, des Aufstiegs von Investmentbanken und Hedgefonds und des Niedergangs der amerikanischen Industrie.[58] In den darauffolgenden vierzig Jahren sank der Anteil des Vermögens, der in Form von Sachwerten gehalten wurde – zum Beispiel in Form von Fabriken –, von 75 auf 25 Prozent. Umgekehrt stieg der Anteil der Finanzinstrumente von 25 auf 75 Prozent.[59]

56 Dazu, wie der Neoliberalismus die Bemühungen der US-Notenbank zur Inflationsbekämpfung in den 1970er Jahren beeinflusste und den Weg für eine unregulierte Finanzialisierung ebnete, siehe Timo Walter/Leo Wansleben, How Central Bankers Learned to Love Financialization: The Fed, the Bank, and the Enlisting of Unfettered Markets in the Conduct of Monetary Policy, in: *Socio-Economic Review*, 21. März 2019.

57 Der Begriff geht zurück auf Rudolf Hilferding, *Das Finanzkapital. Eine Studie über die jüngste Entwicklung des Kapitalismus* [1910] (Berlin: Dietz, 1947).

58 Tom Wolfe, *Fegefeuer der Eitelkeiten*, übers. von Benjamin Schwarz (München: Kindler, 1988).

59 Dazu, wie das die Krise 2008/09 beeinflusste, siehe Craig Calhoun, From the

Gleichzeitig geriet die ehemals wohlhabende Mittel- und Arbeiterklasse der *trente glorieuses* zunehmend unter Druck. Ab Mitte der 1970er Jahre setzte ein langfristiger Niedergang ein. Die Deindustrialisierung führte in einer Branche nach der anderen zu Fabrikschließungen und Arbeitsplatzverlusten. Die Gewerkschaften wurden durch eine veränderte Regierungspolitik geschwächt und von den Arbeitgebern bekämpft. Die Zahl der Angestelltenjobs nahm zu, aber immer weniger davon hatten ein »mittleres« Lohnniveau, Arbeitsplatzsicherheit oder Aufstiegsmöglichkeiten zu bieten. In der Regel waren zwei Einkommen erforderlich, um eine Familie genauso gut zu versorgen wie zuvor mit einem Einkommen. Die Sparquote sank, da die Menschen alles, was sie hatten, für die laufenden Kosten ausgaben. In der Tat nahmen die Verbraucher immer mehr Kredite auf – für Häuser, Autos und das Studium ihrer Kinder. Die Generation ihrer Eltern hätte dies als »über seine Verhältnisse leben« bezeichnet, und tatsächlich trug es dazu bei, die Voraussetzungen für die massive Finanzkrise von 2008/09 zu schaffen.

Die Vorherrschaft des Finanzwesens brachte auch eine zunehmende Kurzfristorientierung mit sich. Die Unternehmen mussten positive Quartalsergebnisse erzielen, um den Aktienmärkten und den Investoren zu gefallen.[60] Zu diesem Zweck begannen sie, die Gesundheitsversorgung der Mitarbeiter zu kürzen und Mittel aus den Renten abzuzweigen. Das Ergebnis waren ein zunehmend desorganisierter Kapitalismus, zunehmende Ungleichheit und eine geschwächte Unterstützung für die Bürger und die Demokratie.[61] Nicht zuletzt trennte das Finanzwesen die Interessen der Investoren und derjenigen, die ihre Investitionen verwalteten, von denen anderer Bürger und der übrigen Wirtschaft. Die Aktienmärkte waren

Current Crisis to Possible Futures, in: ders./Georgi Derluguian (Hg.), *Business as Usual: The Roots of the Global Financial Meltdown* (New York: New York University Press, 2011), S. 9-42. Zur Krise selbst gibt es natürlich Unmengen an Literatur.

60 Siehe Alfred Rappaport, *Shareholder-Value. Wertsteigerung als Maßstab für die Unternehmensführung*, übers. von Wolfgang Klien (Stuttgart: Schäffer-Pöschel, 1995). Jack Welch, CEO von General Electric, war ein einflussreicher »Botschafter« dieses Begriffs. Zu einer kritische Analyse siehe Frank Dobbin/Dirk Zorn, Corporate Malfeasance and the Myth of Shareholder Value, in: *Political Power and Social Theory* 17 (2006), S. 179-198.

61 Siehe Offe, *Disorganized Capitalism*; Lash/Urry, *The End of Organized Capitalism.*

nie vollständig auf die »Realwirtschaft« abgestimmt. Es ist jedoch bemerkenswert, dass in den ersten Monaten der Corona-Pandemie im Jahr 2020, während Millionen von Arbeitnehmern ihren Job verloren und bis zu einem Fünftel der amerikanischen Unternehmen dichtmachten, das Vermögen der Milliardäre um 27 Prozent wuchs.[62]

Die Finanzinstitute selbst wurden revolutioniert. Früher waren die Banken lokal verankert und die Banker in der Regel vorsichtig und konservativ. Während der Großen Depression wurde der Glass-Steagall Act eingeführt, um die Vorsicht zu fördern und Spekulationen sowie die Umwandlung lokaler Banken in nationale Konglomerate zu verhindern. Im Jahr 1999 wurde dieses Gesetz im Grunde kastriert. Lokale Banken, die ihre Kunden kannten und sich für ihre Gemeinden engagierten, wurden aufgekauft oder mit Citigroup, Chase, Bank of America und Wells Fargo fusioniert. Die »Big Four« kontrollieren heute den Großteil des gesamten Bankgeschäfts in den Vereinigten Staaten.[63] Das Gleiche geschah in der Versicherungsbranche, die ebenfalls Teil des Finanzsektors ist. Die Hypotheken- und Kreditbranche wurde in ähnlicher Weise umgestaltet. Immer öfter wurden Kredite von neuen Unternehmen vergeben, die eher Verkäufer auf Provisionsbasis als umsichtige Banker beschäftigten und die Hypotheken, die sie ausgaben, schnell in Form von Wertpapieren auslagerten, in denen faule zusammen mit guten Krediten gebündelt wurden.[64]

Die Deregulierung brachte immer höhere Risiken, eine enorme Geschwindigkeit und undurchsichtigere Investitionen mit sich – aber auch fantastische Belohnungen. Die Wall Street und

62 Diese Zahl stammt aus »Riding the Storm: Market Turbulence Accelerates Diverging Fortunes«, einer Studie der Schweizer Bank UBS und der Wirtschaftsprüfer von PWC, 7. Oktober 2020; ⟨ubs-billionaires-report-2020-spread.pdf⟩.

63 Martin Neil Baily/William Bekker/Sarah E. Holmes, The Big Four Banks: The Evolution of the Financial Sector, Part I, Brookings Institute Report, Mai 2015, ⟨https://www.brookings.edu/wp-content/uploads/2016/06/big_four_banks_evolution_financial_sector_pt1_final.pdf⟩. Die Konsolidierung des Bankensektors war, zusammen mit der Finanzialisierung ganz allgemein, eine international zu beobachtende Entwicklung.

64 Das waren wichtige Faktoren in der Finanzkrise. Siehe Joseph Stiglitz, *Im freien Fall. Vom Versagen der Märkte zur Neuordnung der Weltwirtschaft,* übers. von Thorsten Schmidt (München: Siedler, 2010); Calhoun, From the Current Crisis to Possible Futures.

die Londoner City wurden beinahe zum Synonym für wilde Exzesse – Champagner für 500 Dollar je Flasche zur Feier von milliardenschweren Aktienemissionen, die Innovatoren, Investoren und Banker auf einen Schlag reich machten. Das Investmentbanking gewann die Oberhand über das Commercial Banking und die Trader über die Chefs und Compliance-Beauftragten des Investmentbankings. Tausende der »besten und klügsten« jungen Leute strebten eine Karriere im »Finanz-Engineering« an.[65] Banken wurden genauso riskant wie Hedgefonds (die sich auf riskante Investitionen ohne transparente Berichterstattung oder Regulierung spezialisiert haben). Immer wieder kam es zu Krisen – so ging beispielsweise in den 1980er und 1990er Jahren ein Drittel der amerikanischen Spar- und Darlehenskassen pleite. Diese Krisen brachten den Kunden und normalen Anlegern großes Leid, während einige große Akteure durch Betrug und bestenfalls riskante Geschäfte Millionen verdienten. Um es kurz zu machen: Das Finanzwesen hat die Weltwirtschaft von 2008 bis 2011 in eine tiefe Katastrophe geführt.[66]

Der Crash war eine direkte Folge der Finanzialisierung ohne Regulierung. Aber dabei ging es um mehr als nur um schlechtes individuelles Urteilsvermögen oder eine Kultur des Exzesses. Es markierte den Übergang zu einer neuen Form von Gesellschaft, in der Schulden ein zunehmend integraler Bestandteil des Kapitalismus waren. Nicht nur die Verbraucher, sondern auch die Unternehmen verschuldeten sich in wachsendem Maße. Mittels Schulden wurden Fusionen und Übernahmen finanziert. Die Finanzialisierung beschleunigte die Globalisierung und erleichterte die Verlagerung der industriellen Produktion. Hauptnutznießer waren Ost- und Südostasien.[67]

65 Der verführerische Glamour wird wunderbar eingefangen in Boltanski/Chiapello, *Der neue Geist des Kapitalismus*.

66 Stiglitz, *Im freien Fall*.

67 Allein China hat rund 500 Millionen Menschen aus der Armut geholt; siehe Branko Milanović, *Die ungleiche Welt. Migration, das eine Prozent und die Zukunft der Mittelschicht*, übers. von Stephan Gebauer (Berlin: Suhrkamp, 2016). Der Neoliberalismus erleichterte den Übergang der wirtschaftlichen Führungsrolle von den Vereinigten Staaten und vom Westen auf China und Asien und damit den Niedergang der amerikanischen Hegemonie. Der Beginn dieses Niedergangs animierte Richard Nixon zu seiner Politik der Öffnung gegenüber China. Siehe Orville Schell, The Road to Beijing, in: *The Wire: China*, 11. Juli 2021. Aber das Ausmaß der geopolitischen Umwälzungen schien noch immer neu zu

Trotz zahlreicher Belege für Fehlverhalten wurde kaum ein leitender Angestellter von Investmentbanken oder Hedgefonds, kaum einer der außer Kontrolle geratenen Trader und kaum einer der bezahlten Experten, die in ihren öffentlichen Ratschlägen Lügen aufgetischt hatten, jemals strafrechtlich verfolgt. Finanzkriminalität untergrub sowohl das Vertrauen als auch die Wirkmacht der Bürger.

Die Straffreiheit für diejenigen, die die Finanzkrise verursacht hatten, höhlte das gesellschaftliche Vertrauen aus. Hinzu kam die Straffreiheit für all jene, die von fünfzig Jahren Deindustrialisierung, verschärfter Ungleichheit und der Zerstörung sozialer Unterstützungssysteme in Amerika profitierten.

Der Übergang zur postindustriellen Gesellschaft war ebenso sehr von der Finanzwelt wie von neuen Technologien geprägt. Es war schwierig, eine Fabrik von Ohio nach Malaysia zu verlegen. Hingegen war es leicht, Gelder aus einer Fabrik in Ohio abzuziehen und in Malaysia zu investieren. Um in bessere Anlagen zu investieren und damit im internationalen Wettbewerb bestehen zu können, hätte die amerikanische Industrie Geld gebraucht. Aber sie stand vor demselben Problem wie die Farmer in den 1890er Jahren. Finanzinstitute und Investoren wollten nicht helfen und fanden sogar Mittel und Wege, um davon zu profitieren, indem sie Vermögenswerte zu Schleuderpreisen aufkauften.

Der Aufschwung des Finanzwesens förderte nicht nur Investitionsströme nach Übersee. Er sorgte auch dafür, dass Investitionen von älteren Industrien in neue Hightech-Unternehmen flossen. Es ist kein Zufall, dass Apple und Microsoft beide aus den 1970er Jahren stammen. Beide wuchsen durch die Kommerzialisierung technologischer Fortschritte, die in der Zeit des organisierten Kapitalismus größtenteils vom amerikanischen Steuerzahler bezahlt und vom Verteidigungsministerium und anderen Regierungsbehörden finanziert wurden.[68] Google, Amazon, Facebook und eine Reihe

sein, als es Donald Trumps Appell »Make America Great Again« bestimmte. Als Ronald Reagan im Kontext eines sich deindustrialisierenden Amerikas eine fast identische Wendung verwendete, war der internationale Bezugsrahmen noch der Konkurrenzkampf im Kalten Krieg. Als Trump sie sich zu eigen machte, nachdem die Deindustrialisierung fast abgeschlossen war, war der Aufstieg Chinas die zentrale internationale Sorge.

68 Siehe Mariana Mazzucato, *Das Kapital des Staates. Eine andere Geschichte von In-*

anderer neuer Technologieunternehmen folgten dicht dahinter und profitierten ebenfalls von Investitionen des Steuerzahlers, die sie nicht zurückzahlten. Diese neuen Riesenunternehmen haben den Verbrauchern enormen Komfort und andere Vorteile gebracht. Aber sie sind zu einer weiteren Herausforderung für die gesellschaftlichen Grundlagen der Demokratie geworden.

Das in die Hightech-Branche fließende Kapital hat nicht in vergleichbarem Maße Arbeitsplätze geschaffen wie in den alten Industrien. In den Fabriken, die in Asien gebaut wurden, sind neue Arbeitsplätze entstanden, doch da diese automatisiert wurden, blieben die Löhne niedrig. Wer fordert, verlorene Arbeitsplätze in die Vereinigten Staaten zurückzuholen, übersieht die Automatisierung und den Abbau von qualifizierten Arbeitsplätzen in der Großindustrie. Das heißt nicht, dass mehr Produktion nicht gut für die Vereinigten Staaten wäre. Aber es bedeutet, dass neue Fabriken nicht die guten Arbeitsplätze der Vergangenheit zurückbringen werden. Wo Kreativität gedeiht, geschieht dies meist in kleinerem Maßstab.

Mit der Globalisierung, dem Niedergang des verarbeitenden Gewerbes und den Investitionen in mehr Technologie sind die Arbeitsplätze im Dienstleistungssektor am schnellsten gewachsen. Dort werden Arbeitsplätze allerdings in der Regel schlechter bezahlt als in der Industrieproduktion.[69] Die Wahrscheinlichkeit, dass es sich bei den Beschäftigten um Frauen, ethnische Minderheiten und Zuwanderer handelt, ist wesentlich höher. Die Zahl der gewerkschaftlich organisierten Arbeitnehmer ist geringer, was sich jedoch ändern könnte.

Der Begriff des Dienstleistungssektors ist sehr weit gefasst. Er umfasst Lehrer und Steuerberater genauso wie das Personal in Restaurants und Pflegeheimen. Das Beschäftigungswachstum in diesem Sektor wird durch mehrere Trends bestimmt. Eine alternde Bevölkerung, berufstätige Eltern und kleinere Familien, die in grö-

novation und Wachstum, übers. von Ursel Schäfer (München: Kunstmann, 2014) dazu, wie eine kluge Politik neue staatliche Investitionen und höhere staatliche Renditen darauf ermöglichen könnte.

69 Es gibt Ausnahmen wie Ärzte und Rechtsanwälte. Aber auch ihre Arbeit war einer Umstrukturierung unterworfen. Im Rahmen einer Arbeitsteilung, die darauf abzielt, die Kosten für die teuersten Berufe zu senken, wurde eine Vielzahl von weniger gut bezahlten Stellen geschaffen.

ßerer Entfernung voneinander leben, erfordern mehr Carearbeit. Viele Dienstleistungen bieten Annehmlichkeiten für die Profiteure der neuen Ökonomie, die es sich leisten können: Finanzberater, schicke Restaurants, Massagetherapeuten. Und ein großer, wachsender »Teilsektor« ist die Logistik: die Kombination aus Lagerhaltung, Lieferung und computergestützten Kontrollsystemen, für die beispielhaft Amazon steht. Wichtig ist jedoch: Die Orte, an denen die Zahl der Arbeitsplätze im Dienstleistungssektor am stärksten zugenommen hat, sind nicht diejenigen, wo Arbeitsplätze in den Fabriken verloren gingen.

Die Deindustrialisierung wäre selbst dann schmerzhaft genug gewesen, wenn sich neue Quellen für Beschäftigung und Wirtschaftskraft gefunden hätten, aber in Wirklichkeit blieben viele Gemeinden dem langfristigen Niedergang überlassen. Sie haben an Bevölkerung verloren, da diejenigen, die umziehen konnten, dorthin gegangen sind, wo es Arbeitsplätze gab; sie haben ihre jungen Leute verloren. Sie haben ihre innerstädtischen Einkaufsstraßen sowie ihre Schulen verloren. In den Vereinigten Staaten sind viele der Opioid-Epidemie zum Opfer gefallen, die zum Teil von betrügerischen Unternehmen verursacht wurde, welche sowohl Ärzte als auch Patienten täuschten.[70] Wie um die schwindende Wirkmacht der Bürger drastisch vor Augen zu führen, sahen sich diejenigen, die darum kämpften, ihren Gemeinden zu helfen, mit der Ignoranz staatlicher Stellen und dem heftigen Widerstand von Unternehmen konfrontiert.[71]

70 Jahre nachdem das Leben vieler Bürger durch die Sucht zerstört wurde, erkennen die Gerichte die Haftung von einst angesehenen Unternehmen wie Johnson & Johnson an. Eine detailliertere Darstellung zu einem konkreten Unternehmen und zur Familie Sackler, die es leitete und davon profitierte, bietet Patrick Radden Keefe, *Imperium der Schmerzen. Wie eine Familiendynastie die weltweite Opioidkrise auslöste*, übers. von Gregor Runge, Kattrin Stier und Benjamin Dittmann-Bieber (München: hanserblau, 2022). Die Sacklers sind auch ein Beispiel dafür, wie das »Recycling« von Reichtum mittels Philanthropie in Wirklichkeit einigen Gemeinschaften – Arbeitnehmern und den Städten, in denen sie leben – Ressourcen entzieht und sie an andere transferiert; im Fall der Sacklers waren die großen Empfänger Israel und Museen in mehreren Großstädten. Siehe Anand Giridharadas, *The Elite Charade of Changing the World* (New York: Vintage, 2018).

71 Siehe Barry Meier, A Nun, a Doctor, and a Lawyer – and Deep Regret over the Nation's Handling of Opioids, in: *New York Times*, 18. August 2019.

Neue Technologien und die Umstrukturierung der Arbeit haben in den Vereinigten Staaten zu einer höheren Produktivität geführt. Doch was die Ludditen des 19. Jahrhunderts (die im vorigen Kapitel Thema waren) erlebten, hat sich wiederholt. Die Arbeitnehmer, die ihre guten alten Jobs verloren, haben nicht von den neuen Vorteilen profitiert. Wie Abbildung 2 zeigt, sind fast alle Erlöse aus der steigenden Produktivität an die Reichen gegangen. Wir erleben wieder einmal ein Beispiel für Engels' Pause.

Das Problem der Ungleichheit besteht nicht nur darin, dass einige Menschen nicht genug haben, obwohl das mit Sicherheit der Fall ist. Wichtig sind auch zwei weitere Probleme. Das eine ist, dass Geld Macht verleiht und diejenigen, die mehr davon haben, einen Einfluss ausüben können, der mit dem einer demokratisch gewählten Regierung konkurriert. Das andere ist, dass die gesellschaftliche Solidarität untergraben wird. Die Bürger teilen nicht mehr die gleichen Lebenserfahrungen, aufgrund derer die Zugehörigkeit zu einem Land (oder einer lokalen Gemeinschaft) für alle dasselbe bedeutet. Und sowohl die staatliche Politik als auch allgemeinere Wirtschaftstrends wie die Inflation bei den Immobilien haben für Menschen mit unterschiedlichem Einkommensniveau sehr unterschiedliche Auswirkungen.

Seit den 1970er Jahren gab es, wie wir festgestellt haben, katastrophale Umwälzungen und oftmals Verluste für die Arbeiterklasse, und es gab eine erhebliche Erosion für die Mittelschicht. Im gleichen Zeitraum sind die sehr Reichen dramatisch reicher geworden, und auch den oberen 20 Prozent der Bevölkerung geht es gut. Diese obere Mittelschicht hat von den steigenden Immobilienpreisen stärker profitiert als dadurch verloren, konnte sich hohe Studiengebühren leisten, profitierte vom globalen Handel und Finanzwesen und hat in Krisenzeiten oft sogar Geld verdient. Während der Finanzkrise von 2008/09 und der Wirtschaftskrise im Zusammenhang mit Covid-19 in den Jahren 2020/21 hat die obere Mittelschicht Geld verdient, und die Oberschicht hat noch viel mehr verdient. Hingegen haben die Arbeiterklasse und der Rest der Mittelschicht sowohl in diesen Krisen als auch in den letzten fünfzig Jahren insgesamt an Boden verloren.

Diese Spaltung der Mittelschicht ist von grundlegender Bedeutung. Gebildete, zumeist städtische Fachkräfte prosperierten, während der Rest der Mittelschicht zusammen mit den Arbeitern an Boden verlor. Diejenigen, die davon profitierten, konstituierten sich selbst als Eliten, indem sie sich mittels kultureller Distinktion abgrenzten und ihre Privilegien meritokratisch rechtfertigten. Ressentiments helfen, die aktuelle anti-elitäre Politik zu erklären. Der Anti-Elitismus verdeckt allerdings auch den Unterschied zwischen der wohlhabenden, aber kulturell noch stärker abgegrenzten oberen Mittelschicht und den ganz Reichen.

Noch grundlegender als die Einkommensunterschiede sind die Anteile am Vermögen. Ein gewisser Reichtum besteht natürlich in Form von Luxusgütern – schicke Autos, teurer Schmuck und Eigentumswohnungen in Skigebieten. Der weitaus größere Teil des Reichtums besteht jedoch aus investierbaren Vermögenswerten – Kapital. Mehr als drei Viertel des gesamten Vermögens werden von den oberen zehn Prozent kontrolliert, vierzig Prozent vom obersten einen Prozent. Diese sehr reichen Haushalte besitzen fünfzehnmal mehr Vermögen als die unteren fünfzig Prozent zusammen.[72] Ist allein schon der Anteil des obersten einen Prozents alarmierend, so ist die Wachstumsrate des Vermögensanteils, der von den obersten 0,00001 Prozent kontrolliert wird, noch atemberaubender (siehe Abbildung 3).

In den Vereinigten Staaten gibt es mehr als sechshundert Milliardäre. Allein drei von ihnen – Jeff Bezos, Bill Gates und Warren Buffett – besitzen zusammen mehr als die untere Hälfte der Amerikaner.[73] Die fünfzig reichsten Amerikaner haben mehr Vermögen als die ärmsten 165 Millionen.[74] Und der Anteil der Allerreichsten unter ihnen wächst.

72 Siehe Abb. 3. Siehe auch Tommy Beer, Top 1% of U.S. Households Hold 15 Times More Wealth than Bottom 50% Combined, in: *Forbes*, 8. Oktober 2020. Global verfügt das reichste Prozent über rund die Hälfte des weltweiten Vermögens. Credit Suisse Global Wealth Report, 2018, ⟨https://www.credit-suisse.com/about-us/en/reports-research/global-wealth-report.html⟩.

73 Kerry A. Dolan/Jennifer Wang/Chase Peterson-Withorn, Billionaires, in: *Forbes*, 5. März 2019; Institute for Policy Studies, Billionaire Bonanza 2017, 8. November 2017, ⟨https://ips-dc.org/report-billionaire-bonanza-2017/⟩.

74 Ben Steverman/Alexandre Tanzi, The 50 Richest Americans Are Worth as Much as the Poorest 165 Million, in: *Bloomberg*, 8. Oktober 2020.

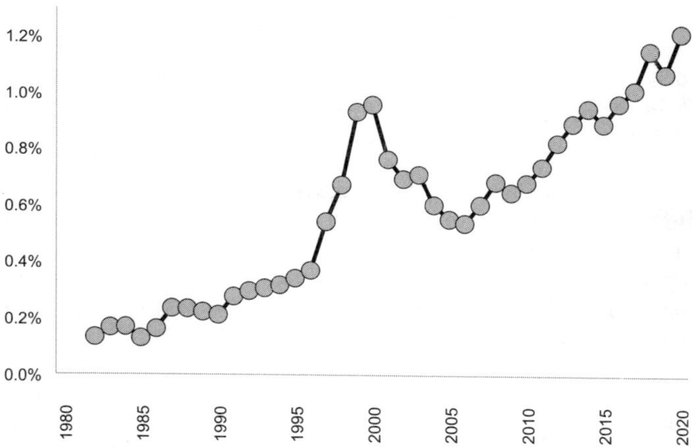

Abb. 3: Anteil des Vermögens, das sich im Besitz der reichsten 0,000001 Prozent der Amerikaner (ca. 3300 Menschen) befindet.

Quelle: Edward Saez/Gabriel Zucman, The Rise of Income and Wealth Inequality in America, in: Journal of Economic Perspectives 34:4 (2020), S. 3-26, Abb. 1, ergänzt durch Daten aus ⟨https://gabriel-zucman.eu/files/SaezZucman2020JEP.pdf⟩. Mit freundlicher Genehmigung der Autoren.

Ein Grund, warum die sehr Reichen so viel Vermögen anhäufen können, ist, dass sie sehr wenig Steuern zahlen. Im Prinzip ist das US-Steuerrecht »progressiv«, was bedeutet, dass diejenigen, die mehr verdienen, einen höheren Prozentsatz ihres Einkommens an Steuern zahlen. Das gilt bis zu einem Jahreseinkommen von etwa fünf Millionen Dollar – viel im Vergleich zu normalen Amerikanern, aber nicht annähernd so viel wie bei Bezos und Zuckerberg. Amerikaner, die zwischen zwei und fünf Millionen Dollar im Jahr verdienen, zahlen im Durchschnitt 27,5 Prozent Steuern, den höchsten Satz aller Einkommensgruppen. Diejenigen, die Hunderte von Millionen im Jahr verdienen, zahlen weniger. In vielen Jahren zahlen Leute wie Jeff Bezos, Elon Musk und andere Milliardäre sogar überhaupt keine Einkommensteuer.

Ein Grund dafür ist ein kompliziertes Netz von steuerlichen Nachlässen, Gutschriften und Befreiungen – in Verbindung mit findigen Anwälten und Buchhaltern, die diese manipulieren. Ein weiterer Grund ist, dass ein größerer Teil ihres Einkommens aus den Erträgen ihrer Investitionen stammt – Vermögen –, und die US-Bundesregierung besteuert diese Kapitalerträge mit einem deutlich niedrigeren Satz als Einkommen, die mit einem Job verdient werden. Aber bisher haben wir nur über das Versagen der Regierung gesprochen, einen fairen Steueranteil auf die Einkommen zu erheben, die die Reichen angeben.[75] Ein weiteres Problem ist die massenhafte Nutzung von Briefkastenfirmen, Steueroasen und anderen Instrumenten, um Einkommen zu verstecken oder um es nicht in den Ländern deklarieren zu müssen, in denen die Reichen tatsächlich leben.[76]

Einige der sehr Reichen haben sogar von sich aus eine höhere Besteuerung gefordert. Warren Buffett hat wiederholt dafür plädiert, dass die Vereinigten Staaten eine Erbschaftssteuer einführen sollten, bei der ein größerer Teil des Vermögens von Bürgern, die sterben, eingezogen wird, damit die Reichen ihren gerechten Anteil zahlen und die normalen arbeitenden Menschen weniger zahlen müssen. Das Gleiche gilt für George Soros und Mark Benioff (Benioff ist Gründer des Unternehmens Salesforce und einer der hundert reichsten Amerikaner).[77] Ihr Argument lautet im Grunde, dass das Gemeinwohl – das Schicksal des Landes – eine Verringerung der Ungleichheit und eine gerechtere Besteuerung erfordert. Sie wollen nicht, um es mit den Worten des Soziologen Richard

75 Genauere Informationen über die von den sehr Reichen gezahlten – oder vermiedenen – Steuern wurden im Jahr 2021 verfügbar, als der Journalistengruppe ProPublica Unterlagen der IRS zugespielt wurden. Siehe Jesse Eisinger/Jeff Ernsthausen/Paul Kiel, »The Secret IRS Files: Trove of Never-Before-Seen Records Reveal How the Wealthiest Avoid Income Tax«, in: *ProPublica*, 8. Juni 2021, ⟨https://www.propublica.org/article/the-secret-irs-files-trove-of-never-before-seen-records-reveal-how-the-wealthiest-avoid-income-tax⟩. Zu einer eingehenderen Analyse der Steuervermeidung siehe Emmanuel Saez/Gabriel Zucman, *Der Triumph der Ungerechtigkeit. Steuern und Ungleichheit im 21. Jahrhundert*, übers. von Frank Lachmann (Berlin: Suhrkamp, 2020); John Guyton et al., »Tax Evasion at the Top of the Income Distribution: Theory and Evidence«, NBER working paper 28 542, März 2021, ⟨https://www.nber.org/papers/w28542⟩.

76 Siehe Gabriel Zucman, *Steueroasen. Wo der Wohlstand der Nationen versteckt wird*, übers. von Ulrike Bischoff (Berlin: Suhrkamp, 2014); Saez/Zucman, *Der Triumph der Ungerechtigkeit.*

77 Carter Coudriet, These Billionaires Want the Ultra-Wealthy to Pay More in Taxes, in: *Forbes,* 15. Oktober 2019.

Lachmann zu sagen, Passagiere erster Klasse auf einem sinkenden Schiff sein.[78] Natürlich schließen sich ihnen nicht alle sehr Reichen an – Bezos oder Musk zum Beispiel tun das nicht. Das mag zum Teil daran liegen, dass sie das Gefühl haben, ihre eigenen Erfahrungen und die ihrer Familien vom Schicksal der Vereinigten Staaten oder eines anderen Landes separieren zu können.

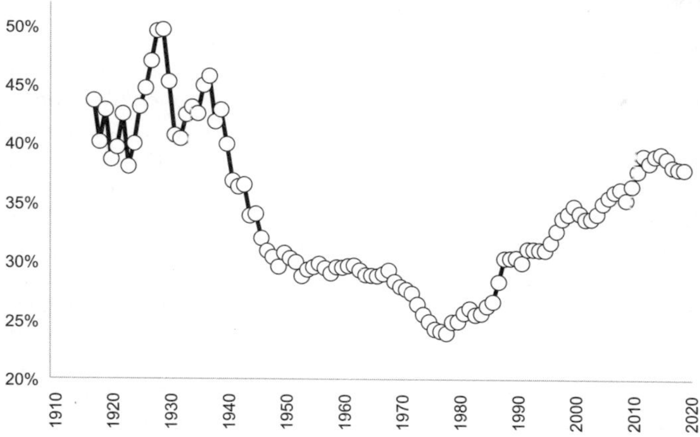

Abb. 4: Vermögensanteil des obersten einen Prozent in den USA.

Quelle: Edward Saez/Gabriel Zucman, The Rise of Income and Wealth Inequality in America, in: *Journal of Economic Perspectives* 34:4 (2020), S. 3-26, Abb. XA, ergänzt durch Daten aus ⟨https://gabriel-zucman.eu/files/SaezZucman2020JEP.pdf⟩. Mit freundlicher Genehmigung der Autoren.

Wie Abbildung 4 zeigt, hat sich die Kluft zwischen den Reichen und dem Rest seit der Großen Depression und dem Zweiten Weltkrieg über die Jahre des organisierten Kapitalismus bis in die späten 1970er Jahre verringert. Seither hat sie sich dramatisch vergrößert. Diese extreme Ungleichheit, die durch Vererbung weitergegeben wird, untergräbt die Freiheit, die Selbstbestimmung, die Gleichheit und die Solidarität der Bürger und damit die Demokratie.

78 Richard Lachmann, *First Class Passengers on a Sinking Ship: Elite Politics and the Decline of Great Powers* (London: Verso, 2020).

Abgesehen von der radikalen Ungleichheit zwischen der Milliardärsklasse und dem Rest bestimmt noch immer der relative Reichtum in hohem Maße über die Lebenschancen. Einige junge Erwachsene haben beispielsweise Eltern, die ihnen das Geld für den Kauf ihres ersten Hauses geben können, selbst in schicken Gegenden. Manche haben Eltern, die ihnen genug Geld für eine Anzahlung geben können. Wieder andere haben Eltern, die ihnen finanziell nicht helfen können, weil sie nicht über das nötige Vermögen verfügen.

Das Gleiche gilt für die Studiengebühren. Die Kosten für universitäre Bildung sind drastisch gestiegen. Reichere Eltern können die Chancen ihrer Kinder garantieren. Für Eltern aus der Mittelschicht können die Hochschulgebühren eine enorme Belastung sein, und ihre Kinder schließen ihr Studium in der Regel mit hohen Schulden ab. Aber die Mehrheit der Armen geht nicht einmal aufs College. Kinder aus wohlhabenden Familien besuchen zudem viel häufiger Eliteeinrichtungen, die ihre Vorteile gegenüber anderen noch verstärken. An vielen dieser hochselektiven Schulen kommen mehr Schüler aus dem reichsten einen Prozent als aus den unteren sechzig Prozent.[79] Nicht profitorientierte Schulen bieten die geringsten Bildungsvorteile und haben die meisten armen Schüler.[80]

Vermögen verfestigt Ungleichheit selbst bei Menschen mit vergleichbarem Lohn- und Gehaltseinkommen. Wer über kein Vermögen verfügt, muss Kredite aufnehmen, um ein Haus zu kaufen oder ein Studium zu absolvieren, und wenn er diese Kredite weiter abzahlen muss, hat er kein Geld, um in ein wachsendes Vermögen zu investieren. Die Kluft wird immer größer, denn Vermögen zu haben – etwa durch Erbschaften oder elterliche Schenkungen – bedeutet, dass man von dem, was man verdient, mehr behalten kann.

Und wem mangelt es am meisten an Vermögen? Wichtige Faktoren sind Rasse und ethnische Herkunft. Weiße verfügen über viel mehr Vermögen als andere, einschließlich Schwarze (die mit Blick auf das Gesamtvermögen der Vereinigten Staaten weniger besitzen als vor 150 Jahren), Indianer, Latinos und Latinas.[81] Frauen (insbe-

79 Raj Chetty et al., Income Segregation and Intergenerational Mobility across Colleges in the United States, in: *Quarterly Journal of Economics* 135 (2020), S. 1567-1633.

80 Rick Seltzer, A Gulf in the Earnings Gap, in: *Inside Higher Ed*, 6. September 2018.

81 Lisa J. Dettling et al., Recent Trends in Wealth-Holding by Race and Ethnicity:

sondere Alleinerziehende) haben weniger Vermögen als Männer.[82] Und Bewohner von Regionen, die unter Deindustrialisierung oder gar langfristiger Vernachlässigung gelitten haben, verfügen über weniger Wohlstand als der Rest des Landes – und diese Kluft ist nicht nur in den Vereinigten Staaten, sondern in allen wohlhabenderen Demokratien größer geworden.[83]

Fehlendes Vermögen trägt zu einem »liquideren«, flüchtigeren Leben bei. Das mag für manche attraktiv klingen, vor allem für junge Menschen, die glauben, dass sie viele Möglichkeiten haben werden. Aber Mangel an Eigentum bedeutet nicht immer Freiheit. Es bedeutet, kein Haus zu besitzen und zwangsweise umziehen zu müssen. Oft geht das mit prekären Arbeitsverhältnissen einher. Und nicht nur die Ärmsten können davon betroffen sein, sondern auch Menschen aus anderen Schichten.[84]

Von sozialer Unterstützung haben nicht nur der Einzelne und seine Familie etwas. Sie ist entscheidend für die Demokratie. Die Entmächtigung der Bürger, das Scheitern der Inklusion und die majoritäre Hyperparteilichkeit – das alles spiegelt die Erosion oder

Evidence from the Survey of Consumer Finances, *FEDS Notes*, 27. September 2017, ⟨https://www.federalreserve.gov/econres/notes/feds-notes/recent-trends-in-wealth-holding-by-race-and-ethnicity-evidence-from-the-survey-of-consumer-finances-20170927.htm⟩. Dieser Datensatz enthält keine Angaben zu Asiaten. Insgesamt verfügen Asiaten über mehr Vermögen als andere Minderheiten und über weniger Vermögen als Weiße, aber das verschleiert die Komplexität der Verhältnisse. So sind beispielsweise japanischstämmige Amerikaner zwanzig Mal vermögender als koreanischstämmige. Siehe Dedrick Asante-Muhammad/Sally Sim, Racial Wealth Snapshot: Asian Americans and the Racial Wealth Divide, National Community Reinvestment Coalition, 14. Mai 2020, ⟨https://ncrc.org/racial-wealth-snapshot-asian-americans-and-the-racial-wealth-divide⟩.

82 Siehe die Daten und die Analyse des Projekts Inequality.org am Institute for Policy Studies, ⟨https://inequality.org/facts/gender-inequality/⟩; sowie die Website der Lobbygruppe Closing the Womens Wealth Gap, ⟨https://womenswealthgap.org⟩.

83 Zum Bericht »OECD Regions at a Glance 2016« siehe OECD, »Regional Inequalities Worsening in Many Countries«, Pressemitteilung, 16. Juni 2016, ⟨https://www.oecd.org/regional/regional-inequalities-worsening-in-many-countries.htm⟩.

84 Mary Harrington erörtert sehr schön persönliche Wege zum Mangel an Eigentum und Liquidität in »In Defence of the Woke Lefts«, in: *UnHerd*, 13. Mai 2021. Siehe auch Zygmunt Bauman, *Flüchtige Moderne*, übers. von Reinhard Kreissl (Frankfurt am Main: Suhrkamp, 2003).

den Umbruch der gesellschaftlichen Grundlagen der Demokratie wider. Die Entmächtigung der Bürger resultiert nicht nur aus der Manipulation durch die Medien oder der Rolle, die Geld in der Politik spielt, sondern zeugt auch von der Zerstörung lokaler Gemeinschaften und gesellschaftlicher Institutionen, die mit der Deindustrialisierung, dem ungezügelten Kapitalismus und der finanzgetriebenen Globalisierung einhergeht. Probleme der Integration haben mit Einwanderungswellen, verstärkter Ungleichheit und rassistischen Spaltungen zu tun. Die Hyperpolarisierung der Politik ist Ausdruck der Zerrüttung der politischen Parteien und befördert perfide Wahlkampfstrategien und dreiste Wählerunterdrückung. Aber all diese Probleme nähren sich auch aus den kämpferischen Reaktionen auf den rasanten kulturellen Wandel, die Spaltung der gesellschaftlichen Geographie und die blockierte soziale Mobilität.

Dies ist ein weiteres Beispiel für das, was Karl Polanyi eine »Doppelbewegung« nannte.[85] Es gibt keine Aktion ohne Reaktion. Wie schon zuvor, so haben auch diesmal der Kapitalismus, neue Ideologien und staatliche Politik das Leben der Arbeitnehmer und der lokalen Gemeinschaften durcheinandergebracht. Das ist die erste Bewegung. Was aber wird die zweite Bewegung als Reaktion darauf sein? Denkbar wären Kriminalität, bewaffnete Aufstände oder eine steigende Selbstmordrate. Es könnte eine politische Rebellion sein, die Wut und Frustration zum Ausdruck bringt, aber nicht so recht weiß, wie sie die frustrierenden Verhältnisse ändern soll. Oder es könnte der Aufbau besserer gesellschaftlicher Institutionen sein, die das Gemeinwohl fördern.

Das Beispiel der *trente glorieuses* zeigt, dass sich die sozialen Grundlagen der Demokratie wiederherstellen lassen – selbst nach Weltwirtschaftskrise und Krieg. Die Demokratie lässt sich wieder ausbauen. Das hängt zum Teil unmittelbar von politischen Entscheidungen ab – wie der Ablehnung der verschiedenen Strategien der Wählerunterdrückung, mit denen diejenigen, die vorübergehend in der Mehrheit sind, versuchen, ihre Macht zu sichern. Aber es hängt auch davon ab, dass die gesellschaftlichen Grundlagen der Demokratie erneuert werden.

Das ist während der *trente glorieuses* zumindest teilweise geschehen. Nach dreißig Jahren spektakulärer Instabilität – zwei Welt-

85 Polanyi, *The Great Transformation.*

kriege und eine große Wirtschaftskrise – wurde eine neue Stabilität erreicht. Sie war bei weitem nicht perfekt, und sie hatte ihren Preis, aber Stabilität hat als solche einen Wert für diejenigen, die versuchen, das Beste aus »Leben, Freiheit und dem Streben nach Glück« zu machen. Doch *les trente glorieuses* brachten nicht nur Stabilität, sondern auch einen höheren Standard in den Bereichen Wohnen, Verkehr, Bildung und Gesundheitsversorgung. Sie führten den New Deal und frühere Bemühungen zur Überwindung von Ungleichheiten, die in die Grundlagen der Demokratien eingebaut worden waren, fort. Und sie zeigten, dass die republikanischen Institutionen, die einen notwendigen Rahmen für die Demokratie bildeten, zwar erschüttert, aber nicht zerstört worden waren.

Genau in diesem Kontext relativer Stabilität entstanden soziale Bewegungen, die sich um Verbesserung bemühten. In den Vereinigten Staaten haben die Bürgerrechtsbewegung, die Frauenbewegung, das American Indian Movement und die Schwulenbewegung allesamt versucht, etwas gegen die seit langem bestehenden Unterdrückungen und Diskriminierungen zu unternehmen. Die Friedensbewegung reagierte auf einen konkreten (besonders schmerzhaften und sinnlosen) Krieg, aber sie hat auch versucht, imperialistische Tendenzen zu bekämpfen, die im Widerspruch zu den höheren Werten der amerikanischen Republik standen. Die Ökologiebewegung hat sich mit einer Reihe von Themen befasst, die von der Umweltverschmutzung über das Artensterben und die Degradation der Böden bis hin zum Klimawandel reichen. All diese Themen standen in einem Spannungsverhältnis zu so manchen Aspekten der damals vorherrschenden Politik, aber sie stützten sich auf deren Institutionen: Gewerkschaften, Kirchen, Universitäten. Sie alle betrieben Demokratie im telischen Sinne, die nicht nur durch institutionelle Regelungen und Verfahren, sondern auch durch Ideale definiert ist: Freiheit, Gleichheit, Brüderlichkeit; Regierung des Volkes, durch das Volk und für das Volk; das Gemeinwohl.

In der darauffolgenden neoliberalen Ära gab es jede Menge Aktivismus und zahlreiche Unmutsartikulationen. Es gab Erfolge bei den Bemühungen um die demokratische Integration. Es wurden neue Freiheiten und die Anerkennung der Legitimität verschiedener Identitäten erreicht. Kulturelle Freiheiten und Forderungen nach Anerkennung wurden jedoch größtenteils gerade deshalb durchgesetzt, weil sie keine grundlegenden Veränderungen der politischen Ökonomie erforderten. Die Arbeitnehmer haben ihre gewerkschaftliche Vertretung verloren, während sich die Beschäftigungsstrukturen asymmetrisch zugunsten der Arbeitgeber verändert haben. Die Ungleichheit hat zugenommen, genauso wie die Verschuldung. Die Kapazitäten der lokalen Gemeinschaften sind geschwunden; die nationalen Institutionen haben dies nicht ausgeglichen, und einige, die einst für mehr Gleichheit sorgten, sind zu Organisatoren der Ungleichheit geworden. Kurz: Die Bürger wurden entmächtigt und die Solidarität wurde untergraben. Der Populismus war eine Reaktion darauf, obwohl er weder selbst treibende Kraft war noch den Zerfall aufhalten konnte. Die politische Polarisierung, die auf dem sozialen Wandel gründet, ist immer lähmender geworden. Der *demos*, von dem die Demokratie abhängt, hat seinen Zusammenhalt verloren.

Die Lösungen, die man Mitte des 20. Jahrhunderts für die sozialen Verwerfungen fand, waren nicht perfekt und lassen sich auf keinen Fall replizieren, aber sie zeigen, dass es möglich ist, wirksame Maßnahmen zu ergreifen, um für mehr Gleichheit und Solidarität zu sorgen. In den letzten fünfzig Jahren ist es zu den Zerfallserscheinungen gekommen, die diesem Buch seinen Titel geben. In dieser Zeit hat es keine breit aufgestellten sozialen Bewegungen gegeben, die diesen Trend umkehren könnten, auch wenn es Anzeichen dafür gibt. Wie sagte – angeblich – der bedeutende afroamerikanische Richter und Bürgerrechtsaktivist William Hastie: »Demokratie ist ein Prozess, kein statischer Zustand. Sie ist eher ein Werden als ein Sein. Sie kann leicht verloren gehen, wird aber nie ganz gewonnen. Ihr Wesenskern ist ein ewiger Kampf.«[86]

86 Hasties Worte werden häufig zitiert, und zwar schon in Zeitungsartikeln aus den 1940er Jahren. Die Originalquelle konnte ich leider nicht ausfindig machen.

Kapitel 4
Authentizität und Meritokratie

Craig Calhoun und Charles Taylor

Freiheit, Gleichheit und Solidarität sind für die Demokratie allesamt von grundlegender Bedeutung. Fehlt einer dieser drei Aspekte oder hat einer von ihnen zu viel Gewicht, kann das fatal sein.

Freiheit ist oftmals ein gieriges Konzept – oder eine Leidenschaft –, das alle Aufmerksamkeit beansprucht, die eigentlich mit Gleichheit und Solidarität geteilt werden sollte. Allzu oft wird sie als die »Essenz« der Demokratie angesehen. So sprechen wir zum Beispiel von der freien Welt. Der bekannteste Index für Demokratie wird von Freedom House veröffentlicht. Doch so wichtig sie auch ist: Freiheit ist nur eines der Ideale der Demokratie und nur ein Teil ihrer Geschichte.

Wichtig ist, dass Freiheit als die gleiche Freiheit *aller* und nicht als das Privileg einiger weniger angestrebt wird. Die Definition dessen, wer »alle« Menschen sind, hat im Laufe der Zeit natürlich überall eine Ausweitung erfahren. Vor zweihundert Jahren waren viele »Semidemokraten« davon überzeugt, dass es legitim sei, Frauen und Menschen ohne Eigentum auszuschließen – und sogar die Sklaverei zu dulden.

Zur Inklusion gehören nicht nur Gleichheit und Freiheit, sondern auch Solidarität: Die volle Zugehörigkeit zur politischen Gemeinschaft hängt von der Integration in kohärente soziale Beziehungen ab. Keine Kombination aus Freiheit und Gleichheit kann die Solidarität ersetzen – oder ohne sie stabil sein. Umgekehrt kann natürlich auch Solidarität – Gemeinschaft, sozialer Zusammenhalt – weder Freiheit noch Gleichheit ersetzen. Wir brauchen alle drei und müssen darum bemüht sein, sie als voneinander abhängige Güter im Gleichgewicht zu halten.

Seit den 1960er Jahren haben zwei liberale Freiheitsprojekte die meisten Demokratien nachhaltig verändert, was zu einem neuen Ausmaß an Ungleichheit geführt und die Solidarität untergraben hat. Da ist zum einen die *Authentizität*, die zu einem wirkmächtigen Ideal der Selbstdefinition und Identität geworden ist. Sie gehört zu einer Tradition des expressiven Liberalismus, der sich auf

Freiheit als Selbstverwirklichung konzentriert, aber auch zum Essentialismus neigt. Das ist zum anderen die *Meritokratie*, ein Ideal der Gerechtigkeit als Fairness, das in der Regel eher auf die Verteilung als auf die Verringerung von Ungleichheit ausgerichtet ist und vom Neoliberalismus mit seiner Betonung des instrumentellen Handelns und insbesondere der Rechte und der Unabhängigkeit der Eigentum Besitzenden beeinflusst wurde.

Die beiden Ideale sind unterschiedlich, aber beide sind mitschuldig an der Legitimation enormer Ungleichheit und schwindender Solidarität. Ungleichheit und abnehmende Solidarität sind Ergebnis einer neuen »großen Transformation«, die Globalisierung, Finanzialisierung und technologische Innovation miteinander verbindet. Die Arbeitsplätze haben sich von der verarbeitenden Industrie hin zu Dienstleistungen und Logistik verlagert. Städte und ganze Regionen haben ihre ökonomische Grundlage verloren.

Die Demokratien haben es im Großen und Ganzen versäumt, sich angemessen mit den Verwerfungen und Ungleichheiten dieser neuen »großen Transformation« auseinanderzusetzen. Es ist wichtig zu fragen, warum das so war. Woran haben die Bürger und politischen Entscheidungsträger in den Demokratien der Welt gedacht, als sie über Gleichheit hätten nachdenken können?

Offensichtlich haben viele ans Geld gedacht. Es war eine Zeit, in der sogar der starke Mann des kommunistischen Chinas erklärte: »Reich werden ist ruhmreich.« Oder wie es der amerikanische Film *Wall Street* (1987) ausdrückte: »Gier ist gut.« Aber auch diejenigen, die nicht reich waren, machten sich Gedanken übers Geld: Schließlich mussten sie ihre Hypotheken abbezahlen, ihre Kinder auf »gute« Colleges schicken und für die Rente sparen. Und selbst die ehemals Wohlhabenden mussten mehr und mehr mit Arbeitsplatzverlusten, sinkenden Einkommen und Abwärtsmobilität fertig werden. Während das Reichwerden die Fantasie vieler Menschen beflügelt, ist das Bemühen, nicht arm zu werden, für andere zum täglichen Kampf geworden.

Doch der materielle Druck und die materiellen Möglichkeiten waren nicht alles. Auch die Gesellschaftspolitik hat sich verändert. Einflussreiche Ideologien – Denkweisen und Gefühlsstrukturen – haben die Bürger von den Problemen der Ungleichheit und der Bedeutung des Gemeinwohls abgelenkt und ihr Verständnis der Beziehungen zwischen Freiheit, Gleichheit und Solidarität verzerrt.

In diesem Kapitel geht es um zwei dieser Ideologien: Authentizität und Meritokratie.

Beide sind vor allem deshalb verführerisch, weil sie in früheren Kämpfen, die tatsächlich die Gleichheit voranbrachten, wichtig waren. Die Idee der Authentizität prägte ein neues Verständnis, das in jedem Menschen die Fähigkeit zum Bürgersein sah. Die Idee der Meritokratie trug dazu bei, Systeme ererbter Privilegien, wie die Aristokratie, in Frage zu stellen. Doch in den letzten Jahrzehnten wurden beide Konzepte auf die Spitze getrieben. Und beide wurden durch eine übertriebene Auffassung von der Autonomie und Autarkie des Einzelnen verzerrt.

Authentizität, Anerkennung und Solidarität

Wenn wir auf unsere westlichen Demokratien in der Nachkriegszeit zurückblicken, sind wir erstaunt über die Gesetze, die sie verabschiedet haben, um die Lebensbedingungen ihrer Bürger drastisch zu verbessern. In einigen Fällen (z. B. in den Vereinigten Staaten und Schweden) wurde damit ein Trend fortgesetzt, der in den 1930er Jahren begonnen oder wiederaufgenommen worden war. In anderen Fällen handelte es sich um eine neue Entwicklung, überall aber um eine dramatische Ausweitung.[1] Zu diesen Maßnahmen gehörten der Aufbau oder die deutliche Ausweitung von Wohlfahrtsstaaten, Regelungen zur Aufrechterhaltung der Vollbeschäftigung, gewerkschaftsfreundliche Gesetze, die Erhöhung von Mindestlöhnen, Wirtschaftsplanung (in Frankreich), Mitbestimmung (in Deutschland) und eine noch stärkere Ausweitung der sozialen Demokratie in Skandinavien. Diese Maßnahmen waren offensichtlich Ausdruck und Stützen eines hohen Maßes an Solidarität in der gesamten Gesellschaft, die alle Klassen umfasste.

Der Kontrast zur Situation in denselben Gesellschaften nach der Finanzkrise von 2008 ist frappierend. In den meisten dieser Länder war die Reaktion auf den plötzlich sinkenden Lebensstandard vie-

1 Natürlich gab es Vorläufer. Der autokratische Otto von Bismarck führte bereits in den 1870er Jahren sozialstaatliche Elemente ein, um sich Unterstützung zu sichern, als er sich um die Einigung Deutschlands bemühte, und sicherzustellen, dass dieses geeinte Deutschland kapitalistisch blieb und nicht sozialistisch wurde.

ler Bürger – Verlust von Arbeitsplätzen, Zwangsvollstreckung von Hypotheken – erstaunlich dürftig. Der amerikanische Kongress rief zu »fiskalischer Verantwortung« auf. In der gesamten EU und insbesondere in Großbritannien, das schon bald aus der EU austreten sollte, verlangten die Regierungen von den Bürgern Sparanstrengungen. Das waren unkluge Maßnahmen, deren wirtschaftlicher Nutzen fragwürdig war. In moralischer und politischer Hinsicht liefen sie jedoch darauf hinaus, die Bürger für eine Krise bezahlen zu lassen, die von profitgierigen Finanzeliten verursacht worden war. Diese Politik hat zum Aufstieg eines aggressiv-kämpferischen Populismus beigetragen. Aber sie steht in der Kontinuität des Neoliberalismus, der die unmittelbar vorangegangenen Jahrzehnte beherrschte. Sie steht für einen eklatanten Verlust der Solidarität, die die Nachkriegszeit so stark geprägt hat.

Wie kam es zu diesem Wandel? Ein wichtiger Aspekt sind die großen gesellschaftlichen und ökonomischen Umwälzungen des letzten halben Jahrhunderts, wie sie in Kapitel 3 beschrieben wurden. Institutionelle Veränderungen – der Niedergang der Gewerkschaften in vielen Ländern, das Schrumpfen der sozialdemokratischen Parteien – spiegeln die sozioökonomischen Veränderungen wider und verstärken sie. Wir haben den Aufstieg und die Ausbreitung der wichtigsten ideologischen Rechtfertigung nachgezeichnet: des Neoliberalismus, ausgehend von den Arbeiten Friedrich Hayeks. Was jedoch in unserer Darstellung noch fehlt oder zumindest bislang deutlich zu kurz gekommen ist, ist ein angemessenes Porträt der großen Veränderungen in der Kultur und in der Auffassung von Lebenschancen, die im Westen im letzten Dreivierteljahrhundert seit 1945 stattgefunden haben.

Das Ethos der Authentizität

Eine Möglichkeit, den Verlust an Solidarität zu erklären, besteht darin, ihn gewissermaßen von der anderen Seite her zu betrachten, als eine Zunahme verschiedener Formen von Individualismus. Eine der wichtigsten Formen des Individualismus, die in dieser Zeit in der westlichen Kultur an Bedeutung gewonnen hat, ist die so genannte »Ethik der Authentizität«. Sie beruht auf dem Kerngedanken, dass jeder Mensch seine eigene Art hat, Mensch zu sein. Nimmt man diese Vorstellung ernst, so liegt es in der Verantwortung jedes Einzelnen, seinen Weg zu finden und ihn gegen sozialen oder familiären Anpassungsdruck zu verwirklichen. Und es erlegt anderen die Verpflichtung auf, diese Entscheidung zu respektieren und sie zu unterstützen oder zumindest nicht zu behindern. Einem Menschen Respekt zu erweisen bedeutet, seinen Weg oder, wie man es heute nennt, seine »Identität« zu respektieren.

Natürlich wird die Ethik der Authentizität oft als eine neue Form von Individualismus angesehen. Der Individualismus der persönlichen Verantwortung verlangt von uns, bestimmte wichtige Lebensverbindlichkeiten zu wählen – zuvörderst im Bereich der Religion: Er nahm seinen Anfang gewissermaßen durch die Reformation. Doch dann kam der instrumentelle Individualismus des nach persönlichem Vorteil strebenden Akteurs, einschließlich des »Besitzindividualismus«, den Brough Macpherson beschrieben hat (und der später im Neoliberalismus eine wichtige Rolle spielte).[2] Eine andere Form, die oft als »expressiver Individualismus« bezeichnet wird, entstand mit der romantischen Wende am Ende des 18. Jahrhunderts. Zunächst war dies eine Ethik, die auf Eliten beschränkt war, insbesondere auf Künstler und Dichter. Dementsprechend wurde die Originalität als Schlüsselelement wahrhaft kreativer Kunst angesehen.

In der Zeit nach dem Zweiten Weltkrieg verbreitete sich dieses Ethos in vielen westlichen Gesellschaften. Das ging einher mit zunehmender Freiheit von unmittelbarer materieller Not, einer größeren Auswahl an Konsumgütern und besseren Möglichkeiten sozialer Mobilität. Kleinere Familien, eine neue Betonung der kindlichen Entwicklung und eine längere Adoleszenz mit erweiterter Bildung spielten dabei eine Rolle. Das Gleiche gilt für die Idee der Freiheit selbst. Als die 1950er Jahre in die 1960er und 1970er Jahre übergingen, lautete einer der Slogans dieser Zeit: »Mach dein Ding.«

Der verbreitete Siegeszug einer Ethik der Authentizität in der Nachkriegszeit veränderte den Rahmen, in dem viele seit langem bestehende Formen von Diskriminierung und Ungleichheit verstanden wurden. Veranschaulichen lässt sich dieser Wandel am Beispiel der Haltung gegenüber Homosexuellen. Lange Zeit galt

2 C. B. Macpherson, *Die politische Theorie des Besitzindividualismus. Von Hobbes bis Locke* [1962], übers. von Arno Wittekind (Frankfurt am Main: Suhrkamp, 1967).

Homosexualität als eine abweichende Form von Sexualleben. Viele staatliche Stellen versuchten, sie zu verbieten und zu bestrafen; in den Familien und lokalen Gemeinschaften waren negative Ansichten fest verankert und verursachten enormen Schmerz. Mit zunehmender Dynamik ab den 1960er Jahren änderte sich das. Heute wird Schwulsein größtenteils als »Identität« behandelt, als eine Lebensausrichtung, die mit der individuellen Persönlichkeit verbunden und durch sie legitimiert ist. Sie zu sanktionieren oder abzuwerten ist jetzt nicht mehr gängige Praxis, sondern ein Akt illegitimer Diskriminierung. Zwar gibt es nach wie vor Probleme, wie z. B. das Beharren einiger religiöser Gruppen darauf, dass ihre Mitglieder nicht verpflichtet sein sollten, Antidiskriminierungsgesetze zu befolgen. Doch zu Beginn des 21. Jahrhunderts wurde die Legalisierung der Homo-Ehe mit relativ wenig Kontroversen vorangetrieben.

Gleiches gilt für die Beseitigung von Hindernissen für neue Karrierewege für Frauen oder die Aufhebung des Stigmas, das bestimmte Behinderungen umgibt. Barrieren und Vorurteile bleiben bestehen, aber sie verlieren immer mehr an Kraft. Für eine Person, die gut zu Fuß ist, erscheint es heute als offensichtlicher Unsinn, wenn sie Zugeständnisse an Rollstuhlfahrer wie etwa Bordsteinabsenkungen oder niedrigere Aufzugsknöpfe als Einschränkung von ihrer Freiheit oder als Verletzung und nicht als Errungenschaft der Gleichstellung empfindet. Aber handelt es sich bei der erreichten Gleichheit lediglich um eine gerechte Verteilung privater Güter an verschiedene Personen oder Personengruppen? Oder handelt es sich um einen Fortschritt für das Gemeinwohl, eine wünschenswerte Lebensweise, die es zu teilen gilt?

Wenn wir die Ethik der Authentizität als eine neuartige Form von Individualismus betrachten, dann ist die Vermutung unausweichlich, dass sie mitverantwortlich ist für die Schwächung der Solidarität, die ganz offensichtlich eine der großen negativen Entwicklungen der letzten vierzig Jahre ist.

Wenn dem wirklich so ist, dann sieht es so aus, als ob die Forderung nach Nicht-Diskriminierung und in diesem Sinne nach Gleichheit im Widerspruch zu der Art von Solidarität steht, die wir brauchen, um ein menschenwürdiges Leben für diejenigen zu gewährleisten, deren Lebensstandard durch den Vormarsch der Globalisierung, der Automatisierung und der geografischen Konzentration, der die letzten Jahrzehnte beherrscht hat und auch die kommenden Dekaden bestimmen wird, zerstört wurde. Da dies zwei unserer Grundwerte sind – oder, wenn Sie so wollen, zwei Facetten unseres Grundwerts der Gleichheit –, wäre dieser Konflikt tragisch. Wir müssen einen Weg finden, ihn zu überwinden.

Bei näherer Betrachtung jedoch stehen die Forderungen nach Anerkennung auf der Grundlage einer authentischen Identität keineswegs im Widerspruch zur Solidarität als solcher. Im Gegenteil, sie fordern immer eine Form der Solidarität ein, zumindest innerhalb der Gruppe, die unter Diskriminierung leidet – bei Homosexuellen in Sachen Homo-Ehe, bei Frauen in der #MeToo-Bewegung –, und bei ihren Unterstützern. Muss das auf Kosten einer umfassenderen Solidarität in der gesamten Gesellschaft gehen? Dass das der Fall sein kann, ist unbestritten. Aber muss es auch so sein?

Solidarität

In einem demokratischen Gemeinwesen sind wir motiviert, Differenzen – mitunter sehr scharfe Differenzen – zu unseren Mitbürgern zu akzeptieren, und zwar nicht einfach aus Toleranz gegenüber anderen Ansichten und Aussagen oder Kulturen und Identitäten, sondern weil wir uns als Bürger fühlen, weil wir eine gemeinsame Zugehörigkeit im Sinne des »Einer von uns« empfinden. Nicht zuletzt hält die Solidarität das Engagement für eine gemeinsame Zukunft aufrecht, selbst unter denjenigen, die eine Wahl verlieren oder noch immer um volle Rechte kämpfen.

Solidarität lässt sich ohne Freiheit und Gleichheit erreichen, aber Demokratie erfordert alle drei. Familien, Kirchen, Gemeinschaften, Handwerkszünfte, kleine Unternehmen und militärische Verbände können durch ein ausgeprägtes Gefühl gemeinsamer Identität und Zielsetzung eng miteinander verbunden sein. Aber ein solcher Zusammenhalt ist nur dann demokratisch, wenn er (im Prinzip) von allen in gleichem Maße frei gewählt werden kann und wenn seine Vorteile allen gleichermaßen zugutekommen.

Solidarität lässt sich auf eine Art und Weise erreichen, die eher repressiv ist, als dass sie die individuelle Kreativität, die Unterscheidung und den Ausdruck fördert. Was für die einen wie eine eng verbundene Familie aussieht, kann sich für die anderen wie eine Organisation mit patriarchaler Vorherrschaft anfühlen. Konflikte können entstehen, wenn das Ausleben einer bestimmten Identität eine Person in Widerspruch mit ihrer lokalen Gemeinschaft oder sogar mit ihrer Familie bringt; und diese Entfremdung kann sich vertiefen und verhärten, wenn die betreffende Person das Gefühl hat, dass sie wegziehen muss. Und da es in einer modernen Gesellschaft immer mehr Gründe gibt, um wegzuziehen – um eine Ausbildung zu erhalten, um den passenden Arbeitsplatz zu finden –, wird in der heutigen Welt immer häufiger auf diese Art und Weise zurückgegriffen, Konflikte in der Familie oder in der Gemeinschaft zu lösen oder erträglich zu machen. Daraus wiederum ergibt sich das uns nur allzu bekannte Muster, dass die (häufig kleine) Heimatgemeinde ihre Vorurteile umso vehementer aufrechterhält und die »freizügige« Kultur der größeren Städte, die das Refugium der »Abweichler« sind, ganz generell verurteilt.

Im größeren Maßstab beinhaltet die Sozialpsychologie des Massennationalismus eine Feier (und Durchsetzung) der vollständigen Einheit. Das ist etwas ganz anderes als eine starke, gemeinsame Identität in Kombination mit Freiheit und Gleichheit. Die Ethik der Authentizität war eine starke Triebfeder für das liberale Streben nach Freiheit und Anerkennung. Aber selbsterklärte Liberale waren allzu oft der Ansicht, dass die Bekundungen gleicher Freiheit ohne materielle Gleichheit ausreichen könnten. Dies führte zu einer verschwommenen Stimmung von wohlwollendem Optimismus bei den Eliten und wachsender Frustration bei anderen.

Wir brauchen sowohl die gleichberechtigte gegenseitige Anerkennung in unseren Unterschieden als auch die Anerkennung des jeweils anderen und von uns selbst als Mitglieder eines gemeinsamen Gemeinwesens. Die Balance zwischen der Achtung der Freiheit oder der Rechte und der Förderung der Gleichheit geht leicht verloren. So schürten beispielsweise kommunistische Gesellschaften die Befürchtung, dass das Streben nach Gleichheit Herrschaft erfordern würde. Umgekehrt war die einseitige Betonung der Freiheit sowohl der Gleichheit als auch der Solidarität abträglich. Die Sichtweise, die wir als Neoliberalismus bezeichnen, rechtfertigt den entsetzlichen Mangel an Solidarität mit der bequemen Gewissheit, dass der globalisierte Markt eine steigende Flut auslöst, die dann schon irgendwie alle Boote anheben wird. Das ist wie ein »Wohlstandsevangelium«, das Christen dazu drängt, um persönliche Gunstbezeugungen zu beten, für jeden einzeln und separat, anstatt um Gemeinschaft oder Gerechtigkeit. »Oh Lord, won't you buy me a Mercedes Benz ...«[3]

Die Kombination von Freiheit oder Rechten mit Gleichheit sorgt nicht per se für gegenseitiges Engagement unter den Bürgern einer Demokratie. Unabhängig von ihren Quellen – und diese sind umstritten – bedarf es der Solidarität für den Aufbau von Institutionen und Ländern, für die Durchführung von Projekten wie die Verringerung der Ungleichheit und für Bewegungen zur Stärkung und Vertiefung der Demokratie. Sie ist Grundvoraussetzung, um Gemeinschaften, Länder und im Grunde die Welt mit anderen teilen zu können.

David Goodhart, der sich vor allem mit der Situation in Großbritannien befasst, stellt eine wachsende Kluft zwischen zwei Arten von Menschen fest, denen er die Namen »Anywheres« und »Somewheres« gibt.[4] Der letztgenannte Begriff bezeichnet Menschen, die in ihren Herkunftsgemeinschaften bleiben und ihnen verbunden sind; »Anywheres« sind Menschen, für die ihre Karriere der wichtigste Wert ist und die bereit sind, ihre Heimat zu verlassen und sogar mehrmals ihren Wohnort zu wechseln, um dieses Ziel zu erreichen. Um in Fach- und Führungsberufen Erfolg zu haben, muss man immer mehr ein Anywhere werden. Erstens erfordern diese Berufe eine höhere Bildung, was häufig ein Studium voraussetzt (das ist jedoch von Land zu Land unterschiedlich). Und dann erfordert die Ausübung des Berufs, dass man in den großen Zentren bleibt oder von einer Metropole zur anderen umzieht. Das ist nur eine weitere Facette des in den Kapiteln 1 und 2 beschriebenen Prozesses, bei dem kleinere Städte zugunsten einiger weniger Großstädte

3 Die Wendung stammt aus einem Lied von Janis Joplin aus dem Jahr 1970 (geschrieben zusammen mit Bob Neuwirth und Michael McClure). Die Wohlstandstheologie hat ältere Wurzeln, u. a. in den Lehren von Oral Roberts und anderen amerikanischen Predigern, erlebte in der Ära des Neoliberalismus aber einen enormen Aufschwung. Sie ist zudem global geworden; siehe Simon Coleman, *The Globalization of Charismatic Christianity: Spreading the Gospel of Prosperity* (Cambridge: Cambridge University Press, 1970); Simon Coleman, The Prosperity Gospel: Debating Charisma, Controversy and Capitalism, in: S. Hunt (Hg.), *The Brill Handbook of Contemporary Christianity: Movements, Institutions and Allegiance* (Leiden: Brill, 2016), S. 276-296.

4 David Goodhart, *The Road to Somewhere. Die populistische Revolte und die Zukunft der Gesellschaft*, übers. von Ulrike Strerath-Bolz, Thomas Käsbohrer und Susanne Guidera (Iffeldorf: Millemari, 2020).

an Leben und Betätigungsmöglichkeiten einbüßen. Die Kleinstadt hat keine Zeitung mehr, ist nicht mehr Sitz eines wichtigen Unternehmens, kann die lukrativeren Stellen für eine juristische Karriere nicht mehr bieten und so weiter. Man muss weggehen – oder, da man vielleicht schon woanders studiert, wegbleiben –, wenn man Erfolg haben will.

Aus der Perspektive der eigenen Verwandten und Schulfreunde ist das der unaufhaltsame Prozess des Niedergangs einer Gemeinschaft und oft auch der Abwärtsmobilität, da es immer weniger gut bezahlte, sichere Arbeitsplätze gibt. Er wird als Prozess des Abgehängtwerdens erlebt, bei dem man nicht nur von den erfolgreichen Verwandten, die jetzt in London, New York oder Singapur leben, sondern auch von der globalisierten Gesellschaft und Wirtschaft, zu der man gehört, zurückgelassen und aufgegeben wird.

Dieses Gefühl der Vernachlässigung und des Abgehängtwerdens durch die herrschenden Eliten hat dazu beigetragen, ein Gefühl der Ohnmacht bzw. der schwindenden Wirkmacht der Bürger zu erzeugen, das den Kern unserer ersten Zerfallserscheinung bildet.

Goodhart belegt, zumindest für das Vereinigte Königreich, eine tiefe Wertekluft zwischen den beiden Typen. Offenkundig gibt es einen Unterschied in ihrem Verständnis vom guten Leben, zwischen beruflicher Erfüllung fernab der eigenen Wurzeln und einem Leben in der Gemeinschaft der Menschen, zu denen man gehört. Aber er stellt auch andere Werte-Unterschiede fest, die mit den beiden Karrieremustern korrelieren.

So legen Anywheres großen Wert auf Autonomie, Mobilität und Originalität und weniger auf Gruppenidentitäten, Traditionen und das, was Goodhart als »gesellschaftlichen Konsens in puncto Glaube, Flagge, Familie« bezeichnet. Bei den »Somewheres« ist das Gegenteil der Fall. »Anywheres« sind mit Zuwanderung, europäischer Integration und der Verbreitung von Menschenrechten einverstanden; »Somewheres« sind »in gesellschaftspolitischen Fragen ihrem Instinkt nach eher konservativ und gemeinschaftsorientiert«, sie sind »gemäßigt nationalistisch und […] fühlen sich unwohl angesichts vieler Aspekte kultureller und ökonomischer Veränderungen – Masseneinwanderung, eine Leistungsgesellschaft, die sie überfordert, fließendere Grenzen zwischen den Geschlechtern«.[5]

5 Ebd., S. 36.

Für Goodhart hat das Votum der Menschen, die sich abgehängt fühlen, dem Brexit zur Mehrheit verholfen: 56 Prozent der »Briten, die sich als besitzlos bezeichnen«, stimmten für den Austritt aus der EU.[6] Ein für unseren Zusammenhang wichtigeres Ergebnis betrifft jedoch den »Liberalismus« der Anywheres. Goodhart unterteilt diesen zu weit gefassten Begriff in mehrere Unterkategorien und betont vor allem eine Spielart, die mit Rechten und Gleichheit assoziiert wird, und eine andere, die mit »der marktwirtschaftlichen Revolution der Achtziger, die wir als Wirtschaftsliberalismus bezeichnen«, in Verbindung gebracht wird. Letztere entspricht etwa dem, was wir »Neoliberalismus« nennen. Goodhart kommt zu dem Ergebnis, dass die Anywheres dazu neigen, eine allzu einfache Verschmelzung der beiden Kategorien zu akzeptieren, und diesen »doppelten Liberalismus«, der »die britische Gesellschaft seit Anfang der Neunzigerjahre [beherrscht] und starke Überschneidungen mit dem progressiven Individualismus der Anywheres [zeigt]«, im Allgemeinen gutheißen.[7]

Im Lichte von Goodharts Erkenntnissen sehen wir, wie das Engagement der Hochqualifizierten und der Führungsschichten für den »doppelten Liberalismus« die soziale Polarisierung verschärft hat, von der sich der schlechte Populismus nährt. Wenn stimmt, was er behauptet, dass nämlich die Menschen, die durch Globalisierung und Automatisierung abgehängt werden, in Gemeinschaften verankert sind, die langsamer und renitenter sind, wenn es darum geht, eine offenere Haltung gegenüber neu anerkannten Identitäten einzunehmen, wie viel größer wird dann der Unmut sein, wenn die Hauptbefürworter des Rechte-Liberalismus ein arrogantes Desinteresse am Great Downgrade zeigen, wie ihn ihre weniger vom Glück begünstigten Landsleute erleben? Man denke nur an den revolutionären Furor in Paris nach der (angeblichen) Bemerkung von Marie Antoinette, als sie hörte, dass es dem Volk an Brot fehle: »Qu'ils mangent de la brioche« (»Sollen sie doch Kuchen essen«). Die Tatsache, dass so viele unserer Überflieger in einem wunderschönen geistigen Versailles leben, könnte sich als gemeingefährlich erweisen.

6 Ebd., S. 41.
7 Ebd., S. 44.

Das neue Versailles ist vielleicht weniger ein Königspalast als ein Firmensitz. Das Streben sowohl nach Authentizität als auch nach Meritokratie hat in der High-Tech-Welt des Silicon Valley drastische Folgen gezeitigt. Die frühe Silicon-Valley-Kultur war romantisch und Ausdruck eines expressiven Individualismus, der sich mit dem gegenkulturellen Streben nach Freiheit und Kreativität im Nordkalifornien der 1960er Jahre überschnitt.[8] Ideologisch herrscht der Individualismus immer noch vor; die Politik des Silicon Valley ist weitgehend libertär. Apple, Google und zahllose Start-ups versuchen, cool auszusehen und zu wirken, nicht bürokratisch.[9]

Gleichzeitig hat das Gefühl der Branchenelite, eine technologische Avantgarde zu sein, die an Spitzenuniversitäten ausgebildet wurde und mit Werkzeugen arbeiten kann, die Außenstehende gar nicht verstehen, das Gefühl befördert, man gehöre zu den Superschlauen. Obwohl vor allem durch ihre Ausbildung, Stipendien des US-Verteidigungsministeriums und Investitionen von Risikokapital dazu befähigt, konzentrierten sich viele dieser jungen Männer (denn es waren fast ausschließlich Männer und sie waren zudem fast ausschließlich weiß) stattdessen auf das Gefühl ihrer eigenen persönlichen Leistung. Indem sie sich selbst zu den Besten und Klügsten erklärten, bekundeten viele wirklich brillante und kreative Wissenschaftler, Ingenieure und Unternehmer auch, dass sie das Recht hätten, zu führen (und ein großes Vermögen anzuhäufen). Sie glaubten, dass dies im Sinne der Meritokratie gerecht sei.

Denjenigen, die auf der Verliererseite standen, sagte die Merito-

8 Margaret O'Mara, *The Code: Silicon Valley and the Remaking of America* (London: Penguin, 2019); Fred Turner, *From Counterculture to Cyberculture: Stewart Brand, the Whole Earth Network, and the Rise of Digital Utopianism* (Chicago: University of Chicago Press, 2006); John Markoff, *What the Dormouse Said: How the Sixties Counterculture Shaped the Personal Computer Industry* (New York: Viking Penguin, 2005).

9 Natürlich üben riesige Konzerne eine umfassende Kontrolle über ihre Mitarbeiter aus und sind getrieben von Profit und dem Streben nach Kapitalakkumulation. Dieselbe Tech-Industrie steht zudem hinter einer beispiellosen Überwachung dessen, was einmal als Privatsphäre bezeichnet wurde. Siehe David Lyon, *The Culture of Surveillance: Watching as a Way of Life* (Cambridge, UK: Polity, 2018); Shoshana Zuboff, *Das Zeitalter des Überwachungskapitalismus*, übers. von Bernhard Schmid (Frankfurt am Main/New York: Campus, 2018).

kratie, dass sie im Grunde genommen nicht das Zeug dazu hatten, erfolgreich zu sein. Das konnte verinnerlicht werden und die Frustrierten davon ablenken, die eigentlichen Ursachen der Ungleichheit für das eigene Schicksal verantwortlich zu machen. Aber es konnte auch neue Unzufriedenheit hervorbringen. Im 19. Jahrhundert behauptete Alexis de Tocqueville, in Zeiten der Aristokratie hätten die Menschen ihren Status als feststehend und unveränderlich angesehen, während sie in Demokratien glaubten, dass sie in der Lage sein sollten, ihn zu ändern. Sie konnten rebellieren, aber das taten sie selten, weil die Klassensolidarität nur schwach ausgeprägt war. Und so reagierten sie als Individuen. Richard Sennett und Jonathan Cobb fassen zusammen: »Die Menschen blieben rastlos bis zum Tod, immer auf der Suche nach einer Lebensform, in der sie sich authentisch, respektabel, würdevoll fühlten.«[10]

Angst und Selbstzweifel sind Ausdruck der Spannung zwischen dem Streben nach Authentizität und dem, was in Kapitel 1 als »mangelnde bürgerliche Wirkmacht« bezeichnet wurde: das Gefühl, dass die eigenen Bedürfnisse nicht befriedigt werden, dass der eigene Lebensstandard sinkt, dass die eigenen Kinder vielleicht nicht die Chancen haben, die man selbst hatte; und die ganze Zeit über begleitet von dem Gefühl, dass dieser Niedergang auf ein undurchsichtiges politisches System zurückzuführen ist, das keinerlei Einblicke in die inneren Abläufe von Ursache und Wirkung zu gewähren scheint und somit auch keine Hebel für Veränderungen bietet, die man in Gang setzen könnte.

Ungleichheit wurde mit der Vorstellung gerechtfertigt, dass die Wirtschaft immer wachsen würde und dass die Bürger gleiche Chancen hätten, die neuen Güter zu bekommen. Präsident Joe Biden formulierte eine Version dieses amerikanischen Traums in einem Tweet kurz nach seiner Wahl:

> Ich habe immer geglaubt, dass wir Amerika mit einem Wort definieren können: Möglichkeiten. Wir werden ein Amerika aufbauen, in dem jeder die Möglichkeit hat, so weit zu gehen, wie es seine Träume und seine gottgegebenen Fähigkeiten zulassen.[11]

10 Alexis de Tocqueville, *Über die Demokratie in Amerika* [1835, 1840], beide Teile in einem Band, übers. von Hans Zbinden (München: dtv, 1976), Zweiter Teil, Teil II, Kap. 13, S. 623-628; Richard Sennett/Jonathan Cobb, *The Hidden Injuries of Class* (New York: W. W. Norton, 1993), S. 257.

11 Joe Biden, Tweet vom 28. November 2020, ⟨https://twitter.com/joebiden/status/1332783824716009472⟩.

Es ist verlockend zu hoffen, dass die Chancengleichheit passgenau an die Stelle der materiellen Gleichheit treten könnte. Dann müsste man sich beispielsweise nicht mehr zwischen einer Umverteilung des Reichtums und einer anhaltenden, vielleicht sogar wachsenden Ungleichheit entscheiden. Das ließ sich nie ganz so verwirklichen, wie es die Hoffnungsfrohen behaupteten. Aber während des größten Teils der amerikanischen Geschichte waren offene Chancen realer als in den letzten fünfzig Jahren. Amerika war ein Land sozialer Mobilität, die von Krisen wie der Großen Depression unterbrochen wurde, aber im Nachkriegsboom wiederauflebte. In der neoliberalen Ära war die soziale Mobilität dann fast vollständig blockiert.

Für die Neoliberalen ist das Privateigentum die beinahe heilige Grundlage der Freiheit. Den Reichen das Geld wegzunehmen, um den Armen mehr Möglichkeiten zu geben, erscheint vielen (vor allem den Reichen) als ein fundamentaler Verstoß gegen die Freiheit. Aber ist das Leben »frei«, wenn es Geld kostet, sicher zur Welt zu kommen, zur Schule zu gehen, vor Gewalt geschützt zu sein und medizinisch versorgt zu werden? Ist es sinnvoll zu sagen, dass es jedem »frei« steht, Wein zu trinken, der 20 oder 200 oder gar 2000 Euro pro Flasche kostet, oder seine Kinder auf eine Schule zu schicken, die 100 000 US-Dollar pro Jahr kostet? Die Ungleichheit von Vermögen und Einkommen macht einige Menschen freier als andere. Wir machen uns wahrscheinlich keine großen Gedanken darüber, wenn die Folge lediglich mehr Freiheit ist, ein Weinsnob zu sein. Aber wir tun es – oder wir sollten es zumindest tun –, wenn das Ergebnis ein Mangel an Bildung, guter Gesundheit oder anderen grundlegenden Voraussetzungen für die Ausübung der Freiheit ist, die eine demokratische Gesellschaft bietet.

Der Neoliberalismus zelebriert die Ungleichheit. Seine Vorherrschaft seit den 1970er Jahren hat unzählige Top-Ten-Listen hervorgebracht, Ranglisten der besten Telefone oder Kameras oder Business-Class-Sitze bei Fluggesellschaften. Sonderhefte von Zeitschriften geben vor, sie würden den Verbrauchern dabei helfen, die besten Ärzte, die tollsten Autos oder die lebenswertesten Städte zu finden (obwohl die meisten dieser Hefte kaum mehr als schlichte Werbung sind). Die zahlreichen weltweiten Hochschulrankings stammen aus der neoliberalen Ära und spiegeln die Umwandlung der Hochschulbildung vom öffentlichen Gut zur privaten Investition wider. In den Vereinigten Staaten, wo es keine staatliche Regulierung der Hochschulgebühren gibt, entsprechen sie den Preisen von Luxusgütern.

Luxusgüter haben sich im neoliberalen Zeitalter nicht nur stark vermehrt, sondern auch hierarchisch ausdifferenziert. Ein zehn Jahre alter schottischer Whisky war früher etwas Besonderes; dann verlagerte sich die Norm auf zwölf und fünfzehn, achtzehn und einundzwanzig Jahre. Allein in einer Produktfamilie übertrumpfte das Black Label das Red Label, die dann wiederum von grünen, goldenen und blauen Labels übertrumpft wurden. Und selbst die schicksten dieser Etiketten reichen nicht an das obere Ende der Single-Malt-Preise heran. Um bei den Profiten nicht leer auszugehen, haben die Hersteller von Bourbon und Rye mit ihren eigenen hochpreisigen, Distinktion markierenden Flaschen nachgezogen.

Die Londoner *Financial Times* bringt eine monatliche Sonderbeilage für Reiche mit dem Titel »How to Spend It« heraus. Die Reichen brauchen offenbar nicht nur Ideen, was sie mit ihrem Geld machen sollen, sondern auch Informationen darüber, wie andere Leute ihr Geld ausgeben und was das meiste kulturelle Kapital einbringt. Auf dem Markt für Uhren geht es schon lange nicht mehr darum, die Zeit abzulesen. Auch bei Yachten geht es nicht mehr in erster Linie um den Transport, bei Lagen- und Jahrgangsweinen nicht mehr um den Trinkgenuss.

»How to Spend It« bildete im Wesentlichen die Obsession der Reichen für Hierarchien und die Zunahme des frei verfügbaren Einkommens ab. Seinen Anfang nahm es 1967 als Sonderseite innerhalb der Zeitung, wurde 1994 in ein Magazin umgewandelt und 2009, auf dem Höhepunkt der Finanzkrise, um eine Online-Version erweitert. Es bewarb Immobilien für zehn Millionen Pfund und mehr, Gemälde für eine Million Pfund, Autos für 100 000 Pfund, Hautbehandlungen im Wert von 10 000 Pfund und Kurse für veganes Kochen. Es gibt vielleicht keinen deutlicheren Beweis dafür, wie wenig Schmerz die Finanzkrise bei den sehr Reichen verursacht hat: Während der Corona-Pandemie berichtete »How to Spend It« darüber, wie man die ausgefallensten Mahlzeiten – »All-inclusive-Abendveranstaltungen« – geliefert bekam.[12]

Lässt sich diese unglückselige Verbindung von Authentizität und Vernachlässigung der weniger Begünstigsten durchbrechen? Die

12 Charlene Pempe, He's Sending a Taste of Joy to Your Door, in: *Financial Times*, 13. Mai 2021.

Bürger können nicht politisch gleichberechtigt sein, wenn sie durch zu viel Ungleichheit gespalten sind. Wie viel »zu viel« ist, darüber lässt sich natürlich streiten. Sicherlich nicht so viel, dass es einer Tyrannei bedarf, um Gleichheit zu erreichen und aufrechtzuerhalten, oder gar des Einsatzes staatlicher Macht, um die Demokratie einzuschränken. Eine kurze Antwort könnte lauten: Genügend Bürger müssen darauf vertrauen, dass sie nicht von anderen beherrscht werden, dass die Chancen anderer sie nicht ihrer eigenen Chancen berauben, nach Glück zu streben, und dass alle Bürger sowohl am Gemeinwohl als auch an den öffentlichen Risiken teilhaben. In jedem Fall muss es eine substanzielle tatsächliche Gleichheit geben, nicht nur eine »gerechte« Verteilung der Ungleichheit.

Identitäten und Anerkennung

Aus der Ethik der Authentizität ergibt sich ganz natürlich eine Politik der Anerkennung.[13] In gewisser Weise ist dies ein integraler Bestandteil der Demokratie als solcher. Authentizität hat dazu beigetragen, eine starke Vorstellung vom Individuum zu entwickeln, die die Forderung nach Anerkennung durch die demokratische Bürgerschaft begründet. Sowohl in der aristokratischen als auch in der republikanischen Form war die Herrschaft der Eliten nicht nur eine materielle Verletzung – Unterdrückung –, sondern auch eine Beleidigung der Würde des Einzelnen.

Es hat sehr lange gedauert, bis Frauen als völlig gleichberechtigte Bürgerinnen anerkannt wurden – und auch heute noch gibt es Grenzen für die volle Anerkennung, zum Beispiel immer dann, wenn staatliche Politik ein geschlechtsspezifisches Lohngefälle erlaubt. Es bedurfte eines Bürgerkriegs, bis die Schwarzen Amerikas gleichberechtigt anerkannt wurden, und es hat danach anderthalb Jahrhunderte des Kampfes gebraucht, bis die formale Anerkennung mit der vollen Achtung ihrer gleichen Rechte einherging. Dasselbe Problem stellt sich, wenn die Ehe auf Heterosexuelle beschränkt bleibt oder wenn bei der Planung der Infrastruktur des Landes die Bedürfnisse von Menschen mit Behinderungen nicht berücksichtigt werden.

13 Charles Taylor, *The Ethics of Authenticity* (Cambridge, MA: Harvard University Press, 1991); Charles Taylor, *Multikulturalismus und die Politik der Anerkennung*, übers. von Reinhard Kaiser (Frankfurt am Main: Suhrkamp, 2009).

Mit anderen Worten: Identitätspolitik ist keine neue Erscheinung, die im Gefolge der 1960er Jahre aufkam, wie Kritiker oft behaupten. Doch ab den 1960er Jahren trug die erneute Konzentration auf Authentizität und Selbstdarstellung zu einer dramatisch gesteigerten Politik der Anerkennung bei – sowohl rechtlich als auch kulturell. Zuvor an den Rand gedrängte oder ausgegrenzte Bürger beanspruchten nunmehr das Recht, gesehen, akzeptiert und gleichwertig mit anderen geschätzt zu werden. Dies bedeutete eine doppelte Ausweitung des Strebens nach Gleichheit – und ihrer Verwirklichung.

Erstens ging es über die Fragen der ökonomischen Klasse hinaus, die für die Sozialdemokratie und den demokratischen Sozialismus grundlegend gewesen waren. Ungleichheit und blockierte Freiheiten und Bestrebungen haben viele Dimensionen. Tatsächlich wurden Angehörige der Mittelschichten zu immer wichtigeren Fürsprechern der neuen Art von Gleichberechtigung – in Bezug auf Geschlecht, Sexualität, Rasse und Fähigkeiten. Leider haben sie das ältere Anliegen der wirtschaftlichen Gleichheit, das für die Gewerkschaften und die »alte Linke« von zentraler Bedeutung war, dabei oft aufgegeben oder als nachrangig abgetan. Die echten Gewinne der kulturellen Anerkennung schienen auf Kosten der materiellen Gleichheit zu gehen.

Zweitens stellte die neue Politik der Anerkennung eine ältere Vorstellung von politischer Gleichheit in Frage, die auf der Missachtung von Identitätsunterschieden beruhte, um Unparteilichkeit zu erreichen. Allzu oft bedeutete die erreichte »Unparteilichkeit« in Wirklichkeit eine Bestätigung des Status quo. Dadurch wurden wichtige Dimensionen des Gemeinwohls zu rein privaten oder sektoralen Belangen herabgestuft (oder ganz vernachlässigt). Aber »das Private ist politisch«, wie es der feministische Slogan vor fünfzig Jahren ausdrückte. Eine der wichtigsten Errungenschaften der neuen Anerkennungspolitik bestand darin, dass Themen, die mit den zuvor Ausgegrenzten oder Marginalisierten verbunden waren, auf die politische Tagesordnung gesetzt wurden. Häufig wurde jedoch versäumt, diese Themen als Fragen des Gemeinwohls und nicht nur als gerechtere Verteilung privater Güter zu behandeln. So sollten wir zum Beispiel eine gute Kinderbetreuung nicht nur zum Nutzen der Frauen, sondern zum Nutzen der Gesellschaft wollen. Die Hochschulreife ist Zugang zur Bildung als öffentliches Gut und nicht nur ein Zeugnis, das dem Einzelnen einen Karrierevorteil verschafft.

Vollständige gleichberechtigte Anerkennung ist schwer zu erreichen, aber wichtig. Nicht zuletzt verlangt sie von den Bürgern (und ihrer Regierung) die Überwindung historischer und institutioneller Vorurteile, die so tief verwurzelt sind und als so selbstverständlich angesehen werden, dass es für diejenigen, die nicht direkt betroffen sind, manchmal schwer ist, sie überhaupt zu erkennen. Das ist ein Teil dessen, was mit institutionellem Rassismus oder Sexismus gemeint ist, obwohl beide Phänomene auch Regelungen umfassen, die in bewusster Diskriminierungsabsicht eingeführt wurden.

Tatsächlich ist allein schon die Sichtbarkeit – oder besser gesagt: Unsichtbarkeit – unserer Mitbürger ein Problem. Die Mittel- und Oberschicht weiß zwar abstrakt über Armut Bescheid, bekommt sie aber nur selten persönlich zu Gesicht, von Erleben ganz zu schweigen. Diejenigen unter uns, die relativ wohlhabend sind, schotten sich in vielerlei Hinsicht von unangenehmen Aspekten der Gesellschaft ab, die anderen Bürgern nur allzu vertraut sind.

In der Tat ist es unter anderem die Frage der Anerkennung, die viele Anhänger von Donald Trump und seinen Pendants in anderen Ländern in Rage bringt. Das Problem besteht darin, dass ihre Mitbürger – insbesondere die Angehörigen der politischen und beruflichen Eliten – *sie* offenbar nicht sehen oder ihre Beschwerden nicht als legitim betrachten.[14] Natürlich haben sich andere, denen die Anerkennung verweigert wurde, genauso gefühlt – darunter Frauen, ethnische und sexuelle Minderheiten und Behinderte.

Aber nicht nur die Eliten haben eine verzerrte Sicht auf die gesellschaftliche Realität. Auch die breite Masse der Bürger hat die weit verbreitete sexuelle Aggression und Gewalt nicht erkannt, bis Prominente und eine soziale Bewegung darauf aufmerksam machten. Männer leugneten oft schlicht die Realität. Der Name

14 Paul Embery beschreibt, warum viele englische Arbeiter auf die Linke und die Rechte gleichermaßen wütend sind: »Beide schließen sich jedem Kreuzzug einer Minderheit an und räumen ihr dann einen unangemessen großen Stellenwert ein. Beide haben weitgehend keine Ahnung vom – und oft nur Verachtung für das – Leben und von den Prioritäten der Menschen in den britischen Kleinstädten, ihrem gemeinschaftlichen Impuls, ihren traditionellen Werten, ihrem Wunsch nach Zugehörigkeit und ihrem Sinn für Nationalstolz.« (Labour Isn't Working, in: *UnHerd*, 8. Mai 2021).

der #MeToo-Bewegung macht jedoch deutlich, dass ein Teil der Herausforderung darin besteht, das Schweigen oder die Unterdrückung der Stimme von Frauen zu überwinden. Ohne öffentliche Anerkennung werden zu viele Frauen denken, dass so etwas immer nur »anderen Leuten« passiert, dass es selten vorkommt oder dass auch die Opfer eine gewisse Schuld daran haben.

Die Bedeutung der öffentlichen Anerkennung steht auch hinter der Forderung, die Namen der Opfer von Polizistenmorden zu nennen: Breonna Taylor, George Floyd, Daunte Wright und die immer länger werdende Liste der vielen anderen.[15] Weiße Bürger nehmen den Rassismus erst dann wahr, wenn immer mehr schockierende Videos von Polizeigewalt und die Black-Lives-Matter-Bewegung es schwer machen, ihn zu ignorieren. Selbst dann sehen Weiße Schwarze Menschen nicht. Das ist eine der Voraussetzungen, die systemischen Rassismus ermöglichen. Wir nehmen den Rassismus nicht nur nicht wahr, wir sehen Schwarze Menschen buchstäblich nicht. Dies ist zum Teil Folge der allgegenwärtigen Segregation beim Wohnen, in den Schulen und am Arbeitsplatz. Außerdem wird das Ganze durch die Medien noch enorm verstärkt.

Ein eklatantes Beispiel in den Vereinigten Staaten ist das Ausmaß, in dem die weiße Elite Hollywoods Schwarze Rollen (und auch Schwarze Autoren und Regisseure) auf ein Minimum reduziert hat. Das war keine marktbasierte Entscheidung. Die weit verbreitete rassistische Voreingenommenheit hat Hollywood im Gegenteil viel Geld gekostet – laut einer Studie der Unternehmensberatung McKinsey & Company aus dem Jahr 2021 bis zu zehn Milliarden Dollar an Jahreseinnahmen.[16] Tatsächlich ist die Filmproduktion die am wenigsten rassisch integrierte Branche in den USA, und das hat natürlich Auswirkungen darauf, wie die Amerikaner ihr Land und die Welt sehen.

Auch die Integration als solche ist ein heikles Thema. Verlangt Gleichberechtigung Blindheit gegenüber der Hautfarbe und dass

15 Eine Website unter dem Motto #SayTheirNames führt eine Liste Schwarzer Menschen, die ihr Leben durch Rassismus und exzessive Gewalt verloren haben, ⟨https://sayevery.name/#2021⟩.

16 Jonathan Dunn et al., Black Representation in Film and TV: The Challenges and Impact of Increasing Diversity (New York: McKinsey and Co., 11. März 2021), ⟨https://www.mckinsey.com/featured-insights/diversity-and-inclusion/black-representation-in-film-and-tv-the-challenges-and-impact-of-increasing-diversity⟩.

Schwarze überall gleich stark vertreten sind? Oder erfordert sie Produktionsfirmen (und andere Unternehmen) im Besitz von Schwarzen? Sollte jede Gemeinde das nationale oder bundesstaatliche Zahlenverhältnis von Schwarzen und Weißen widerspiegeln? Oder sollte es einige florierende, überwiegend Schwarze Gemeinden geben? Können historisch Schwarze Colleges und Universitäten eine Rolle spielen, die selbst gut integrierte, überwiegend weiße Universitäten nicht übernehmen können?

Auf solche Fragen gibt keine einfachen oder eindeutigen Antworten. Mischehen bedeuten, dass in vielen Familien mehrere Races und Ethnien vertreten sind. Die Bedeutung der »mixed-race«-Identität besteht nicht zuletzt darin, dass sich manche Menschen als Schwarze *und* als Weiße (oder Schwarze und Asiaten oder Indianer oder andere Kombinationen) fühlen. Das ist nicht nur eine Frage der unterschiedlichen technischen Definitionen. Es hat zum Teil auch mit der fortwährenden Neudefinition zu tun. Sprüche wie »In Amerika werden die Minderheiten zur Mehrheit« werden zu oft wiederholt, ohne dass kritisch darüber nachgedacht wird, inwieweit die Mehrheit selbst ständig neu definiert wird.[17] Tatsächlich ist die Selbstdefinition ein Grundrecht der Bürger. Gleiche Anerkennung setzt voraus, dass die Bürger in der Lage sind, ihr eigenes Leben zu gestalten – nach Glück und in der Tat nach Leben und Freiheit zu streben –, und zwar auf ihre je eigene Weise.

Meritokratie: Die Wahl der Ungleichheit

Gleichheit war lange Zeit ein grundlegendes demokratisches Ziel. Wir haben gesehen, dass Alexis de Tocqueville sie als zentral für die Definition von Demokratie ansah. Das Projekt einer größeren Gleichheit ist auch das, was die Vereinigten Staaten im Vergleich zu den europäischen Ländern auszeichnete. Dabei ging es nicht nur um Reichtum und politische Rechte, sondern auch um die Kultur, die Beziehungen zwischen Kindern und sogar um die Anrede. Die Amerikaner legten weniger Wert auf Zeremonien.

Europa steckte fest, glaubte Tocqueville, aber die Gleichheit

17 Richard Alba, *The Great Demographic Illusion: Majority, Minority, and the Expanding American Mainstream* (Princeton, NJ: Princeton University Press, 2020).

würde auch in Europa Einzug halten. Und so kam es auch, mit Revolutionen und sozialen Bewegungen, die versuchten, die Kluft zwischen Arbeiterklasse und Mittelschicht sowie zwischen diesen beiden und dem Adel zu schließen. Im Gegensatz dazu waren die Amerikaner häufiger davon überzeugt, dass Ungleichheit in Ordnung ist, solange sie gerecht ist. (In diesem Punkt, wie auch in vielen anderen, lagen Großbritannien und in gewissem Maße Kanada zwischen Europa und den Vereinigten Staaten). Amerikaner sahen die Reichen gerne als erfolgreiche Geschäftsleute, die durch ihre eigenen Leistungen zu Wohlstand gekommen waren. Anstatt die Kluft zwischen den Klassen schließen zu wollen, waren sie bemüht, Möglichkeiten für den Einzelnen zu schaffen, in der sozialen Hierarchie aufzusteigen (mit dem umgekehrten Potenzial für Abwärtsmobilität beschäftigten sie sich dabei nicht groß).[18]

Ungleichheit in Bezug auf Verdienst und Verdienste

Die Eliten und vor allem die wachsende Mittelschicht zögerten, sich eine generelle Gleichheit auf die Fahnen zu schreiben, und unterschieden zwischen »verdienter« (*deserving*) und »unverdienter« (*undeserving*) Armut. Die »Verdienten« bewiesen ihren Verdienst, indem sie hart arbeiteten, die übliche Moral an den Tag legten und politischen Aufruhr ablehnten. Der Müllkutscher Alfred Doolittle in George Bernard Shaws Komödie *Pygmalion* erklärt das so:

> Was bin ich, meine Herren? … Ich bin einer von den unwürdigen Armen. Das bin ich. Denken Sie darüber nach, was das für einen Menschen heißt. Es heißt, dass er sich immer gegen die Moral des Mittelstandes auflehnt.

18 Das führte zu soziologischen Differenzen mit Blick auf die Analyse von »Klasse« und »Schichtung«. Die Klassenanalyse betonte die Brüche zwischen den Klassen und die Gemeinsamkeiten innerhalb jeder Klasse. Die Schichtungsanalyse betonte die potenziell zahllosen Schichten und die individuelle Mobilität zwischen ihnen. Marxisten wollten das Klassensystem überwinden; nicht-marxistische Sozialisten setzten sich eher dafür ein, die Ungleichheiten zwischen den Klassen zu verringern. In den Vereinigten Staaten gab es weniger explizite Sozialisten, und die »Progressiven« strebten häufig nicht nach einer Verringerung der Ungleichheit, sondern nach mehr Chancen und Fairness. Zu einer der wenigen Studien zur Abwärtsmobilität siehe Katherine S. Newman, *Falling from Grace: Downward Mobility in the Age of Affluence* [1988] (Berkeley: University of California Press, 1999).

Wenn es irgendwo was gibt und ich mich nur um ein Stückchen davon bewerbe, ist es immer dieselbe Geschichte. Sie sind nicht würdig, folglich können Sie's nicht bekommen. ... Na also, ich muss für alles genau und soviel bezahlen, wie die würdigen Leute. Was ist die Moral des Mittelstandes? Nur eine Ausrede dafür, dass man mir nie etwas gibt.[19]

Hier liegt ein Keim dessen, was sich zur Meritokratie entwickeln sollte – die Vorstellung, dass sich Gerechtigkeit in einer ungleichen Gesellschaft erreichen lässt, solange der soziale Aufstieg auf »Verdienst« beruht. Verdienst wurde dabei in der Regel als eine Kombination aus angeborenen Fähigkeiten, Selbstdisziplin und harter Arbeit definiert.

Gegen Ende des Nachkriegsbooms gab der englische Soziologe und Labour-Politiker Michael Young dieser Mischung aus Ambition, Politik und sozialem Wandel den Namen »Meritokratie«. Als egalitärer Sozialaktivist war Young einer der Architekten des britischen Wohlfahrtsstaats gewesen. Er gründete die englische Open University, den National Consumer Council und den Social Science Research Council, womit er einen enormen Beitrag für einen breiteren Zugang zu Bildung und politischen Möglichkeiten leistete. Allerdings musste er feststellen, dass das nicht ganz so funktionieren würde, wie er es sich erhofft hatte.[20]

Meritokratie ist die Vorstellung, dass die Zugehörigkeit zur herrschenden Klasse (oder zur Elite oder zu den »Reichen und Mächtigen«) auf Verdienst beruhen sollte. Sie steht im Gegensatz zur Aristokratie und der Vorstellung, dass das Recht zu herrschen – oder der Zugang zu Reichtum und Bildung – auf ererbten sozialen Positionen basieren sollte. Meritokratie möchte sowohl Chancen eröffnen – auf der Grundlage von Verdienst – als auch Talent und harte Arbeit fair belohnen.

Die Abschaffung der aristokratischen Vererbung hatte offensichtlich Resonanz auf die Demokratie. Eine größere Offenheit der Chancen beförderte das Wachstum der Mittelschicht. Sie beseitig-

19 George Bernard Shaw, *Pygmalion* [1912], übers. von Siegfried Trebitsch (Stuttgart: Reclam, 1958), S. 40. In George Cukors filmischer Adaptation, *My Fair Lady* (1964), sind diese Worte fast unverändert enthalten, obwohl sich der Film andere Freiheiten nimmt und ein Happy End à la Hollywood einführt.

20 Geprägt wurde der Begriff von Michael Young in seinem satirischen Roman *The Rise of the Meritocracy* (1958), dt.: *Es lebe die Ungleichheit. Auf dem Wege zur Meritokratie* (Düsseldorf: Econ, 1961).

te Hindernisse, die zuvor verhindert hatten, dass Menschen mit unterschiedlichem Hintergrund wohlhabend und mächtig wurden. Die Auswahl von Amtsinhabern auf der Grundlage ihrer Fähigkeiten und Leistungen versprach zudem Verbesserungen in staatlichen (und anderen) Institutionen. Würden Armeen nicht besser funktionieren, wenn Generäle und alle anderen Offiziere danach ausgewählt würden, wie gut sie ihre Aufgaben erfüllen konnten, und nicht danach, ob ihre Eltern Adlige waren? Und gibt es nicht gute Gründe, warum Aktiengesellschaften ihre Topmanager nach ihren Fähigkeiten aussuchen? Ja, natürlich.

Aber Meritokratie ist nicht Demokratie. Die Mandarin-Elite des kaiserlichen Chinas wurde auf der Grundlage von Prüfungen ausgewählt, war aber nicht im Geringsten demokratisch. Eine auf Leistung basierende herrschende Klasse wäre immer noch eine herrschende Klasse.

Für die Mittelschicht war die Meritokratie eine Ideologie der Ermächtigung. Sie unterschied nicht nur zwischen verdienten und unverdienten Armen, sondern war auch der Grund für ihren eigenen relativen Wohlstand. Sie unterfütterte zudem ihren Angriff auf aristokratische Privilegien. Chancen sollten gleicher verteilt sein, so ihre Forderung. Kinder aus der Mittelschicht, die mehr Verdienste vorweisen konnten, sollten vor den Kindern von Herzögen und Grafen in Oxford oder Cambridge (oder Harvard oder Yale) aufgenommen werden. Der Zugang zu Land sollte Bauern – oder Entwicklern – offenstehen, die ihre Verdienste durch die »Verbesserung« des Landes unter Beweis stellten, und nicht auf Aristokraten beschränkt sein, die nur darauf aus seien, dass ihre Ländereien schön blieben. Stellen im öffentlichen Dienst sollten aufgrund von Verdiensten vergeben werden und nicht als Pfründe für die jüngeren Kinder der Elite dienen. Politische Teilhabe sollte denjenigen offenstehen, die sich verdient gemacht hatten. Die Öffentlichkeit sollte über die Verdienste der Kandidaten für ein Amt urteilen. Die urteilende Öffentlichkeit sollte selbst offen sein – zumindest für jene Bürger, die lesen und schreiben konnten und vielleicht ein bisschen Eigentum besaßen.

Doch wie so oft sahen diejenigen, die für sich selbst größere Chancen anstrebten, gute Gründe, sie anderen zu verwehren – oder sie betrachteten Beschränkungen sogar als so selbstverständlich, dass sie gar keine Gründe anzuführen brauchten. In Großbritannien und manchmal auch in den Vereinigten Staaten hielten die Protestanten die Katholiken für weniger würdig. Die Engländer hielten die Iren für unwürdig; die Amerikaner hielten Einwanderer immer wieder für unwürdig. In zahlreichen Kontexten waren Weiße der Meinung, dass es den Schwarzen an Verdiensten mangelte. Fast überall sahen Männer Frauen als weniger verdienstvoll an.

Dennoch war das ideologische Bekenntnis zu Verdiensten und Fairness ein wichtiger Faktor für die Lockerung der Beschränkungen von Chancen. Die Arbeiterklasse und die Mittelschicht wollten ebenfalls aufsteigen und forderten daher einen offeneren und gerechteren Zugang zu den Aufstiegsbedingungen. In Bezug auf Bildung, Kredite zur Unternehmensgründung, die Möglichkeit, als Beamter zu arbeiten, und die Chance, Offizier zu werden, waren sie zumindest teilweise erfolgreich.

Versteckte Vererbung

Von zentraler Bedeutung für die Ideologie der Leistungsgesellschaft ist die Bildung. Diejenigen, die in der Schule erfolgreich sind, haben ihre Verdienste unter Beweis gestellt. Wenn man sich also für Machtpositionen auf Bildungsnachweise (und weitere Prüfungen und Leistungskontrollen) stützt, schafft man im Prinzip ein neues Herrschaftssystem, das auf Leistung und nicht nur auf Privilegien beruht.

Das bringt allerdings eine Reihe von Problemen mit sich. Zunächst einmal kann die Meritokratie natürlich eine Täuschung sein. Prüfungen können einseitig ausgerichtet sein. Universitäten, die behaupten, Studenten allein auf der Grundlage akademischer Leistungen zuzulassen, bevorzugen in Wirklichkeit die Kinder ehemaliger Absolventen oder reicher Spender. Das ist weit weniger umstritten als die Politik der »Affirmative Action«, bei der die akademischen Leistungen anhand mehrerer Standards bewertet werden, um so eine ethnische Vielfalt zu erreichen.[21] Die erstgenannte Politik – die Aufrechterhaltung von Privilegien – prägt die ethnische Zusammensetzung der Studentenschaft ebenfalls, bleibt

21 Siehe Daniel Markovits, *The Meritocracy Trap: How America's Foundational Myth Feeds Inequality, Dismantles the Middle Class, and Devours the Elite* (London: Penguin, 2019).

aber häufiger verborgen. Und was für die Hochschulzulassung gilt, trifft auch auf die Einstellungs- und Beförderungspraxis zu. Es gibt viele Möglichkeiten, wie diejenigen, die in der Vergangenheit von Ungleichheiten profitiert haben, diese Vorteile aufrechterhalten und an ihre Kinder weitergeben. So können sie beispielsweise in die »richtigen« Stadtviertel ziehen und Nachhilfelehrer bezahlen.

Es kann also eine Illusion sein, dass es wirklich einen freien und offenen Wettbewerb auf der Basis von Leistungen gibt. In den scheinbar objektiven Tests und anderen Formen der Bewertung gibt es Verzerrungen. Es gibt elterliche Investitionen, die Schülern mit größeren familiären Ressourcen einen Vorteil verschaffen. Und wenn man die »objektiven« Maßnahmen in den Vordergrund stellt, lenkt man auch davon ab, wie häufig Institutionen Ausnahmen machen. Die Tatsache, dass wir alle so oft an Prüfungen teilnehmen, dass wir sie für selbstverständlich halten, lässt uns das gerne vergessen. Das hat jedoch zur Folge, dass Zugang und Beförderung auf der Grundlage scheinbarer Leistungen die Ungleichheit verschleiern und legitimieren. Das ist der in Kapitel 3 beschriebene Bourdieu'sche Haken, der die ansonsten großen Errungenschaften von *les trente glorieuses* einschränkt.

In einem berühmt gewordenen Buch analysierte Bourdieu, inwiefern familiärer Hintergrund und kulturelles Privileg es einigen ermöglichten, im vermeintlich leistungsorientierten Bildungssystem der Nachkriegszeit auf Kosten anderer erfolgreich zu sein.[22] Wie er betonte, handelte es sich dabei um eine Anklage gegen verdeckte Voreingenommenheit und Ungleichheit, nicht um einen Vorwurf gegen Bildung im Allgemeinen. Er wies darauf hin, dass er als Sohn eines Dorfangestellten und Enkel eines Viehzüchters in einer der ärmsten Regionen Frankreichs durch Stipendien in die Lage versetzt wurde, Spitzenschulen zu besuchen und schließlich zu einem der berühmtesten Intellektuellen Frankreichs zu werden. Sein Fall sei jedoch eine Ausnahme, die die Regel bestätige, und nicht der Beweis dafür, dass in Frankreich allen alle Möglichkeiten offenstünden.

Auf Ausnahmen zu verweisen und so zu tun, als ob sie viel häufiger vorkämen, als es tatsächlich der Fall ist, ist eine der Methoden,

22 Pierre Bourdieu/Jean-Claude Passeron, *Die Erben. Studenten, Bildung und Kultur* [1964], übers. von Stephan Egger und Eva Kessler (Konstanz: UVK, 2007).

mit denen die Menschen davon überzeugt werden, die Realität, in der sie leben, falsch wahrzunehmen. Geschichten über den Weg vom Tellerwäscher zum Millionär verdecken die viel häufigeren Wege einiger Reicher zu noch mehr Reichtum oder einfach das Steckenbleiben ohne Reichtum.

Young war der gleichen Meinung wie Bourdieu. Beide betrachteten die Ausweitung der Bildungschancen als eine große Errungenschaft. Sie war grundlegend für die Ermächtigung der demokratischen Bürger. Young setzte sich sein Leben lang für bessere Bildungschancen ein. Aber er wollte auch wirklich Gleichheit und Solidarität. Er propagierte eine bessere Schulbildung für alle auf jeder Stufe und nicht nur die Chance, dass künftig mehr Menschen zu der kleinen Elite gehören, die die »besten« Schulen besuchen darf.

Young war jedoch nicht glücklich über den Aufstieg der Leistungsgesellschaft und sagte ein schlimmes Ende voraus. Die Vorstellungen von Verdienst und Fairness würden zu Begründungen für Ungleichheit und mangelnde Solidarität. In den letzten rund vierzig Jahren wurde der von ihm als Kritik eingeführte Begriff sogar zur Tugend erklärt. Er wird verwendet, um Ungleichheit zu feiern, indem man behauptet, sie beruhe auf Fairness. Die Wirtschafts-, Finanz- und Technologieeliten bilden sich ein, sie seien die klügsten Menschen und hätten daher das größte Recht zu herrschen. Auf die Spitze getrieben wird das von den sich angeblich selbst verwirklichenden Eliten des Silicon Valley und des Investmentbanking. Zu Youngs großer Enttäuschung behauptete sogar die Labour-Partei unter Tony Blair ausdrücklich, meritokratisch zu sein.[23]

In den Vereinigten Staaten diskriminierte das Bildungssystem lange Zeit ganz offen auf der Grundlage von Rasse, Geschlecht und Besitz (nicht anders als in der ursprünglichen US-Verfassung von 1789). Mit der Zeit wurden zwar die expliziten Barrieren abgebaut, aber die verdeckten blieben bestehen. Selbst heute noch eröffnet die Zulassung einiger weniger Schwarzer oder eingewanderter Studenten in Harvard diesen zwar große Chancen und scheint zu beweisen, dass der Zugang zu Bildung (und Karriere) wirklich offen ist, doch in Wirklichkeit hängt er nach wie vor stark von Rassen- und Klassenzugehörigkeit ab.

Neue Formen der Vererbung sind nicht so offen sichtbar wie die

23 Siehe seine geradezu angeekelte Klage in Michael Young, Down with Meritocracy, in: *Guardian,* 28. Juni 2001.

alten. Wenn es eine formale Trennung zwischen dem Adel und den einfachen Leuten gibt, ist die Rolle der Vererbung klar. Wenn Ungleichheiten eine Frage des Preises sind und nur einige genug Geld haben, um ihn zu bezahlen, sind sich die Benachteiligten in der Regel darüber im Klaren, dass ihr Problem im Mangel an Vermögen oder Einkommen liegt – und nicht an mangelnder Leistung. Wenn sie jedoch in verschiedene Ebenen der Vorbereitung und Unterstützung für dieselben scheinbar objektiven Auswahlprozesse eingebettet sind, werden die Ursachen der Ungleichheit verschleiert.

Hinterhältiger Vergleich und künstliche Knappheit

Selbst ehrliche Bemühungen um Meritokratie engen den Begriff der Leistung ein und vernachlässigen andere Tugenden jenseits von Intelligenz oder auch nur harter Arbeit. Auch Ehrlichkeit, Fürsorge für andere und die Berücksichtigung des Gemeinwohls neben den eigenen egoistischen Interessen sind Verdienste. Michael Sandel meint: »Je mehr wir uns für eigenverantwortlich und autark halten, desto schwieriger ist es, Dankbarkeit und Demut zu lernen. Doch ohne diese Empfindungen ist es so gut wie unmöglich, sich um das Gemeinwohl zu sorgen.«[24]

Verdienst wird allzu bereitwillig mit Wert gleichgesetzt. Sind diejenigen, die bei bestimmten Leistungstests – Prüfungen beispielsweise – »Verdienste« nachweisen, tatsächlich mehr wert? Verdienen sie mehr Investitionen in ihre Zukunft? Darauf läuft es hinaus, wenn man sie in besser finanzierte Schulen oder Förderprogramme mit kleineren Klassen steckt. Und in der Tat sind fast

24 Michael J. Sandel, *Vom Ende des Gemeinwohls. Wie die Leistungsgesellschaft unsere Demokratien zerreißt*, übers. von Helmut Reuter (Frankfurt am Main: S. Fischer, 2020), S. 27. Dieser Aspekt gilt auch für Nationen. Keine ist völlig eigenverantwortlich oder autark. Dennoch halten einige Nationalisten an dieser Denkweise fest. Der ehemalige republikanische US-Senator Rick Santorum kombinierte in einer Rede, in der er die amerikanischen Indianer verunglimpfte, beleidigende und absurde Äußerungen, was zwar extrem war, aber eine weit verbreitete Einstellung widerspiegelte. »Wir haben eine Nation aus dem Nichts geboren – ich meine, hier gab es nichts«, sagte er bei einer Veranstaltung der rechtsgerichteten Young Americans for Freedom. »Ich meine, ja, wir haben Native Americans, aber ehrlich gesagt gibt es nicht viel ›Native American culture‹ in der amerikanischen Kultur.« (John L. Dorman, CNN Drops Rick Santorum after Dismissive Comments about Native Americans, in: *New York Times*, 5. Mai 2021).

alle modernen Demokratien begrenzt durch das Ausmaß, in dem sie mehr Ressourcen auf diejenigen konzentrieren, die bereits dazu prädestiniert sind, gut abzuschneiden. Und zu den Belohnungen des scheinbar leistungsorientierten Wettbewerbs gehören Ehre, Anerkennung und Respekt genauso wie Geld und Macht.

Schüler oder Studenten, die bei Zulassungen und Prüfungen erfolgreich sind, werden immer weiter gefördert. Warum sollten sie nicht glauben, dass sie es schlicht in höherem Maße verdient haben? Das passt zum zunehmenden Gerede von Authentizität: »Klüger« wird zu einem weiteren wichtigen Merkmal der persönlichen Identität, die Anerkennung verdient.

Wenn man diesen Weg einschlägt, verliert man leicht Vorstellungen wie die vom moralischen Wert und der Würde aller Menschen oder von der Gleichberechtigung aller Bürger aus den Augen. Mehr oder weniger deutlich sichtbar wurde das in der Eugenik-Bewegung des frühen 20. Jahrhunderts. In dem Bestreben, die Bevölkerung – insgesamt, eines bestimmten Landes oder einer bestimmten Rasse – zu »verbessern«, definierten Eugeniker bestimmte Personen als »lebensunwert«, oft auf der Grundlage angeblicher geistiger Defizite oder krimineller Neigungen. Einige wurden sterilisiert. Doch dieses scheinbar meritokratische Projekt war auch von Ideologien der Rassenreinheit geprägt. In den Vereinigten Staaten waren die Eugeniker in der Regel weiß und privilegiert. Sie übten ihre Macht gegen Schwarze Amerikaner, Einwanderer und Arme aus. In Nazideutschland diente die Eugenik als Rechtfertigung für den Völkermord.[25]

Die Betonung ungleicher Talente lässt die Ungleichheit als etwas Natürliches erscheinen. Die Meritokratie macht sich dabei auf heimtückische Weise die Erfahrungen des Einzelnen zunutze, um systemische Ungleichheit zu rechtfertigen. Manche Kinder schneiden bei Tests besser ab oder beim Fußball oder beim Klavierspielen. Unterschiede können sich offensichtlich natürlich anfühlen und sind zweifellos *zum Teil* auch naturgegeben.[26] Aufbauend auf dieser

25 Alison Bashford/Philippa Levine (Hg.), *Oxford Handbook of the History of Eugenics* (Oxford: Oxford University Press, 2010).

26 In diesem Zusammenhang sei an die zunehmenden Möglichkeiten zur Veränderung der menschlichen Biologie und Entwicklung erinnert – angefangen bei der Gentechnik. Abgesehen von den sozialen und ethischen Risiken, die damit einhergehen, stellen sie die Vorstellung in Frage, dass der Mensch natürlich ist und dass Variationen unter Menschen das Ergebnis von Zufall, Evolution oder

Naturalisierung, verlangen Eltern aus der Mittel- und Oberschicht, dass öffentliche Schulen spezielle Kurse und Programme für die »Begabten« anbieten. Implizit fordern diese Eltern die öffentlichen Schulen damit auch auf, Ungleichheiten, die zumindest teilweise auf privatem Reichtum beruhen, sozusagen ihren Segen zu erteilen.

Angesichts des allgegenwärtigen Wettbewerbs ist es nicht verwunderlich, dass Eltern sehr darum bemüht sind, ihren Kindern Vorteile zu verschaffen. In den Zeiten von *les trente glorieuses* war der Kauf einer Enzyklopädie eine beispielhafte Investition in die Zukunft der Kinder. In der neoliberalen Ära waren dann immer mehr und größere Investitionen gefordert: Computer, teure leistungsorientierte Sommercamps, Musikunterricht und Nachhilfe. Natürlich haben reichere Eltern mehr Mittel, die sie dafür aufwenden können.

Eine Ideologie der Leistungsgesellschaft kann die Ungleichheit sogar befördern. Da diejenigen, die bei Spielen gewinnen, gerne mehr davon spielen, suchen diejenigen, die in die obersten Ränge sozialer Ungleichheit einsortiert werden, nach weiteren Abstufungen, in denen sie weit oben eingestuft werden können.

Wenn es gut ist, Unterscheidungen zu treffen, ist es dann nicht besser, mehr Unterscheidungen zu treffen? Vielleicht ist die Unterscheidung zwischen einer Eins, einer Eins minus und einer Zwei plus ja zu grob. Brauchen wir also feiner abgestimmte (oft quantitative) Bewertungen? Für diejenigen, die gut abschneiden, sind Tests wie eine Droge, die mehr Chancen auf das Hochgefühl eines Erfolgserlebnisses bietet. Doch die Sucht nach dem Prüfungserfolg (und nach der Bewältigung anderer Herausforderungen) kann der Zufriedenheit in menschlichen Beziehungen – sogar zu Mitgliedern der eigenen Familie – genauso schaden wie der respektvollen Anerkennung anderer als Gleichberechtigte.[27]

göttlichem Willen sind. Siehe dazu die Überlegungen einer führenden Wissenschaftlerin bei Jennifer Doudna, *A Crack in Evolution: Gene Editing and the Unthinkable Power to Control Evolution* (Boston: Houghton Mifflin, 2017). Unter der wachsenden Zahl an Studien zu den damit einhergehenden gesellschaftlichen Fragen siehe John H. Evans, *The Human Gene-Editing Debate* (Oxford: Oxford University Press, 2020); und Michael J. Sandel, *Plädoyer gegen die Perfektion. Ethik im Zeitalter der genetischen Technik*, mit einem Vorwort von Jürgen Habermas, übers. von Rudolf Teuwsen (Berlin: Berlin University Press, 2008).

27 Durch die ständige Betonung von Leistung statt einfach des Seins haben wir nach Byung-Chul Han eine »Müdigkeitsgesellschaft« geschaffen. Byung-Chul Han, *Müdigkeitsgesellschaft* (Berlin: Matthes & Seitz, 2010).

Die Meritokratie fördert ungerechte Vergleiche zwischen Einzelpersonen und Gruppen und lenkt von umfassenderen demokratischen Kämpfen für ein Mehr an Gemeinwohl ab. Sie legt den Schwerpunkt auf die Belohnung von Einzelpersonen, anstatt die Situation ganzer Gemeinschaften, Klassen oder ethnischer Kategorien zu verbessern. Nehmen wir zum Beispiel die Highschools in New York: Diese sind nicht gleich. Die Stadt finanziert eine kleine Anzahl von Eliteschulen für besonders begabte Schüler, die mittels standardisierter Tests und manchmal auch durch Interviews ermittelt werden. In einem System mit insgesamt 542 Highschools sind das gerade einmal neun Schulen. Diese Chancenverteilung legt den Schwerpunkt auf Fairness bei der Auswahl, nicht aber auf Fairness bei der allgemeinen Verfügbarkeit. Dadurch kommt das Gemeinwohl zu kurz. Kurz gesagt: New York könnte sich auch dafür entscheiden, mehr gute Schulen zu haben anstatt mehr ungleiche Schulen.

Ehrgeizige Eltern fordern mehr Magnetschulen und Förderprogramme; sie wollen, dass öffentliche Einrichtungen begabten Kindern Vorteile verschaffen, die sonst nur auf der Grundlage von Reichtum verfügbar sind. Daraus erwachsen jedoch zwei Probleme. Wenn Angehörige bestimmter ethnischer Gruppen – z. B. Juden oder Asiaten – bei Tests besser abschneiden und immer mehr Plätze bekommen, werden andere Angehörige der Mittelschicht – insbesondere Weiße – darüber empört sein. Nicht alle sind wohlhabend genug, um dem Wettbewerb zu entgehen, indem sie ihren Kindern mit Hilfe von Privatschulen einen Weg zu Privilegien erkaufen (und einige investieren schlecht in akademisch minderwertige Privatschulen).

Das Hauptproblem ist die künstliche Verknappung von qualitativ hochwertigen öffentlichen Schulen. Die Verantwortung dafür trägt die staatliche Politik. Alle weiterführenden Schulen könnten besser finanziert werden. Wenn es einen Bedarf an Highschools gibt, die insbesondere für die begabtesten Schüler gedacht sind, könnte es mehr davon geben. Es gibt darüber hinaus noch eine weitere Ebene der Ungleichheit, weil die große Mehrzahl aller weiterführenden Eliteschulen in Ballungsgebieten liegt, insbesondere in solchen, die bereits bessergestellt sind als andere Orte.

Mit zunehmender Hierarchie – es gibt immer mehr Sprossen auf der sozialen Leiter – gibt es immer weniger Plätze an der »Spitze«. Vielleicht ein Prozent der Studenten besucht die superelitären, extrem selektiven Colleges und Universitäten, die nicht einmal jeden zehnten Studienbewerber nehmen und ein enormes Prestige bieten. Gerade einmal zehn Prozent machen ihren Abschluss an einer größeren Gruppe ausgezeichneter und immer noch selektiver Hochschulen und Universitäten. Die verbleibenden rund 89 Prozent besuchen nur wenig selektive Universitäten. Einige sind durchaus brauchbar. Einige sind Betrug. Aber keine vermittelt das Prestige der Elite.

Die Zulassung zu einer hochselektiven Einrichtung verleiht ebenso viel Prestige wie das, was die Studenten dort lernen. Denken Sie an das Gütesiegel von Harvard-Abbrechern in der Tech-Branche. Man geht davon aus, dass sie sich bewährt haben, indem sie überhaupt zugelassen wurden, und dass sie sich erneut bewährt haben, weil sie offenbar keine weitere Ausbildung benötigen. Das bedeutet nicht, dass ein Harvard-Abschluss nicht Beleg für eine wunderbare Ausbildung sein kann. Es bedeutet, dass die Vergabe von Prestige ebenso sehr auf Zulassung wie auf Bildung beruht. Das gilt genauso für die Aufnahme in die sozialen Netzwerke, die die zugelassene Elite intern verbinden.

Für dieses radikal verzerrte und schiefe System gibt es keinerlei pädagogischen Grund. Es ist wie eine Volkswirtschaft mit einer Riege von Milliardären, einer weiteren Riege von Millionären und dann allen anderen, die versuchen, sich über Wasser zu halten und ihre Hypotheken zu bezahlen. Natürlich ist das genau die Volkswirtschaft, die wir haben.

Die Ungleichheit des Systems höherer Bildung ist ein Schlüssel für diese sozioökonomische Realität. Anstatt für Chancengleichheit zu sorgen, hat es einen riesigen und teuren Zulassungsapparat für Hochschulen geschaffen, um Ungleichheit zu verwalten und aufrechtzuerhalten. Dabei geht es in Wirklichkeit vor allem um Exklusion – welche Studenten sollen von den Eliteschulen ferngehalten werden? Die Chancen der Studenten hängen davon ab, in welchem Viertel sie aufwachsen, welchen Akzent sie haben, welche Schulen sie besuchen, wie viel ihnen ihre Eltern vorlesen und ob sich ihre Familien Musikunterricht leisten können. Ein Kritiker hat es so formuliert: Was macht sich besser in einer Bewerbung für ein Elite-College – der Kapitän des Lacrosse-Teams oder ein Halbtagsjob in einem Fast-Food-Restaurant?[28]

28 Gestellt wurde diese Frage von Jon Boeckenstedt, stellvertretender Leiter des

Die Fokussierung auf den persönlichen Erfolg verdeckt auch das Gemeinwohl. Sie macht die Menschen glauben, die entscheidende Frage sei stets, wer die Belohnung – oder auch nur die Chance – bekommt. Wenn das aber überhaupt eine Rolle spielt, sollte es sich aus grundlegenderen Fragen darüber ergeben, was wir gemeinsam erreichen wollen. So könnten wir zum Beispiel versuchen, unsere Gesellschaft gesünder zu machen. Es ist eines zu sagen, dass die Gemeinden die bestmöglichen Ärzte brauchen, und ein anderes, dass bestimmte Kinder ein Anrecht auf alle öffentlichen Investitionen haben, die in die Ausbildung von Ärzten fließen. Es ist nur ein kleiner Schritt von der Präferenz für eine Auswahl auf der Grundlage von Talent, weil dies dem Gemeinwohl dient, hin zu der Auffassung, dass das ein persönliches Recht darstellt.

Der Wunsch nach einer besseren allgemeinen Gesundheitsversorgung könnte bedeuten, dass man in eine wirklich größere Chancengleichheit investiert – etwa in gute Schulen und kostenlose Universitäten für alle. Individuelle Unterschiede bei Begabung oder Bemühung könnten immer noch eine Rolle spielen, wenn es darum geht, die entsprechenden Studenten für bestimmte Kurse und später dann Arbeitsplätze zu finden. Aber das Wohl der Allgemeinheit – im genannten Beispiel die Gesundheit – würde im Vordergrund stehen, nicht der individuelle Erfolg.

Der Gedanke, dass Leistung eine Selektion nach Erfolg zu einem Recht macht, ermutigt die Begünstigten zu der Annahme, sie hätten ein Anrecht darauf, alle Erträge zu behalten – sie kämpfen gegen faire Steuern und geben der Gesellschaft nichts zurück. Während die Meritokratie den Leistungsstärksten das Gefühl gibt, einen natürlichen Anspruch zu haben, entmachtet sie gleichzeitig die anderen. Sie schließt sie buchstäblich von den Möglichkeiten der demokratischen Gesellschaft aus. Oft fühlen sich diese Menschen persönlich unzulänglich, denn sie verinnerlichen negative Sortierungen und Testergebnisse, während andere den Erfolg verinnerlichen. Die Mitglieder der Elite fühlen sich ermutigt, Nicht-Eliten als weniger verdienstvoll, wahrscheinlich weniger intelligent oder

Immatrikulationsmanagements an der Oregon State University, in einem inzwischen gelöschten Tweet vom 3. April 2021.

weniger fleißig anzusehen. Für sie sind das Menschen, die es nicht geschafft haben. Einige Eliten werden ihre Verachtung auf eine Art und Weise zum Ausdruck bringen, die die Verletzung durch niedrigere Einkommen und geringere Lebenschancen noch verschlimmert.

Eliten finden immer neue Wege, um ihre Überlegenheit zu demonstrieren. Das offensichtliche Beispiel sind Konsumgüter, wie Thorstein Veblen in seiner Theorie des Geltungskonsums (*conspicuous consumption*) gezeigt hat.[29] Doch Investitionen in schicke Universitäten können mindestens genauso befriedigend sein wie Investitionen in schicke Kleidung, und sie sind vor allem hilfreicher für die Reproduktion des Status über Generationen hinweg. Symbolischer Erfolg ist in zweifacher Hinsicht wichtig: Er soll den Gewinnern von Wettbewerben Sicherheit geben, aber auch dafür sorgen, dass sie auf die Verlierer herabschauen können.

Hierarchische Unterscheidungen lassen sich nur schwer vermeiden. Sie sind sogar implizit in vielen Bemühungen enthalten, etablierte Hierarchien und Unterscheidungen in Frage zu stellen. Denken Sie daran, wie oft geheimnisvolle, abstrakte und mehrsilbige Wörter verwendet werden, um das Anliegen der Gerechtigkeit zu artikulieren. In vielen Fällen haben die Begriffe eine klare Bedeutung in akademischen Theorien, und sie konzentrieren sich tatsächlich darauf, inwiefern dominante kulturelle und soziale Kategorien ungerecht sein können. So ist Heteronormativität in den Vereinigten Staaten wirklich allgegenwärtig. Begriffe wie »cisgender« und »postbinär« können denjenigen, die sie verwenden, sowohl Klarheit als auch befreiende Einsichten vermitteln. Es gibt gute Gründe, nach einer inklusiven Kategorie zu suchen – z. B. »Latinx« – und die in die Alltagssprache eingebetteten Genderings zu vermeiden. Aber es ist fast unausweichlich, dass solche Begriffe ebenso viel dazu beitragen, Bildung mit hohem Status zu manifestieren, wie soziale Gerechtigkeit voranzutreiben.[30] Noch einmal: Das heißt nicht, dass die

29 Thorstein Veblen *Theorie der feinen Leute. Eine ökonomische Untersuchung der Institutionen* [1899], übers. von Suzanne Heintz und Peter von Haselberg (Frankfurt am Main: S. Fischer, 2007).

30 Unser Verlag, Harvard University Press, verwendet einen Styleguide, aus dem hervorgeht, dass er »Latinx« gegenüber »Latina« und »Latino« bevorzugt, die beide geschlechtsspezifisch sind und Trans-Personen nicht wirklich gerecht werden.

Begriffe oder ihre Verwendung falsch sind – genauso wenig wie das Tragen gut geschnittener Kleidung falsch ist. Es bedeutet, dass ihr Gebrauch zumindest implizit und manchmal bewusst eine Geste der meritokratischen Abgrenzung von den weniger Gebildeten ist – die damit implizit nicht nur ein mangelhaftes Verständnis von Gerechtigkeit haben, sondern auch einen mangelhaften Wortschatz.[31]

Im Glauben, auf ihre eigenen Erfolge stolz sein zu dürfen, vergessen die Gewinner in sozialen Wettbewerben, wofür die Öffentlichkeit bezahlt hat, und unterschätzen allzu oft die Rolle, die bestimmte andere Menschen gespielt haben. In Wirklichkeit ist jedoch jeder ein Nutznießer sowohl öffentlicher als auch privater Unterstützung. Selbst an Privatuniversitäten mit hohen Studiengebühren decken diese Gebühren nicht die gesamten Kosten. Private Spenden sind wichtig, werden aber dadurch gefördert und ergänzt, dass sie auf Kosten des Staates steuerlich absetzbar sind. Wie der britische Philosoph Harry Brighouse es ausdrückte: »Wir neigen dazu, Verdienst und Leistung gleichzusetzen, aber niemand, der verdienstvoll ist, kann etwas erreichen, wenn nicht jemand in ihn investiert.«[32]

Wir glauben, dass Harvard versucht, das Richtige zu tun und geschlechtsspezifische Vorurteile abzubauen. Wir sind auch der Meinung, dass Bemühungen, Sprachgewohnheiten zu verändern, für den sozialen Wandel eine positive Rolle spielen können. Wir stellen jedoch fest, dass die Korrektur eines Vorurteils andere Vorurteile hervorrufen kann. Die Aufnahme derjenigen, die die neuen, richtigen Worte kennen, in die elitäre Gemeinschaft ist immer noch die Reproduktion einer Elite, auch wenn sie in anderer Hinsicht positiv ist. Die Konstruktion neuer Begriffe kann zudem in einem Spannungsverhältnis zur Verwendung von Identitätsbegriffen stehen, die die Menschen für sich selbst wählen.

31 Die Konservativen waren schneller bereit, einen neuen Jargon in Frage zu stellen, teilweise weil sie alten kulturellen Kategorien und Hierarchien stärker verhaftet sind. Das macht es schwer, Kritik am stillschweigenden Elitismus von der Ablehnung substanziellerer Infragestellungen zu unterscheiden. Siehe Nicholas Clairmont, The Language of Privilege, in: *Tablet,* 28. September 2020; David Brooks, This Is How Wokeness Ends, in: *New York Times,* 13. Mai 2021. Ähnliche Argumente finden sich bei selbsternannten Progressiven wie Todd Gitlin, der sich sowohl gegen das Vokabular wie die Substanz von Identitätspolitik wendet: Todd Gitlin, *The Twilight of Common Dreams: Why America Is Wracked by Culture Wars* (New York: Henry Holt, 1995); Eleanor Robertson, Intersectional-What? Feminism's Problem with Jargon Is that Any Idiot Can Pick It Up and Have a Go, in: *Guardian,* 30. September 2017; Ben Andrew, The Language of the Left – And How It Alienates Progressives from Their Own Causes, in: *Liberal Democratic Voice,* 14. November 2016.

32 Harry Brighouse, On the Meaning of Merit, Grundsatzreferat, USC Rossier Cen-

Die Beiträge anderer zum eigenen Leben nicht angemessen zu würdigen ist sowohl persönliches Versagen als auch Beweis für schwache gesellschaftliche Solidarität. Nicht minder wichtig ist, dass die übertriebene Konzentration auf den individuellen Erfolg und die damit verbundene soziale Sortierung die Solidarität unmittelbar untergraben. Unter Menschen, die in unterschiedliche Richtungen und auf unterschiedlichen Erfolgsniveaus unterwegs sind, gibt es weniger gemeinsame Erfahrungen, die soziale Bindungen zwischen ihnen schaffen. Der massenhafte Militärdienst wie im Zweiten Weltkrieg führte dazu, dass in den Zügen der Armee Gefreite mit guten und mittelmäßigen Schulleistungen und Soldaten aus der Arbeiter- und der Mittelschicht zusammenkamen (auch wenn Letztere häufiger als Offiziere ausgewählt wurden). Pfadfindergruppen, Kirchen, Sportmannschaften und Ferienjobs haben auch all dies geleistet – und tun es heute weniger als früher.

Nichts ist perfekt. In den Vereinigten Staaten brachten die altmodischen öffentlichen Schulen auf Gemeindeebene Schüler mit unterschiedlichen Talenten, Eignungen, Hintergründen und Ambitionen in denselben Klassen zusammen. Das ging nicht immer mit einer kreativen Pädagogik zur Förderung des gemeinsamen Lernens einher. Die Schulen waren oft nach Race getrennt oder zumindest ein Spiegel der Gemeinden, in denen sie ansässig waren.[33]

ter for Enrollment Research, Policy, and Practice Annual Conference, 16. Januar 2014. Für den Blog dieser Konferenz wurde eine Summary erstellt: ⟨https://www.dropbox.com/s/acrtni4bu39z8e6/USC%20Rossier%20Brighouse%20Merit%20Achievement%20CERPP.pdf?dl=0⟩. Die Kritik am stillschweigenden Elitismus ist berechtigt, aber sie sollte nicht vergessen lassen, wie wichtig die Infragestellung kultureller Kategorien ist.

33 In den USA besuchen immer mehr Schüler Schulen mit einer Art privatem Auswahlsystem und in der Regel mit privater Finanzierung, unabhängig davon, ob es sich dabei einfach um private Marktunternehmen handelt oder ob sie mit Kirchen verbunden oder als »Charter«-Schulen organisiert sind. Im Vergleich dazu hat Frankreich ein starkes, zentralisiertes und im Grunde universalistisches öffentliches Bildungssystem beibehalten. Es ist intern sehr selektiv, aber es ist für fast alle Schüler das gleiche System. In England haben private, kostenpflichtige und selektive Schulen eine lange Tradition. Gesamtschulen, die allen potenziellen Schülern offenstehen, wurden nach dem Zweiten Weltkrieg eingerichtet und in den 1960er Jahren unter Labour ausgebaut. Seitdem, während der neoliberalen Ära, haben Privatschulen und selektive Schulen an Bedeutung gewonnen und werden weithin als Schlüsselfaktoren angesehen, die die Ungleichheit aufrecht-

Die Durchmischung war nicht immer ein glänzender Erfolg; Schulen sind voller Cliquen, die soziale Unterschiede verstärken. Aber sie förderte stärkere Verbindungen über Klassen- und andere soziale Grenzen hinweg als die hyper-sortierte Schulbildung des neoliberalen und angeblich leistungsorientierten Zeitalters.

Wenn erfolgreiche Menschen auf neue Levels – und oft auch an neue Orte – gelangen, lassen sie ihre Familien und Gemeinschaften zurück. Rockstars und Neurochirurgen, die einst mit ihrer Highschool-Liebe verheiratet waren, stellen plötzlich fest, dass ihr alter Partner einfach nicht in ihr neues Leben passt oder dass sie sich neue Trophäengattinnen »verdient« haben. Wir bewegen uns hier auf dem Terrain der rührseligen Filmschnulze, allerdings aus gutem Grund. Die Meritokratie kann tatsächlich den Charakter derjenigen, die sie belohnt und privilegiert, verderben. Sie glauben vielleicht, dass Erfolg alles ist, doch das ist eine ziemlich beschränkte Sichtweise. Durch übertriebene meritokratische Sortierung werden persönliche Beziehungen genauso untergraben wie die Solidarität, die für die Demokratie grundlegend ist.

Hierarchische Eingliederung

An einer höchst ungleichen Gesellschaft lässt sich nur teilhaben, wenn man sich in ihre Wert- und Unterscheidungshierarchien eingliedert. Man kann dafür kämpfen, das System zu ändern, aber man kann ihm nicht entkommen. Die Logik der Mitgliedschaft ist untrennbar auch eine Logik der hierarchischen Einbindung.

Das paradigmatische Beispiel dafür ist die Hochschulbildung. Sie wird nur über Hochschulen und Universitäten angeboten, die in einem hierarchischen Verhältnis zueinander stehen, unterschiedlich viel Prestige verleihen und unterschiedliche Lebenschancen bieten.[34] Einen Abschluss zu erwerben bedeutet genau genommen,

erhalten oder sogar noch verstärken. Siehe David Kynaston/Francis Green, *Engines of Privilege: Britain's Private School Problem* (London: Bloomsbury, 2019), wobei darauf hingewiesen sei, dass England stärker auf Privatschulen setzt als andere Teile Großbritanniens.

34 Wir beziehen uns hier auf qualifizierte, institutionell verankerte und vom Markt anerkannte Hochschulbildung. Wie die bemerkenswerte Geschichte der Autodidakten zeigt, können Menschen auch ohne Universitäten oder Hochschulen eine Menge lernen.

einen Platz in der Hierarchie zu erhalten. Das kann eine gute Investition sein, und man kann viel lernen; man kann hart arbeiten, um mit seinem Abschluss besser als die meisten zu sein, aber man muss sich in die Ungleichheit einkaufen. Das ist wie beim Erwerb eines Hauses. Dieses Haus liegt immer auch in einer Gegend mit mehr oder weniger Prestige und besseren oder schlechteren Wiederverkaufschancen, aber auch mit möglicherweise netten Nachbarn und bequemen Wegen zur Arbeit. Sie können sagen, dass Ihnen das nicht wichtig ist, aber Sie können es auch nicht ganz vermeiden.

Während des Nachkriegsbooms ermöglichten öffentliche Investitionen eine dramatische Ausweitung des Bildungsangebots auf allen Ebenen. In den wohlhabenden Demokratien wurde eine fast universelle Alphabetisierung erreicht, später war dann auch der Abschluss der Sekundarschule fast allgemein üblich. Und auch wenn der Zugang zu den Universitäten nicht universell wurde, so nahm er doch erheblich zu. Das war ein demokratisches und egalitäres Projekt, das darauf abzielte, klassenbedingte Hindernisse für »Leben, Freiheit und das Streben nach Glück« zu überwinden.

Die Vereinigten Staaten nahmen dabei eine Vorreiterrolle ein. Die GI Bill (siehe Kapitel 2) ermöglichte es fast acht Millionen Veteranen, ein College oder eine Universität zu besuchen. In so gut wie allen Bundesstaaten wurden die staatlichen Universitäten in bemerkenswerter Weise ausgebaut. In Europa und in vielen anderen Ländern der Welt war die Ausweitung der Bildungschancen Teil des sozialdemokratischen Deals.

In Michael Youngs Großbritannien stieg die Zahl der jährlichen Hochschulabsolventen von 22426 im Jahr 1960 auf 51189 im Jahr 1970.[35] Das geschah nicht ohne Widerstände. Zum einen waren die Profiteure der aristokratischen Privilegien nicht bereit, diese aufzugeben. Zum anderen wollten die Neureichen die Vorteile eines erweiterten Bildungsangebots eher für ihre eigenen Kinder als für »die breite Masse« nutzen. Ein beliebtes Argument behauptete gar, es gebe einfach nicht genug intelligente junge Menschen, die von der Expansion profitieren könnten.[36]

35 Paul Bolton, »Education: Historical Statistics«, House of Commons Library Standard Note SN/SG/4252, aktualisiert am 27. November 2012, ⟨https://dera.ioe.ac.uk/22771/1/SN04252.pdf⟩.

36 Diese Behauptung wurde durch umfangreiche empirische Untersuchungen im Zusammenhang mit dem Robbins-Bericht von 1963 dezidiert widerlegt: *Higher*

Mit der wachsenden Zahl der Universitäten nahm auch die Hierarchie unter ihnen zu. Eine flachere Hierarchie mit einem breiteren Pool von Absolventen angesehener (aber nicht zwangsläufig super-elitärer) Institutionen wäre für fast jeden bildungspolitischen oder öffentlichen Zweck besser. Sie könnte eine breitere geografische Streuung der Bildungschancen bewirken und die Vorherrschaft der Küstenregionen in den Vereinigten Staaten, Londons und der umliegenden Grafschaften in Großbritannien sowie von Paris in Frankreich ausgleichen.[37] Es gäbe weniger frustrierte und verärgerte Absolventen der ersten Generation, die hart gearbeitet und eine Universität besucht haben, nur um dann feststellen zu müssen, dass ihre Abschlüsse auf dem Arbeitsmarkt weniger wert sind, weil sie nicht von Eliteschulen stammen. Leider wurde die Schulbildung viel stärker ausgebaut als die Gleichstellung auf den Arbeitsmärkten.

Stärkere Hierarchien erzeugen künstliche Knappheit. Diese dient den Interessen der Institutionen, die sich gern hervortun und aufplustern, aber nicht dem gesamten System, dem gesamten Pool potenzieller Studenten oder gar der Demokratie. Doch die Universitäten selbst haben den Statuswettbewerb zu einem Schwerpunkt ihrer Bemühungen gemacht (natürlich angetrieben von Studenten und Absolventen, die Marktvorteile für sich erzielen wollen, von denjenigen, die Rankings erstellen, und ganz allgemein vom gesamten Neoliberalismus). Das hat die Kosten in die Höhe getrieben. In diesem Wettbewerb sind die Universitäten mehr und mehr zu einer Art Luxusgüter geworden, deren Preise sich an der Zahlungsbereitschaft der Reichen orientieren und für den Rest verbilligt werden, wenn Subventionen zur Verfügung stehen oder leere Plätze besetzt werden müssen. Daraus entstand ein Teufelskreis: Die Kosten sind vor allem deshalb gestiegen, weil die von den Studierenden gezahl-

Education: Report of the Committee appointed by the Prime Minister under the Chairmanship of Lord Robbins (London: Her Majesty's Stationery Office, 1963). Siehe auch Nicholas Barr (Hg.), *Shaping Higher Education: Fifty Years After Robbins* (London: London School of Economics and Political Science, 2014).

37 Erwähnenswert ist, dass Länder, die in der Vergangenheit von relativ egalitären Universitätssystemen profitiert haben, wie Kanada und Deutschland, in letzter Zeit eine stärkere Hierarchie eingeführt haben, vor allem, um in den weltweiten Rankings nach oben zu kommen. Das Ganze ist allerdings nicht nur Teil von Universitätsstrategien; auch Länder konkurrieren über Rankings – etwa als Standort für Investitionen.

ten Gebühren dazu verwendet werden, den Konkurrenzkampf um Rankingplätze – beispielsweise durch die Anwerbung von Star-Dozenten – und um mehr Studierende – beispielsweise durch den Bau schicker Einrichtungen – zu finanzieren.

Korruption

Die große Ungleichheit und Selektivität haben, wenig überraschend, die Korruption gefördert. Publik wurde das bei einem lächerlichen (aber auch traurigen) Skandal aus dem Jahr 2019, der massenhaften Missbrauch bei der Zulassung zu US-Eliteuniversitäten aufdeckte. So wurde beispielsweise festgestellt, dass Sportprogramme an privaten Eliteuniversitäten gegen eine Gebühr auch jungen Menschen einen Studienplatz gewährten, die nie wettkampfmäßig gefochten haben, gerudert oder gelaufen sind. Diese Korruption wurde hauptsächlich von wohlhabenden weißen Amerikanern betrieben, wie der Schauspielerin Lori Loughlin und ihrem Ehemann, einem Modedesigner. Sie bezahlten einen »Zulassungsberatungsdienst«, um Schlupflöcher zu finden, damit ihre Kinder an selektiven Universitäten aufgenommen werden konnten, die im Prinzip nach Leistung auswählten.

Eine der Nutznießerinnen der Korruption, in diesem Fall eine ausländische Studentin, propagierte sogar noch die Ideologie der Leistung, während ihre Eltern sie unterliefen. Die Familie der Stanford-Studentin Yusi Zhao (inzwischen von der Universität verwiesen) zahlte 6,5 Millionen Dollar, um ihr die Aufnahme zu ermöglichen. Das erregte vor allem deshalb Aufmerksamkeit, weil Frau Zhao in ihrem Blog Videos veröffentlicht hatte, in denen sie angehenden Studenten riet, ihrem Beispiel zu folgen. Der Schlüssel zum Erfolg, sagte sie, sei schlicht harte Arbeit. »Manche Leute denken: ›Bist du in Stanford aufgenommen worden, weil deine Familie reich ist?‹ Nein, die Zulassungsbeauftragten wissen eigentlich gar nicht, wer du bist«, erklärte sie in einem Video, das sie ins Internet stellte. »Du musst einfach ein klares Ziel vor Augen haben und so hart wie möglich darauf hinarbeiten.«[38]

Die grelle Seite des Skandals lenkt die Aufmerksamkeit auf die

38 Zhao »Molly« Yusi, zitiert in Laurie Chen, Hard Work Got Me into Stanford University, Says Chinese Student in Viral Video after Parents Paid US$ 6.5 Million to Get Her Accepted, in: *South China Morning Post,* 3. Mai 2019.

ungewöhnlichen Elemente, die offensichtliche Bestechung und das unbedachte Video. Aber vielleicht sollte unser Augenmerk viel eher den Bedingungen gelten, die die Korruption erstrebenswert machten, wie z. B. die Ersetzung von Bildungszielen durch Status, die Hierarchie, in der nur einige wenige Bildungseinrichtungen wirklich wertvoll erscheinen konnten, die Existenz eines völlig legalen Marktes für College-Vorbereitungs- und Vermittlungsdienste oder die Tatsache, dass Stanford 60 000 Dollar pro Jahr kostet – noch vor allen Lebenshaltungskosten. Die meisten potenziellen Studenten könnten sich Stanford nicht einmal ansatzweise leisten und befinden sich auch nicht in Lebensumständen, die sie dazu veranlassen würden, ein Studium dort überhaupt in Betracht zu ziehen. In Wirklichkeit geht es darum, dass die Familien reich sind. Bei dem angeblich leistungsorientierten Wettbewerb geht es in erster Linie darum, welche reichen Kinder an welche Eliteuniversität kommen.

Weniger reiche Studenten werden nicht einfach von der Hochschulbildung ferngehalten. Sie werden zugelassen, aber benachteiligt: Die weniger Wohlhabenden haben weniger Chancen, in die Spitzenuniversitäten aufgenommen zu werden; sie erhalten weniger Unterstützung, um ihr Studium abzuschließen. Einige schaffen es; einige werden sogar mit Stipendien unterstützt. Das trägt jedoch eher dazu bei, den Wettbewerb fair erscheinen zu lassen, als tatsächliche Chancengleichheit herzustellen.

Noch schlimmer ist, dass Studierende aus der Mittelschicht und der Arbeiterklasse ihre Hochschulbildung über Kredite finanzieren. Die Kreditaufnahme zur Begleichung der Hochschulkosten ist dramatisch angestiegen. Während die Studiengebühren in Frankreich und Deutschland nach wie vor relativ niedrig sind, stiegen sie im Vereinigten Königreich durch eine einzige politische Änderung 2010 von 1000 £ auf 9000 £ im Jahr. Die meisten Studenten finanzieren ihr Studium mit Hilfe von Krediten. Noch extremer ist das Problem in den Vereinigten Staaten: Die Gebühren an staatlichen Universitäten entsprechen in etwa dem britischen Niveau, doch die Gebühren an vielen Privatuniversitäten überstiegen 2019 die Marke von 60 000 Dollar (noch ohne Lebenshaltungskosten). Die Gesamtverschuldung der Studenten überstieg 2018 die Marke von 1,5 Billionen Dollar. Hoch verschuldete Studenten haben nach ihrem Abschluss aufgrund der Kreditraten, die sie abstottern müssen, weniger Freiheit bei der Berufswahl und bei Lebensentscheidungen. Sie werden daran gehindert, Berufe zu wählen, in denen sie ihren Mitbürgern helfen könnten – etwa als Lehrer oder im Gesundheitswesen. Es ist nicht nur so, dass der Finanzsektor mehr zahlt, sondern Jobs im öffentlichen Dienst bringen oft nicht genug zum Leben *und* zur Abzahlung der Kredite ein.[39]

Die Verschuldung von Studenten ist eine Katastrophe, unabhängig davon, welche Colleges oder Universitäten sie besuchen. Eine besondere Katastrophe ist es, wenn Studenten Schulden anhäufen, um Hochschulen zu besuchen, die ihre Lebenschancen nicht wesentlich verbessern. Das ist Teil des Skandals um die gewinnorientierten Einrichtungen, die von der ehemaligen US-Bildungsministerin Betsy DeVos gefördert wurden. Die Unternehmen erzielten ihre Gewinne, indem sie Studierende dazu brachten, sich im Rahmen staatlicher Kreditprogramme Geld zu leihen. Doch die Studenten schlossen ihr Studium mit mehr Schulden als Erfolg auf dem Arbeitsmarkt ab. Ihnen wurde ein Traum von höherer Bildung und Chancen verkauft. Sie erhielten das, was Tressie McMillan Cottom als »lower ed« bezeichnet hat, als niedere Bildung, und das hat sie in untergeordneten sozialen Positionen gefangen gehalten.[40]

Der Ausstieg aus der Hochschulbildung ist nicht immer eine realistische Wahlmöglichkeit. Die einzig verfügbare Chance ist die hierarchische Eingliederung. Bildung ist nach wie vor erforderlich, um Fähigkeiten zu erlernen, auch wenn es in den Hierarchien der Universitäten eher um den Status geht. Die Hierarchien können der Bildung sogar im Wege stehen, denn der Status einer Universität wird eher dadurch gesteigert, dass sie sehr selektiv ist und die meisten Studenten, die sich bewerben, ausschließt, als dass sie gute Kurse anbietet. Rankings betonen den Unterschied zwischen den Besten, den Nächstplatzierten und dem Rest. In der Hochschulbildung gibt es nur einen geringen Unterschied bei der Qualität dessen, was die am höchsten eingestuften Universitäten den Studierenden bieten, und dem, was die vielen darunter liegenden anzubieten

39 Sara Goldrick Rabb, *Paying the Price: College Costs, Financial Aid, and the Betrayal of the American Dream* (Chicago: University of Chicago Press, 2016). Das ist nicht zuletzt eine enorme Belastung für die Familien. Siehe auch Caitlin Zaloom, *Indebted: How Families Make College Work at Any Cost* (Princeton, NJ: Princeton University Press, 2019).

40 Tressie McMillan Cottom, *Lower Ed: The Troubling Rise of For-Profit Colleges in the New Economy* (New York: New Press, 2017).

haben. Tatsächlich macht sich die Hierarchie vielleicht nicht bei der Art der Ausbildung, die die Studenten erhalten, am deutlichsten bemerkbar, sondern bei der Frage, wen sie in ihrem Netzwerk von Kommilitonen haben: andere gesalbte Gewinner. Und natürlich hat der Status großen Einfluss darauf, wer welchen Job bekommt, wie viel jemand bezahlt bekommt und wie schnell er aufsteigt.

Exklusion gerechter machen

Instrumente wie etwa standardisierte Prüfungen geben vor, sie würden das Bemühen um Ausgrenzung gerechter machen. Besser wäre es, die Ausgrenzung zu verringern. Zudem erfolgt die Selektion in einer Weise, die auf einem unterschiedlichen Maß an sozialer Unterstützung und »kulturellem Kapital« beruht.[41] Das Vereinigte Königreich und Frankreich setzen auf landesweit einheitliche Prüfungen, um die Leistungen der Schüler zu ermitteln. In den Vereinigten Staaten wird sogar noch mehr Wert auf die illusorische Vorstellung gelegt, dass es natürliche Unterschiede in der Begabung gibt. Der Scholastic Aptitude Test (SAT) bewertet angeblich die natürlichen Fähigkeiten der Schüler und ihre Eignung für die Universität als solche, anstatt spezifische Lerninhalte zu überprüfen. Wie die Forschung gezeigt hat, ist er freilich keineswegs neutral, sondern stark verzerrt.

Mehr noch als zur Zeit des Nachkriegsbooms sehen die Eliten im Zeitalter des Neoliberalismus ihre Macht, ihre Privilegien und ihren Reichtum durch ihren Bildungserfolg, durch ihre Intelligenz oder andere Talente sowie durch den Erfolg ihrer riskanten Investitionen gerechtfertigt. Nur wenige fragen, ob es einen guten Grund dafür gibt, dass das ganze System so ungleich ist. Anstelle einer extremen Hierarchie mit Stipendien für einige weniger begüterte Studenten, die die Spitzenuniversitäten besuchen können, hätten die öffentlichen Gelder lieber in ein gerechteres Bildungssystem

41 Bourdieu zufolge nimmt das Kapital verschiedene Formen an und ist zwischen ihnen konvertibel. Die Umwandlung von finanziellem Reichtum in Bildungsabschlüsse oder Marker kulturellen Geschmacks ist eine der Möglichkeiten, Ungleichheit zu legitimieren. Es ist aber auch möglich, soziale Verbindungen und kulturelles Ansehen in wirtschaftliche Möglichkeiten und Ressourcen umzuwandeln. Siehe Pierre Bourdieu, Die drei Formen des kulturellen Kapitals, in: *absolute Pierre Bourdieu* (Freiburg: orange press, 2007), S. 95-102.

fließen sollen, das einem breiteren Spektrum von Studenten offensteht.

Die Möglichkeit sozialer Mobilität war das vielleicht wichtigste Legitimationsversprechen des Kompromisses zwischen Kapitalismus und Sozialdemokratie, nicht zuletzt während *les trente glorieuses*. Kinder sollten die Chance haben, einen besseren Job als ihre Eltern zu finden, ein eigenes Haus zu besitzen und länger zu leben. Die Chancen waren real, wenn auch nicht so groß wie angekündigt. Aber die Mobilität war manchmal bittersüß; Kinder, die sich gesellschaftlich nach oben bewegten, mussten ihre Familien und Gemeinschaften zurücklassen. Das beförderte das Wachstum der Städte und Vorstädte. Chancengleichheit wurde dem Einzelnen geboten. Tatsächliche Gleichheit wäre ganzen Gemeinschaften zugutegekommen.

Dennoch erweckte die echte Mobilität den Anschein, als sei das System gerecht (auch wenn statistische Analysen weiterhin Ungleichgewichte zeigten). Zumindest für Kinder schien es einen klaren Weg zu geben, bessergestellt zu sein als ihre Eltern. Doch diese Hoffnung ist weitgehend erloschen. Junge Menschen werden heute kein höheres Einkommen als ihre Eltern haben. Die soziale Mobilität ist umfassend blockiert, in den Vereinigten Staaten vielleicht sogar noch stärker als in Europa, was einen enormen Schlag für den berühmten American Dream bedeutet.[42] Zum ersten Mal erreicht eine ganze Generation das Erwachsenenalter mit schlechteren wirtschaftlichen Aussichten als ihre Eltern. Das ist eines der erschütterndsten Merkmale der letzten fünfzig Jahre, das die Wirkmacht der Bürger und die Demokratie fundamental untergräbt.

Die Meritokratie ist eine zutiefst antidemokratische Ideologie. Anstelle der demokratischen Anerkennung der Gleichwertigkeit aller Bürger suggeriert die Leistungsgesellschaft, dass einige mehr wert sind als andere. Sie dient dem Eigennutz der Eliten, die glauben, ihre Positionen und ihr angehäufter Reichtum würden schlicht ihre Verdienste widerspiegeln. Für andere hingegen ist sie entmächtigend. Sie verschleiert die Unterschiede bei den Ausgangsbedingungen und bei der begleitenden Unterstützung, die für die Erfolgsgeschichten eine wichtige Rolle spielen. Die scheinbar

42 Jason DeParle, Harder for Americans to Rise from Lower Rungs, in: *New York Times*, 4. Januar 2012.

neutrale Bewertung des individuellen Verdiensts überdeckt nicht nur Verzerrungseffekte und unterschiedliche Investitionen, sondern auch die politische Entscheidung, die hinter den Hierarchien steht – die Schaffung künstlicher Knappheit. Sie schwächt die Solidarität mit den weniger Begüterten und impliziert, dass diese ihr Schicksal verdient haben. Am schlimmsten aber ist vielleicht, dass es allen anderen suggeriert, ihre eigene niedrigere Position könne nur ihre eigene Schuld sein.[43]

Natürlich führt dies, wie in Youngs Roman prophezeit, zu Unmut und Ressentiments. Michael Sandel fasst zusammen: »Wie der Triumph des Brexit im Vereinigten Königreich war auch die Wahl Donald Trumps ein wütendes Urteil gegen Jahrzehnte wachsender Ungleichheit und eine Version der Globalisierung, die nur denen dient, die ohnehin an der Spitze stehen, normale Bürger aber mit einem Gefühl von Machtlosigkeit zurücklässt. Ebenso stellte sie eine Zurückweisung eines technokratischen Politikansatzes dar, der taub ist für den Unmut von Menschen, die glauben, von der Wirtschaft und der Kultur fallen gelassen worden zu sein.«[44]

Die Ressentiments derjenigen, die nicht für die angeblich leistungsorientierte Elite ausgewählt wurden, werden durch das verschärft, was Pierre Bourdieu als »symbolische Gewalt« bezeichnet hat.[45] Sie kommen nicht nur nicht in den Genuss der Vorteile der Auswahl, sondern es wird ihnen auch implizit gesagt, dass das auf ihre eigene Inferiorität zurückzuführen ist, und oftmals, dass sie zu

43 Alexis de Tocqueville wies in seinem Buch *Über die Demokratie in Amerika* auf einen ähnlichen Aspekt hin, als er feststellte, dass in einer Gesellschaft, die Erbbesitz ablehnt und selbstbewusst verkündet, sie sei offen für soziale Mobilität, diejenigen, die nicht aufsteigen, implizit dazu animiert werden, sich selbst die Schuld zu geben. Wie Sennett und Cobb in *The Hidden Injuries of Class* gezeigt haben, ist dies in der Tat immer noch das vorherrschende Muster. Für soziale Mobilität und ihr Fehlen gibt es viele Erklärungen, und individuelles Talent und Anstrengung sind nur ein Teil der Mixtur. Eine viel größere Rolle spielt in der Regel der Besitz verschiedener Arten von Kapital.

44 Sandel, *Vom Ende des Gemeinwohls*, S. 29-30.

45 Bourdieu entwickelt in *Entwurf einer Theorie der Praxis. Auf der ethnologischen Grundlage der kabylischen Gesellschaft*, übers. von Cordula Pialoux und Bernd Schwibs (Frankfurt am Main: Suhrkamp, 1976) sowie in vielen nachfolgenden Schriften eine Analyse symbolischer Gewalt als Ausübung der Macht darüber, wie Menschen kategorisiert werden. Siehe auch Michael Burawoy, *Symbolic Violence: Conversations with Bourdieu* (Durham, NC: Duke University Press, 2019).

einer Kategorie gehören, die sie nicht ändern können. Sie hören Verachtung heraus aus der Art und Weise, wie von hochgebildeten Leuten über sie gesprochen wird – etwa in Hillary Clintons berühmt gewordenem Verweis auf die Anhänger von Donald Trump als »deplorables« (Bedauernswerte).[46] Bei vielen wird der Frust noch verstärkt durch das Gefühl, dass andere, die weniger verdient haben als sie selbst, auf ihre Kosten profitieren. Warum, so fragen sie, werden die Bedürfnisse oder Wünsche der anderen bevorzugt behandelt, während ihre eigenen vernachlässigt oder sogar missachtet werden? Kritiker von Sozialleistungen sprechen gerne davon, diese würden nur diejenigen belohnen, die nicht arbeiten, zu viele Kinder haben oder auf andere Weise einen Mangel an Leistung aufweisen. Sie beklagen, dass ihre eigenen, echten Verdienste übersehen werden. Bei der Tyrannei der Verdienste, so zeigt sich, geht es nicht nur darum, wer sie hat und wer es verdient, zur Elite zu gehören, sondern auch darum, wer sie nicht hat und wer es deshalb verdient, abgelehnt zu werden.

Young präsentierte die Idee der Meritokratie in einem satirischen Roman, der zunächst den Aufstieg dieser von ihren eigenen Verdiensten überzeugten Elite beschreibt und anschließend dann die Revolte der wütenden Massen, auf die diese Elite herabblickte. *The Rise of Meritocracy* verlegte das, was wir heute als »populistische« Revolte bezeichnen, ins fiktive Jahr 2033. Die wirkliche Revolte kam dann allerdings um einiges früher.

46 Clinton-Anhänger haben behauptet, ihre Bemerkung, die in der Hitze eines hässlichen Wahlkampfs gefallen ist, sei falsch interpretiert und absichtlich verzerrt worden. Siehe Domenico Montenaro, Hillary Clinton's »Basket of Deplorables« in Full Context of This Ugly Campaign, *National Public Radio,* 10. September 2016.

Kapitel 5
Machen wir den *demos* sicher für die Demokratie?

Dilip Parameshwar Gaonkar

Der Gedanke, dass Demokratien gute und schlechte Tage haben, oder besser gesagt: gute und schlechte Jahrzehnte, ist nicht neu.[1] Das gilt für alle Demokratien, ob alt oder modern. Ihr Auf- und Abstieg, ihr Kommen und Gehen, ihre Ausbrüche und Aussetzungen sind verschiedentlich theoretisiert und historisiert worden. Demokratie entsteht oft unerwartet inmitten hierarchisch strukturierter, autoritärer politischer und kultureller Formationen. Während das Aufkommen der Demokratie von ihren Verächtern stets als »unzeitgemäß« betrachtet wird, überraschen die Manifestationen ihrer historisch und kulturell variablen Form und Substanz – mit einem je spezifischen Institutionengefüge und einem ganzen Repertoire an Formen und Praktiken – selbst ihre Verfechter. Demokratie gibt es in zahlreichen Varianten. Zwar hält sie an einer Reihe von zentralen Grundsätzen, Verpflichtungen und Praktiken fest, die regelmäßig in Frage gestellt und angefochten werden, doch ansonsten nimmt sie vielfältige Formen und Verläufe an. Die Art und Weise, wie Demokratien entstehen, sich entwickeln, reifen, aufblühen, untergehen und zerfallen, variiert und hängt von den unterschiedlichen nationalen und kulturellen Räumen ab, in die sie eingebettet sind. Demokratie steht nicht für sich allein. Wie Craig Calhoun gezeigt hat, ist sie in sich wandelnden gesellschaftlichen Formationen verankert und auf die Gefahren und Möglichkeiten dieser Formationen ausgerichtet und abgestimmt. Darin liegen die Kontingenz und die Neuartigkeit der Demokratie und ihrer anderen republikanischen Varianten.

Der Rhythmus und das Tempo, mit denen Demokratien entstehen, aufsteigen, niedergehen und zerfallen, variieren historisch

1 Neben zahlreichen wertvollen Gesprächen mit meinen Ko-Autoren Craig Calhoun und Charles Taylor habe ich bei der Abfassung dieses Kapitels auch von meinen Diskussionen mit Sally Ewing, Robert Hariman, Benjamin Lee und Liam Mayes profitiert. Mein besonderer Dank gilt Liam Mayes für seine Unterstützung bei der Überarbeitung des endgültigen Entwurfs und für seine zahlreichen konstruktiven Veränderungs- und Verbesserungsvorschläge.

ebenfalls. Sie können langsam entstehen, allmählich reifen, dominant werden und dann aufgrund von innerem Verfall und äußerem Druck einen Niedergang erleben, so dass sie verblassen und manchmal ganz verschwinden, wie im Falle der antiken Demokratien in Griechenland und ihrem republikanischen Gegenstück in Rom. Der Rhythmus und das Tempo können in der Neuzeit schneller und heftiger sein, insbesondere bei jenen Demokratien, die aus dem Schoß revolutionärer Unruhen und Gärung hervorgegangen sind, wie in England im 17. und in den Vereinigten Staaten und Frankreich im 18. Jahrhundert. Die Entwicklung dieser modernen Demokratien, die sich in den letzten dreieinhalb Jahrhunderten stark ausgebreitet haben, unterscheidet sich substanziell von der ihrer antiken Pendants (einschließlich ihrer näheren Vorläufer, der italienischen Stadtstaaten).

Der wichtigste Unterschied besteht schlicht darin, dass moderne Demokratien, einmal geboren, nicht zu sterben scheinen. Sie mögen zusammenbrechen, schrumpfen und schwächer werden, aber sie kommen immer wieder zurück. Die Idee des souveränen *demos* lässt sich, einmal gepflanzt, nicht mehr vollständig aus der politischen Vorstellungswelt eines Volkes tilgen, das sie gesehen und erfahren hat und sie als sein kollektives Recht einfordert. In einigen Ländern, insbesondere in Großbritannien und den Vereinigten Staaten, ist die Demokratie, auch wenn sie in regelmäßigen Abständen erschüttert wurde, hegemonial und unangefochten geblieben. Die Demokratie ist jedoch in ihrer Zusammensetzung nicht rein. In diesen beiden Ländern – die beide oft als paradigmatische Beispiele für erfolgreiche moderne Demokratien angesehen werden – hat sie überlebt, obwohl sie über lange Zeiträume hinweg offensichtlich undemokratische Institutionen und Praktiken beherbergte: die Sklaverei in den Vereinigten Staaten und die koloniale Unterwerfung und Ausbeutung des britischen Empire. Auch heute noch ist die Demokratie in diesen Ländern, trotz aller triumphalen Fortschrittsnarrative, keineswegs perfekt. Allerdings gehört Perfektion gar nicht zu den möglichen oder gar wünschenswerten Zielen der Demokratie. Das ist es, was Charles Taylor meint, wenn er die Demokratie ein »telisches« Projekt nennt. Sie hat kein endgültiges Ziel; in mancher Hinsicht scheitert sie immer, während sie an anderen Fronten erfolgreich ist und ihr Versprechen einlöst. Sie ist ein historisches Unterfangen, das durch die Zeit und den Ort seiner

Menschen und ihrer Traditionen, Werte, Ressourcen, Bestrebungen und Gesinnungen ermöglicht und gestärkt wird. In anderen Ländern waren der Werdegang und das Schicksal der modernen Demokratie weniger stabil und diskontinuierlicher (auch in Frankreich während der früheren Republiken). Das sollte nicht überraschen. Die Einführung der Demokratie verläuft selten friedlich, da sie eine erhebliche Umgestaltung der politischen Gesellschaft und der Macht mit sich bringt. Es ist unwahrscheinlich, dass die Vorgängerregime ihren demokratischen Nachfolgern ohne einen langwierigen, oft gewaltsamen Kampf weichen werden. Solche oligarchischen Widerstände, die nie ganz verschwinden, hinterlassen Narben auf dem Staatskörper. Darüber hinaus dominieren die wenigen, die Eliten (würdige oder unwürdige), die neu entstehenden Demokratien mit ihrem Reichtum, ihrem Talent, ihrer ideologischen Kontrolle und ihrer rhetorischen Macht weiterhin.[2] Dieses Ungleichgewicht macht den *demos*, die Nicht-Eliten, ängstlich und misstrauisch. Die Angst, beherrscht, ignoriert und enteignet zu werden, hält in unterschiedlicher Intensität an und manifestiert sich auf unerwartete Weise. Sie ist ein affektives Reservoir, das Peter Sloterdijk »Wutbank« nennt und das Visionären und Demagogen gleichermaßen zur Verfügung steht, um es anzuzapfen und mit seiner Hilfe am Status quo zu rütteln.[3]

Diese Ängste, Spannungen und Verletztlichkeiten führen dazu, dass Demokratien aus verschiedenen Gründen dazu neigen, zusammenzubrechen und zu nicht-demokratischen Regierungsformen zurückzukehren. Dieser Rückfall ist jedoch nie von Dauer. Wie Taylor feststellt, sind Demokratien immer anfällig für internen Niedergang und Zerfall und können, wenn sie geschwächt und unentschlossen sind, durch einen oligarchischen Staatsstreich, der oft vom Militär angeführt, aber stets von den dominierenden Wirtschaftsgruppen und Geschäftseliten unterstützt wird, von innen

2 Die oligarchischen Tendenzen der Demokratie, die von Robert Michels 1911 hellsichtig erkannt und analysiert wurden, bedürfen vielleicht einer gewissen Aktualisierung, aber das Phänomen selbst ist historisch eindeutig und soziologisch unvermeidbar. Robert Michels, *Zur Soziologie des Parteiwesens in der modernen Demokratie. Untersuchungen über die oligarchischen Tendenzen des Gruppenlebens* [1911] (Stuttgart: Kröner, 1989).

3 Peter Sloterdijk, *Zorn und Zeit. Politisch-psychologischer Versuch* (Frankfurt am Main: Suhrkamp, 2006).

heraus gestürzt werden (wie es in Asien, Afrika und Lateinamerika im 20. Jahrhundert so oft der Fall war). Die Spannungen und das gegenseitige Misstrauen zwischen den Eliten und den Massen verschwinden nie ganz. Wie ich weiter unten darlege, sind weder Elite noch Masse eine stabile, homogene Kategorie, insbesondere wenn man sie in eine vergleichende historische/kulturelle Perspektive stellt. Und doch ist die rhetorische Kraft und hermeneutische Lesbarkeit dieser Unterscheidung in der praktischen demokratischen Politik – vor allem in der Wahlpolitik – unausweichlich. Die Spannung und den Konflikt zwischen den Eliten und den Massen als soziologisch vage oder als verzerrenden Mythos abzutun, der durch eine rücksichtslose demagogische, populistische Rhetorik erzeugt wird, zeugt seinerseits von einer elitären Voreingenommenheit, die in einer tiefen und anhaltenden Angst vor der Massendemokratie und der Massenpolitik wurzelt, einer Angst, von der heute eine große Zahl von Theoretikern der liberalen Demokratie befallen ist.[4]

Demokratien können auch von militärisch überlegenen ausländischen Mächten überwältigt werden, die auf einen Regimewechsel aus sind, manchmal motiviert durch eine alternative Ideologie, wie im Fall der Sowjetunion, die nach dem Zweiten Weltkrieg die osteuropäischen Länder überrannte, und manchmal angetrieben durch rein wirtschaftliche Interessen, wie bei der verdeckten Inter-

4 Ich will damit sagen, dass Klassenkonflikte im Rahmen der demokratischen Politik, insbesondere in modernen, stark stratifizierten Gesellschaften, nur begrenzten Aussagewert haben. Zwar könnte man eine rigorose marxistische oder soziologische Analyse von Klassenkonflikten anbieten und entweder aufzeigen, wie sie das demokratische Projekt untergraben oder wie Demokratien sie eindämmen und ablenken können, aber der Klassenkonflikt selbst wird tendenziell aus dem Vokabular der praktischen demokratischen Politik gestrichen. Darüber hinaus vermeiden es fortschrittliche Kandidaten oder Bewegungen wahrscheinlich, das Thema des Klassenkonflikts anzusprechen, um nicht von ihren Gegnern beschuldigt zu werden, den Klassenkonflikt zu schüren – ein stark negativ konnotierter Vorwurf in bürgerlichen Wahldemokratien. Wenn man sich also mit dem sozialen Konflikt befassen will, der in einer Gesellschaft unvermeidlich ist, muss man ihn in der Terminologie von Eliten und Nicht-Eliten neu formulieren. Zwar mag eine solche Umformulierung analytisch noch nebulöser sein als eine traditionelle Klassenanalyse, aber der Gegensatz zwischen Eliten und Nicht-Eliten findet in der Alltagssprache der Politik, insbesondere der demokratischen Politik seit der antiken athenischen Demokratie, weitaus mehr Resonanz. Siehe Josiah Ober, *Mass and Elite in Democratic Athens: Rhetoric, Ideology, and the Power of the People* (Princeton, NJ: Princeton University Press, 1989).

vention der Vereinigten Staaten im Iran 1953, um die demokratisch gewählte Regierung von Premierminister Mohammad Mosaddegh zu stürzen. Diese oft gewaltsamen Umwälzungen zerreißen das soziale Gefüge auf eine Art und Weise, die nicht leicht zu beheben ist. Der Aufstieg, der Niedergang, der Zerfall und der Sturz von Demokratien sind daher immer mit Anzeichen von Gefahr und brudermörderischen Konflikten verbunden. In der heutigen Zeit allerdings verschwinden – all diesen Zusammenbrüchen, Umkehrungen und Rückschlägen, die sowohl von innen als auch von außen herbeigeführt werden, zum Trotz – der Geist und das Projekt der Demokratie, sobald sie bei einem bestimmten Volk Fuß gefasst haben, selten vollständig, auch nicht unter schwerster Repression. Sie leben im Verborgenen weiter und warten darauf, zurückgerufen und restituiert zu werden. Die Erneuerung der Demokratie durch die Rückbesinnung auf den *demos* und seine Neugestaltung ist eine unauslöschliche, immer vorhandene Möglichkeit. Der vorliegende Band widmet sich der Erkundung ebendieser Möglichkeit angesichts der gegenwärtigen Zerfallserscheinungen der Demokratie.

Nach der dritten Welle

Der einflussreiche amerikanische Politikwissenschaftler und Demokratietheoretiker Samuel P. Huntington beschrieb das Muster des Kommens und Gehens der Demokratie als »Wellen«: Wenn die Demokratie kommt und geht, geschieht dies in der Regel in Gruppen von Ländern – innerhalb einer geografischen Region oder in Ländern mit einer gemeinsamen historischen Erfahrung (wie der des Kolonialismus oder der sowjetischen Satellitenstaaten) – in rascher Folge und nicht disparat in einzelnen Ländern. In seinem vielzitierten »Drei-Wellen-Schema« dauerte die »erste Welle« der Demokratisierung in der Neuzeit fast ein Jahrhundert lang, von 1828 bis 1926. Huntingtons »erste Welle« umfasst den Übergang von nicht-demokratischen zu demokratischen Regimen in 33 Ländern, die allesamt in Europa, Amerika und den englischen Überseegebieten liegen.[5] Darauf folgte die »erste Umkehrwelle« des Zusammenbruchs der Demokratie, die von 1922 bis 1942 dauerte

5 Samuel P. Huntington, *The Third Wave: Democratization in the Late Twentieth Century* (Norman: University of Oklahoma Press, 1991), S. 15.

und in 22 Ländern zur Wiedereinführung irgendeiner Form von autoritärem oder totalitärem Regime führte. Die »zweite Welle«, die sich über den Zeitraum von 1943 bis 1962 erstreckte, führte zur Errichtung oder Wiederherstellung demokratischer Regime in vierzig Ländern, zu denen unter anderem die neuen unabhängigen, postkolonialen Nationalstaaten gehörten. Darauf folgte die »zweite Umkehrwelle« des Zusammenbruchs der Demokratie zwischen 1958 und 1975, die zur Wiederkehr nicht-demokratischer Regime in 22 Ländern führte.

Die »dritte Welle« begann 1974 mit dem Rückzug der autoritären Regierungen in Südeuropa (Portugal, Spanien und Griechenland) und Lateinamerika. Sie umfasst den Wiederaufbau und die Wiederherstellung von Demokratien, die in der postkolonialen Welt verkümmert und zusammengebrochen waren, und gipfelt in der Demokratisierung Osteuropas und der sowjetischen Nachfolgestaaten nach dem Auseinanderfallen der Sowjetunion. Im Zuge dieser Welle kamen 33 Länder hinzu, so dass sich die Gesamtzahl auf 62 (von den 71 Ländern auf Huntingtons Liste) erhöhte. Schon 1991, als Huntingtons Buch veröffentlicht wurde, gab es eine gewisse Erosion, da drei Länder in eine Form von autoritärer Regierung zurückgefallen waren. Seitdem hat es weitere Ausbrüche und Rückfälle gegeben. Während die dritte Welle anhält, befinden wir uns laut dem politischen Soziologen Larry Diamond, einem Bewunderer von Huntingtons Schema, nun in der dritten Phase der demokratischen Rezession.[6] Der erstaunlichste demokratische Aufschwung und schnellste Zusammenbruch war der vielbeschworene Arabische Frühling, der sich nicht, wie ursprünglich versprochen, über die gesamte arabische Welt ausbreitete und der nicht nur in den Ländern verwelkte, in denen er einst erblüht war – insbesondere in Ägypten –, sondern auch in einen Bürgerkrieg in Syrien und in nicht enden wollende Unruhen in Libyen und anderswo mündete.

Bei denjenigen, die angesichts der gegenwärtigen Phase demokratischer Rezession in Sorge sind, liegt das Hauptaugenmerk liberaler Ängste, öffentlicher Besorgnis und wissenschaftlicher Analysen jedoch nicht auf dem raschen und dramatischen Scheitern des Arabischen Frühlings; auch mit den schier endlos sich abmühenden

6 Larry Diamond, Is the Third Wave Over?, in: *Journal of Democracy* 7:3 (1996), S. 20-37; Larry Diamond, Facing Up to the Democratic Recession, in: *Journal of Democracy* 26:1 (2015), S. 141-155.

Demokratien in den armen und sich entwickelnden Ländern Afrikas und Asiens, die in Korruption und Gewalt versinken, sind sie nicht übermäßig beschäftigt. Der Schwerpunkt liegt vielmehr auf den reifen Demokratien Europas und der Vereinigten Staaten sowie auf jenen nicht-westlichen Ländern, in denen die Demokratie ihre Übergangsphase zwar nicht glatt, aber doch erfolgreich durchlaufen zu haben scheint und in einen Zustand relativer Konsolidierung eingetreten ist – wie in Mexiko, der Türkei, Südafrika, den Philippinen und insbesondere Indien. Darüber hinaus ist es irreführend, die Geschehnisse in diesen Regionen und Ländern (wie auch in Russland und den anderen Nachfolgestaaten der Sowjetunion) einfach als »demokratische Umkehrungen oder Rezessionen« zu bezeichnen, die durch einen oligarchischen Staatsstreich unter Führung des Militärs herbeigeführt wurden. Was hier vor sich geht, ist komplizierter und beunruhigender, da die Demokratie von innen ausgehöhlt und untergraben wird.

Seit dem Zweiten Weltkrieg war das klassische Modell für das plötzliche, wenn auch nicht unerwartete Ende von Demokratien, dass eines frühen Morgens im Zuge eines Staatsstreichs Militärpanzer durch die Straßen der Hauptstadt rollten. Für Steven Levitsky und Daniel Ziblatt, die Autoren des vieldiskutierten und provokativ betitelten Buches *Wie Demokratien sterben* (2018), ist der Militärputsch in Chile das Paradebeispiel dafür, wie Demokratien während der zweiten Umkehrwelle spektakulär zu sterben pflegten. Am 11. September 1973 startete General Augusto Pinochet seinen finalen Angriff auf den Präsidentenpalast in Santiago und den demokratisch gewählten sozialistischen Präsidenten Chiles, Salvador Allende:

> So stellen wir uns den Tod von Demokratien vor: durch Waffengewalt. Während des Kalten Kriegs waren Staatsstreiche für annähernd drei Viertel der Zusammenbrüche von Demokratien verantwortlich. In Argentinien, Brasilien, der Dominikanischen Republik, Ghana, Griechenland, Guatemala, Nigeria, Pakistan, Peru, Thailand, der Türkei und Uruguay bereiteten sie der Demokratie ein Ende. In jüngerer Zeit wurden 2013 der ägyptische Präsident Mohamed Morsi und 2014 die thailändische Ministerpräsidentin Yingluck Shinawatra durch Militärputsche gestürzt. In all diesen Fällen brachen die Demokratien auf spektakuläre Weise durch Waffengewalt zusammen.[7]

7 Steven Levitsky/Daniel Ziblatt, *Wie Demokratien sterben*, übers. von Klaus-Dieter Schmidt (München: Deutsche Verlags-Anstalt, 2018), S. 11.

Doch damit ist es vorbei. Ungeachtet dessen, was in Ägypten und Thailand geschah, sterben Demokratien nicht mehr mit einem Knall – sie siechen einfach dahin. Sie mögen an Kraft verlieren, aber sie werden nie völlig ausgesetzt. Dennoch erfreut sich der Diskurs über den Tod der Demokratie sowohl in der westlichen politischen Theorie als auch unter vergleichenden Politikwissenschaftlern großer Beliebtheit. Neben *Wie Demokratien sterben* sind in den letzten Jahren eine ganze Reihe von Büchern, sowohl wissenschaftlicher als auch populärwissenschaftlicher Natur, erschienen, die düster raunend den nahenden Tod der Demokratie verkünden: *So endet die Demokratie*, *Ill Winds*, *Der Weg in die Unfreiheit*, *Democracy May Not Exist, but We'll Miss It When It's Gone* und so weiter.[8] Es scheint, als würden wir Nachtwache halten. Die Angst ist mit Händen zu greifen, die Stimmung bitter und voll banger Ahnung. Ausnahmsweise führen dabei normative Theoretiker und empirische Vergleichswissenschaftler Seite an Seite denselben Kampf.

Das Aufkommen der hässlichen Demokratie

Paradoxerweise existiert der Topos vom Tod der Demokratie neben und parallel zu einer Behauptung, die Anfang der 1990er Jahre in Mode kam, als Michail Gorbatschow und George H. W. Bush eine »neue Weltordnung« ausriefen, in der »die Demokratie die einzig legitime Regierungsform« sei. Und dieses historische Zusammentreffen wurde von Francis Fukuyama mit seiner These vom »Ende der Geschichte« 1989/92 mit einer liberal-demokratischen Bestimmung geadelt.[9] Für Fukuyama war das lange 20. Jahrhundert eine Phase der Erprobung, der Prüfung und schließlich des Triumphs

8 Larry Diamond, *Ill Winds: Saving Democracy from Russian Rage, Chinese Ambition, and American Complacency* (New York: Penguin, 2019); David Runciman, *So endet die Demokratie*, übers. von Ulrike Bischoff (Frankfurt am Main/New York: Campus, 2020); Timothy Snyder, *Der Weg in die Unfreiheit. Russland, Europa, Amerika*, übers. von Ulla Höber und Werner Roller (München: C. H. Beck, 2018); Astra Taylor, *Democracy May Not Exist, But We'll Miss It When It's Gone* (New York: Henry Holt, 2019).

9 Francis Fukuyama, The End of History, in: *National Interest* 16 (Sommer 1989), S. 3-18; dt. Das Ende der Geschichte?, in: *Europäische Rundschau* 17:4 (1989), S. 3-25; Francis Fukuyama, *Das Ende der Geschichte. Wo stehen wir?*, übers. von Helmut Dierlamm u. a. (München: Kindler, 1992).

der liberalen Demokratie, die damit die ideologische Debatte über die politische Zukunft der Erdenbewohner ein für alle Mal beendete. Die liberale Demokratie hatte die beiden ideologischen Herausforderungen des Faschismus und des Kommunismus gemeistert. Sie hatte zwei zerstörerische Weltkriege überlebt, gefolgt von einem langen Kalten Krieg. Sie hatte eine Reihe von Wirtschaftskrisen überstanden, darunter auch die Weltwirtschaftskrise. Die liberale Demokratie stand nun triumphierend da und war fest entschlossen, ihre Art der freien Marktwirtschaft weltweit zu verbreiten.

Die These, dass »die Demokratie die einzig legitime Regierungsform« ist, hat zwar seit den 1990er Jahren etwas an Glanz verloren, ist aber keineswegs aus der Mode gekommen. Indessen werden vor allem in technikbegeisterten Kreisen das »chinesische Modell« und seine Betonung einer paternalistischen »guten Regierungsführung« (wohlwollend ausgeübt von der Parteielite der Mandarine) gegenüber der »Selbstregierung« des Volkes positiv bewertet – Letztere wird in vielen Teilen der Welt als entsetzlich korrupt, dysfunktional und chaotisch abgelehnt.[10] Es ist unklar, wie sich die Anziehungskraft des »chinesischen Modells«, die vor allem auf seinem spektakulären wirtschaftlichen Erfolg beruht, auf lange Sicht auswirken wird. Der Glanz dieses Modells hat in den letzten Jahren deutlich nachgelassen, da der kommunistische Parteiapparat weiterhin die administrative Macht in seinen Händen konzentriert und zentralisiert und damit die Vitalität der zivilgesellschaftlichen Institutionen erstickt. Vor allem der massive Einsatz von Überwachungstechnologien zur strikten Beobachtung der gesamten Zivilbevölkerung hat deutlich gezeigt, wie weit die chinesische Regierung gehen wird, um jegliche abweichende Meinung und Kritik zu unterdrücken und zum Schweigen zu bringen. In der Zwischenzeit bleibt die Demokratie die praktikabelste Maschine oder Methode, um politische Legitimität zu erlangen, wie flüchtig und brüchig diese auch immer sein mag.

Wie können diese beiden scheinbar widersprüchlichen Behauptungen über die Demokratie – die Berichte über ihren bevorstehenden Tod und die Notwendigkeit ihres Fortbestands zur Erlangung von Legitimität – plausibel nebeneinander bestehen und im heu-

10 Siehe Daniel A. Bell, *The China Model: Political Meritocracy and the Limits of Democracy* (Princeton, NJ: Princeton University Press, 2015).

tigen politischen Denken und Diskurs wirksam sein? Für liberale politische Denker, insbesondere für diejenigen, die wie Michael Ignatieff durch das jüngste Wiederaufleben des autoritären Populismus in Europa und den Vereinigten Staaten beunruhigt sind, ist dies ein Fall von legitimer Demokratie versus illegitimer Demokratie.[11] Diese Art von Gegenüberstellung trägt freilich wenig zur Klärung der widersprüchlichen Thesen zur modernen Demokratie bei. Heute gibt es mindestens zwei, möglicherweise drei Arten von Demokratie: die gute, die schlechte und die hässliche. Die gute wird durch die schlechte und die hässliche ausgehöhlt und entstellt, wenn nicht gar beseitigt. Darüber hinaus erfolgt diese Aushöhlung durch den selektiven Einsatz bestimmter etablierter und ehrwürdiger demokratischer Protokolle, Prozeduren und Praktiken, wie in Viktor Orbáns Ungarn. Um die Regierungsgewalt an sich zu reißen, sind die wichtigsten Angriffsziele Wahlen und der Wahlprozess. Wie Levitsky und Ziblatt es ausdrücken: »Der demokratische Rückschritt beginnt heute an der Wahlurne.«[12] Angesichts der Tatsache, dass die Demokratie durch einige ihrer eigenen spezifischen und konstitutiven Merkmale von innen heraus untergraben wird, wäre es vielleicht zutreffender, solche Demokratien eher als »hässlich« denn als »schlecht« zu bezeichnen.

Liberale Demokratietheoretiker neigen dazu, die guten und die hässlichen Demokratien nach dem Anna-Karenina-Prinzip zu unterscheiden: Alle guten Demokratien sind (wie alle glücklichen Familien) gleich, und jede hässliche Demokratie ist (wie jede unglückliche Familie) auf ihre besondere Weise hässlich.[13] Alle guten Demokratien sind einem liberalen Paket mit einigen »republikanischen« (wie in Frankreich) und einigen »sozialdemokratischen« Varianten (wie in den nordischen Ländern) verhaftet: verfassungsmäßig garantierte individuelle Rechte, Gewaltenteilung (insbesondere eine unabhängige Justiz), Rechtsstaatlichkeit, Mehrheitsherrschaft

11 Michael Ignatieff, »Democracy against Democracy: The Electoral Crisis of Liberal Constitutionalism«, Grundsatzvortrag auf der Konferenz *Popular Sovereignty, Majority Rule, and Electoral Politics* am Institut für die Wissenschaft vom Menschen (IWM), Wien, 30. Mai 2019.

12 Levitsky/Ziblatt, *Wie Demokratien sterben,* S. 13.

13 Der Name des Prinzips leitet sich von Leo Tolstois 1877 erschienenem Roman *Anna Karenina* her, der so beginnt: »Alle glücklichen Familien sind einander ähnlich; aber jede unglückliche Familie ist auf ihre besondere Art unglücklich.«

im Einklang mit Minderheitenrechten, eine autonome Zivilgesellschaft, eine lebendige Öffentlichkeit, ein funktionierendes Parteiensystem und feste Regeln für den friedlichen Machtwechsel durch faire, freie und regelmäßige Wahlen.

Zwar ist jede hässliche Demokratie auf ihre besondere Art hässlich, doch die Herausforderung besteht darin, herauszufinden, welche Merkmale sie gemeinsam haben könnten. Es gibt sie in verschiedenen Formen und unter verschiedenen Bezeichnungen: autoritäre Demokratie, majoritäre Demokratie, populistische Demokratie, illiberale Demokratie, Pseudodemokratie und so weiter. Entsprechend den vielfältigen Namen, die ihnen von ihren liberalen Kritikern verliehen wurde, weisen die hässlichen Demokratien eine enorme Vielfalt an stilistischen und performativen Unterschieden auf, die vom Wahlkampf bis zum Regierungsstil reichen. Es ist nicht leicht, alle Strategien und Taktiken dieser politischen Führer und ihrer Parteien, mit denen sie versuchen, die Demokratie von innen heraus zu untergraben, zu vergleichen und zu katalogisieren: Viktor Orbán und die Fidesz in Ungarn; Hugo Chávez, Nicolás Maduro und die Vereinigte Sozialistische Partei Venezuelas (PSUV) in Venezuela; Recep Tayyip Erdoğan und die Partei für Gerechtigkeit und Entwicklung (AKP) in der Türkei; Narendra Modi und die Bharatiya Janata Party (BJP) in Indien; Wladimir Putin und die Partei Einiges Russland (SRN) in Russland; Jarosław Kaczyński und die Partei Recht und Gerechtigkeit (PiS) in Polen; Rodrigo Duterte und die Demokratische Partei der Philippinen – Macht des Volkes (PDP-Laban) auf den Philippinen; Jair Bolsonaro und der Partido Liberal (PL) in Brasilien. Zwar gelten die meisten dieser Staatschefs und Parteien als nationalistisch und populistisch, doch repräsentieren sie ein breites Spektrum ideologischer Positionen von links bis rechts. Ihre Ideologien sind tendenziell »dünn« und »flexibel« und passen sich ständig an Forderungen und Ansprüche, konjunkturelle Stimmungen und Gefühle an, die lokal und/oder national sein können. Um die Gemeinsamkeiten zwischen hässlichen Demokratien und ihren Vertretern zu entschlüsseln, muss man den Blick daher eher auf ihre Taktik als auf ihre ideologische Positionierung richten, auf das, was sie tun und wie sie handeln, und weniger auf das, was sie sagen, geschweige denn, was sie glauben.

Glücklicherweise ist einiges an brauchbarer Forschung in dieser Richtung gemacht worden, und unter politischen Theoretikern und vergleichenden Politikwissenschaftlern scheint sich ein Konsens darüber abzuzeichnen, wie die hässliche Demokratie die gute Demokratie von innen heraus untergräbt und verschlingt.[14] Dieser Konsens lässt sich wie folgt zusammenfassen.

Hässliche Demokratien kommen durch Wahlen an die Macht. Für sie sind Wahlen kein deliberatives pädagogisches Verfahren, um herauszufinden, wer damit betraut werden sollte, das Gemeinwohl für die Wähler zu definieren und zu sichern, sondern ein Mittel, um die Macht an sich zu reißen und die Machtbeute den Gewählten zu überlassen. Wahlen sind keine rhetorischen Gelegenheiten, bei denen man die Unentschlossenen, die Unabhängigen und vielleicht sogar seine Gegner überzeugen kann, sondern Schauplatz und Ziel der Mobilisierung. Steve Bannon, der ethnonationale Stratege aus den USA, bringt es auf den Punkt: »Wir leben nicht im Zeitalter der Überzeugung, sondern im Zeitalter der Mobilisierung. Die Menschen bewegen sich jetzt in Stämmen. Überzeugungsarbeit wird völlig überbewertet.«[15]

Hässliche Demokratien behalten ihre Macht, indem sie die demokratischen Institutionen untergraben. Sobald sie gewählt sind, machen sich hässliche Demokraten schnell und systematisch daran, Verfassungsnormen und institutionelle Leitplanken auszuhebeln, um eine autoritäre, majoritäre und ausgrenzende Regierungsform mit demokratischer Fassade zu etablieren.

Hässliche Demokratien konsolidieren ihre Macht, indem sie die demokratische Kultur aushöhlen. Sie versuchen, sich die langfristige Kontrolle über den Staat zu sichern, indem sie die Opposition dauerhaft ausschalten und entmachten, die Medien einschüchtern oder vereinnahmen und den öffentlichen Dienst, die Justiz und die Universitäten mit ihren eigenen Parteikadern besetzen.

Bevor ich die Auswirkungen dieses sich abzeichnenden analytischen Konsenses darlege, noch eine Bemerkung zu Bannons Unterscheidung zwischen Überredung und Mobilisierung. Diese Unterscheidung ist zwar etwas undeutlich, aber er hat völlig recht. Ja, man gewinnt durch Mobilisierung. Aber die Mobilisierung verläuft

14 Siehe beispielsweise das, was Larry Diamond das »Zwölf-Stufen-Programm der Autokraten« nennt (*Ill Winds,* S. 64-65).

15 Roger Cohen, Steve Bannon Is a Fan of Italy's Donald Trump, in: *New York Times,* 18. Mai 2019.

zweigleisig: rhetorisch *und* logistisch. Man muss sowohl überreden als auch organisieren. Auf der Überzeugungsschiene mobilisieren die hässlichen Demokraten, indem sie auf eine polarisierende, Sündenböcke suchende und ausgrenzende Rhetorik setzen und Falschinformationen verbreiten (nicht nur die »große Lüge«, sondern eine tägliche Flut kleiner Lügen). Die organisatorische Schiene ist komplexer. Es geht um viel mehr als das, was die Amerikaner als »ground game« bezeichnen – die Wahlkampforganisation, die von Kandidaten und Parteien vor den Wahlen aufgebaut und oft schon bald danach wieder aufgelöst wird. Genau das haben die Kampagnen von Barack Obama geschafft, indem sie Rhetorik und Logistik effektiv kombiniert haben, insbesondere während der Wahl 2008. Obamas sagenhafte Eloquenz – »Yes, we can« – wurde ergänzt durch die organisatorische Genialität eines Teams, das die Ressourcen der neu aufkommenden sozialen Medien in das traditionelle Mobilisierungsarsenal integrierte. Die Spuren von Obamas Rhetorik geistern noch immer durch unsere öffentliche Kultur und unser Gedächtnis, aber die Wahlkampfmaschine, die während seiner Kampagnen aufgebaut wurde (es war viel mehr als eine Koalition), ist mit ihm verschwunden. Weder Hillary Clinton noch sonst jemand hat sie geerbt. Das heißt: Die Option einer strategischen Verbindung von Überzeugung und Mobilisierung steht, wie der Fall Obama beweist, sowohl guten als auch hässlichen Demokraten zur Verfügung. Wobei es in Wirklichkeit mehr ist als nur eine Option; es ist ein Gebot, das jeder Kandidat, jede Partei oder Bewegung, ob er bzw. sie nun das Gute oder das Hässliche repräsentiert, erfüllen muss, um erfolgreich durch die Wahlpolitik zu kommen. Aber man muss ständig mobilisieren. Gute Demokraten haben sich früher auf den Organisationsapparat ihrer jeweiligen Partei verlassen, um zu mobilisieren, und sie tun dies auch heute noch, allerdings wenig effektiv. Hässliche Demokraten hingegen bauen Wahlmaschinen auf, die permanent mobilisieren. Nachdem sie lange Zeit an den Rand gedrängt und politisch als illiberale »Randgruppen« abgetan wurden, die zu schriller und spalterischer Rhetorik neigen, haben sie die harte Lektion gelernt. Durch ihren schieren Willen, sich zu organisieren und zu mobilisieren, und ohne ihre Ideologie oder ihre Rhetorik signifikant zu ändern, haben sie die Wirkung dieser negativen Charakterisierung erfolgreich abgeschwächt, wenn auch nicht vollständig ausgelöscht. Die Mobilisierung im Dauermodus hat ihre Rhetorik durch Wiederholung und Beifall respektabel gemacht.[16]

Furcht vor Wahlen

Wir sollten uns darüber im Klaren sein, was dieser sich abzeichnende Konsens für Konsequenzen hat. Was bedeutet es, Wahlen und den Wahlprozess als die Achillesferse der Demokratie zu betrachten? Wir sprechen dabei nicht mehr von gefälschten Wahlen (manchmal unter dem Deckmantel von Volksabstimmungen) mit vorherbestimmten Ergebnissen, wie 1981, als Hosni Mubarak mit 90 Prozent der abgegebenen Stimmen in Ägypten gewann. Es handelt sich auch nicht um eng umkämpfte, aber manipulierte Wahlen (wie die Wahl von Ferdinand Marcos zum Präsidenten der Philippinen 1986, die allgemeinen Wahlen in Kenia 2007, die Wiederwahl von Robert Mugabe zum Präsidenten von Simbabwe für seine siebte Amtszeit 2013 und zahlreiche andere), deren Ergebnisse wenig Anspruch auf Legitimität haben. Stattdessen haben wir es jetzt mit den relativ, wenn auch nicht vollkommen freien und fairen Wahlen zu tun, die Orbán, Chávez, Erdoğan, Modi, Duterte und Bolsonaro an die Macht gebracht haben. Als sie bei Wahlen an die Macht kamen, waren sie nicht Teil der amtierenden Partei oder Koalition. Sie übernahmen die Zügel der Regierung durch einen »friedlichen Machtwechsel«, eine weitere begehrte Grundregel, die seit 1800, als Thomas Jefferson zum Präsidenten der Vereinigten Staaten gewählt wurde und sein Amt friedlich antrat, als unverzichtbar für die Entwicklung einer gesunden demokratischen Tradition und Kultur gilt.[17] Natürlich beeinträchtigen Korruption, Kriminalität, Einschüchterung und Gewalt diese Demokratien und machen sie hässlich. Das ist unbestritten. Aber die Konzentration

16 Eine ausgezeichnete Fallstudie ist Prashant Jha, *How BJP Wins: Inside India's Greatest Election Machine* (New Delhi: Juggernaut Books, 2017).

17 Der Machtwechsel verlief friedlich, aber nicht gerade zivil. Der Amtsinhaber, John Adams, blieb nicht zur Amtseinführung und ernannte am letzten Tag seiner Präsidentschaft eine Reihe von Richtern, die seiner Federalist Party nahestanden. Im Ruhestand versöhnten sich Jefferson und Adams jedoch wieder. Heute wirkt ihr umfangreicher Briefwechsel wie ein Denkmal für die verlorene Kunst der politischen Freundschaft.

auf diese Merkmale macht uns blind für die tiefer liegenden, offenbar unauslöschlichen Ängste, die Liberale vor der Demokratie oder, genauer gesagt, vor der Massendemokratie im Zeitalter des mit dem allgemeinen Erwachsenenwahlrecht ausgestatteten Volkes hegen.

Diese liberale Angst hat mit Wahlen zu tun, nicht nur mit der Korrumpierung von Wahlen. In den Vereinigten Staaten mag man einen gewissen Trost in der Überzeugung finden, dass Donald Trump durch die Korrumpierung des Wahlprozesses (russische Einmischung oder das undemokratische Wahlmännerkollegium) gewählt wurde. Man könnte auch glauben, dass sich diese Probleme mit der entsprechenden Entschlossenheit und Wachsamkeit beheben lassen und die Integrität sowohl des Wahlprozesses als auch des politischen Systems insgesamt wiederhergestellt werden kann. Für die Liberalen im heutigen Indien gibt es jedoch nach dem jüngsten überwältigenden Sieg von Modi und der BJP bei den Parlamentswahlen keinen solchen Trost. In Indien sehen sich Liberale heute mit den Herausforderungen einer ordnungsgemäß gewählten majoritären Demokratie konfrontiert, die die verfassungsmäßigen Schranken und institutionellen Leitplanken weiter strapazieren und aushebeln wird, manchmal heimlich und manchmal ungestraft. Gerade einmal drei Monate vor den nationalen Wahlen hatten Modi und die BJP die »Länderwahlen« in drei hindi-sprachigen Bundesstaaten verloren, Regionen, die normalerweise als BJP-Hochburgen gelten. Das hatte die Hoffnungen der Opposition, einschließlich der Liberalen, geweckt: Sie bejubelten diese Niederlage als ein weiteres Indiz für die unendliche Weisheit der indischen Wählerschaft, die Befugnisse übertretende und arrogante Amtsinhaber routinemäßig abstraft, wobei das berühmteste Beispiel die Wahlniederlage von Premierministerin Indira Gandhi nach der Zeit des »Ausnahmezustands« war.[18] Zwar gibt es die üb-

18 Gestützt auf eine große parlamentarische Mehrheit überredete Premierministerin Indira Gandhi den Präsidenten Fakhruddin Ali Ahmed dazu, den »Ausnahmezustand« (»Emergency«) zu verhängen, angeblich, um der zunehmenden »inneren Unruhen« Herr zu werden. Der Notstand galt 21 Monate lang, vom 25. Juni 1975 bis zum 21. März 1977. Während dieser Zeit wurden unter anderem die bürgerlichen Freiheiten eingeschränkt, die Presse zensiert und eine große Zahl politischer Gegner inhaftiert. Am 18. Januar 1977 rief Indira Gandhi plötzlich Parlamentsneuwahlen für März aus und ließ alle politischen Gefangenen frei, in der offensichtlichen Annahme, dass sie mit einer überwältigenden Mehrheit an die Macht zurückkehren und damit ihre Entscheidung, den »Ausnahmezustand«

lichen Klagen über Unregelmäßigkeiten, doch der Sieg von Modi und der BJP bei den nationalen Parlamentswahlen war so eindeutig, dass ein anderes Ergebnis unvorstellbar ist, selbst wenn jede einzelne dieser Unregelmäßigkeiten korrigiert und rückgängig gemacht werden würde. Der Wahlsieg war schlicht überwältigend. Kurz gesagt, das Wahlsystem in Indien mag nicht perfekt sein, aber es funktioniert gut *und* führt zu »unerwünschten« Ergebnissen.[19] Das allgemeine Wahlrecht galt einst als große demokratische Errungenschaft und als Inbegriff der Volkssouveränität. Heute besteht die Befürchtung, dass das allgemeine Wahlrecht, nicht als individuelles politisches Recht jedes Bürgers, sondern als kollektives Recht, zum Majoritarismus führen könnte.

Diese liberale Furcht vor demokratischen Wahlen stellt in Frage, was unter den vergleichenden Demokratieforschern noch vor ein oder zwei Jahrzehnten die vorherrschende Auffassung von Demokratie war. Im Gegensatz zu einer »klassischen« Konzeption von Demokratie, die die Quelle der Autorität (den Willen des Volkes) und/oder den eigentlichen Zweck des Regierens (das Gemeinwohl) hervorhebt, sah eine »realistische« Auffassung den Kern der Demokratie in ihrer »Methode« oder ihrem »Verfahren«. Die *demokratische Methode*, so der berühmte Ökonom und politische Theoretiker Joseph Schumpeter, »ist diejenige Ordnung der Institutionen zur Erreichung politischer Entscheidungen, bei welcher einzelne die Entscheidungsbefugnis vermittels eines Konkurrenzkampfs um die Stimmen des Volkes erwerben«.[20] Die *Wahlmethode* wiederum »impliziert die Existenz jener bürgerlichen und politischen Freihei-

auszurufen, würde rechtfertigen können. Stattdessen erlitt ihre Kongresspartei eine deutliche Niederlage, bei der Indira Gandhi auch ihren eigenen Sitz in der Lok Sabha (Unterhaus) verlor. In der politischen Vorstellungswelt Indiens hat die Wahl von 1977 eine Art Heiligenstatus erlangt, weil sie angeblich die Weisheit der indischen Wählerschaft, die größtenteils arm und ungebildet ist, beweist.

19 Ähnlich hat Erdoğans Partei kürzlich die Kommunalwahlen in Istanbul, einer Hochburg seiner Partei, verloren. Erdoğan hat die Ergebnisse akzeptiert. Das bedeutet nicht, dass Erdoğan und seine Partei aufhören werden, die verfassungsmäßigen Schranken und institutionellen Leitplanken zu ignorieren. Vielmehr zeigt es, dass die einzige Möglichkeit, sich gegen die majoritäre Demokratie zu wehren, offenbar darin besteht, sie bei Wahlen zu besiegen.

20 Joseph A. Schumpeter, *Kapitalismus, Sozialismus und Demokratie* [1942], 10., vervollständigte Aufl., mit einer Einführung von Heinz D. Kurz; übers. von Susanne Preiswerk u. a. (Tübingen: Narr Francke Attempto, 2020), S. 355.

ten, sich zu äußern, zu veröffentlichen, sich zu versammeln und zu organisieren, die für die politische Debatte und die Durchführung von Wahlkämpfen notwendig sind«.[21] Auf diese Weise verschmolz die Wahlmethode mit der liberalen Theorie der »Rechte« zu einer realistischen Auffassung von Demokratie.

Huntington bekräftigte die zentrale Bedeutung von Wahlen, indem er nachdrücklich behauptete: »Wahlen, offen, frei und fair, sind der Wesenskern der Demokratie, ihr unabdingbares *sine qua non*. Regierungen, die aus Wahlen hervorgehen, können ineffizient, korrupt, kurzsichtig, unverantwortlich, von Sonderinteressen beherrscht und unfähig sein, eine dem Gemeinwohl dienende Politik zu betreiben. Diese Eigenschaften mögen solche Regierungen unerwünscht machen, aber sie machen sie nicht undemokratisch.«[22] In ähnlicher Weise bevorzugte Robert Dahl, dem wir die grundlegendste Theorie des demokratischen Pluralismus verdanken, Wahlen, weil sie unter anderem einen Mechanismus zur Kontrolle der »Führer durch Nicht-Führer« böten und es den normalen Bürgern ermöglichten, »ein relativ hohes Maß an Kontrolle über die Führer auszuüben«.[23] Für Dahl bezieht sich, wie die scharfe Kritikerin der liberalen Demokratie Carole Pateman zu Recht anmerkt, »politische Gleichheit« nicht auf »Gleichheit der politischen Kontrolle oder Macht«. Vielmehr verweist sie auf das allgemeine Wahlrecht und, »was noch wichtiger ist, auf die Tatsache, dass die gleichen Möglichkeiten bestehen, Einfluss auf die Entscheidungsträger zu nehmen, und zwar durch Prozesse zwischen den Wahlen, bei denen verschiedene Gruppen der Wählerschaft ihren Forderungen Gehör verschaffen«.[24] Paradoxerweise wird eine solche gesunde Kontrolle mit einem moderaten oder sogar minimalen Maß an aktiver Beteiligung der Bürger ausgeübt. Schumpeter, Dahl und Huntington waren alle der Ansicht, dass dieses geringe Maß an Partizipation ein wesentlicher Vorteil der politischen Gleichheit ist, die das allgemeine Wahlrecht bietet. Durch diese Denktradition zieht sich wie ein roter Faden die Angst vor einer massenhaften demokratischen

21 Huntington, *The Third Wave,* S. 7.

22 Ebd., S. 9-10.

23 Robert A. Dahl, *A Preface to Democratic Theory* (Chicago: University of Chicago Press, 1956), S. 3.

24 Carole Pateman, *Participation and Democratic Theory* (New York: Cambridge University Press, 1970), S. 9.

Beteiligung.[25] Diese Gelehrten, die ihr Werk im Schatten des Totalitarismus und beeindruckt von der Stabilität westlicher Demokratien mit geringer Wahlbeteiligung, insbesondere in den Vereinigten Staaten, verfassten, sahen eine stärkere Partizipation der unteren Wirtschaftsgruppen mit Beklemmung, weil sie glaubten, dass diese Gruppen weitgehend ungeübt in demokratischen Normen seien und eher zu »autoritären« Persönlichkeiten neigten.[26]

Die Ursprünge der liberalen Angst

Diese Sorge angesichts der kollektiven Handlungsmacht des Volkes ist nicht neu. Sie wurde von den Kritikern der Demokratie sowohl in der Antike als auch in der Neuzeit immer wieder lautstark zum Ausdruck gebracht. Im Falle der intellektuellen Kritiker der athenischen Demokratie richteten sich deren Vorbehalte gegen die politische Gleichheit, insbesondere in Gestalt der *isegoria*, des gleichen Rechts, vor der Versammlung zu sprechen, Ratschläge zu geben und über einen Vorschlag zu urteilen. Platon, Thukydides, Aristophanes und viele andere betrachteten die Praxis der *isegoria* und alles, wofür sie stand, als den grundlegenden Fehler der Demokratie.[27] Das, was da attackiert wurde, war allerdings nicht das, was wir heute als Redefreiheit bezeichnen, eine Schlüsselkomponente der bürgerlichen Freiheiten. Und es ging auch nicht um das Recht, die Regierung, ihre Führer oder ihre Politik in Frage zu stellen und zu kritisieren. Was beanstandet wurde, war vielmehr das Recht auf gleichberechtigte politische Partizipation, ob nun als Redner, Fürsprecher, Berater, Abstimmender oder Amtsträger.

In der Tat artikuliert Platon zwei dauerhafte, wenn auch eng

25 Ironischerweise galt die »Wahl« im Gegensatz zum »Los« historisch, sowohl in der Antike als auch in der Moderne, als bevorzugter aristokratischer Mechanismus innerhalb der republikanischen Tradition, der die Herrschaft der Elite und nicht die der Masse sicherte. In unserem Zeitalter der Massendemokratie wird die Wahl, auch wenn die Eliten (vielleicht nicht die richtige Art von traditionellen Eliten) weiterhin regieren, als ein populistischer/majoritärer Mechanismus angesehen, der liberale Werte und republikanische Institutionen tendenziell mit Füßen tritt.

26 Pateman, *Participation and Democratic Theory*, S. 10.

27 Josiah Ober, *Political Dissent in Democratic Athens: Intellectual Critics of Popular Rule* (Princeton, NJ: Princeton University Press, 1988).

gefasste Kritikpunkte in Sachen politischer Gleichheit. Der erste betrifft die Fähigkeit des einzelnen Bürgers, die Kunst der Politik zu erlernen, und der zweite gilt der Deliberation und dem Handeln, wenn das politische Subjekt nicht ein Individuum, sondern ein Kollektiv ist. Diese Kritik lässt sich von seiner idealisierten hierarchischen Vision einer geordneten menschlichen Gemeinschaft trennen, die sich aus verschiedenen Klassen von Menschen zusammensetzt, von denen jede den ihr zukommenden Platz einnimmt und die ihr zugewiesenen Aufgaben entsprechend ihrer natürlichen Begabung erfüllt, die sich je nach körperlicher Eignung, intellektuellen Fähigkeiten und moralischer Rechtschaffenheit unterscheiden. Tatsächlich setzt Platons Kritik an der politischen Gleichheit eine *Gesellschaft von Gleichen* voraus, wie sie im Athen seiner Zeit existierte. Dabei handelt es sich um eine Gesellschaft mit einer privilegierten und exklusiven Klasse von Bürgern, die, wie Aristoteles später formulierte, abwechselnd »Herrscher und Beherrschte« sind. Genau aus diesem Grund hat Platons Kritik echten Biss.[28]

Platons erste Kritik an der politischen Gleichheit besteht darin, dass man nicht jeden einzelnen Bürger mit der Aufgabe der politischen Beratung und Entscheidungsfindung in Fragen des Gemeinwohls betrauen kann. Für Platon war es undenkbar, dass alle Bürger allein aufgrund ihrer Geburt als Staatsbürger die gleiche natürliche Eignung und das gleiche Talent für die Kunst der Politik haben sollten. In jeder Kunst, sei es in der Medizin, der Architektur oder der Seefahrt, gibt es Meister, unter denen Lehrlinge ausgebildet werden. In jedem dieser Bereiche wenden sich die Athener eher an Experten als an ihre Mitbürger, wenn sie Rat und Anleitung erhal-

28 Es sei erwähnt, dass in der athenischen Demokratie das Privileg der Staatsbürgerschaft (und damit das Recht auf politische Beteiligung) stark eingeschränkt war. Außerdem wurde innerhalb dieser begrenzten Gruppe ein Ethos der bedeutungsvollen Gleichheit geschaffen, indem der politische Bereich der Gleichen kunstvoll von den *oikoi*, dem wirtschaftlichen Bereich der Ungleichen innerhalb und zwischen den Haushalten, getrennt wurde. Darüber hinaus war Athen eine relativ homogene politische Gemeinschaft, die durch gemeinsame Abstammung, Religion, Sprache, kulturelle Tradition, Erinnerungen und andere Solidaritätsbande zusammengehalten wurde. Doch obwohl so vieles für ein optimales Funktionieren der politischen Gleichheit in öffentlichen Versammlungen sprach, wurde sie von den Kritikern der Demokratie, von denen Platon der profundeste und einflussreichste war, für nicht praktikabel und gefährlich gehalten.

ten wollen. Warum also sollten die Athener bei der Verabschiedung von Gesetzen und bei der Rechtsprechung – zwei Komponenten der politischen Kunst, die für das Wohlergehen der Stadt so wichtig sind – auf das ungeprüfte Urteil ihrer Mitbürger vertrauen? Für Platon ergibt daher das berühmte athenische Recht der *isegoria*, das es jedem Bürger erlaubt, frei zu sprechen, politischen Rat zu erteilen und seine Stimme in der Versammlung abzugeben, keinen Sinn. Platon äußert sich in dieser Hinsicht ganz unverblümt, aber seine Ansicht wurde von vielen anderen intellektuellen Kritikern der Demokratie und der Volksherrschaft geteilt. Es handelt sich um eine aristokratische Kritik, die auch in der Moderne Anhänger findet, sowohl konservative als auch radikale.[29]

Platons erster Kritikpunkt wird auf verschiedene Weise aufgegriffen, modifiziert und verworfen. Eine der überzeugendsten Widerlegungen liefert Platon selbst im *Protagoras*. In der großen Rede dieses Dialogs erzählt der Sophist Protagoras die mythische Geschichte, wie Zeus aus Angst vor dem Aussterben des Menschengeschlechts Hermes schickte, um den Menschen die Eigenschaften der *dikē* (Gerechtigkeit) und des *aidós* (Rücksicht, Ehrfurcht), die Hauptbestandteile der *politike technē*, zu vermitteln.[30] Prometheus' Gabe, die *émpyros technē* (Fertigkeit, die auf dem Feuer basiert), wurde hingegen nur an einige wenige Spezialisten weitergegeben. Zeus' Gabe der *politike technē* wird deshalb allen Menschen zuteil, weil, wie Zeus erklärt, Städte nicht überleben können, wenn nur einige wenige an Rechtsbewusstsein und sozialem Gewissen teilhaben. Er befiehlt Hermes: »[G]ib auch ein Gesetz von meinetwegen, dass man den, der Scham und Recht sich anzueignen unfähig ist, auslösche wie die Pest des Staates.«[31] In der politischen Kunst kann einer den anderen durch Talent, Übung und theoretische Reflexion überlegen sein, aber jeder hat eine grundlegende, ungelehrte Fähigkeit dazu. So wie man Sprache lernt, indem man in einer Gemeinschaft von Sprechern aufwächst, lernt man Politik, Gerechtigkeit und Ehrfurcht, indem man unter anderen aufwächst. Und wie die Sprache kann auch die grundsätzliche Fähigkeit zur politischen Kunst durch Bildung gestärkt werden.

29 Jacques Rancière, *Der Philosoph und seine Armen*, übers. von Richard Steurer (Wien: Passagen, 2010).

30 Platon, *Protagoras*, 320d-328d.

31 Ebd., 322b-d.

Der Glaube, dass sich die natürliche menschliche Fähigkeit zur politischen Kunst des Zusammenlebens in Städten und Nationen verbessern lässt, zieht sich mehr oder weniger ununterbrochen vom *Protagoras* bis zu John Dewey. Das ist die ehrwürdige Tradition der demokratischen Erziehung, deren Aufgabe sich ändert im Übergang vom antiken Gemeinwesen zu modernen Nationalstaaten unterschiedlicher Größe und Form, von einer relativ einfachen traditionellen Gesellschaft hin zu modernen komplexen Gesellschaften mit umfassender Integration. Aber auch diese Tradition hat ihre Skeptiker. John Dewey und Walter Lippmann diskutierten darüber, ob der einzelne Bürger in der Lage ist, in komplexen modernen Gesellschaften ein fundiertes politisches Urteil zu fällen.[32] Patemans These, wonach allein schon die politische Partizipation die politische Kompetenz und das Urteilsvermögen des Durchschnittsbürgers schärft und vertieft, wird nicht auf der Grundlage der philosophischen Anthropologie angezweifelt, sondern im Hinblick auf soziohistorische Formationen, und zwar von Philosophen wie Michael Walzer, der widerwillig einräumt, dass das moderne demokratische Subjekt die Staatsbürgerschaft nicht als seine herausragende Identität betrachtet, wie das der Athener einst getan hat.[33] Diese immerwährenden Fragen bleiben offen und ungelöst.

Auch wenn die Widerlegung von Platons Kritik nicht wirklich überzeugend ist, wurde diese doch weitgehend neutralisiert und ist aus verschiedenen Gründen in den Hintergrund getreten. Oder anders ausgedrückt: Platons erster Kritikpunkt kann nicht nur aus anthropologischen Gründen zurückgewiesen werden – im Gegensatz zu anderen Fähigkeiten erhalten alle Bürger die Gaben der Gerechtigkeit und der Ehrfurcht –, sondern auch aus praktischen Gründen. Da politische Legitimität für das Regieren unverzichtbar ist und einzig durch die Einbindung des *demos* in irgendeine Form

32 John Dewey, *Die Öffentlichkeit und ihre Probleme* [1927] (Bodenheim: Philo, 1996); Walter Lippmann, *The Phantom Public* (New York: Macmillan, 1927). Zur damaligen Relevanz der Dewey-Lippmann-Debatte siehe Mark Whipple, The Dewey-Lippmann Debate Today: Communication Distortions, Reflective Agency, and Participatory Democracy, in: *Sociological Theory* 23:2 (2005), S. 156-178.

33 Carol Pateman, Rousseau, John Stuart Mill and G. D. H. Cole: A Participatory Theory of Democracy, in: dies., *Participation and Democratic Theory,* S. 22-44; Michael Walzer, Was heißt zivile Gesellschaft?, in: Bert van den Brink/Willem van Reijen (Hg.), *Bürgergesellschaft, Recht und Demokratie* (Frankfurt am Main: Suhrkamp, 1995), S. 44-72.

von Handlungsmacht erlangt werden kann, deren konstitutives Merkmal das gleiche Wahlrecht ist, und alles, was es impliziert, lautet die eigentliche Frage nicht, ob an der Kritik etwas dran ist, sondern ob ihre negativen Folgen durch konstitutionelle und institutionelle Strategien bewältigt und eingehegt werden können.

In seiner zweiten, nachhaltigeren Kritik geht Platon über den einzelnen Bürger hinaus und nimmt die politischen Fähigkeiten demokratischer Kollektive ins Visier: In einer Versammlung oder in jedem anderen öffentlichen Forum, wo eine Gruppe von Bürgern aufgerufen ist, gemeinsam zu beraten und Entscheidungen zu treffen, verschlechtert sich die Situation und wird gefährlich. Dieses Argument basiert auf dem Gedanken, dass sich in einer Versammlung die Unzulänglichkeiten jedes einzelnen Bürgers in der Kunst der Politik mit den Unzulänglichkeiten der anderen Bürger vermengen. In dieser Gesamtheit sind somit die Voraussetzungen für mangelhafte Überlegungen, kompromittiertes Urteilsvermögen und gefährliche Ergebnisse gegeben. Diejenigen, die versuchen, eine solche Versammlung von Bürgern, die Inkarnation des *demos*, zu lenken und zu leiten, haben es eher mit einem großen wilden Tier zu tun, das zu radikalen Stimmungsschwankungen und Wünschen neigt, als mit einer Gruppe besonnener Individuen mit gemeinsamen Interessen und Anliegen. Dieses Bild des »großen Tiers« des *demos* begründet im gesellschaftlichen und politischen Diskurs des Westens eine einflussreiche Tradition der tiefen und anhaltenden Angst vor der kollektiven politischen Handlungsmacht des Volkes.[34] Der Rhetor (der rednerisch begabte politische Akteur) und die großen Sophisten (die versprachen, den Rhetor in der politischen Kunst auszubilden) glaubten fälschlicherweise, sie könnten das wilde Tier im Sinne ihrer eigenen Ziele manipulieren, mobilisieren und lenken. Unabhängig davon, ob die Rhetoren persönliche Bereicherung oder das Gemeinwohl anstreben (was in den Köpfen von Akteuren wie Alkibiades oft verwechselt wird), sind sie laut Platon zum Scheitern verurteilt, weil sich die Richtung des Einflusses auf lange Sicht umkehrt – der Manipulator wird zum Manipulierten, der Verführer zum Verführten. Idealerweise würde Platon das Volk als kollektiven politischen Akteur deshalb am liebsten ganz ausschließen.

34 Platon, *Der Staat*, Buch 6, 492-493d.

Die Fragen, die Platon immer wieder mit den Sophisten diskutierte, haben Aristoteles nicht gereizt: Ist der *demos* erziehbar? Ist die politische *areté* (politische Vortrefflichkeit oder Tugend) lehrbar? Stattdessen verfolgte er einen anderen Ansatz. Für Aristoteles waren die Volksschichten, die für die Verteidigung der Polis, welche sich häufig im Krieg befand, unverzichtbar waren, auch die Hauptquelle der politischen Legitimität.[35] Daher stellte er eine andere Frage: Kann der *demos* gezügelt und kontrolliert werden? Letztlich lautete seine Antwort »ja«. Aristoteles' konzeptioneller und institutioneller Mechanismus zur Zügelung und Kontrolle des *demos* war eine gemischte Verfassungsregierung, die *politeia* oder Politie. In erster Linie bedeutete dies die Anerkennung einer endemischen und unaufhebbaren Spannung zwischen den Reichen und den Armen, den *aristoi* und dem *demos*, der Elite und der Masse. Darauf bezieht sich Taylor, wenn er davon spricht, dass Demokratie nur dann erfolgreich sein kann, wenn sie in der Lage ist, den Klassenkampf zu »zähmen«. Er sagt nicht, dass der Klassenkampf *beseitigt* werden muss. Anders als Marx sieht er kein Ende des Klassenkampfs mit dem Triumph des Proletariats voraus. Tatsächlich handelt es sich bei Taylors kämpfenden Klassen auch nicht um Klassen im Sinne des Marx'schen Vokabulars. Er bezieht sich vielmehr auf den Kampf zwischen den Eliten und den Nicht-Eliten bzw. den Volksklassen. Die gemischte Verfassung und alles, was in der Neuzeit dazugehört – Gewaltenteilung, *checks and balances*, Minderheitenrechte, die immer weiter spezifiziert, ausgearbeitet und verfassungsmäßig verankert sind –, sind nicht in erster Linie Mechanismen, die den einzelnen Bürger auf das Privileg vorbereiten, gleichberechtigt in der politischen Versammlung oder an der Wahlurne zu stehen. Vielmehr schrecken sie von der kollektiven Handlungsmacht der Bürger qua *demos* ab. Sowohl in der Ideologie der »gemischten Verfassung« als auch in der Funktionsweise eines »repräsentativen« Systems ist tendenziell ein elitäres Demokratiemodell angelegt. Die

35 Aristoteles, *Politik*, übers. von Eckart Schütrumpf (Hamburg: Felix Meiner, 2012), Buch III, Kap. 11: »Daß aber eher die Menge der Souverän sein soll als die Besten [...], könnte vielleicht in Frage gestellt werden und eine gewisse Schwierigkeit enthalten, aber vielleicht doch auch Wahrheit. Denn auch wenn jeder einzelne aus der Menge nicht selber ein guter Mann ist, so kann diese, wenn sie sich versammelt hat – also nicht als Einzelpersonen, sondern als Gesamtheit – doch besser als jene einzelnen (sehr Guten) sein.« 1190, 1280a.40-1281b.5.

eigentliche Herausforderung, vor der die Eliten in modernen Demokratien stehen, ist die Zähmung und Steuerung der Multitude in einem Zeitalter, das sich zunehmend der Doktrin der Volkssouveränität verschreibt, was früher oder später zur Gewährung des allgemeinen Wahlrechts für Erwachsene führen sollte.

Die Zähmung des Demos: Ein Elitenprojekt in Schieflage

Aristoteles' gemischte Verfassung ist nur eine Möglichkeit, die Überzeugung, dass der *demos* die primäre Quelle politischer Legitimität ist, mit dem Gebot, dass er kontrolliert werden muss, in Einklang zu bringen. Unser unerschütterlicher Einsatz für das allgemeine Wahlrecht hat viel mit der Dynamik politischer Legitimität zu tun. Aristoteles zufolge kann keine Regierung Legitimität erlangen und aufrechterhalten, ohne das demokratische Element, seine Ansprüche und Forderungen anzuerkennen und gebührend zu berücksichtigen.[36] Wir sind hier weit entfernt von der Doktrin der Volkssouveränität. In dem Maße jedoch, in dem sich das Legitimitätskriterium von den praktischen Fragen einer effektiven und integrativen Regierungsführung hin zu einer theoretischen Rechtfertigung verlagert, wird es in das Gravitationsfeld der Volkssouveränität, einer onto-theologischen Lehre, hineingezogen, aus der es immer schwieriger wird herauszukommen.[37]

36 Bei der Erörterung seiner Alternative zur Demokratie, der Politie, einer gemischten Verfassung, die die Ansprüche (und Stärken) der monarchischen, aristokratischen/oligarchischen und demokratischen Elemente in einem Gemeinwesen kunstvoll in der Balance halten würde, hebt Aristoteles das demokratische Element als unverzichtbare Quelle der Legitimität hervor. Man beachte, dass *demos* sich hier auf die Armen, die Nicht-Elite, also einen bestimmten Teil des politischen Ganzen bezieht, nicht auf das Ganze selbst wie im Fall des »nationalen Volkes«, das die Realität der Klassenunterschiede und der Schichtung verschleiert und somit die soziale Frage ausblendet.

37 Das ist eine der gewaltigen Herausforderungen, vor denen das so genannte China-Modell steht, da die KP Chinas versucht, das historisch komplexe Geflecht aus politischer Legitimität und Volkssouveränität zu entflechten. Das chinesische Projekt, die beiden zu entkoppeln, ist womöglich nicht erfolgreicher als Habermas' Versuch, die Wahlverwandtschaft zwischen Volkssouveränität und öffentlichem Recht zu bestimmen und zu postulieren. Siehe Bell, *The China Model;*

Dieses grundlegende Legitimationserfordernis wird in der Neuzeit auf zweierlei Weise verschärft. Erstens stellt Tocqueville in *Über die Demokratie in Amerika* fest, dass ein konstitutives Merkmal der Moderne ein soziohistorisches Streben nach Gleichheit in allen Lebensbereichen ist. Daher mussten sich die modernen Demokratien mit dem unaufhaltsamen Vormarsch der Gleichheit auseinandersetzen.[38] Auf den Druck, die politische Gleichheit auszuweiten und zu vertiefen, haben die modernen Demokratien positiv reagiert, indem sie Nicht-Eliten das politische Wahlrecht, das Recht, zu kandidieren und sich als kollektive Einheiten zu versammeln und zu organisieren – von Bauerngenossenschaften und Gewerkschaften bis hin zu politischen Parteien –, gewährten. Der formale, wenn auch nicht substanzielle Endpunkt dieses Strebens nach politischer Gleichheit ist das allgemeine Wahlrecht für Erwachsene ohne die einschränkenden Voraussetzungen wie ein Mindestmaß an Bildung, Besitz von Eigentum und Ausschlüsse aufgrund von Geschlecht oder Rasse. Die langsame, stetige und scheinbar unumkehrbare Einbeziehung von Nicht-Eliten in alle Bereiche des politischen Lebens war jedoch stets von einer spürbaren Angst der herrschenden und nicht herrschenden Eliten vor dem Missbrauch und der demagogischen Manipulation des gleichen Rechts auf Artikulation, Wahl und Kandidatur begleitet. Zweitens wurde nach den großen Revolutionen des späten 18. Jahrhunderts die Herausforderung, den *demos* konzeptionell und institutionell zu zügeln und zu kontrollieren, durch die nahezu universelle Akzeptanz der Doktrin der Volkssouveränität weiter erschwert. Sobald sich diese Doktrin durchsetzte und das Volk zur letztgültigen Quelle legitimer politischer Autorität wurde, stellte sich eine schwierige Frage: Wer ist das Volk? So unverzichtbar das allgemeine Wahlrecht für Erwachsene auch sein mag, so ist es doch keine befriedigende praktische oder performative Verkörperung des »Volkes«, nicht einmal für die Populisten. Ob nun Fiktion, Mythos oder leerer Signifikant – das »Volk« ist ein grundsätzlich umstrittenes Konzept.[39]

Jürgen Habermas, Volkssouveränität als Verfahren [1988], in: ders., *Faktizität und Geltung. Beiträge zur Diskurstheorie des Rechts und des demokratischen Rechtsstaats*, 3. Aufl. (Frankfurt am Main: Suhrkamp, 2006), S. 600-631.

38 Alexis de Tocqueville, *Über die Demokratie in Amerika* [1835, 1840], beide Teile in einem Band, übers. von Hans Zbinden (München: dtv, 1976), S. 581-585.

39 Zur Vorstellung vom Volk als »Fiktion« siehe Edmund Morgan, *Inventing the*

In der langen Geschichte der Demokratie lässt sich das »Volk« gewöhnlich auf zweierlei grundlegende Arten verstehen. Aristoteles' klassenbezogene Vorstellung vom *demos* als den »Armen« hatte eine lange und beständige Karriere.[40] Im Laufe des 20. Jahrhunderts, vor allem aber seit den 1970er Jahren hat sie jedoch in den westlichen Gesellschaften etwas von ihrer Spezifität und appellativen Kraft verloren, denn diese Gesellschaften stehen heute im ideologischen Bann zweier verwandter Entwicklungen: des meritokratisch motivierten, streitigen Wohlstands und des Strebens nach Authentizität und identitärer Anerkennung (wie in Kapitel 4 erörtert). Während die Idee des Volkes verstreut auf vielfältige Register vom »Armen« zum »Subalternen«, zum »Ungezählten«, zum »Marginalen« und zum »Anderen« mutiert, oszilliert sie zwischen Forderungen nach einer Politik der »Umverteilung« und einer Politik der »Anerkennung«. In all diesen sich wiederholenden Mutationen und Oszillationen wird sie mit einer »agitatorischen« Rhetorik verbunden, die im Namen aller Gruppen und Bewegungen, die »im Namen des Volkes« Wiedergutmachung für Missstände anstreben, Ansprüche erhebt. Dies ist eine Version eines Teils, der für das Ganze steht und spricht, eines Teils, der für sich in Anspruch nimmt, das Ganze zu verkörpern.[41]

Zweitens weist die Einheitsvorstellung eines nationalen Volkes, wie sie in »Wir, das Volk« verkörpert wird, auf eine andere historische Entwicklung hin, die das demokratische Projekt in der Neuzeit tief in die nationale Form, die »erfundene Gemeinschaft«, eingebettet hat.[42] Diese Idee eines »ganzen Volkes« ist eine spezi-

People: The Rise of Popular Sovereignty in England and America (New York: W. W. Norton, 1988). Zur Vorstellung vom Volk als »leerem Signifikanten« siehe Claude Lefort, Die Frage der Demokratie, in: Ulrich Rödel (Hg.), *Autonome Gesellschaft und libertäre Demokratie* (Frankfurt am Main: Suhrkamp, 1990), S. 281-297; Ernesto Laclau, Das »Volk« und die diskursive Produktion von Leere, in: ders., *Die populistische Vernunft*, mit einem Vorwort zur deutschen Ausgabe von Chantal Mouffe, übers. von Boris Kränzel (Wien: Passagen, 2022), S. 95-162.

40 Aristoteles, *Politik*, Buch III, Kap. VIII, 1280a.5.

41 Jacques Rancière, *Das Unvernehmen. Politik und Philosophie*, übers. von Richard Steurer (Frankfurt am Main: Suhrkamp, 2002).

42 Benedict Anderson, *Die Erfindung der Nation. Zur Karriere eines folgenreichen Konzepts*, übers. von Christoph Münz und Benedikt Burkard (Frankfurt am Main/New York: Campus, 2005); Craig Calhoun, *Nationalism* (Minneapolis: University of Minnesota Press, 1997).

fisch moderne Idee. Man hätte dies weder Aristoteles noch Cicero erklären können: Im Griechischen oder Lateinischen gab es kein Wort dafür – nicht *demos*, nicht *plebs*, nicht einmal *populus*, wie in *senatus populusque romanus*. Während diese Erfindung des »ganzen Volkes« innerhalb eines nationalen Rahmens strategisch die Klassendifferenzierung, die Schichtung, den Status und die soziale Frage auslöscht, macht sie auch die zugrunde liegende juristische Logik des »konstitutiven Ausschlusses« deutlich: Wer zählt innerhalb einer nationalen Gemeinschaft als Bürger und wer nicht?[43] Diese ausschließende Einheit in der Differenz kann positiv erlebt werden, vor allem wenn sie in der hochfliegenden nationalistischen Rhetorik der antiimperialistischen und antikolonialen Kämpfe daherkommt. Die überschäumenden Momente der Einheit in der Differenz, die während solcher Kämpfe unerwartet auftauchen und die Hannah Arendt als Momente des »öffentlichen Glücks« bezeichnet, werden im kollektiven Gedächtnis eines bestimmten Volkes ikonisiert und dienen als unschätzbar wertvolle Ressourcen für emanzipatorische Projekte der Toleranz und Verständigung in dunkleren Zeiten der Polarisierung und des Misstrauens.[44] Ein paradigmatisches Beispiel für die performative Umsetzung einer solchen »Einheit in der Differenz« ist Martin Luther Kings »I have a dream«-Rede, die er beim March on Washington for Jobs and Freedom am 28. August 1963 hielt. Man muss also anerkennen, dass die ausgrenzende Einheit eines nationalen Volkes den Keim für potenzielle Eintracht und Solidarität in sich trägt.

Die Vorstellung eines nationalen Volkes hat jedoch auch eine dunkle Seite oder einen dunklen Zwilling. Wie in Zeiten des Bürgerkriegs immer wieder geschehen, kann sich diese ausgrenzende Einheit auch gegen sich selbst wenden und ihre eigenen Kinder scheinbar »geringerer Herkunft« verschlingen. Unter den Bedingungen von Zwang und Disharmonie wendet sich dieser ausgrenzende Strang nach innen, beruft sich auf die Prinzipien der Präzedenz und der Priorität und postuliert so ein dunkles und polarisierendes alternatives Verständnis von »Volk«. Auf diese Weise beginnt ein spürbares Abdriften in Richtung eines »ursprünglichen«

43 Zur »konstitutiven Exklusion« siehe Ernesto Laclau/Chantal Mouffe, *Hegemonie und radikale Demokratie. Zur Dekonstruktion des Marxismus*, übers. von Michael Hinz und Gerd Vorwallner (Wien: Passagen, 2012).

44 Hannah Arendt, *Über die Revolution* [1963] (München: Piper, 1965).

ethnonationalen Pols, und das »wahre Volk« stellt sich gegen das »nicht so wahre Volk«. Erstere bezeichnen sich selbst als »Einheimische« oder »Heartlanders«, als »Söhne und Töchter des Bodens« und das »wahre Volk«, während Letztere als (legale und illegale) Einwanderer, Ausländer, Gastarbeiter, Flüchtlinge usw. bezeichnet werden. Diese einmal entstandene Spaltung ist schwer zu überbrücken und zu heilen, vor allem wenn sie Eingang in eine Wahlpolitik gefunden hat, die für die Versuchungen einer ausgrenzenden Rhetorik empfänglich ist.

In dem Maße, in dem sich die Pragmatik der Legitimität und die Onto-Theologie der Souveränität über diese beiden umstrittenen Begriffe hinweg annähern, wird das Elitenprojekt der Zähmung des »Volkes« immer schwieriger und dringlicher. Das verkompliziert auch die Herausforderung, den endemischen Konflikt zwischen Eliten und Nicht-Eliten zu bewältigen, der in Zeiten umfassender sozialer Transformationen, wie es heute der Fall ist, aufflammt. Das einende Projekt eines nationalen »Wir, das Volk« kann nur dann erfolgreich sein, wenn es die spaltende Politik von beiden Seiten abwehren und neutralisieren kann: die »agitatorische« Rhetorik der Gekränkten (meist aus den Nicht-Eliten) und die »ausgrenzende« Rhetorik der »Heartlanders«. Analytisch lassen sich diese beiden Rhetoriken sehr wohl unterscheiden, doch im Zuge der praktischen Politik können sie sich vermischen und zu einer volatilen, manchmal giftigen Polarisierung führen. So läuft im liberalen Kalkül die Einführung, Vertiefung und Ausweitung der Demokratie parallel zum Projekt der Zähmung der Demokratie durch die Zügelung des demokratischen Subjekts. Das offen erklärte Ziel dieser Zähmung sind erstens der Schutz des Privateigentums und zweitens der Schutz der bürgerlichen Menschenrechte, verstanden als die Rechte des Einzelnen. Insgeheim jedoch und mit unterschiedlichen Strategien dient sie den Eliten sowie einigen regierenden Nicht-Eliten dazu, gouvernementale, ideologische und kulturelle Kontrolle auszuüben.

Das, was wir heute als vollständige oder reife Demokratie betrachten, ist das Ergebnis zweier Kämpfe um die Vertiefung und Ausweitung der Demokratie: des Kampfes um das allgemeine Wahlrecht für Erwachsene und des Kampfes um die Sicherung der Rechte des Einzelnen (gegen Willkür) und der Rechte von Minderheiten (gegen Übergriffe der Mehrheit). Eine der wirksamsten

Zähmungsstrategien bestand darin, das allgemeine Wahlrecht und die individuellen Rechte gegeneinander auszuspielen. Durch die Aufteilung des Volkes in einzelne, rechtetragende Individuen werden die Bürger dazu animiert, ihre Rechte als individuellen und unveräußerlichen Besitz zu betrachten, obwohl sie historisch durch kollektive Kämpfe gesichert wurden. Dahinter steht die Vorstellung, dass das Ziel eines Volkes als kollektives Gebilde darin besteht, zu rechtetragenden individuellen Bürgern zu werden. Sobald ein solcher Bürger rechtlich konstituiert und objektiviert ist, wird seine »Erdung« im Volkstum ausgelöscht und als Fiktion aufgegeben. Im ökonomischen Bereich sollte das zu dem führen, was der Politikwissenschaftler C. B. Macpherson als »Besitzindividualismus« bezeichnet.[45]

Eine zweite Strategie könnte man als konstitutionell-institutionelle Strategie bezeichnen, die unter anderem darauf abzielt, »gegen-majoritäre« Institutionen wie das Gericht (unabhängige Justiz), die Kirche und die freie Presse sowie die unabhängigen Institutionen der öffentlichen Sphäre (die Universität, wissenschaftliche Gemeinschaften, die sich dem Streben nach Wissen widmen, das Vereinsleben der Zivilgesellschaft) aufzubauen und zu sichern. Die Bilanz dieser »gegen-majoritären« Institutionen ist, wenn es darum geht, den Willen der Mehrheit oder der vorherrschenden hegemonialen Ideologie zu bremsen, allerdings ziemlich dürftig. Diese Institutionen funktionieren hervorragend, wenn es gilt, das heilige Recht auf Privateigentum zu verteidigen, und durchaus vernünftig, wenn es gilt, die bürgerlichen Menschenrechte gegen staatliche Übergriffe zu verteidigen. Wenn es jedoch um Ungerechtigkeiten gegenüber Minderheiten und Randgruppen geht, stehen sie in der Regel auf Seiten des Status quo und der vorherrschenden öffentlichen Meinung. In den Vereinigten Staaten etwa war der Oberste Gerichtshof während des Kampfes gegen die Sklaverei und dann bis zum Urteil Brown v. Board of Education während der Bürgerrechtsbewegung trotz aller Bemühungen der National Association for the Advancement of Colored People (NAACP) (und ungeachtet der üblichen Rhetorik, es gelte Missstände auf dem Rechtsweg zu beheben) im Allgemeinen einen Schritt hinter der progressiven

45 C. B. Macpherson, *Die politische Theorie des Besitzindividualismus. Von Hobbes bis Locke* [1962], übers. von Arno Wittekind (Frankfurt am Main: Suhrkamp, 1967).

Kurve zurück.[46] Erst wenn die Benachteiligten auf die Straße gehen oder eine andere Form der direkten Aktion wählen, um Abhilfe für ihre Klagen zu schaffen, erlangen sie die Aufmerksamkeit und zu gegebener Zeit auch die Unterstützung der gegen-majoritären Institutionen.

Den Demos sicher machen für die Demokratie

Wir müssen der Versuchung widerstehen, die Hauptursache für die heutige politische Krise in der Übernahme des demokratischen Staates durch hässliche Demokraten zu sehen, die die Demokratie von innen heraus deformieren, wenn nicht gar zerstören wollen. Wie ich bereits angedeutet habe, ist diese Denkweise charakteristisch für eine Reihe vergleichender Politikwissenschaftler, die einst »freie, faire und regelmäßige Wahlen« als Lackmustest für die Demokratie anpriesen, nun aber den so genannten Wahltrugschluss vehement kritisieren und sich entschieden von der Idee der Demokratie als »Verfahren« distanzieren.[47] Diese liberale Kehrtwende hat noch andere Merkmale.

Unter Berufung auf die politische Weisheit von John Adams waren sowohl die klassischen Liberalen als auch die Republikaner daran gewöhnt zu sagen, dass »nicht die Herrschaft von Männern, sondern die Herrschaft von Gesetzen und Institutionen« die Schutzwälle der Demokratie sicherte.[48] Folglich legten sie großen Wert auf die Ausarbeitung von Verfassungen und den Aufbau von Institutionen. Als die Demokratien in den Postkolonien während der zweiten Rezessionsphase scheiterten, erklärten westliche Politikwissenschaftler dieses Scheitern routinemäßig mit schwachen Institutionen und kulturellen Formationen, die der Kultivierung

46 Gerald N. Rosenberg, *The Hollow Hope: Can Court Bring About Social Change?* (Chicago: University of Chicago Press, 2008).

47 Terry Lynn Karl, Imposing Consent? Electoralism versus Democratization in El Salvador, in: Paul Drake/Eduardo Silva (Hg.), *Elections and Democratization in Latin America, 1980-1985* (San Diego: Center for Iberian and Latin American Studies and Center for US-Mexican Studies, University of California at San Diego, 1986), S. 9-36, zitiert in Diamond, Is the Third Wave Over?, S. 21-22.

48 John Adams verankerte das Konzept einer »Regierung von Gesetzen, nicht von Männern« in der Verfassung des Staates Massachusetts von 1780.

demokratischer Subjektivität wenig zuträglich seien – und meinten dabei insbesondere das Patriarchat. Nun, da die hässlichen Demokraten die Instrumente und Verfahren der Demokratie selbst nutzen, um die verfassungsrechtlichen und institutionellen Schutzmechanismen von innen heraus zu untergraben, verlagern die zeitgenössischen Liberalen erneut ihren Fokus. Mit Blick auf die Trump-Präsidentschaft schreiben Levitsky und Ziblatt: »Institutionen allein genügen indes nicht, um einen gewählten Autokraten im Zaum zu halten. Die Verfassung muss verteidigt werden – von Parteien und organisierten Bürgern, aber auch durch demokratische Normen. Ohne robuste Normen können die verfassungsmäßige Gewaltenteilung und Kontrolle nicht als das Bollwerk der Demokratie dienen, wie wir uns das vorstellen.«[49] Das ist schön, aber man könnte sich fragen: Woher kommen diese ungeschriebenen Normen? Sind sie in den politischen Traditionen, Erfahrungen und Praktiken eines bestimmten Volkes oder in einem vagen vorpolitischen kollektiven Ethos verankert? Larry Diamond stellt, ebenfalls mit Blick auf die Trump-Präsidentschaft, die These auf: »Die ultimative Verteidigung der liberalen Demokratie liegt nicht in der Verfassung, sondern in der Kultur – in freien, informierten und prinzipientreuen Bürgern, die den Missbrauch ihrer Demokratie oder ihrer Rechte nicht dulden.«[50] Auch das klingt fein, aber man könnte sich fragen: Haben die Vereinigten Staaten in den letzten zweihundert Jahren demokratischen Kampfes und demokratischen Regierens – einschließlich eines verheerenden Bürgerkriegs, der die Union fast ruiniert hätte – nicht eine reiche und widerstandsfähige demokratische Tradition und Kultur entwickelt, die dem Chaos, das ein Trump in vier Jahren anrichten konnte, standhalten kann? Vieles von dem, was über Normen und Kulturen als befähigende und tragende Schicht gesagt wird, die der Verfassungsgebung und dem Aufbau von Institutionen vorausgeht, bleibt vage und zirkulär. Mir scheint es ein Projekt zu sein, das darauf abzielt, einen bestimmten Typus von politischem Subjekt ins Leben zu rufen – nämlich den Bürger, der gleichzeitig Herrscher und Beherrschter ist und der liberale Normen verinnerlicht hat. Stehen wir damit nicht wieder ganz am Anfang und fordern die Herrschaft von Männern

49 Levitsky/Ziblatt, *Wie Demokratien sterben,* S. 16.
50 Diamond, *Ill Winds,* S. 39.

und Frauen, freilich der richtigen Art von Männern und Frauen? Angesichts der aktuellen Herausforderung durch zahlreiche majoritäre und autoritäre Regime, die nach der bisher akzeptierten und respektierten Methode der regelmäßigen Wahlen auf der Grundlage des allgemeinen Wahlrechts ordnungsgemäß gewählt wurden, ist eine solche Forderung, so hehr sie auch sein mag, weder glaubwürdig noch angemessen.

Unter den gegenwärtigen Bedingungen müsste jedes emanzipatorische Projekt, das mit demokratischer Politik verbunden ist, den schlafenden Riesen, den Nichtwähler, nicht nur zum Wählen, sondern zum Engagement auffordern. Die Formen des Engagements können je nach Zeit, Ort und Menschen variieren, aber sich nicht zu engagieren (oder sich nicht über das Wählen hinaus zu engagieren) ist keine Option mehr, wenn das Ziel darin besteht, die hässlichen Demokraten von ihren Vorhaben abzuschrecken.

In diesem Zusammenhang gilt es eine unangenehme und ärgerliche Tatsache über das Wahlsystem im Allgemeinen zu erkennen und anzusprechen: Fast alle majoritären Regime, selbst solche mit einer riesigen und überwältigenden Mehrheit in der Legislative – wie zum Beispiel die BJP in Indien –, sind an die Macht gekommen, ohne jemals mehr als 50 Prozent der Stimmen *aller* Wahlberechtigten zu erhalten. Das ist nicht nur auf die »Wählerunterdrückung« durch die schlechten und hässlichen Demokraten zurückzuführen. Viel zu lange hat die hegemoniale liberale Ideologie zwar rituell die Tugenden der Wahlbeteiligung beschworen, aber alles, was deutlich über der erwarteten Wahlbeteiligung lag, als potenziell gefährlich und destabilisierend angesehen. Dies wiederum hat eine Kultur der Desavouierung und Vermeidung demokratischer Politik ermöglicht und gefördert.

Laut Taylor ist die Hauptursache für diese distanzierende Entfremdung das schreckliche Gefühl des steten Schwindens und Verlusts der Wirkmacht, das bei einer Vielzahl von Bürgern vorherrscht. Es ist an der Zeit, die Wirkmacht der Bürger wiederherzustellen und zu stärken. Das lässt sich nur durch Engagement und Partizipation erreichen. Wie sich die Bürgerinnen und Bürger engagieren und beteiligen und welche Auswirkungen und Folgen dies haben wird, lässt sich nicht vorhersagen. Es ist an der Zeit, die unzufriedenen und entmutigten Nichtwähler zu wecken und zu mobilisieren, und zwar ohne die Befürchtung zu haben, dass sie als liberale Subjekte nicht geeignet sind. Es ist ihre Wahl, so wie es sein sollte. Das ist eines der Paradoxa der politischen Freiheit unter Gleichen und der Demokratie. Es ist an der Zeit, das erschöpfte Projekt der Zähmung des *demos* aufzugeben.

Kapitel 6
Die Struktur demokratischer Zerfallserscheinungen und das Gebot der direkten Aktion

Dilip Parameshwar Gaonkar

Charles Taylor hat drei »innere« Schwachstellen des demokratischen Projekts identifiziert,[1] die unter bestimmten soziohistorischen Bedingungen eine Reihe von degenerativen Ideen und Ideologien, Dispositionen und Verhaltensweisen, Mobilisierungen und Bewegungen auslösen können, welche den liberalen und kosmopolitischen Werten und Verfassungsnormen abträglich sind. Diese Vulnerabilitäten wurzeln in dem, was für die moderne demokratische Politik konstitutiv und daher unvermeidlich ist: im umstrittenen Verhältnis zwischen Eliten und Nicht-Eliten; in der ausgrenzenden Versuchung und Rhetorik, die in der Idee des »Wir, das Volk« angelegt ist; und in den Gefahren der »Winner takes it all«-Mehrheitsherrschaft, die durch ein auf dem allgemeinen Erwachsenenwahlrecht basierendes Wahlsystem erleichtert wird. Bei aller Legitimität, Dynamik und Anziehungskraft ist die Demokratie, die von den Athenern als eine Form der »popularen« Selbstregierung erdacht und konzipiert wurde – und die in der Moderne in Lincolns prägnanter Formulierung »Regierung des Volkes, durch das Volk, für das Volk« verankert ist –, immer wieder anfällig für Zerfallserscheinungen. Taylor zufolge verschmelzen diese drei Schwachstellen heute zu einem perfekten Sturm und gefährden die Demokratien auf der ganzen Welt.

Craig Calhoun ergänzt Taylors These, indem er zeigt, dass die Demokratie ein gesellschaftlich eingebettetes historisches Projekt ist: Die Demokratie hat ihr Schicksal nicht selbst in der Hand. Calhoun liefert uns einen kurzen, aber überzeugenden historischen

1 Neben zahlreichen wertvollen Gesprächen mit meinen Koautoren Craig Calhoun und Charles Taylor habe ich bei der Abfassung dieses Kapitels auch von meinen Diskussionen mit Sally Ewing, Robert Hariman, Benjamin Lee und Liam Mayes profitiert. Mein besonderer Dank gilt Liam Mayes für seine Unterstützung bei der Überarbeitung des endgültigen Entwurfs und für seine konstruktiven Überarbeitungs- und Verbesserungsvorschläge.

Abriss darüber, inwiefern das Schicksal der Demokratie immer wieder von den sich verändernden sozialen Formationen abhängt, in die sie eingebettet ist. Oder anders gesagt: Calhouns Darstellung macht uns auf Machiavellis tiefe Einsicht aufmerksam, dass die Politik, insbesondere die republikanische Politik, auf ewig vom Lauf der Zeit in Geiselhaft genommen wird.[2] Für die Demokratie gibt es gute und schlechte Zeiten; es gibt gastfreundliche gesellschaftliche Formationen, die ihr ein Gedeihen ermöglichen, und unwirtliche, die sie destabilisieren und gefährden. Demokratische Gesellschaften können diese Veränderungen nicht immer vorhersehen. In den letzten zweihundert Jahren war die Demokratie gezwungen, sich mit den Folgen des expandierenden Kapitalismus auseinanderzusetzen, und konnte sich nur mit Mühe anpassen. Alle zentralen sozialen Formationen und Institutionen – von der Familie, der Nachbarschaft und der Schule bis hin zu Arbeit, Freizeit und Religion –, die für die Kultivierung demokratischer Normen und bürgerlicher Tugenden von entscheidender Bedeutung sind, wurden durch den Kapitalismus und seine Marktlogik beschleunigten, oft entstellenden Veränderungen unterworfen. Das wird in Calhouns Darstellung der beiden Bewegungen von Karl Polanyi deutlich, von denen die erste Bewegung den großen gesellschaftlichen Wandel markiert, der durch den industriellen Kapitalismus ausgelöst wurde, und die zweite Bewegung die verspätete politische Reaktion auf die Disruptionen und negativen Auswirkungen der ersten. Calhoun beschreibt meisterhaft, wie die lange Pause zwischen den beiden Bewegungen – »Engels' Pause« – die Ideen eines Gemeinwohls und einer gemeinsamen Zukunft, die beide für das Gedeihen der Demokratie unerlässlich sind, in Frage stellte, belastete und schwächte (siehe Kapitel 2). Angesichts der Dynamik des heutigen Kapitalismus tritt »Engels' Pause« immer wieder auf, und die Demokratie gerät immer wieder unter Druck.

2 J.G.A. Pocock, *The Machiavellian Moment: Florentine Political Thought and the Atlantic Political Tradition* (Princeton, NJ: Princeton University Press, 1975).

Die Struktur der drei Zerfallserscheinungen

Im ersten Teil dieses Kapitels versuche ich, die Struktur, die den drei degenerativen Schwachstellen des demokratischen Projekts zugrunde liegt, genauer zu spezifizieren und zu erklären, warum sie bestenfalls beherrscht, aber nicht beseitigt werden können. Im zweiten Teil lege ich dar, warum die Mobilisierung zur »direkten Aktion« ein notwendiges Element zur Wiederbelebung des zerfallenden demokratischen Projekts ist und sein sollte.

Erste Zerfallserscheinung und die Zähmung des Klassenkampfs

Taylors erste Zerfallserscheinung wird durch ein allgemeines Gefühl schwindender politischer Wirkmacht und Handlungsfähigkeit bei der großen Mehrheit der Bürger ausgelöst, insbesondere bei den Nicht-Eliten. Taylor nennt zwar mehrere Ursachen, die in den letzten Jahren zum Verlust der bürgerlichen Wirkmacht in den reifen westlichen Demokratien beigetragen haben, aber er hebt vor allem das hervor, was er als den Zusammenbruch des »gezähmten Klassenkampfs« bezeichnet. Das ist eine interessante Formulierung. Denn das bedeutet: Wohlergehen und Stabilität der Demokratie hängen davon ab, dass der Klassenkampf unter Kontrolle gehalten wird, dass er ideologisch und institutionell gebändigt wird, um sicherzustellen, dass er nicht außer Kontrolle gerät. Taylor verwendet den Begriff »Klassenkampf« hier nicht im marxistischen Sinne. Stattdessen bezieht er sich auf eine These mit einer langen und komplexen Tradition, nämlich dass alle bekannten sesshaften (nicht-nomadischen) Gemeinschaften durch einen anhaltenden Konflikt zwischen einer Elite (einer kleinen zahlenmäßigen Minderheit) und einer Nicht-Elite gekennzeichnet sind und damit zu kämpfen haben. Mag die Intensität des Konflikts auch je nach Zeit und Ort variieren, so ist er doch immer präsent und nicht eliminierbar. Bei diesem Konflikt geht es vor allem um die asymmetrische und ungerechte Verteilung von Reichtum, Status und Ressourcen innerhalb einer bestimmten Gemeinschaft.

Die Vorstellung, sozioökonomische Ungleichheit sei konstitutiv für jedes politische Gemeinwesen, ob nun in der Antike oder in der Moderne, ob demokratisch regiert oder nicht, wird von Denkern aller Richtungen – liberalen, radikalen, konservativen und sogar reaktionären – gemeinhin akzeptiert.[3] Es gibt zahlreiche Erklärungen (anthropologisch, strukturell und kausal) dafür, wie soziale Ungleichheiten entstehen, und Begründungen (ökonomisch, normativ und theologisch), warum sie unvermeidlich und sogar notwendig sind. Vieles davon würde den Rahmen dieses Kapitels sprengen. Die historische Erfahrung der sozioökonomischen Ungleichheit begleitet und verfolgt das demokratische Projekt jedoch wie ein gespenstischer Schatten und wirft eine Frage auf: Was lässt sich dagegen tun? Die Antworten auf diese Frage (die viele große Denker von Platon und Rousseau bis zu Marx und John Rawls beschäftigt hat) sind vielfältig, sie reichen von der Frage, wie normativ und praktisch mit sozialer Ungleichheit umzugehen ist, bis hin zu ihrer völligen Beseitigung, wie in einer Utopie. In all diesen Spekulationen und Analysen gibt es einen konstanten Konsens: Unabhängig von ihren Ursachen, Erklärungen und Rechtfertigungen wird soziale Ungleichheit dysfunktional, gefährlich und destruktiv, sobald sie einen bestimmten Punkt überschreitet. Wo diese Schwelle liegt, ist nicht ganz einfach zu bestimmen. Kulturell und historisch ist sie dehnbar und variabel, aber innerhalb des sozialen Vorstellungsraums eines bestimmten Volkes wird sie lesbar, spürbar und greifbar. Wenn Taylor davon spricht, dass der »gezähmte Klassenkampf« zusammengebrochen sei, meint er damit, dass das Ausmaß der sozialen Ungleichheit in den heutigen »westlichen Demokratien« die Schwelle überschritten hat und gefährlich geworden ist. Für Calhoun sind die Wurzeln der Schwellenüberschreitung historisch und liegen in der stetigen Demontage der sozialen Grundlagen der Demokratie seit den 1970er Jahren (kurz gesagt,

3 Siehe Richard Hofstadter, John C. Calhoun: The Master of the Master Class, in: ders., *The American Political Tradition and the Men Who Made It* [1948] (New York: Vintage, 1989), S. 87-118. Hofstadter zitiert eine Reihe von Passagen aus den Schriften von John Calhoun, einem hartnäckigen Befürworter der Sklaverei, in denen die Unvermeidbarkeit von Klassenkonflikten thematisiert wird. Hier ist eine davon: »Es hat nie eine wohlhabende und zivilisierte Gesellschaft gegeben, in der nicht ein Teil der Gemeinschaft faktisch von der Arbeit des anderen Teils gelebt hat.« Es wäre zu schwierig, »die verschiedenen Möglichkeiten zu benennen, durch die der Reichtum aller zivilisierten Gemeinschaften so ungleich verteilt worden ist, und zu zeigen, auf welchen Wegen ein so kleiner Anteil denjenigen zugeteilt worden ist, durch deren Arbeit er produziert wurde, und ein so großer Anteil den nichtproduzierenden Klassen« (S. 104).

des Wohlfahrtsstaats und seiner Sozialleistungen) im Rahmen des so genannten neoliberalen Glaubenssystems.

Sowohl Taylor als auch Calhoun betrachten die *trente glorieuses* der Nachkriegszeit als eine bewundernswerte Periode des »gezähmten Klassenkampfs«, eine Zeit der zivilen Harmonie zwischen den verschiedenen sozialen Schichten in den westlichen Demokratien. Calhoun ist relativ eindeutig, wenn es darum geht, wie man die gegenwärtige Krise angehen könnte. Wir müssen die gesellschaftlichen Grundlagen wiederherstellen, um die Auswirkungen der wachsenden ökonomischen Ungleichheit abzumildern und die entsprechende Flut an öffentlicher Wut und Verzweiflung einzudämmen, die unter der Nicht-Elite anschwillt. Die statistischen Zahlen zu den Einkommens- und Vermögensunterschieden zwischen den verschiedenen Quintilen der US-Bevölkerung sind schlichtweg erschreckend.[4] Die statistischen Daten machen auch darauf aufmerksam, dass die Kategorien von Elite und Nicht-Elite nicht homogen sind. In jeder Kategorie gibt es eine große interne Vielfalt und Differenzierung, nicht nur in Bezug auf die wirtschaftlichen Ressourcen, sondern auch mit Blick auf den sozialen Status, die kulturellen Werte, die religiösen Überzeugungen und die ideologische Ausrichtung. Moderne westliche Gesellschaften sind hoch komplex und stark stratifiziert. Dennoch schwingt die Unterscheidung zwischen Elite und Nicht-Elite in all diesen Schichten stratifizierter Unterschiede und in den Sphären der politischen Wahrnehmung, des öffentlichen Diskurses und des Gemeinverständnisses unüberhörbar mit.[5]

4 Im Jahr 2019 machten die Einkommen des untersten Quintils und des zweitniedrigsten Quintils 3,1 Prozent bzw. 8,3 Prozent des Volkseinkommens aus. Demgegenüber machte das Einkommen des obersten Quintils 51,9 Prozent und das der obersten fünf Prozent 23 Prozent aus. US Census Bureau, Income Distribution Measures Using Money Income and Equivalence-Adjusted Income: 2018 and 2019, in: *Income and Poverty in the United States: 2019,* Tab. A-3, ⟨https://www.census.gov/library/publications/2020/demo/p60-270.html⟩.

5 Zur Diskussion über die Eliten, insbesondere zur Unterscheidung zwischen der herrschenden und der nicht herrschenden Elite, siehe Gaetano Mosca, *Die herrschende Klasse. Grundlagen der politischen Wissenschaft* [1895], nach der 4. Aufl. übers. von Franz Borkenau (Bern: Francke, 1950); Vilfredo Pareto, Eine Anwendungsform soziologischer Theorien [1901], in: ders., *Ausgewählte Schriften*, hg. von Carlo Mongardini (Wiesbaden: VS Verlag für Sozialwissenschaften, 2007), S. 73-125. Siehe auch T. B. Bottomore, *Elites and Society* (Middlesex, UK: Penguin, 1966).

Calhoun spricht überdies klar davon, dass es bei der »Wiederherstellung« der sozialen Grundlagen der Demokratie nicht einfach darum geht, abgebaute sozialstaatliche Regelungen wieder einzuführen und zu den guten alten Zeiten der *trente glorieuses* zurückzukehren. Wir befinden uns heute in einer anderen soziohistorischen Situation, die jedoch erneut von den sich ständig ausweitenden und verändernden kapitalistischen Produktions- und Reproduktionsweisen, die unser Leben bestimmen, angetrieben wird. Wir sind mit neuen Formen der Produktion und Distribution, der Kommunikation und Zirkulation sowie der Vermögensbildung, mit neuen Arbeitsregimen (manche nennen es »internationale Arbeitsteilung«) und neuen Formen von Prekarität konfrontiert.[6] Diese Formationen wirken sich unmittelbar auf die problematischen Beziehungen zwischen Elite und Nicht-Elite aus und beeinflussen sie. Sie erfordern andere und neuartige Strategien zur »Zähmung des Klassenkampfs«, neue Visionen des Gemeinwohls und einer gemeinsamen Zukunft sowie neue Wege zum Aufbau und zur Stärkung von Solidaritätsbündnissen.

Mit Blick auf die Zukunft betonen Taylor und Calhoun auch, dass die Ausweitung bestehender sozialer Vorkehrungen nicht ausreichen wird, um die Wirkmacht der Bürger wiederzubeleben. Wie Alexis de Tocqueville im 19. Jahrhundert feststellte, verläuft die Wirkmacht der Bürger zweigleisig.[7] Es liegt auf der Hand, dass die Demokratie nicht funktioniert, wenn man das Gefühl hat, dass die eigene Stimme ignoriert, das eigene Wohl vernachlässigt und die eigenen Interessen systematisch missachtet werden. Die funktionale Komplexität und die technische Undurchsichtigkeit moderner Gesellschaften können auch das Gefühl der staatsbürgerlichen und politischen Handlungsmacht zutiefst untergraben und aushöhlen. Dem modernen Bürger, der sich damit abgefunden hat, in einem repräsentativen System zu leben, geht es jedoch nicht in erster Linie um die Ausübung von etwas, das dem antiken Recht und der antiken Praxis der *isegoria* (dem gleichen Recht eines jeden Bürgers, frei zu sprechen) entspricht. Das allgemeinste Gefühl des

6 Siehe Guy Standing, *The Precariat: The New Dangerous Class* (New York: Bloomsbury, 2011). In den letzten zehn Jahren ist die wissenschaftliche Literatur zum Phänomen des Prekariats enorm angewachsen.

7 Alexis de Tocqueville, *Über die Demokratie in Amerika* [1835, 1840], beide Teile in einem Band, übers. von Hans Zbinden (München: dtv, 1976), S. 581-585.

Verlusts bürgerlicher Wirkmacht tritt nämlich an anderer Stelle zutage, lange bevor es in der politischen Sphäre auftaucht. In erster Linie gründet die bürgerliche Wirkmacht in der Fähigkeit einer Person, für sich und ihre Angehörigen zu sorgen. Für die große Mehrheit der Menschen in unserer Zeit bedeutet das, einen festen, gut bezahlten Job zu haben. In dieser Hinsicht dienen staatlich geförderte Sozialleistungen wie Gesundheitsfürsorge, öffentliche Schulen, Altersrenten und Berufsausbildungsprogramme als infrastrukturelle Unterstützung und bieten die notwendige Hilfe, die es den Bürgern ermöglicht, für sich selbst und ihre Angehörigen zu sorgen. Zweitens gibt es andere Formen von Ungleichheiten und Diskriminierungen aufgrund von Rasse, Geschlecht, sexueller Präferenz, Religion und ethnischer Zugehörigkeit, die ebenfalls zu diesem allgemeinen Gefühl des Verlusts bürgerlicher Wirkmacht beitragen und es verstärken. Man kann sich auf vielfache Weise an den Rand gedrängt und im Stich gelassen fühlen. Die Wiederherstellung eines Anscheins von bürgerlicher Wirkmacht und Handlungsmacht erfordert daher mehr als nur die Wiedereinführung der jüngst reduzierten oder ganz abgebauten Sozialleistungen eines Wohlfahrtsstaats. Es geht darum, den *demos* zu erneuern und einen Kurs in Richtung einer egalitäreren und kulturell integrativeren Gesellschaft einzuschlagen.

Calhouns historische Darstellung, wie die Demokratie mit den relativ regelmäßigen Disruptionen aufgrund der kapitalistischen Beschleunigung fertig wird, bietet einen strukturellen Einblick in den Konflikt und das Spannungsverhältnis zwischen den Eliten und den Nicht-Eliten. Wenn der Kampf um die Verringerung oder Stabilisierung sozialer Ungleichheit in direktem Zusammenhang mit der »Zähmung des Klassenkampfs« und der Steigerung der bürgerlichen Wirkmacht steht und wenn jeder Versuch, soziale Ungleichheit zu verringern und zu stabilisieren, durch die technisch-ökonomische Logik des Kapitalismus gestört wird, dann lässt sich der Klassenkonflikt in einem allgemeinen Sinne nicht eliminieren. Der Kampf um die Verringerung oder Stabilisierung sozialer Ungleichheit weist eine konkret fassbare Struktur auf, eine Struktur der Oszillation. Er geht nicht in eine bestimmte Richtung. Die Intensität und das Ausmaß sozialer Ungleichheit schwanken im Laufe der Zeit, aber der Klassenkonflikt wird nicht besser oder schlimmer.

Aus dieser strukturellen Einsicht ergeben sich zwei weitere Thesen dazu, inwiefern soziale Transformationen das ohnehin bereits konflikthafte Verhältnis zwischen Eliten und Nicht-Eliten destabilisieren. Erstens wirken sich die negativen externen Effekte regelmäßig wiederkehrender soziohistorischer Transformationen auf das Leben von Eliten und Nicht-Eliten ganz unterschiedlich aus. In der Regel stellen die mit diesen Transformationen einhergehenden Verwerfungen und Instabilitäten für die Nicht-Eliten ein deutlich größeres wirtschaftliches Risiko dar als für die Eliten, wie die unterschiedlichen Auswirkungen der Finanzkrise von 2008 auf diese beiden Gruppen zeigen.

Zweitens: Wenn eine Regierung auf die sich verschärfende Krise reagiert und Sozialprogramme und -maßnahmen auflegt, um die Situation zu verbessern, wird deren Wirkung durch etwas beeinträchtigt, das Calhoun den »Bourdieu'schen Haken« nennt. Das heißt, die Vorteile der neuen Sozialprogramme und -maßnahmen kommen nicht denjenigen zugute, die durch die sich abzeichnenden sozialen Umwälzungen abgehängt werden, sondern vor allem den besser ausgebildeten und bessergestellten Gesellschaftsschichten. All das begreifen die Nicht-Eliten intuitiv, sobald sie merken, wie sehr das »System« gegen sie manipuliert ist.

Anders als der Kampf für bürgerliche und politische Freiheiten ist der Kampf gegen sozioökonomische Ungleichheit weder zielgerichtet noch progressiv. Er hat kein klares Telos, keinen endgültigen »Zweck«. Es gibt keine großen emanzipatorischen Erzählungen, in denen er die Hauptrolle spielt. Abgesehen von denjenigen, die einst den utopischen Verlockungen einer klassenlosen Gesellschaft erlegen sind, haben die an diesem Kampf Beteiligten nur selten die Aussicht auf eine radikale Angleichung von Einkommen und Vermögen. Es handelt sich vielmehr um einen äußerst variablen und kontextabhängigen Kampf, der durch die Geschichte und Kultur eines bestimmten Volkes geprägt ist. Er wird im Rahmen des Möglichen, des Machbaren und des Verhandelbaren gedacht und geführt. Er beinhaltet eine Hin- und Herbewegung innerhalb einer horizontalen Spanne. Was gewonnen wird, kann auch wieder verloren gehen oder sich verringern. Sicherlich sind einige Errungenschaften wie der Acht-Stunden-Tag dauerhaft und unumkehrbar, aber selbst diese bieten wenig Trost, wenn Arbeitsplatzsicherheit, Gesundheitsversorgung, Rentenleistungen und vieles andere in ständigem Wandel begriffen sind. Die daraus resultierende Volatilität der sozioökonomischen Ungleichheit macht es unmöglich, den Konflikt zwischen den Eliten und den Nicht-Eliten zu beseitigen, und schränkt die Möglichkeiten ein, den Klassenkampf zu bändigen. Das heißt nicht, dass in der langen Geschichte der Demokratie die Intensität des Klassenkonflikts und seine Tendenz, politische Zwietracht zu erzeugen, gleich geblieben sind. *Les trente glorieuses* verweisen auf eine Zeit, in der der Klassenkonflikt weniger intensiv war, aber nie ganz fehlte. Vielleicht schwelte er bereits, für ungeübte Augen nicht sichtbar, unter der Oberfläche.

Zweite Zerfallserscheinung und die Neutralisierung des Ethnonationalismus

Die Idee, Demokratie als ein telisches Projekt zu begreifen, wie Charles Taylor es tut, erfordert, dass man sich dieses Projekt als zweigleisig entfaltet vorstellt: Erstens entfaltet sich Demokratie *normativ*, motiviert durch verschiedene, oft widersprüchliche Visionen und Versionen menschlichen Gedeihens; zweitens entfaltet sie sich *narrativ*, als soziohistorische Erzählung darüber, wer wir sind, woher wir kommen und wohin wir gehen – eine Selbsthermeneutik eines unfixierbaren »Wir, das Volk«. Solche wirkmächtigen und fantasievollen, oft mythisch eingefärbten Narrative finden sich in so unterschiedlichen Texten wie Walt Whitmans *Demokratische Ausblicke* (1871) und Jawaharlal Nehrus *Entdeckung Indiens* (1946).[8] Insgesamt ist es produktiver, die wechselvolle Karriere der Demokratie zu historisieren, als ein ausgefeiltes oder perfektionierbares normatives Modell zu postulieren. Eine solche Historisierung ruft konkurrierende Erzählungen von »Wir, das Volk« hervor, aus denen die ethnokulturelle Identität (wie fiktiv auch immer sie sein mag) und ihre beunruhigenden Ansprüche auf Vorrang nie ganz getilgt werden können. So manifestiert sich das umstrittene Spiel zwischen dem Normativen und dem Narrativen in Gestalt einer Krise, sowohl strukturell als auch historisch.

Was heißt es, wenn Taylor davon spricht, der Idee des »Wir, das Volk« würden Zerfallstendenzen innewohnen? Da die Demokratie,

8 Walt Whitman, *Demokratische Ausblicke* [1871], übers. von Martin Nissen (Freiburg: Derk Janssen, 2005); Jawaharlal Nehru, *Entdeckung Indiens* [1946] (Berlin: Rütten & Loening, 1959).

wie wir behauptet haben, ein fortlaufendes telisches Projekt und ein unablässiger Kampf ist, kann ihre agierende Substanz – »Wir, das Volk« – niemals dauerhaft bestimmt, festgelegt oder zertifiziert werden. Das bedeutet nicht, dass die Idee des »Volkes« kein Bezugsobjekt hat. Es handelt sich weder allein um einen leeren Signifikanten, wie die politischen Theoretiker Claude Lefort und Ernesto Laclau behaupten, noch um eine notwendige Fiktion der Staatskunst, wie der Historiker Edmund Morgan meint.[9] Vielmehr handelt es sich um ein soziohistorisch sedimentiertes und essenziell strittiges Konzept, dessen Referent sowohl schwer fassbar als auch in ständiger Fortentwicklung begriffen ist. Daher ist die Bedeutung der Wendung »Wir, das Volk« stets rhetorisch und ideologisch umkämpft.

Das wirft die Frage auf: Welche Struktur liegt dem Kampf um die Bedeutung von »das Volk« zugrunde? In meinen Augen gibt es dabei eine ähnlich strukturierte Bewegung wie die, die wir im Fall des Kampfes gegen die sozioökonomische Ungleichheit ausgemacht haben. Die Formulierung »Wir, das Volk« schwankt zwischen zwei Polen, dem »ursprünglichen« und dem »konstitutionellen«, ohne sich jemals auf ein Ende des Spektrums festzulegen. Der ursprüngliche Pol betont die – realen oder imaginären – ethnonationalen und monokulturellen Wurzeln eines bestimmten Volkes. Oftmals beruft er sich auf eine Autochthonie des »ersten Volkes«, des »Volkes des Bodens« und der »Heartlanders«.[10] Er fordert Solidarität auf der Grundlage einer gemeinsamen Sprache, Geschichte und Religion und blickt zurück auf ein goldenes Zeitalter einer imaginären ursprünglichen Einheit, die noch nicht durch die Differenzen und Spaltungen der Gegenwart befleckt ist. Er befürchtet, dass Einheit und Solidarität durch Unterschiede von innen (Minderheiten) kontaminiert und durch Unterschiede von außen (Einwanderer)

9 Zur Vorstellung vom Volk als »leerem Signifikanten« siehe Claude Lefort, Die Frage der Demokratie, in: Ulrich Rödel (Hg.), *Autonome Gesellschaft und libertäre Demokratie* (Frankfurt am Main: Suhrkamp, 1990), S. 281-297; Ernesto Laclau, Das »Volk« und die diskursive Produktion von Leere, in: ders., *Die populistische Vernunft*, übers. von Boris Kränzel (Wien: Passagen, 2022), S. 95-162. Zur Vorstellung vom Volk als »Fiktion« siehe Edmund Morgan, *Inventing the People: The Rise of Popular Sovereignty in England and America* (New York: W. W. Norton, 1988).

10 Zur regelmäßig wiederkehrenden Vorstellung von den »heartlanders« im populistischen Diskurs siehe Paul Taggart, *Populism* (Birmingham: Open University Press, 2000).

bedroht werden. Im Gegensatz dazu betont der konstitutionelle Pol den bewussten politischen Willen eines selbst geschaffenen Volkes und befürwortet multikulturelle Unterschiede sowie die unzähligen weltgestaltenden Lebensstile seiner Bestandteile (ob nun Einzelpersonen oder Gruppen). Er feiert Vielfalt, Vermischung und Hybridität. Ihm zufolge gilt es, die Einheit in und durch Verschiedenheit zu bereichern und zu stärken und einen »Verfassungspatriotismus« zu kultivieren.[11] Jeder Pol hat seine charakteristische Ausrichtung oder Überzeugung. Die Befürworter des ursprünglichen Pols bestehen darauf, dass die Kernbedeutung von »Wir, das Volk« eine legitime, überprüfbare historische Grundlage hat. Nun ist eine solche Behauptung zwar rhetorisch wirkungsvoll, aber empirisch stets von zweifelhafter Aussagekraft. Der Irrtum, dem der konstitutionelle Pol erliegt, ist nicht die Obsession, die Bedeutung des Volkes festzulegen, sondern der unbedingte Wille, seine Ausrichtung zu bestimmen. Seine Verfechter behaupten, dass »Wir, das Volk« keine statische Gegebenheit ist, sondern das dynamische »Selfmaking«-Projekt eines kollektiven Akteurs, der in der Lage ist, Ansprüche auf ethnonationale Primordialität und Priorität nach und nach zu untergraben. Diejenigen, die diese Position vertreten, hoffen und glauben, dass der Verlauf der Geschichte zu ihren Gunsten ausfallen wird, wie im Fall des Historikers David Hollinger, der ein »postethnisches Amerika« fordert.[12]

Es ist jedoch nicht so einfach, ethnonationale Ansprüche zu zerstreuen, geschweige denn zu beseitigen oder die populären Appelle und Resonanzen, die sie hervorrufen, aus der Welt zu schaffen. Sowohl Calhoun als auch Taylor stellen fest, dass die Demokratie starke Solidaritäten erfordert, um kulturelle Unterschiede sowie sozioökonomische Spaltungen und Zwietracht zwischen den Generationen zu überbrücken. Seit den großen Revolutionen des 18. Jahrhunderts ist das demokratische Projekt eng mit dem Nationalstaat verknüpft, dessen Lebensfähigkeit und Dauerhaftigkeit von den Solidaritäten abhängen, die er ermöglicht. In der Neuzeit war und

11 Zur Idee des »Verfassungspatriotismus« im europäischen Kontext siehe Jürgen Habermas, *Die neue Unübersichtlichkeit. Kleine Politische Schriften V* (Frankfurt am Main: Suhrkamp, 1985); Jürgen Habermas, *Die postnationale Konstellation. Politische Essays* (Frankfurt am Main: Suhrkamp, 1998).

12 David A. Hollinger, *Postethnic America: Beyond Multiculturalism* (New York: Basic Books, 2006).

ist der Nationalismus der stärkste Motor der Solidaritätsbildung.[13] Doch so leicht der Nationalismus die Menschen eint, so leicht kann er sie auch spalten und fragmentieren. Da die Demokratie so eng mit dem Nationalstaat verbunden ist, kann sie leicht in eine Politik der Ausgrenzung verwickelt werden. Besonders anfällig für Polarisierung sind dabei demokratische Institutionen, Formen und Praktiken, die mit Wahlen und Parteiensystemen in Verbindung stehen. In der Hitze des Wahlkampfs neigen ethnonationale Mehrheiten dazu, Minderheiten rhetorisch auszugrenzen und sie aus dem politischen Leben auszuschließen.

Dieser Kampf zwischen den beiden Polen ist kein abstraktes Geschehen. Er entfaltet sich in den verschiedenen nationalen und kulturellen Kontexten unterschiedlich und hat eine Geschichte, die sein Ausmaß und seine Intensität bestimmt. Es wäre falsch, so zu tun, als ob die Anziehungskraft des Ethnonationalen und der Druck des Konstitutionellen in den Vereinigten Staaten, im Iran und in Indien gleich stark wären. Geschichte, Kultur und oft auch Religion können eine entscheidende Rolle bei der Vermittlung zwischen den beiden Spannungspolen spielen. Die Annahme, in den reifen und wohlhabenden westlichen Demokratien habe die Anziehungskraft des Ethnonationalen nachgelassen und sei unterdrückt worden, ist ein ebenso großer Irrtum wie der Verzicht auf den verfassungsmäßigen Kampf zum Schutz und zur Förderung des Pluralismus in der theokratisch geprägten iranischen Demokratie. Ein hervorragendes Beispiel für einen anhaltenden Kampf, in dem die beiden Pole ausgeglichener sind, ist das heutige Indien. Unter der Regierung der Bharatiya Janata Party (BJP) und ihrer dezidiert hindunationalistischen Mehrheitsagenda ist der konstitutionelle Pol zwar sehr stark unter Druck geraten, jedoch keineswegs verloren gegangen oder aufgegeben worden. In Indien ist der Kampf um die Bedeutung von »Wir, das Volk«, inmitten der ethnischen, religiösen, sprachlichen und geografischen Vielfalt des Landes, voll entbrannt, und das sollte er auch sein. Demokratie ist keine Garantie, sondern ein Solidaritätsversprechen, für dessen Einhaltung »Wir, das Volk« bei allen Unterschieden kämpfen muss. Auch wenn sich das Schicksal und die Entwicklung einer bestimmten Demokratie nicht vorhersagen lassen, so lassen sich doch Andeutungen

13 Craig Calhoun, *Nations Matter: Culture, History, and the Cosmopolitan Dream* (New York: Routledge, 2007).

machen über das, was kommen wird, über die Herausforderungen, die es zu bewältigen gilt, damit der Kampf weitergehen kann.

Kurzum: Der ethno-nationale Strang mit all seiner rhetorischen Anziehungskraft und seiner Potenz lässt sich nicht aus der Welt schaffen. Kann sein, dass er ruht, aber nur für eine gewisse Zeit, und auf die Bedingungen wartet, die unweigerlich zu seinem Wiederaufleben einladen. Das bedeutet nicht, dass die Ansprüche des ursprünglichen Pols auf Gültigkeit und Vorrang legitim sind. Doch statt zu hoffen, dass der Ethnonationalismus seinen Lauf nimmt und verschwindet, sollte man sich eine Reihe konstruktiver Fragen stellen: Warum sucht das Gespenst des Ethnonationalismus das demokratische Projekt immer noch heim? Unter welchen Bedingungen bricht dieses Gespenst hervor und beherrscht plötzlich den politischen Horizont? Warum wird dieses eruptive Hervorbrechen immer wieder als »Populismus« bezeichnet? Da das, was den Ethnonationalismus schürt und antreibt, im Nationalismus selbst wurzelt, gibt es Strategien, um seine Folgen zu kontrollieren – womöglich Strategien, die James Madisons institutionellen Entwürfen zur Eindämmung und Abwendung der Gefahren einer ungehinderten »Parteiung« entsprechen?[14] Die Unterscheidung zwischen »gutem« und »schlechtem« Nationalismus ist nicht mehr produktiv, wenn sie es denn jemals war. Nationalismus ist, was er ist. Den Nationalismus allein aus einer kosmopolitischen Perspektive zu bewerten lässt zu vieles außer Acht.

Dritte Zerfallserscheinung und die Herausforderung des Majoritarismus

Taylors dritte Zerfallserscheinung der Demokratie betrifft die Gefahren eines unkontrollierten »Winner-takes-all-Majoritarismus«, der durch ein auf dem allgemeinen Erwachsenenwahlrecht basierendes Wahlsystem erleichtert wird. Es fällt uns nicht leicht, das demokratische Projekt von einer repräsentativen Regierungsform zu trennen, die auf dem Prinzip der Mehrheitsherrschaft beruht. Heute sind Wahlen, das allgemeine Wahlrecht für Erwachsene

14 James Madison, Federalist Nr. 10, in: Alexander Hamilton/James Madison/John Jay, *Die Federalist Papers* [1787-1788], vollständige Ausgabe, übers., eingel. und mit Anmerkungen versehen von Barbara Zehnpfennig (München: C. H. Beck, 2007).

und das Mehrheitsprinzip die grundlegenden Mechanismen der repräsentativen Demokratie. In der liberalen Vorstellung sind diese Mechanismen in ein breites Spektrum kultureller Formen, verfassungsrechtlicher Normen und institutioneller Praktiken eingebettet, auf sie abgestimmt und durch sie gestützt, darunter vor allem Rechtsstaatlichkeit (insbesondere eine unabhängige Justiz), freie Medien und ein gut funktionierendes Parteiensystem. In der populistischen Vorstellung hingegen stehen Wahlen, das allgemeine Erwachsenenwahlrecht und die Mehrheitsregierung für die Doktrin der Volkssouveränität und verkörpern diese in der Praxis. Wahlen sind der Zeitpunkt, an dem der schlafende Souverän – das Volk – erwacht, um wenigstens seine schiere Existenz zu bezeugen.[15] Während Wahlen für Liberale etwas Angsteinflößendes haben, weil sie die Gefahr bergen, die kollektive Handlungsmacht des Volkes zu mobilisieren und seine schwer kontrollierbaren kollektiven Fähigkeiten zu aktivieren, ist für Populisten die Zeit der Wahlen die Zeit des Souveräns, wie die Wahlkampfrhetorik populistischer Führer wie Narendra Modi in Indien, Andrés Manuel López Obrador in Mexiko und Recep Tayyip Erdoğan in der Türkei zeigt.[16]

Wie in Kapitel 3 angedeutet, besteht die liberale Angst vor Wahlen und dem allgemeinen Wahlrecht für Erwachsene seit der Zeit der Französischen Revolution, als eine revolutionäre Avantgarde sich als Inkarnation des Volkes gerierte, um eine Herrschaft des »Tugendterrors« zu rechtfertigen und den »body politic« zu reinigen. Nach der Französischen Revolution wurden die Einschränkung und das Hinauszögern des Wahlrechts als notwendiges Mittel angesehen, um künftige Entgleisungen des politischen Holismus zu verhindern.[17] Nichtsdestotrotz war der Weg für das

15 Zu Thomas Hobbes' Vorstellung vom »schlafenden Souverän« siehe die interessante Diskussion bei Richard Tuck, Democratic Sovereignty and Democratic Government: The Sleeping Sovereign, in: Richard Bourke/Quentin Skinner (Hg.), *Popular Sovereignty in Historical Perspective* (New York: Cambridge University Press, 2016), S. 115-141.

16 Zu Modis ethno-nationaler populistischer Rhetorik siehe Christophe Jaffrelot, *Modi's India: Hindu Nationalism and the Rise of Ethnic Democracy*, übers. von Cynthia Schoch (Princeton, NJ: Princeton University Press, 2021), insbes. S. 112-147.

17 Charles S. Maier, Democracy since the French Revolution, in: John Dunn (Hg.), *Democracy: the Unfinished Journey 508 BC to AD 1993* (New York: Oxford University Press, 1992), S. 125-154.

allgemeine Wahlrecht für Erwachsene bereitet. Die wirksamere Alternativstrategie bestand in der Ausarbeitung eines »liberalen Pakets« verfassungsrechtlicher und institutioneller Mechanismen, die versprachen, die Machtkonzentration in den Händen der Regierung, insbesondere der Exekutive, einzudämmen. Das gleiche Paket war auch dazu gedacht, die kollektive Handlungsmacht des Volkes zwar nicht aufzuheben, aber doch zu behindern.[18] In der täglichen Arbeit moderner westlicher Demokratien ist dieses »liberale Paket«, das sich über einen langen Zeitraum hinweg stetig weiterentwickelt hat, fest verankert. Es ist der Standardmodus unserer Zeit. Er steuert nicht nur das Gemeinwesen, sondern festigt auch die Zivilgesellschaft, stützt die Marktwirtschaft und kolonisiert das Alltagsleben. Dennoch werden populistische Gefühle nie ganz aus der liberalen Hegemonie getilgt. Zwar werden sie marginalisiert und unterdrückt, doch die Sehnsucht nach »dem Volk in seiner kollektiven Kapazität« bleibt im politischen Unbewussten erhalten und bricht regelmäßig hervor, insbesondere bei Wahlen. Gerade weil sie ignoriert und als belanglos abgetan werden, tauchen populistische Gefühle als Risse auf und verunstalten das Antlitz der Demokratie.

Die auf diese Weise deformierte Demokratie bringt den Majoritarismus hervor, eine degenerierte Form der Mehrheitsherrschaft. Wie das Mehrheitsprinzip bezieht auch der Majoritarismus seine Legitimität aus dem Anspruch, praktischer Ausdruck der Volkssouveränität zu sein. Doch im Gegensatz zur Mehrheitsregierung ist der Majoritarismus nicht durch liberale verfassungsrechtliche und institutionelle Leitplanken eingehegt. Er verweigert das Etikett der »Abweichung«. Stattdessen setzt ein solcher Majoritarismus ungeniert auf die »illiberale Demokratie«, um eine einheitliche nationale Gemeinschaft aufzubauen, wie es der ungarische Präsident Viktor

18 Diese zweite Dimension zeigt sich in der US-Verfassung besonders deutlich. In Federalist Nr. 63 spricht James Madison zwar davon, dass »der Antike das Prinzip der Repräsentation weder unbekannt war noch dass es in ihren politischen Verfassungen gänzlich übersehen wurde«, behauptet jedoch auch: »Der wahre Unterschied zwischen diesen und den amerikanischen Regierungssystemen liegt darin, dass in den letzteren das Volk in seiner Eigenschaft als Kollektiv von jedem Anteil an der Regierung ausgeschlossen ist, und nicht darin, dass in den erstgenannten die Repräsentanten des Volkes gänzlich von der Ausübung der Regierung ausgeschlossen waren.« Hamilton/Madison/Jay, *Die Federalist Papers*, S. 381.

Orbán proklamiert.[19] Der Unterschied ist struktureller Natur. Politische Mehrheiten, insbesondere solche, die von politischen Parteien gebildet werden, sind in der Regel Koalitionen, selbst wenn sie von einer dominanten ethnischen Gruppe angeführt werden. Da moderne Gesellschaften, wenn überhaupt, nur selten in allen relevanten Bereichen homogen sind – Klasse, Rasse, ethnische Zugehörigkeit, Religion, Sprache –, muss eine politische Mehrheit ständig neu gebildet werden. Daher hat die Beziehung zwischen einer Mehrheitskoalition und ihren Bestandteilen eine dynamische metonymische Struktur (Teile/Ganzes). Der Majoritarismus hingegen ist performativ. Er entspringt der immerwährenden Versuchung, das für die Koalitionsbildung charakteristische mühsame Aushandeln zwischen Teilen und Ganzem abzuschaffen. Er verkündet die metaphorische Einheit eines spezifischen Volkes auf der Grundlage einer – realen oder imaginären – ethnokulturellen Identität.

Die Übel des Majoritarismus – der Abbau von Minderheitenrechten und Minderheitenschutz, die Ausschaltung der Opposition und das Mundtotmachen öffentlicher Kritik – sind zum Teil in der Logik der Mehrheitsherrschaft selbst angelegt, werden aber auch durch die ausgrenzenden Verlockungen und die Rhetorik der Wahlpolitik noch verschärft. Das majoritäre Streben nach permanenter Neutralisierung, wenn nicht gar völliger Ausschaltung der Opposition und der Versuch, sich eine unumkehrbare Wählermehrheit zu sichern, kann auf Dauer unmöglich erfolgreich sein. Angesichts der gesellschaftlichen Komplexität und Vielfalt einer modernen Demokratie kann man nur regieren, indem man Mehrheits-Koalitionen aufbaut, die mehr oder weniger lange, aber niemals dauerhaft Bestand haben. Die majoritäre Versuchung in der Wahlpolitik ist spürbar und allgegenwärtig. Es gibt ein ständiges Hin und Her zwischen der Koalitionspolitik der Mehrheitsherrschaft und der Identitätspolitik des Majoritarismus, so dass es schwierig ist, eine feste Grenze zwischen beiden zu ziehen. Traditionelle politische Parteien, die sich der Koalitionspolitik verschrieben haben, erliegen manchmal den Verlockungen des Majoritarismus. Ebenso sind majoritäre Bewegungen und Parteien oft gezwungen, aus der Not heraus Koalitionen und Bündnisse einzugehen. Eine majoritä-

19 Marc F. Plattner, Illiberal Democracy and the Struggle on the Right, in: *Journal of Democracy* 30:1 (2019), S. 5-19.

re Rhetorik, die oft harsch, spaltend und ausgrenzend ist, kann von einer konzilianteren Politik begleitet sein.

Ein Beispiel dafür ist die Entwicklung der indischen Wahlpolitik seit 1952, dem Jahr der ersten nationalen Wahlen nach der Unabhängigkeit. Im Nachglanz der Unabhängigkeit stellte die dominierende regierende Kongresspartei, die ideologisch säkular und sozialdemokratisch eingestellt war, Kandidaten auf, ohne der Kastendemographie der Wahlbezirke viel Aufmerksamkeit zu schenken. Nur fünfzehn Jahre später, 1967, nach den vierten Wahlen zum Unterhaus, änderte die Kongresspartei ihre Wahlkampfstrategie drastisch, nachdem sie ihre Attraktivität als Avantgarde der indischen Unabhängigkeitsbewegung verloren hatte. Für sie wie auch für praktisch alle anderen Parteien wurde die Kastendemographie zum wichtigsten Kriterium bei der Auswahl konkurrenzfähiger Kandidaten auf allen Regierungsebenen – Bund, Bundesstaaten und Kommunen. Dieser Wandel wurde als rein pragmatische Entscheidung und nicht als Zeichen eines ideologischen Rückschritts gerechtfertigt. Seitdem ist die ideologische Grundlage der kastenbasierten Wahlstrategien stärker und die Logistik, die ihre Infrastruktur bereitstellt, ausgefeilter geworden (dank Big-Data-Analysen). Es ist üblich (und weitgehend zutreffend), die BJP als hinduistische Mehrheitspartei und die Kongresspartei als integrative säkulare Partei zu bezeichnen. Zwar gehen ihre ideologischen Positionen auseinander, doch ihre Wahlstrategien stimmen in wichtigen »Minderheiten«-Fragen – insbesondere in Bezug auf Religion und Kastensystem – weitgehend überein. Ideologie, Rhetorik und Logistik der BJP sind besser aufeinander abgestimmt als die der Kongresspartei, was der BJP einen Vorteil zu verschaffen scheint. Es wäre jedoch ein Irrtum anzunehmen, dass pragmatische Abweichungen immer und zwangsläufig ein Nachteil sind. So stellt die BJP in einem mehrheitlich muslimischen Wahlbezirk oft einen muslimischen Kandidaten auf.[20]

20 Das ist nicht nur in Indien der Fall. So scheinen »ethno-rassische« Überlegungen im strategischen Denken und im Diskurs über Wahlkämpfe in den Vereinigten Staaten allgegenwärtig zu sein. Hier einige Schlagzeilen in den Medien über den Wahlkampf um die US-Präsidentschaft 2020: Why Is Kamala Harris Struggling with Black Voters So Much?, in: *New York Magazine*, 13. August 2019; Pete Buttigieg Is in Bad Shape with Black Democrats. Here's Why, in: *New York Times*, 21. November 2019; Buttigieg Has a Serious Latino Problem Too, in: *Politico*,

Was sagt uns das? Das ethnokulturelle demographische Unbewusste, das in der zivilisierten Sprache der ideologischen Diskurse unterdrückt wird, manifestiert sich fortwährend im strategischen Denken und in der Datenanalyse. Es geht hier nicht darum, den Oberflächendiskurs der Ideologien, seien sie nun liberal, konservativ oder gar reaktionär, zu dekonstruieren, um aufzuzeigen, dass sie alle in ihren Wahlstrategien einem ethnokulturellen Kalkül gehorchen. Im Gegenteil, es geht darum, zu erkennen und anzuerkennen, dass ethnokulturelle demographische Erwägungen in die Koalitionspolitik der Mehrheitsherrschaft selbst eingebaut sind. Das historische Versprechen, dass unter dem Regime der kapitalistischen Moderne an die Stelle dauerhafter und nicht verhandelbarer *Identitäten* wechselnde und verhandelbare *Interessen* treten würden, hat sich nicht in vollem Umfang erfüllt.[21] Daher läuft die Koalitionspolitik der Mehrheitsherrschaft, insbesondere in Massengesellschaften, in denen Zahlen eine Rolle spielen, immer Gefahr, in die Identitätspolitik hineingezogen zu werden und majoritären Versuchungen zu erliegen.[22]

Heute gilt die BJP in Indien als paradigmatischer Fall majoritärer Politik. Auf einer Ebene stimmt diese Charakterisierung. Die Ideologie, die Rhetorik und die Logistik der BJP bestätigen dies, insbesondere in den letzten zwei Jahrzehnten, in denen sich die BJP zu einer zunehmend lebensfähigen nationalen Partei und Alternative

27. November 2019; Understanding Trump's White Working Class Support, in: *American Prospect,* 3. September 2019; Can Elizabeth Warren Fix Her Problem with Black Voters?, in: *Guardian,* 21. November 2019; Joe Biden Refocuses on White Working-Class Voters, in: *Time,* 23. Oktober 2019.

21 Bei der Ausarbeitung und Verteidigung einer gemischten oder ausgewogenen Regierung als Gegenmittel zum Majoritarismus sprechen James Madison und Edmund Burke eher die Sprache der Interessen als der Identitäten, obwohl die irische Frage Burke bereits zu schaffen machte. Siehe Hanna Fenichel Pitkin, *The Concept of Representation* (Berkeley: University of California Press, 1967), S. 168-208.

22 Nebenbei bemerkt: Die majoritäre Identitätspolitik verfügt nur selten über eine zahlenmäßige Mehrheit. Das ist das komplexe Erbe der repräsentativen Regierung. In einem kleinen Land wie Ungarn, das in Bezug auf Rasse/Ethnie, Religion und Sprache als relativ homogen gilt, lässt sich beobachten, wie die Koalitionspolitik der Mehrheitsregierung unmerklich und möglicherweise unumkehrbar in eine majoritäre Identitätspolitik abgleiten kann. In großen und vielfältigen Ländern wie Indien und den Vereinigten Staaten ist das jedoch schlicht nicht der Fall.

zur Kongresspartei entwickelt hat. Seit ihrer Machtübernahme im Jahr 2014 und ihrem überwältigenden Sieg im Jahr 2019 verfolgt die BJP eine stramme Hindu-Mehrheitsagenda und marschiert nicht nur durch die Straßen, sondern auch durch die Institutionen. Dennoch verfügt sie nicht über die Mehrheit. Obwohl Indien zu 80 Prozent hinduistisch ist, hat die BJP nie mehr als 40 Prozent aller Wahlberechtigten für sich gewonnen. (Das Gleiche gilt für die Wahl von Donald Trump.) Dies sollte für niemanden ein Trost sein, der über die politische Agenda der BJP entsetzt ist. Das grundlegende politische Faktum repräsentativer demokratischer Politik ist, dass der Majoritarismus der Unterstützung oder Ratifizierung durch eine Mehrheit der Stimmberechtigten nicht bedarf.

Die amerikanischen Gründerväter haben eine repräsentative Regierungsform nicht einfach als Notwendigkeit in einem großen Land propagiert und befürwortet, sondern als wünschenswertes institutionelles Gebilde, um die Leidenschaften des Volkes zu zügeln und die Bildung tyrannischer Mehrheiten zu verhindern. Heute ist genau das Gegenteil der Fall, da das Wahlkalkül des repräsentativen Systems leicht zu einer majoritären Tyrannei führen kann, auch wenn es keine tatsächliche Mehrheit gibt. Bei Mehrparteienwahlen kann eine Regierungspartei, die einer zersplitterten Opposition gegenübersteht, eine überwältigende Mehrheit im Parlament erlangen, ohne notwendigerweise die Mehrheit der abgegebenen Stimmen zu erhalten. Das ist in den bestehenden Demokratien auf der ganzen Welt kein ungewöhnliches Phänomen. Aus diesem Grund kann das Schicksal der modernen Demokratie nicht ausschließlich an die repräsentative Regierungsform und ihren prozeduralen Zwilling, die Wahlen, gebunden sein. Beide sind nicht in der Lage, das zu beherrschen und zu steuern, was durch die Doktrin der Volkssouveränität, wie sie im allgemeinen Wahlrecht für Erwachsene verkörpert ist, freigesetzt wird. Die liberale Strategie, sich gleichzeitig auf die Volkssouveränität zu berufen und sie mit Hilfe verfassungsrechtlicher Normen und institutioneller Zwänge in Schach zu halten, scheint erschöpft und könnte an ihre Grenzen stoßen. Es bedarf anderer Mittel, um sich gegen diese majoritäre Politik zu wehren, die nicht auf tatsächlichen Mehrheiten beruht.

Jede der drei von Taylor identifizierten Zerfallserscheinungen hat eine oszillierende Struktur. Sie sind nicht direktional. Sie wurzeln in der Struktur der Demokratie und ihrer repräsentativen

Form. Und sie lassen sich nicht eliminieren. Die Klassenkonflikte und klassenbedingten Spannungen werden nicht verschwinden. Das Gleiche gilt für die Politik und Rhetorik des Ethnonationalismus und seine ausgrenzenden Tendenzen und Versuchungen. Der »Winner-takes-all«-Majoritarismus ist der repräsentativen Regierungsform, dem allgemeinen Wahlrecht für Erwachsene und dem Prinzip der Mehrheitsherrschaft immanent. Die Demokratie lässt sich nicht einfach dadurch retten, dass man das repräsentative System erneuert, die *checks and balances* verbessert und liberale Normen kultiviert. Diese Strategien sind alle notwendig, aber nicht ausreichend. Die oszillierende Struktur erfordert darüber hinaus außerinstitutionellen Druck, der im *demos* selbst gründet. Sie erfordert eine Politik des *demos*, eine Politik der periodischen direkten Aktion des Volkes. Demokratie ist ein ständiger Kampf des Volkes und durch das Volk um Fairness, Gleichheit und Anerkennung für das Volk.

Direkte Aktion neu denken

Wie bereits angedeutet, tritt »Engels' Pause«, die Lücke zwischen den beiden von Karl Polanyi beschriebenen Bewegungen – der großen gesellschaftlichen Transformation, die durch den Industriekapitalismus ausgelöst wurde, und der verzögerten politischen Reaktion auf seine Fehlentwicklungen und negativen externen Effekte –, angesichts der Dynamik des heutigen Kapitalismus in kürzeren Abständen wieder auf als zu der Zeit, als Polanyi sie in seinem Werk *The Great Transformation* von 1944 beschrieb. Diese Pausen stellen eine Belastung für die Demokratie dar und verlangen von den Nicht-Eliten, den Regierten, eine besondere Art der politischen Reaktion. Diese Form der Politik lässt sich verallgemeinernd als »direkte Aktion« bezeichnen.

Der Ausdruck »direkte Aktion« wurde von Martin Luther King Jr. während der amerikanischen Bürgerrechtsbewegung in den 1960er Jahren häufig verwendet. In Kings politischer Vorstellungswelt (die in vielem auf Gandhi zurückgeht) impliziert »direkte Aktion« eine besondere Art der Inszenierung oder In-Szene-Setzung »des Volkes« und bezieht sich auf eine Form der bewegungsbasierten Mobilisierung, die als Alternative zur Ausübung politischer Macht durch Wahlen oder durch das Parlament fungiert. »Direkte Aktion« wird zudem als Alternative zum juristischen Weg zur Behebung von Missständen betrachtet, wenn die Gerichte soziale Gerechtigkeit verzögern oder verweigern. Sowohl für King als auch für Gandhi bedeutet »direkte Aktion« Gewaltlosigkeit. Ich will versuchen, eine andere (nicht unbedingt gewalttätige) Genealogie der »direkten Aktion« anzubieten. Diese andere Genealogie geht von denselben Akteuren wie King und Gandhi aus – Menschenmengen, Unruhen und Aufstände –, betrachtet aber eher das Molekulare als das Molare und eher das Lokale als das Nationale, um Reichweite, Temporalitäten und Adressaten der direkten Aktion zu untersuchen. In allererster Linie möchte ich dazu einladen, »direkte Aktion« (in all ihrer Allgegenwärtigkeit) in einem Zeitalter des weltumspannenden schnellen Wachstums, des selektiven Überflusses, des asymmetrischen Wohlstands und der sich vertiefenden Ungleichheit neu zu denken.

Da sich alle historisch bekannten Gesellschaften durch die ungleiche Verteilung von Einkommen und Wohlstand – von Rang und Status genauso wie vom Zugang zu Ressourcen und Chancen – auszeichnen, gibt es immer spürbare soziale Konflikte und Spannungen zwischen den beiden breit angelegten, aber in sich heterogenen Gruppen, den Eliten und den Nicht-Eliten. Zugleich gilt: Zwar sind die Nicht-Eliten zahlenmäßig weitaus größer als die Eliten, doch Letztere kontrollieren, verwalten und lenken stets das Gemeinwesen, die Wirtschaft und die Kultur. Wie David Hume Mitte des 18. Jahrhunderts scharfsinnig feststellte, ist dies nicht nur in Autokratien der Fall, sondern auch in popularen Regierungsformen:

> Nichts erscheint erstaunlicher bei der philosophischen Betrachtung menschlicher Angelegenheiten als die Leichtigkeit, mit der die Vielen von den Wenigen regiert werden, und die stillschweigende Unterwerfung, mit der Menschen ihre eigenen Gesinnungen und Leidenschaften denen ihrer Herrscher unterordnen. Fragt man sich, wie es zu diesem Wunder kommt, so stellt man fest, dass, zumal die Regierten die Stärke immer auf ihrer Seite haben, die Regierenden durch nichts anderes gestützt werden als durch Meinung. Regierung gründet sich daher ausschließlich auf Meinung, und diese Tatsache gilt für die überaus despotischen und militärischen Regierungen ebenso wie für die freiesten und republikanischsten.[23]

23 David Hume, Über die ursprünglichen Prinzipien der Regierung, in: ders., *Politische und ökonomische Essays,* Teilband 1, hg. von Udo Bermbach, übers. von Susanne Fischer (Hamburg: Felix Meiner, 1988), S. 25-30, hier S. 25.

Obwohl Hume zu Recht behauptet, dass die Wenigen immer die Vielen regieren, scheint er »die Leichtigkeit, mit der die Vielen von den Wenigen regiert werden«, überschätzt zu haben. Vielmehr besteht ein fortwährendes Spannungsverhältnis, da die Wenigen versuchen, den Status quo aufrechtzuerhalten und ihre hegemoniale Kontrolle über das Gemeinwesen zu wahren, indem sie hochgradig stratifizierte Gruppenbildungen und die ungleiche Verteilung von Ressourcen und Chancen kontinuierlich verteidigen und rechtfertigen. Hume überschätzt zudem die Macht der Meinung.

Dieser ständige Kampf zwischen den Wenigen und den Vielen ist nicht auf die ideologische oder diskursive Ebene beschränkt, sondern verlagert sich fortwährend und zeigt sich auf den außerdiskursiven und körperlichen Ebenen der direkten Aktion. Diese Verlagerung kann zwar gelegentlich eruptiv und gewalttätig erfolgen, doch das sind keineswegs konstitutive Merkmale. Vor allem unter liberalen und deliberativen Demokraten neigt man dazu, die direkte Aktion als ein Vorspiel, wenn nicht gar als Äquivalent zur Gewalt zu betrachten. Wie King in seinem »Brief aus dem Gefängnis von Birmingham« treffend und wortgewaltig dargelegt hat, ist diese Charakterisierung unberechtigt. In einem Abschnitt, der unter dem Titel »Why We Cannot Wait« (Warum wir nicht warten können) bekannt ist, erklärt King seinen »liberalen« Freunden und Anhängern, warum er auf direkte Aktionen (und Ungehorsam) zurückgreifen muss, indem er auf die Straße geht, und warum er nicht, wie sie es gerne hätten, ausschließlich den legislativen und gerichtlichen Weg beschreiten kann, um Abhilfe zu schaffen und Rassengerechtigkeit zu erreichen.[24]

Der soziale Konflikt, der das Verhältnis zwischen den Eliten und den Nicht-Eliten strukturiert, wird nicht zuletzt durch den sozialen Wandel verschärft und destabilisiert. Angetrieben von technisch-ökonomischen Innovationen und organisatorischen Veränderungen, die von den Eliten im Namen von Fortschritt und Wohlstand vorangetrieben werden, wandeln sich die Formen der sozialen Reproduktion kontinuierlich. Diese Art der Transformation ist seit Beginn der Industriellen Revolution in unterschiedlicher Intensität und Tragweite im Gange. Die sich daraus ergebenden

24 Martin Luther King Jr., Brief aus dem Gefängnis von Birmingham (16. April 1963), in: ders., *Warum wir nicht warten können*, übers. von Hans Lamm (Wien/Düsseldorf: Econ, 1964), S. 98-126.

Veränderungen, vor allem wenn sie drastisch ausfallen, können bestehende soziale Arrangements verändern und destabilisieren und das ohnehin schon ungleiche Verhältnis zwischen den Eliten und den Nicht-Eliten weiter belasten. Selbst wenn diese Veränderungen den Wohlstand einer bestimmten politischen Gemeinschaft steigern, besteht die Gefahr, dass sie die Ungleichheit zwischen den Eliten und den Nicht-Eliten noch verstärken. Es könnte durchaus sein, dass einige dieser Veränderungen – wissenschaftliche und technologische genauso wie sozioökonomische – langfristig den Nicht-Eliten zugutekommen. So steht außer Frage, dass die Lebenserwartung der Nicht-Eliten ebenso wie die der Eliten zumindest in den letzten dreihundert Jahren stetig gestiegen ist. Das Gleiche gilt für die Alphabetisierung. Ein dergestalt erweiterter zeitlicher Horizont stößt jedoch auf wenig Resonanz bei denjenigen, die in Engels' Pause gefangen sind. Dramatische Veränderungen bei den Formen sozialer Reproduktion treffen die Nicht-Eliten härter als die Eliten. Angesichts ihrer begrenzten Ressourcen können die Nicht-Eliten nicht ewig auf den Beginn von Polanyis zweiter Bewegung warten – der verzögerten politischen Reaktion (oder der korrigierenden staatlichen Maßnahme), um die negativen externen Effekte undurchsichtiger und weit entfernter struktureller Veränderungen abzumildern. Sie müssen handeln, und das tun sie auch, mit oder ohne eine klare Agenda oder ein vollständiges Verständnis dessen, was zu tun ist. Sie müssen Druck auf die Mächtigen ausüben, um die zweite Bewegung in Gang zu setzen, und sie tun es. Die direkte Aktion ist das objektive Korrelat einer zeitlich konstituierten politischen Subjektivität, die verkündet, »warum wir nicht warten können«.

In der liberalen und deliberativen Vorstellung von Demokratie wird die »direkte Aktion« als eine instabile und potenziell gefährliche »dritte« Option angesehen, die denjenigen zur Verfügung steht, die protestieren und ihren Unmut über die bestehende Ordnung öffentlich machen wollen. Darüber hinaus geht man davon aus, dass in fortgeschrittenen westlichen Demokratien – angesichts ihres ausgereiften liberalen Pakets formaler Rechte und der Rechtsstaatlichkeit, das auf einer inklusiven Geschichte und einem inklusiven Charakter aufbaut und durch eine robuste öffentliche Sphäre gestärkt wird – für jede benachteiligte Gruppe, die sozioökonomisch oder ethnokulturell markiert ist, immer weniger Notwendigkeit besteht, diese »dritte Option« auszuüben. Ohne ihre Taktiken zu billigen, verstehen liberale und deliberative Demokraten möglicherweise durchaus, warum eine benachteiligte Gruppe in einer jungen oder korrupten Demokratie oder in einer Demokratie, die »hässlich« geworden ist, auf direkte Aktionen zurückgreifen könnte. In einer reifen und gut funktionierenden Demokratie hingegen, in der die beiden legitimen und verlässlichen Möglichkeiten der Abhilfe – qua Gesetzgebung und qua Justiz – uneingeschränkt zur Verfügung stehen, fällt es liberalen und deliberativen Demokraten schwer, den Grund für das wiederholte Auftreten direkter Aktionen zu entschlüsseln. Hinter dieser Denkweise steckt eine tiefe historische Amnesie. Was hier vergessen wird, ist die Geschichte, wie jedes der bestimmenden Merkmale reifer Demokratien, einschließlich des begehrten liberalen Pakets, durch irgendeine Art von direkter Aktion erkämpft und gesichert wurde. Es gibt eine durchaus ehrwürdige Tradition, immer wieder auf direkte Aktionen zurückzugreifen, um die Demokratie zu stärken und ihren Zerfall aufzuhalten. Diese Tradition ist auch heute noch lebendig und wird wieder aufgegriffen. Wenn man die Demokratie als telisches Projekt begreift, muss die direkte Aktion ein konstitutives Merkmal sein.

Obwohl es unter liberalen und deliberativen Demokraten eine tiefsitzende Angst vor direkten Aktionen gibt, lehnen selbst sie nicht jede Art von Protest pauschal ab. Sie erkennen durchaus an, dass die Politik des Protests ein integraler Bestandteil der demokratischen Tradition und des Kampfes ist. Dennoch haben sie einige Vorbehalte. »Direkte Aktion« ist eine reichhaltige und heterogene Kategorie, die aus einem breiten Repertoire an Formen, Genres, Ritualen und Praktiken besteht. Einige Arten davon werden als legitimer und akzeptabler angesehen als andere. Die akzeptablen Aktionen wie Petitionen, friedliche Märsche, Mahnwachen und Lichterketten werden oft als »zivile« oder »öffentliche« Aktionen bezeichnet. Im Gegensatz dazu gelten »Sit-ins«, »Die-ins«, »Kniefall«, das Verbrennen von Puppen und Menschenblockaden als »unzivil«, respektlos und nötigend. Interessanterweise jedoch sind diese angeblich »unzivilen« Aktionen keineswegs spontan. Das Verbrennen einer Puppe ist nicht dasselbe wie das Abfackeln eines Linienbusses. Man muss eine Puppe anfertigen, was Zeit, Talent und Planung erfordert, bevor man sie in der Öffentlichkeit verbrennen kann.

Die Unterscheidung zwischen akzeptabel und inakzeptabel erfolgt in der Regel anhand von zwei Kriterien. Jede direkte Aktion, die mit organisierten sozialen Bewegungen mit einem konkreten Programm und einer verantwortlichen Führung verbunden ist, wird als akzeptabel und manchmal sogar als unvermeidlich angesehen. Die wissenschaftliche Literatur über soziale Bewegungen ist umfangreich. Sie deckt ein breites Spektrum historischer und aktueller sozialer Bewegungen ab und umfasst eine schwindelerregende Anzahl von Ursachen und Themen, die sich in und über unzählige nationale und kulturelle Sphären hinweg entfalten. Diese Literatur zeigt, dass sich soziale Bewegungen nicht auf direkte Aktionen reduzieren lassen; Letztere sind nur ein Merkmal unter vielen. Soziale Bewegungen verfolgen ihre Ziele oft auf legislativem und juristischem Weg. Sie bemühen sich über die Institutionen der öffentlichen Sphäre um Öffentlichkeit; sie werben um materielle und ideologische Unterstützung durch Persönlichkeiten und Kräfte der Zivilgesellschaft; und sie tun sich mit politischen Parteien zusammen, sowohl bei Wahlen als auch bei der Gesetzgebung. Bei einigen sozialen Bewegungen sind direkte Aktionen dominanter und wichtiger als bei anderen, aber obligatorisch sind sie nie. Was die sozialen Bewegungen glaubwürdig, legitim und akzeptabel macht, ist gerade ihre flexible, vielseitige Strategie zivilgesellschaftlichen Handelns.

Als inakzeptabel und unerwünscht gelten dagegen direkte Aktionen, die mit unorganisierten, führerlosen und relativ ungeplanten (wenn auch nicht gänzlich spontanen) Ausbrüchen von Unzufriedenheit einhergehen. Solche Eruptionen werden als unerwünscht und inakzeptabel angesehen, weil sie angeblich in Unruhen ausarten. Es gibt ein breites Spektrum direkter Aktionen, das von gut organisierten sozialen Bewegungen am einen Ende bis zu eruptiven Aufständen am anderen Ende reicht. In der liberalen und deliberativen demokratischen Vorstellungswelt haben Unruhen keinen erlösenden gesellschaftlichen Wert. Sie werden als sinnlos und kontraproduktiv angesehen. Unruhen schaden der Sache, für die man eintritt, sofern eine solche Sache inmitten des Chaos überhaupt auszumachen ist; sie verunstalten die Klage, die artikuliert wird. Mehr als alles andere aber diskreditiert eines solche Krawalle, nämlich die fatale Tatsache, dass sie destruktiv und gewalttätig sind. Hier kommen wir zum zweiten Kriterium für die Unterscheidung zwischen akzeptablen und inakzeptablen Formen der direkten Aktion: die Möglichkeit kollektiver Gewalt.

Ungeachtet dessen sind Unruhen allgegenwärtig. Menschen sind ständig in Aufruhr – nicht jeden Tag, aber mit alarmierender Häufigkeit, sowohl in der Vergangenheit als auch in der Gegenwart. Krawalle finden überall statt – in jedem nationalen und kulturellen Raum, in armen wie in reichen Ländern, unter autoritären wie unter demokratischen Regimen. Die Menschen randalieren wegen aller möglichen Dinge: wegen des Preises für Brot, Öl und Zwiebeln, der Veröffentlichung eines Buches, der Vorführung eines Films, des Zeichnens einer Karikatur; sie randalieren wegen Polizeigewalt, politischer Korruption und der Entweihung heiliger Stätten; sie randalieren, wenn sie ethnischen oder rassistischen Verunglimpfungen (real oder eingebildet) ausgesetzt sind und wenn ihnen ständig grundlegende Dinge wie Wasser, Strom und sanitäre Einrichtungen vorenthalten werden; sie randalieren, wenn ihnen Gerechtigkeit verweigert wird und Petitionen ignoriert werden; sie randalieren nach Fußballspielen, Kricketmatches, Musikkonzerten und auch vor, während und nach Wahlen; die Liste der Anlässe und Missstände, die zu Unruhen führen können, ließe sich endlos fortsetzen.[25] Anstatt weniger zu werden und zu verschwinden, scheinen Unruhen vermehrt aufzutreten, nicht nur im globalen Süden, sondern auch im globalen Norden. Wikipedia listet allein für das Jahr 2019 vierundzwanzig gut dokumentierte Krawalle oder krawallähnliche Vorfälle auf, von denen sich zehn in Nordamerika ereigneten.[26] Sie sind ein unvermeidliches Merkmal der zeitgenössischen Ökologie des Protests. Was ist davon zu halten?

Auch hier gilt es zwischen Protesten und Krawallen zu unterscheiden. Sie lassen sich nicht aufeinander reduzieren. Proteste gibt es in verschiedenen Formen. Wie bereits erwähnt, unterscheiden sich direkte Aktionen oder Proteste, die von sozialen Bewegungen organisiert werden, von relativ spontanen Ausbrüchen der Unzufriedenheit. Allerdings kann eine stetige Anhäufung eruptiver Momente als Reaktion auf ein markantes Muster wiederholter Verletzungen eine machtvolle soziale Bewegung auslösen, wie im Fall von #Blacklivesmatter im Jahr 2013 und der anschließenden Gründung

25 Ausführlicher dazu Dilip Gaonkar, After the Fictions: Notes Towards a Phenomenology of the Multitude, in: *e-flux journal* 58 (Oktober 2014).

26 Liste der Unruhen bei Wikipedia.

der Koalition Movement for Black Lives 2015. Für sich genommen können spontane Ausbrüche jedoch als kontingente »Momente« betrachtet werden, die sich von geplanten Protestveranstaltungen im Kontext sozialer Bewegungen deutlich unterscheiden. Die Chinesische Akademie für Sozialwissenschaften, die solche eruptiven Proteste in der Volksrepublik China erfasst, bezeichnet sie euphemistisch als »Massenereignisse«.[27] Zwar kann jeder Protest bzw. jede Demonstration in Krawallen enden, doch gelten eruptive Proteste als besonders anfällig für Randale. Das stimmt freilich nicht ganz. Es gibt heute viele eruptive Proteste auf der ganzen Welt, selbst im autoritären und stark überwachten China, und die meisten von ihnen münden nicht in Krawalle, die zur Zerstörung von öffentlichen Einrichtungen und zur Plünderung von Privateigentum führen. Es besteht jedoch seit langem die Tendenz, beides gleichzusetzen. Sie gründet in der Angst vor Menschenmengen, insbesondere vor politischen Menschenmengen, die sich versammeln, um ihren Unmut auszudrücken oder sich hinter einer Sache oder einem Kandidaten/Führer zu vereinen.

Ausgehend von Platons Bild des *demos* als »großes Tier« zieht sich durch das gesamte westliche politische Denken eine hartnäckige Abneigung gegen Menschenansammlungen. Von wenigen Ausnahmen wie Machiavelli und Spinoza abgesehen, gibt es kaum einen politischen Denker, der die Zähmung der Menge nicht als wesentliche Aufgabe der Verfassungsgebung oder der Regierungskunst ansieht.[28] Nach der Französischen Revolution verstärkte sich diese Furcht vor Menschenmengen, Mobs und Massenaufläufen – wie aus Hippolyte Taines übertriebener, aber äußerst populärer Darstellung der revolutionären Massen in Frankreich ersichtlich wird. Taine, der nach den Verwüstungen der Pariser Kommune (1871) schrieb, führt die Anfälligkeit der revolutionären Massen für mutwillige Zerstörung und blutige Gemetzel auf ihren ersten Moment in der großen Revolution selbst zurück. Taine zufolge wurden die einst vernünftigen und nüchternen Franzosen, getrieben von Visionen der Emanzipation und Gleichheit, aus dem Gleichgewicht gebracht und kehrten zu den wüsten Sitten des »Naturzustands«

27 »Protest and Dissent in China«, Wikipedia, Juli 2019.

28 Wie sehr die Gründerväter der USA bei der Ausarbeitung und anschließenden Ratifizierung der Verfassung mit der Angst vor dem Mob beschäftigt waren, ist im *Federalist* ausführlich dokumentiert.

zurück. Sie hätten sich von der Tradition abgewandt, die das Begehren, den Glauben und das Verhalten entsprechend der Stellung innerhalb einer stabilen hierarchischen Ordnung regelte. So seien individuelle Autonomie und soziale Verantwortung aufgegeben worden, als Horden von Menschen plünderten und brandschatzten. Urinstinkte hätten sich Bahn gebrochen, als Zügellosigkeit, Alkoholismus und grundlose Gewalt die Oberhand gewannen. Das sei der orgiastische und ansteckende Charakter des Verhaltens von Menschenmengen. Daher bedroht nach Taine nichts die Zivilisation mehr als eine Menschenmenge mit ihrem egalitären Ethos und ihrem nivellierenden Impuls. Das hohle republikanische Gleichheitsversprechen gipfele in »spontaner Anarchie«, gefolgt von der Herrschaft des Pöbels.[29]

Verstärkt durch die unvermeidlichen Menschenmengen im modernen Leben unter dem Einfluss von Industrialisierung und Urbanisierung, bekommt diese Angst in den Schriften von Scipio Sighele, Gabriel Tarde und Gustave Le Bon im letzten Viertel des 19. Jahrhunderts, nach den turbulenten Tagen der Pariser Kommune, eine psychosoziale Dimension. In ihren Theorien über Menschenmassen und deren Verhalten wurden diese drei Denker entscheidend von Hippolyte Taines revisionärer historischer Interpretation der revolutionären Massen und des Mobs der Französischen Revolution beeinflusst.[30] Mit dem Aufkommen der Massengesellschaft wird diese Tradition in den Schriften von Sigmund Freud, Ortega y Gasset und vielen anderen weitergeführt und untermauert, gipfelnd in Elias Canettis monumentalem Werk *Masse und Macht* (1960).[31] Der Großteil dieser Literatur (mit der

29 Hippolyte A. Taine, *Les origines de la France contemporaine*, 6 Bde. (Paris: Hachette, 1875-1893), Bd. 2: *La Révolution* (1878). Eine erste vollständige deutsche Ausgabe in sechs Bänden erschien zwischen 1877 und 1893: *Die Entstehung des modernen Frankreich*, übers. von Leopold Katscher. Das erste Kapitel dieses Bandes, überschrieben »Die plötzliche Anarchie«, enthält Taines angsterfüllte und übertriebene Darstellung der revolutionären Massen und der marodierenden Mobs.

30 Zu einer ausgezeichneten Darstellung der Massentheorie aus psychosozialer Perspektive siehe Susanna Barrows, *Distorting Mirrors: Visions of the Crowd in Late Nineteenth-Century France* (New Haven, CT: Yale University Press, 1981). Siehe auch Jaap van Ginneken, *Crowds, Psychology, and Politics, 1871-1899* (Cambridge: Cambridge University Press, 1992).

31 Elias Canetti, *Masse und Macht* (Hamburg: Claassen, 1960). Siehe auch Sigmund Freud, *Massenpsychologie und Ich-Analyse* [1921], in: ders., *Studienausgabe*,

seltenen Ausnahme von Canettis Buch) steht Menschenmengen misstrauisch und feindselig gegenüber und vergleicht kollektives Handeln in Menschenansammlungen mit dem Verhalten von »Betrunkenen«, der »irrationalen Frau« und von »geistig Verwirrten«.[32]

Es ist hier nicht der Ort, die komplexe Genealogie der »Anti-crowd«-These im westlichen psychosozialen und politischen Denken zusammenzufassen, doch sollte es genügen, darauf hinzuweisen, dass die Befürworter der liberal-deliberativen Demokratie nach wie vor große Angst vor Menschenmengen und Massenansammlungen haben. Aus dieser Perspektive hat die Menge insofern etwas »Unliberales« an sich, als sie zur Auflösung des »Individuums« führt. In der liberalen Vorstellungswelt ist das Individuum die Grundlage der sozialen Ontologie, der moralischen Verantwortung und des wirtschaftlichen Kalküls, und die Menge gefährdet all diese unschätzbaren Werte. Jede Menschenmenge ist ein potenzieller Mob und anfällig für Ausschreitungen.[33] Diese Denkweise ist nicht gerade geeignet, eines der auffälligsten politischen Phänomene unserer Zeit kritisch zu untersuchen: die Rückkehr von Menschenmengen in den öffentlichen Raum. Das Gespenst, das die liberale Demokratie westlicher Prägung heute heimsucht, sind nicht mehr Guerillakämpfer in den Bergen oder Generäle mit Panzern, sondern zu Recht frustrierte und wütende Menschen, die auf die Straße gehen und sich auf den Plätzen versammeln. Dieses Phänomen wird oft fälschlicherweise als populistische Aufwallung bezeichnet und mit den großen politischen Kundgebungen von Donald Trump, Narendra Modi, Recep Tayyip Erdoğan und anderen autoritären politischen Figuren gleichgesetzt, deren spaltende und ethnonationalistische Rhetorik eindeutig »illiberal« ist, auch wenn sie auf einer demokratischen Plattform inszeniert wird. Aber dieses Phänomen des Auftretens des Volkes, seines verkörperten Erscheinens in konkreter Vielfalt im öffentlichen Raum auf der ganzen Welt, ist viel

Band IX: *Fragen der Gesellschaft. Ursprünge der Religion* (Frankfurt am Main: S. Fischer, 1982), S. 61-134; José Ortega y Gasset, *Der Aufstand der Massen* [1929], übers. von Helene Weyl (München: Deutsche Verlags-Anstalt, 2012).

32 Ich habe diesen Aspekt in zwei früheren Aufsätzen näher ausgeführt: Dilip Gaonkar, After the Fictions und Demos Noir: Riot After Riot, in: Natasha Ginwala/Gal Kirn/Niloufar Tajeri (Hg.), *Nights of the Dispossessed: Riots Unbound* (New York, Columbia University Press, 2021), S. 30-54.

33 Mehr dazu bei Gaonkar, After the Fictions.

umfassender, tiefgründiger und folgenreicher. Es ist nicht der erste Auftritt des Volkes und wird auch nicht der letzte sein, denn er war schon immer da, allerdings unsichtbar und unhörbar. Wenn Menschen von Zeit zu Zeit in ihrer kollektiven Eigenschaft als Menge oder als Versammlung sichtbar und hörbar werden, ist das kein geordneter oder turnusmäßiger Vorgang. Man stellt sich nicht brav in einer Reihe auf, um gesehen und gehört und als kollektives politisches Subjekt bejubelt zu werden. Es passiert vielmehr plötzlich als ein Ereignis, das von den herrschenden Eliten oft verkannt und abgetan wird. Das ist nicht wirklich hilfreich, denn wenn sich die Menschen in Krisenzeiten regelmäßig erheben, dann tun sie das, um die Demokratie zu korrigieren und zu erneuern, nicht um sie zu verunstalten und zu untergraben.

Die Phänomenologie der politischen Unzufriedenheit und das Gebot der direkten Aktion

Wie reagieren Nicht-Eliten, wenn sie Unzufriedenheit verspüren, wenn sie sich gekränkt fühlen, wenn sie an den Rand gedrängt und ignoriert werden? Vielleicht ertragen sie eine verzweifelte Lage eine Zeit lang geduldig, aber wenn sie keine anderen Mittel zur Verfügung haben, werden sie schließlich anfangen zu protestieren. Natürlich sind Ausmaß und Ausdrucksformen der Unzufriedenheit unterschiedlich und hängen von den auslösenden Faktoren sowie vom nationalen und kulturellen Kontext ab. Eine mutmaßliche Phänomenologie der politischen Unzufriedenheit – d. h. der Art und Weise, wie eine gekränkte Gruppe von Nicht-Eliten die eigene Situation erlebt, versteht und zum Ausdruck bringt – ist ein zeitlich strukturiertes Interpretationsunterfangen. Dabei gilt es unbedingt zu erkennen, dass die zeitlichen Horizonte von Eliten und Nicht-Eliten radikal auseinanderklaffen; sie erleben den Fluss der Zeit, ihre Kontingenzen und Dringlichkeiten völlig unterschiedlich. Die wachsende Zahl krawallähnlicher Vorfälle als irrationale eruptive Ausbrüche von Unzufriedenen abzutun bringt uns nicht weiter, wenn wir verstehen wollen, warum wir es heute mit einem regelrechten globalen Protest-Tsunami zu tun haben.

Man könnte zunächst eine Unterscheidung treffen zwischen dem Ausdruck und der Manifestation von Unzufriedenheit einerseits und der Organisation und Mobilisierung dieser Unzufriedenheit für ein Projekt der Veränderung andererseits. Letzteres erfordert mindestens eine Reihe expliziter Forderungen sowie einen Adressaten (oft einen Staat auf nationaler, provinzieller oder lokaler Ebene) und ruft häufig zusätzliche Akteure aus den Reihen der politischen Gesellschaft auf den Plan – sympathisierende NGOs, interessierte politische Parteien, besorgte Beamte und manchmal sogar die Polizei. Die Art und Weise, wie sich der Ausdruck und die Manifestation von Unzufriedenheit in eine organisierte Bewegung für Veränderungen verwandeln, ist ein entscheidendes konstitutives Moment für die Entfaltung direkter Aktionen. Dabei gilt es zwei Dinge zu beachten. Erstens wird nicht jeder einzelne Protest zu einer Bewegung für Veränderung, aber eine Reihe solcher Vorfälle bereitet den Boden für die Initiierung einer Bewegung für Veränderung. Aus diesem Grund entstehen direkte Aktionen, die durch die expressive Politik einer aufgebrachten Bevölkerung ausgelöst werden, oft ganz unten – auf den Straßen und Plätzen. Zweitens ist die direkte Aktion nicht immer mit der Wahlpolitik, den gesetzgeberischen Prioritäten und juristischen Verfahrensregeln vereinbar. Das liegt daran, dass direkte Aktionen in der Regel auf sofortige Abhilfe vor dauerhaften Lösungen abzielen. Auch hier geht es am Thema vorbei, wenn man sie als Notlösung oder Flickschusterei abtut. Die Temporalitäten, die die Dringlichkeit direkter Aktionen von Nicht-Eliten bestimmen, unterscheiden sich radikal von den Temporalitäten der institutionellen Steuerung durch die herrschenden Eliten.

Selbst vor einem Horizont, der sich auf unmittelbare Abhilfe beschränkt, unterscheiden sich die Temporalitäten und die Taktiken direkter Aktionen von Fall zu Fall erheblich. So ist beispielsweise die unmittelbare Abhilfe, die bei einem »Zwiebelaufstand« angestrebt wird, etwas ganz anderes als der lange Atem von Slumbewohnern, die der Hausbesetzung beschuldigt werden und sich gegen eine Räumung zur Wehr setzen. Diese beiden Arten von direkten Aktionen kommen in Indien häufig vor. Im ersten Fall wird schnell Abhilfe geschaffen, da sich die Staatsbeamten bemühen, den Marktpreis für Zwiebeln zu senken und zu stabilisieren, die ein unverzichtbarer Bestandteil der eher kargen Ernährung der indischen Subalternen sind. Im zweiten Fall wehren sich die Slumbewohner gegen die Räumung, indem sie lokale Vereinigungen und Bewegungen gründen und um Unterstützung durch NGOs, politische Parteien und wohlwollende Beamte werben. Es kommt immer wieder zu direkten Aktionen, da die Zwiebelpreise weiterhin schwanken und die Versuche, die Slumbewohner zu vertreiben, wiederholt werden. Während es den Regierungsbeamten an der nötigen Weitsicht zu mangeln scheint, um die Preise für Grundnahrungsmittel wie Zwiebeln stabil zu halten, fehlt den Eliten der Regierungspartei der politische Wille, die besetzten Slumbewohner zu vertreiben, die oft als einflussreiche Wählergruppe gelten. Daher gibt es für solche Probleme selten eine dauerhafte Lösung. Direkte Aktionen dieser Art sind im Alltag der unteren und prekäreren Schichten der Nicht-Eliten in Indien und anderswo im globalen Süden üblich. Für die Armen in den Städten fungiert die direkte Aktion, um es mit James Scott zu sagen, als eine der zuverlässigsten »Waffen der Schwachen«.[34] Im globalen Norden ist die Situation komplizierter. Es sind nicht in erster Linie die Armut und andere Formen schwerer materieller Not, sondern Machtlosigkeit oder allgemein der mangelnde Einfluss der Bürger auf die Gestaltung der Gesetzgebung und der öffentlichen Politik, die die Menschen dazu veranlassen, auf die Politik der direkten Aktion zurückzugreifen. Besonders groß ist die Attraktivität direkter Aktionen, wenn die Menschen mit hartnäckigen und anhaltenden sozialen Problemen wie Diskriminierung aufgrund der ethnischen Zugehörigkeit, Waffengewalt, Polizeibrutalität, sexueller Belästigung, Umweltzerstörung, unsicheren Wohnverhältnissen, prekären Arbeitsverhältnissen und wachsender sozialer Ungleichheit konfrontiert sind und die Regierung nur langsam und unzureichend darauf reagiert. Das zeigt sich an der Agenda, den Praktiken und den Strategien der direkten Aktionen, die von zeitgenössischen sozialen Bewegungen wie #BLM, #MeToo, Occupy Wall Street, March for Our Lives und vielen anderen in den Vereinigten Staaten angewandt werden.

Diese vielfältigen Formen und variablen Temporalitäten des Protests bilden eine allgemeine Ökologie der direkten Aktion. Die Nicht-Eliten agieren auf mehreren zeitlichen Ebenen und sind bemerkenswert widerstandsfähig. Wie bereits angedeutet, brechen Slumbewohner bei der Verteidigung der Rechte von Hausbeset-

34 James C. Scott, *Weapons of the Weak: Everyday Forms of Peasant Resistance* (New Haven, CT: Yale University Press, 1985).

zern nicht einfach in lärmende Agitation aus, wie es bei einem »Zwiebelaufstand« der Fall wäre. Stattdessen organisieren sie sich und reichen Petitionen ein, um den Zugang zu lebensnotwendigen Gütern wie Trinkwasser und Strom sowie zu grundlegenden Gesundheitsdiensten wie Impfungen zu sichern. Sie gehen zudem Allianzen mit sympathisierenden Außenstehenden in der Zivilgesellschaft ein, deren Ziele und Temporalitäten sich von den ihren unterscheiden.[35] Manchmal kollidieren diese unterschiedlichen Temporalitäten, zum Beispiel wenn die Hausbesetzer (oder eine andere benachteiligte Gruppe) in den Modus der Agitation übergehen und die Missbilligung ihrer zivilgesellschaftlichen Partner auf sich ziehen. Die Unvereinbarkeit der Temporalitäten, die sich hier zeigt, unterscheidet sich nicht von dem berühmten Fall, in dem der König seinen befremdeten liberalen Freunden erklärt, sein Volk könne nicht länger warten und müsse jetzt auf die Straße gehen. Dabei ist anzumerken, dass die Hausbesetzer nur dann in einen eruptiven Protestmodus wechseln, wenn sie mit einer drohenden Räumung konfrontiert werden oder wenn (was häufiger der Fall ist) der Zugang zu grundlegenden Dingen von den Behörden absichtlich unterbrochen wird, um sie zu schikanieren, einzuschüchtern oder zu erpressen. Zwar sind Hausbesetzer und ähnlich Entrechtete genötigt, in einem Zustand ständigen Zwangs zu leben, doch leben sie nicht in einem Zustand ständiger Wut, die bei der geringsten Provokation explodieren kann. Sie sind auch keine Gefangenen der Zeit. Sie sind lediglich aufmerksamer gegenüber den Wechselfällen der Zeit (als diejenigen, die Apple Watches tragen). Um zu verstehen, wie sich Äußerungen und Manifestationen der Unzufriedenheit zu organisierten Bewegungen für den Wandel entwickeln, muss man also genau auf die vielfältigen Temporalitäten achten, die verschiedene Gruppen motivieren und ihre Agenda bestimmen.

Diese Temporalitäten wiederum werden durch den Ort und den Adressaten der direkten Aktion bestimmt. Um die Dynamik zwischen Ort und Adressat zu erklären, muss man, um die Termino-

35 Zu einer ausgezeichneten Darstellung der Temporalitäten und Taktiken der Slumbewohner von Mumbai siehe Arjun Appadurai, Deep Democracy: Urban Governmentality and the Horizon of Politics, in: *Public Culture* 14:1 (Winter 2002), S. 21-48. Siehe auch Partha Chatterjee, The Politics of the Governed, in: ders., *The Politics of the Governed* (New York: Columbia University Press, 2004), S. 53-78.

logie des französischen Philosophen Gilles Deleuze aufzugreifen, zwischen zwei Arten direkter Aktionen unterscheiden: molekularen und molaren.[36] Zweifellos haben die verschiedenen Erscheinungsformen sowohl der molaren als auch der molekularen direkten Aktion ein gemeinsames Merkmal: Sie beinhalten physische Versammlungen der einen oder anderen Art.[37] Aber wir dürfen uns Versammlungen nicht einfach so vorstellen, wie sie im Ersten Verfassungszusatz erscheinen, als ein abstraktes »Recht des Volkes [...], sich friedlich zu versammeln und die Regierung durch Petition um Abstellung von Missständen zu ersuchen«. Stattdessen bedarf es einer Phänomenologie der Versammlung, die in der Lage ist, die gelebte Erfahrung von Menschen zu erfassen, die zusammenkommen, bisher unbekannte Solidaritäten unter Fremden entdecken und gemeinsame Horizonte imaginieren. Charles Taylor glaubt: Wenn solche solidarischen, performativen Akte der gegenseitigen Zurschaustellung, die in verschiedenen »topischen gemeinsamen Räumen« auftreten, zusammenkommen, bringen sie die »metatopische« Öffentlichkeit und damit ein reflexives Verständnis von »Wir, das Volk« als kollektivem Akteur hervor.[38]

Sowohl die eruptiven Zwiebelunruhen als auch die relativ organisierten Agitationen der Slumbewohner sind im Wesentlichen lokaler und molekularer Natur. Letztere können jedoch nationale Auswirkungen haben. Zwar organisiert sich jede Slumgemeinschaft auf lokaler Ebene und agitiert, wenn nötig, zu ihrer eigenen Verteidigung, doch einzelne Slumgemeinschaften können auch Teil stadtweiter und landesweiter (und manchmal sogar globaler) Organisationen und Bewegungen von Slumbewohnern werden. Trotz dieser Zusammenschlüsse bleiben Protest und Widerstand in den Slums aber in erster Linie molekularer Natur und erwachsen zumeist aus lokalen Gegebenheiten. Eine Gemeinschaft von Slumbewohnern

36 Gilles Deleuze/Félix Guattari, *Tausend Plateaus. Kapitalismus und Schizophrenie*, übers. von Gabriele Ricke und Ronald Voullié (Berlin: Merve, 1992).

37 Eine neuere Theoretisierung der zentralen Rolle, die die Versammlung für die »direkte Aktion« spielt, findet sich bei Judith Butler, »We the People« – Gedanken zur Versammlungsfreiheit, in: dies., *Anmerkungen zu einer performativen Theorie der Versammlung*, übers. von Frank Born (Berlin: Suhrkamp, 2016), S. 201-248.

38 Charles Taylor, *Modern Social Imaginaries* (Durham, NC: Duke University Press, 2004), S. 84-85.

kann in einen größeren räumlichen und zeitlichen Horizont hineingezogen werden, wenn ihre Partner in der Zivilgesellschaft und ihre (wahltaktisch motivierten) politischen Verbündeten dabei helfen, ihre Petitionen zu lenken und ihre Anliegen durch die Legislative und die Gerichte zu bringen, doch das Gravitationszentrum ihrer Beschwerden ist lokal, und die Struktur ihrer performativen Politik der Unzufriedenheit ist molekular.

Im Gegensatz dazu werden die indischen Proteste gegen Vergewaltigungen, selbst wenn sie durch einen lokalen Fall ausgelöst wurden, schnell in einen nationalen Rahmen und eine nationale Erzählung eingeordnet. Während die Besonderheit des Übergriffs für die Geschädigten (die Überlebende, ihre Familie und ihre Freunde) sehr präsent bleibt, wird der darauffolgende Protest als Beleg und Unterstützung für die umfassenderen laufenden legislativen und juristischen Kampagnen interpretiert, die in der gesamten Gesellschaft geführt werden. Das Gleiche gilt für Antikorruptionskampagnen. Die Auslöser sind in der Regel lokal, aber die Reaktion darauf ist oft national. Auch wenn der Staat nach wie vor der Hauptadressat ist, haben diese Proteste und Kampagnen auch allgemeinere Ziele, da sie die weit verbreitete Gleichgültigkeit und Resignation durch eine Sensibilisierung der Gesellschaft und Einflussnahme auf die öffentliche Meinung verändern wollen. Die zeitlichen Horizonte reichen hier weiter in die Zukunft: Der Weg über die Gerichte und die Gesetzgebung auf der einen und die Veränderung der Kultur auf der anderen Ebene erfordern unterschiedliche Arten der Organisation und brauchen Zeit. Die Struktur dieser Bewegungen ist daher eher molar als molekular.

Wir können uns die molaren Proteste und Bewegungen als Phänomene des Maidan (oder des Platzes) vorstellen. Sie haben einen nationalen Fokus und eine nationale Ausrichtung. Sie werden zwar oft so orchestriert, dass sie an vielen Orten gleichzeitig stattfinden, aber durch ihre Agenda und ihre Adressaten sind sie miteinander verbunden. Der nationale Charakter zeigt sich darin, dass Massenkundgebungen und Demonstrationen auf Plätzen in der Hauptstadt oder an ähnlich markanten Orten abgehalten werden: etwa dem Lincoln Memorial (March on Washington, Washington DC, 1963), Camp Crame (People Power Revolution, Quezon City, 1986), Tiananmen-Platz (Peking, 1989), Azadi-Platz (Teheran, 1979 und 2008), Tahrir-Platz (Kairo, 2011), Syntagma-Platz

(Athen, 2011), Zuccotti-Park (New York, 2011), Taksim-Platz (Istanbul, 2013) und Maidan Nesaleschnosti (Kiew, 2013). Wenn sich Menschen unterschiedlicher Herkunft und Identität versammeln, setzen diese Proteste eine gemeinsame Bürgerschaft um – ein aktuelles Beispiel sind die Proteste gegen das neue indische Staatsbürgerschaftsgesetz, das muslimische Einwanderer ganz unverhohlen diskriminiert.[39] Durch die Überbrückung von Unterschieden, mag sie auch nur eine temporäre sein, verkörpern die Proteste *das Volk* – eine Leistung, die etablierte Machthaber nicht vollbringen können. Eine Reihe von verstreuten Protestversammlungen, die zentral mit einer öffentlichkeitswirksamen und massiven Großkundgebung verbunden sind, vollziehen somit, qua Synekdoche, die souveräne Einheit des Volkes.

Diese molaren Proteste zeichnen sich fast ausnahmslos durch ihren disziplinierten, organisierten und gewaltfreien Charakter aus. Gelegentlich können sie in Krawalle ausarten, aber von den beteiligten Personen und Parteien sind sie so nicht konzipiert und inszeniert. Im Gegenteil, es wird beträchtliche Energie darauf verwendet, ihren gesetzestreuen Pazifismus zur Schau zu stellen, indem der Protest als geordneter Ausdruck von Beschwerden und die Versammlung als nüchterner Bittsteller für die Behebung der Missstände präsentiert werden. In diesem Sinne war eine der außergewöhnlichsten Erzählungen, die aus den zwei langen Protestwochen auf dem Tahrir-Platz während des Arabischen Frühlings hervorging, die, dass Teile der Versammlung jeden Abend den zurückgelassenen Müll und Unrat aufräumten.[40] Damit sie nicht fälschlicherweise für einen Mob gehalten wurden, sollte sie die damit verbundene Botschaft ganz klar sein: Die Demonstranten waren disziplinierte und zivilisiert gesinnte Menschen.

Im Unterschied zum Maidan-Paradigma lässt sich die molekulare Form des politischen Protests – die zumindest im globalen Süden weitaus häufiger und geografisch vielfältiger ist – vielleicht am besten als Politik der Straße charakterisieren. Natürlich ist die

39 Zu einer kurzen Diskussion des Citizenship (Amendment) Act, den das indische Parlament am 11. Dezember 2019 verabschiedet hat, siehe Anupama Roy, Citizens / Non-Citizens: The Constitutive and the Dialogical, in: *Social Change* 50:2 (2020), S. 278-284.

40 Jessica Winegar, A Civilized Revolution: Aesthetics and Political Action in Egypt, in: *American Ethnologist* 43:4 (2016), S. 609-622.

Formulierung »Politik der Straße«, die hier verwendet wird, um sie von der »Politik des Maidan« zu unterscheiden, nicht ideal. Schließlich marschieren die Menschen, die sich zum Protest auf einem Stadtplatz versammeln, oft durch angrenzende Straßen, um dorthin zu gelangen. (Bei organisierten molaren Demonstrationen ist der Marsch durch die Straßen zum Platz denn auch ein Routinevorgang.) Man kommt jedoch zu einem öffentlichen Platz, um für eine bestimmte Dauer zu protestieren. Es kann vorkommen, dass man einen öffentlichen Platz für längere Zeit besetzt – wie bei den Demonstrationen auf dem Tahrir-Platz und bei Occupy Wall Street im Zuccotti Park –, aber früher oder später endet der Protest, und der Platz kehrt zu seinem zivilen Status und seiner zivilen Funktion zurück. Der Maidan ist ein Ort des Kommens und Gehens.

Im Gegensatz dazu verwende ich den Begriff »Straße«, um den gängigsten und naheliegendsten »öffentlichen Raum« zu bezeichnen, in dem die Menschen – insbesondere die Nicht-Eliten – leben und arbeiten. Im Rahmen des Paradigmas der Politik der Straße umfasst der Protest eine breite Palette von Agitationsformen (inklusive Randale), die den täglichen Fluss des Alltagslebens stören. So sind diese Proteste beispielsweise nicht für den Sonntagnachmittag geplant. Sie brechen eruptiv aus und stören unerwartet, aber häufig. Sie erheben nicht den normativen Anspruch, das Volk als Ganzes zu verkörpern. Stattdessen üben sie aktiv Druck auf die Regierung aus, um eine Vielzahl von unerträglichen Bedingungen, materiellen Entbehrungen und kollektiven Demütigungen in bestimmten Kontexten zu beseitigen. Zahlreiche Rassenunruhen in den Vereinigten Staaten, die oft durch exzessive und tödliche Polizeigewalt gegen Angehörige der Schwarzen Minderheit ausgelöst wurden, fallen in diese molekulare Kategorie. Ähnlich verhält es sich mit denjenigen, die in den Vereinigten Staaten, Brasilien, Mexiko und anderswo auf dem amerikanischen Kontinent an regelmäßigen Gefängnisaufständen beteiligt sind. Auch sie erheben, da sie von der Öffentlichkeit ausgeschlossen sind, nicht den Anspruch, das Volk als einheitliches Ganzes, als nationalen Körper zu verkörpern oder für das Volk zu sprechen. Diese Unruhen sind kontextuell und zeitlich streng lokal begrenzt, selbst wenn sie auf ein größeres Problem verweisen und nationale Aufmerksamkeit erregen. Unter Verzicht auf Transzendenz verortet eine Politik der Straße den Protest in verschiedenen Bereichen des Alltagslebens und bleibt gleichzeitig mit größeren geopolitischen und institutionellen Problemfeldern verbunden. Mit ihrer tiefen, aber irritierenden Verbindung zum Alltagsleben lenkt eine Politik der Straße die Aufmerksamkeit auf die unmittelbaren Erfahrungen einer benachteiligten Bevölkerung, die weit entfernt sind von den wiederkehrenden Fiktionen nationaler Einheit und demokratischer Gleichheit.

Die Politik der Straße bezieht sich nicht nur auf die Tatsache, dass Menschen während einer Demonstration durch die Straßen marschieren, was sie sicherlich tun, sondern auf etwas darüber Hinausgehendes. Heute leben viele Menschen im globalen Süden entweder auf der Straße oder in einem nahe gelegenen Slum. Straßen und Slums sind symbiotisch miteinander verbunden, wobei sich Letztere mit erstaunlicher Geschwindigkeit ausbreiten. Leben heute mehr als zwei Milliarden Menschen in Slums oder slumähnlichen Verhältnissen, so wird sich diese Zahl bis 2030 voraussichtlich verdoppeln. Dann werden wir mit Sicherheit auf dem leben, was der Historiker Mike Davis als »Planet der Slums« bezeichnet hat.[41] Die Straße und der Slum haben vielfältige Funktionen: Sie dienen als Werkstätten für die Produktion von Waren und Dienstleistungen, als Märkte für den Austausch, als Theater für die Selbstinszenierung und vor allem als Schulen, in denen man lernt, wie man unter ständigem Druck lebt. In den autobiografischen Schriften sowohl der amerikanischen Black Panthers als auch der indischen Dalit Panthers werden die Straße und der Slum (oder das Ghetto) häufig als die zentralen Orte der Pädagogik für die Unterdrückten bezeichnet. Die Straße ist der Ort, an dem sich die Menschen treffen, an dem sie sich gegenseitig taxieren, an dem sie sich *wechselseitig zur Schau* stellen und an dem gemeinsame Horizonte, mögen sie auch noch so flüchtig sein, geschaffen werden. Karl Marx zufolge ist nur das Industrieproletariat, nicht die verstreute Bauernschaft zu kollektivem revolutionären Bewusstsein und Handeln fähig, weil seine Angehörigen in einem gemeinsamen Raum arbeiten und leben, der ihre gemeinsame Notlage offenbart, ihren Zustand der Ausbeutung und der Unterdrückung durch die Bourgeoisie.[42] Heute ist an die

41 Mike Davis, *Planet der Slums*, übers. von Ingrid Scherf (Berlin: Assoziation A, 2007).

42 Karl Marx/Friedrich Engels, *Manifest der Kommunistischen Partei* [1848], MEW 4, S. 459-493; siehe insbesondere den Abschnitt über »Bourgeois und Proletarier«, S. 462-474.

Stelle der Fabrik die Straße getreten, und so etwas wie ein Slumbewusstsein hat das Klassenbewusstsein ersetzt.

Wer die Phänomenologie der politischen Unzufriedenheit, ob nun im globalen Süden oder im globalen Norden, erforschen will, muss dort anfangen, wo die Menschen, die Nicht-Eliten, leben, sich versammeln und Widerstand leisten. Während die allgemeine Ökologie der direkten Aktion räumlich und zeitlich vielfältig ist, ist die molekulare Politik der Straßenproteste ein unverzichtbarer und grundlegender Bestandteil der Demokratie. Um den angeschlagenen *demos* von heute zu erneuern, um die in diesem Band besprochenen demokratischen Zerfallserscheinungen aufzuhalten und umzukehren, müssen wir zunächst lernen, die Ausdrucksformen politischer Unzufriedenheit, die überall um uns herum aufkeimen und zirkulieren, zu lesen. Die Welt ist voll von Anzeichen der Unzufriedenheit und strotzt nur so vor rastloser kollektiver Energie, die für produktive Mobilisierungen genutzt werden kann. Auch in den demokratisch reifen und wirtschaftlich wohlhabenden Ländern der westlichen Welt sind molekulare Manifestationen der Unzufriedenheit zu beobachten. Immer mehr Proteste entzünden sich an einfachen »Geldbeutelproblemen« wie steigenden Benzinpreisen und Fahrpreiserhöhungen bei der U-Bahn. Vor nicht allzu langer Zeit waren Unruhen wegen steigender Kraftstoffpreise eine Domäne von Ländern wie Nigeria, das ironischerweise ein großer Ölexporteur ist. Im Oktober 2018 kamen sie dann mit der Bewegung der *gilets jaunes* auf dramatische Weise nach Frankreich. Wenn die Gelbwesten beklagen: »Les élites parlent de fin du monde, quand nous, on parle de fin du mois« (die Eliten reden vom Ende der Welt, während wir vom Ende des Monats reden), müssen wir uns fragen, ob sich die Temporalitäten, die die Aktionen der *gilets jaunes* in Frankreich bestimmen, wesentlich von den Temporalitäten unterscheiden, die die Zwiebelkrawallmacher in Indien antreiben.[43]

Die *gilets jaunes* sind Teil eines umfassenderen Phänomens eruptiver direkter Aktionen, das sich in einem notleidenden, wenn auch wohlhabenden Europa ausgebreitet hat und die Indignados in Spanien, die Anti-Austeritäts-Aktivisten von Direct Democracy Now in Griechenland und viele andere einschließt. Abgesehen von der

43 Raphaëlle Rérolle, Gilets jaunes: »Les élites parlent de fin du monde, quand nous, on parle de fin du mois«, in: *Le Monde,* 24. November 2018.

»Geldbeutelfrage« teilen die Nicht-Eliten überall auf der Welt eine schwelende Unzufriedenheit über ihre schiere Machtlosigkeit – ihre Stimmen werden nicht gehört, ihre Forderungen ignoriert, ihre Aktionen verspottet, und jeder Rest von bürgerlicher Wirkmacht ist verschwunden. Dieses Gefühl der Marginalisierung und des Abgehängtseins kann dazu führen, dass sie sich von jeglicher Form der demokratischen Beteiligung zurückziehen, oder sie erliegen den Verlockungen einer fremdenfeindlichen, ausgrenzenden Politik und dem Versprechen einer einfachen Lösung. Die einzige Möglichkeit, diese negativen Tendenzen zu bekämpfen, besteht in der Erneuerung des *demos*. Dazu ist es notwendig, sich die »direkte Aktion« zu eigen zu machen und die vielen Formen und Genres ihrer Ressourcen und Energien zu nutzen, anstatt ihre Ungleichmäßigkeit ängstlich zu tolerieren und vergeblich darum zu kämpfen, ihre Ausbrüche zu löschen. Um sowohl an der wirtschaftlichen als auch an der kulturellen Front einen fortschrittlichen sozialen Wandel zu erreichen, ist es für organisierte soziale Bewegungen, relevante zivilgesellschaftliche Akteure und wählerorientierte politische Parteien unerlässlich, sich auf das enorme Reservoir an emanzipatorischer Energie einzulassen und daraus zu schöpfen, das die Politik der »direkten Aktion« freizusetzen in der Lage ist, um so das politisch Vorstellbare radikal zu verändern – so wie jüngst im Fall der Proteste gegen die Ermordung George Floyds in den Vereinigten Staaten.

Kapitel 7
Was tun?

Craig Calhoun und Charles Taylor

Die Demokratie ist in Gefahr. Die Bürger fühlen sich entmächtigt. Die politische Identität ist zersplittert und umkämpft. Wahlsieger versuchen, ihre Vorteile dauerhaft zu sichern, indem sie Gesetze manipulieren und so die Zukunft der Demokratie untergraben.

Die Ereignisse der letzten Jahre haben das deutlich gemacht. Sie offenbaren die Begeisterung für Demagogen, die Sympathie für den Autoritarismus, die Abneigung gegen einen informierten, auf Fakten beruhenden Dialog und die Verblendung durch Verschwörungstheorien. Es gab einen bewaffneten Angriff auf das demokratische Herz der USA und eine politische Polarisierung, die während einer Pandemie die öffentliche Gesundheit schwächte. Wiederauflebende rechtsextreme Bewegungen bekunden ihre Bereitschaft, bei ihren Kampagnen zur »Rettung« der westlichen Zivilisation und des »Weißseins« die Demokratie zu opfern.

Wir haben diese Geschichte vom Zerfall der Demokratie in der neoliberalen Ära hauptsächlich anhand von Beispielen aus den Vereinigten Staaten und (in geringerem Maße) aus Kanada und Europa erzählt. Unsere Diskussion darüber, was zu tun ist, ist sogar noch stärker auf die Vereinigten Staaten ausgerichtet. Mögliche Maßnahmen gegen den Demokratiezerfall sind zwangsläufig spezifisch für den jeweiligen nationalen Kontext, auch wenn wir der Meinung sind, dass die Probleme, mit denen die Vereinigten Staaten konfrontiert sind, exemplarisch für Demokratien im Allgemeinen sind. In der Tat ist der Zerfall der Demokratie eine umfassendere Geschichte, die in vielen Gesellschaften auf der ganzen Welt, in denen die Demokratie fest verankert zu sein scheint, in unterschiedlicher Ausprägung zu beobachten ist.

Nirgendwo kommen die Herausforderungen für die Demokratie nur von einzelnen bösartigen Politikern oder von populistischen Bewegungen. Wir haben die Erosion der sozialen Grundlagen der Demokratie hervorgehoben. Die Ungleichheit ist extrem und geht mit einem hohen Maß an Disruption einher. Instabilität, Prekarität und Verlusterfahrungen haben die einst wohlhabenden Mittel-

und Arbeiterklassen vernichtet. Die Institutionen sind schlechter geworden, die Gemeinschaften wurden untergraben. Die politischen Parteien sind zerbrochen und funktionieren allenfalls noch als ideologisch polarisierte Geldbeschaffungsmaschinen. Wahlen mögen uns manchmal beruhigen, dass die Länder die Regime wieder abschütteln, die der Demokratie am meisten schaden. Aber diejenigen, die erleichtert waren, dass die US-Wähler Donald Trump im Jahr 2020 eine Niederlage bereitet haben, waren alarmiert, als Fanatiker das Wahlergebnis in einem schockierenden Ausmaß bekämpften und Trump die Macht über die Republikanische Partei behielt. In jedem Fall liegen die Probleme tiefer als nur bei einzelnen Personen oder der Frage, welche Partei gerade an der Macht ist.

In Indien, der größten Demokratie der Welt, ist die Situation nur teilweise eine andere. Die Mittelschicht wächst zwar immer noch, aber es gibt auch eine enorme Volatilität. Wie die Kapitel 5 und 6 zeigen, prallen neue und alte Ungleichheiten aufeinander, und die politische Integration ist noch lange nicht abgeschlossen. Die Institutionen haben Mühe, Schritt zu halten, von Fortschritten ganz zu schweigen. In Indien und überall sonst hängt die Zukunft der Demokratie davon ab, wie die Probleme in den politischen Institutionen und Prozessen gelöst werden, aber auch davon, dass die grundlegenden gesellschaftlichen Bedingungen für die Demokratie erneuert werden. Ohne sozialen Wandel wird die Demokratie nicht gedeihen und vielleicht nicht einmal eine Zukunft haben.

Um die prekäre gegenwärtige Situation zu verstehen, brauchen wir die Geschichte. Sie zeigt, auf welche Weise Demokratien in der Vergangenheit Fortschritte gemacht haben und welchen Herausforderungen sie sich stellen mussten. Aber Nostalgie ist ein schlechter Wegweiser für mögliche Zukünfte. Wir können nicht einfach die Art von sozialdemokratischem Kompromiss mit dem Kapitalismus wiederherstellen, der *les trente glorieuses* geprägt hat. Die soziale Demokratie – oder der demokratische Sozialismus – des Industriezeitalters konzentrierte sich darauf, den politischen Zielen wirtschaftliche Ziele hinzuzufügen. Entscheidend war, dass Gleichheit und Freiheit in ein besseres Gleichgewicht gebracht wurden. Jetzt müssen wir den Blick auch auf das Soziale in der sozialen Demokratie richten, die Suche nach Solidarität in immer komplexeren und zumeist sehr großen Gesellschaften.

Wir brauchen eine neue politische, ökonomische und soziale Vision, auch wenn wir vor unmittelbaren Herausforderungen stehen. Die Bewältigung der wirtschaftlichen und gesundheitlichen Folgen der verheerenden Corona-Pandemie hätte mehr davon bringen können, als sie es getan hat. Zwar wird über die Bedeutung groß angelegter staatlicher Maßnahmen diskutiert, doch bleibt unklar, inwieweit es wirklich zu einer Abkehr von neoliberalen Orthodoxien gekommen ist.[1] Wir sehen uns weiterhin mit Umwälzungen in der Arbeitswelt und einer tiefen Ungleichheit konfrontiert, die ihre Wurzeln in der wirtschaftlichen Transformation hat, welche sich seit den 1970er Jahren beschleunigt hat. Der Klimawandel bringt Überschwemmungen, Waldbrände, Hitzewellen und Dürreperioden mit sich. Er verschlimmert die Auswirkungen anderer Formen von Umweltzerstörung, von der Bodenerosion bis hin zur Luftverschmutzung und erschöpften Wasservorräten. Künstliche Intelligenz, Gentechnik und andere neue Technologien erfordern neue rechtliche Rahmenbedingungen. Doch die Solidarität im eigenen Land ist in fast allen demokratischen Ländern gering, und die globale Zusammenarbeit wird durch politische und wirtschaftliche Instabilität sowie die schwindende Führungsrolle der USA untergraben.

Wir müssen eine Menge tun, und zwar alles auf einmal, und das auch noch bald. Dieses Kapitel entwirft kein vollständiges Programm. Es schlägt einige spezifische Handlungsschwerpunkte vor, um die Bürger zu ermächtigen, eine inklusive Solidarität aufzubauen und die majoritären Bemühungen um eine dauerhafte Machtübernahme abzuwehren. Überdies wird dargelegt, warum wir in großen Dimensionen denken müssen, wie eng unsere Bedürfnisse und Herausforderungen miteinander verknüpft sind, was es bedeutet, sich wieder dem Gemeinwohl zu verpflichten, und wie eine soziale Bewegung, die sich auf die Bewältigung ökologischer, wirtschaftlicher und gesellschaftlicher Herausforderungen konzentriert, auch die Demokratie erneuern kann. Zunächst möchten wir jedoch der Vorstellung entgegentreten, dass der Populismus eine eigenständige primäre Triebkraft ist und dass allein schon seine Überwindung den Zerfall der Demokratie rückgängig machen wird.

1 Siehe Adam Tooze, *Welt im Lockdown. Die globale Krise und ihre Folgen*, übers. von Andreas Wirthensohn (München: C.H. Beck, 2021).

Populismus ist nicht das Problem

Es ist verlockend, die Probleme der Demokratie auf den Populismus zu schieben (und viele Beobachter nehmen diese intellektuelle Abkürzung nur allzu gerne). Wie wir in Kapitel 2 erörtert haben, ist diese Auffassung irreführend und bietet keine angemessenen Lösungsansätze.

Zunächst einmal fordern Populisten schon seit langem mehr Demokratie. Frühe Populisten wie die Levellers aus der Zeit des englischen Bürgerkriegs haben die Idee der Volkssouveränität mit geprägt und bedeutenden Einfluss auf die Gründung der Vereinigten Staaten gehabt.[2] Als die städtischen Eliten nach der Amerikanischen Revolution Gesetze zu ihrem eigenen Vorteil verabschiedeten, kam es zur Gegenreaktion von Populisten, wie zum Beispiel in der Shay's Rebellion, einem Aufstand der ländlichen Bevölkerung 1786/87 gegen Steuern, die zugunsten der Städte erhoben wurden.[3] Die Ausweitung der Demokratie durch die Jacksonianer in den 1820er und 1830er Jahren war populistisch.[4] In den Vereinigten Staaten des späten 19. Jahrhunderts gaben die Aufstände der Landbevölkerung den Mobilisierungen der Menschen, die sich von den wirtschaftlichen Eliten und den etablierten Politikern benachteiligt fühlten und mehr Mitsprache und Gleichberechtigung forderten, den Namen »populistisch«. Die von ihnen gegründete People's Party war der Demokratie vermutlich stärker verpflichtet als die herkömmlichen politischen Parteien – einschließlich der oft

2 Edmund Morgan, *Inventing the People: The Rise of Popular Sovereignty in England and America* (New York: W. W. Norton, 1988); Rachel Foxley, *The Levellers: Radical Political Thought in the English Revolution* (Oxford: Oxford University Press, 2013).

3 Siehe David Szatmary, *Shay's Rebellion: The Making of an Agrarian Insurrection* (Amherst: University of Massachusetts Press, 1980); Leonard Richards, *Shay's Rebellion: The American Revolution's Final Battle* (Philadelphia: University of Pennsylvania Press, 2003); Sean Condon, *Shay's Rebellion: Authority and Distress in Post-Revolutionary America* (Baltimore, MD: Johns Hopkins University Press, 2015).

4 Siehe Marvin Meyers, *The Jacksonian Persuasion* (Palo Alto, CA: Stanford University Press, 1957); David und Jeanne Heidler, *The Rise of Andrew Jackson: Myth, Manipulation, and the Rise of Modern Politics* (New York: Basic Books, 2018). Zum tiefer liegenden Kontext der Kampagnen siehe Harry Watson, *Jacksonian America* (New York: Hill and Wang, 2006).

rassistischen Demokratischen Partei, die Teile des populistischen Programms übernahm.[5]

Dabei handelte es sich nicht um klassenspezifische Mobilisierungen, auch wenn sie von Klassenungleichheiten geprägt waren. Ihrem Selbstverständnis nach können sich Populisten durchaus als Arbeiter oder Produzenten verstehen und damit als Gegenpol zu denjenigen, die sich die Erträge der Arbeit des Volkes aneignen. Doch im Populismus wird die Klassenidentität dem »echten« oder authentischen Volk untergeordnet.

Populisten gehen in der Regel von einem unteilbaren Volk aus, nicht von einer heterogenen Öffentlichkeit. Sie wehren sich normalerweise gegen alle Verweise darauf, dass sie nicht das ganze Volk vertreten und vielleicht nicht einmal eine Mehrheit für sich beanspruchen können. Große Menschenmengen (oder das Äquivalent von Menschenmengen in den sozialen Medien) fördern die Illusion des ganzen Volkes. Im Vergleich dazu sind Umfragedaten über die Komplexität von Identitäten und Meinungen nicht überzeugend. Wenn sich Populisten in einer Menschenmenge umsehen, haben sie nicht nur das Gefühl, dass sie in der Menge stark sind, sondern auch, dass sie hauptsächlich Gleichgesinnte sehen.[6] Das gilt insbesondere für physisch versammelte Menschenmengen, aber auch für digital vermittelte Internet-Menschenmengen. Populisten glauben vermutlich, dass diejenigen, die sich ihnen nicht anschließen, schlicht ihre wahre Bestimmung – oder ihre wahre Identität – noch nicht erkannt haben.

5 Siehe Lawrence Goodwyn, *Democratic Promise: The Populist Movement in America* (Oxford: Oxford University Press, 1976). Allianzen zwischen Stadt und Land und vor allem zwischen den Rassen waren das direkte Ziel der antipopulistischen – und antidemokratischen – Taktik des Teilens und Eroberns. Thomas Frank weist in *The People, No: A Brief History of Anti-Populism* (New York: Metropolitan, 2020) zu Recht darauf hin, dass das Verständnis von Populisten viel zu sehr auf den Verleumdungen antipopulistischer Eliten und der Gleichsetzung anderer Formen weniger demokratischer Mobilisierungen mit »echten« Populisten beruht.

6 Für viele Populisten ist es wichtig, dass Menschenmengen geordnet und diszipliniert sind – und damit zeigen, dass sie ein Volk – oder eine Öffentlichkeit – repräsentieren, das zur Selbstregierung in der Lage ist. Ein Mob wie der, der am 6. Januar 2021 das US-Kapitol stürmte, vermittelt den Eindruck von Unordnung (selbst wenn organisatorische Netzwerke dahinterstehen). Siehe Craig Calhoun/Michael McQuarrie, The Reluctant Counterpublic, in: Craig Calhoun, *Roots of Radicalism* (Chicago: University of Chicago Press, 2012).

Populismus bietet keinen angemessenen allgemeinen Leitfaden für die Demokratie, was zum Teil damit zu tun hat, dass die Demokratie der Ergänzung durch Institutionen und Normen bedarf.[7] Es ist durchaus problematisch, wenn populistische Mobilisierungen (im Grunde alle anderen aber auch) eine unmittelbare Umsetzung von Leidenschaften oder Meinungen des Volkes in politische Maßnahmen anstreben, anstatt eine Vermittlung durch eine reflektiertere und pluralere öffentliche Debatte zu akzeptieren. Die Einbeziehung des Volkswillens in die Regierung ist für die Demokratie von entscheidender Bedeutung; Unmittelbarkeit ist es nicht. Es gilt nicht nur, die Lebensverhältnisse und Ansichten der verschiedenen Bürger zu berücksichtigen, sondern auch die zukünftigen Generationen und die soziale Stabilität im Blick zu haben.

In fast allen Fällen beinhalten populistische Bewegungen nicht nur Identitätsansprüche, sondern auch Anschuldigungen. Die Politiker sind korrupt. Die Eliten ignorieren die Bedürfnisse des Volkes. Die Banken würden die Menschen eher dazu zwingen, ihr Eigentum bei Pleiten zu verlieren, als ihnen zu helfen.

Diese Vorwürfe sind oft übertrieben, enthalten aber in der Regel zumindest ein erhebliches Körnchen Wahrheit. Korruption ist nur allzu real und weit verbreitet – und zeigt sich heute in Form von unverhohlener Profitmacherei, Schmiergeldern, Insidergeschäften und Begünstigungen für politische Spender. Diese Missstände zu beseitigen wäre ein großer Fortschritt für die Demokratie. Doch Ungleichheit und Ungerechtigkeit entstehen nicht nur durch diese Art von Korruption. Ebenso wichtig sind das Bekenntnis zur Leistungsgesellschaft und die Tatsache, dass hierarchische Eingliederung die einzige Form der Zugehörigkeit zur Gesellschaft ist, sowie das Vertrauen in einen globalen, konzerngesteuerten Finanzkapitalismus, der den Eliten und Kapitaleignern zugutekommt, während er das Leben und die Lebensgrundlagen anderer untergräbt.

Dennoch fordern Populisten im Allgemeinen mehr Demokra-

7 In den heutigen Demokratien kommen diese vor allem aus dem Republikanismus, aber das ist nicht die einzige mögliche Quelle für Stabilität, angemessene Anerkennung von Minderheiten und Schutz für das individuelle Gewissen und die öffentliche Debatte. Visionen eines radikalen Populismus sind hilfreiche Gegenmittel zur gängigen Politik und oft auch demokratischer, aber sie sind unzureichend. Siehe Chantal Mouffe, *Für einen linken Populismus*, übers. von Richard Barth (Berlin: Suhrkamp, 2018).

tie. Sie wollen, dass die Regierung stärker auf das Volk eingeht. Und sie zeigen gesellschaftliche Problemlagen auf, die von der konventionellen Politik in der Regel nicht gesehen (oder noch nicht einmal erkannt) werden. Problematisch und potenziell antidemokratisch ist jeder Versuch, die Pluralität der Stimmen aus dem Volk zu eliminieren. Es ist nicht der Populismus an sich, der die heutige Politik so hässlich und frustrierend macht. Es sind Rassismus, Sexismus, Nativismus und Homophobie. Es ist der Versuch, das »wahre« Volk zu definieren, indem so viele Mitbürger ausgeschlossen werden. Es ist die Vereinnahmung durch Demagogen, die Manipulation durch Geldgeber und die Verwirrung durch fadenscheinige Verschwörungstheorien. Es ist eine Mischung aus Angst, Wut und Selbstgerechtigkeit. Und all das wird verstärkt durch ideologische Medien. Diese Fehlentwicklungen treten bei populistischen Mobilisierungen allzu häufig auf, aber keine ist dem Populismus immanent.

Ein Grund dafür, dass die Konzentration auf den Populismus als solchen analytisch irreführend ist, liegt darin, dass er nicht von allein auftritt. Erstens entstehen Populismuswellen inmitten großer Veränderungen und der Ungewissheit darüber, wie sich die »Doppelbewegung« von Disruption und Reaktion entwickeln wird (wie in Kapitel 2 erläutert). Es handelt sich nicht einfach um zufällige Bestrebungen, die Bedeutung »des Volkes« geltend zu machen. Vielmehr wird zum Ausdruck gebracht, dass das Wohlergehen, die Rechte, die Werte und das Selbstverständnis des Volkes unter Druck geraten sind. Populismus muss als Teil eines umfassenderen Kampfes um eine wirksame Reaktion der »zweiten Bewegung« auf die Disruption der »ersten Bewegung« verstanden werden.

Zweitens ist Populismus fast immer Teil eines dialektischen Paares: Selbstkontrahierung der Eliten und populistische Reaktion. Populismus ersetzt die Forderungen und die Bedürftigkeit des selbsternannten *Volkes* durch ein reflektierteres und ausgewogeneres Streben nach dem *Gemeinwohl*. Aber er tut dies genau deshalb (wenn auch ironischerweise), weil die Bürger nicht angemessen in die Auseinandersetzung um das Gemeinwohl einbezogen wurden. Das Problem ist nicht nur, dass die Eliten auf der Grundlage eines einseitigen und oftmals eigennützigen Gemeinwohlverständnisses gehandelt haben. Es geht auch darum, dass gegenteilige Ansichten eher diskreditiert als diskutiert wurden. Viele »progressive« Politiker haben sich eine angeblich objektive, technokratische Politikgestaltung zu eigen gemacht. Regierungen von Clinton bis Obama in den Vereinigten Staaten, Großbritanniens New Labour und verschiedene Mehrparteienkoalitionen in Europa haben sich allesamt stark auf die Expertise nicht gewählter Beamter verlassen. Gleichzeitig haben Richter immer öfter politische Entscheidungen getroffen, insbesondere in den Vereinigten Staaten. Das hat die politische Empörung geschürt und die Ernennung von Richtern zu einem Brennpunkt parteipolitischer Kontroversen gemacht.[8] Es hat auch dazu geführt, dass die Bürger das Gefühl haben, es fehle ihnen an Wirkmacht.

Wie wir durchgängig argumentiert haben, manifestiert sich der Zerfall der Demokratie in der Entmächtigung der Bürger, dem Fehlen einer inklusiven Solidarität und einer majoritären, polarisierten Winner-takes-all-Politik. Diese Phänomene zeigen sich nicht nur im Populismus, sondern auch in den Bedingungen, die Populismus hervorbringen.

Die Formulierung der maximal »richtigen« Politik hat allzu oft Vorrang vor der Einbeziehung der Öffentlichkeit (und auch vor Verhandlungen mit Gegnern oder nur partiell Verbündeten). Ein Beispiel dafür ist Hillary Clintons Versuch von 1993/94, in Exper-

8 In den Vereinigten Staaten ist es besonders wahrscheinlich, dass Entscheidungen auf der Feststellung absoluter Rechte und der Unterscheidung zwischen solchen Rechten beruhen, anstatt verschiedene Rechte miteinander in Einklang zu bringen oder konkurrierende Interessen auszuhandeln. In der Rechtssache *Roe vs. Wade* entschied der Oberste Gerichtshof der USA beispielsweise, dass das Recht auf Privatsphäre den Zugang zu Schwangerschaftsabbrüchen garantiert. Er sagte nicht: »Das ist eine schwierige Entscheidung, weil mehrere Rechte und Interessen betroffen sind, und wir glauben, dass dies unter dem Strich die beste Entscheidung ist.« Vielmehr wurde erklärt, dass die unterlegene(n) Position(en) vollständig verloren hätten. Die Folge war eine drastische Zunahme der parteipolitischen Polarisierung in der Abtreibungsfrage – und auch der Gewalt von Seiten derjenigen, die glaubten, keine andere Wahl zu haben. Das Urteil animierte die Abtreibungsgegner dazu, Kampagnen zu führen, um die Mitglieder des Obersten Gerichtshofs auszutauschen. Ironischerweise hat die Entscheidung des Gerichts langfristig dazu geführt, dass Abtreibung nicht mehr so leicht möglich ist. Siehe Jamal Greene, *How Rights Went Wrong: Why Our Obsession with Rights Is Tearing America Apart* (New York: Houghton Mifflin, 2021); Guido Calabrese, *Ideals, Beliefs, Attitudes, and the Law* (Syracuse, NY: Syracuse University Press, 1990); Drew Halfmann, *Doctors and Demonstrators: How Political Institutions Shape Abortion Law in the United States, Britain, and Canada* (Chicago: University of Chicago Press, 2011).

tensitzungen hinter verschlossenen Türen eine neue US-Gesundheitspolitik auszuarbeiten, anstatt eine offene politische Auseinandersetzung zu führen. Die vorgeschlagene Politik mag gut gewesen sein, aber der Prozess scheiterte, und ein Großteil der Öffentlichkeit fühlte sich ausgeschlossen.[9] Und natürlich gibt es auch bei angeblich objektiven und »evidenzbasierten« Politikvorhaben tendenziöse Einseitigkeiten.

Bemühungen, sich »jenseits der Politik« zu bewegen, erzeugen leicht politisierte Ressentiments. Motiviert durch die Frustration über den Stillstand in der Gesetzgebung und die Macht von Sonderinteressen in der Parteipolitik, untergraben sie die Bindung an die alten politischen Parteien. Sie erschweren es den Parteikoalitionen, einen Teil der Vermittlungsarbeit bei Werte-, Meinungs- und Interessenunterschieden zu leisten. Das hat zunächst entpolitisierende Wirkung, öffnet aber die Tür für populistische Mobilisierungen, die die politische Partizipation steigern können.

Besonders erfolgreich sind Demagogen, wenn es darum geht, diejenigen anzusprechen, die ohne die kompensatorische Unterstützung durch starke Organisationen Verluste und Verwerfungen erlitten haben. Sie ermutigen und helfen, die Unzufriedenheit zu artikulieren. Demagogen bieten jedoch nur selten praktikable Lösungen an. Sie befeuern ideologische Fantasien und geben Sündenböcken die Schuld – etwa mit der Forderung nach dem Bau einer Grenzmauer –, während die Gemeinschaften weiter beschädigt sind und die Ungleichheit extrem bleibt.

Eine gängige Reaktion von »Mainstream«-Politikern und Meinungsmachern besteht darin, die Behauptungen der Demagogen und den Inhalt ihrer Äußerungen in Frage zu stellen und sie so zu behandeln, als würden sie einfach nur begründete Argumente vorbringen. Aber Demagogen debattieren nicht wirklich – sie treten vor Publikum auf. Außerdem geht es ihnen nicht um Überredungskunst, die rhetorische Manipulation, die Platon bei den Rednern fürchtete. Sie gerieren sich vielmehr affirmativ. Sie verschaffen

9 Es gibt auch Bestrebungen, Populismus und Technokratie zu kombinieren, meist in Wahlkampfappellen. Technokratischer Populismus kann erfolgreich sein – wie bei Emmanuel Macron in Frankreich –, aber er lässt sich schlecht in tatsächliche Regierungsarbeit oder Politik umsetzen. Siehe Christopher J. Bickerton/Carlo Invernizzi Accetti, *Technopopulism: The New Logic of Democratic Politics* (Oxford: Oxford University Press, 2021)

Menschen Inklusion, die das Gefühl haben, dass die Eliten sie ausgeschlossen haben. Wenn sie ihrerseits andere ausschließen und sie zum Sündenbock für nationale Probleme machen, tun sie dies zum Teil, um ihre Identität als das »wahre« Volk zu bekräftigen. Kurz gesagt: Sie sprechen direkt die Zerfallserscheinungen der Demokratie an, die vom politischen Mainstream oftmals ignoriert werden.

Menschenmengen sind paradigmatisch für populistische Mobilisierung. Die Mobilisierung verschafft den Bürgern, die angesichts der Richtung, in die der Wandel geht und die sie nicht kontrollieren können, frustriert sind, ein Gefühl der Wirkmacht. Und es ist wichtig, diese nicht spezifisch politische Quelle des Populismus zu erkennen. Populisten sind nicht die Einzigen, die beklagen: »Alles verändert sich, und nichts funktioniert mehr.«[10] Es gibt die Tendenz, die neuen Medien dafür verantwortlich zu machen, dass sie die Flammen der Panik anfachen und volatile Menschenmassen erzeugen. Demagogen und Eliten sind jedoch schon lange in der Lage, dies auf einfache Art und Weise zu erreichen.[11] Menschenmengen vermitteln ein Gefühl der Gelegenheit, der verkörperten Partizipation, die Erfahrung, an der Seite gleichgesinnter Mitbürger zu stehen, das Empfinden, Größe und damit Bedeutung zu repräsentieren. In modernen Gesellschaften ist es nicht nur wichtig, dass die Medien die Reichweite der Botschaften von Demagogen vergrößern, sondern auch, dass sie über die Menschenmengen berichten. Die Soziologin Ruth Braunstein zeigt eindrücklich, wie viel Selbstwertgefühl und Bestätigung die Mitglieder der Tea Party daraus bezogen, dass Rush Limbaugh ihre Demonstrationen zur

10 Jürgen Habermas zitiert diese Sentenz des großen Systemtheoretikers Niklas Luhmann, in Stuart Jeffries, A Rare Interview with Jürgen Habermas, in: *Financial Times,* 30. April. 2010. Für Luhmann war das die typische Einstellung derjenigen, die mit so komplexen Systemen konfrontiert waren, dass diese sich nicht mehr bewusst steuern ließen, aber auch nicht mehr alle Teile zueinander in Beziehung gesetzt werden konnten. Das bedeutete, dass Kontingenz und Unvorhersehbarkeit zwangsläufig zunahmen. Siehe Niklas Luhmann, *Soziale Systeme. Grundriß einer allgemeinen Theorie* (Frankfurt am Main: Suhrkamp, 1987).

11 Der Florentiner Mönch Savonarola war mit seinen Massenprotesten und »Fegefeuern der Eitelkeiten« vermutlich ein Vorreiter des Populismus. Siehe Craig Calhoun, Populism and Democracy: The Long View, in: B. Vormann/M. Weiman (Hg.), *The Emergence of Illiberalism: Understanding a Global Phenomenon* (London: Routledge, 2020), S. 227-246.

Kenntnis nahm, wie etwa beim Taxpayer March auf Washington 2009.[12]

Donald Trump war ein Meister dieser Beziehung. Er erlangte politische Prominenz nicht nur, weil er Kundgebungen mit großen Menschenmengen abhielt, sondern auch, weil er die Medien dazu brachte, über diese Veranstaltungen zu berichten. Trump schaffte es in vielerlei Hinsicht, die ständige Aufmerksamkeit der Medien auf sich zu ziehen, aber von zentraler Bedeutung für seine spezifische Politik der Affirmation waren (und sind) die Menschenmengen. Deshalb beschwerte er sich, als Medien und offizielle Stellen erklärten, die Menge bei seiner Amtseinführung sei nicht so »riesig« gewesen, wie er behauptete. In seinen Reden brüstete er sich regelmäßig mit der Größe der jeweiligen Menschenmenge und beklagte sich gleichzeitig darüber, dass die als Verbreiter von »Fake News« verunglimpften Mainstream-Medien nicht über das wahre Ausmaß berichten würden. Seine verhängnisvolle Rede am 6. Januar 2021, bevor seine Anhänger das Kapitol stürmten, bildet da keine Ausnahme:

> Die Medien werden das Ausmaß dieser Menschenmenge nicht zeigen. Als ich heute eingeschaltet habe, habe sogar ich geschaut und Tausende von Menschen hier gesehen. Aber die Hunderttausende von Menschen hinter sich sieht man nicht, weil sie das nicht zeigen wollen.
>
> Wir haben Hunderttausende von Menschen hier, und ich möchte nur, dass sie von den Fake-News-Medien erkannt werden. Drehen Sie bitte Ihre Kameras um und zeigen Sie, was hier draußen wirklich passiert, denn diese Menschen werden es nicht länger ertragen. Sie werden es nicht länger dulden. Machen Sie weiter. Drehen Sie Ihre Kameras um, bitte. Würden Sie das zeigen? Sie kamen tatsächlich aus aller Welt, aber sie kamen aus dem ganzen Land.
>
> Ich möchte einfach nur sehen, was sie tun. Ich will nur sehen, wie sie berichtet haben. So etwas habe ich noch nie gesehen. Aber es wäre wirklich großartig, wenn die Medien fair über uns berichten würden. Die Medien sind das größte Problem, das wir haben, soweit es mich betrifft, das größte Problem überhaupt.[13]

12 Ruth Braunstein, *Prophets and Patriots: Faith in Democracy across the Political Divide* (Oakland: University of California Press, 2017).

13 Bryan Naylor, Read Trump's Jan. 6 Speech, A Key Part of Impeachment Trial, National Public Radio, 10. Februar 2021, ⟨https://www.npr.org/2021/02/10/966396848/read-trumps-jan-6-speech-a-key-part-of-impeachment-trial⟩.

In Trumps Rede wird implizit unterschieden zwischen den Medien, die die Größe seiner Anhängerschaft feiern würden, und den Medien, die sie ignorieren oder leugnen würden. Ein zentraler Faktor für die zunehmende politische Polarisierung in der Ära vor Trump und während seiner Präsidentschaft war der schwindende Einfluss der »Mainstream«-Medien, die mit finanziellen Problemen zu kämpfen haben und von Trump durch das Sinnbild einer angeblich sterbenden *New York Times* verunglimpft wurden. Dem gegenüber steht die wachsende Rolle dessen, was wir als affirmative Medien bezeichnen könnten. Bei Fox News und einer Vielzahl von Online-Kanälen sowie durch die Verstärkung in den sozialen Medien konnte ein beträchtlicher Teil der Amerikaner die Bestätigung der eigenen Bedeutsamkeit finden.[14] Als Fox damit experimentierte, nicht mehr ganz so affirmativ zu sein, vor allem während der Wahlen 2020 und nach dem 6. Januar, schlug Trump zurück, und neue rechte Medien gewannen an Einschaltquoten.[15] Fox zog sich aus dem Experiment zurück (ebenso wie republikanische Senatoren, die anfangs den gescheiterten »Coup« kritisierten, schnell merkten, dass sie affirmativer sein mussten). Der Hunger nach Bestätigung kann erklären, warum »Stop the Steal« und ähnliche Infragestellungen der Wahlergebnisse von 2020 trotz eindeutiger gegenteiliger Beweise so lange weiter wirksam sein konnten. Die Polarisierung der Medien lässt auch die Wirkung solch gegenteiliger Beweise verpuffen, denn sie versorgt ein großes Publikum mit Berichten, in denen sie nie erwähnt werden. Demagogen und affirmative Me-

14 Die US-amerikanische Medienlandschaft zeichnet sich nicht zuletzt durch den Aufstieg von Fox News und dem, was wir »affirmative Medien« genannt haben, aus. Andere Medien, die von Rupert Murdoch kontrolliert werden, wie Sky News, sind ähnlich. Sie haben zahlreiche Vorläufer, sind aber zu großen und insofern zu Mainstream-Medien geworden. Doch eine solche affirmative Berichterstattung findet sich in allen Demokratien der Welt.

15 Neue Medienquellen wie OAN (One America News) und Newsmax profitierten davon, dass Fox eine kritischere Perspektive ins Spiel brachte. Siehe Adam Gabbatt, The Fall of Fox?, in: *Guardian*, 2. Januar 2021. In Konkurrenz und Konflikt miteinander suchen Fox, OAN und Newsmax alle nach der richtigen Balance zwischen Affirmation und Glaubwürdigkeit als Nachrichtenmedien. Siehe Brian Stetler, How Right-Wing Networks Covered the January 6 Hearing after Months of Soft-Pedalling the Capitol Attack, in: *CNN Business*, 27. Juli 2021: ⟨https://www.cnn.com/2021/07/27/media/fox-news-oan-newsmax-january-6-hearing/index.html⟩.

dien tun sich zusammen, um alternative Weltanschauungen zu beschwören, die fast schon alternative Realitäten darstellen.

Populismus ist chaotisch, wankelmütig, oft voller Ressentiments und Wut und manchmal gefährlich. Er kann ein kreativer Anstoß für Veränderungen sein. Aber amorphe populistische Bewegungen bieten auch Rekrutierungsmöglichkeiten und den Anschein größerer Legitimität für besser organisierte Extremisten, die derzeit hauptsächlich aus der rassistischen extremen Rechten kommen. Dem Populismus die Schuld daran zu geben lenkt jedoch davon ab, die Probleme zu erkennen und zu lösen, die ihn entstehen lassen.

Es geht freilich nicht nur darum, Missstände wahrzunehmen und auf sie zu reagieren, sondern auch darum, eine wirksame demokratische Politik zu erneuern und oftmals neu zu konzipieren. In den letzten Jahren haben die Bürger jedoch eine Erosion der Organisationsstrukturen erlebt, die eine wirksame Mitsprache des Volkes ermöglichten und für bessere materielle Bedingungen sorgten. Klassen- und andere interessenbasierte Ansätze für kollektives Handeln sind schwach – Gewerkschaften, lokale Gemeinschaften und sozialdemokratische Parteien haben in den letzten fünfzig Jahren an Bedeutung verloren.

Das ist zum Teil eine Folge des Wandels der Arbeit. Zwar sind die Arbeiter nicht verschwunden, aber die Beschäftigung der Arbeiterklasse wurde untergraben. Die traditionellen sozialdemokratischen Parteien taten sich schwer, eine wirksame Antwort darauf zu finden – zum Teil deshalb, weil sie nicht bereit waren, tiefgreifende Veränderungen in ihren eigenen Wirtschaftsprogrammen in Betracht zu ziehen. Gleichzeitig wuchsen jedoch die Mittelschicht und die »professional classes« (zeitweise) und wandten sich neuen politischen Themenfeldern zu. Die sozialdemokratischen Parteien machten sich diese Sorgen um Umwelt, Geschlechterfragen und eine neue Politik des Respekts und der Anerkennung zu eigen. Sie fanden oft neue Mehrheiten – wie beim Erfolg der Clinton-Demokraten in den Vereinigten Staaten und von New Labour in Großbritannien. Gebildete »professionals« spielten eine größere Rolle, wohingegen traditionelle Stimmen und Werte der Arbeiterklasse an den Rand gedrängt wurden.[16]

16 Siehe Joan C. Williams, *White Working Class: Overcoming Class Cluelessness in America* (Boston: Harvard Business Review Press, 2017); David Goodhart, *The Road to Somewhere. Die populistische Revolte und die Zukunft der Gesellschaft*,

Politische Parteien sind nach wie vor mächtige Geldbeschaffungsmaschinen, schaffen aber wenig Vertrauen. Dysfunktionale politische Parteien tragen zudem zum Stillstand in der Gesetzgebung bei und blockieren notwendige Veränderungen.[17] Sie verschärfen die Polarisierung.[18] In die meisten Positionen wählen sie nach wie vor Insider, während sie gleichzeitig bei den Wählern den Wunsch nach Außenstehenden wecken.

In der Tat trägt der Frust über die konventionellen Parteien zur populistischen Begeisterung für Demagogen bei – die oft gegen die etablierten Parteien antreten und dann versuchen, die Parteien zu kapern. Unabhängig vom Für und Wider des Brexit wurde der Prozess durch parteiinterne Streitigkeiten sowie schlichte Parteilichkeit in die Länge gezogen und erschwert. In Frankreich wurde Emmanuel Macron als vermeintlicher Außenseiter, der gegen alle Parteien antrat, Präsident, doch er war ein ehemaliges Kabinettsmitglied und langjähriger Insider und gründete schnell eine neue Partei, die er einseitig dominieren konnte. In den Vereinigten Staaten kandidierte Donald Trump zunächst gegen die etablierte Republikanische Partei und beherrschte sie dann. Er mobilisiert wei-

übers. von Ulrike Sterath-Bolz, Thomas Käsbohrer und Susanne Guidera (Iffeldorf: Millemari, 2020); Justin Gest, *The New Minority: White Working Class Politics in an Age of Immigration and Inequality* (Oxford: Oxford University Press, 2016). Ein prominenter Labour-Aktivist in Großbritannien geht sogar so weit zu behaupten, dass »die moderne Linke die Arbeiterklasse verachtet« (Paul Embery, *Despised: Why the Modern Left Loathes the Working Class* [London: Polity, 2021]). Embery sympathisiert mit der Blue-Labour-Agenda von Maurice Glassman, die Sozialismus mit gesellschaftlich konservativen Werten zu kombinieren versucht; siehe I. Geary/A. Pabst (Hg.), *Blue Labour: Forging a New Politics* (London: I. B. Taurus, 2015). Das richtet sich gegen die Vorherrschaft von gut ausgebildeten »professionals« bei Labour, denen Themen wie Familie, Glaube, Patriotismus und lokale Gemeinschaft weitgehend ein Gräuel sind.

17 Zu einer globalen Sicht siehe Patrick Liddard, What Can Be Done about the Problem of Political Parties, Wilson Center, September 2019, ⟨https://www.wilsoncenter.org/publication/what-can-be-done-about-the-problem-political-parties⟩.

18 Das ist insbesondere dann der Fall, wenn die Meinungsverschiedenheiten bei wichtigen Themen wie ethnische Zugehörigkeit und Einwanderung stark mit den Parteipräferenzen übereinstimmen. In der Vergangenheit waren die Parteien entlang dieser und anderer wichtiger nationaler Bruchlinien intern gespalten, was sie dazu veranlasste, selbst mäßigender zu wirken. Siehe James A. Morone, *Republic of Wrath: How American Politics Turned Tribal, from George Washington to Donald Trump* (New York: Basic Books, 2020).

terhin sowohl fanatische Anhänger als auch zynisch berechnende gewählte Parteivertreter. Sein Versuch, trotz seiner Wahlniederlage die US-Präsidentschaft zu übernehmen, und sein ständiges Beharren darauf, dass ihm die Wahl 2020 »gestohlen« worden sei, könnte die Partei noch zerbrechen lassen.

In den meisten etablierten Demokratien haben Demagogen mit den Ängsten vor Zuwanderung gespielt. In der Tat hat es weltweit eine Migrationswelle gegeben, die auf eine Reihe verschiedener »Push-Faktoren« zurückzuführen ist. Umweltzerstörung, repressive Politik, religiöser Fanatismus, religiöse Diskriminierung, ethnische Kriege, Milizen, die hauptsächlich an Bodenschätzen und Geld interessiert sind, und fehlende wirtschaftliche Möglichkeiten – all das hat eine Rolle gespielt. Auch waren Demokratien attraktiv, vor allem wenn sie mit wirtschaftlichen Chancen verbunden waren. Doch während die Einwanderer real sind, ist die politische Debatte unrealistisch. Die Klagen über Zuwanderer übertreiben den Zusammenhang mit Kriminalität, Sozialleistungen und der Konkurrenz um Arbeitsplätze. Gleichzeitig reden sie die Bedeutung von Einwanderern für eine anhaltende wirtschaftliche Dynamik, insbesondere in alternden Gesellschaften, klein.

Die Frage ist, wie man den Ängsten begegnen und gleichzeitig für eine wirksamere Integration sorgen kann. Zunächst müssen die Ängste gehört und nicht einfach abgetan werden. Dies war ein wichtiger Teil der Arbeit der Commission de consultation sur les pratiques d'accommodement reliées aux différences culturelles im kanadischen Québec (Kommission zur Erforschung der Zugeständnisse an kulturelle Minderheiten, kurz Bouchard-Taylor-Kommission). Die Kommissionsmitglieder reisten durch die Provinz und hörten Gruppen von Bürgern zu, die ihre Frustrationen, Ängste und manchmal auch Hoffnungen zum Ausdruck brachten. Das Zuhören war genauso wichtig wie jede neue politische Lösung – und es fehlte oft, wenn verschiedene Länder versuchten, mit der Zuwanderung und dem rasanten sozialen Wandel fertig zu werden.[19] Den Mitbürgern zuzuhören ist ein wichtiger Bestandteil der Demokratie.

Zweitens: Wenn Zuwanderer zu Unrecht für reale Probleme verantwortlich gemacht werden, müssen diese Probleme angegangen

19 Gérard Bouchard/Charles Taylor, *Building the Future: A Time for Reconciliation* (Quebec: Gouvernement du Québec, 2008).

werden. Nur weil die Einwanderer den Mangel an guten Arbeitsplätzen nicht verursacht haben, heißt das nicht, dass ein solcher Mangel nicht real ist. Die richtige Antwort ist weniger die Diskussion darüber, wer die Schuld trägt, sondern die Investition in die Schaffung dauerhafter wirtschaftlicher Möglichkeiten.

Drittens hat sich ganz real ein tiefgreifender sozialer und kultureller Wandel vollzogen. Einwanderer sind dabei ein Aspekt, aber kaum die Hauptakteure. Die Rückkehr zu einem früheren goldenen Zeitalter ist eine – oftmals schädliche – Illusion. Aber der liberale Individualismus (neo- oder anderweitig) ist wenig hilfreich. Die Aufgabe besteht darin, die Fragmentierung zu überwinden und eine integrativere, solidarischere Gesellschaft und Kultur aufzubauen. Das ist natürlich leichter gesagt als getan, und im Folgenden werden wir nur einige Wege aufzeigen und keine umfassende Lösung anbieten.

Eines aber ist in unseren Augen klar. Zwar muss Solidarität auf vielen Ebenen aufgebaut werden, doch die Nation (oder der Nationalstaat) ist eine entscheidende Ebene. Eine Nation lässt sich niemals fertig auf der Ebene eines Staates vorfinden, nicht einmal in den ethnisch homogensten Gesellschaften. Die Schaffung einer Nation ist, notwendigerweise, immer ein Projekt. Es ist ein Prozess der literarischen, künstlerischen und filmischen Produktivität. Es ist ein Prozess der Rechtsreform, der wirtschaftlichen Integration und der sozialen Bewegungen. Es ist ein Prozess der Verhandlungslösungen und der gegenseitigen Anerkennung. Er kann mit dem Telos der Demokratie verknüpft werden.

Die Solidarität innerhalb von Nationen muss nicht der Feind einer globaleren Solidarität zwischen den Nationen oder einer wirksamen Integration von Zuwanderern sein. Sowohl auf der Linken als auch auf der Rechten neigen die Forderungen im Namen der Nation jedoch dazu, die bereits bestehende Mehrheit für sich zu reklamieren. Die Herausforderung ist umso größer, wenn diese Mehrheit sich durch die Globalisierung und die wachsende Vielfalt bedrängt fühlt.[20] Aber auch in dieser Hinsicht ist der Majori-

20 Die Herausforderung – und die Tyrannei alter Denkgewohnheiten – zeigt sich besonders deutlich in linksnationalistischen Kämpfen. In Katalonien zum Beispiel sind selbst radikale Führungspolitiker typischerweise einem älteren ethnonationalen Verständnis von Katalanischsein verhaftet. Das schließt die Hälfte der katalanischen Bevölkerung aus (oder heißt sie zumindest nur sehr lauwarm

tarismus eine degenerierte Form der Demokratie. Es muss möglich sein, dass Zuwanderer vollwertige Mitglieder in ihren neuen Gemeinwesen werden – und dass sie dazu ermutigt werden. Das heißt nicht, dass sie ihre eigene Kultur aufgeben müssen, aber es ist auch nicht sinnvoll, dass sie in vermeintlich kulturschützenden, aber wirtschaftlich ausgegrenzten Ghettos verharren, wie es in weiten Teilen Europas der Fall ist. Der Begriff »Assimilation« wurde von den Befürwortern des Rechts der Einwanderer, ihre kulturelle Autonomie zu bewahren und nicht einfach von Mehrheiten regiert zu werden (eine problematische Form des Majoritarismus, die wir immer wieder kritisiert haben), abgelehnt. Das kann jedoch nicht bedeuten, dass der Gedanke des Lernens von Zuwanderern und des kulturellen Wandels durch Partizipation aufgegeben wird. Das Ideal muss ein Gleichgewicht – und eine bessere Verbindung – zwischen der alten Mehrheit und den Neuankömmlingen sein, so dass beide offen für Veränderungen sind.

Demokratische Nationen brauchen innere Vielfalt. Das kann Unterschiede in der Sprache, in der Religion oder in den regionalen Befindlichkeiten und Ökonomien bedeuten. Sie kann auch Unterschiede zwischen Großstädten und kleinen lokalen Gemeinschaften umfassen. Aber die Differenzen müssen durch eine Reihe von Verbindungen überbrückt werden. Das Thema ist in der Politikwissenschaft (aber auch in der Anthropologie und anderen Fächern) altbekannt: Gesellschaftliche Gräben und Spaltungen sind zu verkraften, wenn sie nicht alle in der gleichen Richtung verlaufen.[21]

willkommen). Siehe Eunice Romero, »La República Que Farem: Emerging Imaginaries of Migrantness and Nationhood in the Catalan Independence Movement«, XIX ISA World Congress of Sociology, Toronto 2018.

21 Siehe M. Taylor/D. Rea, An Analysis of Cross-Cutting between Political Cleavages, in: *Comparative Politics* 1:4 (1969), S. 534-547. Diese Vorstellung findet auf individuelle Wähler ebenso Anwendung wie auf Parteiensysteme. Ein Klassiker zu diesem Thema ist S. M. Lipset/S. Rokkan, Cleavage Structures, Party Systems, and Voter Alignments: An Introduction, in: dies. (Hg.), *Party Systems and Voter Alignments: Cross-National Perspectives* (New York: Free Press, 1967), S. 1-64. Sie gilt aber auch mit Blick darauf, wie Menschen an bestimmten Überzeugungen festhalten oder sie ändern; siehe dazu Leon Festinger, *A Theory of Cognitive Dissonance* (Palo Alto, CA: Stanford University Press, 1957). Und sie gilt für die Streitschlichtung in zahlreichen Kontexten, unter anderem bei Fehden; siehe Max Gluckman, The Peace in the Feud, in: *Past and Present* 8:1 (1955), S. 1-14.

Destabilisierend sind nicht die Unterschiede als solche, sondern Unterschiede ohne Überschneidungen oder Brücken.

Es ist verhängnisvoll, wenn der Nationalismus lediglich von einer Mehrheit beschworen wird, die versucht, sich an Macht oder Privilegien zu klammern. Um eine bessere Zukunft zu gestalten, muss er das gesamte Spektrum der Bürger (und oft auch der Einwohner, die noch auf die Staatsbürgerschaft warten) einbeziehen.

Das demokratische Projekt erneuern

Seit den 1970er Jahren hat sich der stabilisierende und weitgehend egalitäre sozialdemokratische Kompromiss der Nachkriegszeit (*les trente glorieuses*) allmählich aufgelöst.[22] Ungleichheit und Instabilität haben zugenommen, öffentliche Institutionen und soziale Unterstützungssysteme wurden geschwächt. Mangelnde Solidarität ist ein zunehmend zentrales Thema.

Dass die Demokratie zerfällt, hat nicht nur unmittelbar politische Ursachen, sondern auch mit Umwälzungen im sozialen Leben und in der gesellschaftlichen Organisation zu tun. Sie wird durch persönliche Unsicherheit untergraben. Diese entsteht zum Teil durch die Unsicherheit der Arbeitsplätze, zum Teil durch das Leben auf Pump. Der neoliberale Kapitalismus hat die Art von Prekarität, unter der die Armen seit langem leiden, zu den einst viel besser abgesicherten Arbeitnehmern und Angehörigen der Mittelschicht gebracht.

Aber die sozialen Probleme sind nicht nur wirtschaftlicher Natur. Eltern haben Angst, ihre Kinder draußen spielen zu lassen. Die größere Freiheit bei der Familiengründung ist nicht mit einer neuen Stärke und Stabilität der Familien einhergegangen. Die Zahl der Kirchenbesucher ist rückläufig, aber andere Gemeinschaftseinrichtungen konnten das nicht nur nicht kompensieren, sondern haben einen ähnlichen Niedergang erlebt. Die Angst wird durch die Erosion der Gemeinschaft und das Gefühl, Probleme allein bewältigen

22 Robert Frega stellt fest, dass sozialdemokratische Parteien in dieser Zeit noch mehr als andere gelitten haben, und ist der Ansicht, dass der alte sozialdemokratische Kompromiss mit dem Kapitalismus überdacht werden muss, damit die Sozialdemokratie als emanzipatorische Kraft erneuert werden kann. Siehe Roberto Frega, The Fourth Stage of Social Democracy, in: *Theory and Society* 50:3 (2021), S. 489-513.

zu müssen, verstärkt. Epidemische Krankheiten sind schwer zu verstehen und auch schwer zu vermeiden. Die Menschen leben länger, sterben aber häufiger allein in Pflegeheimen.

Das führt dazu, dass die Gesellschaft zersplittert, die Solidarität brüchig wird und die Politik oft feindseliger wird, vor allem auf größerer Ebene. Es bedeutet auch, dass lokal organisierte Bürger oft keine wirksame Stimme in größeren Systemen oder in der großen Politik haben. Bürger, die von den Grundlagen gesellschaftlicher Solidarität – sowohl Gemeinschaften als auch Institutionen – abgekoppelt sind, werden politisch abgehängt und ökonomisch vulnerabler.

Den Amerikanern mangelt es nicht nur an starken lokalen Gemeinschaften, sondern auch an übergreifenden Verbindungen, die Menschen an verschiedenen Orten – und Menschen unterschiedlicher Rassen, Ethnien, Religionen, Rechtsstellungen und Wirtschaftskraft – miteinander verbinden. Dies gilt sowohl für Kanada als auch für die Vereinigten Staaten. In jedem Land könnte ein wirksames Programm für einen nationalen Dienst starke Verbindungen schaffen. Dabei muss es sich nicht ausschließlich um Militärdienst handeln.

Auch die großen staatlichen Universitäten der USA haben lange Zeit Verbindungen zwischen Bürgern aus verschiedenen Gegenden des jeweiligen Staates, aus verschiedenen Schichten, aus verschiedenen Berufszweigen und sogar aus verschiedenen politischen Richtungen hergestellt. Dies wurde untergraben durch die Ausbreitung getrennter Einrichtungen, die in einer wettbewerbsorientierten Hierarchie organisiert sind, und natürlich durch die Kosten. Aber die Agenda der öffentlichen Hochschulbildung könnte mehr vom Gedanken sozialer Integration und öffentlicher Dienstleistung und weniger von Leistungsdenken bestimmt sein. In gewissem Maße gilt dies auch für Kanada. Überall besteht ein Spannungsverhältnis zwischen Zugang und Auswahl.[23]

23 Die staatliche Finanzierung der Hochschulbildung kommt eher den elitären und selektiven Einrichtungen zugute als denjenigen, die den breitesten Zugang gewähren. Das liegt zum Teil daran, dass Erstere wichtige Forschungsergebnisse hervorbringen. Aber die öffentliche Hand unterstützt auch das Privileg kleiner Klassen und üppiger Campusanlagen an privaten Universitäten – nicht zuletzt (aber nicht nur) durch Steuerbefreiung. Und auch öffentliche Geldgeber sind nicht immun gegen die Verlockungen des Prestigewettbewerbs.

Die Wiederherstellung der Wirkmacht der Bürger, eines inklusiven *demos* und des Einsatzes für einen politischen Prozess, der die parteipolitischen Gräben überbrückt, erfordert eine grundlegende Erneuerung der sozialen Solidarität. Wir können das Gefühl der Wirkmacht nicht zurückgewinnen, wenn wir nicht Ressourcen und Möglichkeiten schaffen, um sie auf realistische Art und Weise auszuüben. Ebenso reicht es nicht aus, Vielfalt zu tolerieren oder gar zu begrüßen, wenn wir nicht Beziehungen aufbauen, die es den Bürgern tatsächlich ermöglichen, sich gegenseitig kennenzulernen. Und schließlich hat das kurzfristige Streben nach politischer Macht das repräsentative System und das Wahlsystem von innen heraus zersetzt und zu einer übermäßigen Polarisierung sowie zum Verfall des öffentlichen Raums geführt. Diese Entstellung des demokratischen Prozesses lässt sich nur beheben, wenn eine gemeinsame politische Identität und eine gemeinsame Bestimmung wiederhergestellt und erneuert werden.

Trotz aller Umkehrungen früherer positiver Trends und trotz aller neuen Probleme, die die Demokratien heute plagen, wurden in den letzten fünfzig Jahren auch echte und wichtige Erfolge erzielt. So gab es große Veränderungen bei den Rechten und Möglichkeiten der Frauen, mehr Plätze für Schwarze Amerikaner in Elite-Institutionen, bemerkenswerte Erfolge für Asiaten und einige andere Einwanderer, größere Anerkennung und Legitimität für eine Vielzahl kultureller Unterschiede und persönlicher Identitäten.[24] In jedem dieser Fälle haben die Veränderungen die Demokratie vorangebracht.

Natürlich hat jeder große Schritt nach vorn sowohl Rückschläge als auch Vorteile mit sich gebracht. In jedem Fall haben die Veränderungen die Bürger gestärkt – aber auch dazu geführt, dass einige andere das Gefühl hatten, zumindest relativ gesehen, Macht zu verlieren. In jedem Fall haben die Veränderungen die Inklusivität des *demos* gefördert – aber auch seine vertraute Identität verändert. In allen Fällen waren die Veränderungen eine Folge des Strebens nach besserer Demokratie – haben aber auch zu majoritären Versuchen geführt, den Wandel zu blockieren.

Diese Errungenschaften waren in einer Zeit extremer Ungleich-

24 Auch das gilt in unterschiedlichem Maße für Großbritannien und den größten Teil Kontinentaleuropas – obwohl in einigen Ländern wie Polen und Ungarn ein größerer Pluralismus schnell von autoritären Politikern bekämpft wurde.

heit vor allem deshalb möglich, weil sie die Hindernisse für die Inklusion einiger Personen verringerten, ohne aber die tiefer liegenden Strukturen der Ungleichheit zu verändern. Der Abbau von Einseitigkeiten war gekoppelt an die Meritokratie und kam somit überproportional den Eliten zugute. Insbesondere Fachkräfte, die aufgrund ihrer Ausbildung prestigeträchtige Positionen oder hohe Gehälter erreicht haben, haben unverhältnismäßig stark davon profitiert.

Es gibt mehr Anwältinnen, Ärztinnen und weibliche Führungskräfte, aber die Löhne und Leistungen von Pflegekräften, Lehrerinnen und den meisten Dienstleistungsbeschäftigten haben sich dadurch nicht verbessert. Es gibt mehr Schwarze Studenten an den Universitäten der Ivy League, aber das hat die Bildungs- oder Beschäftigungsaussichten für die meisten Schwarzen Männer nicht verändert und den Fluch der Inhaftierung nicht verringert.[25]

Der Erfolg der gebildeten *professionals* hat jedoch auch Ressentiments hervorgerufen. Gleiches gilt für das Ausmaß, in dem ihr Streben nach authentischer Selbstverwirklichung mit einer selbstgerechten Verunglimpfung der weniger gebildeten Menschen einhergeht. Die Freiheiten und Möglichkeiten haben sich weiterentwickelt, und diese Fortschritte sind nach wie vor wertvoll, aber die Herausforderung besteht heute darin, die positive Seite des Strebens nach Authentizität und der Anerkennung von Leistungen mit einer größeren strukturellen Gleichheit und Solidarität zu verbinden.

Geschlecht

Inklusion, Autonomie und Gleichstellung von Frauen gehören zu den größten Errungenschaften der letzten zweihundert Jahre. Sie wurden langsam und unter großen Anstrengungen erreicht. Sie bleiben zudem unvollständig, und es ist nach wie vor viel zu tun.

Wie wir betont haben, müssen die Bürger nicht nur in ihren formalen politischen Rollen gestärkt werden, sondern auch in ihren Fähigkeiten für »Leben, Freiheit und das Streben nach Glück«.

25 Obwohl Schwarze Frauen mit der doppelten Herausforderung von Rassismus und Sexismus konfrontiert sind, haben sie stärker von den neuen Möglichkeiten profitiert als Schwarze Männer. Warum das so ist, ist eine komplexe Frage, deren Antworten vom Bildungsniveau bis hin zu Beschäftigung, Gewalt und Masseninhaftierung reichen.

Denken wir an diejenigen, die durch die US-Verfassung (und in vielen anderen Ländern) von formalen politischen Rollen ausgeschlossen sind. In dem Maße, in dem Frauen und andere das Wahlrecht erlangt haben, haben sie auch mehr Möglichkeiten zur Verwirklichung ihrer eigenen Lebenspläne erhalten.

Schwarze Amerikaner wurden aus der Sklaverei befreit und haben, so steinig der Weg auch war, bessere Arbeits- und Geschäftsmöglichkeiten, einen höheren Lebensstandard, Schulen, Wohnraum und persönliche Autonomie sowie eine gewisse politische Macht erlangt. Die Einkommen der Arbeitnehmer, die Arbeitsplatzsicherheit und die Sicherheit am Arbeitsplatz verbesserten sich, vor allem dank der Gewerkschaften, die sowohl in politischer als auch in wirtschaftlicher Hinsicht einflussreich waren (und die nicht nur die Beschäftigungsbedingungen für ihre Mitglieder, sondern die Verhältnisse ganz generell verändert haben). Frauen wurden in die Lage versetzt, ihre eigenen Entscheidungen zu treffen, trotz der seit langem bestehenden Beschränkungen und der immer wieder auftretenden Rückschläge. Größere persönliche und berufliche Autonomie bedeutet auch eine politische Ermächtigung.

In politischen Führungspositionen und in Spitzenpositionen der Privatwirtschaft sind Frauen immer noch unterrepräsentiert. Sie werden für vergleichbare Arbeit immer noch schlechter bezahlt als Männer. Sie werden immer noch körperlich misshandelt und belästigt, ihnen wird immer noch die Kontrolle über ihren eigenen Körper verweigert und sie werden immer noch vergewaltigt. Hinter materieller Ausgrenzung, Ausbeutung und Gewalt verbirgt sich ständige, sich wiederholende symbolische Gewalt. Frauen werden in lockeren Gesprächen und in der Comedy immer noch gern verunglimpft, auch wenn die offene Grobheit eines Donald Trump unter Personen des öffentlichen Lebens nicht die Regel ist. Es ist von entscheidender Bedeutung, dass der republikanische Rechtsrahmen Frauen gleiche Rechte und gleiche Behandlung garantiert. Es ist zwingend erforderlich, dass die Verantwortlichen in allen Organisationen die Täter zur Rechenschaft ziehen und nicht nervös lachen oder wegschauen.

Wiederkehrende Skandale und Mobilisierungen wie die #MeToo-Bewegung erinnern daran, dass Missbrauch und ungerechte Behandlung Frauen in allen Berufen und in unterschiedlichen Klassen- und Einkommensschichten betreffen. Besonders häufig sind

Gewalt und Diskriminierung jedoch bei weniger wohlhabenden Frauen anzutreffen. Wie seit langem bekannt, ist die wirtschaftliche Stärkung von Frauen deshalb von grundlegender Bedeutung für ihre persönliche Unabhängigkeit, für ihre Behandlung durch andere und für ihre Fähigkeit, soziale Beziehungen auf einer fairen Grundlage aufzubauen. Und der beste Weg dorthin ist nicht ein auf den Einzelfall bezogenes Bemühen um mehr Fairness, so wertvoll das auch sein mag, sondern ein umfassender ökonomischer Wandel.

Um die Situation von Frauen zu verbessern, müssen wir die Entlohnung und die Arbeitsbedingungen von Lehrerinnen, Pflegekräften und Dienstleistungsbeschäftigten im Allgemeinen drastisch erhöhen. Das sind die größten Beschäftigungsgruppen in den Vereinigten Staaten, und zu ihnen gehören weit überwiegend Frauen.[26] Diese Tätigkeiten haben dramatisch zugenommen, während zuvor gut bezahlte und überwiegend männliche Arbeitsplätze in Sektoren wie Bergbau, Fertigung und Bauwesen verloren gegangen sind.

Natürlich ist es auch gut, dafür zu sorgen, dass Informatikerinnen und Anwältinnen vergleichbar bezahlt werden wie ihre männlichen Kollegen. Aber das Streben nach Fairness für Angehörige der Elite wird weniger Leben verändern als mehr Gleichheit. Wenn die Löhne im Dienstleistungssektor niedrig gehalten werden, bleiben die Löhne für Frauen (und auch für Schwarze und Migrantinnen) niedrig. Wenn Kellner und Kellnerinnen existenzsichernde Löhne mit Zusatzleistungen bekämen, anstatt von Trinkgeldern abhängig zu sein, würde das die Gleichstellung fördern. Ein höherer Mindestlohn würde den Frauen helfen.[27]

In der akademischen Welt wird darüber diskutiert, warum die Berufskategorien mit den meisten Frauen so schlecht bezahlt werden.[28] Die Klärung dieser Fragen hat Auswirkungen darauf, ob

26 Ein Fünftel aller amerikanischen Beschäftigten arbeitet im Gesundheitswesen und im Sozialbereich, etwa 15 Prozent sind im Einzelhandel und in der Hotellerie- und Gastronomiebranche tätig. Siehe die Zensusdaten unter ⟨https://www.census.gov/library/stories/2020/10/manufacturing-still-among-top-five-united-states-employers.html⟩ und ⟨https://www.bls.gov/cps/cpsaat11.htm⟩.

27 D. Boesch/R. Bleiweis/A. Haider, Raising the Minimum Wage Would Be Transformative for Women, Center for American Progress, 23. Februar, 2021, ⟨https://www.americanprogress.org/article/raising-minimum-wage-transformative-women/⟩.

28 Siehe unter anderem Paula England, The Gender Revolution: Uneven and

eine bessere Bezahlung nur mehr Männer in diese Berufe lockt, anstatt die Gleichstellung der Geschlechter zu erreichen. In gewissem Maße scheint dies im Bereich der Krankenpflege der Fall zu sein. Dieses Muster ist ein Grund, sich nicht nur auf einen Beruf zu konzentrieren, aber kein Grund, ungleiche Bezahlung zu tolerieren. Wir sollten nicht nur eine höhere Entlohnung für bestimmte Berufe anstreben, die überwiegend von Frauen ausgeübt werden – insbesondere solche, die eine höhere Ausbildung erfordern oder in denen ein Arbeitskräftemangel herrscht. Wir sollten handeln, um die Ungleichheit insgesamt zu verringern.

Natürlich würde dies auch den Männern zugutekommen – was im Streben nach Gleichberechtigung und Solidarität keine schlechte Sache sein muss. Leider fordern Bürger, die mit ihrer Situation unzufrieden sind, nicht immer Gleichheit. Viel zu oft beklagen sie sich über die Vorteile anderer. Eine Dimension der toxischen, hässlichen und schlicht traurigen Männlichkeit der letzten Zeit ist das Ausmaß, in dem Männer Frauen (sowie Minderheiten, Einwanderern und anderen) die Schuld für ihren Karrierefrust geben. Frauen tun dies weniger, sei es, weil sie weniger erwarten, oder aus anderen Gründen.[29]

Ebenso wäre es ein großer Gewinn für Frauen – beziehungsweise für Familien und Kinder –, wenn flächendeckend eine qualitativ hochwertige Kinderbetreuung verfügbar wäre. Natürlich sollten auch Männer ihren elterlichen Pflichten nachkommen, aber das tun sie nicht. Frauen sind viel häufiger alleinerziehende Elternteile (obwohl die hohe Zahl zerrütteter Familien auch für Männer belastend ist). Frauen sind gezwungen, Entscheidungen in Bezug auf Arbeit und Kinderbetreuung zu treffen, die weder für sie selbst noch für ihre Kinder oder die Gesellschaft insgesamt zuträglich sind. Verschärft wird das Problem nicht nur durch fehlende Unter-

Stalled, in: *Gender and Society* 24:2 (2010), S. 149-166, sowie die provokante These, dass das gegenwärtige Ausmaß an Geschlechterungleichheit nicht von Dauer sein kann, bei Robert Max Jackson, *Destined for Equality* (Cambridge, MA: Harvard University Press, 1998).

29 Das könnte ein Grund dafür sein, dass männliche Wähler dauerhaft in stärkerem Maße »rechtspopulistischen« Kandidaten wie Donald Trump zuneigen. Zu diesem Phänomen, das noch nicht adäquat verstanden ist, siehe unter anderem E. Levitz, Men and Women Have Never Been More Politically Divided, in: *New York*, 19. Oktober 2020.

stützung, sondern auch durch mangelnde Arbeitsplatzsicherheit. Während der Pandemie haben Frauen schneller ihren Arbeitsplatz verloren als Männer – sowohl wegen des schwächeren Schutzes vor Jobverlust als auch wegen konkurrierender Betreuungsaufgaben.[30]

Die Stärkung und Ermächtigung der Frauen erfordert auch eine veränderte Einstellung zur Sexualität. Im Grunde geht es darum, Frauen nicht einfach als Sexualobjekte zu behandeln – weder im Einzelfall noch im Allgemeinen. Gewalttätige und erzwungene Sexualität ist natürlich noch schlimmer. Aber es gibt auch weniger extreme Themen – die Autonomie der Frauen beim Sex, die medizinische Unterstützung weiblicher Sexualität. Dabei hat es durchaus Fortschritte gegeben, aber sie reichen nicht aus. Der kulturelle Wandel muss weitergehen. Auch die Anerkennung politischer Rechte und die Erlangung wirtschaftlicher Unabhängigkeit sind in diesem Zusammenhang von Bedeutung.

Männer haben sich oft eher schlecht auf die größere Autonomie der Frauen eingestellt. Ein auffälliges Merkmal der jüngsten rechtspopulistischen Bewegungen ist die aggressive Zurschaustellung toxischer Männlichkeit. Sexuelle Gewalt hat während der Pandemie zugenommen. Diese Übergriffe sind nicht nur auf Veränderungen zurückzuführen, die die Stellung der Frauen stärken. Aber auch die Ressentiments der Machos gegenüber den Erfolgen der Frauen sind nicht die ganze Geschichte.[31]

30 D. Boesch/S. Phadke, When Women Lose All the Jobs: Essential Actions for a Gender-Equitable Recovery, Center for American Progress, 1. Februar 2021, ⟨https://www.americanprogress.org/article/women-lose-jobs-essential-actions-gender-equitable-recovery/⟩. Zu umfassenderen Perspektiven siehe S. L. Averett/L. M. Argyris/S. D. Hoffman (Hg.), *The Oxford Handbook of Women and the Economy* (Oxford: Oxford University Press, 2018), insbesondere das Kapitel über »Women, Work, and Family« von Francine D. Blau und Anne E. Winkler. In unserer Zeit der »Kulturkämpfe« und der politischen Polarisierung wurde eine ideologische Illusion befördert, indem man sich auf »Familienwerte« konzentrierte, anstatt zu erkennen, wie sehr starke Familien und eine gute Kindheit von den materiellen sozialen und wirtschaftlichen Bedingungen abhängen. Siehe Kathleen Gerson, *The Unfinished Revolution: Coming of Age in a New Era of Gender, Work, and Family* (Oxford: Oxford University Press, 2011).

31 Tatsächlich gehören ähnliche Faktoren zu den Ursachen von Homophobie und gewalttätigen Angriffen auf Menschen aus der LGBTQ-Community. Die Fortschritte bei der Freiheit und Gleichbehandlung von Schwulen und Lesben sind beeindruckend, aber sie sind nach wie vor umstritten. Noch viel heftiger gestritten wird um die Rechte von Transfrauen und -männern, aber die Anerkennung

Innerhalb von zwei Generationen ist in weiten Teilen der Kultur ein altes Männlichkeitsideal in Ungnade gefallen. Der Anspruch auf männliche Stärke und Dominanz wird inzwischen als missbräuchlich empfunden. Behauptungen männlicher Überlegenheit werden tagtäglich durch den Erfolg von Frauen entkräftet – nicht zuletzt in der Schule und in Berufen, die auf Bildungsabschlüssen basieren. Gleichzeitig haben einige religiöse und andere Bewegungen versucht, das alte Ideal zu stützen und Männer zu ermutigen, sich als Ernährer und Oberhaupt der Familie zu sehen. Während einige kulturelle Botschaften eine stärkere Zusammenarbeit der Eheleute propagieren, verurteilen andere Männer, die ihre Familien im Stich lassen.

Einige dieser Faktoren haben Schwarze Männer besonders hart getroffen. Auch für sie ist es schwieriger als für ihre weiblichen Pendants, in der Schule zu bleiben, und sie haben es schwerer, ohne Ausbildung einen guten Job zu finden. Auch sie werden durch den Niedergang der handwerklichen – und allgemeiner der verarbeitenden – Berufe verdrängt. Darüber hinaus sind sie besonderen Herausforderungen durch Banden, rassistische Polizeiarbeit und Inhaftierung ausgesetzt.

Unabhängig von der Ideologie ist es für viele ebenfalls unmöglich geworden, das Stereotyp eines männlichen Ernährers zu sein – oder zumindest verspüren sie zusätzlichen Druck, dem sie nur schwer gerecht werden können. Die neuen wirtschaftlichen Gegebenheiten haben weder einen sanften Übergang zur Ehe als gleichberechtigter Partnerschaft noch ein neues Selbstwertgefühl gefördert. Sie haben es vielen Männern aus der Arbeiterklasse – und zunehmend auch aus der Mittelschicht – schlichtweg unmöglich gemacht, genug zu verdienen, um eine Familie zu ernähren.[32]

hat zugenommen. In dem Maße, in dem LGBTQ-Rechte und -Identitäten in größerem Umfang anerkannt und geschützt wurden, hat auch die Gegenreaktion zugenommen. Die Ursachen sind nicht in erster Linie wirtschaftlicher Natur, sondern auch in der »Entmächtigung« von Männern und in widersprüchlichen Botschaften über Männlichkeit – und Geschlecht ganz allgemein – zu suchen.

32 Siehe Kapitel 3. Dabei geht es nicht nur um die Frage, ob Männer genug verdienen können, damit Frauen dem Arbeitsmarkt fernbleiben. Es geht auch darum, ob Männer genug verdienen können, um die immer teureren Güter zu beschaffen, die Familien laut Medien und kulturellen Normen benötigen. Zusätzlich verkompliziert wird das Ganze durch die Statusasymmetrie, wenn Frauen mehr Bildung und verschiedene Arten von Arbeitsmöglichkeiten erlangen.

Tatsächlich ist die Zahl der bezahlten Arbeitsstunden, die für den Unterhalt einer Familie erforderlich sind, gestiegen, was die Arbeit beider Elternteile nicht zu einem Weg zu mehr wirtschaftlichem Wohlstand macht, sondern zu einer schieren Notwendigkeit.

Die Idee einer angemessenen Bezahlung muss dabei von Vorstellungen wie dem »Familienlohn« getrennt werden. Die Verringerung der Ungleichheit sollte nicht von der Verringerung der Ungleichheit zwischen Männern und der Aufrechterhaltung der Ungleichheit zwischen Männern und Frauen abhängig gemacht werden. Der beste und direkteste Weg ist wahrscheinlich die Vollbeschäftigung – vielleicht sogar eine Arbeitsplatzgarantie. Einkommenssubventionen – selbst ein allgemeines Grundeinkommen – sind kein adäquater Ersatz für Arbeitsplätze.[33] Vorschläge für ein solches bedingungsloses Grundeinkommen bieten selten ein Einkommen, das auch nur annähernd an das einer Beschäftigung heranreicht, und die Arbeitgeber werden sich solchen Vorschlägen wahrscheinlich ebenso widersetzen wie den höheren Mindestlöhnen, weil sie befürchten, ihren Mitarbeitern mehr zahlen zu müssen. Arbeitsplätze sind zudem wichtig für Selbstachtung und Selbstbestimmung.

Für verletzten männlichen Stolz haben wir kein Patentrezept. Es gibt zu viele Beispiele dafür, wie er zwischenmenschlich toxisch und für die Demokratie problematisch wird. Männer sind besonders anfällig für überzogene Freiheitsbekundungen wie etwa das Tragen von Waffen, aggressives Verhalten und sogar die Missachtung von Gesundheitsvorschriften wie der Maskenpflicht. Die Menge, die am 6. Januar 2021 das US-Kapitol stürmte, war überwiegend männlich, obwohl der einzige erschossene Demonstrant eine Frau war. Gruppen wie die Proud Boys sind für Männer attraktiv; Männer sind bei rechten Milizen und in Neonazi-Gruppen besonders stark

33 Der Technologieunternehmer Andrew Yang, der 2020 für das Amt des US-Präsidenten kandidierte, hat beispielsweise vorgeschlagen, jedem Bürger 1000 Dollar pro Monat zu zahlen. Dieses Einkommen wäre natürlich zu begrüßen, aber es ersetzt nicht wirklich einen Job mit 50 000 Dollar Jahresverdienst. Es könnte ein nettes zusätzliches Sicherheitsnetz sein, aber es ist keine wirkliche Lösung für den Wandel der Arbeitswelt, wenn es nicht hoch genug ist, um den Lebensstandard der Arbeitnehmer wirklich anzuheben und sie in die Lage zu versetzen, kollektiv mit dem Kapital zu verhandeln. Das würde einen weitaus umfassenderen Vermögenstransfer erfordern als den, den die reichen Befürworter eines universellen Grundeinkommens offenbar im Auge haben. Siehe die kritische Analyse in Aaron Benanov, *Automation and the Future of Work* (London: Verso, 2020).

vertreten. Das muss mehr als nur verurteilt werden. Wir müssen anerkennen, vor welchen Herausforderungen zumindest große Teile der männlichen Bevölkerung stehen.

Rasse und Wahlrecht

Die Ausgrenzung aufgrund der Rasse hat die Demokratie in den Vereinigten Staaten lange Zeit eingeschränkt und untergraben. Hier ist eine Liste spezifischer Abhilfemaßnahmen, die wünschenswert wären:

* Abschaffung der Beschränkung von Wahlen auf Werktage, an denen Arbeitnehmer um Freistellung bitten müssen oder nur eingeschränkt wählen können. Insbesondere sollten Wahlen an Sonntagen erlaubt werden.
* Ende des Wahlrechtsentzugs für ehemalige Straftäter.
* Gewährung der Eigenstaatlichkeit für den District of Columbia.
* Abschaffung des Wahlmännerkollegiums, das die am wenigsten Schwarzen und die am wenigsten urbanen Staaten begünstigt.
* Verteilung der Senatssitze nach Bevölkerungszahl.

Aber es ist nicht sicher, dass der Kongress auch nur den bescheidenen, aber wichtigen Gesetzesentwurf zur Sicherung des Wahlrechts verabschieden wird, der jetzt vorliegt.

Seit der Gründung der Vereinigten Staaten ist die Festlegung der Wahlverfahren ein Recht und eine Verantwortung, die den Bundesstaaten übertragen wurden. Der Zuschnitt der Wahlbezirke, die Zulassung der einzelnen Wähler und die Bestätigung der Wahlergebnisse sind von entscheidender Bedeutung. Und alle sind derzeit in den Vereinigten Staaten heftig umstritten. In den Vordergrund rückten diese Fragen, als Donald Trump und seine Anhänger versuchten, die Wahl 2020 als betrügerisch darzustellen.

Trumps Regierung wollte die Auszählung von Briefwahlstimmen blockieren, obwohl Trump selbst per Post gewählt hatte. Dann betrieben Trump und seine Anhänger eine massive Kampagne, um die Wahlergebnisse zu kippen, indem sie legitime Stimmen für ungültig erklären ließen.[34] Nachdem das gescheitert war, bemühten

34 William Cummings/Joey Garrison/Jim Sergent, By the Numbers: President Donald Trump's Failed Efforts to Overturn the Election, in: *USA Today*, 6. Januar 2021.

sich die Republikaner überall in den Vereinigten Staaten darum, mittels einzelstaatlicher Gesetzgebung in Zukunft noch mehr Stimmen zu unterdrücken.[35] Das geschieht nicht nur aus Loyalität gegenüber dem besiegten Demagogen und auch nicht nur in dem Bemühen, parteipolitische Siege zu sichern. Es handelt sich um konzertierte Versuche, die Wahlbeteiligung von Schwarzen und anderen Minderheiten zu verringern. Sie sind in einem beunruhigenden Ausmaß von Erfolg gekrönt.

Die Wahlbezirke müssen regelmäßig angepasst werden, um der Bevölkerungsentwicklung Rechnung zu tragen. Im Prinzip sollten sie die Grenzen der tatsächlichen Gemeinden oder zumindest der Bevölkerungskonzentrationen widerspiegeln. Gerrymandering ist die Verzerrung dieser Grenzen, um bestimmte Wähler einzubeziehen oder auszuschließen. Dieses Mittel wird von Amtsinhabern und Mehrheitsparteien angewandt, um die eigenen Wahlvorteile zu wahren. So wurde versucht, mehrheitlich Schwarze Bezirke zu schaffen und umgekehrt Schwarze Wähler auf verschiedene Bezirke aufzuteilen, um zu verhindern, dass sie irgendwo eine Mehrheit bilden. Während einige Bundesstaaten sich bemüht haben, die Wahlkreiseinteilung zu entpolitisieren und das Gerrymandering zu reduzieren, haben bis Mitte 2021 mindestens vierzehn Bundesstaaten Gesetze erlassen, die Parteifunktionären mehr Kontrolle über die Wahlen verschaffen. Die Republikaner wehren sich derzeit gegen eine faire Wahlkreiseinteilung, aber auch die Demokraten haben dies in der Vergangenheit gelegentlich getan. Gerrymandering zu parteipolitischen Zwecken oder aus rassistischen Gründen ist schon schlimm genug, aber es hat auch den latenten Effekt, dass es die Beziehung zwischen der Volksvertretung und den Gemeinden untergräbt und die Demokratie als einen künstlichen Prozess erscheinen lässt, der von der Organisation des normalen Lebens abgekoppelt ist.

Die Wählerunterdrückung bezieht sich auf Bemühungen, die

35 Siehe Sue Halpern, The Republicans' Wild Assault on Voting Rights in Texas and Arizona, in: *New Yorker,* 8. Juni 2021. Das parteiunabhängige Brennan Center for Justice veröffentlicht regelmäßig eine Liste von staatlichen Gesetzen zur Beeinflussung von Wahlen: ⟨https://www.brennancenter.org/our-work/research-reports/state-voting-bills-tracker-2021⟩. Siehe auch ⟨https://www.politico.com/news/2021/03/15/voting-restrictions-states-475732⟩; ⟨https://www.motherjones.com/politics/2021/02/voting-rights-republicans-trump-georgia/⟩.

Wahlbeteiligung bestimmter Bürger zu verhindern oder einzuschränken. Wenn man zum Beispiel darauf besteht, dass Wahlen an Wochentagen während der Arbeitszeit stattfinden, erschwert das die Wahlbeteiligung von Nicht-Elite-Arbeitern, aber das ist durchaus üblich. Lange Zeit waren Alphabetisierungstests ein Mittel, um die Wahlbeteiligung von weniger gebildeten Menschen, einschließlich Schwarzer Bürger, denen Bildung verwehrt wurde, zu verringern. Die Registrierung zur Wahl kann erleichtert oder erschwert werden. Wähler können in Wahllokalen eingeschüchtert werden. Es können zusätzliche oder willkürlich komplizierte Ausweisformulare verlangt werden.

Von entscheidender Bedeutung war die Wählerunterdrückung, als die Weißen im Süden versuchten, nach dem verlorenen Bürgerkrieg und der Reconstruction ihre Macht wiederherzustellen. Sie trug dazu bei, die Macht der Weißen nach dem Bürgerkrieg fast einhundert Jahre lang zu zementieren. Schließlich wurde dieses Vorgehen durch den Voting Rights Act von 1965 eingeschränkt (wenn auch nicht ganz abgeschafft). Er war sowohl ein Höhepunkt der Bürgerrechtsbewegung als auch das wohl letzte bedeutsame Gesetz, das auf dem New Deal beruhte. Doch der Fortschritt in Sachen Demokratie verlief in den Vereinigten Staaten (oder anderswo) nicht linear. Das Bürgerrechtsgesetz von 1965 wurde 2013 ausgehöhlt, als der Oberste Gerichtshof entschied, dass es keinen Grund mehr für eine strenge Kontrolle der zuvor missbräuchlich handelnden Staaten gibt. Wieder einmal versuchte eine schwindende Mehrheit, ihre Vorherrschaft zu sichern, indem sie die Chancen anderer – insbesondere Schwarzer Amerikaner – auf das Wahlrecht und auf die Teilnahme an der Demokratie beschnitt.[36] Eine temporäre Mehrheit suchte nach antidemokratischen Wegen, um ihren Vorteil auf Dauer zu stellen.

Heute wird um eine erneuerte und erweiterte Ermächtigung

36 Die Literatur zum Wahlrecht ist immens, weil es sich nun einmal um ein so grundlegendes – und aktuelles – Thema handelt. Siehe S. Abrams et al., *Voter Suppression in US Elections* (Athens: University of Georgia Press, 2020); Carol Anderson, *One Person, No Vote* (London: Bloomsbury, 2019); Gilda Daniels, *Uncounted* (New York: New York University Press, 2020). Zur Rolle der Gerichte siehe L. Goldstone, *On Account of Race* (Berkeley, CA: Counterpoint, 2020). Zu einer Darstellung der Probleme und des Kampfes aus Sicht des heute wichtigsten Wahlrechtsaktivisten siehe Stacey Abrams, *Our Time Is Now* (New York: Holt, 2020).

gekämpft, aber dieser Kampf stößt auf scharfen Widerstand und weist innere Widersprüche auf. Bis 2021 hatten republikanische Gesetzgeber in siebzehn Bundesstaaten Gesetze verabschiedet, die den Zugang zu den Wahlen einschränken.[37] Die Bürger müssen sich auf staatlicher Ebene mobilisieren, um das Wahlrecht zu sichern. Es sind aber auch tiefgreifendere Veränderungen erforderlich. Und sie müssen den Widerstand derjenigen überwinden, die gerade an der Macht sind. Auch hier entspringt der Widerstand in der Regel unumwundenem Rassismus, der manchmal in Ideologien wie dem weißen christlichen Nationalismus zum Ausdruck kommt. Manchmal spiegelt er aber auch eher Machtinteresse als Rassismus wider.

Die Vereinigten Staaten sind leider kein Einzelfall, sondern stehen an der Spitze eines schlimmen Trends: Die gezielte Unterdrückung von Wählern breitet sich aus.[38] Dabei gibt es eine Vielzahl unterschiedlicher Mechanismen, um einigen Bürgern die Stimmabgabe zu erschweren. So verschwinden Wahllokale aus Minderheitenvierteln. In Texas hat die von den Republikanern kontrollierte Legislative im Jahr 2020 insgesamt 750 Wahllokale geschlossen, vor allem in Städten, die eher für die Demokraten stimmen.[39] Die Republikaner in Georgia, die 2020 beide Sitze im Senat an die Demokraten verloren haben, haben nicht nur die Briefwahl eingeschränkt, sondern auch die Stimmabgabe an Sonntagen und die Abgabe von Wasser an Personen, die in der Schlange vor dem Wahllokal stehen, verboten. Parteien und Interessengruppen haben versucht, ihre potenziellen Gegner massenweise auszuschließen, und sie gezwungen, sich neu zu registrieren, um die Wahlbeteiligung zu senken. Die Mehrheiten in den einzelstaatlichen Legislativen

37 Brennan Center for Justice, Voting Rights Roundup, May 2021, ⟨https://www.brennancenter.org/our-work/research-reports/voting-laws-roundup-may-2021?campaign_id=9&emc=edit_nn_20210713&instance_id=35184&nl=the-morning&regi_id=39283977&segment_id=63295&te=1&user_id=cf9c1c42af53919bb3f.4eefbb7085f.6e⟩.

38 Siehe »The Spreading Scourge of Voter Suppression«, in: *The Economist,* 10. Oktober 2020. Allgemeiner zur vergleichenden Integrität von Wahlen siehe die Website des Electoral Integrity Project (⟨www.electoralintegrityproject.com⟩) sowie zahlreiche Publikationen seiner Gründungsdirektorin Pippa Norris, darunter *Strengthening Electoral Integrity* (Cambridge, UK: Cambridge University Press, 2017).

39 Michael Barajas und der *Texas Observer,* Texas and the Long Tail of Voter Suppression, in: *The Nation,* 16. Oktober 2020.

haben die Art der erforderlichen Ausweispapiere geändert, in der Hoffnung, dass ärmere Wähler das entscheidende Dokument nicht griffbereit haben.[40]

Klare gesetzliche Anforderungen und eine wirksame Durchsetzung könnten gewährleisten, dass alle Bürger die gleichen Wahlmöglichkeiten haben und ihre Stimmen gleich viel zählen. Doch in den meisten Ländern und Bundesstaaten dürfen diejenigen, die an der Macht sind, die Wahlregeln festlegen; Anfechtungen seitens derer, die sie auszuschließen versuchen, sind schwer aufrechtzuerhalten.[41]

Bemühungen, bestehende Vorteile auf Dauer zu stellen, ersticken den Fortschritt der Demokratie immer wieder im Keim. Die Auswahl eines Kandidaten beinhaltet in der Regel eine Karriere in politischen Parteien oder in ideologisch ausgerichteten Vereinigungen zur Karriereförderung wie der Federalist Society, die Anwälte für den rechten Flügel der Republikanischen Partei in den Vereinigten Staaten rekrutiert. Es gibt noch weitere Mechanismen wie die Bestimmung in den meisten US-Bundesstaaten, dass Kandidaten, die die Vorwahlen verlieren, bei den allgemeinen Wahlen nicht als Unabhängige kandidieren dürfen – was die Abgeordneten von unabhängigem Handeln abhält.[42]

40 Diese Praxis wurde von der konservativen Regierung aus den Vereinigten Staaten ins Vereinigte Königreich importiert, angeblich um den Wahlbetrug einzudämmen, auch wenn es in Wirklichkeit kaum Beweise für irgendwelchen Betrug gab. Siehe Caroline Davies, Conservatives Accused of Suppressing Voters' Rights over Leaked Photo ID Plans, in: *The Guardian,* 13. Oktober 2019. Siehe auch Pippa Norris, The UK Scores Worst in Electoral Integrity in Western Europe. Here's Why, Democratic Audit, 30. März 2016, ⟨www.democraticaudit.com/2016/03/30/the-uk-scores-worst-in-electoral-integrity-in-western-europe-heres-why⟩.

41 Wenn Stimmen nicht unterdrückt werden können, sind andere Ansätze zur Untergrabung der Demokratie üblich. So haben Mehrheiten in parteiischen Parlamenten von US-Bundesstaaten versucht, ihre Macht zu wahren, indem sie den vom Volk gewählten Gouverneuren Mittel und Macht vorenthalten haben. Siehe Richard Fausset/Trip Gabriel, North Carolina's Partisan Rift Widens in Fight Over Governor's Powers, in: *New York Times,* 15. Dezember 2016.

42 Diese Situation verschlimmert sich seit Jahren. Siehe Jonathan Rauch, How American Politics Went Insane, in: *The Atlantic,* Juli 2016; T. E. Mann/N. J. Ornstein, *It's Even Worse than It Looks* (New York: Basic Books, 2016); P. Norris/S. Cameron/T. Wynter (Hg.), *Electoral Integrity in America: Securing Democracy* (Oxford: Oxford University Press, 2018). Und zu der noch einmal extremeren

Nicht nur die Gleichberechtigung wird behindert, sondern auch eine bessere Bereitstellung öffentlicher Güter – und das Erreichen des Gemeinwohls für alle. Es gibt zu viele, die lieber »den Pool leeren würden, um nicht teilen zu müssen«.[43]

Ungleiche Überwachung und Inhaftierung

Natürlich beschränkt sich die rassistische Unterdrückung nicht auf die Wahlurnen. Auch der institutionelle Rassismus ist weit verbreitet. Er wird durch zunehmende Ungleichheit und blockierte Mobilität noch verstärkt. Auch Polizeigewalt ist einer seiner Mechanismen. Mitten in der Corona-Pandemie wurden schwere Fälle von Polizeibrutalität gegen Schwarze Amerikaner durch vielbeachtete Videoaufnahmen besonders sichtbar gemacht. Diese lösten enorme Proteste aus, vor allem nach dem grausamen Mord an George Floyd in Minneapolis im Frühjahr 2020.

Die Proteste verliefen überwiegend friedlich, auch weil sie gut organisiert waren. Einige spielten sich im Rahmen der Bewegung Black Lives Matter ab, die sich seit 2013 gegen rassistische Gewalt einsetzt.[44] Aber ein Großteil der Aktionen ging von lokalen Gemeinschaften aus – insbesondere in Minneapolis mit dem George Floyd Global Memorial. Die Proteste waren beeindruckend bunt und zeugten von einem tiefsitzenden Wunsch nach einem integrativeren Gemeinwesen. Mitten in der Corona-Pandemie und inmitten der Dauerkrisen der Trump-Präsidentschaft waren sie denn auch ein Ausdruck der Solidarität, den viele als inspirierend empfanden.

Doch in den tief gespaltenen Vereinigten Staaten wurde mit Wut, Gewalt und manchmal auch mit Hysterie auf die Proteste

Situation seit der Wahl 2020 siehe Lee Drutman, America Is Now the Divided Republic the Framers Feared, in: *The Atlantic*, 2. Januar 2020; P. Trubowitz/P. Harris, The End of the American Century? Slow Erosion of the Domestic Sources of Usable Power, in: *International Affairs* 95:3 (Mai 2019), S. 619-639. Eine wissenschaftliche Analyse der Folgen für den Kongress bietet S. Binder, The Dysfunctional Congress, in: *Annual Review of Political Science* 18 (2015), S. 85-101

43 Heather McGhee, *The Sum of Us: What Racism Costs Everyone and How We Can Prosper Together* (London: One World, 2021).

44 Die BLM-Bewegung nahm ihren Anfang 2013 als Reaktion auf die Ermordung von Trayvon Martin durch George Zimmerman – und den anschließenden Freispruch für Zimmerman. Christopher J. LeBron, *The Making of Black Lives Matter* (Oxford: Oxford University Press, 2018).

reagiert. Dabei ging es nicht nur um das Thema »Rasse«. Sowohl in den sozialen Medien als auch in den Reden des Präsidenten wurde Panik vor der »Antifa« geschürt. Reale, aber kleine und lose organisierte Netzwerke, die sich zum Widerstand gegen den Faschismus gebildet hatten, wurden zu furchterregenden Schreckgespenstern aufgeblasen. Überall in den Vereinigten Staaten entwickelten ganze Stadtviertel und Kleinstädte die paranoide Vorstellung, dass sie als Nächstes von der Antifa angegriffen werden könnten. Dabei handelte es sich nicht um spontanen Wahnsinn, sondern um Fehlinformationen und Ängste, die von oft obskuren Aktivisten verbreitet und in den sozialen Medien verstärkt wurden. Lokale Webseiten, die sich normalerweise eher mit vermissten Haustieren befassen, waren plötzlich besessen von der Idee möglicher Angriffe.

Die Reaktionen der Polizei auf die Kombination von Black Lives Matter und antifaschistischen Protesten waren massiv und hart – weitaus härter als das Einschreiten der Polizei bei der Erstürmung des Kapitols am 6. Januar. In Portland, Oregon, gab es zum Beispiel von Mai bis September 2020 große Proteste. Zum Leidwesen der Hauptorganisatoren von BLM kam es zu mehreren Gewalttaten und Provokationen von meist weißen, selbsternannten »Antifa«-Aktivisten. Als Reaktion darauf wandte die Polizei innerhalb von hundert Tagen mehr als sechstausend Mal Gewalt gegen zumeist friedliche BLM-Demonstranten an und ging dabei weitaus rigoroser vor als die Demonstranten, die sie angeblich befrieden sollte.[45] Die Trump-Administration verschlimmerte die Lage zusätzlich, indem sie eine schwer bewaffnete Bundestruppe entsandte, die sich aus Einheiten der Zoll- und Grenzpolizei rekrutierte. Das geschah gegen die Einwände von Beamten aus Oregon und führte zu einer dramatischen Eskalation der Konfrontation. Als Vorwand diente der angebliche Schutz von Bundesgebäuden, doch die Einheiten agierten als Bereitschaftspolizei in einiger Entfernung von den Gebäuden, die sie angeblich schützen sollten.[46]

45 Zu einer journalistischen Zusammenfassung der Erkenntnisse von Anwälten des US-Justizministeriums siehe Tyler Sonnemaker, Portland Police Officers Used Force More Than 6,000 Times against Protesters Last Year, in: *Business Insider*, 20. März 2021.

46 Siehe Mike Baker/Thomas Fuller/Sergio Olmos, Federal Agents Push into Portland Streets, Stretching Limits of Their Authority, in: *New York Times*, 25. Juli 2020.

Wie vorhersehbar eskalierten die Spannungen, als die Polizei in mehreren Städten gewaltsam gegen Demonstranten vorging – nicht jedoch gegen rechtsgerichtete weiße Gruppen. Im Vorgriff auf den Sturm auf das US-Kapitol am 6. Januar formierte sich beispielsweise im April 2020 bei einer Kundgebung in Michigan eine bewaffnete Menschenmenge. Sie forderte ein Ende des vom Gouverneur verhängten strengen Corona-Lockdowns.

Kritiker der Polizeigewalt gegen Minderheiten (und der Sympathie für rechte Gruppen) forderten, der Polizei die Finanzmittel zu entziehen (»Defund the police«).[47] Dieser Slogan war unglücklich gewählt, aber er reagierte auf enormen Steigerungen der Polizeibudgets, die größtenteils für die Militarisierung der Polizei ausgegeben werden und auf Kosten notwendiger Sozialprogramme gehen. Gleichzeitig kamen darin die Wut über Polizeigewalt und die erfolgreiche Vereitelung einer wirksamen Kontrolle der Polizei (so gab man lieber Millionensummen für Gerichtsverfahren aus, anstatt missbräuchliche Praktiken zu reformieren) und anarchistische Vorstellungen, wonach die Gesellschaft sich selbst regulieren sollte, zum Ausdruck. Letzteres ist eine durchaus extreme Position, die in einer komplexen, großen und äußerst ungleichen Gesellschaft vermutlich unrealistisch ist. Bisherige Bemühungen um eine gemeinschaftliche Kontrolle der Polizei sind jedenfalls weitgehend gescheitert; würde man die Kontrolle über das Budget übernehmen, könnte das diese Anstrengungen erheblich verstärken.[48]

Vor Jahrzehnten setzten sich Polizeireformbewegungen für mehr Professionalität und Verantwortlichkeit sowie für bessere Beziehungen zwischen Polizei und Bürgern ein. Dabei gab es durchaus Fortschritte, die dann aber wieder rückgängig gemacht wurden. Inmitten der in hohem Maße parteipolitisch geprägten Kriege gegen

47 Einen guten Überblick bietet Jessica M. Eaglin, To »Defund« the Police, in: *Stanford Law Review* 73 (Juni 2021).

48 Dass die Forderungen nach einem Entzug bzw. einer Kürzung der Finanzmittel so im Vordergrund stehen, hat eine gewisse Ironie. Schwarze Amerikaner sind nämlich nicht nur unverhältnismäßig häufig Opfer von Polizeigewalt geworden, sondern auch überproportional von polizeilicher Vernachlässigung betroffen. Das heißt, dass die Polizeibudgets der Sicherheit der zentralen Geschäftsviertel und der wohlhabenden, meist weißen Wohngebiete eine viel größere Priorität einräumen. Schwarze Amerikaner – und in unterschiedlichem Maße auch andere Minderheiten – leiden unter ständiger Unsicherheit.

Drogen und Terror animierten die Polizeikräfte ihre Beamten zunehmend, sich als Krieger und nicht als Dienstleister zu sehen.[49] Das Pentagon stattete sie mit immer mehr schweren Waffen, gepanzerten Mannschaftstransportern und sogar Panzern aus. Das war vergleichbar mit dem Gegensatz zwischen Hightechmedizin und öffentlichem Gesundheitswesen. Es machte die Polizei teurer, untergrub die Bemühungen um eine stärkere Bindung an die Gemeinden und die Öffentlichkeit und blieb bei der Drogen- und Terrorbekämpfung weitgehend ohne Erfolg. Nicht nur auf nationaler Ebene, sondern auch in den meisten US-Städten machten die Politiker Wahlkampf, indem sie Ängste schürten und die Polizei als die Lösung darstellten. Dadurch fühlten sie sich den Polizeikräften (und ihren Gewerkschaften) gegenüber verpflichtet, wenn diese bei Anklagen wegen Übergriffen Immunität verlangten.

Es besteht dringender Bedarf an demokratischen Reformen in der Polizeiarbeit – und ganz allgemein in der Art und Weise, wie die Ziele der öffentlichen Sicherheit erreicht werden. Von entscheidender Bedeutung ist dabei, dem Rassismus sowie der Duldung und Vertuschung von Rassismus ein Ende zu setzen.[50] Die Bürger brauchen einen faktenorientierten demokratischen Prozess, um zu fragen, wie öffentliche Mittel am besten zur Verbesserung der öffentlichen Sicherheit eingesetzt werden können. Bisher deuten die Wahlergebnisse jedoch darauf hin, dass das »defunding« oder die Umstrukturierung der Polizei der Wunsch einer Minderheit ist. Angst bringt schlicht mehr Stimmen.[51]

49 Radley Balko, *Rise of the Warrior Cop: The Militarization of America's Police Forces* (New York: PublicAffairs, 2013); Abigail R. Hall/Christopher Coyne, *Tyranny Comes Home: The Domestic Fate of U.S. Militarism* (Palo Alto, CA: Stanford University Press, 2018); Elizabeth Hinton, *From the War on Poverty to the War on Crime: The Making of Mass Incarceration in America* (Cambridge, MA: Harvard University Press, 2016).

50 Die Polizeiarbeit ist einer der wenigen Dienstleistungsbereiche, der gute Löhne und einen sicheren Arbeitsplatz für die Art von Arbeitnehmern bietet, die früher vielleicht mehr Chancen in der Produktion hatten. Die Polizei profitiert von starken Gewerkschaften. Diese schützen jedoch mitunter unklugerweise (und oft auf Kosten der Öffentlichkeit) rassistische und gewalttätige Beamte. Noam Scheiber/Farah Stockman/J. David Goodman, How Police Unions Became Such Powerful Opponents to Reform Efforts, in: *New York Times,* 6. Juni 2020; Samantha Michael, The Infuriating History of Why Police Unions Have So Much Power, in: *Mother Jones,* September/Oktober 2020.

51 Nach der Ermordung von George Floyd wurde der Vorschlag eingebracht, die

Ein eng damit zusammenhängendes Thema ist die Masseninhaftierung. Seit den 1970er Jahren hat sich der Anteil der Inhaftierten in den Vereinigten Staaten verfünffacht.[52] Wie die hohen Kosten für die Polizeiarbeit ist auch dies eine Folge des neoliberalen Aufschwungs. Die neoliberale Ideologie mag den Eindruck erwecken, dass die staatlichen Ausgaben und die Unterdrückung durch den Staat reduziert werden sollen, aber die Realität sieht anders aus. Das liegt zum Teil daran, dass die Neoliberalen, um an Macht und Einfluss zu gewinnen, politische Koalitionen mit evangelikalen Christen und anderen Gruppierungen mit spezifischen Zielsetzungen eingegangen sind. Die moderne Rechte ist eine Mischung aus Neoliberalismus und einer Politik, die sich auf die Themen Abtreibung, Drogen, persönliche Sicherheit und staatliche Überwachung der Moral konzentriert.

Ein Beispiel dafür ist die rigorose Kriminalisierung von Marihuana. Das Gleiche gilt für Gesetze, die längere Haftstrafen vorschreiben und den richterlichen Ermessensspielraum einschränken. Die vermehrte Inhaftierung schränkt nicht nur die Freiheitsrechte ein, sondern erhöht auch die Kosten für den Staat – in den Vereinigten Staaten um mehr als 80 Milliarden Dollar pro Jahr. Noch teurer werden Gefängnisse, wenn sie, anstatt die Kriminalitätsrate zu senken, zur Reproduktion von Kriminalität beitragen oder wenn sie es ehemaligen Häftlingen erschweren, wieder zurück in die Zivilgesellschaft zu finden. Eine Verringerung der Inhaftierung würde Mittel für die Gesundheitsfürsorge und die Bildung freimachen.

Polizeibehörde von Minneapolis durch eine Abteilung für öffentliche Sicherheit zu ersetzen. Dieser Vorschlag scheiterte bei den Wahlen 2021. Auch die Menschen in New York City wählten einen ehemaligen Polizeibeamten zum Bürgermeister und siegten damit über die Befürworter einer Polizeireform oder eines »defunding«. Siehe Mitch Smith/Tim Arango, »We Need Policemen«: Even in Liberal Cities Voters Reject Scaled-Back Policing, in: *New York Times*, 3. November 2021.

52 Eine frühe und beharrliche Kritikerin war und ist Angela Davis; siehe *Eine Gesellschaft ohne Gefängnisse? Der gefängnisindustrielle Komplex der USA* übers. von Michael Schiffmann (Berlin: Schwarzerfreitag, 2004). Unter zahlreichen Studien siehe Heather Ann Thompson, Why Mass Incarceration Matters: Rethinking Crisis, Decline, and Transformation in Postwar American History, in: *Journal of American History* 97:3 (Dezember 2010), S. 703-734; Peter Enns, *Incarceration Nation: How the United States Became the Most Punitive Democracy in the World* (Cambridge, UK: Cambridge University Press, 2016); Hinton, *From the War on Poverty to the War on Crime;* Franklin E. Zimmring, *The Insidious Momentum of American Mass Incarceration* (Oxford: Oxford University Press, 2020).

Geleitet von neoliberalen Vorstellungen, haben die Regierungen einen Großteil der Gefängnisverwaltung an private, gewinnorientierte Unternehmen ausgelagert.[53] Das ist eine hochprofitable Branche, und die Unternehmen dürfen ihre Gewinne nutzen, um bei der Regierung Lobbyarbeit für Gesetze zu betreiben, die noch mehr Geschäft bringen – wie die »Three-Strikes«-Regel, die für Wiederholungstäter lange Haftstrafen vorschreibt.

Diese Indienstnahme der Politik zur Sicherung geschützter Gewinne ähnelt den Praktiken der Pharmaunternehmen, denen es zu verdanken ist, dass die Vereinigten Staaten die höchsten Arzneimittelpreise der Welt haben.[54] Die Pharmaunternehmen begnügen sich nicht einfach damit, ihre Preise zu schützen. Sie setzen sich auch gegen eine allgemeine Gesundheitsversorgung ein. Sie betreiben also Lobbyarbeit dafür, dass Schwarze, Latinos und Latinas sowie arme Weiße in ländlichen Gebieten nicht versichert sind und keinen Zugang zur Gesundheitsversorgung haben. Ebenso bemühen sich Gefängnisunternehmen nicht nur um einen größeren Anteil an der Gefängnispopulation. Sie setzen sich für strenge Gesetze ein, die die Inhaftierungsrate erhöhen.

Der amerikanische »war on drugs« hat sein offizielles Hauptziel, den Drogenkonsum und -verkauf zu reduzieren, nicht erreicht. Er trieb jedoch sowohl die Polizeibudgets als auch die Inhaftierungsraten auf ein noch nie dagewesenes Niveau. Diese Tendenz ist nun endlich rückläufig. Es wäre gut für die Demokratie, wenn die Zahlen noch weiter sinken würden.

Vielleicht ist es eine Ironie des Schicksals, dass der gescheiterte Krieg der USA gegen *illegale* Drogen mit einer Epidemie von mehr oder weniger *legalem* Drogenmissbrauch zusammenfiel. Dieser

53 Lauren-Brooke Eisen, *Inside Private Prisons* (New York: Columbia University Press, 2019); Shane Bauer, *American Prison* (London: Penguin, 2019). Zur Privatisierung des Strafvollzugs im umfassenderen Kontext der Privatisierung staatlicher Institutionen im neoliberalen Zeitalter siehe Lawrence Baines, *The Privatization of America's Institutions* (Bern: Peter Lang, 2019).

54 In der Tat sind die Inhaftierungsraten und die hohen Kosten für die medizinische Versorgung die beiden Bereiche, in denen die Vereinigten Staaten weltweit am deutlichsten an der Spitze liegen. Zu letzterem Aspekt siehe Andrew W. Mulcahy et al., *International Prescription Drug Price Comparisons: Current Empirical Estimates and Comparisons with Previous Studies* (Santa Monica, CA: RAND Corporation, RR-2956-ASPEC, 2021). RAND fand heraus, dass identische Medikamente in den Vereinigten Staaten im Durchschnitt 2,56 Mal teurer sind als anderswo.

wurde nicht von Banden, sondern von Unternehmen vorangetrieben (oder vielleicht sollten wir sagen: von einer anderen Form von Banden). Perdue Pharma produzierte nicht nur, sondern vertrieb auch aggressiv Medikamente wie Oxycontin, das berühmteste der Opiate, die jede Menge Leben und Gemeinden in den Vereinigten Staaten zerstört haben (vor allem im Zusammenhang mit den schwachen Reaktionen auf die Deindustrialisierung).

Die Belastung durch Polizeigewalt und Masseninhaftierungen trifft vor allem Schwarze und Latinos (auch wenn sie in letzter Zeit für Frauen über alle Rassen- und ethnischen Grenzen hinweg zugenommen hat). Gesetze, die verurteilten Straftätern das Wahlrecht vorenthalten, sind weitgehend rassistisch motivierte Ausschlüsse. Es muss Priorität haben, den Einfluss der Polizei- und Gefängnisbefürworter auf die Regierungspolitik und die Finanzierung zu brechen. Die Abschaffung privater Gefängnisse wäre ein Schritt in Richtung mehr Demokratie und Gemeinwohl.[55] Ebenso muss die Verbesserung des öffentlichen Gesundheitswesens mit der Begrenzung des Einflusses gewinnorientierter Unternehmen kombiniert werden, die hochprofitable Medikamente sogar für missbräuchliche Zwecke vertreiben.

In all diesen Fällen darf das Ziel nicht nur darin bestehen, offenkundige Diskriminierungen zu beenden, sondern auch denjenigen neue Möglichkeiten zu eröffnen, denen eine volle und faire Teilhabe bislang verwehrt wurde. Besonders eklatant ist der fortdauernde Ausschluss Schwarzer Amerikaner, aber auch für Indigene, Latinos und Latinas und andere gibt es analoge Bruchlinien, die einer vollständigen Gerechtigkeit und Gleichstellung entgegenstehen. Die Vereinigten Staaten mögen in dieser Hinsicht extrem sein, aber auch in Großbritannien, Frankreich und anderen Demokratien

55 Eine prominente Befürworterin der Abschaffung privater Gefängnisse ist Elizabeth Warren. Siehe die Arbeit der gemeinnützigen Organisation Abolish Private Prisons auf deren Website: ⟨https://www.abolishprivateprisons.org⟩. Im Januar 2021 unterzeichnete Präsident Biden eine Verfügung, mit der die Nutzung privater Gefängnisse durch den Bund schrittweise eingestellt wird, auch wenn das die weitaus größere Abhängigkeit der Bundesstaaten von privaten Auftragnehmern unberührt lässt. Executive Office of the President, »Reforming Our Incarceration System to Eliminate the Use of Privately Operated Criminal Detention Facilities«, 29. Januar 2021, ⟨https://www.federalregister.gov/documents/2021/01/29/2021-02070/reforming-our-incarceration-system-to-eliminate-the-use-of-privately-operated-criminal-detention⟩.

sind Rassentrennung und Ungerechtigkeit ein großes Problem. In regelmäßigen Abständen zeigen Skandale, wie viele Angehörige von Polizei und Militär Mitglieder oder Sympathisanten von antidemokratischen rechtsextremen Gruppen sind.[56]

Geld und Medien

Die Unterdrückung von Wählern ist nicht das einzige Beispiel für kaputte politische Mechanismen, die repariert werden müssen. Kaum etwas steht vermutlich exemplarischer für die Entmächtigung der demokratischen Bürger als die übergroße Rolle, die das Geld bei Wahlen, in der Lobbyarbeit und bei der Besetzung von Regierungsämtern spielt. Das ist auf unmittelbare Weise antidemokratisch und hat Wahlkämpfe sowie die politische Kommunikation ganz allgemein verzerrt – in den Vereinigten Staaten in extremer Form. Die nationalen Wahlen 2016 kosteten schwindelerregende 6,5 Milliarden Dollar, und mit 14,4 Milliarden Dollar haben die Kampagnen für 2020 diese Rekordsumme mehr als verdoppelt.[57]

56 Anne Höhn/Nina Werkhäuser, Bundeswehr Remains under Fire for Far-Right Extremism, *Deutsche Welle (DW),* 23. März 2021. Die Unterwanderung der Polizei ist ebenfalls beträchtlich, aber weniger organisiert. Siehe Rob Schmitz, With Far-Right Extremism on the Rise, Germany Investigates Its Police, *Morning Edition,* National Public Radio, 10. Dezember 2020, ⟨https://www.npr.org/2020/12/10/943823021/with-far-right-extremism-on-the-rise-germany-investigates-its-police⟩; ⟨https://www.dw.com/en/german-state-police-declared-free-of-far-right-networks/a-56844972⟩. Französische Soldaten haben zahlreiche anonyme Briefe veröffentlicht, in denen sie kaum verhohlen mit Bürgerkrieg drohten, während Frankreich über den Umgang mit Muslimen streitet und der Präsident nach rechts rückt. Siehe Leo Pierrard, Deuxième lettre ouverte signée par des militaires, in: *La Presse,* 10, Mai 2021; Elise Vincent, Tribunes de militaires: Le Général Lecointre en appelle à la »cohésion« face aux »tentatives d'instrumentalisation«, in: *Le Monde,* 12. Mai 2021; Constant Méheut, New Military Letter Warning of »Brewing« Civil War Prompts Outrage in France, in: *New York Times,* 12. Mai 2021. In Großbritannien hielt man die Polizei bis vor kurzem für immun gegen rechte Tendenzen; siehe Kevin Rawlinson, Warning that Police Grasp of Far-Right Threat Is Decade out of Date, in: *Guardian,* 2. April 2021.

57 Karl Evers-Hillstrom, Most Expensive Ever: 2020 Election Cost $ 14.4 Billion, in: *Open Secrets,* 11. Februar 2021, ⟨https://www.opensecrets.org/news/2021/02/2020-cycle-cost-14p4-billion-doubling-16/⟩; W. C. R. Horncastle, The Scale of US Election Spending Explained in Five Graphs, in: *The Conversation,* 15. Oktober 2020, ⟨https://theconversation.com/the-scale-of-us-election-spending-explained-in-five-graphs-130651⟩; Shane Goldmacher/Rachel Shorey, Trump Raised $ 255.4

In vielen Demokratien der Welt steigen die Kosten, und die Abhängigkeit von einer kleinen Zahl wohlhabender Spender wird immer größer. Großbritannien hat sich zwar gegen die Geldpolitik nach amerikanischem Vorbild gewehrt, doch diese Bemühungen haben an Schwung verloren. Die Mittelbeschaffung wird für die politischen Parteien immer wichtiger, aber ein Großteil des Geldes kommt von außerhalb der Parteien und trägt dazu bei, dass diese immer weniger in der Lage sind, politische Debatten zu organisieren. Gerade einmal fünf wohlhabende Geschäftsleute haben den Großteil der Kosten für die erfolgreiche Kampagne des Brexit-Referendums 2016 getragen.[58]

Es gibt einfache Gegenmaßnahmen, wie z. B. eine starke Begrenzung der Ausgaben und eine staatliche Finanzierung von Wahlkämpfen. Natürlich mangelt es den etablierten Politikern, die dem derzeitigen System anhängen, am nötigen Willen. Hinzu kommen Komplikationen wie die Entscheidung des Obersten Gerichtshofs der USA in der Rechtssache *Citizens United* aus dem Jahr 2010, wonach Unternehmen unbegrenzt spenden dürfen, weil sie die gleichen Rechte auf freie Meinungsäußerung haben wie menschliche Bürger. Und natürlich wird es auch Betrugsversuche geben, wie z. B. bei der *Vote-Leave*-Kampagne, die für den Brexit warb und sich illegal über die Ausgabenbeschränkungen hinwegsetzte – wofür sie schließlich zu einer Geldstrafe verurteilt wurde, allerdings erst nachdem der Schaden bereits angerichtet war.

Eine Regulierung der politischen Werbung und des Lobbyismus kann die Verzerrung demokratischer Politik mittels Geld begrenzen. Aber auch außerhalb von Wahlen geben Milliardäre und Unternehmen enorme Summen aus, um die öffentliche Meinung zu beeinflussen – etwa um die weitere Nutzung von Kohle- oder Atomkraft zu fördern oder um die Bürger dazu zu bringen, öffentliche statt privater Ansätze für die Gesundheitsversorgung oder andere soziale Bedürfnisse abzulehnen. Auch hier ist die Ungleichheit ein grundlegendes Problem.

Die Verbindung zwischen Geld und Medien hat sich in den letzten Jahren verschoben. Anstatt einfach nur Fernsehzeit zu kaufen,

Million in Eight Weeks as He Sought to Overturn Election Result, in: *New York Times*, 31. Januar 2021.

58 Adam Payne/Will Martin, The 21 Biggest Donors to the Brexit Campaign, in: *Business Insider*, 8. Mai 2017.

investieren diejenigen, die Einfluss auf die Politik nehmen wollen, in Strategien für soziale Medien. Diese reichen von der simplen Verbreitung von Botschaften auf Plattformen wie Twitter und der Nutzung von Facebook zur Verbreitung von (wahren oder falschen) Informationen bis zum Einsatz automatisierter Systeme zur Generierung von Robocalls und zum hunderttausendfachen Reposten von Botschaften, oft von gefälschten, aber scheinbar persönlichen Accounts aus. Sie gehen so weit, dass sie die von Online-Plattformen gesammelten Informationen auswerten und diese als Grundlage für Wahlkampfstrategien und Desinformationskampagnen nutzen.

Das Politikberatungsunternehmen Cambridge Analytica wurde 2018 in einen Skandal verwickelt, als klar wurde, dass es eine Reihe von betrügerischen Praktiken zur Unterstützung politischer Kampagnen eingesetzt hatte. Am eklatantesten war die Verwendung von Daten aus den persönlichen Accounts von Millionen von Facebook-Nutzern ohne jede Transparenz oder Genehmigung, um Persönlichkeitsprofile für politische Zwecke zu erstellen. Ähnliche Praktiken kommen weiterhin zum Einsatz. Quizspiele, Umfragen und Persönlichkeitstests werden entweder als Forschungsarbeit oder schlicht als Information für Neugierige präsentiert, sind aber in Wirklichkeit »Klick-Köder«, deren Ergebnisse (heimlich) für die Erstellung politischer Profile analysiert werden. Probleme ergeben sich aber nicht nur aus der Sammlung neuer Daten durch diese Tricks, sondern auch aus der allgegenwärtigen Überwachung.

Da immer mehr Aktivitäten und Transaktionen online durchgeführt werden, generieren sie Daten, die zu Zwecken analysiert werden können, die nie beabsichtigt waren oder explizit gemacht wurden. Welche Nachrichten jemand liest, welche Unterhaltungsprogramme er anschaut, welche Lieder er am liebsten hört, was er kauft, wohin er reist und welche politischen Spenden er tätigt, all das wird verfolgt. Computer werden dann so programmiert, dass sie diese Aufzeichnungen nicht nur analysieren, sondern aus ihnen lernen und ihre Inhalte auf eine Art und Weise auswerten, die von den ursprünglichen Programmierern nicht vorgesehen war, die aber dennoch größtenteils von ihnen kontrolliert und genutzt wird. Sie ermöglichen es Onlinestores, frischgebackene Eltern mit Werbung für Windeln und Babynahrung anzusprechen. Sie ermöglichen es politischen Kandidaten, Botschaften zielgenau an Waffenbesitzer,

Tierfreunde, Rechtsradikale oder naive Patrioten zu richten, um ein Maximum an politischer Reaktion oder Empörung auszulösen.

Regierungen greifen auf solche Daten zu, um offizielle Quellen zu ergänzen. Manchmal sammeln sie sie verdeckt zu Zwecken der Strafverfolgung oder, auf internationaler Ebene, für die Spionage. Manchmal hacken sie auch zentralisierte Datensätze. Auf diese Weise kann China politische Dissidenten im In- und Ausland aufspüren. Andere autoritäre Regierungen tun dasselbe, setzen Gesichtserkennungssoftware ein und überwachen Chatrooms, Kreditkarten und die Schulanmeldungen der Kinder von Dissidenten. Die Regierungen in Demokratien tun dies nicht so häufig; es ist immer noch ein Skandal, wenn publik wird, dass eine Regierungsbehörde gegen Datenschutzgesetze verstößt oder ihre Computer so programmiert hat, dass sie Rassenprofile von Bürgern erstellt.[59] Aber die staatliche Überwachung hat neben der Überwachung von Unternehmen und der privaten politischen Überwachung zugenommen. Die so gewonnenen Daten wurden verwendet, um Visaanträge zu blockieren und gezielte Morde zu organisieren. Diese Daten existieren jedoch weniger aufgrund staatlicher Spionage als vielmehr aufgrund des »Überwachungskapitalismus«.[60] Dieser ist zu einem zentralen Bestandteil der Geschäftsabläufe geworden, und die für die Wirtschaft gesammelten Daten lassen sich für politische Zwecke nutzen.

Das alles ist nicht ganz neu. Werbung war schon immer Teil einer »Aufmerksamkeitsökonomie«, in der Werbetreibende darum konkurrieren, wahrgenommen zu werden. Warum sonst sollte man Millionen für einen Werbespot zahlen, der während der Übertragung des Super Bowl läuft? Aber inzwischen gibt es viel ausgefeiltere Techniken, um Daten zu sammeln, die der einzelne Bürger gemeinhin als privat ansieht (wenn er überhaupt an Daten denkt).[61]

59 Catie Edmondson, »Rogue« U.S. Agency Used Racial Profiling to Investigate Commerce Dept. Employees, Report Says, in: *New York Times*, 16. Juli 2021.

60 Shoshana Zuboff, *Das Zeitalter des Überwachungskapitalismus*, übers. von Bernhard Schmid (Frankfurt am Main/New York: Campus, 2018).

61 Eine affirmative Darstellung dieses »neuen« Geschäftsmodells bieten Thomas Davenport/John Beck, *The Attention Economy: Understanding the New Currency of Business* (Boston: Harvard Business School Press, 2001). Kritische Darstellungen bei Tim Wu, *The Attention Merchants: From the Daily Newspaper to Social Media, How Our Time and Attention Is Harvested and Sold* (London: Atlantic Books, 2017); Matthew B. Crawford, *The World beyond Your Head: On Becoming*

Und es gibt deutlich verwerflichere Verwendungszwecke als gezielte Werbung. Die Informationen werden zu Erpressungszwecken und zur Ausübung von politischem Druck verwendet. Sie werden genutzt, um Kandidaten dazu zu bringen, aus Wahlen auszusteigen, wenn sie nicht riskieren wollen, enttarnt zu werden – selbst wenn das zu Unrecht geschieht.

Die neuen Medienstrukturen haben sowohl die tatsächliche ausländische Einmischung als auch die daraus resultierenden Ängste vor Schlimmerem befördert. Dies schürte die wilde Paranoia von Trump-Anhängern, die Wahlergebnisse auf möglichen Betrug »überprüften«. Die Republikaner im Senat von Arizona gaben Millionen aus, um eine umfangreiche Prüfung durch die völlig unerfahrenen »Cyber Ninjas« (was für ein eigenartiger Name!) in Auftrag zu geben.[62] Am Ende wurde die Korrektheit der Wahl bestätigt; die Gesamtzahl der Stimmen für Biden stieg sogar leicht an.[63] Aber auch wenn Trumps wütende Anhänger sich in Bezug auf bestimmte Wahlen oder die Art der Bedrohungen irren mögen, haben sie nicht unrecht damit, dass Wahlen, wie ein Großteil des übrigen modernen Lebens, auf komplexen und potenziell anfälligen Computer- und Kommunikationssystemen beruhen.

Gesellschaften in der Größenordnung des heutigen Großbritanniens oder der Vereinigten Staaten könnten ohne die Unterstützung durch riesige Infrastrukturen für den Informationsfluss sowie für den Transport, die Wasser- und die Stromversorgung nicht existieren. Der Gedanke an die Fragilität und Unsicherheit solcher Systeme – und damit des eigenen Lebens – kann die Bürger entmutigen und entmündigen. Man denkt sofort mit Schrecken daran, inwiefern sie zu einer autoritären oder sogar totalitären Regierung

an Individual in an Age of Distraction (New York: Farrar, Straus and Giroux, 2015); John Lanchester, You Are the Product, in: *London Review of Books* 39 (August 2017), S. 16-17.

62 Die Republikaner in Arizona haben sogar ein Gerücht aufgegriffen, wonach sich die chinesische Einmischung anhand von Bambusspuren auf den Stimmzetteln nachweisen lasse. Sam Levine, Arizona Republicans Hunt for Bamboo-Laced China Ballots in 2020 »Audit« Effort, in: *The Guardian*, 6. Mai 2021; Zacchary Petrizzio, Bamboo Ballots Don't Exist, Manufacturer Says, as Arizona Auditors Search for »Watermarks«, in: *Salon*, 23. Juni 2021.

63 Nicholas Reimann, Arizona Audit Cost Trump Supporters Nearly $6 Million – Only to Assert Biden Won by Even More, in: *Forbes*, 24. September 2021.

beitragen mögen. Aber auch ihre Manipulation für parteipolitische Zwecke stellt eine unmittelbare Bedrohung dar.

Die Transformation der modernen Gesellschaft durch Computer-, Kommunikations-, Daten- und Überwachungstechnologien lässt sich nicht mehr rückgängig machen. Zumindest gibt es kein Zurück, das nicht mit einem radikalen Zusammenbruch der gesellschaftlichen Organisation im großen Maßstab verbunden wäre. Die Frage muss also lauten, wie wir mit unserer Computerabhängigkeit umgehen. Wir brauchen Gegeninstitutionen – investigative Medien, Verbraucherorganisationen, die für die Richtigkeit von Wirtschaftsauskünften sorgen, Überwachungsstellen für die Sicherheit der Infrastruktur, Anwaltskanzleien für das öffentliche Interesse und so weiter. Selbst wenn sie korrekt und rechtmäßig eingesetzt werden, neigen Computersysteme – wie viele Bürokratien, aber noch weniger transparent – dazu, sich auf Effizienz und Effektivität zu konzentrieren, nicht auf Demokratie und das Gemeinwohl.

Leider haben es die Regierungen überall in den entwickelten Demokratien versäumt, wirksame und angemessene Regelungen für die neuen Medien zu entwickeln. Unternehmen, die soziale Medien kontrollieren, werden wie bloße Kanäle oder Plattformen und nicht wie Medienverlage behandelt. Das schränkt ihre Rechenschaftspflicht entsprechend ein. In Ermangelung einer Politik der Netzneutralität ist es den Anbietern jedoch erlaubt, bei den Inhaltsquellen und bei den Nutzern Unterschiede zu machen.[64] Facebook und andere riesige Technologieunternehmen haben auf kürzlich bekannt gewordene Missstände – wie den Cambridge-Analytica-Skandal – reagiert, indem sie ihre eigenen Formen von Zensur eingeführt haben. Diese sind nicht transparent, und es wird heftig darüber diskutiert, ob sie zu weit oder nicht weit genug gehen, ob sie »schnell handeln und Dinge kaputt machen« (*move fast and break things*) oder langsam vorgehen und Katastrophen und Desinformation zulassen.

Der Wandel der Kommunikationsmedien hat die Probleme der Ehrlichkeit, der genauen Information und der Legitimität in der demokratischen Politik verschärft. Lügen sind gewiss nichts Neues, aber in vielen Ländern sind sie allgegenwärtiger geworden, auch

64 Siva Vaidhyanathan, *Antisocial Media* (Oxford: Oxford University Press, 2018).

weil sie sich über die sozialen Medien und aufgrund weniger wirksamer Korrekturmechanismen rasch verbreiten.[65] Untersuchungen haben gezeigt, dass sich Falschbehauptungen schneller verbreiten als wahre Aussagen zu ähnlichen Themen, was nur zum Teil auf die Sensationslust zurückzuführen ist.[66] Das behindert eine vernünftige öffentliche Meinungsbildung, eine demokratische Debatte über mögliche politische Maßnahmen, Wahlkämpfe und die Möglichkeit, gewählte Vertreter zur Rechenschaft zu ziehen.

Die staatliche Regulierung muss deshalb unbedingt mit der technologischen Innovation Schritt halten. Eine weitere Herausforderung besteht darin, dass diejenigen, die über technologisches Talent und Wissen verfügen, in der Regel eher im Silicon Valley ihr Glück suchen als im öffentlichen Dienst. Das hat zum Teil damit zu tun, dass Arbeit für das öffentliche Wohl in der neoliberalen Ära im Vergleich zu Arbeit für den privaten Profit an Ansehen verloren hat. Es liegt aber auch an den Regierungen, die nicht in Kapazitäten und damit in interessante Karrieren für ihre Regulierungsbehörden investiert haben oder in diesen Berufen nicht das Gefühl vermitteln, dass die Arbeit geschätzt wird, weil sie es versäumt haben, sie effektiv zu gestalten. Für die National Institutes of Health arbeiten sehr wohl Spitzenmediziner. Wir brauchen aber auch Spitzeninformatiker und hervorragende Kommunikationsanalytiker, die daran arbeiten, dass wir mit neuen Technologien besser, länger und demokratischer leben können.

Nötig sind zudem unabhängige, nichtstaatliche und nicht ausschließlich gewinnorientierte Einrichtungen. Ein gutes Beispiel dafür ist der Journalismus. Er hat die moderne Demokratie im Laufe ihrer Geschichte unterstützt, trotz der Existenz der »Boulevardpresse«, die einige der »Fake News« in den sozialen Medien von heute vorweggenommen hat. Zeitungen entwickelten sich von den Produkten einzelner Autoren zu Zeitungsorganisationen – vor allem in der Mitte des 20. Jahrhunderts. Der Journalismus wurde zu einem Beruf mit strengen (wenn auch variablen) Normen

65 Nathaniel Persily/Joshua A. Tucker, *Social Media and Democracy: The State of the Field, Prospects for Reform* (Cambridge, UK: Cambridge University Press, 2020); Jay David Bolter, Social Media Are Ruining Political Discourse, in: *The Atlantic*, Mai 2019.

66 Zu Twitter siehe Soroush Vosoughi/Deb Roy/Sinan Aral, The Spread of True and False News Online, in: *Science* 359:6380 (2018), S. 1146-1151.

für eine objektive und faire Berichterstattung, die zum Teil durch die Berufsausbildung reproduziert wurden. Sowohl der Print- als auch der Rundfunkjournalismus – die »alten Medien« – sind nach wie vor von entscheidender Bedeutung für die Demokratie, aber Medienorganisationen und -karrieren wurden durch neue Technologien und veränderte Strukturen der Bezahlung und Rentabilität ins Chaos gestürzt. Dieses Chaos hat die Anfälligkeit für politische Angriffe erhöht und Raum für das Entstehen von Medien geschaffen, die wir als »affirmative Medien« bezeichnen. Diese verbreiten unkritisch die vorherrschenden Ansichten. Unabhängiger Journalismus ist jedoch der Schlüssel zur Demokratie, denn er sorgt für eine ehrliche Berichterstattung, die Überprüfung von Fakten sowie gründliche investigative Untersuchungen und gewährleistet die Ehrlichkeit von Amtsträgern und Unternehmen gleichermaßen. Es gibt neue Modelle für die Arbeit von Journalisten, oft als mehr oder weniger unabhängige Unternehmer für Information und Analysen. Einige Journalisten werden von Stiftungen unterstützt, andere sind auf die Vermarktung ihrer Arbeit über elektronische Medien wie Substack angewiesen. Keines dieser Medien kann bislang allerdings ersetzen, was die »alten Medien« zu bieten hatten; für weitere Verbesserungen ist Unterstützung erforderlich. Sie könnte teilweise aus öffentlichen Mitteln kommen, aber wichtig ist, dass die Medien über ein hohes Maß an Unabhängigkeit verfügen. Die Finanzierung muss vor politischer Einmischung geschützt werden und nach Möglichkeit aus mehreren verschiedenen Quellen stammen. Die Regierungen müssen entschlossen für die Freiheit und Integrität der Presse eintreten.

Der Journalismus ist nicht die einzige Quelle für investigative Nachforschungen und Analysen, die die Macht von Regierungen und Unternehmen kontrollieren und den Bürgern helfen, das Wie und Wohin des sozialen Wandels zu verstehen. Auch für die Universitäten ist das eine zentrale Aufgabe. Akademische Forschung ist wichtig für die Wissensbasis der Gesellschaft und kann oft ein Gegengewicht zu Behauptungen bilden, die nicht durch Beweise gestützt werden (wie zum Beispiel in den Debatten über den Klimawandel vor einem Jahrzehnt). Zudem kann Hochschulbildung die Bürger in die Lage versetzen, sowohl Fakten als auch mögliche politische Maßnahmen richtig zu beurteilen. Die Hochschulbildung ist jedoch einer massiven Umstrukturierung unterworfen.

Forschung ist immer stärker auf die Agenda der Wirtschaft und der Tech-Wissenschaften ausgerichtet, so dass immer weniger Raum für die kritische Analyse sozialer Fragen bleibt (selbst wenn diese Kritik nicht aktiv von außen attackiert wird). Das durchaus lobenswerte Bemühen, das Bildungsangebot auf breiter Basis zu erweitern, geht mit einer schwindenden Wertschätzung einher. Universitäten sind nicht automatisch demokratisch – sie können sehr hierarchisch und an der Verteidigung älterer Wissensformen interessiert sein. Aber sie sind wichtig für die Demokratie und können sich möglicherweise in einer Weise verändern, die ihre Bedeutung eher steigert als verringert.

Das Gleiche gilt für all die vielen Arten von zivilgesellschaftlichen Organisationen. Sie sind für bestimmte Bereiche des bürgerlichen Engagements und für die Aufrechterhaltung einer pluralistischen, offenen Gesellschaft von entscheidender Bedeutung. In Kirchen, Gewerkschaften und gemeinnützigen Organisationen, die sich für Themen wie Frauenrechte und Rassengerechtigkeit, Obdachlosenhilfe, Umweltschutz, bessere Schulen und die Förderung kleiner Unternehmen einsetzen, werden Informationen produziert, analysiert, interpretiert, weitergegeben und diskutiert. Diese Themen sind wichtig und müssen auf lokaler Ebene unterstützt werden. Viele dieser Organisationen sind auch in nationalen Strukturen zusammengeschlossen, die umfassende Informationen sammeln, die staatliche Politik analysieren und eigene Publikationen herausgeben.

Dennoch ist es wichtig, die besondere Rolle des Journalismus und der öffentlich orientierten akademischen Forschung anzuerkennen. Sie helfen bei der Sichtung der zahlreichen Behauptungen, um daraus das zuverlässigste Wissen zu ermitteln. Nachhaltige investigative Berichterstattung und Forschung fördern nicht nur neue Fakten zutage, sondern führen auch disparate Informationen zusammen, um das Verständnis grundlegender Fragen zu fördern.

Eine lebendige öffentliche Sphäre ist für die Demokratie von entscheidender Bedeutung, denn sie bildet den Rahmen, in dem die Bürger bestimmen, was sie als Gemeinwohl betrachten. Das bedeutet eine Öffentlichkeit, in der die Kommunikation frei und offen ist und nicht von denjenigen gesteuert wird, die in der Lage sind, die Medien zu manipulieren. Es bedeutet, dass politische Macht nicht dazu mobilisiert werden sollte, die Schulen daran zu hindern, sowohl Wissen auf dem aktuellsten Stand als auch die Fähigkeit zur kritischen Urteilsbildung zu vermitteln. Es bedeutet, dass es eine echte Pluralität gibt und nicht entweder die Unterdrückung abweichender Meinungen zugunsten von Einmütigkeit oder die Zersplitterung in getrennte mediale Echokammern.

Im großen Maßstab können Medien leicht zu Vehikeln einer Pseudo-Gemeinschaft werden. Menschen, die sonst keine handfesten Beziehungen zueinander haben, erleben das gemeinsame Medienengagement als eine Form der Sozialität. Eine solche Beteiligung kann für den Aufbau einer persönlichen und kollektiven Identität wichtig sein. Eine Gruppe, die sich durch ähnliche Eigenschaften oder Ansichten definiert, kann sich bestätigend anfühlen. Aber ihr fehlen der komplexere Aufbau von Beziehungen, die Berücksichtigung des Anderen und das Feedback zur »Selbstdarstellung«, wie es für persönliche Beziehungen typisch ist – und wie es in der elektronischen Kommunikation mit individuell bekannten Anderen aufrechterhalten wird. Da die Beteiligten nicht auf vielfältige Weise miteinander verbunden sind, wie es in einer Nachbarschaft der Fall sein könnte, wird eine Dimension der Ähnlichkeit übertrieben. Die Beziehungen sind weniger undifferenziert; sie bestehen eher zur Gruppe als zu ihren einzelnen Mitgliedern.

Angesichts der Größendimension moderner Gesellschaften kann man auf Kommunikationsmedien als Formen der Verbindung zwischen Menschen nicht verzichten. Aber es ist wichtig, dass die Menschen sie für eine differenzierte und nicht nur für die massenhafte Kommunikation nutzen, dass sie durch direktere zwischenmenschliche Beziehungen ergänzt werden und dass ihnen mit kritischer Reflexivität begegnet wird.

Lokale Gemeinschaft

Investitionen in öffentliche Einrichtungen sind notwendig. Aber auch wenn Maßnahmen des nationalen Staates von entscheidender Bedeutung sind, können sie doch nie alles sein. In den meisten Ländern gibt es noch andere Regierungsebenen. Der Demokratie kann durchaus damit gedient sein, dass das Gemeinwohl dezentralisiert und bürgernah auf lokaler Ebene verfolgt wird.

Die Mitte des 20. Jahrhunderts etablierten Wohlfahrtsstaaten waren zu sehr zentralisiert. In den letzten fünfzig Jahren haben sich die Märkte radikal nationalisiert und globalisiert; die lokalen Volkswirtschaften haben darunter gelitten. Aus Gründen der Effizienz und manchmal auch mit dem Anspruch auf hohe Qualität wurden Schulen, Krankenhäuser und andere öffentliche Dienstleistungen zusammengelegt. Lokale Gemeinschaften verloren wichtige Institutionen, was ihren Niedergang oft beschleunigte.

Zum Niedergang eines Ortes gehört weit mehr als der Verlust von Arbeitsplätzen, so wichtig das auch ist. Er besteht auch im Verlust von lokalen Geschäften, von verfügbaren Dienstleistungen (z. B. ein regionales Krankenhaus, eine Volkshochschule), von Transportmöglichkeiten in größere Zentren. Es handelt sich um einen Bruch in den Beziehungen der Menschen zu einem Ort und zu anderen Menschen, und damit auch in der Bindung an die Umwelt. Nicht zuletzt geht der lokale Niedergang häufig mit einer Ausdünnung des Vereinslebens einher, da Kirchen, Sportvereine, Kneipen und Cafés schließen und nicht ersetzt werden. Die Wiederbelebung des Netzes lebendiger lokaler Vereine und Verbände in diesen verfallenden Regionen ist eine wesentliche Voraussetzung für die demokratische Erneuerung der Gesellschaft insgesamt.

Die lokale Erneuerung erfordert nicht nur eine Dezentralisierung der nationalen Staatsausgaben oder der Erbringung von Dienstleistungen. Sie verlangt auch eine Begrenzung der Kolonisierung durch Großkonzerne und durch eine zentralisierte Logistikwirtschaft. Vor allem aber braucht sie Selbstorganisation. Veränderungen lassen sich erreichen, wenn sich die Bürger einer lokalen Gemeinschaft zusammenschließen, um ihre Lebensbedingungen zu verbessern. Die Ziele und Bedürfnisse können sehr unterschiedlich sein; wichtig ist jedoch, dass sich potenzielle Führungspersönlichkeiten zusammenfinden, um zu klären, welche Bedürfnisse bestehen, und durch verschiedene Arten der Beratung mit ihren Mitbürgern zu definieren versuchen, wie diese Bedürfnisse erfüllt werden können.

Erstens kann allein die Tatsache, dass man zusammenkommt, die existenzielle Grundhaltung der Betroffenen verändern: Zuvor hatten wir das Gefühl, dass wir als Gemeinschaft benachteiligt sind, dass wir Opfer mächtiger Kräfte sind, die sich unserer Kontrolle entziehen: der »globalisierenden Eliten« oder der »fernen Technokraten« oder der illoyalen Konkurrenz durch Ausländer. Jetzt aber sehen wir uns selbst in der Lage, die Initiative zu ergreifen, um unsere eigene Situation zu ändern.

Zweitens zwingt uns die Tatsache, dass wir uns mit anderen zusammentun und zusammenarbeiten müssen – Menschen aus anderen Organisationen, mit anderen Konfessionen und Weltanschauungen, anderer ethnischer Herkunft und politischer Überzeugung –, einander zuzuhören; wir haben jetzt ein Interesse daran, gemeinsam mit diesen anderen etwas zu erarbeiten. Wir können uns nicht einfach zurücklehnen und sie kritisieren oder dämonisieren. Der Kontakt dämpft Feindseligkeiten, die auf Stereotypen beruhen. Dazu kann nicht zuletzt ein nationaler Dienst beitragen.

Wenn wir drittens einen Plan entwickeln, wie wir zum Beispiel neue Beschäftigungsmöglichkeiten oder Umschulungsmöglichkeiten oder neuartige Dienste für die Gemeinschaft oder was auch immer finden können, wissen wir, was wir von den höheren Regierungsebenen fordern müssen. Mehr noch: Dank eines Programms, das auf einem starken lokalen Konsens beruht, verfügen wir zwangsläufig auch über größeres politisches Gewicht.

Wir fühlen uns jetzt ermächtigt, weil wir ermächtigt *sind*. Zumindest könnte es so sein, wenn die lokale Selbstorganisation und die politische Mobilisierung florieren würden. Die gesteigerte Handlungsfähigkeit resultiert aus einem dichteren Vereinsleben in der Gemeinschaft. Sie ermöglicht es uns – zumindest auf lokaler Ebene –, die Undurchsichtigkeit des repräsentativen Systems zu durchbrechen, damit die normalen Wähler die Mechanismen des Wandels verstehen. Von John Dewey stammt die berühmte Beschreibung, wonach Öffentlichkeit entsteht, wenn sich Bürger für gemeinsame Probleme mobilisieren.[67] Die Mobilisierung selbst – die Debatte wie die Aktion – schafft neue soziale Bindungen. Daraus erwachsen Solidarität und die Fähigkeit zu künftiger Zusammenarbeit. In großen, dynamischen und oft fragmentierten Gesellschaften ist das von entscheidender Bedeutung. Gemeinschaften werden nicht nur vererbt und sind nicht nur ortsgebunden. Sie werden im Zuge des Handelns neu geschaffen.

Seit langem geht man allgemein davon aus, dass lokale Gemeinschaften Probleme eher praktisch als parteiisch angehen. Die politische Polarisierung hat jedoch zunehmend auch die lokalen Gemeinschaften erfasst. Auf die Auseinandersetzungen um das Tragen von Masken und die Schließung oder Wiederöffnung von Schulen

67 John Dewey, *Die Öffentlichkeit und ihre Probleme* [1927] (Bodenheim: Philo, 1996).

während der Pandemie folgten noch konfrontativere Proteste gegen eine Impfpflicht. Spannungen im Zusammenhang mit ethnischen Minderheiten und der Polizei können sehr lokal, aber dennoch sehr parteiisch sein. Ein Teil der Lösung liegt in der Entwicklung von Organisationen, die sich den politischen Herausforderungen stellen und gleichzeitig wechselseitiges Vertrauen aufbauen.[68]

Ein entscheidender Vorteil lokaler Gemeinschaften besteht darin, dass soziale Beziehungen leichter multidimensional sein können. Es ist natürlich hilfreich, wenn sich die Nachbarn wirklich kennen und wenn die Kommunikation häufiger von Angesicht zu Angesicht erfolgt. Wenn Menschen sich in verschiedenen Kontexten kennen, sind ihre Beziehungen stärker. Am wichtigsten ist aber vielleicht, dass sich die Menschen in unterschiedlichen Kontexten und in sich überschneidenden, aber nicht identischen Netzwerken kennen. Eltern teilen eine Reihe von Interessen, wenn ihre Kinder dieselbe Schule besuchen, auch wenn sie unterschiedlichen Rassen angehören, in verschiedene Kirchen gehen oder in anderen Fragen unterschiedliche Wertvorstellungen haben. Leider ist das Ausmaß, in dem dies geschieht, zurückgegangen, nicht zuletzt weil sich die Menschen für private statt für öffentliche Schulen entscheiden oder Wohngegenden wählen, die ethnisch oder ökonomisch homogen sind.

Wenn Nachbarn zu verschiedenen religiösen Veranstaltungen, Arbeitsplätzen, Sportereignissen und sogar Protesten gehen, schafft dies Verbindungen und mildert die Intensität der Unterscheidung zwischen »denen« und »uns«. Die Nachbarn sind vielleicht nicht der gleichen Meinung wie die Demonstranten, aber sie kennen sie zumindest. Das ist weniger der Fall, wenn es weniger Organisationen und weniger dichte Netzwerke gibt – wie in Wohnsiedlungen, wo sich die Nachbarn nicht wirklich kennen. Es geschieht aber

68 Zu einer ausführlicheren Erörterung der Vorteile einer solchen lokalen Organisation sowie von Beispielen für solche lokalen Maßnahmen oder Konsultationen in den Vereinigten Staaten und der Europäischen Union siehe Charles Taylor/Patrizia Nanz/Madeleine Beaubien Taylor, *Reconstructing Democracy: How Citizens Are Building from the Bottom Up* (Cambridge, MA: Harvard University Press, 2020). Siehe auch Peter Plastrik/Madeleine Taylor/John Cleveland, *Connecting to Change the World* (Washington DC: Island Press, 2014). Zu lokalen Projekten nach Art von Saul Alinsky siehe Luke Bretherton, *Resurrecting Democracy* (Cambridge, UK: Cambridge University Press, 2015).

auch weniger, wenn alle Zugehörigkeiten übereinstimmen: dieselben Menschen in denselben Stadtvierteln, an denselben Arbeitsplätzen, in denselben Kirchen und Freiwilligenorganisationen. Auf diese Weise entsteht das lokale Pendant zu den Echokammern der nationalen Medien.

Ein Großteil des »Populismus« und der panischen Angst vor dem Populismus spielt sich auf nationaler Ebene und in diesen medialen Echokammern ab. Die Opfer des »Great Downgrade« können sich an Ersteren wenden, in der Hoffnung auf eine Art Wiedergutmachung. Die Nutznießer können sich Letzterem zuwenden, wobei sie eine rationalere Debatte anstreben, aber ihre Trennung von anderen, die an genau dieser Debatte teilnehmen müssten, noch verstärken. Das führt nicht zu sinnvollem Handeln, um den Zerfall der Demokratie rückgängig zu machen, die Wirtschaft wiederherzustellen oder Spaltungen zu überwinden. Hierfür sind die lokalen Ebenen entscheidend.

Wir brauchen auf allen Ebenen eine inklusivere Öffentlichkeit. Doch damit eine solche entstehen kann, brauchen wir nicht nur Medien, die weniger isoliert und polarisiert sind. Wir brauchen auch übergreifende soziale Bindungen. Wo wirtschaftliche Interessen und kulturelle Identitäten uns spalten, können Schulen, Arbeitsplätze oder andere Institutionen den Brückenschlag hoffentlich erleichtern.

Diese Art von sozialem Fundament für eine inklusivere Öffentlichkeit lässt sich vielleicht am besten von unten nach oben aufbauen. Aber natürlich brauchen wir auch übergreifende soziale Bindungen, nationale Bewegungen und eine responsive Zentralregierung. Um die Demokratie wiederherzustellen, müssen wir im Grunde auf drei Ebenen gleichzeitig vorgehen: nationale Bewegungen schaffen, sie mit Parteien verbinden (ohne sie notwendigerweise von Parteien einschränken zu lassen) und selbstorganisierte Gemeinschaften an der Basis aufbauen.[69]

69 Siehe das interessante und informative Buch von James und Deborah Fallows, *Our Towns: A 100,000-Mile Journey into the Heart of America* (New York: Pantheon, 2018), in dem der reiche Fundus an Ideen und unternehmerischen Initiativen dokumentiert wird, der in einer Vielzahl lokaler Gemeinschaften in den Vereinigten Staaten existiert. Die Autoren bedauern, dass diese nicht durch unterstützende Maßnahmen von Seiten der Regierung in Washington ergänzt werden. Wir sind uns sehr einig, dass eine gewisse Synergie zwischen beiden für

Die Erneuerung des Gemeinwesens kann nicht einfach in einer Wiederherstellung der Gemeinschaften der Vergangenheit bestehen, genauso wenig wie wirksame Gewerkschaften heute Kopien der Aufstände des frühen 20. Jahrhunderts oder der Industriegewerkschaften sein können, die Partner bei den sozialdemokratischen Kompromissen der Nachkriegszeit waren. Der Ort wird für viele Gemeinschaften weiterhin wichtig sein, aber die Orte haben sich verändert und lassen sich neu gestalten. Die wirtschaftliche Unterstützung für lokale Gemeinschaften verändert sich. Lokale Orte haben zudem neue Möglichkeiten der Vernetzung, zum Teil mittels Technologie. Aber auch die Solidarität über das Lokale hinaus ist entscheidend. Wie die Reaktionen auf Katastrophen zeigen, kümmern die Menschen sich um das Leid in der Ferne. Die Widerstandsfähigkeit im Angesicht von Katastrophen – einschließlich der Corona-Pandemie – hängt sehr stark von lokalen Maßnahmen ab, aber auch davon, wie Verbindungen auf anderen Ebenen organisiert sind. Wenn die demokratische Regierung vor allem auf nationaler Ebene organisiert ist, dann brauchen wir nationale Solidarität, und wir müssen sie inklusiv und pluralistisch gestalten, damit sie in modernen Gesellschaften funktioniert – und zwar in Gesellschaften, wie sie wirklich existieren, und nicht in solchen, an die wir uns nach Ansicht nostalgischer Ideologen erinnern sollen.

Überwindung der neoliberalen Vorbehalte gegenüber dem Gemeinwohl

Wie ein erbarmungsloser Röntgenstrahl, der die verborgenen Pathologien in unserem Körper zeigt, hat die Corona-Pandemie tiefsitzende Probleme in den etablierten Demokratien sichtbar werden lassen. Schwachstellen gibt es insbesondere in allen unseren sozia-

den Wiederaufbau der amerikanischen Demokratie unerlässlich ist. Man könnte auch direkte Aktionen erwähnen, wie z. B. die von den Indignados in Spanien initiierten Projekte, die die Enteignung von Häusern durch Banken verhindern sollten, nachdem die Bewohner ihre Hypotheken nicht mehr bedienen konnten. Viele dieser Bemühungen waren durchaus erfolgreich, und einer der beteiligten Anführer wurde später zum Bürgermeister von Barcelona gewählt. Diese Art von »extralegalen« Aktionen kann zur Bildung effektiver politischer Parteien wie Podemos beitragen.

len Unterstützungssystemen, von Familien und lokalen Gemeinschaften bis hin zu großen öffentlichen Einrichtungen.

Die Gesundheitsfürsorge war gleichzeitig heldenhaft und kurz vor dem Zusammenbruch. Pflegeheime gehörten zu den schlimmsten Infektionsherden. Die Schulen stehen weiterhin vor massiven Umwälzungen und schwierigen Entscheidungen.

Doch die Probleme, die Covid-19 in aller Deutlichkeit vor Augen geführt hat, haben sich schon seit Jahren entwickelt. Neoliberales Denken hat dem Schuldenabbau und oft auch Sparprogrammen Vorrang eingeräumt, insbesondere im Zuge der Finanzkrise. Ein Argument dabei war, dass eine gute Gesundheitsversorgung – oder Bildung oder Altersversorgung – die öffentlichen Haushalte zu viel kostet. Ein anderes Argument lautete, dass es einzig und allein um Effizienz gehe und diese am besten von den Märkten entschieden werde. Vor allem aber betonte die neoliberale Ideologie einseitig das individuelle Handeln, ermöglicht durch Privateigentum, und nicht die Ermächtigung der Bürger durch ihr kollektives Handeln.

Die großen öffentlichen Institutionen der Wohlfahrtsstaaten wurden vernachlässigt, unterfinanziert oder sogar geschlossen oder verkauft und privatisiert. Das war nicht nur eine Frage der wirtschaftlichen Notwendigkeit. Das Gemeinwohl wurde zugunsten privater Güter abgewertet. Die demokratische Entscheidungsfindung wurde zugunsten der Markteffizienz zurückgedrängt. Es ist deshalb von entscheidender Bedeutung, die Entscheidungsfindung der Bürger für die Demokratie zurückzugewinnen.

Ende des 20. Jahrhunderts hat der Neoliberalismus zu einer einseitigen Betonung des Privateigentums und der Märkte geführt. Das Finanzwesen, das Wachstum der Unternehmen, die neuen Technologien und die Globalisierung haben gemeinsam großen Wohlstand gebracht. Aber genau wie im 19. Jahrhundert ging dieser Wohlstand überproportional stark an die ganz Reichen. Die Ungleichheit nahm dramatisch zu.[70] Gleichzeitig stellte der

70 Genauer gesagt hat die Ungleichheit innerhalb der Länder zugenommen. Die Ungleichheit zwischen den Ländern hat sich etwas verringert, vor allem durch den wirtschaftlichen Aufschwung in Asien. Obwohl die Ungleichheit auch in China zunahm, konnten dank des Gesamtwachstums des Landes Millionen von Menschen der Armut entkommen. Siehe Branko Milanović, *Die ungleiche Welt. Migration, das eine Prozent und die Zukunft der Mittelschicht*, übers. von Stephan Gebauer (Berlin: Suhrkamp, 2016).

wirtschaftliche Wandel das Gemeinschaftsleben und die sozialen Unterstützungssysteme für Millionen von Bürgern auf den Kopf. Nicht zuletzt wurden das Gesundheitswesen, das Bildungswesen und andere Einrichtungen beschnitten, privatisiert und so umorganisiert, dass sie Einnahmen erzielen, indem von den Kunden Gebühren erhoben werden, anstatt eine vom Steuerzahler finanzierte öffentliche Dienstleistung zu erbringen.

Märkte sind in vielerlei Hinsicht effizient. Durch ihre Effizienz und ihre Produktivitätsanreize bringen sie öffentlichen Nutzen. Aber sie sind nicht so organisiert, dass sie für das Gemeinwohl sorgen.[71] Zum einen gelingt es den Märkten nicht, öffentliche Güter effektiv zu produzieren und zu verteilen. Saubere Luft, sauberes Wasser und die Reduzierung des Kohlenstoffverbrauchs sind bekannte Beispiele. Sie können als gewöhnliche Konsumgüter verkauft werden. Man kann in eine Sauerstoffbar gehen, eine Flasche Wasser kaufen und eine Fluggesellschaft dafür bezahlen, dass sie einen Baum pflanzt, der die umweltschädlichen Auswirkungen des Fluges ausgleicht. Aber solche privaten Käufe können die Produktion nicht auf ein angemessenes Niveau heben. Sie sind mit eigenen Kosten verbunden. Vor allem aber bietet keine Gesamtheit solcher privater Transaktionen den vollen Genuss eines Gutes. Saubere Luft, sprudelnde Flüsse und ein Meer, das nicht verschmutzt ist, sich nicht erwärmt und nicht klimawandelbedingt ansteigt, lassen sich nur gemeinsam erreichen. Märkte versagen bei der Bereitstellung öffentlicher Güter, weil Einzelne entweder nicht für den Konsum anderer zahlen wollen oder können. Für Güter, die von einer unbestimmt bleibenden Öffentlichkeit konsumiert werden müssen, muss öffentlich bezahlt werden.

Das Gemeinwohl ist nicht die Summe der privaten Güter, und es besteht auch nicht nur aus öffentlichen Gütern im engen, wirtschaftlichen Sinne, d. h. aus Gütern, die nur genossen werden können, wenn sie geteilt werden, und die durch das Teilen nicht weniger werden (wie z. B. saubere Luft, die in Kapitel 2 behandelt wird). Zum Gemeinwohl gehört auch die gerechte Verteilung aller Güter – einschließlich des Zugangs zu öffentlichen Gütern. Dazu

71 Dazu, wie eine einseitige Betonung der Märkte die Bereitstellung von öffentlichen Gütern untergrub und veränderte, siehe LaDawn Haglund, *Limiting Resources: Market Led Reform and the Transformation of Public Goods* (University Park: Penn State University Press, 2010).

gehört aber auch die gerechte Verteilung öffentlicher Übel – wie die Belastung durch Umweltverschmutzung oder die Risiken des Klimawandels. Vor allem aber ist das Gemeinwohl eine Frage der Werte, die sich nicht einfach anhand eines höheren oder niedrigeren Verbrauchsniveaus messen lassen. Von zentraler Bedeutung sind dabei Freiheit, Gleichheit und Solidarität. Die Demokratie selbst ist ein öffentliches Gut. Aber sie existiert *für* das öffentliche Gut im Sinne von Gemeinwohl. Demokraten beteiligen sich an der öffentlichen Debatte auch deshalb, um zu bestimmen, was sie unter Gemeinwohl verstehen sollen.

Die Erbringung öffentlicher Dienstleistungen ist für die Legitimität der Demokratie von entscheidender Bedeutung. Es geht darum, die Bürger zu ermächtigen und einzubeziehen. Das sollte nicht durch parteipolitische Polarisierung untergraben oder in Geiselhaft genommen werden. Aber die Gesundheitsversorgung, das Bildungswesen, die Polizeiarbeit und andere öffentliche Dienstleistungen sollten auch nicht einfach als Konsumgüter wie Eiscreme oder Autos behandelt werden.

Nicht nur die öffentlichen Einrichtungen, die ein spezifischer Teil der Wohlfahrtsstaaten während *les trente glorieuses* waren, haben gelitten. Die Bereitstellung notwendiger Dienstleistungen hat in einem viel größeren Umfang Schaden genommen. In den Vereinigten Staaten zum Beispiel stellten viele Unternehmen die Gesundheitsversorgung und die Altersvorsorge für ihre Mitarbeiter ein. Einige hielten sich nicht an die Zusagen, die sie ihren Ruheständlern bereits gegeben hatten. Krankenhäuser, die als öffentliche Wohlfahrtseinrichtungen gegründet worden waren, wurden zunehmend in private Unternehmen umgewandelt. Private Schulen wuchsen auf Kosten der öffentlichen. Sogar die Postdienstleistungen wurden reduziert oder ganz eingestellt.

Noch zusätzlich verschärft wurde diese neue Disruption durch die schweren Krisen Mitte der 1970er Jahre und 2008 bis 2011. In beiden Fällen wurden die Beziehungen zwischen Staat und Wirtschaft auf eine Art und Weise wiederhergestellt, die dem Wohlergehen von Arbeitnehmern und normalen Bürgern schadete und die Investitionen ins Gemeinwohl reduzierte. In jedem dieser Fälle kam es zu Reaktionen, die von der Zunahme populistischer Politik bis hin zu Drogen- oder Medikamentenmissbrauch und Selbstmord reichten. Im gleichen Zeitraum wurde das staatliche Sicherheitsregime sowohl im »war on drugs« als auch im »Krieg gegen den Terror« verschärft.

Unsere Herausforderung besteht nun darin, für eine positivere zweite Phase der Doppelbewegung zu sorgen. Vorschlägen wird häufig mit dem Einwand begegnet, Institutionen, die dem Gemeinwohl dienen, würden zu viel kosten. Das gilt seit Jahren für die Attacken der britischen Konservativen (insbesondere der Neoliberalen unter ihnen) auf den National Health Service und andere öffentliche Einrichtungen. In den Debatten im US-Senat, die sich auf die voraussichtlichen Kosten öffentlicher Investitionen und nicht auf deren voraussichtlichen Nutzen konzentrierten, wurde dies 2021 überdeutlich – wobei Senatoren mit persönlichem Reichtum und engen Verbindungen zur Industrie eine Schlüsselrolle spielten. Natürlich kostet die Gesundheitsversorgung Geld. Es ist deshalb durchaus angemessen, darüber zu diskutieren, »was wir uns leisten können«. Die Beantwortung dieser Frage erfordert jedoch einen Vergleich der Optionen. Die derzeitige Politik akzeptiert hohe Kosten für das Militär und die Polizei – also für Sicherheit gegen bestimmte Arten von Bedrohungen. Tatsächlich aber könnten Investitionen in die öffentliche Gesundheit deutlich mehr zur Sicherheit der Menschen beitragen. Die derzeitige Politik bietet wohlhabenden Investoren und großen Unternehmen massive Steuererleichterungen – sowohl ganz legal als auch durch die Duldung von Steuervermeidung. Die entscheidende Frage lautet also: »Was *wollen* wir uns leisten?«

Die Gesundheitsversorgung ist teuer geworden. Hightech-Medizin und Intensivpflege am Ende des Lebens sind in allen Industrieländern wichtige Faktoren. Aber die Vereinigten Staaten geben mehr für die Gesundheitsversorgung aus als jedes andere Land, zum Teil, weil sie es versäumt haben, eine flächendeckende Versorgung einzuführen und den Einfluss der Regierung zu nutzen, um die Kosten zu senken – etwa die Kosten für verschreibungspflichtige Medikamente, die in den Vereinigten Staaten eklatant höher sind als in Kanada oder Europa. Was die Amerikaner ausgeben, wird zudem nicht in die öffentliche Gesundheit, die medizinische Grundversorgung und die Notaufnahmen investiert. Die Bereitstellung öffentlicher Dienstleistungen ist eine Grundvoraussetzung für die Verwirklichung des Gemeinwohls. Mit der zunehmenden Größe und Komplexität moderner Gesellschaften, angesichts internationaler Verflechtungen und neuer Technologien wurde es entscheidend, diese Dienstleistungen durch öffentliche Einrichtungen und nicht nur durch lokale Gemeinschaften zu erbringen. Und eine gute Versorgung mit diesen Dienstleistungen war einer der wichtigsten Legitimationsfaktoren für die Demokratie.

Die Erneuerung und Verbesserung der öffentlichen Dienstleistungen muss daher ganz oben auf der Agenda für die Erholung von Covid-19 stehen – und bei kollektiven Maßnahmen für eine bessere Zukunft. Dabei geht es nicht nur um die Aufstockung der Finanzmittel für die bestehenden Einrichtungen, auch wenn dies unerlässlich ist. Es sind auch Reformen und Innovationen erforderlich. So bedarf es dringend kontinuierlicher Maßnahmen zum Schutz von Arbeitsplätzen oder zur Unterstützung von Arbeitslosen, und zwar als Entlastung wie auch als Anreiz. Aber auch wenn man nur Übergangsmaßnahmen ergreift, ist es wichtig, langfristige Verbesserungen einzuleiten.

Ein Beispiel dafür ist die Altenpflege. Die Versorgung älterer Menschen hat sich seit den Tagen, als viele in bitterer Armut lebten, deutlich verbessert. Doch obwohl ein erheblicher Teil der Älteren heute gut lebt, empfinden andere die Kombination aus Ersparnissen, Renten und Versicherungen als unzureichend. Das liegt zum Teil daran, dass die Menschen länger leben. Zum Teil hat es damit zu tun, dass viele ihre Rentenleistungen verloren haben, weil die Arbeitgeber ihre Prioritäten geändert haben (oder die Rentenbestände in ein unlauteres Unternehmen investiert haben, das zusammengebrochen ist, wie im Fall von Enron). Mit Sicherheit liegt es daran, dass die Ersparnisse unzureichend sind und dass zu viele nicht versichert sind oder ihre Versicherung zu wenig abdeckt. Die häufigste unmittelbare Ursache für ein Abrutschen in die Armut ist eine schlimme Krankheit, zu der natürlich auch die Krankheiten des Alters gehören. Die Kosten für die Pflege am Lebensende stellen auch für die europäischen Gesundheitssysteme eine Herausforderung dar. Aber die Vereinigten Staaten erfüllen weder die Bedürfnisse ihrer Bürger noch die von anderen demokratischen Ländern festgelegten Pflegestandards. Ein Grund dafür ist die mangelnde Ausrichtung auf das Gemeinwohl – und das ließe sich ändern.

Auffallend ist, dass Pflegeheime wichtige Knotenpunkte bei der Übertragung von Infektionen waren. Das liegt nicht nur daran, dass ihre Bewohner weniger gesund sind, dass die Menschen hier auf engem Raum leben oder dass es einigen Bewohnern schwerfällt, sich vollständig an die Präventionsmaßnahmen zu halten. Es hat auch damit zu tun, dass in den Heimen schlecht bezahlte Arbeitskräfte beschäftigt werden, die zwischen den Heimen und ihren Wohnorten hin- und herpendeln müssen. Insofern ist es von entscheidender Bedeutung, über die erbrachten Dienstleistungen und gleichzeitig über das Personal, das sie erbringt, nachzudenken.

Für diese ungeheuer wichtigen Arbeitskräfte wurden zu wenig Vorkehrungen getroffen und ihnen wurde zu wenig Unterstützung gewährt. Zu oft waren sie sogar gezwungen, im Krankheitsfall zu arbeiten. Die Maßnahmen zur Infektionskontrolle waren oft lax. Schuld daran sind unter anderem laxe Vorschriften für Einrichtungen, die sich mehr um ihre Gewinne kümmern als um das Wohlergehen der Bewohner oder das Gemeinwohl.

Aber auch hinter den Fragen schlechten oder egoistischen Managements stehen umfassendere Probleme. Die Situation älterer Menschen ist ein zentrales öffentliches Anliegen – oder sollte es zumindest sein. Tatsächlich gehörte dies von Anfang an zur Logik des Sozialversicherungssystems. Es würde nicht nur verdienten Arbeitnehmern im Ruhestand helfen, sondern auch eine bessere Gesellschaft schaffen, in der ältere Menschen nicht arm sind.

In den ersten Monaten der Corona-Pandemie wurden die Beschäftigten des Gesundheitswesens zu Lieblingen der Öffentlichkeit. Ärzte und Krankenschwestern leisteten offensichtlich wichtige Arbeit, manchmal heldenhaft, in langen Schichten und unter persönlichen Risiken. In mehreren europäischen Ländern wurde es zu einem öffentlichen Ritual, Solidarität zu zeigen, indem man am Fenster auf Töpfe schlug und auf Balkons Lieder anstimmte.

Aber Ärzte und Krankenschwestern sind nicht die Gesamtheit der Beschäftigten im Gesundheitswesen. Um ein Krankenhaus zu betreiben, braucht man Arzthelfer, Schwesternhelferinnen, Physio-, Ergo- und Psychotherapeuten, Sozialarbeiterinnen, Techniker, Diätassistentinnen, Krankenwärter, Reinigungskräfte, Mitarbeiterinnen in der Gastronomie, Mechaniker, IT-Personal, Krankenhausverwalter und Büroangestellte. Sie alle sind Risiken eingegangen und haben bei der Gesundheitsversorgung während der Pandemie eine entscheidende Rolle gespielt.

Aber damit noch nicht genug. Krankenhäuser müssen beliefert werden; Patienten und ihre Familien benötigen Hol- und Bringdienste. Fahrer sind unverzichtbar – genauso wie für all die Menschen, die zu Hause mit Lebensmitteln und anderen lebensnotwendigen Dingen versorgt wurden. Die Lieferungen erfordern Arbeitskräfte in den Lagerhäusern. Krankenhäuser brauchen Kommunikationsdienste, Energieversorgung und Abfallentsorgung. Sie brauchen ihre eigene Security, und sie brauchen Hilfe von der Politik. Ihre Gerätschaften müssen repariert werden. Sie brauchen Anwälte, Versicherungen und Finanzdienstleistungen und sind wie andere Unternehmen auch auf Gedeih und Verderb auf Berater angewiesen.

Die Gesundheitssysteme sind Teil einer umfassenderen Transformation von Arbeit und Beschäftigung. Während die Beschäftigung im verarbeitenden Gewerbe, im Bergbau und davor in der Landwirtschaft zurückgegangen ist, wurden in unverhältnismäßig hohem Maße neue Arbeitsplätze im Dienstleistungssektor geschaffen. Das ist eine riesige und in sich vielfältige Kategorie. Dazu gehören Lehrer, Bibliothekarinnen, Lagerarbeiter, Lkw-Fahrer, Elektriker, Klempner, Kellnerinnen in Restaurants, Anwaltsgehilfinnen, Polizeibeamte und Feuerwehrleute, Gefängniswärter, Verkäuferinnen, Sportstars und die weniger sichtbaren Arbeitskräfte, die Eintrittskarten verkaufen und die Stadien reinigen.

Die Auswirkungen von Covid-19 auf die Beschäftigten im Dienstleistungssektor waren enorm. Erstens gehörten die dort Beschäftigten zu denjenigen, die dem Infektionsrisiko am stärksten ausgesetzt waren. Das gilt natürlich auch für das Gesundheitspersonal, und es ist bemerkenswert, wie lange viele von ihnen im Jahr 2020 ohne angemessene Schutzausrüstung arbeiten mussten. Auch viele andere Pflegekräfte – wie die in Pflegeheimen – waren betroffen. Im Grunde waren all diejenigen betroffen, deren Berufe von menschlichem Kontakt abhängen. Fahrer bewegen sich zwangsläufig zwischen möglichen Risikoorten. Im Jahr 2020 starben mehr Polizeibeamte durch Covid-19 als durch alle anderen Ursachen zusammen.[72]

Zweitens kam es zu massiven Arbeitsplatzverlusten, da Restaurants und Geschäfte schlossen, Veranstaltungen abgesagt wurden und Fernsehsendungen nicht mehr produziert wurden. Das sorgte für enorme Verwerfungen, selbst dort, wo Unterstützungsleistun-

72 Christopher Ingraham, Covid-19 Has Killed More Police Officers This Year Than All Other Causes Combined, Data Shows, in: *Washington Post,* 2. September 2020.

gen wie das Kurzarbeitergeld einen Ausgleich schufen, und oft blieb es nicht bei kurzfristiger Arbeitslosigkeit. Rund ein Fünftel aller Restaurants und Einzelhandelsgeschäfte schloss dauerhaft, und mit fortschreitender Rezession werden noch mehr dichtmachen. Nun, da sich die Pandemie abschwächt und die Lockdowns aufgehoben werden, wird das Beschäftigungswachstum zurückkehren, aber ohne Hilfe werden die lokalen Unternehmen das nicht schaffen. Die Pandemie hat nicht nur die Verlagerung der Arbeit ins Homeoffice beschleunigt, sondern auch das Wachstum von Märkten, die auf Logistik und nicht auf Standorten basieren. Viele Arbeitnehmer halten sich zurück, da sie sowohl hinsichtlich der Entlohnung als auch der Arbeitsbedingungen skeptisch sind. Vollbeschäftigung und gute Löhne sind jedoch sowohl für die Demokratie selbst als auch für die Wirtschaft im engeren Sinne wichtig. Sie sind Grundvoraussetzung für die Ermächtigung der Bürger.

Drittens hat die Umstrukturierung der Vereinbarkeit von Beruf und Familie zu erheblichen Belastungen geführt. Die Arbeit von zu Hause aus war viel einfacher für diejenigen, die einen Bürojob, ein geräumiges Haus und ein ausreichend hohes Einkommen hatten, um sich ohne Sorgen einrichten zu können. Für Eltern mit Kindern, die nicht in die Schule durften und daheimblieben, gab es andere Herausforderungen – und diese betrafen überproportional Frauen, was wiederum dazu führte, dass viele Frauen aus dem Berufsleben ausschieden. Die Eltern drängten darauf, dass die Schulen wieder geöffnet wurden, aber viele drängten nicht genügend darauf, dass die Lehrer den Schutz und die Unterstützung erhielten, die sie benötigten. Die Betreuung von Familienangehörigen aufgrund von Corona hält viele Arbeitnehmer – insbesondere Frauen – vom Arbeitsmarkt fern.

Covid-19 wird wahrscheinlich zu einer besser kontrollierbaren, wenn auch endemischen Krankheit werden. Von entscheidender Bedeutung dafür sind Impfungen, ständige Wachsamkeit und Verbesserungen im Bereich der öffentlichen Gesundheit – und all das hat sich in einem polarisierten, hyperparteiischen politischen Umfeld als schwierig erwiesen.

Aber auch jenseits von Covid besteht ein sehr großer Teil des Dienstleistungssektors aus Care-Arbeit.[73] Die Gesundheitsver-

73 Siehe Paula England, Emerging Theories of Care Work, in: *Annual Review of Sociology* 31 (2005), S. 381-399; Mignon Duffy, *Making Care Count: A Century*

sorgung umfasst nicht nur die direkte Erbringung medizinischer Dienstleistungen, sondern auch Altenpflegeeinrichtungen, Pflegeheime und Rehazentren. Lehrer und alle anderen Angestellten von Schulen leisten ebenfalls Care-Arbeit. Und es gibt die nicht-medizinische Pflege für ältere Menschen, für Behinderte und für Kinder.

Während es sich bei einigen Care-Arbeitern um Elitefachkräfte wie Ärzte handelt, haben viele andere Mühe, mit dem Mindestlohn oder einem allenfalls knapp darüber liegenden Gehalt über die Runden zu kommen. Sie würden denn auch von einer Erhöhung des Mindestlohns profitieren. Care-Arbeiter sind überdurchschnittlich häufig weiblich, People of Color und Zuwanderer oder haben zumindest einen Migrationshintergrund.

Wenn es nicht gelingt, die Gesundheitsversorgung und das Bildungswesen zu verbessern, offenbart sich darin ein unmittelbares Versagen der Demokratie.[74] Zahlreiche Umfragen haben deutlich gemacht, dass sich die Bürger eine bessere medizinische Grund- und Notfallversorgung ebenso wünschen wie bessere Schulen und größere Unterstützung für Lehrer und Schüler.[75] Das Misstrauen gegenüber der Regierung hat die Unterstützung für Regierungsmaßnahmen nicht verringert; vielmehr war die unzureichende Finanzierung und Umsetzung ein Grund für das Misstrauen.[76] Die Bürger waren nicht in der Lage, ihren Willen Gesetz werden zu lassen. Die massive Lobbyarbeit der Pharmaindustrie (die vom Verkauf von Medikamenten zu höheren Preisen als irgendwo sonst auf der Welt enorm profitiert) hat eine Verbesserung der Gesundheitsversorgung in den Vereinigten Staaten verhindert.

Überall wurde der Widerstand gegen eine bessere Finanzierung

of Gender, Race, and Paid Care Work (New Brunswick, NJ: Rutgers University Press, 2011).

74 Vicente Navarro, Consequences of the Privatized Funding of Medical Care and of the Privatized Electoral Process, in: *American Journal of Public Health* 100:3 (2010), S. 399-402.

75 Bianca Quilantan, New Poll Finds Majority of Voters Support Public Education, in: *Politico,* 3. Februar 2020; Jocelyn Kiley, Most Continue to Say Ensuring Health Care Coverage Is Government's Responsibility, Pew Research, 3. Oktober 2018, ⟨https://www.pewresearch.org/fact-tank/2018/10/03/most-continue-to-say-ensuring-health-care-coverage-is-governments-responsibility/⟩.

76 Pew Research, Little Public Support for Reductions in Federal Spending, 11. April 2019, ⟨https://www.opensecrets.org/news/2021/02/2020-cycle-cost-14p4-billion-doubling-16/⟩.

des Bildungs- und Gesundheitswesens durch Werbung und Lobbyarbeit im Namen von Unternehmen und Wohlhabenden angeheizt. Neoliberales Denken setzt auf Schuldenabbau und häufig auf Sparprogramme, vor allem nach einer Finanzkrise. Das Gemeinwohl braucht eine vergleichbar starke Kampagne.

Die Bürger könnten eine qualitativ hochwertige, allgemeine Gesundheitsversorgung verlangen. Für eine solche zu sorgen ist einer der wichtigsten Beiträge, die Regierungen leisten können, sei es durch direkte Bereitstellung oder durch ein Versicherungssystem. Aber das kostet natürlich Geld, und es gibt Debatten darüber, was wir uns leisten können. Möglicherweise ist das jedoch ein Fall, in dem wir es uns nicht leisten können, auf die Investition zu *verzichten*.

Ähnliche Fragen können wir in vielen Bereichen stellen. Ersetzen Marktkriterien wie Effizienz und Profit oder andere systemische Zwänge die tatsächliche Mitsprache der Öffentlichkeit bei der Entscheidung darüber, was als öffentliches Gut und Gemeinwohl gelten soll? Wie können wir grundlegende gesellschaftliche Entscheidungen demokratischer machen? Nehmen wir die Hochschulbildung. Ungleichheit und Wettbewerb lenken die Aufmerksamkeit auf die Ergebnisse für die oberste Elite privilegierter Studierender, nicht für die Mehrheit (wie wir bei der Erörterung der Leistungsgesellschaft in Kapitel 4 gesehen haben). Als Reaktion auf den Konkurrenzdruck treffen die Universitäten Entscheidungen, die die Hierarchie verschärfen, von den Kernaufgaben in der Lehre ablenken und das System insgesamt teurer werden lassen. Allzu oft beurteilen sie den Forschungserfolg nach dem Umfang der Finanzierung und nicht nach der Qualität, dem Erkenntnisgewinn oder den positiven Auswirkungen. Sie bauen immer schickere Einrichtungen, um Bewerber zu beeindrucken. Sie halten starr an Lehrplanstrukturen fest, die eher bürokratischen Vorgaben entsprechen, für die Studierenden aber wenig hilfreich sind. Allerdings ist das wohl kaum das, was die demokratische Öffentlichkeit von ihren Universitäten erwartet. Eine der großen Herausforderungen nach der Pandemie besteht darin, eine qualitativ hochwertige Hochschulbildung zugänglich zu machen, ohne die Studierenden und ihre Familien zur Zahlung von hohen Gebühren und in der Regel zu einer hohen Verschuldung zu zwingen.

Es ist immer klug, nach den Kosten zu fragen, und es ist wichtig, konkurrierende Prioritäten ernst zu nehmen. Aber es ist auch wichtig, zu fragen, ob das Steuersystem gerecht ist. Die bestehenden Steuergesetze und Durchsetzungsstrukturen ermöglichen eine massive Steuerhinterziehung. Die wirklich große Steuervermeidung wird von den sehr Reichen und von Unternehmen begangen, die sich zu einem unverhältnismäßig großen Teil im Besitz der sehr Reichen befinden. Globalisierung und Finanzialisierung machen das noch einfacher. Das Geld wird in Steueroasen und Briefkastenfirmen versteckt. Es wird schnell verschoben, um den Steuerbehörden immer einen Schritt voraus zu sein. Globale Unternehmen manipulieren, wo sie Steuern zahlen, suchen nach niedrigeren Steuersätzen und entziehen sich manchmal ganz den Steuerpflichten. All das entzieht den Regierungen die Mittel, die sie für ihre Arbeit benötigen, und führt dazu, dass andere Bürger mehr zahlen müssen. Besser verfasste Steuergesetze und eine bessere Durchsetzung könnten den Missbrauch radikal eindämmen.[77] Erste zaghafte Schritte in Richtung einer globalen Mindestkörperschaftssteuer reichen bei weitem noch nicht aus, aber sie zeigen immerhin, dass Maßnahmen möglich sind.[78]

Demokratien brauchen eine transparente Besteuerung, damit die Bürger verstehen können, wer was zahlt und wofür das Geld verwendet wird. Das ist im Allgemeinen auch ein Argument dafür, das Steuersystem möglichst einfach zu halten. Aber was sollte besteuert werden und wie? Vermögen, Einkommen oder Umsatz? Könnte es eine »Tobin-Steuer« geben – eine winzige Abgabe auf jede Finanztransaktion, die eine bestimmte Größenordnung überschreitet, um so die Volatilität an den Finanzmärkten zu verringern und Einnahmen zu erzielen?[79] Sollten große Erbschaften oder vielleicht

77 Zu einer einflussreichen Liste von Vorschlägen siehe Emmanuel Saez/Gabriel Zucman, *Der Triumph der Ungerechtigkeit. Steuern und Ungleichheit im 21. Jahrhundert*, übers. von Frank Lachmann (Berlin: Suhrkamp, 2020). Ein verwandtes Thema, das zu komplex ist, um es hier zu erörtern, ist die Art und Weise, wie Mechanismen zur Steuervermeidung eine viel umfassendere illegale kapitalistische Wirtschaft auf globaler Ebene anheizen, indem Gelder, die aus steuerlichen Gründen nicht in den Bilanzen stehen, in die Finanzierung des Drogen-, Waffen- und Menschenhandels fließen.

78 Alan Rappeport, Finance Leaders Reach Global Tax Deal Aimed at Ending Profit Shifting, in: *New York Times*, 5. Juni 2021.

79 Siehe James Tobin, A Proposal for International Monetary Reform, in: *Eastern Economic Journal* 4:3-4 (Juli-Oktober 1978), S. 153-159.

Vermögen generell besteuert werden? Was sollten die Wirtschaft und ihre Konzerne zahlen? Und wenn es eine Einkommensteuer gibt, wie progressiv sollte sie sein? In fast allen Ländern zahlen die Reichen einen höheren Prozentsatz, aber um wie viel höher sollte der sein? Es sei daran erinnert, dass die Steuersätze während des Nachkriegsbooms – *les trente glorieuses* – viel höher waren, ohne dass das Wachstum darunter gelitten hätte. Kurzum, wir haben die Wahl. Steuerpolitik wird nicht von purer Notwendigkeit diktiert. Die Entscheidungen müssen durch demokratische Beschlüsse im Sinne des Gemeinwohls getroffen werden.

In unmittelbarem Gegensatz zur Demokratie wird der Reichtum von Einzelpersonen und Unternehmen häufig für Kampagnen eingesetzt, die darauf abzielen, den öffentlichen Sektor auszuhungern, mit der Begründung, dass uns »das Geld fehlt«, um es besser zu machen. Es ist wichtig, dass die Demokraten sich zusammentun und diese Frage andersherum stellen, nämlich inwieweit die Politik die Anhäufung von so großem Reichtum fördern sollte, anstatt sich für dessen Umverteilung zum Wohle der Allgemeinheit einzusetzen. Die eigentliche Aufgabe der Demokratie besteht darin, Abwägungen zwischen verschiedenen öffentlichen Zwecken und je verschiedenen Herangehensweisen vorzunehmen.

Die Frage, was sich ein Land leisten kann, ist immer eine Frage der Prioritäten. Es gibt enorme Zielkonflikte zwischen Gesundheitsversorgung, Bildung, Gefängnissen, Polizei und Militär. Es kommt darauf an, wofür man sich in jedem einzelnen Fall entscheidet. Aber es gibt auch Abwägungen zwischen der Erleichterung der privaten Vermögensbildung und der Bereitstellung öffentlicher Güter. Genauso wichtig ist, wie die Entscheidungen getroffen werden. In den Vereinigten Staaten ist die Gesundheitsversorgung überwiegend privat und weitgehend gewinnorientiert organisiert. Das hat dazu geführt, dass Märkte, Finanzinstitute und Unternehmen die Kontrolle über die zentralen Entscheidungen haben. Wenn die Auslagerung der gesamten Produktion von persönlicher Schutzausrüstung nach China am effizientesten erscheint, dann haben sie diesen Weg gewählt. Medizinische Hightech-Behandlungen und elektive Operationen wurden zu Einnahmequellen – ja sogar zu Grundlagen für den Medizintourismus. Ironischerweise zahlen die Vereinigten Staaten, die von allen reichen Demokratien das ungleichste medizinische System haben, auch am meisten für die Gesundheitsversorgung. Die Allgemeinheit trägt dabei einen großen Teil der Kosten durch teure Versicherungen, obwohl sie nicht in den Genuss einer flächendeckenden Versorgung und einer guten öffentlichen Gesundheit kommt.

Groß denken

Wir müssen in großen Dimensionen denken. Die Demokratie kann und sollte zu neuen Vorstellungen von dem, was möglich ist, inspirieren und sich ihrerseits von solchen Ideen inspirieren lassen.

Als die Vereinigten Staaten gegründet wurden, herrschte eine noch nie dagewesene, aufregende Offenheit für demokratische Beteiligung. Diese Aufregung erreichte Europa und Lateinamerika und animierte dort sowie andernorts zu demokratischen Experimenten.

Einmal etabliert, setzten die Demokratien auf wiederkehrende Experimente, um sich weiter zu verbessern. Sie änderten das Wahlrecht und die Wahlregeln. Sie experimentierten mit verschiedenen Ansätzen in den Bereichen Besteuerung, Finanzregulierung, Lebensmittelsicherheit, Polizeiarbeit, öffentliche Medien, Schulen und Arbeitslosenunterstützung. Sie experimentierten überdies mit Möglichkeiten, lokale Gemeinschaften zu erhalten und landwirtschaftliche Familienbetriebe zu retten – nicht immer mit Erfolg.

Heute sind demokratische Gesellschaften mit dem Klimawandel, radikalen Veränderungen bei Arbeit und Beschäftigung, Spannungen zwischen wirtschaftlicher Globalisierung und politischem Nationalismus, neuen Anfälligkeiten für globale Pandemien, neuen Bedrohungen durch globale Kriminalität und globalisierte Steuerhinterziehung sowie mit dem Zerfall der Demokratie selbst konfrontiert. So herausfordernd es auch klingen mag, wir müssen all diese Themen gleichzeitig angehen. Es hat keinen Sinn, darüber zu streiten, welches Problem das grundlegendste oder dringlichste ist. Wir können sie nicht eins nach dem anderen angehen; dafür sind sie zu stark miteinander verwoben.

Wir brauchen jetzt mitreißende Experimente für mehr Demokratie. Ist es möglich, dass moderne Demokratien große Fortschritte bei der Förderung der Gleichberechtigung in einer weniger räuberischen Wirtschaft, bei der Bekämpfung der Umweltzerstörung und des Klimawandels und bei der Erneuerung von Gemeinschaft und gesellschaftlicher Solidarität machen können? Wir glauben ja. Aber um an allen drei Fronten so groß zu denken, müssen wir zunächst mit der eingeschränkten und verarmten gesellschaftlichen Fantasie brechen, wie sie für die neoliberale Ära charakteristisch war.

Mit vergleichbar schweren und multidimensionalen Krisen waren die etablierten Demokratien der Welt letztmals während der Großen Depression und des Beginns des Zweiten Weltkriegs konfrontiert. Die Aktienmärkte stürzten ab. Überschuldete und unterregulierte Banken gingen pleite. Arbeiter verloren ihre Jobs. Landwirte verloren ihr Land und ihre Existenzgrundlage. Dürre und Staubstürme brachten den Farmern in den Ebenen und Prärien der zentralen Vereinigten Staaten und Kanadas Ernteausfälle und finanziellen Ruin. Hunderttausende wurden entwurzelt und waren praktisch Flüchtlinge im eigenen Land. Die finanzielle Globalisierung führte dazu, dass die ursprünglich amerikanische Krise schnell auf Europa übergriff. Sie brachte Hunger und große Not mit sich, vor allem in Mitteleuropa. Millionen von Menschen waren zur Auswanderung gezwungen, aber sie waren nur Teil einer Welle von Abwanderungen aus Europa, die sowohl durch wirtschaftliche als auch durch politische Katastrophen, durch Klassenunterschiede und Rassismus ausgelöst wurden.

Die Demokratie zerfiel. Die Wirkmacht der Bürger wurde durch die wirtschaftlichen Verheerungen untergraben. In weiten Teilen Europas vertrat die nationalistische Politik eher Ideologien der ethnischen Reinheit als der Integration. Juden wurden zu Sündenböcken gemacht und sowohl vom antisemitischen Mob als auch von der staatlichen Politik attackiert. Das Gleiche galt für Einwanderer, Sinti und Roma sowie Homosexuelle. Die politische Spaltung war extrem. Auf den Straßen vieler europäischer Städte kam es zu heftigen Kämpfen zwischen Kommunisten und Faschisten.

Inmitten dieser allgemeinen Krise wurde auch die Demokratie erneuert – allerdings nicht überall. Sie brach zusammen, als die Rechte in Italien und Deutschland die Macht ergriff, und in Spanien wurde sie zerschlagen. Nach dem Einmarsch der Nazis war Frankreich gespalten zwischen Widerstand und Kollaboration. In weiten Teilen der übrigen Welt, insbesondere in den Vereinigten Staaten, wurde die Reaktion auf die Weltwirtschaftskrise selbst zu einem demokratischen Projekt, das die nationale Integration und Partizipation stärkte und den Prozess der Stabilisierung des Kapitalismus, der sozialen Absicherung der Bürger und des Aufbaus gesellschaftlicher Institutionen einleitete. Diese Entwicklung sollte sich während des Krieges und vor allem danach fortsetzen.

Als Franklin Roosevelt 1932 als Präsidentschaftskandidat antrat, verpflichtete er sich, einen New Deal für das amerikanische Volk zu erreichen. Das war nichts weniger als ein Projekt zur Rettung der Demokratie.

Der New Deal sollte Arbeitsplätze schaffen und eine soziale Absicherung einführen, die Finanzstabilität wiederherstellen und Transparenz in die Wall Street bringen, die Umwelt schützen und den Wohnungsbau fördern. Er sorgte für Energie- und Verkehrsinfrastrukturen, öffentliche Parks und Sporthallen für Highschools. Es wurden Anstrengungen unternommen, um traditionelle amerikanische Musik aufzunehmen und zu retten, und er brachte Kunst in die neuen öffentlichen Räume wie Bibliotheken und Postämter.[80]

Entscheidend ist, dass der New Deal kein im Voraus formulierter Plan war. Es handelte sich vielmehr um eine fortwährende Innovation, die verschiedene programmatische Ideen miteinander kombinierte, von denen viele aus sozialen Bewegungen und Experimenten auf lokaler Ebene stammten. Einige davon waren bereits seit den Bewegungen der Populisten und der Progressiven im späten 19. und frühen 20. Jahrhundert verfolgt worden und bekamen durch den finanziellen Zusammenbruch und die Massenarbeitslosigkeit neue Dringlichkeit. Aber der New Deal war nicht nur eine Notlösung. Er war ein Versuch, bessere Institutionen für die Zukunft zu schaffen. Und er ging einher mit der Entschlossenheit, groß zu denken.

Selbst inmitten der Krise, selbst inmitten von Not und Verzweiflung zeigte der New Deal, dass es möglich ist, nicht nur Krisenbewältigung zu betreiben, sondern Anstrengungen zum Aufbau einer besseren Gesellschaft zu unternehmen. Und selbst ohne einen Masterplan können verschiedene Verbesserungsprojekte zum Gesamtfortschritt beitragen.

Nicht jede politische Maßnahme des New Deal sollte nachge-

80 Zum New Deal gibt es eine Unmenge an Literatur, aber auch eine großartige Online-Einführung, kuratiert von Richard Walker, Geographieprofessor an der UC Berkeley: ⟨https://livingnewdeal.org⟩.

ahmt werden. Um die nötige politische Unterstützung zu erhalten, waren viele Maßnahmen so angelegt, dass sie den Weißen stärker zugutekamen als den Schwarzen, oder sie schlossen die Schwarzen sogar gänzlich aus. Einige waren schlicht und einfach schlecht konzipiert. Und als sie während des Zweiten Weltkriegs und in der Nachkriegszeit institutionalisiert wurden, stützten sich viele von ihnen mehr und mehr auf eine zentralisierte Bürokratie und waren weniger offen für Kreativität und Initiative von unten nach oben.

Auch die europäischen Länder haben in der Zeit der *trente glorieuses* großartige Institutionen aufgebaut. Diese sorgten für Gesundheitsfürsorge, Bildung, Altersversorgung, bessere Medien, Umweltschutz und die Regulierung von Banken und Finanzen. Aber diejenigen, die sie aufbauten, vertrauten der Bürokratie – Regeln, Hierarchien, formalen Verfahren – mehr als den einfachen Menschen und sozialen Beziehungen. Sie gaben lieber den Zentralregierungen mehr Macht, als dass sie die lokale und mittlere Ebene der Gesellschaft gestärkt hätten.

Die Neoliberalen reagierten auf die Probleme der Bürokratie und der zentralisierten Entscheidungsfindung mit Angriffen auf so gut wie alle Institutionen, während sie gleichzeitig die weitere Aushöhlung der Gemeinschaft und der zwischengeschalteten Vereinigungen zuließen oder sogar förderten. Eine entscheidende Aufgabe ist heute, das Vereinsleben auf allen Ebenen wiederherzustellen und es besser mit den notwendigen staatlichen Strukturen in Einklang zu bringen.

Mit dem Aufstieg riesiger globaler Konzerne, der Vorherrschaft des Finanzwesens, der Globalisierung und den neuen Technologien hat sich der Kapitalismus verändert. Und er wird sich unweigerlich weiter verändern. Gemeinschaften werden wieder durch wirtschaftliche Transformationen zerrüttet. Die gesellschaftliche Solidarität hat versagt. Es wurde nicht annähernd genug getan, um diejenigen zu unterstützen, die die Hauptlast der Deindustrialisierung zu tragen haben, und diejenigen, für die die Globalisierung eher eine Herausforderung als ein Segen ist. Aber es geht nicht nur darum, denjenigen zu helfen, die sonst abgehängt würden, und es geht nicht nur um die jüngste Welle wirtschaftlicher Veränderungen. Vielmehr gilt es, gerade auch diejenigen zu unterstützen, die in unseren neuen ökonomischen und sozialen Formationen eine entscheidende Rolle spielen, aber oft kaum Macht haben oder nicht ausreichend entlohnt werden: Care-Arbeiterinnen, Logistikmitarbeiter, Erzieherinnen und andere.

Die Corona-Pandemie hat die Aufmerksamkeit auf all diese Dienstleistungskräfte und Care-Arbeiterinnen gelenkt, ihnen aber noch keine gerechtere Entlohnung gebracht. Das kann sich ändern, sobald ein Arbeitskräftemangel entsteht. Ein grundlegender Faktor ist jedoch, dass die Beschäftigten im Dienstleistungssektor viel weniger gewerkschaftlich organisiert sind als die Industriearbeiter, als dieser Sektor noch dominierte. Die kollektive Vertretung ist ein Grundrecht und ein praktisches Bedürfnis der Arbeitnehmer, und je größer die Asymmetrien zwischen ihnen und ihren Arbeitgebern sind, desto mehr brauchen sie sie. In der Tat ist es gerade den Gewerkschaften zu verdanken, dass Stahlarbeiter, Beschäftigte in der Automobilbranche und Mechaniker lange Zeit gut bezahlt wurden und gute Leistungen erhielten. Doch in den letzten fünfzig Jahren haben die Gewerkschaften an Bedeutung verloren. Das liegt zum Teil an der Deindustrialisierung, die traditionell gewerkschaftlich organisierte Branchen hart getroffen hat. Es liegt auch daran, dass Verfechter des Neoliberalismus und neoliberale Politiker eine Politik betrieben haben, die darauf abzielte, die Gewerkschaften zu schwächen. Es hat aber auch damit tun, dass die Gewerkschaften die Beschäftigten im Dienstleistungssektor nicht wirklich erreicht haben – was zum Teil damit zu tun hat, dass die Beschäftigten dort überproportional häufig Frauen, Angehörige von Minderheiten und Zuwanderer sind.

Dem tiefgreifenden Wandel von Arbeit und Beschäftigung können wir nicht entkommen. Auf den Klimawandel und die Umweltzerstörung gibt es keine einfache Antwort. Aber vielleicht gibt es Möglichkeiten, an beidem gemeinsam zu arbeiten – eine nachhaltige Gesellschaft mit guten Arbeitsplätzen aufzubauen und die Gerechtigkeit beim Übergang voranzutreiben.[81] Das ist die Prämisse hinter den Forderungen nach einem »Green New Deal«. Um das zu erreichen, wären umfangreiche Investitionen, eine gesellschaftliche Transformation und reichlich Kreativität erforderlich. Aber es könnte auch die Demokratie erneuern.

US-Präsident Biden ist sich durchaus bewusst, dass die Rede vom

81 Craig Calhoun/Benjamin Y. Fong (Hg.), *The Green New Deal and the Future of Work* (New York: Columbia University Press, 2022).

»Green New Deal« Widerstand auslöst – und auch ein Programm heraufbeschwört, das mit seinen Konkurrenten bei den Vorwahlen der Demokraten in Verbindung gebracht wird –, und vermeidet deshalb diesen Begriff. Stattdessen hat er sich für den Slogan »Build Back Better« entschieden, der den starken Initiativen, die er ins Leben gerufen hat, allerdings nicht gerecht wird – die wuchtiger ausfielen, als seine Kritiker auf der Linken erwartet hatten. Der Slogan klingt zu sehr nach Reparatur und Wiederherstellung und zu wenig nach der Innovation, die für die Erneuerung der Demokratie und des gesellschaftlichen Lebens in Amerika notwendig ist.

Die Korrektur von Fehlern und Mängeln ist ein Anfang. Zerfallserscheinungen der Demokratie spiegeln unzählige prozedurale Probleme, kaputte Mechanismen und Schäden an Institutionen wider und bringen sie zugleich hervor. Die Katastrophe von Covid-19 und die damit einhergehende Rezession stellen uns vor unmittelbare Herausforderungen. Aber wir brauchen mehr als eine schnelle Lösung.

Doch ganz gleich, wie der Slogan lautet: Die erste Reaktion vieler Kritiker ist der Versuch, den Optimismus zu dämpfen und jeden »Wir schaffen das«-Geist zu untergraben. Die Kosten sind zu hoch; sie werden die Inflation viel zu sehr anheizen. Die Versprechen werden nicht eingehalten. Können wir nicht einfach die Straßen sanieren, ohne ein besseres Internet zu bauen? Müssen wir gleichzeitig für eine bessere Kinderbetreuung sorgen? Werden meine Leute genug von den Vorteilen abbekommen? Werden zu viele an *jene* Menschen gehen (die sie nicht wirklich verdienen)?

Natürlich müssen Vorschläge für Billionen von Dollar an Bundesinvestitionen genau geprüft werden. Die Verabschiedung von Gesetzen erfordert oft Kompromisse und die Bündelung von Projekten in einer Weise, die die Vorschläge undurchsichtig macht. Aber das Zerpflücken potenziell vielversprechender Vorschläge ist – ebenso wie Hyperparteilichkeit und Polarisierung – zu einer Hauptform des öffentlichen Engagements geworden.

In Europa hat sich Skepsis in Zynismus und in eine gewisse Depression verwandelt. In den meisten europäischen Ländern scheinen die Wähler des alten Politikerschlags allesamt überdrüssig zu sein: Sozialdemokraten, Konservative und Liberale. Die Sozialdemokraten haben vielleicht (bisher) am meisten verloren, aber so gut wie alle klassischen politischen Parteien sind kaputt. Sie gelten in erster Linie als Mechanismen, mit denen einige Leute nach Macht und sektoralen Vorteilen streben; niemand erwartet wirklich mitreißende Vorschläge von ihnen. Und sie alle verlieren an Macht.

Wir müssen in der Lage sein, Projekte wie dieses mit Optimismus und vereinten Kräften anzugehen. Das ist die vielleicht wichtigste Lehre, die der ursprüngliche New Deal für einen Green New Deal heute bereithält.

Wir brauchen eine Bewegung

Das vielleicht Auffälligste an der heutigen Politik ist, dass es keine groß angelegte Bewegung für den Aufbau einer besseren Gesellschaft gibt. Es gibt Unzufriedenheit. Es gibt Mobilisierungen. Es gibt viele Proteste, aber nur selten wachsen diese zu größeren Bewegungen zusammen. Die meisten bleiben momenthafte Erscheinungen.[82] Von Occupy Wall Street über die Indignados bis hin zu den Protesten auf dem türkischen Zeki-Platz und den Gelbwesten in Frankreich sind sie mehr oder weniger flüchtig. Anarchistische direkte Aktionen sind weit verbreitet, und Anarchisten sind bei einer Reihe von Mobilisierungen prominent vertreten. Aber ihre losen Netzwerke lassen sich nicht ohne weiteres zu einer dauerhaften oder groß angelegten Mobilisierung ausbauen.

Black Lives Matter ist, zumindest eine Zeit lang, dramatisch gewachsen. Diese Bewegung verband zudem eine Reihe verschiedener Formen kollektiven Handelns in den Vereinigten Staaten – darunter Projekte zur Entwicklung von Gemeinden, zur öffentlichen Kunst und Umweltgerechtigkeit sowie die Proteste gegen Polizeigewalt, die ihr sichtbarstes Gesicht waren. BLM hat international Resonanz gefunden. Aber die Bewegung hat noch nicht die kritische Masse für eine allgemeine Transformation der Gesellschaft erreicht.

Die Frauenbewegung war auf dem Höhepunkt der »Zweiten Welle« des Feminismus wirklich transformativ. Ihre Themen sind nach wie vor wichtig, aber die Bewegung ist zersplittert – nicht zuletzt aufgrund des Widerstands vieler junger Frauen gegen die Bezeichnung »feministisch«. Erfolgreiche Mobilisierungen wie #MeToo orientieren sich eher an den Medien als an der Mitgliedschaft;

82 Craig Calhoun, Occupy Wall Street in Perspective, in: *British Journal of Sociology*, 64:1 (2013), S. 26-38.

es bleibt abzuwarten, ob themenübergreifend starke Verbindungen geschmiedet werden und ob sich die Reaktion auf spezifische Missstände zu einer Agenda der sozialen Transformation ausweiten wird.

Dass die soziale Demokratie wirklich eine Bewegung war, ist lange her. In den letzten fünf Jahrzehnten wurde sie zu einer Reihe von politischen Parteien degradiert, die meist in der linken Mitte angesiedelt sind. Neue Parteien wie die Grünen sind im Kommen. Die meisten von ihnen bieten jedoch eher frischere Gesichter und sauberere Hände als wirkliche Veränderungsvisionen. Nationalistische Parteien sind eher dadurch gewachsen, dass sie alte ethnische Vorurteile, Rassismus und die Angst vor kulturellem Wandel aufgreifen, als dass sie praktische Vorschläge für den nationalen Zusammenhalt und Verbesserungen anbieten. Das Gleiche gilt für den Brexit.

Die Arbeiterbewegung ist seit Jahrzehnten im Niedergang begriffen, aber die aktuelle Krise der Arbeit hat ihr neue Energie verschafft. Es bedarf allerdings neuer Ideen und Ansätze, denn als schlichte Fortsetzung der alten, in den Industrien des 19. und frühen 20. Jahrhunderts beheimateten Arbeiterbewegung kann sie nicht erfolgreich sein. Um zu wachsen, muss sie viel kreativer sein. Sie wird neue Visionen entwickeln müssen, die über den Arbeitsplatz im engeren Sinne hinausgehen, ohne aber dabei ihr Engagement für Arbeitsplätze und wirtschaftliche Sicherheit aufzugeben. In erster Linie müssen dies Visionen für eine erneuerte Demokratie sein. Ziele, die nicht ohne weiteres durch Maßnahmen in den (verschwindenden) Betrieben erreicht werden können, müssen durch die Organisierung von Gemeinschaften, durch Wahlen und quasi-politische Mechanismen wie Wahlinitiativen verfolgt werden.

All diese Dinge sind miteinander verbunden. Wir müssen darauf achten, inwiefern sich die verschiedenen Veränderungsprojekte gegenseitig beeinflussen, dürfen uns aber nicht einbilden, dass wir alle Verbindungen und Wechselwirkungen kontrollieren können oder sollten. Denn wenn es sich um wirklich kreative, transformative Projekte handelt, werden sie neue Ergebnisse und neue Möglichkeiten für weiteres Handeln hervorbringen.

Die weltweit vielleicht größte und dynamischste soziale Bewegung ist heute der Klimaaktivismus. Er hat eine große Zahl von Teilnehmern angezogen, insbesondere unter jungen Menschen, und findet bei einer noch größeren Zahl von Sympathisanten Anklang. Bisher hat sich die Klimabewegung vor allem auf die Abwendung der Apokalypse konzentriert – ein offensichtlich lohnendes Ziel! Dies erfordert ein Gefühl für die Dringlichkeit und die Notwendigkeit von Maßnahmen zur Reduzierung der Kohlenstoffemissionen. Die Bewältigung bzw. Abmilderung der bereits entstandenen Schäden wird immer wichtiger. In beiderlei Hinsicht steht die Klimabewegung vor der Herausforderung, die nationalen Regierungen, die ebenfalls konkurrierenden und manchmal unmittelbareren politischen Zwängen ausgesetzt sind, zu mehr Engagement zu bewegen. An dieser Stelle kommt ein Green New Deal (oder etwas Ähnliches) ins Spiel.

Die Prämisse lautet, kurz gesagt, dass wir den Klimawandel bekämpfen und gleichzeitig die ökonomischen Lebensbedingungen verbessern können. Die Umstellung auf Elektrizität anstelle von fossilen Brennstoffen wird Arbeitsplätze in der Produktion und beim Aufbau einer neuen grünen Infrastruktur schaffen. Das bedeutet nicht nur neue Technologien, sondern auch eine bessere Stadtentwicklung: weniger beruflich bedingtes Pendeln, bessere Wohnungen in der Nähe öffentlicher Verkehrsmittel, weniger Müll, weniger Verschwendung von Wasserressourcen und so weiter. Die Umgestaltung der industriellen Produktion, des Transports und der Logistik kann ebenfalls grundlegend für eine Wirtschaft sein, die weniger kohlenstoffintensiv und gleichzeitig stärker auf die Bedürfnisse der Menschen ausgerichtet ist. Doch nicht nur materielle Produktion und Infrastruktur sind wichtig. Gesundheitswesen, Bildung und andere Dienstleistungen sind ebenfalls entscheidende Sektoren für die Schaffung von Arbeitsplätzen und die Erfüllung gesellschaftlicher und menschlicher Bedürfnisse.

Die meisten Vorschläge für einen Green New Deal zielen auf ein breites Wachstum ab, um eine Transformation zu erreichen, die dem Ausmaß des Klimawandels und den sozialen Bedürfnissen gerecht wird. Bislang wurde dem Wandel auf lokaler Ebene nicht genügend Aufmerksamkeit geschenkt, obwohl er gerade dort entscheidend ist. Groß zu denken kann auch bedeuten, dass man neu überlegt, wie sich Orte und Gemeinschaften in größere Strukturen einfügen, was sowohl ökologische als auch soziale Vorteile mit sich bringt.

Vernetzte Probleme mit vernetzten Lösungen – das ist nicht nur eine Frage des Denkens in planetarischen Dimensionen. Es geht notwendigerweise auch darum, starke Verbindungen von Menschen zu Orten, von Orten zueinander und zwischen all den verschiedenen Dimensionen – von der lokalen über die nationale bis zur globalen und planetarischen Ebene – zu schaffen.

Wir sprechen ganz bewusst von *einem* Green New Deal, nicht von *dem* Green New Deal. Damit wollen wir zum Ausdruck bringen, dass es noch keine einheitliche, verbindliche Formulierung der relevanten Bewegungsziele oder potenziellen politischen Maßnahmen gibt. Die Diskussion rückte 2019 in den Vordergrund, als die Kongressabgeordnete Alexandria Ocasio-Cortez und der Senator Ed Markey Gesetzentwürfe einbrachten, die ihn zur offiziellen Politik machen sollten.[83] Diese US-Bemühungen fanden auf der ganzen Welt ein Echo, nicht zuletzt bei der Organisation von Bewegungen und den Gesetzesvorhaben in allen etablierten Demokratien.[84] Über die Agenda für ein solches Programm wird zunehmend ausgiebig diskutiert, aber diese Debatte ist noch nicht abgeschlossen.[85]

83 Siehe »House Resolution Recognizing the Duty of the Federal Government to Create a Green New Deal,« 116th Congress, 1st Session, 7. Februar 2019, ⟨https://www.govinfo.gov/app/details/BILLS-116hres109ih/summary⟩. Ihre Arbeit ist eng mit einer Reihe von Aktivistenorganisationen und -netzwerken verbunden, insbesondere dem Sunrise Movement. Siehe »What Is the Green New Deal?«, eine Einführung auf der Website der Bewegung, ⟨https://www.sunrisemovement.org/green-new-deal/?ms=WhatistheGreenNewDeal%3F⟩; Osita Nwanevu, A Decisive Year for the Sunrise Movement, in: *New Yorker,* 14. Mai 2019. Eine von der Green Party eingerichtete Green New Deal Task Force legte schon 2006 einen Plan für die USA vor. Ohne direkt darauf Bezug zu nehmen, benutzte der *New York Times*-Kolumnist Thomas Friedman die Wendung 2007 in einem Artikel: A Warning from the Garden, in: *New York Times,* 19. Januar 2007.

84 Die Green New Deal Group der britischen New Economics Foundation veröffentlichte 2008 ihren eigenen Bericht: Andrew Simms et al., A Green New Deal, 20. Juli 2008, ⟨https://neweconomics.org/2008/07/green-new-deal⟩. Siehe auch Mark Lynas, A Green New Deal, in: *New Statesman,* 17. Juli 2008; dort und anderswo werden eine Reihe spezieller Programme mit lokalen und nationalen Quellen unter der neuen Bezeichnung zusammengefasst.

85 Jeden Tag erscheinen weitere Bücher und Artikel zu diesem Thema. Zu den wichtigsten gehören Naomi Klein, *Warum nur ein Green New Deal unseren Planeten retten kann*, übers. von Gabriele Gockel, Sonja Schuhmacher und Barbara Steckhan (Hamburg: Hoffmann und Campe, 2019); Jeremy Rifkin, *Der globale Green New Deal. Warum die fossil befeuerte Zivilisation um 2028 kollabiert und ein kühner ökonomischer Plan das Leben auf der Erde retten kann*, übers. von Bernhard Schmid (Frankfurt am Main/New York: Campus, 2019); Larry Jordan, *The Green New Deal: Why We Need It And Can't Live Without It – And No, It's Not Socialism!*

Das ist nicht schlimm. Es bedeutet vielmehr, dass demokratisches Engagement einen Green New Deal und die Bewegung, die ihn auf den Weg bringen könnte, gestalten kann. In den USA hat sich die Debatte durch die Biden-Regierung verändert, die zwar einige Vorschläge übernommen hat, sich aber dem Gesamtrahmen des Projekts widersetzt. Verändert hat sie sich aber auch durch die politische Polarisierung, einen Senat, in dem beide Parteien gleich stark sind, Inflationsängste und die Ungewissheit rund um die Corona-Pandemie. Die umfassende Erneuerung der Infrastruktur kommt in Schwung. Doch die Frage, wie groß die Transformationsbemühungen sein werden, bleibt offen.

Das Engagement für Projekte wie einen Green New Deal ist je nach nationalem Kontext unterschiedlich und variiert sogar zwischen den einzelnen Bundesstaaten und Städten in den Vereinigten Staaten. Zwar ist der Klimawandel eine der globalsten Herausforderungen, doch er betrifft nicht jedes Land, jede Region oder jede kulturelle Gruppe von Menschen auf die gleiche Weise. Ebenso gibt es Unterschiede bei den anderen Fragen, die ein Green New Deal angehen muss, bei den Ressourcen, die er mobilisieren kann, und bei den Widerständen, auf die er stoßen wird.

Die Tatsache, dass wir von *einem* Green New Deal sprechen, hat damit zu tun, dass die notwendige Bewegung gleichzeitig ehrgeiziger und bescheidener sein muss. Sie muss ehrgeiziger sein, weil es nicht ausreicht, Maßnahmen gegen den Klimawandel und für die wirtschaftliche Zukunft (einschließlich der Arbeitsplätze) zusammenzubringen. Sowohl Black Lives Matter als auch die Corona-Pandemie erinnern uns daran, dass es noch andere wichtige, miteinander verknüpfte Themen gibt, von der Bildung bis zur Gesundheitsversorgung und der öffentlichen Sicherheit. Entweder muss eine Version des Green New Deal breiter angelegt sein, oder er muss Teil einer allgemeineren Bewegung für sozialen Wandel sein.

Die Bewegung muss aber auch bescheidener sein, insofern sie für demokratische Beteiligung und eine kontinuierliche Neugestaltung

(Chula Vista, CA: PageTurner Books, 2019); Kate Aronoff et al., *A Planet to Win* (London: Verso, 2020). Einige Autoren konzentrieren sich allerdings stärker auf das Bild von einem neuen Krieg, den es gegen das Klima zu gewinnen gilt – was eher an die Top-down-Mobilisierung des Zweiten Weltkriegs erinnert als an die breite Kräftebündelung des New Deal.

der Agenda offen sein muss. Einige bestehende Vorschläge sind beunruhigend technokratisch und zentralisiert. Sie implizieren, dass es ausreicht, genau die richtigen technisch-wirtschaftlichen Maßnahmen zu finden und die Regierungen dazu zu bringen, sie zu finanzieren und umzusetzen. Selbst wenn dies möglich wäre, würde dies die Verwirklichung eines Green New Deal zu einem Projekt für Experten und Beamte machen und nicht zu einer Aktion der Bevölkerung.

Es genügt nicht, technische Lösungen für diese Probleme zu finden und zu fordern, dass sie von Experten, Regierungen und Unternehmen umgesetzt werden. Technische Lösungen – von der Kohlenstoffabscheidung bis zur Reoxygenierung der Ozeane im Umfeld der Korallenriffe – mögen zwar nützlich sein, aber sie reichen nicht aus, um die Krise insgesamt zu lösen. Dies kann nur durch einen gesellschaftlichen Wandel geschehen, durch Veränderungen in der Art und Weise, wie wir leben, arbeiten, produzieren, Handel treiben, Wohn- und Verkehrssysteme bauen und unsere Beziehungen zu anderen gestalten. Es ist deshalb von entscheidender Bedeutung, eine breite, demokratische Bewegung zu entwickeln, die die Bürger zusammenbringt, um den Wandel zu steuern und eine bessere Zukunft zu sichern. Das ist zweifellos notwendig für die politische Willensbildung, aber eine solche Bewegung kann auch die Solidarität und die Eigenverantwortung der Bürger erneuern, sowohl auf nationaler Ebene als auch in lokalen Gemeinschaften und zwischengeschalteten Verbänden. Eine solche Mobilisierung kann die derzeitige Phase der Doppelbewegung positiv abschließen, als Reaktion auf die Schäden der letzten fünfzig Jahre. Der Kampf für eine nachhaltige Zukunft, für eine gerechte Wirtschaft und für effektive und faire soziale Institutionen kann gleichzeitig ein Kampf für die Erneuerung der Demokratie sein.

Der gesellschaftliche Wandel wird Ressourcen erfordern. Aber groß zu denken bedeutet mehr, als nur viel Geld für finanzielle Anreize oder für Finanzhilfen nach der Corona-Pandemie bereitzustellen. All das mag wichtig sein, aber diese Gelder können auf eine Art und Weise investiert werden, die dem *business as usual* zu nahekommt – zum Beispiel durch ein Revival umweltverschmutzender Industrien, die Schaffung von mehr schlecht bezahlten Arbeitsplätzen in hochprofitablen Unternehmen oder die weitere Militarisierung der Polizei. Die Transformation erfordert nicht nur Ressourcen, sondern auch die Überwindung etablierter Handlungsweisen und die Veränderung nicht nur persönlicher Gewohnheiten, sondern auch von ortsspezifischen Gemeinschaften und mächtigen, groß angelegten Systemen. Dies ist eine Aufgabe für den demokratischen, nicht für den technokratischen Wandel.

Die Herausforderung besteht heute darin, die Reaktion auf Disruptionen und den Aufbau einer besseren Zukunft zu einer wirkungsvollen, positiven Bewegung zu vereinen. Eine solche Bewegung muss die Menschen für die Erneuerung der Demokratie und den Aufbau einer besseren Gesellschaft sowie für die Lösung praktischer Probleme gewinnen. Genau das haben die sozialdemokratischen Parteien in der Mitte des 20. Jahrhunderts geschafft. Ihr Erfolg war allerdings nur partiell, und dieselben Formeln lassen sich auf keinen Fall wiederholen. Wir können auf dem Gelernten aufbauen, aber eine Bewegung des 21. Jahrhunderts für Demokratie und soziale Solidarität muss anders aussehen.

Für einen Green New Deal sind Maßnahmen der Zentralregierungen unerlässlich. Dazu gehören umfangreiche Investitionen, aber sie dürfen sich nicht auf Konjunkturprogramme beschränken. Der Schwerpunkt muss einerseits auf der Umstrukturierung der Volkswirtschaften liegen, um die Klimaschäden zu verringern, gleichermaßen jedoch auch auf der Erneuerung der Solidarität und der Umkehrung des demokratischen Zerfalls. Es gilt, neue Institutionen zu schaffen und alte zu erneuern. Wir sollten dafür sorgen, dass sie dynamisch, agil und responsiv sind. Aber wichtig ist auch, die dezentrale soziale Organisation der Bürger – und auch der Einwohner, die noch keine Staatsbürger sind – zu fördern und zu unterstützen. Es wird verschiedene lohnenswerte Projekte in verschiedenen Gemeinden und Staaten geben. Diese sollten miteinander verknüpft sein, müssen aber nicht einheitlich sein. Ein Green New Deal sollte ein Bottom-up-Projekt sein, nicht nur ein Top-down-Projekt.

Allgemeiner ausgedrückt: Regierungen, die einen Green New Deal zur Umstrukturierung ihrer Volkswirtschaften anstreben, täten gut daran, Wege zur Unterstützung kleiner und mittlerer Unternehmen in ihren Ländern zu finanzieren. Nicht alle Unternehmen sind Großkonzerne und nicht allen geht es allein um Kapitalakkumulation. Liberale und Linke müssen die wenig aussagekräftige Gleichsetzung von Kleinunternehmen mit dem Großkapitalismus und die daraus resultierende Feindseligkeit gegenüber allen Unternehmen überwinden. Rechte Ideologen haben sich derselben fadenscheinigen Gleichung bemächtigt, um Kleinunternehmer davon zu überzeugen, dass ihre Interessen denen der großen Konzerne ähneln. Das ist nicht der Fall, und eine lokale Unternehmensorganisation könnte dazu beitragen, die zentralisierenden Tendenzen der kapitalistischen Wirtschaft umzukehren oder abzuschwächen. Natürlich sind globale Logistiksysteme bequem, aber die kohlenstoffintensive Lieferung von Waren an weit entfernte Abnehmer muss nicht die ganze Zukunft sein.

Da viele Probleme global sind – vom Klimawandel über die Macht der Unternehmen bis hin zu Finanzkrisen und dem illegalen Handel mit Geld, Waffen, Drogen und Menschen –, ist man geneigt zu glauben, dass soziale Bewegungen ebenfalls global sein sollten. Globale Mobilisierungen verändern bereits das Verständnis von Themen wie Feminismus, Klimawandel und alternativen Wirtschaftsformen. Kultureller Wandel ist eine grundlegende Dimension einer wirksamen Mobilisierung für umfassenden sozialen Wandel. Globale Verbindungen müssen somit Teil der Auseinandersetzung mit aktuellen Problemen und der Suche nach einer besseren Zukunft sein.

Aber Bewegungen und Veränderungen werden nicht nur global organisiert, sondern auch auf der Ebene von Nationalstaaten und lokalen Gemeinschaften sowie auf zahlreichen Ebenen dazwischen. Diese Vielfalt ist wichtig für die Wirksamkeit der Maßnahmen. Staaten, Provinzen, Städte und Regionen müssen alle eine positive Rolle spielen, und das erfordert eine Änderung der Politik, die die Zentralregierungen und internationalen Vereinbarungen antreibt. Die Organisation auf mehreren Ebenen ist ebenfalls entscheidend, um wirklich demokratische, solidarische Ergebnisse zu erzielen. Damit sich der Wandel demokratisch vollzieht, müssen wir die Bürger ermächtigen, ein umfassendes Verständnis dessen zu erlangen, was unseren politischen Körper ausmacht, und die Polarisierung abbauen. Um das zu erreichen, müssen wir Gemeinschaften erneuern, zwischengeschaltete Vereinigungen stärken und nationale Solidarität aufbauen – und die demokratischen Projekte verschiedener Länder miteinander verknüpfen.

Es war schwierig, angesichts einer globalen Pandemie Einigkeit zu erzielen; das verheißt nichts Gutes für die Bewältigung der noch viel gewaltigeren, viel beängstigenderen Herausforderung des Klimawandels. Wir müssen global denken und handeln, aber wir können die Globalisierung, wie wir sie kannten, nicht einfach wieder aufnehmen. Zunächst einmal ist die Gleichheit eine sehr wichtige Voraussetzung für das Erreichen eines guten Gesundheitsniveaus. Wie wir bereits im Zuge der Corona-Pandemie gesehen haben, reicht der beeindruckende Erfolg der Wissenschaft – mitunter auch der Unternehmen – bei der Entwicklung von Impfstoffen nicht aus. Entscheidend sind die Verteilung und die öffentlichen Gesundheitssysteme. Es besteht eine grundsätzliche und beunruhigende politische Ökonomie in der Frage, welche Gemeinwesen und Regionen über den Impfstoff verfügen und welche darum betteln müssen.

Aus der sozialen Organisation der Verabreichung des Impfstoffs oder einer anderen Behandlung lassen sich einige Lehren ziehen. Die Maßnahmen werden manchmal zentralisiert und von oben nach unten durchgeführt; sie arbeiten sich durch eine bürokratische Hierarchie bis zu den Knotenpunkten der tatsächlichen Gesundheitsversorgung vor. Das ist sicherlich besser als gar nichts, aber bei weitem nicht so effektiv wie ein dezentralisiertes Engagement einer Vielzahl von oft eher lokalen Akteuren. Trotz aller Herausforderungen verlief die Reaktion des öffentlichen Gesundheitswesens auf AIDS gerade wegen dieses dezentralen Engagements besser als die Reaktion auf Tuberkulose.[86]

Können wir die Armut beseitigen, die Schulbildung verbessern, eine angemessene Gesundheitsversorgung sicherstellen und regionale Ungleichgewichte abbauen? Ja. Aber wir werden es nicht schaffen, wenn wir nicht sowohl die Solidarität als auch den Sinn für die Wirkmacht der Bürger zurückgewinnen. Ein Grüner New Deal wäre ein guter Anfang, aber eben nur ein Anfang.

Die vollständige Wiederherstellung der Demokratie erfordert eine vollständige Rückkehr zur Rechtsstaatlichkeit, sowohl dem Buchstaben nach als auch im Geiste des Republikanismus in seiner historischen Form. Das bedeutet unter anderem, dass keine Einzelperson, keine Gruppe oder Fraktion das Recht hat, dauerhaft Macht

86 Siehe Eugene T. Richardson, *Epidemic Illusions: On the Coloniality of Global Public Health* (Cambridge, MA: MIT Press, 2020); Paul Farmer, *Infections and Inequalities* (Berkeley: University of California Press, 2001) und *Fevers, Feuds, and Diamonds* (New York: Farrar, Straus and Giroux, 2020).

für sich zu beanspruchen. Der freie und faire öffentliche Austausch und die öffentliche Debatte müssen florieren und die Politik wirksam gestalten. Das ist natürlich leichter gesagt als getan, vor allem in unserer neuen Realität der polarisierten und in Echokammern abgeschotteten Medien. Vorschläge wie eine bessere Überprüfung der Fakten und eine Regulierung der bewussten Verzerrung und von Aufrufen zur Gewalt können hilfreich sein. Aber viel grundlegender ist, dass wir bessere Verbindungen zwischen den Bürgern über Trennlinien und Unterschiede hinweg brauchen. Wir müssen uns deshalb um gleichberechtigtere Bildungsstrukturen bemühen, einen verpflichtenden nationalen Dienst in Erwägung ziehen und sowohl lokale Gemeinschaften als auch intermediäre, übergreifende Vereinigungen aufbauen. Nicht zuletzt ist es aber auch wichtig, das Wissen der Bürger über ihr Land und ihre Mitmenschen, den republikanischen Geist der Bürgertugend und die Orientierung am Gemeinwohl zu fördern. Wir brauchen Verbindungen, und wir brauchen Engagement.

Demokratie ist nicht einfach eine Reihe von formalen Verfahren, die etabliert werden müssen. Sie ist ein Projekt. Sie wird im Zuge der Lösung von Problemen geschaffen, umgestaltet und weiterentwickelt. Echte *demokratische* Erneuerung bedeutet eine Politik, die das gesamte Spektrum der Probleme im Leben der Bürger aufgreift. Es gibt keine Lösung, wenn man versucht, politische Prozesse getrennt von wirtschaftlichen und sozialen Fragen zu reformieren.

Die aktuellen Herausforderungen sind gewaltig, aber das Aktivwerden kann den Weg zur demokratischen Erneuerung weisen. Wenn wir uns in großen nationalen und lokalen Projekten, beim Aufbau von Institutionen und bei der gegenseitigen Unterstützung zusammenschließen, können wir Solidarität und Demokratie erneuern. So wichtig Reparaturen auch sind, sie reichen nicht aus. Wir brauchen neue demokratische Experimente. Wir müssen uns neue Möglichkeiten vorstellen und diese in zahllosen Experimenten erproben – manchmal auf lokaler und nicht auf nationaler Ebene, in sozialen Bewegungen und nicht in dauerhaften Institutionen sowie in politischen Strategien, die durch wiederholte Revisionen verbessert und nicht im Streben nach Perfektion gebremst werden.

Trotz aller Probleme der bestehenden demokratischen Institutionen und Praktiken brauchen wir mehr Demokratie, nicht weniger.

Schluss

Die Welle der Demokratisierung und der demokratischen Konsolidierung, die im letzten Viertel des vergangenen Jahrhunderts so vielversprechend schien und sich so schnell über den Globus ausbreitete, ist nun ernsthaft in Auflösung begriffen, zumindest aber in Unruhe und Turbulenzen.

Diese Welle begann 1974 mit dem Sturz der autoritären Regime in Südeuropa (Portugal, Spanien und Griechenland) und erreichte in den 1980er Jahren Lateinamerika (Brasilien, Argentinien und Chile). Sie setzte sich fort mit dem Wiedererstarken und der Wiederherstellung der Demokratien in Asien und Afrika. Überall in der postkolonialen Welt waren die demokratischen Regierungen schwächer geworden und zusammengebrochen, weil sie mit massiver Armut und wirtschaftlicher Not, ethnischen und religiösen Konflikten und den Machenschaften korrupter und eigennütziger Eliten konfrontiert waren. Eine Ausnahme bildeten Indien und der Senegal, deren demokratische Regime zwar nicht unangefochten blieben, aber doch Kontinuität bewiesen.

Die autoritären Regime, die die Demokratien mit dem Versprechen übernahmen, Armut, Korruption und interne Konflikte abzubauen, verschärften diese Probleme nur noch. Die meisten waren schließlich gezwungen, die Macht an Volksbewegungen und gewählte Regierungen abzugeben. In den frühen 1990er Jahren schließlich, nach dem abrupten Zusammenbruch der kommunistischen Regime in der Sowjetunion und ihren Satellitenstaaten, erreichte die große Welle ihren Höhepunkt. Die Demokratisierung kam auch nach Osteuropa und Russland. Fast zur gleichen Zeit machte auch das südafrikanische Apartheidregime der Demokratie Platz. Es schien, als würde eine neue Ära der Demokratie anbrechen, als stehe ein neuer Völkerfrühling bevor.

In dieser euphorischen Zeit wurden zahlreiche demokratische Verfassungen geschrieben und ratifiziert; überall auf der Welt wurden Wahlen abgehalten (auch wenn sie nicht immer frei und fair waren und gelegentlich gewaltsam verliefen). Die Menschen gingen auf die Straßen, Diktatoren wurden gestürzt. Entwürfe für republikanische Institutionen wurden konzipiert und diskutiert,

Pläne für den Aufbau von Nationen ausgearbeitet und in Umlauf gebracht. Gelehrte sprachen und schrieben begeistert über die Bedeutung einer starken Öffentlichkeit und einer pluralistischen Zivilgesellschaft für die Entwicklung einer demokratischen Kultur und Subjektivität. Soziale Bewegungen, die sich an vielen Fronten für soziale Gerechtigkeit einsetzten, wuchsen. Der Diskurs über Menschenrechte wurde lauter und ließ sich nicht länger ignorieren. Nichtregierungsorganisationen, selbsternannte Verfechter der Schwachen und Besitzlosen, entwickelten sich zu einem einflussreichen und allgegenwärtigen Faktor auf der politischen Bühne, auf nationaler wie auf globaler Ebene.

Diese große demokratische Welle schien unaufhaltsam zu sein. Politikwissenschaftler feierten sie als »third wave« und entwickelten sogar eine eigene Disziplin für die vergleichende Untersuchung von demokratischen Übergängen. Unter der Bezeichnung »Transitologie« konzentrierte sich dieser Forschungszweig auf die Mechanismen und Varianten dieses unaufhaltsam scheinenden Fortschritts. Francis Fukuyama verkündete unter Berufung auf Hegel den endgültigen Triumph der liberal-kapitalistischen Demokratie – als die beste Art, die politische Ökonomie zu strukturieren und zu regieren – und rief das Ende der Geschichte aus. Endlich hatten die beiden großen Aufklärungsnarrative der Vernunft und der Freiheit zusammengefunden. Selbst für diejenigen, die weniger enthusiastisch waren als Fukuyama, schien es, als gäbe es keine praktikablen und legitimen Alternativen zur demokratischen Regierungsform, sei sie nun liberal-kapitalistisch oder nicht.

Das große Versprechen vom »Ende der Geschichte« und der Errichtung einer »neuen Weltordnung« wurde jedoch nie eingelöst. Es erwies sich als Fata Morgana, als »falsche Morgendämmerung«.

Was ist passiert? Haben wir etwas übersehen? Gab es noch etwas anderes, das in diesem turbulenten Vierteljahrhundert im Gange war? Was haben wir im Halbdunkel nicht gesehen, als wir uns so sicher waren, dass es am Horizont heller wird?

In diesem Buch widmen wir uns zu dritt diesen Fragen, sowohl einzeln als auch in Zusammenarbeit. Ratlos und bestürzt haben wir eine Zeit lang über diese Fragen nachgedacht. Die Diagnose, die wir stellen, ist nicht erschöpfend, aber sie zeigt neue Wege auf, wie wir heute über Demokratie nachdenken können. Genauer gesagt haben wir vor dem Hintergrund der anhaltenden Krise der Demokratie und dem, was sie offenbart hat, versucht, das demokratische Projekt im Hinblick auf seine inhärenten Stärken und Schwächen neu zu denken und danach zu fragen, wie es mit den Herausforderungen fertig werden kann, die sich aus der sich verändernden sozialen Welt ergeben, in die es eingebettet ist. Charles Taylor und Craig Calhoun waren eher entschlossen, optimistisch zu sein und Wege in die Zukunft aufzuzeigen. Dilip Gaonkar ist eher versucht zu glauben, dass die Griechen recht hatten – dass die Demokratie von Natur aus instabil und der Wandel häufig kein Fortschritt ist.

Wellen, Zyklen und Abgesänge

Die Demokratie steht unter Druck, nicht nur hier und da, sondern überall auf der Welt. Ihr Zerfall hat sämtliche Weltregionen erfasst. Der Politikwissenschaftler Larry Diamond, der akribisch demokratische Wellen verfolgt und kartografiert, hat unmissverständlich erklärt, wir befänden uns heute in einer steil rezessiven Phase der dritten Welle.[1] Damit könnte er recht haben, aber wir müssen uns fragen, wie vorhersehbar und stimmig das Wellenmuster überhaupt ist. Können wir sicher sein, dass dies nur ein vorübergehender Rückschlag ist? Inwieweit unterscheiden sich die einzelnen Fälle von krisenhaften Demokratien innerhalb einer größeren »Welle«? Wodurch unterscheidet sich diese rezessive Phase von den beiden vorangegangenen? Haben wir es mit einer tiefer gehenden Krise zu tun?

Es ist verlockend, die gegenwärtigen Probleme der Demokratie als durch dieselben wiederkehrenden Bedingungen und Ursachen ausgelöst zu betrachten, die die Demokratien in den vorangegangenen rezessiven Phasen zersetzt und untergraben haben. Eine solche Interpretation bringt die »Wellentheorie« mit Aristoteles' berühmter Darstellung in Einklang, wonach die drei Herrschaftsformen – Monarchie, Aristokratie und Demokratie – in einem ewigen Kreislauf gefangen sind, der angetrieben wird von Tyrannei und Oligarchie (den entarteten Zwillingen von Monarchie und Aristokratie). Aristoteles zufolge kann dieser Teufelskreis nur durch die

1 Larry Diamond, Democratic Regression in Comparative Perspective: Scope, Methods, and Causes, in: *Democratization* 28:1 (2021), S. 22-42.

Gründung einer *politeia* (des gerechteren Zwillings der Demokratie) unterbrochen werden, einer fein austarierten und gewissenhaft kultivierten Form der »gemischten Verfassung«, die zwar auf die Tugenden früherer Herrschaftsformen zurückgreift, einige ihrer gefährlichsten Schwachstellen aber vermeidet.[2] Die Gründer der modernen demokratischen Republiken – mit den Vereinigten Staaten als Mitglied der ersten Stunde und paradigmatischem Beispiel – scheinen Aristoteles' Rat teilweise befolgt zu haben. Das überarbeitete Modell der *politeia* bildet den konzeptionellen und normativen Kern des modernen republikanischen Ideals einer verfassungsmäßig gebundenen und institutionell gefestigten politischen Ordnung, die von tugendhaften Bürgern mit einer gemeinsamen Vorstellung vom Gemeinwohl getragen wird.

Und genau da liegt der Haken. Unseres Erachtens ist nämlich genau diese republikanische Vorstellung heute stark unter Druck geraten. Sie hat die modernen westlichen Demokratien seit ihren Anfängen geleitet und es teilweise geschafft, die zyklische Dialektik von Expansion und Rezession abzuschwächen, wenn nicht gar zu stoppen. Sie hat dazu beigetragen, dass idealisierte Versionen einiger der stärksten Demokratien der Welt als Modelle für Demokratien in anderen Ländern gelten. Aber selbst in diesen einstigen Vorbildern sind jetzt Zerfallserscheinungen zu beobachten. Taylor und Calhoun schildern in den Kapiteln 1 bzw. 2, wie diese Idealvorstellung heute an Zugkraft verloren hat: abnehmende Wirkmacht der Bürger, schwächelnde lokale Gemeinschaften, sich lockernde Bindungen zwischen den Generationen, schwindende wirtschaftliche Möglichkeiten im Kleinen und erodierende soziale Bindungen, die die Bürger einst über alle Unterschiede hinweg zusammenhielten und die Solidarität förderten.

Das führt uns zu der Schlussfolgerung, dass die gegenwärtigen Schwierigkeiten, mit denen sich die Demokratien in der ganzen Welt konfrontiert sehen, in mancher Hinsicht neu, anders und paradox sind. Es gibt sicherlich eine demokratische Rezession, aber nicht nur das. Diese Zerfallskrise hat eine Reihe von Schwachstellen aufgedeckt und zugespitzt, die dem demokratischen Projekt innewohnen und derer wir uns zwar schwach bewusst sind,

2 Aufgrund des ihr innewohnenden prekären Gleichgewichts bleibt die *politeia* leider anfällig für Zerfallserscheinungen.

die wir aber nur langsam wirklich erkennen. Unser Widerstreben, diese Schwachstellen anzuerkennen, hat in der Regel eine von zwei Formen angenommen: Entweder wir übertreiben die Krise, indem wir verkünden, dass die Demokratie überall stirbt, oder wir spielen die Krise herunter, indem wir behaupten, dass sie hauptsächlich auf arme Staaten und Entwicklungsländer im globalen Süden beschränkt ist, wo junge Demokratien als besonders anfällig für autoritäre Versuchungen gelten. Hyperbolische Verlautbarungen über den bevorstehenden Tod der Demokratie sind nicht besonders hilfreich. Eine Reihe von Büchern mit provokanten und einprägsamen Titeln – einige stammen von angesehenen Wissenschaftlern oft liberaler Überzeugung – verweisen auf den nahenden Untergang der Demokratie.[3] Dabei bestimmen die plakativen Titel die öffentliche Diskussion oft mehr als die vorsichtigeren und nuancierteren Analysen in den Büchern selbst. Es wird zudem viel über die verräterischen Anzeichen der kommenden Tyrannei schwadroniert und es werden bemühte Analogien zwischen unseren unruhigen Zeiten und unserer Situation und den von politischen Unruhen geprägten Zwischenkriegsjahren in Europa ausgemacht, insbesondere der taumelnden Weimarer Republik und ihrem schließlichen Zusammenbruch. Durch diesen Vergleich verleihen die faschistischen Folgen des Zusammenbruchs der Weimarer Republik diesen Analysen der gegenwärtigen Krise der Demokratie einen Hauch von ahistorischer Verzweiflung.

So verlockend diese Analogie auch sein mag für diejenigen, die mit großer Sorge das Wiederaufleben des autoritären Ethnonationalismus unter dem Banner des Populismus beobachten, so ist sie doch ein verzerrter und ferner Spiegel. Er erfasst nicht, was die Demokratien heute wirklich dahinsiechen lässt und untergräbt. In diesem Buch haben wir uns ausführlich mit zwei charakteristischen

3 Beispielsweise Anne Applebaum, *Die Verlockung des Autoritären. Warum antidemokratische Herrschaft so populär geworden ist*, übers. von Jürgen Neubauer (München: Siedler, 2021); Larry Diamond, *Ill Winds: Saving Democracy from Russian Rage, Chinese Ambition, and American Complacency* (New York: Penguin, 2019); Steven Levitsky/Daniel Ziblatt, *Wie Demokratien sterben*, übers. von Klaus-Dieter Schmidt (München: Deutsche Verlags-Anstalt, 2018); David Runciman, *So endet die Demokratie*, übers. von Ulrike Bischoff (Frankfurt am Main/New York: Campus, 2020); Astra Taylor, *Democracy May Not Exist, But We'll Miss It When It's Gone* (New York: Henry Holt, 2019).

Merkmalen der gegenwärtigen Phase demokratischer Krise und Rezession befasst.

Erstens sind die Demokratien, wie Gaonkar in Kapitel 5 feststellt, zwar starkem Druck ausgesetzt, aber sie sterben nicht. Sie werden nicht von quasi-militärischen Bewegungen gestürzt. Mögens sie auch polarisiert sein, so werden sie nicht durch Zusammenstöße zwischen revolutionären Kommunisten und Faschisten gespalten, wie das in den 1930er Jahren der Fall war. Demokratische Regime werden nicht kurzerhand von den Streitkräften gestürzt und demontiert, wie es während der zweiten Rezessionswelle von Ende der 1950er bis Anfang der 1970er Jahre häufig der Fall war; exemplarisch dafür steht der chilenische Staatsstreich vom 11. September 1973, der den sozialistischen Präsidenten Salvador Allende absetzte. Stattdessen werden die Demokratien heute von innen heraus zersetzt und ausgehöhlt.

Zweitens beschränkt sich die Schwächung und Aushöhlung der Demokratie im Gegensatz zu früheren Rezessionen nicht mehr nur auf neu entstandene Demokratien wie die Weimarer Republik oder auf die armen und sich entwickelnden Länder des globalen Südens, die zwischen demokratischen und nicht-demokratischen Regierungsformen hin- und herschwanken. Lähmender innerer Verfall und Korruption haben nun auch die Gestade der reifen westlichen Demokratien erreicht. Selbst das Vereinigte Königreich und die Vereinigten Staaten sind von diesem Übel nicht verschont geblieben. Das zeigt sich an der britischen Quälerei mit dem Brexit, die nicht nur eine umkämpfte und spaltende Kampagne umfasste, sondern auch einen langen parlamentarischen Stillstand und Schwierigkeiten bei der Wiederherstellung der Solidarität nach sich zog. Und es zeigt sich in den vier langen Jahren der tragikomischen US-Präsidentschaft von Donald Trump, die in einem aufrührerischen Angriff seiner glühendsten Anhänger auf den Kongress gipfelte, als dieser am 6. Januar 2021 tagte, um die Wahl von Trumps Nachfolger zu bestätigen. Das war einerseits alarmierend – der besiegte Präsident selbst stachelte den Mob an – und andererseits völlig unzureichend für eine vermeintliche revolutionäre Mobilisierung. Die Bedrohung der Demokratie lag weniger in dem, was an diesem Tag geschah, als vielmehr in dem, was diesem Angriff vorausging und was seither folgte. Wahre Gläubige verbreiteten endlose Lügen und Fehlinformationen über eine »gestohlene Wahl«. Republikaner, die zunächst entsetzt waren, schlossen sich der Botschaft der Trumpisten an; viele plädierten dafür und machten sich daran, das Wahlrecht einzuschränken. Auf der extremen Rechten hat sich eine kontinuierliche und oft bewaffnete Organisierung vollzogen. Der Unterricht in amerikanischer Geschichte ist zu einem Minenfeld voller verzerrter Narrative und politischer Kontroversen geworden.

Natürlich hat der Sturz demokratisch gewählter Regierungen durch das Militär noch nicht ganz aufgehört, wie der brutale Staatsstreich in Myanmar beweist. Es gab Putsche in Mali, der Zentralafrikanischen Republik, Simbabwe, Sudan und Thailand. Ägyptens demokratisch gewählte Regierung wurde 2013 von der Armee gestürzt – ein aufschlussreiches Beispiel vor allem deshalb, weil das im Gefolge des »Arabischen Frühlings« geschah, der seinerseits eine Bewegung für mehr Demokratie war. In vielen Fällen hat das Militär solche Bewegungen unterdrückt. Es wurde Gewalt angewendet, um Wahlen zu beeinflussen. Aber es gab keine Welle, in deren Zuge relativ gut institutionalisierte Demokratien durch eine Militärdiktatur abgelöst worden wären. Aufschlussreich in diesem Zusammenhang ist der Fall Pakistan. Seit seiner Unabhängigkeit im Jahr 1947 ist das Militär die dominierende Institution und Kraft im Lande. In der Vergangenheit hat das pakistanische Militär in Zeiten von Unruhen und Aufruhr mehrfach gewählte Zivilregierungen gestürzt und die Macht übernommen. Dabei hat es sich stets als Hüter der nationalen Integrität und der islamisch-republikanischen Verfassung des Landes präsentiert und die Bürger gegen die Zersplitterung und Korruption verteidigt, die angeblich von opportunistischen Politikern und ihren Parteien befördert wurde. Doch obwohl Pakistan in den letzten zwei Jahrzehnten eine Reihe tiefer und verheerender politischer Krisen durchgemacht hat, die eine militärische Machtübernahme durchaus nahegelegt hätten, hat es seit 1999 keinen Militärputsch mehr gegeben. Die akutesten Bedrohungen für die Demokratie kommen zunehmend von innen.

Zersetzung von innen

Das ist das Paradoxon der heutigen Demokratie. Der Autoritarismus ist überall auf der Welt auf dem Vormarsch und bedroht alte und neue Demokratien gleichermaßen, aber die Militärs, die mächtigsten Vertreter des Autoritarismus, bleiben in ihren Kasernen. In den etablierten Demokratien herrscht nach wie vor die Überzeugung, dass das Militär eine von der Politik unabhängige Institution sein sollte. Zwar gibt es Befürchtungen über gegenteilige Tendenzen, aber tatsächliche militärische Interventionen in den politischen Prozess sind selten. Weder militärische noch andere Angriffe von außen destabilisieren die Demokratien. Die Ursachen der gegenwärtigen Demokratiekrise sind interner Natur. Wir müssen deshalb nach Schwachstellen suchen, die dem demokratischen Projekt selbst innewohnen, wie Taylor in Kapitel 1 und Gaonkar in Kapitel 5 darlegen. Und wir müssen die Schwächen der demokratischen Reaktionen auf radikale und beunruhigende Transformationen in den gesellschaftlichen Grundlagen der Demokratie untersuchen, wie Calhoun in Kapitel 2 und Kapitel 3 zeigt.

Die heutigen Demokratien werden eher von innen heraus korrumpiert und ausgehöhlt, als dass sie von außen außer Kraft gesetzt und demontiert werden. Die heutigen Populisten, Nationalisten, Autoritären, religiösen Eiferer und Rassisten verleugnen und denunzieren die Demokratie (oder sogar die bürgerliche Demokratie) nicht, wie es die faschistischen und kommunistischen Ideologen in der Zwischenkriegszeit taten. Die antidemokratischen Kräfte von heute, einschließlich ihrer offen autoritären Varianten, bewahren zumindest eine demokratische Fassade und behalten oft viele formaldemokratische Praktiken bei.

Politiker mit wenig oder gar keinem Hang zur Demokratie erobern die Schaltstellen der Regierung und des Staatsapparats, indem sie bei Wahlen erfolgreich sind – wie es Faschisten und Nazis in den 1930er Jahren taten. Natürlich werden die Wahlen durch Manipulation der Medien, Einschüchterung und eine subtilere legale Unterdrückung von Wählerstimmen zu eigenen Gunsten beeinflusst. Verfassungen werden nicht außer Kraft gesetzt oder abgeschafft, sondern in einem antirepublikanischen/antiliberalen Sinne geändert und umgeschrieben, wodurch sowohl die Autonomie der Institutionen als auch die Rechte der Bürger geschwächt werden. Beispiele hierfür sind Ungarn, Polen und die Türkei. Ländern wie Iran, Russland und vielen ihrer eurasischen Nachbarn, wo streng kontrollierte Wahlen abgehalten werden, bei denen bestimmte Kandidaten oft auf undemokratische Weise von der Kandidatur für höhere Ämter »ausgeschlossen« werden, ist zumindest der Anschein von Demokratie und vielleicht auch etwas von deren Substanz wichtig. Ihre Justiz mag zwar formal unabhängig sein, wird aber von der Regierungspartei beherrscht. Die Presse, die Medien und die Öffentlichkeit sind nach wie vor vorhanden, oft kakophonisch und sogar kommerziell höchst erfolgreich, aber sie werden auf vielfältige Weise mundtot gemacht und eingeschüchtert, von den gröberen Methoden der Inhaftierung und Ermordung investigativer Journalisten bis hin zu den subtileren Methoden im Zusammenhang mit neuen Überwachungstechnologien.

Doch die Menschen, die demokratisch leben wollen, machen – als Volk und als Individuen – nicht ohne Ironie immer wieder auf ihre Existenz aufmerksam. Die Bürger marschieren durch die Straßen und versammeln sich auf Plätzen, um spezifischen Klagen und allgemeiner Unzufriedenheit Ausdruck zu verleihen.[4] In einigen Ländern sind öffentliche Demonstrationen zu vorhersehbaren Sonntagvormittags- oder Montagsritualen geworden. Anstatt die versammelten Demonstranten aufzuhalten und auseinanderzutreiben, was gelegentlich geschieht, lassen die Machthaber die ungeordnete Opposition ihrem Frust offen Luft machen. Wie in Indien und der Türkei üblich, veranstalten die Machthaber ihre eigenen Gegendemonstrationen und Versammlungen, um zu zeigen, dass sie, und nicht der protestierende Pöbel, das Volk wirklich vertreten und verkörpern.

All dies ist Teil des heutigen demokratischen Theaters und sorgt für eine ungewöhnliche und verzwickte Situation. Die antidemokratischen Elemente – Gaonkars »hässliche Demokraten« – fühlen sich im Rahmen der Wahldemokratie sehr wohl. Sie haben erkannt, dass die Demokratie kein Hindernis ist, sondern ein probates Mittel zur Erlangung und zum Erhalt der politischen Macht sein kann. Darüber hinaus verleiht ihnen der Sieg bei Wahlen ein Maß an Legitimität, das sie sonst nicht genießen würden. Daraus ergibt sich

4 Da jedes Land auf die unermesslichen Vorteile der »wissensbasierten Ökonomie« fixiert ist, kommt den Universitäten so große Bedeutung zu wie nie zuvor. Aber sie sind nicht mehr die vorrangigen Orte des Protests, wie sie es in der Vergangenheit waren. Universitäten sind als Stätten der Forschung, der Ausbildung und der Qualifizierung unverzichtbar. Aber sie sollen heute weitgehend als Bindeglied zwischen Wirtschaft und Wissenschaft fungieren. Die traditionelle Rolle der Universitäten als geschützter Raum der Gesellschaftskritik und des emanzipatorischen Diskurses ist radikal geschwächt worden.

folgendes Paradox: Selbst wenn sich die hässlichen Demokraten zunehmend antidemokratischer Praktiken und einer antidemokratischen Rhetorik bedienen, verleihen demokratische Prozesse und Institutionen ihnen weiterhin Legitimität. Dieses Paradoxon wird noch durch die Tatsache verkompliziert, dass die Demokratie selbst in den letzten Jahren viel von ihrem Glanz und ihrer politischen Legitimität verloren hat. Unter scheinbar ständigem Druck wird die Demokratie nicht mehr als die Welle der Zukunft angesehen. Die Paradoxien häufen sich und die Legitimationskrise verschärft sich.

Angesichts dieser außergewöhnlichen Situation bezeichnen viele Demokratietheoretiker (vor allem die eher liberal eingestellten) diese unterwanderten »hässlichen Demokratien« als Pseudodemokratien oder, großzügiger formuliert, als »illiberale Demokratien«. Was das impliziert, ist klar: »Hässliche Demokratien« sind nur dem Namen nach Demokratien und können uns nichts über das wahre Wesen der Demokratie verraten. Wie sie an die Macht kommen und was sie tun, wenn sie an der Macht sind, ist daher eine Frage der Dynamik des Autoritarismus und nicht der Kultivierung und des Schutzes demokratischer Programme. »Hässliche Demokraten« verfügen nicht über die richtige demokratische Subjektivität. Sie weigern sich, demokratische Normen zu verinnerlichen, sie unterwandern republikanische Institutionen, sie ignorieren republikanische Rituale und sie verachten die demokratische Kultur. Zwar sind sie bestrebt, die legitimierenden Formen, Institutionen und Rhetoriken der Demokratie für ihre Zwecke zu nutzen, stehen aber der normativen Stoßrichtung des demokratischen Projekts ablehnend gegenüber. Diese Art der abwertenden Darstellung konzentriert sich auf die Hässlichkeit auf Kosten der Demokratie. Wenn wir uns aber nicht damit auseinandersetzen wollen, dass »hässliche Demokraten« in vielerlei Hinsicht noch immer Akteure der Demokratie sind, übersehen wir die konstitutiven Schwachstellen der Demokratie. Wenn wir uns auf die Machenschaften der »hässlichen Demokraten« konzentrieren, übersehen wir, inwiefern die liberaleren Verteidiger der Demokratie ebenfalls zu ihrer Erosion beitragen könnten. Wie Calhoun und Taylor in Kapitel 4 zeigen, könnten Meritokratie und Identitätspolitik, die historisch mit dem emanzipatorischen Diskurs der gleichen Freiheit (Chance) bzw. des gleichen Status (Anerkennung) verbunden sind, die demokratische Kultur und die demokratische Subjektivität unter dem gegenwärtigen kapitalistischen Modus der sozioökonomischen Reproduktion untergraben.

Warum nicht dem Populismus die Schuld geben?

Drei Schuldige werden routinemäßig als Hauptverantwortliche für die gegenwärtige demokratische Krise ausgemacht, vor allem in den fortgeschrittenen und reifen Demokratien: Populismus, neoliberaler Kapitalismus und veränderte Kommunikation, insbesondere in Gestalt der neuen sozialen Medien. Bei jedem dieser drei Aspekte gibt es tatsächlich Probleme, aber die meisten Charakterisierungen sind fehlerhaft. Insbesondere stellen sie die jüngsten Varianten langjähriger Probleme als neu dar und übertreiben, in welchem Ausmaß die Bedrohungen von außen auf die Demokratie einwirken und nicht durch das Engagement für die Demokratie bestimmt sind.

Der am häufigsten genannte Begriff ist in Wirklichkeit der irreführendste: Populismus. Der Terminus wird in der Regel als lockere Charakterisierung von Forderungen im Namen »des Volkes« verwendet, insbesondere wenn sie von Demagogen erhoben werden. Besonders besorgt sind die Verfechter der Demokratie angesichts der rechten, ethnonationalistischen Populismus-Varianten. Wir teilen diese Besorgnis, halten aber die gängigen Konzeptualisierungen und Analysen für unzureichend.

Die meisten Darstellungen des Populismus sind sehr selektiv – oder willkürlich – in ihrer Auswahl der historischen Fälle. Sie konzentrieren sich auf Italien und Deutschland, lassen aber beispielsweise Argentinien außen vor oder vergessen die People's Party in den Vereinigten Staaten des späten 19. Jahrhunderts, von der sich der Begriff herleitet. Letzteres ist nicht zuletzt deshalb von Bedeutung, weil es ein Beispiel dafür ist, dass Aktivisten lieber für sich selbst die Bezeichnung »Populist« übernehmen, statt sie sich als Vorwurf gefallen zu lassen. Die Geschichte des Populismus in den Vereinigten Staaten reicht von der Shays' Rebellion über die jacksonianische Demokratie in den 1820er und 1830er Jahren, die einwanderungsfeindlichen »Know Nothings« und die American Party in den 1850er Jahren, die Agrarpopulisten des späten 19. Jahrhunderts und die überwiegend städtischen Knights of Labor, die Präsidentschaftskampagne von William Jennings Bryan im Jahr

1896 mit dem »Kreuz aus Gold«, die Umverteilungsdemagogie von Huey Long und der Protofaschismus von Pater Coughlin zu Beginn des 20. Jahrhunderts, die Rassentrennungsrhetorik von George Wallace in den 1960er Jahren, die 2009 ins Leben gerufene quasi-libertäre Tea-Party-Bewegung, die Behauptung von Occupy Wall Street im Jahr 2011, dass »wir die 99 Prozent sind«, bis hin zum Aufstieg und der anhaltenden Verehrung von Donald Trump und den aktuellen »demokratisch-sozialistischen« Kampagnen von Bernie Sanders. Populismus mit dem Trumpismus und der derzeitigen Vorherrschaft seiner einwandererfeindlichen »Make America Great Again«-Bewegung bzw. Anhänger in der Republikanischen Partei gleichzusetzen, bedeutet nicht nur, die Geschichte zu ignorieren, sondern auch, das Phänomen falsch zu verstehen.

Erstens ist Populismus reaktiv. Wer ihn als dauerhafte Ideologie begreift, versteht ihn nur unzureichend. Vielmehr reagieren populistische Mobilisierungen auf wahrgenommene Verstöße, Empörungen und Versäumnisse der konventionellen Politik. Als Reaktion auf diese »Provokationen« und unter dem Einfluss von Demagogen, seriöseren Anführern und der internen Zirkulation von Ideen übernehmen sie Ideologien. Populisten neigen dazu, einzelnen Politikern die Schuld zu geben, und hegen allgemeine Ressentiments gegen die Eliten. Populistische Bewegungen werden jedoch in der Regel durch soziale Veränderungen und Umwälzungen ausgelöst, auch wenn sie diese nicht klar analysieren. Karl Polanyis Beschreibung der »Doppelbewegung« trifft diesen Aspekt ziemlich genau. Eine erste Bewegung der radikalen Disruption und manchmal auch der Enteignung – in Polanyis Beispiel wurde die Industrielle Revolution durch die liberale Verweigerung der Unterstützung für die Entwurzelten verschärft – löst eine chaotische zweite Bewegung von Reaktionen aus. Populistische Proteste sind eine wichtige Dimension dieser Entwicklung und können dazu beitragen, das Gleichgewicht zwischen Autoritarismus und dem Aufbau von gemeinwohlorientierten Institutionen zu verschieben. In Anlehnung an eine Formulierung des Wirtschaftshistorikers Robert Allen charakterisiert Calhoun in Kapitel 2 die Zeitspanne zwischen dem radikalen Umbruch und dem potenziellen institutionellen Wiederaufbau als »Engels' Pause«, eine Zeit enormen Stresses, Konflikts und Aufruhrs, eine Zeit sozialer Bewegungen und politischer Mobilisierungen, eine Zeit voller emanzipatorischer

Möglichkeiten, aber auch voller reaktionärer Wut und ausgrenzendem Nationalismus. Dies ist auch die Zeit des wiederauflebenden Populismus, der Revolte der Nicht-Eliten sowohl auf der Linken als auch auf der Rechten.

Zweitens, und damit zusammenhängend, kann Populismus in »linken« oder »rechten« oder mehrdeutigen Versionen auftreten. Der amerikanische Populismus schwankt seit langem zwischen egalitären und integrativen Bestrebungen und ethnonationalistischer, rassistischer und ausgrenzender Politik. Viele der wichtigsten Anführer und Ideologen, die mit den populistischen Bewegungen in Verbindung gebracht werden, haben widersprüchliche politische Agenden, sowohl fortschrittliche als auch reaktionäre, zu verschiedenen Themen miteinander kombiniert. Auch wenn Donald Trump sich letztlich einer überwiegend rechtsgerichteten Agenda verschrieben hat, war er selbst ein verwirrendes ideologisches Chamäleon.

Drittens kann der Populismus treibende Kraft für politische Innovation sein. Er entwickelt sich oft außerhalb der Parteistrukturen oder fordert von den Parteien Veränderungen. Er ist ausgesprochen beweglich, was zum Teil darauf zurückzuführen ist, dass die ideologische Kohärenz oder die Karrieren der Politiker nur schwach ausgeprägt sind. Selbst scheinbar »gescheiterte« populistische Projekte können die politische Ökologie und die herkömmlichen Parteien verändern. So gelang es in den 1890er Jahren den Finanzinteressen und dem lokalen politischen Establishment, die People's Party zu besiegen, indem sie einen Keil zwischen schwarze und weiße Farmer sowie zwischen Farmer und städtische Arbeiter, die häufig Einwanderer waren, trieben. Nichtsdestotrotz übte die Bewegung in den ersten Jahrzehnten des 20. Jahrhunderts anhaltenden Druck auf die traditionellen politischen Parteien aus, fortschrittliche Gesetze zu Themen wie der Regulierung von Banken und Eisenbahnen, Agrarkrediten, der progressiven Einkommenssteuer, der Direktwahl von Senatoren und vielem mehr zu erlassen.[5]

Viertens ist der Populismus, wie sowohl Gaonkar als auch Calhoun in den vorangegangenen Kapiteln dargelegt haben, im demokratischen Projekt selbst angelegt. Er schöpft seine grundlegende Logik und Anziehungskraft aus derselben Quelle wie die Demo-

5 Charles Postel, *The Populist Vision* (New York: Oxford University Press, 2007).

kratie, nämlich der Doktrin der Volkssouveränität. Weder Populismus noch Demokratie sind möglich oder lebensfähig ohne ein vorheriges Bekenntnis zu der These, dass »das Volk« die ultimative Quelle politischer Autorität und Legitimität ist, ob es nun direkt oder durch Vertreter handelt oder nur seine oft stillschweigende Zustimmung gibt.

Die moderne Demokratie hat sich jedoch weit über den direkten und unvermittelten Ausdruck der kollektiven Macht und Autorität des Volkes hinaus entwickelt. Sie ist in eine liberale/republikanische Vorstellungswelt eingebettet, die eine repräsentative Regierung ermöglicht und stabilisiert. Diese Institutionalisierung, die in der Verfassung verankert ist, sorgt für Gewaltenteilung, Rechtsstaatlichkeit und eine Reihe von individuellen Rechten, die alle von autonomen Institutionen, insbesondere einer unabhängigen Justiz, gestützt werden. Im Gegensatz dazu bleibt der Populismus, vor allem in der Agitation, die rohe Ausdrucksform der Doktrin der Volkssouveränität und beharrt darauf, die Macht und Autorität des Volkes letztinstanzlich zu bekräftigen.

Republikanische Institutionen und die liberale Rechtetheorie können die Kraft des Populismus nie ganz bändigen, zumal die Doktrin der Volkssouveränität im allgemeinen Wahlrecht für Erwachsene in Verbindung mit regelmäßigen, periodischen Wahlen und Mehrheitsentscheidungen ihren eigenen institutionellen Ausdruck gefunden hat. Das führt zu wiederkehrenden Spannungen wie z. B. bei den Minderheitenrechten. Auch haben demokratische Wahlen die Herrschaft der Eliten nicht beendet, auch wenn sie die Auswahlmechanismen verändert und ein gewisses Maß an Rechenschaftspflicht eingeführt haben. Die Zustimmung der Regierten und ihre regelmäßige Bestätigung durch Wahlen müssen keine bloßen Formalitäten sein, wie in autokratischen Demokratie-Scheinbildern. Sie können die demokratische Gleichung drastisch verändern.

Um die Demokratie zu bewahren und zu schützen, muss man einer doppelten Bedrohung begegnen, die von der Unbeständigkeit der Massen auf der einen und den oligarchischen Tendenzen der Eliten auf der anderen Seite ausgeht. Republikanische Normen und Institutionen gelten üblicherweise als Leitplanken gegen Angriffe der Ersteren. Ähnlich sollte man den Populismus und seine periodischen Ausbrüche als einen unverzichtbaren Mechanismus betrachten, um die Verfehlungen der Letzteren einzudämmen. Jefferson behauptete in Anlehnung an Machiavelli, das Wohlergehen einer Republik hänge von periodischen revolutionären Ausbrüchen des Volkes ab, mit denen die räuberischen Eliten abgeschreckt werden sollen. »Welches Land kann seine Freiheiten bewahren«, schrieb Jefferson 1787 aus Paris, »wenn die Herrscher nicht von Zeit zu Zeit gewarnt werden, dass ihr Volk den Geist des Widerstands bewahrt?«[6] Das Volk steht immer in Reserve.

Systemische Kompromisse

Weder republikanische Regierungen noch Projekte zur Förderung der Demokratie geben die Struktur demokratischer Gesellschaften vor. Die Politik mag einen gewissen Einfluss haben, aber Gesellschaften sind auch durch Geschichte, Geographie, Demographie und eine Reihe anderer Faktoren geprägt. Zwei der wichtigsten Faktoren für moderne demokratische Gesellschaften sind der Kapitalismus, der für die Wirtschaft aller heutigen demokratischen Staaten grundlegend ist, sowie soziotechnische Systeme der Kommunikation und anderer Infrastrukturen. Diese sind schon so lange mit der Demokratie und den republikanischen Regierungen verbunden, dass sie sich gegenseitig beeinflusst haben. Wenn Analytiker des gegenwärtigen demokratischen Niedergangs auf die neoliberale Wirtschaftspolitik und die rasante, minimal regulierte Globalisierung verweisen, haben sie teilweise recht, aber ihre Analyse und ihre Bedenken müssen in den Kontext der langen Kämpfe um einen Kompromiss zwischen Demokratie und Kapitalismus gestellt werden. Wie in Kapitel 3 beschrieben, wurde ein solcher Kompromiss Mitte des 20. Jahrhunderts in Gestalt des »organisierten Kapitalismus« gefunden. Er wurde nicht nur durch Verhandlungen zwischen der Regierung auf der einen Seite und den Banken und Unternehmen auf der anderen Seite erreicht, sondern auch durch demokratischen Druck »von unten« beeinflusst: Gewerkschaften und soziale Bewegungen, lokale Experimente zur Unternehmensregulierung, die Forderung der Bevölkerung nach sozialer Sicherheit. Dass dieser

6 Brief von Thomas Jefferson an William Stephens Smith, Paris, 13. November 1787, verfügbar in den Founders Archives, ⟨https://founders.archives.gov/documents/Jefferson/01-12-02-0348⟩.

Kompromiss scheiterte, lag zum Teil daran, dass die Kapitalisten Mittel und Wege fanden, sich der Verantwortung und den Kosten zu entziehen, die ihnen von demokratischen Regierungen auferlegt wurden. Es hatte zum Teil aber auch damit zu tun, dass sowohl die Bevölkerung als auch die Unternehmen mit den Institutionen des Wohlfahrtsstaats unzufrieden waren. Und es lag zum Teil an der Attraktivität von zwei Ideologien der Freiheit: dem Neoliberalismus und dem expressiven Individualismus.

Die Demokraten haben zweihundert Jahre lang (oder länger) einen Kompromiss mit dem Kapitalismus geschlossen. Es hat durchaus Forderungen nach einer Demokratie gegeben, die zu radikal waren, um mit dem Kapitalismus koexistieren zu können, aber diese blieben meist randständig. Der Kompromiss ermöglichte es den Politikern, einer Öffentlichkeit, die ihn begierig forderte, Wohlstand zu verschaffen (auch wenn diese Öffentlichkeit vielleicht nur ein Bruchteil der Bürger, geschweige denn der Einwohner in jedem teilweise demokratischen Land war). Es ist nicht neu, dass der Kapitalismus gleichzeitig etwas von dem liefert, was Demokraten wollen, und strukturelle Veränderungen anstrebt, die der Stabilität der Demokratie zuwiderlaufen. Deindustrialisierung und finanzgetriebene Globalisierung koexistierten mit dem Übergang zu privatem Wohneigentum (auf Kredit), neuen Arbeitsplätzen in den Städten des Sun Belt, der Produktion einer Vielzahl von Konsumtechnologien und einem Anstieg der Opioidabhängigkeit.

Also, ja, der Neoliberalismus ist wirklich mit schuld an der Krise der Demokratie. Aber nein, das ist nicht alles neu, und es ist nichts völlig außer der Reihe in der langen Geschichte demokratischer Kompromisse mit dem Kapitalismus. Es handelt sich vielmehr um eine Extremposition im langjährigen Kampf um ein Gleichgewicht zwischen Freiheit, Gleichheit und Solidarität. Dabei ist wichtig zu erkennen, dass der ursprünglich von Friedrich Hayek formulierte Neoliberalismus nicht nur eine Wirtschaftslehre war, sondern eine politische Verteidigung der Freiheit gegenüber dem Faschismus (und weniger unmittelbar gegenüber dem Kommunismus).

Ein Teil des Problems mit dem Neoliberalismus, der Globalisierung, der Deregulierung und der Deindustrialisierung seit den 1970er Jahren ist schlicht, dass sie so schnell kamen. Einige Amerikaner konnten in den Sun Belt ziehen; einige britische Arbeitnehmer konnten die deindustrialisierten Teile des Nordens und der Midlands verlassen in Richtung relativ wohlhabender Städte wie Manchester und Reading. Arbeitnehmer können jedoch nie so leicht umziehen wie das Kapital. Die Zerrüttung von Familien, lokalen Gemeinschaften und individuellen Lebensperspektiven war und ist nach wie vor äußerst destabilisierend. In dieser Hinsicht erinnert die große Transformation der letzten fünf Jahrzehnte (wie Calhoun in Kapitel 3 andeutet) exakt an die Great Transformation, die Karl Polanyi analysiert hat. Disruptive Entwicklungen untergraben stets die sozialen Grundlagen der Demokratie, auch wenn das Wirtschaftswachstum langfristig scheinbar eine Entschädigung für die Enkelkinder derjenigen darstellt, deren Leben aus den Fugen geriet.

Ähnliches gilt für die grundstürzende Transformation durch die Informations- und Kommunikationstechnologien. Sie hat die Dynamik der traditionellen bürgerlichen Öffentlichkeit auf den Kopf gestellt, allerdings nicht zum ersten Mal. Die moderne Demokratie war in ihrer Entwicklung auf Zeitungen angewiesen; sie bildeten eine entscheidende Grundlage für die demokratische Öffentlichkeit, in der Politik debattiert und kollektive Identität geschaffen wurde. Die Rundfunkmedien stellten das auf den Printmedien basierende Verständnis von demokratischer Willensbildung durch diskursive Deliberation und Entscheidungsfindung auf den Kopf. Vor den sozialen Medien und der allgegenwärtigen Informationstechnologie gab es eine Phase, in der Internetseiten gezielt angesteuert wurden und die Nachrichtenübermittlung per E-Mail und Chatrooms langsamer verlief. Die Phasen überschneiden sich, und die Medien sind nicht dieselben, aber sie sind alle Teil einer langen Geschichte von Chancen und Herausforderungen für das demokratische Unterfangen.

Die Demokratie ist in ihrer Beziehung zu den Kommunikationsmedien durch verschiedene Phasen der Technologie und unterschiedliche Eigentums- und Produktionsstrukturen gewachsen. Heute beklagen Demokraten den Niedergang und die finanziellen Schwierigkeiten der »alten Medien«. Aber diese mussten natürlich erst aufgebaut werden. Es gab eine Zeit, in der Zeitungen neu und Lese- und Schreibfähigkeiten unüblich waren. Es gab eine Zeit, in der es noch keine Journalistenschulen gab. Es gab eine Zeit vor den Konsolidierungswellen, die zu riesigen Medienkonzernen führten. Die Demokratie musste sich mit all diesen Veränderungen und

Wendungen in der Medienökologie auseinandersetzen, und das tut sie bis heute.

Es ist eine Grundwahrheit der modernen Medien, dass sie, selbst wenn sie am demokratischsten sind, hauptsächlich als gewinnorientierte Wirtschaftsunternehmen florierten. Die Staaten haben sie durch öffentlich-rechtliche Medien ergänzt, von denen einige, vor allem im Bereich des Rundfunks, großartig sind. Aber der mediale Wandel ist nicht nur eine Frage der Technologie, sondern auch der Unternehmensstrukturen.

Nicht zuletzt gibt es bei allen Problemen, die die Medien heute haben, auch demokratische Verlockungen. So war es eine falsche Hoffnung zu glauben, das Internet würde den globalen Massen mehr Macht verleihen als den Unternehmen und Staaten. Es war eine falsche Hoffnung, dass die sozialen Medien eine Utopie breit angelegter Verbindungen zwischen Individuen verwirklichen würden, anstatt den Verzerrungen durch Roboter, Hacking und das Profitstreben der Plattformanbieter ausgesetzt zu sein. Aber die falschen Hoffnungen waren nichtsdestotrotz demokratische Hoffnungen. In einer Medienökologie mit mehr unabhängigen Produzenten liegt durchaus ein demokratisches Potenzial, wenn genug davon leben können.

Die Herausforderung der neuen Medien besteht zum Teil schlicht darin, dass sie neu sind. Sie sind auf abrupte und destabilisierende Weise neu. Wir haben keine angemessenen demokratischen Praktiken, Institutionen und Vorschriften entwickelt. Das heißt aber nicht, dass wir das nicht tun können.

Insofern die neuen Medien implizit Teil neuer Strukturen der Überwachung und Datenaggregation sind, ist schwer vorstellbar, inwiefern dies »gut« für die Demokratie sein könnte – obwohl es wertvolle staatliche Projekte (ebenso wie bösartige, repressive) mit Sicherheit effizienter machen kann. Aber die demokratischen Attraktionen der sozialen Medien sind unschwer zu erkennen. Unabhängig davon, ob wir der Herausforderung gerecht werden, sie angemessen zu regulieren und zu institutionalisieren – bisher gibt es in dieser Hinsicht keine großen Fortschritte –, können wir erkennen, dass die Absorption nicht nur ein separates Phänomen des Konsumismus oder des persönlichen Vergnügens ist (obwohl es beides ist). Sie ist auch ein Ausdruck des demokratischen Drangs, sich zu engagieren.

In diesem Zusammenhang müssen wir die Mediengeschichte als Teil einer umfassenderen Geschichte der Infrastrukturtechnologien betrachten, die sehr weitreichende soziale Strukturen – und Volkswirtschaften sowie Demokratien – ermöglichen. Wie Craig Calhoun in Kapitel 2 zeigt, gibt es qualitative Unterschiede in der Größenordnung zwischen antiken und frühneuzeitlichen Demokratien und Demokratien heute. Die Städte haben eine Größe erreicht, die noch vor hundert Jahren unvorstellbar war, ganz zu schweigen von der Antike. Radikal neue Möglichkeiten der Kommunikation und des Waren- und Informationstransfers verbinden die Bürger moderner Länder miteinander und ermöglichen eine groß angelegte, oft bürokratisierte Regierung. Nicht zuletzt fließen materielle Dinge und Informationen in einer Weise über nationale Grenzen hinweg, die die Regulierung des frühneuzeitlichen Schmuggels im Vergleich dazu einfach erscheinen lässt – und doch war sie zu jener Zeit ein schwieriges Unterfangen.

Kurzum, es stimmt, dass wir uns über die Auswirkungen der neuen Medien und der neuen Strukturen auf die Kontrolle der Medien und die Verbreitung und Abschottung von Botschaften Sorgen machen müssen. Aber es stimmt auch, dass dies ein Problem ist, das zumindest teilweise der Demokratie in der gesamten Neuzeit innewohnt.

Kompromisse haben ihren Preis. Selbst wenn sie die Verfassung, die republikanischen Institutionen, die Rechtsstaatlichkeit und die liberale Reihe individueller Rechte scheinbar unangetastet lassen, stören sie in der Regel das empfindliche Gleichgewicht zwischen den drei Leitnormen der Demokratie – Freiheit, Gleichheit und Solidarität. Die Kompromisse der letzten fünfzig Jahre waren allesamt Ausdruck eines Paradoxons. Einerseits wurden sie dadurch attraktiv, dass sie die Freiheit gegenüber der Gleichheit und der Solidarität privilegierten. Andererseits haben sie die Demokratie entsprechend destabilisiert. Sie haben das kollektive Engagement für das Gemeinwohl und die gemeinsame Zukunft geschwächt, beides wesentliche Voraussetzungen für das Gedeihen der Demokratie. Außerdem waren sie integraler Bestandteil neuer Kontrollsysteme, die alles andere als simple Projekte der Freiheit sind.

Es geht nicht nur darum, dass die Privatsphäre angesichts der neuen Überwachungstechnologien verschwindet. Es geht darum, dass zumindest teilweise automatisierte, zunehmend abstrakte Systeme zentrale Aspekte unseres Lebens bestimmen.[7] Neue Technologien sind nicht nur Mechanismen der Macht, die die Demokratie entweder stützen oder ihr entgegenstehen. Sie sind Mechanismen einer sehr weitreichenden gesellschaftlichen Organisation, die durch mehr oder weniger unpersönliche und sogar automatisierte Mittel erreicht wird. Viele der größten Herausforderungen für die Demokratie betreffen die Frage, wie wir mit dieser neuen technologischen Landschaft zurechtkommen.

Sieht man von einem revolutionären Sturz des Kapitalismus – eine sehr große Aufgabe – einmal ab, haben Demokraten kaum eine andere Wahl, als nach besseren Kompromissen zu suchen. Das war die historische Aufgabe der sozialen Demokratie und eines Großteils des demokratischen Sozialismus. Wie Calhoun in Kapitel 3 darlegt, hatten die Kämpfe einigen Erfolg, insbesondere während *les trente glorieuses*.

Der große Zusammenbruch

Während der Jahrzehnte des relativ erfolgreichen Kompromisses wurden die Reichen immer reicher, aber nicht zu schnell und nicht, wie das heute der Fall ist, indem sie den Wohlstand der Mittelschicht und der Arbeiterklasse radikal zerstörten. Die Ausweitung des Wohlfahrtsstaats und das fordistische Modell der industriellen Produktion basierten auf einem Regime der Zusammenarbeit zwischen dem Kapital (Großunternehmen mit ihren Investoren und Kreditgebern), der Arbeit (vertreten durch die Gewerkschaften) und dem Staat. Gemeinsam sorgten sie dafür, dass Klassenkonflikte eher die Form von Tarifverhandlungen als von Aufständen annahmen. Darüber hinaus wurden, wie Calhoun betont, die sozialen

7 Das war das große Thema von Niklas Luhmann; siehe unter anderem *Soziale Systeme. Grundriß einer allgemeinen Theorie* (Frankfurt am Main: Suhrkamp, 1987) und *Einführung in die Theorie der Gesellschaft* (Heidelberg: Carl Auer, 2009). In Jürgen Habermas' Darstellung der Moderne – und des Potenzials für die Demokratie – geht es notwendigerweise darum, die Trennung des Systemmanagements durch »nichtsprachliche Steuerungsmedien« von der gelebten Erfahrung (darunter auch der der politischen Freiheit) in der »Lebenswelt« zu akzeptieren. Siehe seine *Theorie des kommunikativen Handelns* (Frankfurt am Main: Suhrkamp, 1981), insbes. Bd. 2, Teil 6.

Grundlagen der Demokratie nicht nur durch wohlfahrtsstaatliche Umverteilungs- und Gerechtigkeitspolitik gestärkt, sondern auch durch die Vitalität der Zivilgesellschaft und des Vereinslebens (einschließlich politischer Parteien). Soziale Bindungen verliefen häufig über Trennlinien hinweg, sowohl auf lokaler als auch auf nationaler Ebene.

Natürlich war die soziale Ordnung, die in dieser Zeit entstand, voller Widersprüche. Sie war immer noch in hohem Maße ungleich, übermäßig bürokratisch und umfassend disziplinarisch. Konformität triumphierte im Allgemeinen über die Akzeptanz von Unterschieden. Frauen und viele rassische und ethnische Minderheiten wurden weitgehend außen vor gelassen. Der Kampf um die Einbeziehung dieser Gruppen und ihre Gleichstellung stieß auf ständigen Widerstand und ist bis heute nur teilweise verwirklicht. *Les trente glorieuses* sind kein Modell der Perfektion, sondern der Beweis dafür, dass demokratische politische Entscheidungen die sozialen Bedingungen und die Funktionsweise des Kapitalismus mildern und gestalten können.

Mit dem Einsetzen der »Stagflation« (stagnierendes Wirtschaftswachstum in Verbindung mit hoher Inflation und hoher Arbeitslosigkeit) Mitte der 1970er Jahre und der damit einhergehenden wirtschaftlichen Rezession begannen der organisierte Kapitalismus und die *trente glorieuses* zu bröckeln. Die Regierungen kürzten die Ausgaben für Sozialleistungen und soziale Einrichtungen. Die großen Unternehmen kamen ihren Verpflichtungen gegenüber den Arbeitnehmern nicht nach, selbst wenn diese scheinbar durch Verträge garantiert waren. Der Neoliberalismus wurde zur vorherrschenden wirtschaftlichen und politischen Ideologie.

Unter diesem neuen Kompromiss wurden die drei demokratischen Ideale – Freiheit, Gleichheit und Solidarität – in negativer Weise umgestaltet.[8] Mit dem Aufkommen des Neoliberalismus wurden Freiheit, Privateigentum und bemerkenswerter Einfallsreichtum zusammengelegt, um die Erträge kapitalistischer Produktion nach oben zu lenken. Das Ganze ging einher mit steigender Ungleichheit und der Weigerung, die Verheerungen der Deindustrialisierung im Interesse der Solidarität abzumildern oder auszu-

8 Umfassend zum Verhältnis zwischen Demokratie und der Entstehung der neoliberalen Ordnung siehe Kapitel 3.

gleichen. Es kam zu einer völlig überzogenen Gewinnsucht, die im Namen der Meritokratie verstärkt und sogar gefeiert wurde.

Berauscht vom Fundamentalismus der freien Marktwirtschaft, setzten sich die Neoliberalen über traditionelle Zwänge und die Lehren der Geschichte hinweg. Zwar hefteten sie sich das politische Etikett »konservativ« an, doch gaben sie die seit langem bestehenden Bekenntnisse zu Ort, Nation und Solidarität auf. Und natürlich waren sie keine Sozialisten. Sie versuchten, die öffentlichen Güter und Leistungen zu privatisieren, die für die Wahrung der Autonomie der Bürger und die Kultivierung eines gemeinsamen Sinns für eine kollektive Zukunft notwendig sind. Sie begrüßten die Globalisierung, ohne sich Gedanken darüber zu machen, wie ortsgebundene Gemeinschaften darunter leiden könnten, wie sich die Bindungen zwischen den Generationen auflösen oder wie nationale Solidaritäten auseinanderfallen könnten. Letztendlich wollten die Neoliberalen jeden Bereich des menschlichen Lebens, jeden Bruchteil der Zeit und jedes Gramm Arbeit der Ökonomisierung und ihrer spezifischen Rationalität unterwerfen. Sie propagierten einen *homo oeconomicus*, der für privaten Gewinn und gegen soziale Gleichheit und politische Solidarität stand.[9]

Gleichzeitig bauten diese Individualisten ironischerweise riesige Konzerne auf. In Anlehnung an Milton Friedman leugneten sie, dass diese irgendeine Verpflichtung hätten, »sozial verantwortlich« zu sein, und behaupteten, diese Konzerne seien allein dazu da, um Werte für ihre Aktionäre zu schaffen. Das hat natürlich nicht verhindert, dass sie massive soziale Auswirkungen hatten. Der neoliberale »Marktfundamentalismus« war merkwürdigerweise nicht nur mit dem Aufstieg riesiger, mächtiger und weitgehend unregulierter Unternehmen verbunden, sondern auch mit der Schaffung einer neuen Ebene abstrakter, unpersönlicher Systeme, die Menschen auf der ganzen Welt miteinander verbinden, ohne so zu tun, als würden sie deren Willen hören oder deren Zustimmung einholen. Der neue Kapitalismus ist in wichtigen Aspekten sogar noch »organisierter« als der des Nachkriegsbooms, aber die Organisation ist nicht offen für demokratische Beteiligung. Wie Calhoun in Kapitel 3 feststellt, sind Automatisierung, Globalisierung und Finanzialisierung in die Logik der neoliberalen Ordnung selbst eingebaut. Sie haben Reich-

9 Wendy Brown, *Die schleichende Revolution. Wie der Neoliberalismus die Demokratie zerstört*, übers. von Jürgen Schröder (Berlin: Suhrkamp, 2015).

tum gebracht und das Eigentum an diesem Reichtum konzentriert. Sie haben aber auch Leben zerstört, Gemeinschaften vernichtet und zu erschütternden Ungleichheiten geführt. All dies verheißt nichts Gutes für eine demokratische Lebensweise.

Doch nun gerät die neoliberale Ordnung ins Wanken, auch wenn die Ideologie immer noch einflussreich ist. Ihre Finanzarchitektur ist vor einem Jahrzehnt fast zusammengebrochen in einer Krise, von der sich der Westen nie wirklich erholt hat. Der Populismus stellt die »umsichtige« Regierungspolitik in Frage. Globale religiöse und zivilisatorische Spaltungen, die unter anderem durch die Anschläge vom 11. September deutlich wurden, zeigen, dass Kultur und Loyalität in einer Zeit, die als Zeitalter des individualistischen *homo oeconomicus* gelten sollte, immer noch eine Rolle spielen. Ironischerweise hat der Neoliberalismus im Westen den Aufstieg Chinas (und vielleicht sogar seinen Autoritarismus) beschleunigt. Hingegen sind die Neoliberalen schlecht darauf vorbereitet, mit dem entsprechenden Niedergang der US-Hegemonie und der Umwälzung der Geopolitik umzugehen. Die jüngste Pandemie zeigt die Fragilität der globalen Strukturen, insbesondere der internationalen Zusammenarbeit und der langen Versorgungsketten.

Wir haben die Chance, heute neue Entscheidungen zu treffen. Natürlich sind es immer noch Entscheidungen, die durch materielle Bedingungen eingeschränkt werden – Klimawandel, das Missverhältnis zwischen der Bezahlung der meisten Jobs und den Lebenshaltungskosten, die Macht der Unternehmen, die Realität von Pandemien. Aber auch *les trente glorieuses* erwuchsen aus den beispiellosen Zerstörungen des Zweiten Weltkriegs und im Kontext des Kalten Krieges sowie seines potenziell katastrophalen Wettrüstens.

Wie konnte das geschehen? Wie konnten wir den außergewöhnlichen Wandel der gesellschaftlichen Reproduktionsformen, der sich vor unseren Augen vollzog, übersehen? Wie konnten wir diese »schmutzige realistische« Sichtweise des menschlichen Subjekts als *homo oeconomicus*, der keine anderen Impulse als die der Selbstinvestition und der Monetarisierung kennt, dulden, wenn nicht sogar gutheißen? Sind das die Entlohnungen des kapitalistischen Realismus?[10] Warum wurden wir überrumpelt?

10 Mark Fisher, *Kapitalistischer Realismus ohne Alternative? Eine Flugschrift*, übers. von Johannes Springer, Christian Werthschulte und Peter Scheiffele (Hamburg: VSA-Verlag, 2013).

Erstens entstand der neoliberale Kompromiss parallel zur dritten Welle demokratischer Übergänge und Konsolidierungen, die Mitte der 1970er Jahre mit la Transición in Spanien, der Revolução dos Cravos in Portugal und Metapolitefsi in Griechenland begann. In jenen euphorischen Tagen des demokratischen Triumphs nahm man kaum Notiz von der heimlichen Bedrohung, die dieser neue Kompromiss darstellte.[11] Während die Bedrohung zunahm, blieben die Straßen und Plätze leer. Akademiker und politische Entscheidungsträger propagierten die neoliberale Wirtschaftspolitik als Heilmittel gegen Nullwachstum, Stagflation und die Rezessionen der 1970er Jahre. Im Stillen testeten die Neoliberalen ihre Methoden in Chile und verfeinerten dort ihre Theorien, mit voller Unterstützung von Pinochets Junta, und dann brachten sie ihre Ideen auf Geheiß von Regierungen, die von dominanten politischen Parteien der Rechten (Reagan und Thatcher) und der Linken (Clinton und Blair) geführt wurden, zurück nach Hause. Es handelte sich um eine Revolution von oben im Namen von Wachstum und Wohlstand, nicht um einen Angriff auf die Demokratie.

Zweitens wurde die düstere Zukunft, die der *homo oeconomicus* verspricht, durch die lose Verbindung mit zwei anderen aufkommenden sozialen und ideologischen Kräften verdeckt, die beide als ehrenhaft und emanzipatorisch galten: die Ethik der Authentizität und der Lockruf der Leistungsgesellschaft.

Eine Ethik der Authentizität

Die Verankerung der Ethik in der Authentizität lässt sich bis zu den Idealen der Romantik zurückverfolgen: sich selbst treu sein, der eigenen inneren Gesinnung und den eigenen Wünschen folgen und inmitten der Konformitätsanforderungen der Familie, der Freunde, der Religion und der Gemeinschaft nie die eigene Individualität aus den Augen verlieren.[12] Ursprünglich war die Anziehungskraft der Ethik der Authentizität auf einen kleinen Kreis von Dichtern, Künstlern und selbsternannten Bohemiens beschränkt. Für viele war sie als Gegengewicht zum Rationalismus der Aufklärung at-

11 Brown, *Die schleichende Revolution.*

12 Charles Taylor, *The Ethics of Authenticity* (Cambridge, MA: Harvard University Press, 1992).

traktiv und gewann in wiederkehrenden Wellen Anhänger, die in den 1960er Jahren eine Art Apotheose erlebten. Heute ist sie weit verbreitet und tief verwurzelt, beeinflusst moderne Vorstellungen von Identität und Zugehörigkeit und treibt emanzipatorische Bewegungen in Sachen Anerkennung an, insbesondere von Individuen und Gruppen, die aufgrund ihrer Rasse, ihrer ethnischen Zugehörigkeit, ihres Geschlechts, ihrer sexuellen Präferenz, ihrer Behinderung und vieler anderer Merkmale historisch stigmatisiert und diskriminiert wurden.

In den frühen 1960er Jahren kämpfte eine Vielzahl von »Direct Action«-Mobilisierungen – die US-amerikanische Bürgerrechtsbewegung, der Feminismus der zweiten Welle, die Schwulenrechtsbewegung – kraftvoll und weitgehend erfolgreich für Anerkennung und Gleichberechtigung. Wie Black Lives Matter, #MeToo, ACT UP und zahlreiche andere Bewegungen bezeugen, ist der Geist, der hinter diesen Mobilisierungen steht, nach wie vor wirksam und einflussreich, wenn auch in anderen Versionen und Ausprägungen. In dieser Hinsicht ist die Ethik der Authentizität ein integraler Bestandteil des telischen Projekts der Demokratie, denn sie erweitert und vertieft ihren inklusiven Geltungsbereich.

Wie Calhoun und Taylor in Kapitel 4 behaupten, haben die Ethik der Authentizität und identitätsbasierte politische Bewegungen zwar zweifellos innerhalb verschiedener Gruppen für Solidarität gesorgt, aber sie haben nicht die Art von Verbindungen über Differenzlinien hinweg gefördert, die für eine gedeihliche demokratische Lebensweise unerlässlich sind. Stattdessen sind in einigen Fällen die kulturellen Spannungen eskaliert und die Polarisierung des öffentlichen Diskurses hat sich verschärft. Natürlich sind identitätsbasierte politische Bewegungen und Mobilisierungen, die historisch marginalisierte Gruppen vertreten, nicht für den derzeitigen Zustand der öffentlichen Zwietracht und Verbitterung – die neuen »Kulturkämpfe« – verantwortlich zu machen. Die Kräfte des gesellschaftlichen und kulturellen Konservatismus sind nach wie vor stark und fest verwurzelt, da sie vergangene Gräueltaten leugnen, anhaltende Ungerechtigkeiten ignorieren und sich weigern, verschiedenen Gruppen die geforderte volle Anerkennung und Gleichberechtigung zu gewähren.

Das Terrain dieser Kulturkämpfe, bei denen Werte und Lebensstile gegeneinander ausgespielt werden und Identitätsunterschiede sich verhärten und verfestigen, ist das Ergebnis komplexer soziologischer Faktoren. Der folgenreichste davon ist die Tatsache, dass sich der *expressive kulturelle Individualismus* der Ethik der Authentizität aufs engste mit dem *ökonomischen Besitzindividualismus* des Neoliberalismus verwoben hat. Im Gegensatz zu ihren Vorgängern und angesichts ihrer Fokussierung auf politische Anerkennung haben sich die neuen identitätsbasierten sozialen Bewegungen weniger mit Problemen der sozioökonomischen Ungleichheit und der Umverteilungspolitik beschäftigt. Dieser kulturelle Fokus auf Identität und Lebensstil – »einfach man selbst zu sein« – fügt sich nahtlos in das libertäre und unternehmerische Ethos des Neoliberalismus ein. Dank des Ausmaßes an sozialer Mobilität, das moderne Großgesellschaften ermöglichen, kann Selbstinvestition als universell verfügbare Lösung für Diskriminierung angesehen werden: Sobald der Einzelne vermarktbare Fähigkeiten erworben hat, steht es ihm frei, seinen bevorzugten Lebensstil zu verfolgen, wo immer er will. Dieser Gedanke vermeidet unangenehme Konfrontationen ebenso wie produktive Dialoge. Die alte soziologische Unterscheidung zwischen »Lokalisten« und »Kosmopoliten« hat sich somit in eine Unterscheidung zwischen – in der Terminologie von David Goodhart – »Somewheres« und »Anywheres« verwandelt.[13] Für Calhoun und Taylor macht die Zweiteilung zwischen den Überzeugungen, Verhaltensweisen und Lebensstilen von »Somewheres« und »Anywheres« die Ausbildung eines Gefühls für ein gemeinsames Ziel und eine gemeinsame Zukunft nahezu unmöglich; gleichwohl ist sie mit der neoliberalen Disposition absolut vereinbar.

Der Lockruf der Leistungsgesellschaft

Wie die Ethik der Authentizität hat auch der Lockruf der Meritokratie seine Wurzeln in einem emanzipatorischen Projekt, nämlich dem Kampf eines aufstrebenden Bürgertums gegen Rang, Status und Blut des Adels in den ökonomischen und beruflichen Sphären der Gesellschaft. Die bürgerliche Revolution forderte unter ande-

13 David Goodhart, *The Road to Somewhere. Die populistische Revolte und die Zukunft der Gesellschaft*, übers. von Ulrike Strerath-Bolz, Thomas Käsbohrer und Susanne Guidera (Iffeldorf: Millemari, 2020).

rem die schrittweise Angleichung der Möglichkeiten, die eigenen materiellen Lebensbedingungen zu verbessern. Reichtum und Erfolg, so glaubte das Bürgertum, sollten nicht das Ergebnis eines ererbten Gesellschaftsstatus sein, sondern auf Leistung – Talent, harter Arbeit und Ausdauer – beruhen. Diese epochale Revolution war erfolgreich, doch hat sie die soziale Ungleichheit nicht verringert, geschweige denn beseitigt. Die Schichtung der bürgerlichen Gesellschaft war nicht weniger ungleich als die der Gesellschaften, die ihr vorausgingen. In dem Maße, wie die Produktivität und der Wohlstand der bürgerlichen Gesellschaft selbst die gierigsten aristokratischen Fantasien übertrafen, nahm die Ungleichheit sogar noch zu. Das Bürgertum entwickelte, wie auch die herrschenden Eliten von heute, eine Begründung, um die anhaltende Ungleichheit zu rechtfertigen: Verdienst. In der daraus resultierenden »Chancengesellschaft« sollte der Erfolg ausschließlich von Talent und harter Arbeit abhängen, und jeder hätte eine faire Chance auf Wohlstand. Wer Talent besitzt oder durch umsichtige Selbstinvestition und Ausdauer Fähigkeiten erwirbt, sollte angemessen belohnt werden. Misserfolg in einer solchen Gesellschaft mag durch mangelndes Talent verschlimmert werden, aber verursacht wird er durch mangelnde Anstrengung. So erklärt die Leistungsgesellschaft die Ungleichheit. Einst dazu gedacht, Privilegien auf der Grundlage von Rang, Status und Blut abzubauen, diente das meritokratische Argument nun dazu, Ungleichheiten zu rechtfertigen, die angeblich durch die ungleiche Verteilung von Talent, harter Arbeit und Ausdauer unter freien Menschen entstehen. Diese simplifizierende Ideologie verwechselt munter formale Gleichheit mit materieller Gleichheit und stellt die »soziale Frage« insgesamt hintan. In Zeiten des Neoliberalismus hat sie zudem großen Anklang gefunden.

Historisch gesehen wird die Leistungsideologie mit liberalen Berufsklassen und Berufsinstitutionen in Verbindung gebracht.[14] Für

14 Der asymmetrische soziale Status von geistiger und körperlicher Arbeit besteht in der einen oder anderen Form schon seit sehr langer Zeit – wahrscheinlich seit die Arbeitsteilung in den ersten sesshaften landwirtschaftlichen Gemeinschaften ein gewisses Maß an Komplexität erreicht hat. Die entsprechende ideologische Begründung findet sich sowohl in der Philosophie als auch in der Theologie jeder Zivilisation. Die Brahmanen des alten Indiens verkörpern diese Ideologie auf vollkommene Weise in der gesellschaftlichen Praxis. Mit dem Beginn der bürgerlichen Revolution und den damit einhergehenden Veränderungen bei

diejenigen, die geistige Arbeit, künstlerische Arbeit und kulturelle Produktion leisten, ist sie attraktiver als für denjenigen, die körperliche Arbeit, Dienstleistungsarbeit und industrielle Produktion verrichten. Bei der Kultivierung von auf Verdienst beruhender Kompetenz muss man das äußerst schwer fassbare Konzept des natürlichen »Talents« – ebenso wie seine großspurigen Vettern »Genie« und »Begabung« – beiseitelassen und sich auf den Aufbau individueller Fähigkeiten und den Erwerb von Fertigkeiten durch Bildungs- und Ausbildungssysteme konzentrieren. Sind sie erst einmal entwickelt, erfordert die effektive Nutzung dieser Art von Selbstbereicherung eine umfassende Planung und die Investition von noch mehr Zeit und Ressourcen. Die Belohnungen und Entschädigungen für diejenigen, die in Berufen erfolgreich sind, welche geistige, künstlerische und kulturelle Unternehmungen beinhalten, sind unglaublich viel größer als für diejenigen, die in Arbeiter-, körperlichen, industriellen und schlecht bezahlten Dienstleistungsberufen tätig sind.[15]

Das Bürgertum besiegte seine aristokratischen Herren nicht mit Waffengewalt, sondern durch überzeugende Theorien zur politischen Ökonomie, nicht durch die Mobilisierung auf den Straßen und Plätzen, sondern durch die Umgestaltung von Handel und Produktion mittels neuer Technologien und Geschäftsmodelle. Diese Revolution dauert bis heute an, da sich die sozialen Reproduktionsformen unter dem Einfluss der Verschiebungen und Beschleunigungen des Kapitals weiter verändern. In seiner gegenwärtigen Phase konzentriert ein zunehmend finanzialisiertes Kapital die Schaffung von Wohlstand und Wachstum innerhalb einer technozentrischen Wissensökonomie, die die Bereiche Finan-

der sozialen Reproduktion erhielt die geistige Arbeit nicht nur einen höheren sozialen Status als die körperliche Arbeit, sondern auch eine zunehmend überproportionale materielle Entlohnung.

15 Betrachtet man diese sozialen Faktoren, so steht die Bildung mit den damit einhergehenden »Referenzen« an erster Stelle. Zum Beispiel bedeutet Selbstinvestition oft den Erwerb geeigneter Fähigkeiten und Ausbildungen durch Bildungseinrichtungen, die Qualifikationen verleihen. Darüber hinaus sind die Bildungseinrichtungen selbst hierarchisch strukturiert, und die von ihnen vermittelten Qualifikationen werden unterschiedlich gewertet. So hat sich Bildung von einem primären sozialen Gut, zu dem alle Bürgerinnen und Bürger einen angemessenen Zugang haben sollten, zu einem wettbewerbsorientierten Gut entwickelt, mit dem Individuen und Gruppen eingestuft, bewertet und voneinander abgegrenzt werden.

zen, Marketing, Technologie, Gesundheitswesen, Pharmazeutika, Kommunikation, Information, Medien, Unterhaltung, Design und andere Formen kulturell kodierter Arbeit umfasst. In all diesen Sektoren erwirtschaftet eine Klasse von hoch bezahlten und stark nachgefragten »Wissensarbeitern« – die »kreative Klasse« – beispiellose Renditen.[16] Zwar gibt es große Unterschiede bei der Vergütung dieser Arbeitnehmer, aber sie verdienen mehr Geld, erhalten bessere Sozialleistungen und genießen eine größere Arbeitsplatzsicherheit im Vergleich zu Arbeitnehmern, die in der Industrie oder im einfachen Dienstleistungssektor tätig sind. Sowohl während der Finanzkrise 2008 als auch während der wirtschaftlichen Turbulenzen der Corona-Pandemie waren Wissensarbeiter gut aufgestellt (viele sind sogar reicher geworden), während andere Arbeitnehmer in die schnell wachsende »Gig Economy« gedrängt wurden. Mit der illusorischen Freiheit, zu arbeiten, wann und wo sie wollen, schlüpfen diese Mitglieder des »Prekariats« in die Arbeitswelt hinein und wieder heraus, ohne dass sie irgendwelche Leistungen oder Sicherheit bekommen.

Die meritokratische Ideologie der falschen »Chancengleichheit« und des unternehmerischen Individualismus wird von den Neoliberalen immer wieder mobilisiert, um die schwindelerregende Ungleichheit im Namen von Wachstum und Wohlstand zu rechtfertigen, ohne Rücksicht auf die Folgen für die soziale Harmonie und das Gedeihen der Demokratie. Dennoch wird die volle Zerstörungskraft dieser leistungsorientierten Ideologie durch ihren rhetorischen Einfluss und ihre Anziehungskraft verschleiert, selbst bei ihren Opfern. Das ist ein unhaltbarer Zustand.

Neue Technologien der Vereinnahmung

Der dritte und letzte Hinweis darauf, inwiefern und warum es uns nicht gelungen ist, die verhängnisvolle Entwicklung der neoliberalen Wirtschaftsordnung vollständig zu erfassen, betrifft die Tatsache, dass sie mit spektakulären Veränderungen in der Kommunikations- und Informationstechnologie einherging, die Mitte der

16 Richard Florida, *The Rise of the Creative Class: And How It's Transforming Work, Leisure, Community, and Everyday Life* (New York: Basic Books, 2002).

1970er Jahre begannen. Zusammen mit dem wiederauflebenden Populismus und der weltweiten Implementierung einer neoliberalen Wirtschaftspolitik ist diese technologische Revolution auch einer der drei Schuldigen, die gemeinhin für die derzeitige Krise der Demokratie verantwortlich gemacht werden. Vor allem in den fortgeschrittenen und reifen Demokratien wird sie dafür verantwortlich gemacht, dass die Dynamik der traditionellen bürgerlichen Öffentlichkeit, die lange Zeit als Voraussetzung für die demokratische Willensbildung mittels diskursiver Deliberation und Entscheidungsfindung galt, ins Wanken geraten ist.

Es entbehrt nicht einer gewissen historischen Ironie, dass der Beginn dieses großen technologischen Wandels, der die Art und Weise, wie wir leben und arbeiten, unabhängig von Rasse, Geschlecht, Religion und nationaler Zugehörigkeit verändern sollte, genau mit dem Beginn der »dritten Welle« demokratischer Übergänge zusammenfiel. Seinen Anfang nahm er mit der Gründung von Microsoft 1975 und Apple 1976, setzte sich mit der Gründung von AOL 1985 und Amazon 1994 fort und beschleunigte sich mit der Gründung von Google 1998, Facebook 2004 und Twitter 2006. Zusammen mit ähnlichen Unternehmen auf der ganzen Welt (es sind zu viele, um sie hier alle aufzuzählen) haben diese amerikanischen Technologieriesen so ziemlich jede Facette des Alltagslebens verändert. Man muss kein technologischer Determinist sein, um anzuerkennen, dass sie die Triebkräfte der großen Transformation sind, die sich heute vollzieht. Mit einem bemerkenswerten Maß an Effizienz und Zuverlässigkeit (freilich auch mit vielen Pannen) fungieren sie als das Nervensystem der komplexen Marktgesellschaften, in denen wir alle leben und arbeiten, und als entscheidender Teil der Infrastruktur, die die integrierte globale Ordnung aufrechterhält.

Diese Unternehmen präsentieren sich unermüdlich als Anbieter von »Freiheitstechnologien« und als Verfechter individueller Ermächtigung. Angesichts der Verbreitung von Smartphones und des unendlichen Einfallsreichtums derer, die sie in den Slums von Mumbai und Lagos, in den Favelas von Rio, in den Gecekondular von Istanbul und in den Elendsvierteln auf der ganzen Welt benutzen, muss man konzedieren, dass an diesem emanzipatorischen Narrativ etwas dran ist. Ebenso sind die Vorteile dieser technologischen Innovationen – mit einigen wichtigen Einschränkungen – für jeden einzelnen Nutzer zugänglich, unabhängig von Rasse, Geschlecht, Alter, sexueller Präferenz, Nationalität und bis zu einem gewissen Grad sogar von der Klasse. Im Gegensatz zu früheren Konnektivitätstechnologien wie dem Luftverkehr sind diese Informations- und Kommunikationsinnovationen binnen sehr kurzer Zeit für eine große Zahl von Menschen zugänglich geworden. Und sofern es noch irgendwelche Zweifel gab, hat die Corona-Pandemie die Bedeutung und den Einfluss dieser Technologieunternehmen hinreichend deutlich gemacht.

Weniger sichtbar ist, dass diese Technologieunternehmen dieselbe Ideologie wie die Befürworter der neoliberalen Wirtschaftsordnung teilen, propagieren und zum Einsatz bringen, wobei ihre libertäre und egalitäre Rhetorik die negativen externen Effekte verschleiert, die mit ihrer Arbeitsweise und ihren Gewinnen einhergehen. Sie schaffen Arbeitsplätze, von denen viele gut bezahlt sind, aber im Vergleich zu Unternehmen in anderen Sektoren ist die Zahl der von ihnen direkt beschäftigten Arbeitnehmer sehr gering.[17] Durch die Dominanz in ihren Spezialgebieten – Google bei den Suchmaschinen, Facebook bei den sozialen Medien, Amazon beim E-Commerce – fungieren sie als Monopolisten. Zusammen verbuchen Google und Facebook mehr als 80 Prozent der webbasierten Werbeeinnahmen in den Vereinigten Staaten. Die Printmedien, einst das Rückgrat der öffentlichen Sphäre und klassischer Ort des demokratischen Dialogs und der Deliberation, können da nicht mithalten. Die Megakonzerne verleiben sich potenzielle Wettbewerber durch exorbitante Übernahmen ein und häufen Unmengen an Geld an. Sie sind hauptverantwortlich für disruptive Innovationen nicht nur in der Technologie, sondern auch in der Wirtschaft, und sie sind stolz auf ihre Fähigkeit, »to move fast and break things«. Vieles davon ist bekannt. Es gibt eine umfangreiche und stetig wachsende Literatur, die sich sowohl affirmativ als auch kritisch mit diesen großen Tech-Titanen und ihrer Arbeitsweise auseinandersetzt.

17 So beschäftigte Apple im Jahr 2019 direkt 147 000 Mitarbeiter und meldete einen Umsatz von 275 Mrd. US-Dollar, während Walmart 2,2 Millionen Mitarbeiter direkt beschäftigte und einen Umsatz von 524 Mrd. US-Dollar erzielte. Aufschlussreicher sind jedoch die Zahlen zu Umsatz und Rentabilität pro Mitarbeiter: Während jeder Apple-Mitarbeiter einen Umsatz von 1,9 Millionen US-Dollar und einen Gewinn von 403 328 US-Dollar erwirtschaftete, waren es bei Walmart lediglich 246 415 US-Dollar Umsatz und 8752 US-Dollar Gewinn.

Die Sorge gilt vor allem der »digitalen Kluft« zwischen denjenigen, die über die Ressourcen verfügen, um in vollem Umfang an der zunehmend computervermittelten Kultur teilzuhaben, und denjenigen, die aufgrund mangelnder Ausrüstung, unzureichender Konnektivität oder fehlenden Know-hows ausgeschlossen sind. Diese Ungleichheit ist wichtig, aber die Diskussion geht an zentralen Punkten vorbei. Erstens florieren tech-kapitalistische Unternehmen, weil sie so viele Menschen wie möglich in die Nutzung ihrer Produkte und Dienstleistungen einbeziehen, nicht weil sie sie ausschließen. Zweitens kann man mit Geld »Influencer« kaufen, sowohl menschliche als auch nicht-menschliche – von Algorithmen bis hin zu Bots –, so dass es trotz der Streuung der Quellen eine eklatante Kluft in Sachen Einfluss gibt. Drittens besteht die Ungleichheit weniger darin, ob jemand Zugang hat oder nicht, sondern eher in der unterschiedlichen Qualität des Zugangs und im Ausmaß der Nutzung. Mit anderen Worten: Die Tendenz geht dahin, dass alle Bürger einbezogen werden, aber nicht zu gleichen Bedingungen. Dies macht die Medien zu einem weiteren Schauplatz für das, was Calhoun (in Kapitel 4) »hierarchische Eingliederung« nennt. Viertens ist das vorherrschende Merkmal der heutigen Medienökologie nicht der eingeschränkte Zugang (auch wenn es diesen gibt), sondern die Segmentierung. Sie ist ein ernsthaftes Hindernis für die Kultivierung von Anstand, Transparenz, Dialog und gegenseitigem Verständnis, die für eine öffentliche Übereinkunft und eine demokratische Kultur unerlässlich sind. Die Segmentierung verbindet die ungefilterten Stimmen der »Massen« mit den parteiischen Agenden der politischen Eliten und Geschäftsinteressen. Medienoptimisten hofften lange Zeit, die schnelle und allgegenwärtige Kommunikation würde die öffentliche Sphäre aufblühen lassen. Stattdessen hat sie die öffentliche Sphäre verkommen lassen und die wichtigsten Institutionen der Zivilgesellschaft – Universität, Kirche, alte Medien und andere Kulturindustrien – gefährdet. Es bleibt abzuwarten, ob sich das überwinden lässt und ob unmittelbare, aber problematische Botschaften Nachdenken und Nachdenklichkeit wirklich übertönen müssen.

Hart getroffen hat es die zivilen Umgangsformen. Mit wenig oder gar keiner Rücksicht darauf, inwiefern andere durch Schmäh- oder Hassreden betroffen sein könnten, kann man sagen, was man will. Wie Taylor in Kapitel 1 feststellt, gibt es weder Konsequenzen für Verstöße gegen die Regeln des Anstands noch gegenseitige Verbindlichkeiten und Dialog. Die Opponenten schreien sich gegenseitig an oder versammeln sich mit Gleichgesinnten in Blasen und Echokammern. Das zweite Opfer ist die Wahrheit. Unangefochten kursiert eine wahre Flut an Fehlinformationen, »alternativen Fakten« und offensichtlichen Lügen. Versuche, die Fakten zu überprüfen oder die finsteren Interessen hinter den Desinformationskampagnen zu entlarven, haben kaum erkennbare Auswirkungen, weder auf Trumps Lüge vom Wahlbetrug noch auf Tucker Carlsons Anti-Impf-Desinformation auf Fox News. Das dritte Opfer ist die Transparenz. Für den Durchschnittsbürger ist die Funktionslogik der modernen Großgesellschaft bereits zu komplex und undurchsichtig, als dass er sie verstehen könnte. Das Gleiche gilt zunehmend für das repräsentative Regierungssystem und seine Beratungs- und Entscheidungsprozesse. Ohne die Vermittlungs- und Filterfunktionen, die einst von der traditionellen vierten Gewalt wahrgenommen wurden, werden Informationen zu Rauschen und Getöse, und die orientierungslosen Bürger werden anfällig für tendenziöse Parteilichkeit, Vorurteile, Angstmacherei, ausgrenzende Fremdenfeindlichkeit, Verschwörungstheorien und vieles mehr. In diesem Moment, so Calhoun und Taylor in Kapitel 7, schlägt das große Geld zu und kolonisiert die Medienlandschaft. Es kauft nicht nur massenhaft Fernsehzeit, um parteipolitische Botschaften unters Volk zu bringen, sondern überschwemmt auch soziale Medienplattformen wie Twitter und Facebook mit tendenziösen Inhalten, die darauf abzielen, die Bürger weiter zu verwirren und sie zu einseitigen und vorurteilsbehafteten Meinungen zu verleiten, die mit seiner wirtschaftlichen Agenda übereinstimmen. Damit verkümmert die offene Gesellschaft. Die Aussichten für die Demokratie schwinden. Und die Gegenreaktion beginnt.

Solidarität nach dem Backlash

Die Gegenreaktion wird heute gerne unter dem Begriff des Populismus subsumiert. Wir haben jedoch in diesem Buch immer wieder darauf hingewiesen, dass der Populismus nicht das eigentliche Problem und keineswegs der alleinige Schuldige für den Zerfall der Demokratie ist. Außerdem hat die Gegenreaktion auch ihre guten

Seiten. In den dunklen Schatten der populistischen Wut und des Ressentiments können wir möglicherweise erkennen, was wir im blendenden, euphorischen Licht der »dritten Welle« und des demokratischen Aufbruchs nicht gesehen haben. Was genau ist das Wesen des demokratischen Projekts, das wir so hartnäckig verfolgen, in einem Zustand der Unruhe, in dem es weit und breit keine andere legitime politische Alternative gibt? Können wir das demokratische Projekt im Zeichen populistischer Unzufriedenheit re-politisieren?

In unseren ausgedehnten Betrachtungen über die Form und die Ursachen demokratischer Zerfallserscheinungen haben wir versucht, die wichtigsten Implikationen von drei miteinander verbundenen Thesen herauszuarbeiten: (1) Demokratie ist ein telisches Projekt (Taylor). (2) Als ein gesellschaftlich eingebettetes menschliches Unterfangen benötigt die Demokratie soziale Grundlagen, die sie nicht vollständig kontrollieren kann (Calhoun). (3) Die Erneuerung der Demokratie erfordert mehr als Abhilfe schaffende Maßnahmen der Legislative und Exekutive. Sie bedarf der gemeinsamen direkten Aktion des Volkes, des schlafenden Souveräns, in seinen vielfältigen Inkarnationen (Gaonkar).

Wir betrachten die Demokratie als ein telisches Projekt, das nach ständiger Verbesserung strebt. Sie wird jedoch niemals Perfektion erreichen, eine politische Ordnung liefern, die es einem Volk ermöglicht, auf Dauer friedlich und harmonisch zusammenzuleben. Außerdem ist die Entwicklung der Demokratie nicht unbedingt progressiv. Demokratische Regime können ihr Versprechen einer inklusiven Selbstregierung ausweiten und vertiefen, aber sie können auch stagnieren, schwächer werden und sogar zusammenbrechen. Im Laufe der Zeit entwickeln sich alle Demokratien – antike wie moderne – ungleichmäßig, machen in einigen Bereichen Fortschritte und in anderen Rückschritte. Von Solon (594 v. Chr.) über Kleisthenes (508 v. Chr.) bis zu Ephialtes (460 v. Chr.) durchlief die athenische Demokratie eine Reihe entscheidender Transformationen, die oft als Reformen bezeichnet werden. In vielerlei Hinsicht erweiterten und verbesserten diese Reformen die Wirkmacht und Partizipation der Bürger (von der Abschaffung der Schuldsklaverei unter den Bürgern bis hin zur Gewährung eines Tagegelds, damit die Bürger an der beratenden Versammlung teilnehmen konnten, wenn diese tagte), schränkten aber auch stark ein, wer als Bürger gelten konnte.

Seit den großen demokratischen Revolutionen in den Vereinigten Staaten und Frankreich weisen die modernen Demokratien ein ähnliches Muster von ungleichmäßigem Fortschritt, periodisch wiederkehrendem Rückschritt und selektiven Ausschlüssen auf. Bereits im ersten Jahr nach ihrer vollständigen Ratifizierung wurde die US-Verfassung, die mit so viel Sorgfalt entworfen worden war, um die Mängel der antiken Vorbilder Athen und Rom zu vermeiden, durch die Bill of Rights zehn Mal geändert.[18] Weitere Änderungen sollten folgen, allesamt im Einklang mit dem, was in der Präambel der Verfassung als ihr wichtigstes Ziel genannt wird: die Schaffung von Solidarität, um »unseren Bund zu vervollkommnen« (»to form a more perfect Union«). Allein die Tatsache, dass es eine Bestimmung zur Änderung der Verfassung gibt, wie komplex und mühsam dieser Prozess auch sein mag, beweist, dass die Demokratie ein offenes und lebendiges Projekt ist, dessen Streben nach Vollkommenheit immer unvollendet bleibt. Die telische Verpflichtung, »unseren Bund zu vervollkommnen«, wurde immer wieder auf die Probe gestellt; in den Jahren des Bürgerkriegs stand die Union selbst am Rande des Zusammenbruchs. Und doch hat die Union überdauert, indem sie sich ständig an die sich ständig verändernde soziale Welt, in die sie eingebettet ist, angepasst hat – sowohl durch progressive Reformen als auch durch reaktionäre Kompromisse.

Somit gibt es zwar ein breit gefächertes demokratisches Repertoire an Verfassungsnormen und -prinzipien, institutionellen Verfahren und Praktiken, Formen des politischen Verhaltens und der Subjektivität sowie eine egalitäre öffentliche Kultur, die politische Regime über die Geschichte und Geographie hinweg als demokratisch auszeichnen, doch nichts davon ist perfekt und nichts ist vollständig. Demokratie ist immer und überall ein *work in progress*, eine kollektive Reise mit offenem Ende und die Selbstgestaltung eines Volkes inmitten der Wechselfälle der Geschichte. Ihr telischer Charakter stellt uns vor die unendliche Aufgabe, die republikanischen Institutionen zu stärken und die republikanischen Tugenden sowie die republikanische Kultur zu pflegen.

Trotz des telischen Antriebs, die Ideale der Demokratie besser zu verwirklichen, wird der tatsächliche Wandel durch allgemeinere soziale Muster bestimmt. Die Bemühungen um die Stärkung der

18 Der Ratifizierungsprozess der US-Verfassung dauerte von September 1787 bis Mai 1790, die Bill of Rights wurde im Dezember 1791 ratifiziert.

republikanischen Institutionen und die Vertiefung der Demokratie sind nicht nur von innen heraus motiviert, sondern auch mit der Bewältigung sozialer Probleme verbunden. In diesem Buch haben wir immer wieder darauf hingewiesen, dass die Demokratie als ein sozial eingebettetes menschliches Unterfangen ihr eigenes Schicksal nicht vollständig in der Hand hat. Wir haben gezeigt, wie die Demokratie mit exogenen Kräften konfrontiert ist, die in Geschichte, Kultur, Geographie und Wirtschaft wurzeln und die ihr normatives Versprechen immer wieder in Frage stellen und ihre Entwicklung stören. Noch wichtiger ist, wie die moderne Demokratie, deren Werdegang eng mit dem modernen Kapitalismus verwoben ist, auf die gesellschaftlichen Beschleunigungen und Transformationen reagiert, die durch die sich ständig verändernde Dynamik der kapitalistischen Produktionsweise hervorgerufen werden. Diese Transformationen bringen die Zusammensetzung der Bevölkerung immer wieder durcheinander und gestalten die soziale Schichtung neu. Infolgedessen kann der Klassenkonflikt immer nur partiell und temporär eingedämmt werden.

Somit bleibt das Problem der Ungleichheit eine ständige Herausforderung für die Demokratie. Die Demokratie ist zwar qua Doktrin der politischen Gleichheit und der Gleichheit vor dem Gesetz verpflichtet, aber sie ist weder in der Lage noch dazu gedacht, andere Formen der Gleichheit zu verwirklichen. Politische Gleichheit kann die öffentliche Solidarität nicht vor den verheerenden Auswirkungen materieller Ungleichheiten in Bezug auf Vermögen, Einkommen, Rang, Status, Ressourcen und Chancen schützen. Die Demokratie muss fortwährend gesellschaftliche Grundlagen schaffen und wiederherstellen, um die öffentlichen Güter und Leistungen bereitzustellen, die die konkurrierenden Ansprüche der drei republikanischen Ideale – Freiheit, Gleichheit und Solidarität – ausbalancieren.

Es gibt jedoch kein zuverlässiges Rezept für die Mixtur aus öffentlichen Gütern und Leistungen, die die gesellschaftliche Harmonie aufrechterhält und Klassenkonflikte und andere spalterische Kräfte unter Kontrolle hält. Was früher funktionierte – etwa der sozialdemokratische Kompromiss mit dem Kapitalismus während *les trente glorieuses* –, wird heute nicht mehr funktionieren, auch wenn die Lehren aus der Geschichte nach wie vor durchaus wertvoll sind.

Was wir vor uns haben, ist, um eine Formulierung von Walter

Benjamin zu entlehnen, ein »dialektisches Bild« der Demokratie.[19] Das telische Projekt, eigenständige republikanische Institutionen und eine integrative demokratische Kultur zu stärken, wird fortwährend von den sich ständig verändernden sozialen Reproduktionsformen des Kapitalismus untergraben. Für diese Dialektik gibt es keine dauerhafte Lösung. Aber es gibt eine nicht dauerhafte Lösung: nämlich das demokratische Projekt immer wieder neu zu denken und seine gesellschaftlichen Grundlagen neu zu errichten. In Zeiten wie diesen, in denen die demokratische Krise am tiefsten ist, darf die Aufgabe der Erneuerung der Demokratie nicht legislativen Maßnahmen und Programmen der Exekutive überlassen bleiben. Es braucht eine Bewegung. Das Volk muss erwachen.

Populistische Bewegungen sind nur ein Teil eines ganzen Feldes von Mobilisierung und Protest. Vielleicht treten wir gerade in eine der Epochen erhöhter Bewegungsaktivität ein, wie sie in den Vereinigten Staaten alle paar Jahrzehnte vorkommen. Vielleicht werden die vielen unterschiedlichen Aktionen nie zusammenwachsen. Aber wir müssen sehen, dass es in der gesamten hier betrachteten Ära – der Zeit der »dritten Welle«, des Neoliberalismus, der Globalisierung, der Informations- und Kommunikationsrevolution – unzählige Mobilisierungen, Proteste und Aufstände gegeben hat. Es gibt sie in den unterschiedlichsten Formen und performativen Genres – Märsche und Versammlungen, Demonstrationen und Kundgebungen, Mahnwachen, Boykotte, Menschenblockaden, Arbeitsniederlegungen, Streikpostenketten, Hungerstreiks und sogar Selbstmorde. Sie finden überall auf der Welt statt und werden von verschiedenen Gruppen angeführt – Black Lives Matter und Occupy Wall Street in den Vereinigten Staaten (und anderswo), Movimento Passe Livre (Bewegung für einen kostenlosen öffentlichen Nahverkehr) in Brasilien, die Indignados in Spanien, die Regenschirm-Bewegung in Hongkong, die Demonstranten vom Gezi-Park in der Türkei, die Gelbwesten in Frankreich und die Dilli-Chalo-Bauern in Indien. Die Liste ließe sich fortsetzen.

Protest, ob in Form von geplanten Aktionen oder von spontanen Ausbrüchen, ist ein unausweichliches Merkmal unserer Zeit,

19 Walter Benjamin, *Das Passagen-Werk* (Gesammelte Schriften, Bd. V in zwei Teilbänden), hg. von Rolf Tiedemann und Hermann Schweppenhäuser, unter Mitwirkung von Theodor W. Adorno und Gershom Scholem (Frankfurt am Main: Suhrkamp, 1982), Bd. 1, S. 582.

insbesondere in den urbanen Regionen des globalen Südens, aber auch im Norden. Ein Protest ist allerdings nicht per se eine Bewegung. Er ist ein Moment, der Teil einer größeren, nachhaltigeren und kumulativen Bewegung sein kann – oder auch nicht.

Die meisten Proteste sind lokal begrenzt und flüchtig, über sie wird selten auf regionaler Ebene berichtet, geschweige denn in den nationalen und globalen Nachrichtenmedien. Einige politische Beobachter und Kommentatoren betrachten sie als unvermeidliches Ärgernis, tun sie als Übungen in Vergeblichkeit ab und werfen ihnen, wenn die Proteste in Krawalle und Plünderungen ausarten, Selbstsabotage vor. In Kapitel 6 stellt Gaonkar diese Kritik in Frage. Er ist der Ansicht, dass die schiere Allgegenwärtigkeit von Protesten und Unruhen ein Zeichen für tiefgreifendere Zwietracht ist, eine Warnung, dass unser Gesellschaftsvertrag unter Druck steht. Ihr wiederholtes Auftreten, selbst in den streng kontrollierten Städten des autoritären Chinas, ist Ausdruck der Frustration der Regierten über ihre Regierenden. Wie Martin Luther King Jr. betonte: »Ein Aufstand ist die Sprache der Ungehörten.«[20] Die Menschen sprechen, und was sie sagen, geht über die bloße Artikulation unmittelbarer Beschwerden hinaus. Es handelt sich um einen Moment der Politisierung und des Engagements, der sicher noch keine Bewegung darstellt. Aber mag er auch noch so schwach sein, so bringt er doch einen Anspruch auf Volkssouveränität zum Ausdruck. Gefälschte Wahlen und manipulierte Zustimmung geben keine demokratische Legitimität zurück, und die Menschen wissen, dass die Legitimität der Regierung von ihrer Zustimmung abhängt.

Wie Calhoun und Taylor in Kapitel 7 darlegen, reichen diese zahllosen Momente des Protests jedoch nicht aus, um die Erneuerung der Demokratie zu orchestrieren. Mag die Mikropolitik spezifischer Missstände und gezielter Wut den Boden für gemeinsames politisches Handeln bereiten, so braucht es eine Bewegung, um die demokratischen Energien des Volkes in Richtung konstruktiver Veränderungen zu lenken. Aber es braucht auch eine Regierung, um die disparaten Anliegen zu einer sinnvollen Politik zusammenzuführen.

20 Martin Luther King Jr., »The Other America«, Rede an der Grosse Pointe High School, 14. März 1968; Transkript unter ⟨https://www.gphistorical.org/mlk/mlkspeech/⟩. Kings Rede fand im Zuge der jüngsten Polizeimorde, insbesondere dem an George Floyd, wieder große Beachtung.

Man kann darüber streiten, ob wir eine einzige Bewegung brauchen, die eine Reihe unterschiedlicher Themen zusammenführt, oder ein Feld von halbautonomen Bewegungen, die sich untereinander verständigen und von Fall zu Fall zusammenarbeiten. Der New Deal der 1930er Jahre ist ein überzeugendes Beispiel dafür, wie die Regierung als Reaktion auf viele verschiedene Mobilisierungen und Auseinandersetzungen politische Maßnahmen formulierte. Es gab keine »New-Deal-Bewegung«. Es gab größere und breitere Bewegungen wie den Sozialismus und den Progressivismus. Es gab Bewegungen in spezifischen Bereichen wie den Gewerkschaften. Es gab Aktivismus ohne die breite Mobilisierung, die üblicherweise mit dem Begriff »Bewegung« assoziiert wird – wie den bei den Farmern. Und es gab Forderungen nach Maßnahmen zu Fragen wie sozialer Sicherheit und Renten oder Transparenz auf den Wertpapiermärkten. Es war das Werk der Regierung, diese in ein größeres Programm unter der Bezeichnung »New Deal« umzuwandeln – und es war der relative Erfolg dieses Programms, der der Geschichte die Vorstellung von einer integrierten Politik vermittelte (obwohl manchmal darauf hingewiesen wird, dass zahlreiche Aspekte der New-Deal-Politik erst im Zweiten Weltkrieg verwirklicht wurden).

Vorschläge für einen Green New Deal versprechen heute ähnlich drastische Maßnahmen. Im Kern geht es um die These, dass Klimaaktivismus und Gewerkschaftsaktivismus zusammengeführt werden müssen. Die beiden schienen bisher gegensätzlich zu sein, und das Scheitern der Zusammenarbeit hat ihnen politisch geschadet. Aber es gibt keine getrennten Lösungen für die Probleme einer gefährdeten wirtschaftlichen Zukunft und einer gefährdeten planetarischen Zukunft. Es reicht nicht aus, dass der Bau grüner Infrastrukturen sowohl Arbeitsplätze schaffen als auch Kohlenstoffemissionen reduzieren kann. Diese Maßnahmen müssen in eine umfassendere Umgestaltung der Gesellschaft eingebettet werden. Eine solche Transformation sollte nicht zentral diktiert und den Bürgern aufgezwungen werden, sondern etwas sein, das die Bürger als ihre Entscheidung akzeptieren können. Dazu bedarf es sozialer Bewegungen und nicht nur einer guten Politik. Natürlich könnte eine Bewegung, die einen solchen Wandel herbeiführen will, auch Verbesserungen im Gesundheitswesen vorschlagen, nicht zuletzt mit Blick auf Pandemien, im Bildungswesen und bei der Rassengerechtigkeit. In all diesen Bereichen muss gehandelt werden, aber eine Lehre aus dem ursprünglichen New Deal ist, dass das Entscheidende nicht ein Masterplan ist. Entscheidend ist das Handeln, und mehrere soziale Bewegungen können zusammenkommen.

Bewegungsaktivität kann an sich schon ermächtigend sein, sie kann Solidarität und Integration schaffen. Sie ist überdies wichtig, um Druck auf die Regierung sowie auf Parteien und Kandidaten bei Wahlen auszuüben. Wir haben in diesem Buch durchgängig argumentiert, dass sich die Demokratie in der Beziehung zwischen popularer Mobilisierung und kultureller Innovation zu republikanischen Rechtsstrukturen und staatlichen Institutionen entwickelt und manchmal auch gedeiht. Wenn diese »formale Demokratie« es nicht schafft, wirksam auf Veränderungen im Leben und Selbstverständnis der Bürger zu reagieren, zerfällt sie. Bewegungen sind von entscheidender Bedeutung, wenn es darum geht, das, was den einfachen Menschen wichtig ist, politisch wirksam werden zu lassen.

Demokratie, so unsere These, ist selbstverändernd. Sie besteht zum Teil aus dem telischen Streben nach Idealen, die wichtig sind, auch wenn sie nie vollständig verwirklicht werden. Sie ist das Projekt, das nicht nur sicherstellen soll, dass die aktuellen Bedürfnisse »des Volkes« erfüllt werden, sondern dass die Menschen gemeinsam ihre Freiheit, Gleichheit und Solidarität stärken.

Die Demokratie hängt nicht nur von formalen politischen Verfahren ab, sondern auch von sozialen Voraussetzungen. Dazu gehören die Bedingungen für eine wirksame Beteiligung der Bürger an der Regierung oder zumindest an Wahlen und die Zustimmung der Regierten. Dazu gehören auch die Voraussetzungen für die Solidarität der Bürger untereinander und für die kollektive Anerkennung des inklusiven Gemeinwesens. Und dazu gehören die Voraussetzungen für die Ermächtigung der Bürger in allen Lebensbereichen. Wenn Demokratie Freiheit verschafft, dann nicht nur die Freiheit, sich politisch zu engagieren, sondern auch die Freiheit, nach Glück zu streben.

Aber die sozialen Bedingungen werden immer wieder gestört. Manchmal sind die Veränderungen geringfügig und wirken sich nur lokal aus, aber gelegentlich kommt es zu einer radikaleren und umfassenden Transformation. Große Transformationen eröffnen neue Möglichkeiten, aber sie stellen auch Arbeitsplätze und Lebensgrundlagen, Gemeinschaften und Institutionen auf den Kopf. Die Herausforderungen betreffen dabei nicht nur die materiellen

Lebensbedingungen, sondern auch die Verwirklichung dessen, was die Bürger in ihrem Zusammenleben als Moral und Tugend ansehen.

Die Folgen können chaotisch sein und reichen von Depressionen und Rückzug über populistische Proteste bis hin zu gewalttätigen Auseinandersetzungen und sozialen Bewegungen, die versuchen, die Transformation der Gesellschaft zu lenken. Es gibt keine Möglichkeit, die Demokratie allein im Rahmen der formalen demokratischen Verfahren zu erneuern. Außerparlamentarisches Handeln ist unerlässlich. Einige werden auf staatliche Maßnahmen drängen, und die Staaten werden wahrscheinlich entscheidend sein, um die unterschiedlichen Forderungen zu integrieren. Einige werden den Staat umgehen und direkt auf die sozialen Bedingungen oder die Kultur einwirken. Bewegungen können versuchen, eine umfassende Alternative anzubieten oder viele Einzelvorschläge zu machen. Die entscheidende Aufgabe für Demokraten besteht darin, all dies in konstruktives Handeln zu lenken.

Wir betrachten dieses Buch als ein Plädoyer für die Demokratie, das den berühmten Ruf der Französischen Revolution nach Freiheit, Gleichheit und Solidarität erneuert. Das bedeutet politisches Handeln im besten und stärksten Sinne. Anstatt unsere Vorstellungen von Demokratie so zu verengen, dass sie sich der formalen Politik fügen, sollten wir unsere Vorstellungen von Politik dahingehend erweitern, dass sie auch die Ermächtigung der Bürger, die soziale und kulturelle Inklusion und die Verfolgung des Gemeinwohls anstelle von vorübergehenden Siegen für polarisierte Fraktionen umfassen. Politik muss *poiesis* sein, ein Zusammenwirken, um nicht nur die Regierung, sondern auch die Gesellschaft als solche immer wieder neu zu gestalten.

Danksagung

In diesem Buch geht es um politischen Verfall und politische Krisen, also um keine wirklich fröhlichen Themen. Der Prozess des Schreibens hingegen machte deutlich mehr Freude – trotz der Frustration durch die täglichen Nachrichten und trotz der Notwendigkeit, große Abschnitte, ganze Kapitel und Lieblingssätze zu streichen, um den Umfang überschaubar zu halten. Wir müssen zunächst den enormen Wert der Freundschaft hervorheben.

Die Idee zu diesem Buch wurde geboren, als wir drei Ende 2017 auf einer von Shalini Randeria organisierten Konferenz am Albert Hirschman Center on Democracy am International Graduate Institute in Genf interessanterweise Vorträge hielten, sie sich inhaltlich überschnitten. Wir befanden uns inmitten einer »populistischen« Welle, für die exemplarisch der Brexit und die Wahl von Donald Trump standen. Zu ihr gehörten europäische Rechtspopulisten von Viktor Orbán bis Marine Le Pen und »linke« Populisten in Griechenland und Spanien. In ferneren Ländern vermischten sich Populismus und Demokratie bei der Wahl von Narendra Modi in Indien, Lippenbekenntnisse zur Demokratie in Wladimir Putins Russland und Antidemokratie in Xi Jinpings China.

Ursprünglich hatten wir einen kürzeren, schnelleren und abstrakteren Band geplant, der aus den drei Originalvorträgen bestehen sollte. Doch während wir miteinander diskutierten und arbeiteten, vertiefte sich unser Verständnis und das Buch wurde länger. Wir versuchten, mehr konkrete Fälle zu behandeln, zumindest aus den etablierten Demokratien der Welt. Das Buch wurde länger und weniger fertig. Schließlich gelangten wir zu dem Kompromiss, die allgemeinen und globaleren Themen weitgehend mit Blick auf die Vereinigten Staaten zu betrachten, wobei wir Kanada und Europa (und Großbritannien, falls man es noch zu Europa zählt) im Vergleich zu Indien etwas mehr Aufmerksamkeit schenkten. Diese Verzögerung bedeutete, dass das Buch nicht vor den US-Präsidentschaftswahlen 2020 erscheinen konnte, wie wir eigentlich gehofft hatten. Aber natürlich sind die Themen nach wie vor aktuell.

Wir haben jeden Aspekt des Buches gemeinsam diskutiert, voneinander gelernt und gestritten und waren manchmal von unseren

Übereinstimmungen überrascht, manchmal von unseren unterschiedlichen Ansichten. Wir kommen aus verschiedenen Ländern und unterschiedlichen akademischen Disziplinen. Wir teilen vieles, aber nicht alles (wie es sich für ein Buch über Demokratie gehört).

Wir haben unsere unterschiedlichen Stimmen beibehalten. Alle Kapitel sind jedoch im Dialog entstanden und wurden in vielen Fällen durch Fragen anderer Mitglieder des Autorenteams verbessert. Jedes Buch muss natürlich irgendwann zu Ende gebracht werden, aber wir hoffen, dass diese Gespräche und die Zusammenarbeit weitergehen werden. Und wie es sich für ein Buch über Demokratie ebenfalls gehört, scheint es immer noch reichlich zu tun zu geben.

Wie alle Autoren haben wir während des Schreibens intellektuell viel geschenkt bekommen und Schulden gemacht. Dass wir langsamer als erwartet vorankamen, gab uns die Möglichkeit, noch mehr von beidem anzuhäufen. Nach der Genfer Veranstaltung, die dieses Projekt in Gang setzte, hielten wir ähnliche, sich überschneidende Vorträge auf Konferenzen, die 2018 von Claudio Lomnitz am Centro de Investigación y Docencia Económicas (CIDE) in Mexiko-Stadt, 2019 von Nilüfer Göle vom PublicDemos Project an der EHESS in Paris und, ebenfalls 2019, von Dilip Gaonkar und Shalini Randeria am Institut für die Wissenschaften vom Menschen in Wien organisiert wurden. Wir haben diese Ideen und Argumente zudem auf zahlreichen Konferenzen und Workshops vorgetragen, die vom Democratic Agendas Network organisiert wurden, das in den letzten vier Jahren vom Center for Global Culture and Communication (CGCC) der Northwestern University gefördert wurde. Wir haben überdies jeder für sich auf zu vielen Symposien gesprochen, um sie hier alle aufzuzählen, und dabei von den Fragen und kritischen Einwänden vieler Kollegen gelernt. Dafür sind wir allen Organisatoren und den aufmerksamen Zuhörern, die sie versammelt haben, ausgesprochen dankbar.

Unsere Freundschaft und Zusammenarbeit wurde gefördert durch das Center for Transcultural Studies. Es wurde vor fast fünfzig Jahren von dem verstorbenen (und wunderbaren) Bernard Weissbourd in Chicago gegründet und ist inzwischen weit mehr als ein Ort. Es ist ein Netzwerk von weit verstreuten Teilnehmern an Gesprächen über die Transformationen von Kultur, Gesellschaft und Politik. Seit den 1980er Jahren steht das Zentrum buchstäblich im Mittelpunkt unseres intellektuellen Wachstums und unserer Bemühungen, über anspruchsvolle öffentliche Fragen nachzudenken. Es erinnert uns daran, dass unsere individuellen Leistungen – wie gut auch immer sie sein mögen – nur in sozialen Beziehungen möglich sind.

Wir sind zu vielen anderen Mitgliedern dieses Netzwerks zu Dank verpflichtet, um sie alle aufzählen zu können. Besonders einflussreich bei der Entwicklung dieses Projekts waren Jianying Zha, Ben Lee und Michael Warner. Unsere Partnerinnen, Pamela DeLargy, Sally Ewing und Aube Billard, wurden in dieses Netzwerk und diese Diskussionen einbezogen. Sie sind sowohl für unser Leben als auch für unser Denken unverzichtbar.

Liam Mayes leistete wichtige Unterstützung bei Recherchen und Redaktion. Elizabeth Whiteman lieferte weitere wertvolle redaktionelle Vorschläge. Dale Whittington und Boris Vormann haben einen Manuskriptentwurf gelesen und hilfreiche Anregungen gegeben. Wir haben zudem von der sehr hilfreichen redaktionellen Unterstützung durch Ian Malcolm, Lindsay Waters und verschiedene Lektoren und Korrekturleser bei Harvard University Press profitiert.

Namenregister

Charles Taylor
im Suhrkamp Verlag

Die Formen des Religiösen in der Gegenwart. Aus dem Englischen von Karin Wördemann. stw 1568. 101 Seiten

Hegel. Aus dem Englischen von Gerhard Fehn. stw 416. 772 Seiten

Laizität und Gewissensfreiheit. Charles Taylor / Jocelyn Maclure. Aus dem Französischen von Eva Buddeberg und Robin Celikates. 148 Seiten. Gebunden

Multikulturalismus und die Politik der Anerkennung. Aus dem Amerikanischen von Reinhard Kaiser. Mit Kommentaren von Amy Gutmann, Stephen C. Rockefeller, Michael Walzer, Susan Wolf und einem Beitrag von Jürgen Habermas. stw 1929. 165 Seiten

Negative Freiheit? Zur Kritik des neuzeitlichen Individualismus. Aus dem Englischen von Hermann Kocyba. Mit einem Nachwort von Axel Honneth. stw 1027. 320 Seiten

Quellen des Selbst. Die Entstehung der neuzeitlichen Identität. Aus dem Englischen von Joachim Schulte. stw 1233. 912 Seiten

Ein säkulares Zeitalter. Aus dem Englischen von Joachim Schulte. 1297 Seiten. Gebunden

Das sprachbegabte Tier. Grundzüge des menschlichen Sprachvermögens. Aus dem Englischen von Joachim Schulte. 665 Seiten. Gebunden

NF 171/1/11.23

Das Unbehagen an der Moderne. Aus dem Englischen von Joachim Schulte. stw 1178. 144 Seiten

Die Wiedergewinnung des Realismus. Hubert Dreyfus / Charles Taylor. Aus dem Englischen von Joachim Schulte. stw 2347. 316 Seiten

Wieviel Gemeinschaft braucht die Demokratie? Aufsätze zur praktischen Philosophie. Aus dem Englischen von Holger Fliessbach u. a., aus dem Französischen von Hans Günter Holl. stw 1569. 288 Seiten

Zu Charles Taylor

Michael Kühnlein/Matthias Lutz-Bachmann (Hg.). Unerfüllte Moderne? – Neue Perspektiven auf das Werk von Charles Taylor. stw 2018. 874 Seiten

NF 171/2/11.23

Psychedelische Genesung

Marcel Levermann

Psychedelische Genesung

Überlegungen für einen heilsamen Umgang mit Psychedelika

Impressum

Nachtschatten Verlag AG
Kronengasse 11
CH-4500 Solothurn
Tel: 0041 32 621 89 49
Fax: 0041 32 621 89 47
info@nachtschatten.ch
www.nachtschatten.ch

Der Nachtschatten Verlag wird vom Bundesamt für Kultur mit einem Strukturbeitrag für die Jahre 2021–2024 unterstützt.

Umschlaggestaltung: Nina Seiler, Zürich
Layout: Silvia Aeschbach, Bern; Nina Seiler

Druck und Herstellung: CPI, Ulm
ISBN: 978-3-03788-617-5

HINWEIS: Der Autor ist weder Arzt, noch hat er eine psychotherapeutische Ausbildung absolviert. Dementsprechend ersetzt dieses Buch bei Bedarf nicht die Konsultation eines Mediziners oder Psychotherapeuten. Die Überlegungen in vorliegendem Werk sind keine Grundlage für jedwede Form von Diagnose oder Behandlung, sondern ausschließlich informativer Natur.

Inhalt

1 Einleitung

Dieses Buch soll niemanden dazu anregen, psychedelische Substanzen zu konsumieren. Es zu lesen könnte jedoch hilfreich sein, wenn man sie bekömmlich anwenden möchte. Viele transformative Aspekte, die psychedelische Substanzen anzustoßen vermögen, können – theoretisch – auf anderweitigen Wegen vollzogen werden. Allerdings erreichen Menschen mit Psychedelika üblicherweise ihnen derart unbekannte Bereiche, dass psychedelische Erfahrungen nicht selten den wertvollsten Lebenserfahrungen zugehörig gezählt werden. Wer sich ihrer als Hilfsmittel bedienen möchte, sollte dies mit dem notwendigen Hintergrundwissen angehen. Ein unverständiger Gebrauch kann sich psychoemotional destabilisierend auswirken. Psychedelische Substanzen sollten nicht als Ersatz für sonstige therapeutische oder meditative Praktiken angesehen werden, sondern diese ergänzen. Sowohl das Wissen, was die Wirkung dieser Substanzen auf der phänomenologischen Ebene ausmacht, als auch das Wissen, wie die Grundmechanik des Nervensystems ausgestattet ist, haben konkreten Einfluss auf die erlebte Wirkung. Ob jemand einen Führerschein absolviert hat, ist in der Regel sehr entscheidend für die Art und Weise, wie er Auto fährt. Mit Psychedelika verhält es sich ähnlich. Vermutlich sind Psychedelika für Menschen besonders interessant, die einen dionysischen Hang zur Wahrnehmungsveränderung haben. Wer grundsätzlich (die Illusion von) Kontrolle aufrechterhalten möchte, ist mit Psychedelika nicht gut beraten. Allerdings sind es üblicherweise rigide Kontrollbemühungen, von denen psychologisch relevantes Leid ausgeht.

Dieses Buch widmet sich nicht alternativen Realitätsräumen wie dem DMT-Hyperspace, sondern somatisch orientierten Genesungsvorgängen. Für viele psychedelische Erfahrungsphänomene und Genesungsvorgänge ist die Konstellation unseres Nervensystems grundlegend. Die meisten psychischen Störungsphänomene beruhen auf Traumatisierungen, die zu einem dysregulierten Nervensystem geführt haben. Die Lebensenergie kann dann nicht mehr frei fließen. Doch auch Menschen, die ohne psychologisch klassifizierbare Störung sind, unterliegen meist einer bestimmten Trübung, nämlich der limitierenden Identifikation mit gedankenbezogenen Vorgängen. Neuronales Geschehen ist die physische Erscheinung mentaler Prozesse. Psychedelische Erfahrungen sind für psychoneuronale Phänomene, die Mangelempfinden mit sich bringen, weder ein Quick Fix noch ein Long Fix, sondern ein sehr wertvolles Tool im Bereich individueller Genesungsentwicklung und transpersonaler Bewusstwerdung. Sie heben unseren Sinnzusammenhang für die Wirkungsdauer unmittelbar über unseren Status quo hinaus, so dass man von einem gezielten und verständigen Einsatz unabhängig der individuellen Entwicklungsstufe profitieren kann. Dieses Buch zeigt wegweisende Aspekte eines Genesungsvorgangs auf, ohne eine für sich stehende Anleitung zu sein. Dem Leser wird eine Wissensgrundlage sowohl für den Umgang mit Psychedelika als auch für die Basis psychoemotionalen Leids und dessen Verarbeitung dargelegt.

Psychedelisch evozierte Selbstrealisation kann ein zentraler Faktor heilsamer Änderungsvorgänge sein, ist aber kein Wundermittel. Für nachhaltige Genesung ist die Regulation unseres Nervensystems entscheidend. Je dysregulierter ein Nervensystem ist, desto verführerischer werden transzendente Ebenen, die mittels Psychedelika leicht zugänglich sind, zum Ort der Flucht aus dem Körper. Dementsprechend werden Themen wie transpersonale Bewusstseinsschichten oder fraktale Geometrie, die in anderer Literatur zum Thema Psychedelik ausgiebig verhandelt sind, in diesem Buch spärlich erwähnt. Der somatische Blickwinkel neuronaler Regulation steht im Mittelpunkt, da er für den Genesungsprozess essentiell ist.

Kapitel 2 (*Welt, Selbst und Trauma*) zeigt unsere individuelle wie kollektive Lage auf. Die Beschaffenheit von Trauma wird als zentraler Faktor individueller wie gesellschaftlicher Entfremdung aufgeschlüsselt. Zur Veranschaulichung dient die Polyvagaltheorie, die nicht in ihren biologischen Details als Fakt, sondern als hervorragendes Schema der Grundstruktur von Trauma behauptet wird. Traumatisierung lässt sich nicht auf Schockmomente reduzieren, sondern ist in Form gestörter Beziehungen als Entwicklungstrauma ein gesamtgesellschaftliches Alltagsphänomen. Äußere Bedingungen sind auf innere Geisteshaltungen zurückzuführen und nur durch innere Transformation nachhaltig änderbar. Psychoedukation ist ein entsprechend zentraler Faktor für die Navigation der psychedelischen Erfahrung mit Genesungsintention.

Kapitel 3 (*Psychedelische Transformationsarbeit*) vermittelt Grundlagenkenntnisse für einen Umgang mit psychedelisch wirkenden Substanzen in genesungsbezogener Hinsicht. Dazu zählen die Erwähnung potentieller Gefahren sowie grundlegende Aspekte wie Häufigkeit, Alter, Set und Setting. Eine Betonung liegt auf der Relevanz von Einsicht illusionärer Verhaftungen sowie Akzeptanz vorhandener Verzerrungen der Lebensenergie. Ich plädiere in dem Zusammenhang dafür, heilsame Kontakterfahrungen mit anderen Menschen nicht durch den psychedelischen Weg nach Innen zu ersetzen. Bindungstrauma kann nur in einem Bindungskontext gelöst werden.

Kapitel 4 (*Der Genesungsprozess*) stellt den somatischen Genesungsablauf zweistufig dar. Die erste Stufe entspricht der Wiederverbindung mit abgespaltenen Inhalten und deren Erlauben an der psychischen Oberfläche. Das zeigt sich an diversen körperlichen Phänomenen energetischer Erschütterung. Das Nervensystem reassoziiert in dieser Stufe dissoziierte aufgestaute Energie und bringt sie in Bewegung. Wenngleich sich Phänomene dieser Stufe temporär befreiend anfühlen können, genügt sie nicht zu nachhaltiger Harmonisierung. In der zweiten Stufe wird das Nervensystem in einen regulierteren Zustand überführt, der sich maßgeblich durch Entspannung auszeichnet. Ist Anspannung abgemildert, kann Energie freier fließen. Das Genesungsziel ist ein lockerer, meditativerer Zustand, in dem das autonome Nervensystem die potentielle Sicherheit zwischenmenschlichen

Kontakts realistisch einschätzt und energetische Geschmeidigkeit sowie bestenfalls Frieden erfahren werden.

Kapitel 5 *(Bemerkungen zu einigen Substanzen)* thematisiert beispielhaft das Wirkungspotential spezifischer Substanzen. Es wird ein Eindruck über die unterschiedlichen Effektstärken vermittelt. In Ergänzung zu Kapitel 3 sind hier weitere praktische Tipps zu finden. Neben therapeutisch hilfreichen Entaktogenen wie MDMA wird 5-MeO-DMT ausführlicher behandelt, da dies die wirkstärkste Substanz zur Auflösung von Energieblockaden und Auslösung mystischer Erfahrungen ist. Außerdem wird die antidepressive Wirkung von Ketamin beleuchtet. Zur Repräsentation des Erkenntnispotentials psychedelischer Erfahrungen runden drei Tripnotizen dieses Buch ab.

Da ich auf Aufklärung für den psychedelischen Hausgebrauch abziele, bleiben besonders potente Mittel wie Ayahuasca oder Iboga unberücksichtigt, zu deren volldosierter Anwendung eine professionelle Aufsicht ausdrücklich anzuraten ist. Zudem setzt sich dieses Buch nicht mit einer psychotherapeutischen Konstellation auseinander, in der die Substanz im Rahmen einer offiziellen Therapie eingenommen wird. Es ist eine Zusammenstellung diverser Überlegungen, die ich zur unabhängigen beziehungsweise eigenständigen heilsamen Anwendung von Psychedelika als hilfreich erachte. Daher habe ich an den Leser eine Bitte: Nimm dir aus diesem Text, was dir schlüssig erscheint und hilft, behalte anderes im Hinterkopf zur Reflexion und finde ansonsten deinen eigenen Weg. Sprache ist so relativ wie unsere Perspektiven, so dass für dich möglicherweise andere Formulierungen und Herangehensweisen hilfreicher wären, als sie hier zu finden sind. Außerdem ist Sprache a priori dual, da Bedeutung dadurch generiert wird, dass ein Zeichen etwas bedeutet, was alle anderen Zeichen nicht bedeuten. Insofern ist es unmöglich, nonduale Zusammenhänge sprachlich adäquat auszudrücken. Wer annimmt, in Sprache könnte sich Absolutes absolut ausdrücken, bewegt sich im Feld religiösen Eifers, und damit abseits transzendenter Wirklichkeit. Auch meine Perspektive ist dynamisch, so dass sich mein Detailverständnis bei Erscheinen dieses Buchs bereits verändert haben könnte. Sieh diesen Text darum bitte als Ansammlung subjektiver Überlegungen an, ohne Aussagen dogmatisch aufzuladen.

Bitte wundere dich nicht, wenn einige Zusammenhänge wiederholt formuliert werden. Die psychedelische Erfahrung wird nicht durch rationale Effizienz leichter navigierbar, sondern durch eine meditative Grundhaltung. Wiederholte Inhalte prägen sich tiefer ein und können dementsprechend leichter in außerordentlichen Erfahrungsmomenten abgerufen werden, was für rationales Lernwissen um ein Vielfaches weniger gilt.

Entsprechend essentiell ist die Frage, die als Kernlehre des indischen Nondualitätsreflektors Ramana Maharshi kommuniziert wird: **Wer bin ich?**

2 Welt, Selbst und Trauma

2.1 Erste Überlegungen

Die Frage, was wir sind, kann unterschiedlich beantwortet werden, abhängig davon, von welchem Sinnzusammenhang man spricht. Aus absoluter Perspektive sind wir das bewusste Sein an sich als formfreie Präsenz und Liebe, in der alles Leben vonstattengeht, das unlokalisierte Potential lokalisierter Existenz. Auf relativer Ebene sind wir abstrakt betrachtet Energie und konkret betrachtet eine distinkte Lebensform, die der dissoziativ-abspaltenden Formung des universalen Bewusstseins zu einem erlebnissubjektiven Organismus entspricht. Was wir als persönliche Gedanken, Überzeugungen, Verhaltensweisen und Zu- und Abneigungen kennen, sind vorprogrammierte oder antrainierte energetische Muster, die durch Repetition zum Selbstverständnis wurden. Hinter unseren Augen befindet sich niemand als Denker und Macher bis auf den unendlichen Raum Gottes. Für die identifizierten Anteile kann es immer wieder ein erschreckender Moment sein, wenn sich die Selbsterfahrung durch die Wirkung eines Psychedelikums eindrücklich verändert. Wenn an dieser Stelle Kontrollbemühung aufgegeben und sich in die Auflösung fälschlicherweise als fix gedachter Anteile ergeben wird, folgt im psychedelisierten Zustand üblicherweise ein Erlebnis von Befreiung, ein erleichtertes Aufatmen tieferer Selbstwahrheit. Es ist die Offenbarung jener Präsenz, in der die Energiemuster geschehen und die unabhängig aller Erscheinungen ist. Dass dem, was wir als persönliches Selbst erleben, kein fester Ich-Kern innewohnt, ist eine der wichtigsten Erkenntnisse, die man aus der psychedelischen Erfahrung ziehen kann. Gleichermaßen existiert offenkundig ein Selbst-Erleben. Die Relativität des Egos darf nicht mit einem nihilistischen Weltverständnis verwechselt werden. Das wahre Selbst ist unantastbar, weil es das absolute Sein an sich ist. Auf einer individuellen Ebene, dissoziiert von der Erfahrung der eigenen Absolutheit, kann dieses Selbst Traumatisierungen und das Bedürfnis nach zwischenmenschlicher Liebe und Geborgenheit erfahren. Für diese Erfahrungen ist es Mensch geworden, bist du

Mensch geworden. Auch wenn die Relationen »Ich und Andere« sowie »Zukunft und Vergangenheit« relativ sind und nicht so existieren, wie es der Ego-Verstand simuliert, erfahren wir uns als sicherheitsbedürftiges Wesen mit Gemeinschaftssinn. Diese relative Ebene, die als echte Notwendigkeit und unsere menschliche Realität erfahren wird, gilt es zu honorieren.

Wenn wir Genesung suchen, geht es darum, zu wagen, mehr Mensch zu sein, und nicht darum, ungeheilte Anteile durch Transzendenz zu umgehen. Menschsein ist zuweilen eine größere Herausforderung als sich mit Psychedelika temporär in Transzendenz zu navigieren. Wir dürfen nicht unsere relative Existenz mit der Zeitlosigkeit des Bewusstseins negieren, wenn wir die volle menschliche Erfahrung möchten. Es ist gut, wenn wir uns erlauben, schwach zu sein, irdische Bedürfnisse zu haben und Orientierung auf der materiellen Ebene zu suchen, so lange wir uns nicht darin verlieren. Das Verhältnis zur relativen Existenz ist dann gesund, wenn wir den Körper-Geist-Organismus versorgen wie eine liebende Mutter ihr Baby. Natürlich ist diese Ebene lösbar in absolute Einheit, in der Mutter und Baby zu vollkommener Liebe verschmelzen. Die Selbsterfahrung als Ego-Einheit orientiert uns allerdings in der menschlich-irdischen Welt. So sehr, wie wir uns danach sehnen, Vollkommenheit zu kosten, sollten wir uns auch erlauben, eine geerdete menschliche Relativität zu leben, die von Verständnis, Gemeinschaft, Rücksicht, Gutmütigkeit und Fürsorge für sich und andere geprägt ist. Das Sehnen nach Erleuchtung ist oft lediglich ein verkapptes Sehnen nach Entspannung und Verbindung. Ohne menschliches Geerdetsein wird Transzendenz zum Fluchtmotiv. Wenn es einen primären Plan geben soll, ist die folgende Frage ausschlaggebend: Wie sehr kann ich andere Menschen in unmittelbarer Begegnung sein lassen, ohne sie anders haben zu wollen, ohne etwas mit ihnen anstellen zu wollen? Gleichermaßen gilt das für das eigene Selbsterleben: Wie sehr kann ich ohne den Drang sein, an mir etwas verändern zu wollen, ohne mich mit anderen zu vergleichen und zu verurteilen?

Unvollkommenheit ist ein Konzeptprodukt des Denkens. Wir sind in Wahrheit ein singulärer ewiger himmlisch purer Geist, der eine selbsterschaffene Dimension von Raum und Zeit für das Erlebnis von Welt generiert. Alle Erscheinung beruht auf Gedächtnisvorgängen in diesem Geist. Wie könnte sich etwas halten ohne Erinnerung? Wie flüchtig oder konkret etwas ist, hat mit Gedächtnisstabilität zu tun. Karma beruht auf dem Prinzip quasiautomatisierter Vorgänge in der Gedächtniswelt, die sich als persönliche Merkmale und Verhaltensmuster darstellen. Es ist unser Handeln in der Unbewusstheit und Identifikation als Person. Ein wesentlicher Aspekt von Genesung ist die Erkenntnis und deren Aufrechterhaltung, dass unsere Leidensprozesse auf Erinnerung beruhen und in der Regel nichts mit dem aktuellen Moment und seinen Umständen zu tun haben. Unser Alltag wird von einer Vergangenheit beschwert, die bereits abgelaufen ist, und dennoch als unvollendetes energetisches Motiv in unserem System festsitzt. Das Jetzt an sich ist ohne Last, weil es die Präsenz der Ewigkeit bewussten Seins ist. Leid geschieht auf der relativen Ebene durch unbewussten Bezug zu einer Vergangenheit, durch somatisches Gedächtnis bezüglich bestimmter Energieformationen. Traumatisierte Existenz folgt daraus, dass ein Nervensystem sich zum Schutz in eine dysregulierte Stellung begeben hat und in dieser verharrt. In einem traumatisierten Nervensystem sind Angriffs-/Flucht- und Erstarrungs-Impulse angeregt, die in der Vergangenheit aktiviert wurden und nicht zielführend waren, aber aktiviert bleiben. Ohne das Gedächtnis der Erscheinungswelt gäbe es keine festen Erscheinungsformen, ohne körperliche und kognitive Erinnerungen gäbe es keine verfestigten Verzerrungen – die Welt würde als unbeständiges Formenspiel eines ewigen Friedens gesehen werden.

2.2 Wer heilt wen?

Auch wenn das Sein an sich zeitlos heile ist, erleiden wir in der temporären Erscheinungsform energetische Verzerrungen, Blockaden und fixierte Identifikation. Insofern sind wir der Raum, in dem sowohl

Verzerrung als auch Heilung geschieht – heile, zu Heilender und Heilender zugleich. Eine psychedelische Substanz kann die Tür in diesen Raum öffnen. In der Wirkung einer psychedelischen Substanz werden energetische Verzerrungen unverkennbar, aber auch deren Aufhebung leichter manifest. Dabei gilt: Innere Transformation darf selbstverantwortlich angegangen und nicht spezifischen Auswirkungen psychedelischer Substanzen überlassen werden. Der Begriff der Selbstverantwortung meint hier nicht, dass man Änderung ohne Hilfe vollzieht, sondern dass man auch ohne Substanzen bereit ist, die Komfortzone zu verlassen.

Fühle dich frei in der psychedelischen Erfahrung, aber bewerte sie nicht über. Das heißt nicht, dass sie keinen Wert hat, sondern, dass ein zu starker Fokus darauf irreführend sein kann. Es besteht die Gefahr, in der Psyche den Eindruck zu installieren, dass die Einnahme dieser Substanzen notwendig ist, um das Leben wertvoll aufzuladen. Der größte Wert bist du bereits. Oft können wir das nicht direkt spüren oder begreifen, weil es nicht der Alltagserfahrung entspricht. Die psychedelische Substanz kann uns aus der Alltagserfahrung stoßen und den freiheitlichen Raum endlosen Werts offenbaren. Sie vermag zu zeigen, dass die Alltagserfahrung auf bestimmten energetischen Mustern beruht, die im Organismus vor langer Zeit etabliert wurden, und ihr keineswegs eine objektive Unausweichlichkeit zugrunde liegt. Es gibt keinen Grund für die Annahme, man müsse nur genügend substanzinduzierte Transzendenz erleben, um dauerhaft im Frieden anzukommen. Es scheint vielmehr umgekehrt: Wenn man sich sowieso täglich auf transformative Prozesse einlässt, können einzelne psychedelische Erfahrungen dabei unterstützen. Ich möchte also vor der Idee warnen, man müsste nur oft genug psychedelische Substanzen nehmen zur Reinigung, Heilung, Bewusstwerdung oder gar Erleuchtung. Das wäre ein illusionäres Gedankenprinzip des Verstandes, der über Zuführung äußerlicher Formen in der Zukunft etwas Inneres oder unbewusst bereits Vorhandenes erreichen möchte. Es geht nicht darum, nach einer Lösung in der Zukunft zu suchen. Die Erfahrung des Unerlösten ist in dir, aber du unterliegst ihr nicht. Während auf der relativen Ebene der Form ungelöste Energien in Bewegung gebracht werden, ändert das nichts an der Vollkommenheit des Absoluten. Es ändert nur, wie klar du die ewige Klarheit wahrnehmen kannst. Nach einer psychedelischen Erfahrung werden Öffnungen und Harmonisierungen von Energiemustern dazu neigen, sich in ihre geschlossenere beziehungsweise verzerrtere Formation zurückzubilden. Je weniger wachsam man ist, desto schneller wird das passieren. Dann war die psychedelische Erfahrung nur ein kurzer Trip, der keine große Bedeutung hat. So wird es nach ersten Erfahrungen sein, der Sog alter Energiemuster ist stark. Je wachsamer man ist, desto schwerer kann man es den gewohnten Mustern machen, weil sie während ihrer Wiederformierung durchschaubar werden und im Licht der Achtsamkeit geringer im Dunklen verwurzeln.

Dass wir auf der absoluten Ebene das sind, was wir suchen, ändert nichts daran, dass wir von menschlicher Fehlbarkeit geprägt sind und eines liebenden Gegenübers bedürfen. Andere Menschen können uns helfen, uns selbst besser zu verstehen, Empfindung eines Verstanden- und Aufgehobenseins zu etablieren und zu stabilisieren und neue Perspektiven aufzeigen. Als soziales Säugetier sind wir auf den Kontakt mit anderen Menschen angewiesen. Unsere Gesellschaft ist leider sehr bindungstraumatisiert. Die nonduale Einsicht zeigt, dass eigentlich alles gut ist und dass es sowas wie Ent-Bindung im Sinne von Trennung nicht wirklich gibt, denn die Absolutheit des Einen kann nicht entzweit werden. Im Bindungs- beziehungsweise Entwicklungstrauma ist dieses Urvertrauen im Individuum verloren gegangen, weil die Verbindung mit frühen Bezugspersonen nicht als sicher und geborgen erfahren wurde. Was wir brauchen, ist, uns gegenseitig Erfahrungen bedingungsloser Sicherheit und Geborgenheit zu bieten, zu ermöglichen und zu schenken. So wie ein scheues Tier langsam das Vertrauen schöpfen muss, dass vom Futtergeber keine Gefahr ausgeht, so müssen auch unsere Nervensysteme lernen, dass von anderen Menschen keine Gefahr ausgeht. Die Wahrheit ist: Von keinem Menschen geht für einen anderen Menschen eine Gefahr aus, sobald sich diese beiden Menschen wirklich begegnen, denn unter der Oberfläche mentaler

Differenz wirkt die gleiche Essenz, das gleiche Bewusstsein. Ungeachtet jeglicher mentalen Programme sehnen wir uns als Säugetiere nach Geborgenheit im wärmend-vitalen Miteinander. Für die Heilung dieser größten Problematik der Menschheit benötigen wir in der menschlichen Form andere Menschen, um ein sicheres Miteinander und einen zwischenmenschlich harmonischen Energiefluss zu etablieren. Es wird nicht ausreichen, möglichst viele nonduale Erfahrungen zu aktivieren, um bindungstraumatisierte Strukturen zu überwinden. Selbst-Heilung mithilfe anderer Menschen ist Begegnung, in der wir ein Gefühl von definitiver Sicherheit und wohltuender Verbindung erleben. Ein erfahrener Schamane, der Klienten durch eine psychedelische Erfahrung begleitet, ist insofern mehr als ein technischer Wegweiser. Er ist eine maternale oder paternale Figur humaner Liebespräsenz, die dem Kind auf die Beine hilft und Stabilität verleiht.

Wer ausschließlich auf allein eingenommene Psychedelika setzt, läuft Gefahr, dass die Genesung eindimensional und ungenügend verläuft. Dann ist man möglicherweise wie ein Mönch, der ein Jahr zurückgezogen in einer Höhle lebt und dort Frieden findet. Wenn er die Höhle verlässt, ist er vielleicht bereits mit der Hektik am Bahnhof überfordert. Sein Frieden währt nur, solange er sich außerhalb bestimmter Triggerreize bewegt. Wenn ihn Trigger infantiler Traumatisierung konfrontieren, springt sein Nervensystem wieder in die Dysregulation. Eine Genesung, die nur unter bestimmten Bedingungen gilt, ist keine echte Heilung. Für vollständige Genesung muss das Nervensystem mit Situationen konfrontiert werden, die es auf Erfahrung basierend als unsicher glaubt, um unerwartete Sicherheit zu erfahren. Zudem sollten Eindrücke von Selbstwirksamkeit in Momenten notwendiger Selbstbehauptung entstehen.

Das heißt keineswegs, dass Psychedelika unbedingt mit anderen Menschen eingenommen werden müssen. Das natürliche Bedürfnis humaner Verbindung betrifft vor allem die Frage, was wir generell in unserem Leben anstellen. In den Augenblicken der psychedelischen

Erfahrung hingegen offenbart sich der »Weg nach innen«, dem Hermann Hesse 1918 folgende Verse widmete:

Wer den Weg nach innen fand,
Wer in glühndem Sichversenken
Je der Weisheit Kern geahnt,
Daß sein Sinn sich Gott und Welt
Nur als Bild und Gleichnis wähle:
Ihm wird jedes Tun und Denken
Zwiegespräch mit seiner eignen Seele,
Welche Welt und Gott enthält.

Bei mindestens der ersten Substanzeinnahme ist eine Begleitung sicherlich ratsam. Auch wenn die Behauptung, dass Psychedelika niemals alleine eingenommen werden sollten, unhaltbar ist, sollte man sich von kundigen vertrauenswürdigen Menschen begleiten lassen, solange man sich nicht sicher genug fühlt, eine Session alleine zu navigieren. Je höher die Dosis ist, desto eher kann eine alleinige Einnahme zum Problem werden. Wenn man sich eindeutig und uneingeschränkt bereit fühlt, Psychedelika alleine einzunehmen, kann man bemerken, dass alleine der Weg nach Innen unmittelbarer zugänglich wird. Die Anwesenheit anderer Menschen stimuliert in uns Egoreflexe, da das Nervensystem unentwegt eine Projektionsfläche ungelöster Inhalte sucht und im Falle von Entwicklungstrauma dazu neigt, andere Menschen als mutmaßlich unsicher zu deuten. Selbst ohne Projektionstendenzen kann der Kontakt mit anderen Menschen während einer psychedelischen Erfahrung eine hemmende Wirkung auf nondualen Innengang haben, da verbale Begegnung unausweichlich dual abläuft. Summa summarum: Die psychedelische Beschreitung des Weges nach innen sollte uns nicht dazu verleiten, das Grundbedürfnis nach sozialer Wärme zu verleugnen, denn der Clou ist: Nachdem mit anderen Menschen sichere Bindungserfahrungen etabliert wurden, fällt es viel leichter, meditativ alleine zu sein.

2.3 Wie psychedelische Genesung vor sich geht

Therapeutische Aktivierung durch Psychedelika geschieht auf mehreren Ebenen. Jede psychedelische Erfahrung, unabhängig des Inhalts, geht mit einer neuronalen Neuvernetzung einher. Psychische Probleme sind oft an rigide oder wiederkehrende Verhaltens- und Denkmuster gebunden. Stereotype Gedanken- und Reaktionsmuster können aufgehoben und durch neue Einsichten, Erkenntnisse, Körpergefühle und Verständnisse bezüglich sowohl persönlicher Anteile als auch der Dimension des Seins in der Welt überschrieben werden. Die neuronale Neuvernetzung geht meistens mit einem Abbau oder sogar einer Aufhebung von **Ruminationsprozessen** einher. Rumination ist oft an Depression gebunden, bedeutet eigentlich Wiederkäuen und gilt in der Psychologie als Fachterminus für den Vorgang des Grübelns über vermeintlich negative Erlebnisse, Schicksale oder Umstände. Die Konzentration gilt persönlichen Schwächen und längst geschehenen, unerwünschten Ereignissen. Neurowissenschaftlich wird der dafür zuständige Hirnbereich als Default-Mode-Network bezeichnet. Das DMN ist ein Netzwerk aus Hirnregionen, deren Aktivität stark korreliert und die bis zu 40 Prozent mehr Blutfluss als andere Hirnregionen verbrauchen. Zu den identitätsgenerierenden Funktionen des DMN zählen autobiographische Informationsverarbeitung, soziale Kategorisierung, Erinnerung der Vergangenheit, Vorstellung der Zukunft und Narration von Selbst- und Fremdverständnis. Es ist der Ort der Konstruktion der Identität sowie der distinkten Unterscheidung zwischen Ich und Anderem. Viele psychische Störungen wie beispielsweise Depression[1], Zwangsstörungen[2] oder Sucht[3] zeichnen sich durch eine Inflexibilität der Denkmuster sowie

1 Vgl. Sheline, Y. I. u.a.: The default mode network and self-referential processes in depression. In: *Proceedings of the National Academy of Sciences of the United States of America* 106 (2009), S. 1942–1947.

2 Vgl. Norman, L. J. u.a.: Shared and disorder-specific task-positive and default mode network dysfunctions during sustained attention in paediatric Attention-Deficit/Hyperactivity Disorder and obsessive/compulsive disorder. In: *NeuroImage: Clinical* 15 (2017), S. 181–193.

3 Vgl. Kuo, L.-W. u.a.: Functional Correlates of Resting-State Connectivity in the Default Mode Network of Heroin Users on Methadone Treatment and Medication-Free Therapeutic Community Program. In: *Frontiers in psychiatry* 10 (2019). Art.-Nr. 381.

aggressive Introspektion aus und gehen mit einer übermäßigen oder anormalen Aktivität des DMN einher. Psychedelisch wirkende Substanzen reduzieren den Blutfluss, die venöse Sauerstoffanreicherung und Oszillationskraft im DMN und heben so die egozentrische Stabilität des persönlichen Realitätskonzepts sowie konditionierte Denk- und Verhaltensweisen auf.[4] Aus einer hyperorganisierten Hierarchie wird ein entropischerer Gehirnzustand, der mehr Konnektivität, Offenheit und Flexibilität mit sich bringt.[5]

Rekonnektivität vorher unverbundener Hirnbereiche wird durch Neurogenese ergänzt, der Neubildung von Nervenzellen. Das ist einer der Gründe, warum man sich auch nach einer herausfordernden psychedelischen Erfahrung vitaler fühlen kann. Selbst wenn die Erfahrung zeitweise emotional höchst unangenehm war, kann sie neuronale Areale belebt und eine erquickte Lebensperspektive ermöglicht haben. Dass man nach einer psychedelischen Erfahrung mehr Hier-und-Jetzt-Präsenz erfahren kann, ist nicht nur durch neuronale Veränderungen erklärbar, sondern auch durch die phänomenale Qualität der Erfahrung. Bestenfalls wird in einer mystischen Erfahrung erlebt, das Hier und Jetzt zu SEIN. Der sekundäre Bewusstseinszustand der im Laufe des Lebens konstruierten und als fix gedachten Identität wird aufgehoben, so dass das primäre Bewusstsein, in dem die Konstruktion der persönlichen Identität geschehen ist, wieder zu sich finden kann. Wenn der Schaum auf der Welle erkennt, dass er ein Aspekt eines unendlichen Ozeans ist, und Empfindungen von Separation sekundär aus konstanter mentaler Aktivität hervorgingen, realisiert sich im Schaum der Welle der Ozean. Diese Selbstrealisation geht unausweichlich mit Offenbarung von Frieden, Liebe und Glückseligkeit einher. Eine solche nonduale Öffnung transzendiert persönliche Belange und führt zu mehr Entspannung.

---

4 Vgl Carhart-Harris, R. L. u.a.: The entropic brain: a theory of conscious states informed by neuroimaging research with psychedelic drugs. In: *Frontiers in Human Neuroscience* 8/15 (2014). S. 9.

5 Vgl. Petri, G. u.a.: Homological scaffolds of brain functional networks. In: *Journal of the Royal Society Interface* 11 (2014). Art.-Nr. 20140873.

Einhergehend mit Entspannung kann Energie freier fließen, womit ein weiterer Aspekt psychedelischer Genesung benannt ist: Der Abbau von Energieblockaden und der Freisetzung unterdrückter Energien. Wenn die Filter unserer unbewussten Inhalte durchlässiger werden, kommen einst verdrängte Gefühle an die Oberfläche. Wenn diese bereitwillig erlaubt werden und ihnen der Raum zugestanden wird, den sie benötigen, kann der Leidensdruck, der aus ihrer Dissoziation hervorging, nachlassen. Meistens fühlt man sich danach, als wäre ein zu hoher Druck im Kessel durch ein Ventil abgelassen. Da auch unsere sensorischen Filter verringert werden, können wir erkennen, wie schön die Welt eigentlich ist. All diese Aspekte, insbesondere die Erfahrung der Verbundenheit oder sogar Einheit, überführen das Nervensystem in eine Aktivierung des Vagusnervs, die mit einem Empfinden von Sicherheit und Harmonie einhergeht und sich körperlich in Relaxation, belebterer sozialer Mimik und Gestik und einer sanfteren Prosodie[6] zeigt. Dieser parasympathische Teil des Nervensystems ist unmittelbar mit Empfinden sozialer Sicherheit und sozialen Engagementwunsches verknüpft.[7] Insofern ist die Anwesenheit von oder gegebenenfalls Interaktion mit einem weiteren Menschen als Begleitung ein weiterer Faktor. Es können einerseits der innere Reichtum und andererseits die liebende Verbundenheit in der irdischen Welt mit unseren Mitmenschen ohne konstruierte Rollenbilder erfahren werden – zwei Aspekte, die traumatisierten Menschen nur bedingt zugänglich sind. Das ist unter Psychedelika allerdings kein automatischer Prozess. Oftmals steigen zuerst verdrängte Inhalte als unmittelbare Gefühle oder mittelbare Vorstellungssymbolik auf, die durch absolute Erlaubnis in kurzer Zeit prozessiert werden können. Im Übrigen hat Dissoziation natürlich ihre Berechtigung, sie schützt uns vor Überforderung. Darum sollte die assoziative Wiederaufnahme verdrängter Energien stückweise erfolgen und mit stabilisierenden Ressourcen verbunden werden. Weil assoziative Vernetzungsvorgänge in der psychedelischen Wirkung außerhalb

---

6 Die Prosodie umfasst alle klanglichen Aspekte lautübergreifender Sprache wie Tonhöhe, Melodie, Betonung, Geschwindigkeit und Pausen.

7 Vgl. Porges, S.: *The Pocket Guide to the Polyvagal Theory*. WW Norton & Co 2017.

unserer Kontrolle liegen, ist die Berücksichtigung der kontrollierbaren Faktoren besonders relevant: Substanz, Dosis, Set und Setting.

In der wissenschaftlichen Literatur wird oft konstatiert, dass ein therapeutischer Erfolg mit dem Auftreten mystischer Erfahrungen korreliert. Somatisch gesehen liegt das daran, dass im Moment der Ego-Transzendenz unser Nervensystem automatisch in Regulation und Spannungslosigkeit schaltet. Ein absolutes Eingehen ins Mystische, eine volle Auflösung mentaler Separationsprozesse ist eine unglaubliche Angelegenheit und bewirkt einen tollen Flowzustand in den darauffolgenden Tagen. Ein kurzzeitiger Egotod ohne nachfolgende therapeutische Interventionen bewirkt allerdings wenig nachhaltige Genesung, außer dass die Verdrängung von blockierten Energien schwerer wird, was im Falle von daraus hervorgehender Überforderung nachteilig sein kann. Heilungsprozesse werden in einem Zwischenraum stabil, wenn vor dem Alltagsich das Tor zum höheren Selbst aufgeht und ein dynamischer Interaktionsprozess stattfindet, in dem Spezifisches losgelassen und sukzessiv Verhalten introspektiv perspektivisch neu arrangiert werden kann. Wenn ein therapeutischer beziehungsweise transformativer Prozess nach einer mystischen Erfahrung im Alltag aufrechterhalten wird, ist eine mystische Erfahrung eine optimale Grundlage von Genesung.

2.4 Was Genesung bedarf

Warum bleibst du im Gefängnis,
wenn die Tür so weit offen ist?
Rumi

Stell dir vor, du warst, solang die Erinnerung zurückreicht, in eine Gefängniszelle eingesperrt. Nie hast du etwas anderes kennengelernt als die Einzelheiten dieses Raumes, die Muster an der Wand, die Gewohnheiten der Mitgefangenen, die Regeln und Urteile von Wärtern und Richtern und ein Blick aus dem Fenster, dessen Inhalt ungreifbar ist. Der Blick richtet sich durch die Gitterstäbe in ein fernes Jenseits, das dir als Verheißung versprochen ist, wenn du dich stets verhältst, wie es von dir gewünscht wird. Kontakt mit einer liebevollen, gutmütigen, farbenreichen, vitalen, üppigen, verbundenen und unerschöpflichen Welt ist unzugänglich. Mir scheint, viele Menschen bewohnen eine solche Zelle in Form der eigenen Gedankenmatrix, die aufgeschlossene Lebendigkeit gefangen hält, um sich in eine traumatisierte Gesellschaft einzupassen. Im gesellschaftlichen System mangelt es am Motiv, die innere Lotusblüte zum Blühen zu bringen, weil es schlichtweg nicht darauf ausgelegt ist. Das herrschende System hat kein Verständnis seiner immanenten Verzerrungen der Lebensenergie. Wer geistig autark werden möchte, sieht sich vor der Aufgabe, die inneren Beschränkungsprogrammierungen systemunabhängig zu überwinden. Das Tolle ist: Du hast selbst unbewusst das Gefängnis gebaut und bist auch unbewusst der einzige Gefängniswärter. Du kannst nicht als Einzelner die Verrücktheit der Gesellschaft ändern, aber die Öffnung deines subjektiven Erlebnisfelds zu weiterer Bewusstheit steht dir zur Verfügung – und damit die Aufhebung unnötiger Leidzirkel.

Was wäre nun, wenn es eine Substanz gäbe, die die Wände der Gefängniszelle temporär transparent werden lässt, eventuell sogar das ganze Gefängnis für die Dauer der Wirkung auflöst, so dass die vitale Freiheit des Universums, unsere unmittelbare Einheit mit dem Grund des Seins für diese Stunden offenbar wird? Welche Bedeutung hätte es, wenn die Willkürlichkeit fälschlicherweise als fix angenommener Existenzarchitekturen enthüllt und die spielerische Unendlichkeit der Weltschöpfung mit freien Kinderaugen gesehen wird? Auch wenn sich danach die Gefängniswände erneut zusammensetzen, würde man sie doch mit anderen Augen sehen.

Dass wir nicht das sind, wofür wir uns aus der Ego-Perspektive halten, ist eine Weisheit, die schon vor tausenden Jahren gelehrt wurde. Von historischen Figuren wie Jesus oder Buddha ausgehend wurde sie weit verbreitet und oft missinterpretiert. Meditation ist eine wohlerprobte Methode, mentalen Prozessen ihre Gewichtigkeit abzuerkennen und mehr darin zu ruhen, was wir wirklich sind. Es ist eine sehr sanfte

Vorgehensweise, die, wenn wir ehrlich sind, bei uns westlich sozialisierten Holzköpfen selten eine vollständige Versenkung in der Absolutheit des Bewusstseins mit sich bringt. Bei Therapieangeboten, die die Krankenkassen übernehmen, ist es wiederum oft so, dass viel kognitiv geredet, aber wenig somatisch Neues erfahren wird. Transpersonale Bewusstseinszustände spielen in den gängigen Therapien erst recht keine Rolle. Ein gezielter Spatenstich in verhärtete Bodenschichten mithilfe der psychedelischen Substanz kann für unsere Meditations- und Therapiepraxis nachhaltig effizient sein. Er öffnet verborgene Innenräume, dynamisiert Selbstkonzepte und zeigt meditative Ziele. Dass unsere Gesellschaft an Innerlichkeit wenig Interesse hat, liegt nicht nur daran, dass der Kapitalismus ein äußerliches Akkumulationssystem ist, sondern auch daran, dass es als zu unsicher erwogen wird, die verdrängten immensen Traumatisierungsschichten offenzulegen. Insofern sind wir mental in ein konstant laufendes Ego-Programm eingesperrt, das lediglich virtuell existiert, gesellschaftlich in eine Matrix, die Ego-Rigidität fordert und fördert und energetisch in Blockaden generationenübergreifender Traumatisierungsverdrängung.

Nur des Geldes wegen lebenslang zu einer unliebsamen Arbeit zu gehen, hat Übereinstimmungen mit einer Gefängnissituation. Der Unterschied zu einer echten Gefängniszelle ist, dass die materielle Erscheinungswelt voller Verheißungen auf äußere Erfüllungen ist. Das sind leere Versprechungen, wenn es um langfristigen Frieden gehen soll. Sie sind die berühmte Karotte, die dem Esel zum Antrieb vor die Nase gehalten wird. Irgendwann gewöhnen sich die Menschen an diese Enge, manche schnell, manche benötigen länger. Dann sagen sie, dass es so schlimm nicht sei, dass man etwas Freiheit zur Bewahrung von Sicherheit gerne aufgäbe. Doch das ist keine freie Entscheidung, es ist das Ergebnis einer Konditionierung von Kindheit an: dass Gedanken unser Selbst repräsentierten, dass Glücklichsein unweigerlich an Geldverdienst gebunden sei und dass es unangenehme Gefühle zu vermeiden gelte. So wird Angst vor Unsicherheit zur kollektiven Zwangsstörung. Wie beschränkend diese Haltung ist, kann eine einzige psychedelische Erfahrung offenbaren. Das etablierte Gedankenmuster wird temporär aufgehoben und entpuppt sich als überaktives Störprogramm, das aufgrund der Alltäglichkeit nicht als solches wahrgenommen wurde.

Der zentrale Faktor ist der innere Zustand. Finanzieller Reichtum ist ein Vorteil, aber bringt alleine weder Frieden noch Glücklichkeit, wenn das Nervensystem nicht aus traumatisierter Dysregulation herausgeführt wurde und eine starke Identifikation mit Gedanken und ausgeprägte Körperspannung vorliegen. Infolge der materialistisch-egozentrischen Sozialisierung von jüngster Kindheit an fehlt es inneren Strukturen oft an Flexibilität, Vorgänge zu etablieren, die persönliche Gewinnmaximierung oder obsessive Opfermentalität transzendieren. Dementsprechend ist eine psychedelische Erfahrung für einen Menschen, der aufgrund äußerer Bedingungen materiell unabhängig ist, nicht weniger potentiell hilfreich. Es ist überhaupt erst unser auf egozentrischem Überleben basierendes Denksystem gewesen, das die versklavenden, entwertenden und entmenschlichenden Bedingungen unseres Gesellschaftssystems entworfen und etabliert hat. Folglich muss die Überwindung solcher Strukturen in der Änderung unseres geistigen Paradigmas wurzeln. Wenn genug Menschen dem Dasein mit der Offenheit des Herzens und Flexibilität des Denkens anstatt mit konditionierter Starrheit begegnen, wird sich automatisch ein liebevolleres, weicheres, das Individuum bedingungslos wertschätzendes Gesellschaftssystem ergeben.

Die energetische Verzerrung des Alltags zu identifizieren ist tückisch, weil sie keine individuelle Störung ist, sondern eine gesamtgesellschaftliche. Wir sehen bei den meisten Menschen ähnliche Verhaltensmuster und schließen daraus die Richtigkeit ihrer Normativität. Doch die Norm einer egozentrischen Leistungs- und Pflichtgesellschaft ist ein kollektives Störungsbild, das hinter der Maske der Alltäglichkeit Dissoziation, Entfremdung, Destruktivität, Verzweiflung und seelische Bedeutungslosigkeit verbirgt. Das System wird man dennoch als alternativlos verteidigen, wenn man die Welt nie mit anderen Augen gesehen hat. Psychedelika offenbaren rasch einen anderen Blick auf die Welt, da sie unserer Gehirnaktivität nicht etwas hinzufügen, sondern die rigiden konditionierten Programme reduzieren. Sie vermögen, einen krankhaft erstarrten Lebensgeist wachzurütteln. Je identifizierter jemand mit seinen bisherigen Mustern ist, desto bedrohlicher kann sich dies für ihn anfühlen. Es wäre insofern falsch, anzunehmen, dass sich automatisch alles bessern würde, wenn man den Menschen schlichtweg viele psychedelische Erfahrungen zukommen lassen würde. Die Menschen müssen vorher aufgeklärt werden, was diese Substanzen bewirken, wie mit dieser Wirkung umzugehen ist und wie man sie für weitere Prozesse nutzt. Nur ein verständiger Umgang einer dafür bereiten Psyche etabliert positive Konsequenzen.

Psychedelika können neben Meditation, Therapie und Bildung neuer Begegnungsstrukturen ein Mittel sein, die Lücke zu füllen, die Egozentrismus, Materialismus und Konsumismus in die Welt reißen. Für jemanden, der beispielsweise durch seine Arbeit voll in die Leistungsgesellschaft involviert ist, kann eine psychedelische Erfahrung eine große Hilfe sein, innere Verzerrungen nicht weiter zu intensivieren und vorhandene Starrheit nicht noch mehr zu versteinern. Es besteht die Möglichkeit des Gewinns von mehr Vitalität. Mit einem Psychedelikum kann eine täglich erlebte existentielle Trennung unmittelbar als Illusion durchschaut werden. Trennung beginnt mit dem Eintauchen aus dem Himmel der (R)Einheit in die Wahrnehmungsaufteilung Ich-Anderer/s. Das Kleinkind lernt, sich mit dem Körper zu identifizieren und als separierte Entität einer Außenwelt ausgeliefert zu sein. Das Kind wird in schablonisierten Mechanismen wie dem Schulsystem sozialisiert, von denen sein Wohlbefinden abhängig ist. Es muss sich leistungstechnisch den schulischen Bedingungen anpassen, während sich die schulischen Bedingungen nicht an das individuelle Fertigkeitsprofil anpassen. Das Kind hat nicht das Erlebnis einer heilen Symbiose. Stattdessen wird ihm vermittelt, dass es seine Wertigkeit durch schablonenhafte Eingliederung beweisen muss. Es ist nicht Institutionalisierung an sich, die problematisch ist, denn ohne Regelungen können wir vielen Menschen nicht koexistieren. Die Problematik liegt darin, dass der Eindruck vermittelt wird, dass man etwas leisten müsse, um Fülle zu erfahren, dass Liebe an Bedingungen geknüpft sei, dass erfüllende Verbindung etwas sei, das man herstellen müsse. Dabei ist es umgekehrt: Durch Bemühungen, etwas herzustellen, Bedingungen aufzustellen und beurteilte Leistung zu forcieren, verlieren wir Verbindung zum a priori Erfüllten.

Die ständige Verfügbarkeit von neuen Inhalten in Medien und Warenangeboten forciert eine Dauerschleife äußerer Befriedungssehnsucht. Das entspricht inneren Gedankenkreisen, die beharrlich neue Mangelvorstellungen entwerfen. Tatsächlich entsteht ein Mangelgefühl, wenn man sich auf der Ebene des äußeren Status und materiellen Besitzes mit anderen vergleicht, wie es beispielsweise Soziale Medien offerieren. Bewusstheit für Inneres kann innerhalb der Prinzipien von materieller Akkumulation und willkürlichem Status kaum gedeihen, weil es an Nährboden und Wasser fehlt. Begriffe wie Weisheit, Demut und Hingabe kommen im gesellschaftlichen Mainstream so gut wie nicht vor. Stattdessen gibt es einen Kreislauf mit egoistischem Kurzschluss: Egozentrisches Denken bewirkt egozentrische Sozialisierung, die ein Weltverständnis bewirkt, das von egozentrischem Überlebensdruck geprägt ist, was eine Welt kreiert, die egozentrisches Denken antreibt. Äußere Änderung kann dementsprechend nur durch innere Änderung in Form von einer Bewusstheit angestoßen werden, die über Denken hinausgeht.

Innere Verhärtung wird durch Psychedelika innerhalb einer Stunde aufgelockert bis aufgebrochen. Regelmäßige Meditation oder angemessene therapeutische Methoden können dafür sorgen, dass die psychedelische Auflockerung nachträgliche Früchte tragen kann. Psychedelika sind sozusagen ein operativer Eingriff, während Meditation und Therapie Technologien nachhaltiger Wundverheilung sind. Menschen benötigen für Verständnis Erfahrung. Die Theorie zu gesellschaftlicher und individueller Problematik reicht nicht aus, damit ein konkreter Wandel angestoßen wird. Eine psychedelische Erfahrung ermöglicht es, autonom hinter den Vorhang des gesellschaftlichen Theaters beziehungsweise über die Mauer der neuronal-mentalen Konditionierung zu blicken. Die temporäre Auflösung der unbewussten Programme bewirkt alleine allerdings keine langfristige Befriedung unserer Daseinsformen. Wenn wir zu einer echten Genesung finden möchten, müssen wir uns zuerst eingestehen, was mit uns Menschen überhaupt los ist: Unsere Gesellschaft ist stark traumatisiert und unser Selbst- und Welterleben ist äußerst signifikant von Trauma auf der individuellen Ebene wie auf der kollektiven Ebene bestimmt. Etliche Kriege mögen äußerlich zum Stillstand gekommen sein, in unseren Nervensystemen wüten sie weiter.

2.5 Die Natur von Trauma

Wenn die meisten Menschen den Begriff Trauma hören, denken sie an erschütternde Lebensereignisse, an gravierende Situationen der Schrecklichkeit, die einem Menschen zustoßen und die er nicht verarbeiten kann. Das ist nicht falsch, trifft aber nicht den Kern dessen, was Trauma ausmacht. Trauma ist nicht ein Ereignis, sondern geschieht und befindet sich im Nervensystem. Das äußere Geschehen ist lediglich der Auslöser der Traumatisierung. Das impliziert, dass nicht an einem Ereignis generalisierend abgelesen werden kann, wie stark das daraus folgende Trauma ist. Die Reaktion auf ein Ereignis ist individuell, von Faktoren wie Biographie, genetischer Prädisposition und Charakterstrukturen abhängig. Insbesondere ist entscheidend, inwieweit ein Nervensystem in den ersten Lebensjahren Stabilität durch ein balanciertes Eltern-Nervensystem erfahren hat. Wenn die ersten Lebensjahre von einem traumatisierten Eltern-Nervensystem geprägt werden, ist spätere Resilienz gegen Schocktraumata gering. Ungelöstes Trauma wird unbewusst an die nächste Generation weitergegeben

Traumatisierend kann jede Situation sein, in der ein Kampf-oder-Flucht-Reflex nicht zielführend ist und im System steckenbleibt. Das gilt sowohl für den Fall, dass der Impuls ausgeführt wurde, aber nicht das gewünschte Ergebnis gebracht hat, als auch für den Fall, dass die Ausführung von Vornherein unterdrückt wird, weil Immobilität die höchste Wahrscheinlichkeit des Überlebens oder die meiste Sicherheit gewährleistet. Dementsprechend kann das gleiche Ereignis für eine Person ohne Folgen sein, weil es keinen Kampf-oder-Flucht-Reflex ausgelöst hat, und für eine andere Person traumatisierend sein, weil sie sich in der Situation nicht sicher fühlte. Ein Beispiel wäre die Schulsituation. Manche Schüler sind eifrige Lerner des täglich vorgesetzten Wissens und gut darin, sich den jeweiligen Erwartungen eines Lehrers anzupassen. Andere Schüler haben einen starken Hang zur Kreativität, zu musischen Gedankengängen und sind schlichtweg nicht für schablonenhafte Sozialisierung geschaffen. Für letztere kann der tägliche Anpassungszwang traumatisierend sein, da sie einer Situation ausgesetzt sind, die ihren Bedürfnissen nicht gerecht wird, in der ein Kampf-oder-Flucht-Reflex nicht zielführend ist und immobiles Durchhalten die einzige Option ist. Allerdings wird am Ende das Durchhalten nicht mit einer tatsächlichen Befreiung belohnt. Die Ladung an Energie, die vom System für Kampf oder Flucht bereitgestellt, aber unterdrückt wurde, löst sich nicht wieder auf. Sie steckt fest, wird verdrängt oder abgespalten und das Nervensystem bleibt dysreguliert beziehungsweise traumatisiert.

Traumatherapeutische Forschung beruft sich zur Veranschaulichung dieser Dynamik auf die **Polyvagaltheorie** von Steven Porges. Aus physiologischer Perspektive wird der Polyvagaltheorie oft vorgeworfen, dass viele ihrer biologischen Theoreme unerwiesen sind. Die Polyvagaltheorie ging aus neurologischer Forschung hervor und auf der neuromedizinischen Ebene ist eine solche kritische Auseinandersetzung bezüglich biologischer Details angezeigt. Zum Zwecke eines Verständnisses des Nervensystems aus traumatheoretischer Sicht sind die biologischen Details allerdings irrelevant. Die Polyvagaltheorie dient in diesem Sinne als hervorragend veranschaulichende Skizze der Grundstruktur von Traumatisierung und Genesung. Entscheidend ist die Erkenntnis, dass dem Nervensystem konstitutiv nur drei verschiedene Modi zur Verfügung stehen: Sicherheit, Gefahr und Lebensgefahr.

Üblicherweise wird das autonome Nervensystem in **Sympathikus** und **Parasympathikus** unterteilt. Der Sympathikus ist zuständig für Aktivierung, der Parasympathikus für Entspannung. Die Polyvagaltheorie von Steven Porges nimmt eine weitere Unterscheidung vor: Der Parasympathikus wird unterteilt in einen ventralen und einen dorsalen Zweig. Dieser **dorsale Vagus** ist evolutionsgeschichtlich älter und bei allen Reptilien vorhanden, die ihn bei Lebensgefahr zum Totstellen überaktivieren. Er ist im Normalzustand für typische parasympathische Vorgänge wie Regeneration zuständig. Eine Überaktivierung des dorsalen Vagus dient dazu, bei Lebensgefahr bewegungslos zu bleiben, so dass dieser Teil des Nervensystems für Immobilisation beziehungsweise den Totstellreflex verantwortlich ist. Der **ventrale Vagus** hingegen ist nur bei Säugetieren vorhanden. Er ist zuständig für ein Empfinden von Sicherheit, Kontaktfreudigkeit und Offenheit für soziales Engagement. Fühlen wir uns beruhigt bis geborgen, ist der ventrale Vagus voll aktiviert. Die Zweige entsprechen sozusagen zwei Polen des Nervensystems (Erstarrung vs. Engagement) mit dem dazwischenliegenden Sympathikus, der bei Gefahr körperliche Energie für Kampf und Flucht mobilisiert. In Verbindung mit dem ventralen Vagus wird die Aktivierung des Sympathikus auch für Spiel, Sport und Arbeit genutzt. Eine alleinige Aktivierung des ventralen Vagus entspräche tiefer Ruhe und Entspannung wie im Moment einer mystischen Erfahrung.

Psychische Leiden basieren oft auf einem dysregulierten Nervensystem. Ein **dysreguliertes Nervensystem** kann nicht mehr selbstständig in einen befriedeten Zustand wechseln. Infolge einer Traumatisierung ist der Sympathikus chronisch mit einer hohen Aktivierung aufgeladen. Er hält permanent Kampf-oder-Flucht-Energie bereit, die nicht durch willentliche Entscheidung losgelassen beziehungsweise in Bewegung gebracht werden kann. Gehaltene Ladung zeigt sich in emotionaler Imbalance, fehlender Stressresistenz sowie einer Empfindung steter Irritation. Im Moment eines Schocktraumas springt der dorsale Vagus in eine Überaktivierung, um in der jeweiligen Situation das Überleben zu gewährleisten (Totstellreflex). Bei einer strukturellen Traumatisierung im Sinne eines Entwicklungstraumas, also einer gestörten Beziehungserfahrung in den ersten Lebensjahren, gilt: Je stärker sich ungelöste Energie im Sympathikus kontinuierlich auflädt, desto höher die Wahrscheinlichkeit der Überaktivierung des (in der Polyvagaltheorie postulierten) dorsalen Vagus – ein Verzweiflungsversuch des Körpers zur Herstellung von Balance. In beiden Fällen bleibt das Nervensystem in der Konstellation stecken. Mögliche Folgen sind Dissoziation, Depression, unverhältnismäßige Angstzustände, Nervosität, Hypersensibilität, mangelnde Resilienz und Beziehungskonflikte. Der innere Körperzustand der dysregulierten Konstellation des Nervensystems wird neurozeptiv immer wieder auf die Außenwelt (also Personen und Situationen) projiziert beziehungsweise übertragen, unabhängig davon, wie lange die Traumatisierung her ist und wie wenig die äußeren Bedingungen tatsächlich eine Gefahr darstellen.

Eine festgehaltene Ladung starker, üblicherweise dissoziierter Emotion ist der Grundzustand eines traumatisierten Menschen. Stanislav Grof hat gezeigt, dass bereits der infantile Schock des Geburtsvorgangs ein Trauma bedingen kann. Ein verspannter Nacken und ein eingezogener Kopf können Symptome des unverarbeiteten Schreckens des Geburtsvorgangs sein, während dem es galt, den Kopf durch den Geburtskanal zu pressen. Weitere Traumata installieren sich auf diesem ersten Welteindruck. Selbst pränatal kann ein physisch wie sozial disharmonischer Einfluss auf den Fötus traumatisierend wirken. Für viele Menschen ist das erst der Beginn von Erlebnissen mangelnder Geborgenheit. Ein **Entwicklungstrauma** wird dadurch verursacht, dass die primären Bezugspersonen nicht in der Lage sind, die Bedürfnisse des Kindes nach Geborgenheit zu stillen, und beruht auf der Dysregulation des traumatisierten Nervensystems der Eltern. Physische Gewalt muss nicht unbedingt eine Rolle spielen, es geht schlichtweg darum, dass die Bindungserfahrungen nicht vom ventralen Vagus geleitet sind. Bindungsstörung und Missbrauch des Kindes durch die Bezugsperson manifestiert sich in vielen Varianten. In den ersten Lebensjahren hat das Nervensystem eines Kindes keine eigene Stabilität, sodass es auf die Co-Regulation durch die Eltern angewiesen ist. Wenn das Nervensystem der Eltern dauerhaft oder regelmäßig dysreguliert ist, wird die Dysregulation für das Nervensystem des Kindes zur alltäglichen Normalität.

Für eine Traumatisierung reicht es, wenn ein Baby nach der Geburt keine körperliche Nähe erfährt, ein schreiendes Kind alleine gelassen wird oder Bezugspersonen emotional nicht für eine adäquate Verbindung zugänglich ist. Im Kind lädt sich zunehmend Wut aufgrund des ungestillten Grundbedürfnisses nach heiler Verbindung auf, deren Ausdruck den Eltern gegenüber jedoch mit Trennung und damit mit Lebensgefahr verbunden ist. Verlust der Elternbindung ist für einen Menschen in den ersten Lebensjahren eine Todesgefahr. Darum empfindet ein kleines Kind dezidiert traumatisierend Lebensgefahr, wenn ihn im Brutkasten körperliche Nähe verwehrt bleibt oder die Eltern bei einem Ausflug aus den Augen verliert. Die Bindung an die Eltern muss unter allen Umständen aufrecht erhalten bleiben, so dass bei Wut auf die Eltern die getriggerte Ladung unterdrückt beziehungsweise verdrängt wird. Infolgedessen dissoziiert das System die Wut, dreht gegebenenfalls deren Ausrichtung und richtet sie gegen die eigene Selbst-Vorstellung, um die Bindung an die Eltern zu schützen.

Verdrängte Wut wird zu Zorn oder Hass komprimiert und zeigt sich später schließlich in Form eines psychischen Symptoms, z.B Selbsthass bei Depressionen, böse Stimmen bei Schizophrenie oder extreme Selbstkritik bei Zwangsstörungen. In Lebenssituationen, in denen Einsatz von Wut zur Selbstverteidigung angemessen ist, können Betroffene zuweilen nicht auf sie zugreifen. Andererseits kann sie sich zu explosiv ausdrücken oder geradezu überwältigend emotionale Selbsterfahrung bekleiden. Ein Kind, das sich aufgrund einer gestörten

Bindungserfahrung schlecht fühlt und Impulse der Bedürfnisäußerung verdrängt, ist gezwungen anzunehmen, dass mit ihm etwas nicht stimmt. Nicht selten bestärken die Eltern diesen falschen Selbsteindruck durch Übertragung innerer Konflikte auf das Kind. So entsteht eine sekundäre Ebene emotionaler Verzerrung in Form von Scham- und Schuldgefühlen, die im Jugend- und Erwachsenenalter ebenfalls entsprechend unverhältnismäßig in Erscheinung treten. Unter jenen oberflächlichen Symptomen, wegen denen Menschen bei Therapeuten vorstellig werden, liegen tiefe Traurigkeit und desintegrierter Hass. Je ausgeprägter ein Entwicklungstrauma ist, desto stetiger lebt ein Betroffener als Erwachsener in einem permanenten Notzustand und erlebt die Welt respektive Mitmenschen als entsprechend gefahrenbesetzt. Das Nervensystem ist als Weltdeutungsgrundlage zu dem geworden, was es in den ersten Lebensjahren erlebt hat.

Es kann erstaunlich schnell in einen regulierten Zustand wechseln, wenn neurozeptiv die faktische Sicherheit erkannt wird. Auch wenn jemand Jahre mit einem dysregulierten Nervensystem verbracht hat, muss nur ein bestimmter Kontext die Empfindung von Sicherheit ermöglichen, so dass es in die Regulation wechselt. Allerdings wird es nicht von dann an in der Regulation verweilen, wenn es über Jahre oder womöglich das ganze Leben dysreguliert war. Außerdem ist ein traumatisiertes Nervensystem sehr ungläubig gegenüber der Sicherheit von Situationen, sodass die Möglichkeit echter neuer Bindungserfahrungen vermieden wird. Heilung von Entwicklungstrauma ist ein Prozess, der Zeit benötigt, in der mehr und mehr Erfahrungen empfundener Sicherheit geschehen und gehaltene Energie zu freier fließender Lebensenergie verflüssigt wird. Schocktraumata sind insofern leichter zu lösen, weil lediglich ein bestimmter Kampf-oder-Flucht-Reflex nicht vollendet werden konnte, während sich bei einem Entwicklungstrauma das Nervensystem sukzessiv in den dysregulierten Zustand hinein entwickelt hat und sich entsprechend sukzessiv zurückentwickeln muss. Bei einem Schocktrauma gilt es also, jenen zum Zeitpunkt der Traumatisierung ausgelösten

Kampf-oder-Flucht-Impuls in die Vollendung überzuleiten. Bei Entwicklungstrauma wurde dermaßen regelmäßig Ladung auf-, aber nicht wieder abgebaut, dass das Nervensystem langsam lernen muss, dass es diese Energien der Anspannung nicht mehr zu seiner Sicherheit benötigt. Der Genesungsverlauf zieht einen Bogen aus der Erstarrung in die Aktivierung hin zur Entspannung.

Wichtig ist zu verstehen, dass sich das Nervensystem nicht falsch verhalten hat. Es hat sich so eingestellt, dass in der jeweiligen traumatischen Situation Überleben bestmöglich gesichert war. Dementsprechend ist es nicht so, dass mit unter psychischen Störungen leidenden Menschen etwas fundamental nicht stimme. Sie haben infolge eines neuronalen Schutzmechanismus stark belastende Situationen überlebt. Da unser sachliches Denken neurophysiologisch kaum Zugriff auf das autonome Nervensystem hat, kann diesem nicht kognitiv vermittelt werden, dass die gefährliche Situation vergangen ist, so dass die Dysregulation nicht eigenständig wieder aufgelöst werden kann. Weil die Dysregulation durch verzerrte Bindungserfahrungen entstanden ist, kann sie nur durch heile Verbindungserfahrungen ausgeglichen werden. Wir können unser Nervensystem nicht solo in dauerhafte Regulation überführen und benötigen andere Menschen für neue, sichere Kontakterfahrungen. Für die Regulierung entscheidend ist dabei nicht ein physischer Kontakt oder rein mentaler Austausch, sondern ein wahrhaftes ehrliches Mitteilen der bis dahin dysregulierten Gefühlsdimension (Scham, Angst, Wut und Traurigkeit mit Schuldbesetzung).

Wie das Gehirn die Dysregulation verarbeitet, hängt sowohl von genetischer Disposition als auch von spezifischen Bedingungen der Traumatisierung ab. Die Ausgangslage ist aber gleich: Auf der Dysregulation des Nervensystems basieren wiederkehrende Depression, alle denkbaren Formen an Angststörungen, soziale Störungen, Zwangsstörungen und Persönlichkeitsstörungen. Im Falle von dissozialen Persönlichkeitsstörungen ist der ventrale Vagus in frühester

Kindheit aufgrund mangelnder Stimulation verkümmert. Wie häufig bei ADS ein Entwicklungstrauma zugrunde liegt, bleibt fraglich, aber übermäßige Aktivierung des Sympathikus scheint ein entscheidender Faktor für das Aufmerksamkeitsdefizit. Schizophrenie ist ein spezieller Fall. In psychotischen Zuständen hat sich das Gehirn außerordentlich vom Nervensystem abgenabelt und spinnt verstärkt eine eigene Story. Der Auslöser dafür kann eine Traumatisierung sein, also eine Überladung des Sympathikus, vor der die höheren neuronalen Funktionen in psychotische Weltdeutung flüchten. Wie häufig bei Schizophrenie diese Kausalität besteht, ist offen. Aber eines liegt nahe: Die gängigen psychischen Störungen basieren häufig auf einem Entwicklungstrauma. Es ist anzunehmen, dass ein Nervensystem, das durch Entwicklungstraumatisierung keine Grundstabilität erhalten hat, für Schocktrauma umso anfälliger ist. Da die Primärtraumatisierung in den ersten Lebensjahren und gegebenenfalls sogar pränatal geschieht, kann sie meistens nicht erinnert werden.

Von Entwicklungstrauma betroffen ist jeder, der nicht in seinen ersten Lebensjahren mit einem Gefühl bedingungslosen Willkommenseins und bejahender Liebe in diese Welt wachsen konnte. Mit anderen Worten: Das Phänomen des Entwicklungstraumas hat epidemische Ausmaße. Nach all den Kriegen in der Historie dieses Planeten ist das nicht verwunderlich. Unsere Gesellschaft steht erst am Anfang, sich dem zu stellen. Die meisten gängigen Psychotherapien konzentrieren sich auf Symptombewältigung. Genesungsorientierte Traumatherapien wie Somatic Experiencing oder NARM werden in der Regel nur von Heilpraktikern für Psychotherapie angeboten. Die wenigsten kassenärztlichen Psychotherapeuten haben eine entsprechende Weiterbildung im Bereich Entwicklungstrauma, obwohl Methoden, die unter Kenntnis der Polyvagaltheorie auf neurosomatisch-emotionale Regulation hinarbeiten, nachweislich den Weg zur Heilung eröffnen. Wenn wir dem Phänomen Entwicklungstrauma progressiv begegnen wollen, können wir uns derzeit nicht auf das offizielle Therapiesystem verlassen.

Wir dürfen uns eigenständig Transformationsimpulsen aussetzen und mit Gleichgesinnten verbinden.[8] Jedes Mal, wenn wir einem Menschen begegnen, können wir uns fragen, wie sehr wir gerade energetisch wirklich in echtem Kontakt sind. Inwieweit laufen in dem Moment mentale Programme ab, die uns davon abhalten, dem anderen in seiner Essenz zu begegnen? Wie sehr sind wir daran interessiert, was der andere in seiner subjektiven Existenzialität fühlt, empfindet, erfährt? Wie sehr können wir die Begegnung von Konditionen der Vergangenheit und Erwartungen einer Zukunft ungeprägt lassen? Schaffen wir es, unsere Vor-Stellungen sich nicht vor die Tatsächlichkeit des begegnenden Subjekts stellen zu lassen? Wie sehr können wir sehen, dass unser Nervensystem sich nicht sicher fühlen mag, weil es nicht zwischen längst vergangenen Zuständen aus der Kindheit und dem erwachsenen Hier-und-Jetzt unterscheiden kann? Jedes Mal, wenn wir es wagen, ungeachtet sämtlicher mentalen Programme einem anderen Menschen mit offenem Herzen zu begegnen, ihm wirklich zuzuhören vermögen und ermöglichen, tiefe Empfindungen und Gefühle auszutauschen und – wichtig – wir dasselbe vom Gegenüber erfahren, heilen wir ein Stück Entwicklungstrauma. Dieser therapeutische Vorgang ist nicht eingleisig und funktioniert nur in einem gemeinschaftlich seligen Raum, in dem sich die Begegnenden sicher fühlen. In dieser Art öffnen sollte man sich dementsprechend nur Menschen, mit denen eine ungefilterte Herzensverbindung möglich ist. Im Arbeitsumfeld oder auch mit den Eltern ist das leider oft nicht der Fall. Genesung von Entwicklungstrauma bedeutet ehrliche Begegnung von Menschen von Herz zu Herz, Essenz zu Essenz, Wahrheit zu Wahrheit. Entwicklungstrauma kann als duales Phänomen nicht in der absoluten Liebe der Nondualität aufgelöst werden. Die unmittelbare zwischenmenschliche Begegnung ist der Raum, wo der infantile Schock der Separation, der so lange und tief im Nervensystem saß, sukzessiv

8 Diesbezüglichen Anschluss bieten die vom Traumatherapeuten Gopal Norbert Klein initiierten »Lokalen Gruppen«. Innerhalb autarker Gruppen, für deren Gründung/Leitung keine therapeutische Vorkenntnis vonnöten ist, wird nach einem für das Nervensystem sicherem Schema Ehrliches Mitteilen ohne Identifikation und Zeitbezug praktiziert.

moduliert, integriert und in fließende Lebensenergie überführt werden kann. Das Befrieden mentaler Kriegsmaschinerie, mit der wir als unsere Meinungen, Gedanken, Konzepte, Schlussfolgerungen, Empörungen, Deutungen und Gewissheiten identifiziert sind – ein absolutes Seinlassen dessen und ein davon unabhängiges Begegnen als liebende Präsenz eines gefahrenlosen Gegenübers, das nach Wegfall aller Projektion und Übertragung in Gutmütigkeit fußt, ist ein wesentlicher Aspekte der Heilung von Entwicklungstrauma.

Darüber hinaus ist das bereitwillige Erlauben verdrängter Gefühle essentiell. Dieser Aspekt kann durch Psychedelika besonders gut unterstützt werden, da die Re-Assoziation verdrängter Inhalte ein wesentlicher Aspekt der psychedelischen Erfahrung ist. Die Grundproblematik des nicht vollendeten Kampf-oder-Flucht-Impulses, der projektiv auf unsere Umwelt übertragen wird, zeigt sich emotional als Wut/Rage oder Angst/Terror. Panikattacken sind eine Reinszenierung der als Kind erfahrenen Todesangst. Scham ist die Reinszenierung der als Kind subjektiv gefühlten Unzulänglichkeit, Traurigkeit die logische Konsequenz unzulänglicher Bindungsintegration. Dissoziation soll uns vor emotionaler Überforderung schützen. Wenn ein Traumagefühl an die Oberfläche tritt, ist es ratsam, es von der Story zu trennen, die der Verstand dazu spinnt, also es nicht unreflektiert auf äußere Personen/Situationen noch auf sich selbst zu richten. Gedankeninhalte in Bezug auf andere Menschen sind unzureichend und illusionär, wenn sie aus dissoziierter Wut- oder Schuldenergie hervorgehen. Heilung geschieht durch sichere Mitteilung sowie Erlaubnis des Gefühls. Wenn das Gefühl neutral im Hier und Jetzt gefühlt wird, kann man beobachten, wie es sich im Körper entfalten möchte, ohne dass man etwas hinzufügt oder ihm gegenüber resistent ist. Dann kann feststeckende Energie beginnen, sich zu bewegen. Falls der Körper anfängt zu vibrieren, wäre das ein gutes Zeichen. In einer sicheren beziehungsweise vertrauten Beziehung innere Zustände ohne Identifikation ehrlich zu kommunizieren, bewirkt eine Änderung der energetischen Signatur. Zur Stabilisierung ist es notwendig, sich über

Ressourcen im Hier und Jetzt bewusst zu werden. Ressource kann alles sein, was Überforderung verhindert und Stabilität unterstützt.

Wutenergie ist Lebensenergie. Wenn wir angegriffen werden, benötigen wir Wut zur Verteidigung. Erst durch Aufstauungen von Wut durch unsere Bedürfnisse unterdrückenden Lebensverhältnisse und Traumatisierungen entsteht die entsprechende energetische Verzerrung. Der Zugang traumatisierter Menschen zu ihrer Wutenergie ist zuweilen fragmentarisch oder abhanden. Andererseits vollzieht sich der Ausdruck von Wut gegebenenfalls explosiv. Die übermäßige Ladung wird als überfordernd und unkontrollierbar erlebt und verbleibt unerwünscht lange akut aktiv. Bei gesunden Tieren können wir beobachten, wie elegant der Umgang mit Wutenergie sein kann: Sie leben sie im Moment akuter Notwendigkeit von Verteidigung frei aus, um sich danach die Ladung effektiv aus dem Körper zu schütteln und befriedet und entlastet in den nächsten Moment überzugehen. Depression hängt meistens, wenn sie keine organischen Ursachen hat, mit unregulierter beziehungsweise dissoziierter Wut zusammen. Unter verdichteter Wut wiederum kann große Traurigkeit verborgen liegen. Unter oberflächlicher Traurigkeit kann aber auch rasende Wut begraben sein. Tief verdrängte Gefühlsschichten sind an Scham geknüpft und im Alltag entsprechend tabuisiert. Da Psychedelika uns über Schamkonditionierungen hinausheben, können während der Wirkung die unterdrückten Gefühle in Bewegung geraten.

Regelmäßig wird Menschen erzählt, sie hätten eine chronische psychische Krankheit und müssten sich damit abfinden, diese bis zum Lebensende zu ertragen. Sie müssten lernen, damit umzugehen. Diese Botschaft ist falsch. Richtig ist, dass psychische Pathologien nicht mechanisch behebbar sind und die Aufhebung der Leidensfaktoren ein Transformations- und Beziehungsprozess ist. Physikalistische Medizin versucht oft, das Leiden weitgehend zu mindern, und sieht eine hohe temporäre Minderung als einen hohen Erfolg. Ein tiefgehender Therapieprozess funktioniert anders. Zuerst müssen verdrängte

Gefühle wieder assoziiert und als eigene Kraft integriert werden und dann kann in einem vertrauten Umfeld erfahren werden, dass es keine Gefahr darstellt, innere Zustände mitzuteilen. Wenn traumabedingte Innenphänomene sowohl erlaubt und energetisch friedfertig dynamisiert als auch neutral mitgeteilt werden können, verlieren sie Dominanz über unsere Lebensprägung. Wie weit ein Heilungsprozess fortgeschritten ist, ist nicht zwangsweise daran auszumachen, wie wenig Leidensdruck akut vorhanden ist. Genesungsfortschritt ist daran gekoppelt, wie häufig das Nervensystem in die Regulation wechselt und wie selten zwanghaftes Denken die Vormacht hat.

Auch eine Abhängigkeitsstörung ist oft auf ein dysreguliertes Nervensystem zurückzuführen, da dieses mithilfe der regelmäßig zugeführten Substanz temporär reguliert wird. Viele suchtkranke Menschen befinden sich nicht in dieser Lebenslage, weil sie schlechtere Menschen sind oder nur die falschen Entscheidungen getroffen haben. Oft entstammen sie einer besonders traumatischen Kindheit. Opioide bieten für die Dauer der Wirkung einen befriedigenden Ausstieg aus der Hölle der Dysregulation, jedoch bringt körperliche Abhängigkeit eine neue Form von Hölle mit sich. Eine Lösung sind Opioide oder andere starke Drogen dementsprechend nicht, aber deren Gebrauch ist in einer Gesellschaft verständlich, die auf die Maxime der Alltagsfunktionalität ausgerichtet ist. Indem Psychedelika maladaptive Vernetzungen des Belohnungszentrum in Gehirnen substanzabhängiger Menschen überbrücken und neue neuronale Signalwege etablieren, bieten sie sich als fruchtbare Basis abhängigkeitstherapeutischer Intervention an.[9]

Damit eine Wunde heilen kann, darf sie nicht kontinuierlich erneut verunreinigt und infiziert werden. Ein klassischer Spruch besagt, dass Zeit alle Wunden heile. Warum sind dann viele Traumatisierungen von vielen Menschen unverheilt? Solange die Heilung termin- und fristgerecht geschehen soll, kann sie sich nicht wirklich vollziehen.

9 Vgl. Divito, A. J. u.a..: Psychedelics as an emerging novel intervention in the treatment of substance use disorder: a review. In: *Molecular Biology Reports* 47 (2020). S. 9791–9799.

Wenn einem Menschen ständig vermittelt wird, er müsse rasch Fortschritte machen oder bereits gemacht haben, solle bald wieder arbeitstüchtig und generell für die Gesellschaft effizient sein, kommt dies einer kontinuierlichen Verunreinigung der entwicklungstraumatischen Wunde gleich. Der Effizienzdruck des Gesundheitsmarktes lässt die Ware Gesundheit verkommen. Eine bestimmte Anzahl Sitzungen für eine Psychotherapie im Vornherein festzulegen, ist absurd. Umgekehrt kann in sehr wenigen Sitzungen viel passieren, wenn der Therapeut verstanden hat, worauf es bezüglich des Nervensystems ankommt und optimalerweise hinsichtlich transpersonaler Zustände kundig ist. Genesung ist keine mechanische Reparatur. Der heilende Raum muss bedingungslos gegeben sein. Der Fall in die Unendlichkeit durch eine mystische Erfahrung ist in diesem Zusammenhang eine mögliche Hilfe. Unser offizieller Gesundheitsmarkt hingegen ist ein blockierendes Paradoxon: Je schneller der Markt etwas erledigt wissen will, desto effizienter meint er zu sein, doch eigentlich ist es umgekehrt. Je weniger man auf Dringlichkeit bedacht ist, desto eher öffnet sich der heilsame Raum der Herzensgüte.

2.6 Psychedelisch-historische Entwicklung

Die Psychedelik hat bereits eine bedeutende Rolle in der Überwindung rigider gesellschaftlicher Strukturen eingenommen. Im Internet findet ein breiter Diskurs statt, und dank neuer Studien erleben wir eine Renaissance der öffentlichen Anerkennung von Psychedelika als ausgesprochen hilfreiche Mittel. Schon die ungestüme Zeit der Hippies hat frischen Wind in Kunst und Kultur gehaucht. Diese erste westlich-psychedelische Generation hatte – wie für eine erste Generation üblich – viele Merkmale einer Unreife. Sie opponierte (verständlicherweise) gegen das gesellschaftliche System, so dass sich gesellschaftlichen Herrscher von ihr bedroht sahen, was eine direkte psychedelisch induzierte Kollektivmetamorphose behinderte. Heute gibt es eine neue Generation psychedelisch Verständiger, die aus den Fehlern der ersten Generation gelernt haben. Mit gesammelten

Kenntnissen ist es möglich, breitbandig Menschen auf eine psychedelische Erfahrung vorzubereiten, sie unter besten Bedingungen einzuleiten und einen möglichst nachhaltigen Effekt zu etablieren. Es geht dabei nicht darum, die Gesellschaft umzustürzen, sondern darum, immanent heilsame Transformation zu ermöglichen. Es ist irreführend, psychedelische Substanzen als direkten Schlüssel zum Glück anzupreisen. Sie sind keine zwangsläufigen Heilsbringer oder automatische Problemlöser. Allerdings sind sie ein passendes Werkzeug, um an beschriebenen Fehlstellungen zur Behebung anzusetzen. Dabei gilt: Nur zu bestimmten Zeiten an bestimmten Orten in bestimmten innerlichen und äußerlichen Kontexten ist ihre Einnahme sinnvoll.

3 Psychedelische Transformationsarbeit

3.1 Gefahren

Wenn Psychedelika mit verständiger Kenntnis angemessen dosiert unter adäquatem Set und Setting eingenommen werden, ist das Schadenspotential relativ gering. Üblicherweise profitieren Menschen auch von herausfordernden Erfahrungen, wenn entsprechende Rahmenbedingungen eingehalten werden und ein psychedelisch kundiger Deutungshorizont erschlossen ist. Sollte der innere wie äußere Kontext der Einnahme oder die notwendige Kenntnis der Wirkung nicht adäquat sein, birgt der Umgang mit Psychedelika gewisse Gefahren.

Übermäßiges Heilsversprechen: Auch wenn sich neuromentale Knoten in der psychedelischen Erfahrung gegebenenfalls rasch auflösen, kann die Substanzeinnahme nicht verhindern, dass die Knoten sich zurückbilden, wenn wir uns nicht anderweitig Neujustierung widmen. Entwicklungstrauma bringt in Form psychischer Muster blinde Flecken mit sich, die wir nicht alleine überschauen können. Ein bindungstraumatisch verständiger Therapeut, der die Grundmechanik des Nervensystems kennt und über ausgeprägtes Einfühlvermögen verfügt, kann helfen, neuromentale Kurzschlüsse zu überbrücken. Derartige mitmenschliche Feinkalibrierung ist meines Erachtens durch nichts zu ersetzen.

Falsche Gründe der Einnahme: Eine Gefährdung in der Arbeit mit Psychedelika entsteht dadurch, dass man sie einnimmt, ohne dass man einen inneren Ruf danach verspürt. Der Ego-Verstand hat in der Regel keine Lust auf seine Auflösung oder Strukturminderung, so dass sein Wort alleine nicht als maßgebender Faktor gelten kann. Aber die Intuition sollte aus einer inneren Tiefe ein Ja senden. Ohne die Intuition, dass die psychedelische Technologie für den aktuellen inneren wie kontextuellen Zustand die angemessene ist, sollte man sie nicht anwenden. Wenn nach eingehender Beschäftigung mit verständigen

Informationsquellen zu Psychedelika in dir nicht der Wunsch vibriert, sich dieser erstaunlichen Erfahrung auszusetzen, solltest du prüfen, ob sie derzeit das Richtige für dich ist. Die meisten Probleme mit Psychedelika treten auf, wenn Menschen nicht auf solche innere Weisheit hören und die Einnahme auf oberflächlichen Gedanken oder Gruppendruck basiert. Eine blinde Einnahme, ohne sich vorher mit Lektüre verständiger Psychonautik beschäftigt zu haben, kann nach hinten losgehen. Selbstüberschätzung und mangelnder Respekt der Wirkmächtigkeit können nachhaltigen Schaden verursachen – insbesondere, wenn hochpotente Mittel wie Ayahuasca zum Spaß ohne Transformationswidmung eingenommen werden.

Umgekehrt geht es bei psychedelischer Therapie nicht darum, möglichst viele verdrängte traumatische Erinnerungsszenen an die Oberfläche zu holen und sie auszuhalten. Genesung geschieht nicht dadurch, sich möglichst anstrengenden Zuständen auszusetzen. Wenngleich ein turbulenter Sturm aufkommen kann, darf die Erfahrung in Leichtigkeit, Gelassenheit und Frohmut münden.

Suggestibilität: Aufgrund der Imposanz des psychedelisierten Zustandes kann man akut dazu neigen, psychedelisierte Gedankengänge zu überinterpretieren oder auch zu missinterpretieren. Durch die prägnante Veränderung der psychischen Konstellation können Phantomwahrnehmungen aufkommen, die den subjektiven Eindruck verschaffen, mit dem Körper könnte etwas ernsthaft nicht stimmen. Anstatt uns Panik hinzugeben, können wir daran ablesen, wie überzeugend bedrohlich Phänomene erfahren werden können, die unsere Psyche lediglich simuliert. Natürlich kann man besondere Einsichten gewinnen und Aha-Momente erleben. Wenn die mentalen Inhalte aber eher einer ausweglosen Schleife gleichkommen, ist die Wahrscheinlichkeit hoch, dass sich gerade ein in der Vergangenheit eingeprägtes Denk- und Empfindungsschema etabliert. Es ist wie im Alltagsleben: Man kann brillante Einfälle haben, aber oft ist man irregeleitet, wenn man Gedanken allzu viel Bedeutung beimisst. Dass emotionale wie mentale Zustände im psychedelisierten Zustand einerseits stark intensiviert sein und andererseits sich sehr rasch ändern können, sollte dazu genutzt werden, zu beobachten, wie relativ, willkürlich und unfreiwillig diese inneren Phänomene sind. Psychedelika können uns in sehr extreme Zustände katapultieren und wir dürfen die Intensivität eines Zustandes oder Gefühls nicht mit dessen vermeintlicher Unwiderlegbarkeit oder Stimmigkeit verwechseln. Ähnliches gilt für Visionen, deren Interpretation sehr interessant sein kann, die aber nicht als ultimative Realitäten verstanden sein sollten. Die Suggestibilität ist unter Psychedelika enorm hoch und kann rasch in die Irre führen.

Inadäquates Set oder Setting: Sowohl äußere Bedingungen (Setting), also der örtliche Kontext der Einnahme, als auch innere Bedingungen (Set), also absolute Widmungsbereitschaft gegenüber der psychedelischen Erfahrung, sind essentiell. Wenn der Ort der Einnahme nicht ungestört und sicher ist, kann aufgrund der erhöhten Suggestibilität die Erfahrung selbst durch kleinere Störfaktoren in ungewünschte Bereiche katapultiert werden. Größere Störfaktoren (wie Kontakt mit streitlustigen Leuten) können zu erheblichen Verstörungen des psychedelisierten Menschen führen. Kleinere äußere Störfaktoren können durch ein optimales Set abgefangen werden. Fehlt uns allerdings auch innerlich die Bereitschaft zur absoluten Hingabe, weil wir glauben, während der Session irdischen Verpflichtungen und Befangenheiten nachgehen zu müssen, kann sich ein positiver Genesungsprozess kaum entfalten.

Falsche Dosis oder Substanz: Zu niedrige Dosen können kaum Schaden anrichten, zu hohe Dosen definitive Überforderungen mit sich bringen. Man sollte sich aus verschiedenen Quellen über die Effektstärke einer Substanz informieren und unbedingt in eine Waage mit drei Nachkommastellen investieren. Bei Billigmodellen unter 50 € sind Messfehler von bis zu 10 mg nicht auszuschließen. Möchte man besonders geringe Mengen abwiegen, sollte man die Waage zuerst mit 100 mg beschweren und dann die Substanz addieren, da die günstigeren

Waagen einstellige Mengen besonders schlecht erfassen. Wenn man der Quelle der Substanz nicht vertrauen kann, sollte man sich ein Testkit besorgen, um auszuschließen, dass man keine andere Substanz als die gewünschte einnimmt.

Häufigkeit: Es ist offenkundig, dass eine zu häufige Einnahme zu Verwirrung, Überforderung und Verlust von Bodenkontakt führen kann. Darüber hinaus gibt es noch eine weitere Problematik: Eine unachtsame kontinuierliche Einnahme von Psychedelika kann das Ego wie einen Muskel trainieren. Nach einem Besuch beim Fitnessstudio sind die bearbeiteten Muskelpartien geschwächt und werden bei regelmäßiger Schwächung auf die Dauer stärker. Dieses Prinzip kann auch bei einem unachtsamen Umgang mit Psychedelika greifen, indem das Ego nach einer Session weniger starr ist, aber nach einer Zeit der Reformation in bestimmten Hinsichten umso rigider wird. Aufgrund blinder Flecken kann dieser Vorgang vom betroffenen Individuum unbemerkt bleiben. Darum ist es essentiell, Psychedelika mit der gebührenden Achtsamkeit einzunehmen sowie sich täglich in liebevoller Güte zu üben.

Bad Trips: Oft beruht das Phänomen eines Bad Trips auf einem unangemessenen Set oder Setting sowie mangelnder Bereitschaft der Hingabe während der Wirkung. Sollten innere oder äußere Störfaktoren den freien psychedelischen Fluss behindern, wird die Erfahrung von Angst oder sogar Terror dominiert. Sollten Traumagefühle an die Oberfläche dringen, gilt es, keinen Widerstand zu leisten. Bemüht sich das Ego, vermeintliche Kontrolle aufrechtzuerhalten, kann der Eindruck entstehen, verrückt zu werden. Nachträglich werden solche Erfahrungen nicht selten als hilfreich eingeschätzt, da der Erfahrende hautnahe Einsichten in die Mechanismen der Ego-Abwehr erleben konnte. Die Wahrscheinlichkeit eines Bad Trips ist bei hohen Dosen höher, wenn die Psyche zuvor nicht sukzessiv an solche Peakzustände herangeführt wurde. Bei besonders hohen Dosen gepaart mit Kontrollzwang beziehungsweise unbeugsamer Resistenz gegen Hingabe entsteht eine potentiell traumatisierende Konstellation. Besonders erschütternd ist es, wenn einem Menschen im psychedelischen Einfluss ein tatsächlicher Schaden geschieht wie Gewalteinwirkung durch eine andere Person. Dazu zählt, jemandem eine psychedelische Substanz ohne dessen Wissen oder Einverständnis zu verabreichen, was zu einem Trauma und in Kombination mit weiteren Faktoren (wie Müdigkeit oder Mischkonsum) sogar zu einer Psychose führen kann. Psychedelika sollten niemals eingenommen werden, ohne über ihre Wirkung informiert zu sein und eine innere Bereitschaft zu empfinden. Da in den aktuellen psychotherapeutischen Studien mit Psilocybin Dosis, Set und Setting optimiert sind, kommt ein sogenannter Bad Trip in diesem Kontext so gut wie nicht vor.

Hängenbleiben: Das sogenannte Hängenbleiben ist keine reguläre Gefahr. Die möglichen Varianten möchte ich trotzdem kurz erwähnen. Bei ungewöhnlich häufiger Einnahme kann es zu einer sogenannten *Hallucinogen Persisting Perception Disorder* kommen. HPPD ist eine Wahrnehmungsveränderung, bei der auch im nüchternen Zustand visuelle Verzerrungen bestehen bleiben, die in der psychedelischen Erfahrung üblicherweise auftreten. Nach einiger Zeit schleicht sich diese Störung üblicherweise wieder aus. Sollten psychedelische Tiefenprozesse angestoßen, aber nicht zu Ende prozessiert worden sein, kann sich ein Individuum auch nach der Session in diesem Zwischenzustand befinden. Möglicherweise kann eine erneute tiefgehende psychedelische Session den Prozess vollenden und verlorene Ausgeglichenheit wiederherstellen, was sich aber nur im Einzelfall mutmaßen lässt.

Andere Fälle von sogenanntem Hängenbleiben sind darauf zurückzuführen, dass in der psychedelischen Erfahrung Traumamaterial hochgekommen ist, das zu überfordernd ist und sich darum unzureichend verarbeitbar an der Oberfläche der Psyche befindet. In diesen Fällen kann ein kundiger Einsatz von emotional stützenden Entaktogenen den Integrationsprozess anstoßen.

In seltenen Ausnahmefällen kann die Einnahme eines Psychedelikums eine latent vorhandene Psychose verstärken. Das ist allerdings keine spezifische Eigenschaft von Psychedelika, sondern ist darauf zurückzuführen, dass latente Psychosen generell durch psychisch besonders einschlägige Erlebnisse getriggert werden.

Die Jagd nach Peakerlebnissen: Der Alltag kann uns verglichen mit den besonderen Zuständen unter Psychedelikaeinfluss unspektakulär vorkommen. Wenn wir nicht auch in der menschlichen Alltäglichkeit das Göttliche vermuten, besteht die Gefahr, psychedelische Peakzustände zu jagen. Was nützt es, mit einem Trampolinsprung kurz über die Mauer zu blicken und ansonsten immergleich am Boden zu verweilen? Besser wäre es, gewissenhaft an einer Leiter zu bauen oder sukzessiv ein Loch in die Mauer zu schaben (bis wir erkennen, dass es nie eine Mauer gab). Das Trampolin kann dann zum Ausmessen der Mauer genutzt werden, aber wir brauchen nicht der falschen Idee anheimzufallen, es wäre unser einziges Veränderungsmittel.

Illegalität: Der Vollständigkeit halber sei erwähnt, dass unser Staat zusätzliche Gefahren schafft. Geld- oder Gefängnisstrafen für den Umgang mit diesen Substanzen gehören dazu. Die Illegalität verhindert eine angemessene Aufklärung, so dass psychedelische Erfahrungen unter ungünstigeren Set- und Setting-Bedingungen eingegangen werden, als es sein müsste. Ein Schwarzmarkt fördert zudem die Problematik, dass etwas als gewünschte Substanz wie LSD verkauft wird, aber eine andere und potentiell schädliche Substanz wie 25I-NBOMe ist oder mit schädlichen Substanzen verunreinigt ist. Während klassische Psychedelika wie LSD oder Psilocybin kein körperliches Schadenspotential mit sich bringen, existieren unbekanntere Substanzen, die schlimmstenfalls zum Tod führen können. Entsprechend sollte man sich sicher sein, welche Substanz man konsumiert.

3.2 Alter

Psychedelika sollten normalerweise nicht in einem jugendlichen Alter konsumiert werden. Die Psyche benötigt ein stabiles Konstrukt, zu dem sie nach psychedelischen Öffnungsvorgängen zurückkehren kann. Bewusstheit bedeutet nicht, dieses Konstrukt zu zerstören, sondern die Identifikation damit aufzuheben. Sollte sich in einem Menschen noch kein Identitätsparadigma stabilisiert haben, gibt es auch keine Grundlage für die Metaebene des Loslassens. Werden Psychedelika nur aus Spaß wegen sensorischer Effekte eingenommen – aufgrund mangelnder Reife ohne Bewusstheit für psychologische Veränderungen –, kann dies konkreten Schaden und bei extremer Regelmäßigkeit sogar psychotische Symptome hervorrufen. Es wäre damit vergleichbar, eine junge Pflanze mit zu viel heißer Sonne zu bestrahlen, die zum erstmaligen Wachsen auch die Kühle des Schattens benötigt.

Außer zu konkret notwendigen therapeutischen Zwecken unter professioneller Begleitung sehe ich kaum Grund dazu, Psychedelika unter 21 Jahren einzunehmen. Es ist gut, wenn ein Mensch eine intellektuelle Reifung durchlaufen hat, um der Imposanz des Erlebten Sinn als erdende Erklärung zu geben. Ein Jugendlicher hat eine entsprechende Urteilskraft und vernunftbedingte Erklärungssouveränität in der Regel nicht. Wer sich gänzlich in infantilem Staunen verliert, dessen psychedelische Praxis entspricht nicht dem Prinzip der Notwendigkeit des Groundings. Ein optimaler Zeitraum für psychedelische Innenarchitektur könnte zwischen 25 und 55 Jahren liegen. Die Psyche ist dann einerseits gereift und stabilisiert, andererseits offen und flexibel für entsprechende Transformationsprozesse. Je älter ein Mensch wiederum wird, desto schwieriger könnte es für ihn sein, von jahrzehntelang eingeübten Mustern und Identifikationen abzulassen. Es ist ein Unterschied, ob man 30 Jahre lang einer illusionären Vorstellung von Selbst und Welt erlegen war und reichlich Lebenszeit für psychedelische Transformation vor sich hat, oder ob im umgekehrten Verhältnis mit 70 Jahren erkannt werden muss, dass man im überwiegenden Teil des Lebens grundlegender Illusion anheimfiel. Der Vorgang der Akzeptanz und Integration könnte länger und weniger geschmeidig ablaufen. Das ist aber nicht verallgemeinerbar, umgekehrt könnte ein hohes Alter entschiedenere Hingabebereitschaft mit sich bringen. Menschen können im hohen Alter ebenso von Psychedelika profitieren, wenn sie bereit sind, sich darauf einzulassen. Die Studien zur Behandlung von »End-of-Life-Anxiety« bei krebskranken Menschen beweisen dies: Über 80 Prozent der Teilnehmer erlebten eine starke Minderung des psychischen Leidensdrucks bezüglich Todesangst. Aus der absoluten Perspektive ist für das wahre Selbst das Alter irrelevant oder anders formuliert: Wenn du in der Zeitlosigkeit ankommst, ist es egal, wie viel Zeit du dafür gebraucht hast. Da das menschliche Leben sich aber in der Zeit abspielt, ist man gut beraten, zeitliche Entwicklungsfaktoren miteinzubeziehen.

3.3 Einsicht und Akzeptanz

Wenn die Rahmenbedingungen stimmen, können wir uns psychedelisch induziert dem inneren Prozess widmen. Die Startbasis zur Transformation ist Bereitwilligkeit zur Einsicht unserer erworbenen Verzerrungen der Lebensenergie, der Akzeptanz ihres Vorhandenseins sowie offenkundig der Offenheit für ein Erleben neuer Wirklichkeiten.

3.3.1 Die Relevanz der Einsicht

Einen Weg der Genesung zu beschreiten erfordert eine Erkenntnis der Unbewusstheit der Umstände. Man muss nicht durchschauen, wie unbewusst man ist. Das ist vorerst gar nicht möglich. Man sollte aber eingestehen, dass man unbewusst beziehungsweise automatisiert denkt und handelt und dass daraus ein Großteil des Leidensdruckes entsteht. Man kann einräumen, dass Leiden mit der individuellen Verfassung zu tun hat und dass äußere Zustände oft ein Spiegel der inneren Bedingungen sind. Solange man Schuld in einem Außen sucht, versperrt man sich inneren Spielräumen der Umgestaltung.

Nicht selten bleiben Menschen auf der Ebene der Mentalisierung stecken. Dann wird angenommen, wenn man es nur schaffe, andere Gedanken zu denken, wäre das Problem gelöst. Echte Transformation geht sowohl nach unten als auch nach oben darüber hinaus: Nach unten, indem sie auf der Ebene einer somatisch-neuronal orientierten Regulation vonstattengeht, deren unregulierte Kampf-und-Flucht-Impulse meistens Grundlage leidprägender Gedanken sind, und nach oben, indem das Bewusstsein sich als von Gedanken unabhängig realisiert.

Wenn Menschen ein hoher endogener Leidensdruck plagt, ist es üblich, sie als krank zu kategorisieren. Psychiatrisch-psychologische Diagnosen können zu Kommunikationszwecken und sprachlicher Bestimmung gewisser Verhaltensweisen sinnvoll sein. Sich mit einer wie auch immer gearteten Diagnose zu identifizieren, reicht allerdings nicht zur Einsicht in Transformationsnotwendigkeit aus. Im Gegenteil kann uns zu starker Fokus auf Diagnosen unvorteilhaft auf der persönlichen Ebene und virtuellen Domäne der Vergangenheit festsetzen. Auf dieser Ebene ist kein Verständnis der eigentlichen Problemgrundlage vorhanden, da sie innerhalb des mentalen Klassifizierungsparadigmas rationalistischer Kultur abgesteckt und nur in diesem begrenzten Rahmen verständig ist. Man muss einsehen, dass die mentale Ebene einer unbewussten somatischen Programmierung folgt und Heilung nicht nur durch kognitive Bearbeitung möglich ist. Damit einhergehend muss verstanden werden, dass die unbewussten Strukturen energetischer Art sind und diese nur auf der Ebene des gefühlten Zulassens und sicherer Kontakterfahrungen unabhängig aller mentalen Klassifizierungen bewegbar werden. Diagnosen haben den Nachteil, dass sie der Zuordnung einer Krankheit entsprechen. Ein durch Trauma dysreguliertes Nervensystem wurde aufgrund der Notwendigkeit entwickelt, in einem gestörten Umfeld existieren zu können oder müssen. Die neuronale Dysregulation sollte insofern nicht als Krankheit, sondern (wie es das NARM-Prinzip von Laurence Heller vorschlägt) als einst schützende Überlebensstrategie verstanden werden. Der Genesungsvorgang ist so gesehen kein Annullieren von Krankheit, sondern ein Update des Nervensystems.

Unliebsame innere wie äußere Umstände sollten als Status Quo akzeptiert werden, schließlich sind sie bereits vorhanden. Keineswegs sollten sie aber als unveränderbar gegeben angenommen werden. Die fatale Annahme eines Heideggerschen Existenzialismus, nach dem der Mensch hilflos in die Bedingungen seiner Welt geworfen sei, blockiert Änderungsmöglichkeiten. Zu sagen, es sei halt so, dass man eine Krankheit habe, und man sich damit abfinden müsse, zeugt von einem Missverständnis der Grundlage unseres Seins als schöpferische Kraft sowie der Regulationsmöglichkeiten des Nervensystems. Gleichzeitig geht es nicht darum, stumpf etwas zu löschen, was uns als Individuum ausmacht. Manche Menschen wurden psychoemotional so sehr verletzt, dass Beeinträchtigungen und Narben sie bis ans Lebensende begleiten werden. Doch für keinen Menschen ist emotionale Wundheilung prinzipiell ausgeschlossen. Wir dürfen uns aufmachen, über unsere Kindheit hinauszuwachsen. Die Welt der Lebensformen ist immer dynamisch, beweglich, Richtung Heilung orientiert und abwechslungsreiches Bühnenspiel im Theater ewigen Seins. Dass selbst das intensivste Leid in einem transzendenten Frieden aufgehoben werden kann, ist eine Einsicht, die die psychedelische Erfahrung zu stimulieren vermag. Sie kann der Startschuss sein für eine Bewegung hin zu mehr Regulation und Bewusstheit sowie zumindest einer Linderung des Leidensdrucks.

Viele Menschen kennen keine endogenen Alternativen zu ihrem gegenwärtigen Daseinsdilemma. Stattdessen attribuieren sie Schwachstellen extern und geben einer Außenwelt die Schuld an etwaigen Schieflagen. Daran gekoppelt ist die Notwendigkeit, sich einzugestehen, dass energetisch etwas im Argen liegt. Es sollte zuerst erkannt werden, dass das Energiesystem nicht rund läuft, dass das Potential nicht ausgeschöpft ist. Ohne die Erkenntnis, dass innere Änderung notwendig und möglich ist, kann sie auch nicht angegangen werden. Versuche, durch rationales Nachdenken zu einer Lösung zu kommen, sind zum Scheitern verurteilt. Erst wenn eingestanden wird, dass es auf einer dem rationalen Verstand nicht zugänglichen Ebene Gefühlsstauungen gibt, deren Umfang man bisher nicht einmal geahnt hat, ist man bereit, Licht in schattige Tiefen zu führen. Es geht hierbei nicht um eine innere Auseinandersetzung, sondern um eine integrative Ineinandersetzung. Der Weg dahin führt über Gefühle und liebevolle menschliche Verbindungen. Jedes Gefühl darf zugelassen werden, wie es auftaucht. Das bedeutet nicht, dass man sich von ihm blind mitreißen lässt und es nach außen ausagiert. Im Gegenteil wird dem Gefühl der Raum geboten, den es zum Herabbrennen benötigt, ohne dass man sich mit ihm oder ihm angehörigen Gedanken identifiziert. Das Gefühl darf sein, wie es ist, ohne Wenn und Aber, aber auch ohne neues Beiwirken oder Reinsteigern. Ausgedrückt werden darf es sehr wohl – auf sozialverträgliche Art und Weise. So kann es zu Ende gefühlt und langsam abgetragen werden. Wenn ein Gefühl auftaucht, lass es sein, ohne dass du etwas hinzufügst oder versuchst zu entfernen. Durch Kunst, Kommunikation und Körpermobilisierung kannst du ihm Ausdruck geben.

3.3.2 Die Relevanz der Akzeptanz

Wenn Leid nicht akzeptiert wird, kann es nicht aufgehoben werden. Hegel hat die drei Seiten des Begriffs des Aufhebens brillant bedacht: Aufheben kann darauf abzielen, dass etwas nicht mehr vorhanden ist. Etwas war zuvor, doch wurde aufgehoben, so dass es nicht mehr besteht. Das ist der Zustand, den sich die Menschen bezüglich Leid wünschen. In einer mystischen Erfahrung wird das Bestehen von Zeit aufgehoben und damit einhergehend entsprechendes Leid. Eine weitere Bedeutung von Aufheben ist die des Aufbewahrens. So gibt es beispielsweise den Spruch, sich das Beste für den Schluss aufzuheben. Gefühle sind nicht auflösbar, ohne dass ihnen zuerst der Raum zugestanden wird, den sie erfordern. Damit Leid in Form dichter Gefühle abhandenkommt, muss es auf die richtige Art und Weise aufbewahrt sein. Das heißt nicht, dass an ihm festgehalten werden soll. Aber die Gefühle dürfen nicht im Keller verschlossen oder im Garten vergraben werden. Sie können im Wohnzimmer aufbewahrt werden, solange sie einen Raum benötigen. Die dritte Bedeutungsvariante des Aufhebens ist die des In-die-Höhe-Hebens. Das Individuum kann über das Leid hinauswachsen, indem es sich ihm stellt. Das Leid wird zur

Ausgangslage für Höheres. Wer sich dem Prozess der Traumaheilung stellt, dem eröffnen sich die spirituellen Qualitäten des Herzens. Es ist wie mit einer Haft. Durch den Ego-Verstand ist das Individuum in der Gefängniszelle der Identifikation mit den persönlichen Gedanken eingesperrt. Es wünscht sich eine Aufhebung des Haftbefehls. Dazu muss das Individuum sich zuerst dem Grund seiner Haft stellen, ihn achtsam begutachten und Freiheit als eigene Aufgabe annehmen, damit der Haftbefehl seine kafkaeske Dominanz verliert. Schließlich kann es in die Freiheit entlassen werden, weil der Grund seine Gültigkeit verliert und die Haft aufgehoben wird.

Leid ist nichts, wovor es wegzulaufen gilt, sondern etwas, das reguliert und transzendiert werden kann. Es geht hierbei wohlgemerkt um psychologisches-emotionales Leiden. Körperliche Schmerzen können auch ein strenger Lehrer sein, aber es wäre sadistisch, niemandem diesbezüglich zur größtmöglichen sofortigen Linderung zu verhelfen. Psychologisches Leid hingegen beruht auf ungelösten Gefühlen in unserem Körper, die nur gelöst werden können, wenn sie zuerst wieder assoziiert werden. Durch Flucht und Verdrängungsmechanismen verschwinden sie nicht nur nicht, sondern verdichten sich und beeinflussen unsere Lebenssituationen aus dem Dunklen. Sie sind dann das, was C. G. Jung den Schatten nannte. Es gibt etliche Möglichkeiten, sich abzulenken – projektive Beziehungen, Games, Social Media, Onlinesucht, Drogen, Sport, die Möglichkeiten scheinen endlos. Dennoch kommt man immer wieder an einen Punkt, an dem unterdrückte Energien Einfluss und Macht beweisen, beispielsweise weil man immer wieder an gewalttätige Partner gerät oder selbst zu Gewalt neigt. Unangenehme Gefühle sind dazu da, bereitwillig erlaubt zu werden. Sie sind Teil unseres menschlichen Lebens wie der Ich-Sinn, der Sonnenaufgang und die Geschlechtlichkeit. Ohne das volle Gefühlsspektrum kann niemand ein erfülltes Leben führen. Wenn wir unsere vom Ego unerwünschten Gefühle bereitwillig fühlen, ohne uns mit ihnen zu identifizieren, geschieht ein Prozess der Reintegration abgespaltener Energien. Wir werden gesünder, scharfsinniger, erfrischter und subjektiv vollkommener. Wichtig ist, dass dieser Prozess von einem sonstigen Verlassen der Komfortzone des Egos begleitet wird. Damit können psychedelische Erfahrungen gemeint sein, aber auch sichere Begegnungskonstellationen mit anderen Menschen, vor denen uns der traumabedingte Verstand warnen möchte. Andererseits dürfen wir auch lernen, uns aus schädlichen Beziehungsverstrickungen zu lösen, die wir aufgrund ähnlicher Strukturen in der Kindheit fälschlicherweise als normal empfanden. So treten wir als Individuum wieder in direkte Verbindung mit Tatsächlichkeit. Das gilt für negative wie für positive Gefühle. Wenn wir lange mit einer miserablen Innerlichkeit gelebt haben, kann uns ein dezidiertes Freudeempfinden irritieren und unsicher erscheinen, weil es außerhalb des gewohnten Empfindungsbereichs liegt.

Auf den Gefühlen eines dysregulierten Nervensystems möchte der Verstand widerstrebende Gedankenarsenale bauen – Schuldzuweisungen, Opfergeschichten und Kriegspläne schmieden. So wird neues Leid erschaffen. Das ist *Samsara*, das Rad des ewigen Leidens. Die hier thematisierte Relevanz der Akzeptanz von Leid zielt ausschließlich auf die Akzeptanz von etwas ab, das in Form von im Körper gespeicherten Energiekomplexen bereits vorhanden ist. Man sollte nicht aktiv nach negativen Gefühlen wühlen oder sich in sie hineinstürzen. Stattdessen reicht es, das Gefühl, wenn es auftaucht, anzunehmen, wie es ist, und es ungehindert oder ungefiltert ablaufen zu lassen, ohne Gegenwehr oder Resistenz. Wenngleich das Empfinden ungemein unangenehm sein kann, wendet man sich nicht von ihm weg, sondern überlässt ihm neutrale Aufmerksamkeit. Man muss mit unangenehmen Gefühlen nichts anstellen, außer ihnen die Freiheit der Existenz zuzugestehen und sie im sicheren Kontakt anderen Menschen mitzuteilen. Das ist ein äußerst wichtiger Aspekt: **Es geht nicht darum, mehr in ein Gefühl hineinzugehen oder unangenehme Empfindungen zu intensivieren. Sie sollten lediglich erlaubt werden, wie sie bereits da sind. Ein forciertes Hineingehen oder Intensivieren von dysregulierten Zuständen führt weder zu mehr Bewusstheit noch zu mehr Regulation.** Da der Körper im Falle hoher Aktivierung Energie für Angriff oder Flucht bereitstellt, kann es ratsam sein, ihn durch Yoga, Laufen, sprachlichen Ausdruck oder Sport zu mobilisieren. Unterschieden werden muss zudem zwischen einer gewünschten Wiederverbindung mit verdrängter Energie und dem Festhängen in Gedanken- und Gefühlsschleifen. Ersteres kann sich übergangsweise unangenehm anfühlen, bringt jedoch Bewegung in das System und dient der Lösung von Blockaden. Letzteres impliziert keine Aufhebung des Unangenehmen, so dass es zwecklos bis schadhaft ist, in einer solchen Schleife zu verharren. Im Falle solchen Festhängens sollte in einer psychedelischen Session das Setting geändert werden, z.B durch neuen sensorischen oder zwischenmenschlichen Input.

Es gibt verschiedene Tricks und Ansätze, um dem Zwang, die innere Lage mit dem rationalen Verstand lösen zu wollen, zu entkommen. Damit ein Gefühl völlig angenommen werden kann, ist es gegebenenfalls hilfreich, sich vorzustellen und zu akzeptieren, es würde für die Ewigkeit bestehen. Wenn die Akzeptanz, dass dieses Gefühl nicht mehr vergeht, zu einer echten inneren Entscheidung wird, begegnet dem Gefühl der Ablehnung eine Liebe, die wiederverbindend und heilsam ist. Wenn ein akzeptiertes Gefühl dann noch anderen Menschen mitgeteilt wird, verliert die damit verbundene Projektionstendenz ihre Wurzelkraft.

Auf der kognitiven Ebene gibt es den Trick, das Gegenteil eines ablehnenden Gedankens zu denken. Wenn sich ein negativer Gedanke eingeschlichen hat, sollte er als irrationales Trugbild identifiziert werden. Da wir gewohnt sind, uns mit auftauchenden Gedanken zu identifizieren (und das obwohl sie unsteuerbar aus dem Nichts erscheinen), erfordert dies eine gewisse Übung. Sobald ein Gedanke als unverhältnismäßig negativ, abwertend und verurteilend identifiziert wurde, kann das damit verbundene Gefühl und seine Energiestruktur umcodiert werden, indem man aktiv und bewusst das Gegenteil seiner Aussage denkt. Dem Verstand mag das schwachsinnig erscheinen. Doch gerade bei Gedanken, die sich gegen einen selbst richten, wird schnell erkenntlich, wie sehr unbewusster Widerstand besteht und dass auf der energetischen Ebene mit dieser Praxis ein auflockerndes Moment einhergeht. Es liegt nahe, dass solche mentalen Tricks keine nachhaltigen Lösungsansätze sind, weil sie letztlich Kontrollbemühungen sind und nicht neuen Erfahrungen entsprechen.

Grundsätzlich ist es sinnvoll, sich aus der Komfortzone des Egos herauszuwagen. Dabei geht es nicht darum, die Komfortzone zu bekämpfen, denn sie ist unsere subjektive Grundlage für Sicherheitsempfinden. Es geht darum, sich neue Herausforderungen zu suchen, sich in Situationen zu begeben, die nicht kontrollierbar, aber prinzipiell sicher sind. So können Gefühle getriggert werden, deren energetische Muster man sich vorher gar nicht bewusst war, und es kann erfahren werden, dass die vermutete Unsicherheit nicht zutrifft. Wenn wir uns vom traumabedingten Verstand erklären lassen, in welchem kleinen Rahmen wir sicher wären, verschließen wir uns vor unseren Möglichkeiten. Die psychedelische Erfahrung ist grundsätzlich eine Sphäre, in der wir die Illusion der Kontrolle aufgeben müssen und damit üblicherweise einen Schritt oder sogar einen Meilensprung aus der Komfortzone hinaustreten. Auf der absoluten Ebene bedeutet das: Es gab nie einen Loslassenden oder sich Ergebenden. Wenn Hingabe auf Gnade trifft, wird lediglich die Vorstellung eines sich Hingebenden aufgelöst und realisiert, dass es als Form nie mehr gab als Vorstellung und das wahre Selbst außerhalb ist.

3.4 Der Ansatzpunkt

Psychedelische Substanzen wirken, indem sie Gehirnbereiche herunterfahren, die aktiv sind, wenn wir über unser Selbstbild in Bezug auf Vergangenheit und Zukunft nachdenken: das **Default-Mode-Network.** Es sind die ständig stattfindenden Überlegungen, die unsere Identität und Alltagsgewohnheit betreffen. Von Familie und Gesellschaft werden wir in eine kulturelle Wertematrix normativer Maßstäbe eingeflochten, die sich in Kombination mit unserer genetischen Prädisposition zu bestimmten Verhaltensmustern und Persönlichkeitsprägungen stabilisieren. Wir verfestigen unsere Identifikation, indem wir für oder gegen etwas sind. Aus traumatischer Notwendigkeit wie aus kultureller Unbehaglichkeit verdrängen wir Inhalte unserer Psyche. Das energetische Prinzip, das in Abgrenzung von vermeintlich Anderen über Gefühlsimpulse aus dem autonomen Nervensystem, über ideologische Setzungen und über ein Vergangenheits-Zukunfts-Schema die Vorstellung einer fixen Identität bildet, kann als Ego bezeichnet werden. Es ist das, was wir zu sein glauben, solange wir uns als in einen Körper gesperrte und in eine fremde Welt geworfene Entität begreifen. Damit einher gehen Gedankenmuster, die sich automatisieren, weil sie auf verdrängten Gefühlen und kulturellen Konditionierungen beruhen. Sie werden zur Selbstnarration und prägen unsere Interaktion mit der Welt.

Üblicherweise lehrt die materialistische Welt uns, stets das Angenehme als Glück in materiellem Reichtum zu erstreben. Unangenehme Gefühle werden gemieden, weil sie intern einer narzisstischen Kränkung entsprächen und weil sie extern nicht als relevantes Kapital gelten. Wenn man das Ego auf ein einziges terminologisches Prinzip herunterbrechen wollen würde, wäre es eine zwanghafte Variante des entzweienden, ablehnend-separierenden Wortes »Nein«. Narzisstische Gedankenmuster und kompulsive Verurteilungstendenzen verfestigen Verdrängungen, die als blockierte Energien im Körper verhärtet werden. Auf eine unbewusste Art regulieren sie permanent unsere Verhaltensweisen, ohne dass wir es wünschen oder es mental ändern könnten. Klassische Fälle sind das Wiedererleben von Traumazuständen in neuen unschuldigen Szenarien oder die Reinszenierung der Beziehungsstruktur zu den Eltern mit dem Partner. Außerhalb der inneren energetischen Gewöhnung sind diese Verhaltensmuster nicht existent. Die Gewöhnung wiederum ist hartnäckig, überdauernd und wiederkehrend. Sie kann nicht durch reine Erkenntnisse oder singuläre Eingriffe aufgehoben werden. Durch die psychedelische Erfahrung können Verhaltensmuster als energetisches Konstrukt zumindest entlarvt und im Folgenden unter achtsamer Beobachtung sukzessiv dekonditioniert werden. Indem Psychedelika die Durchblutung des

Default-Mode-Netzwerks quasi auf Knopfdruck verringern, werden identitätsgebende Ideen und Verhaltensweisen als willkürliche Mechanismen einer psychomechanischen Programmierung entblößt. Die Starrheit unserer willkürlichen Selbstnarration wird aufgehoben, und neue neuronale Verbindungen können geknüpft werden. Die Nachhaltigkeit neuer Verbindungen kann sich nicht auf punktuelle psychedelische Erfahrungen verlassen, sondern benötigt Bereitschaft des Individuums zur täglichen Öffnung und Änderung durch Verlassen der Komfortzone des Egos.

3.5 Die Rahmenbedingungen

Die Begriffe Set und Setting sind inzwischen so etabliert, dass fast jeder von ihnen im Zusammenhang mit psychedelischen Substanzen schon einmal gehört hat. Set bezieht sich auf den inneren Zustand des Konsumenten vor dem Konsum, also den Gemütszustand, die Intention und mentale Ausrichtung. Mit Setting wird der Ort der Einnahme inklusive dessen Bedingungen bezeichnet. Das Setting sollte stets ein Bereich sein, der als bedingungslos sicher erfahren wird. Es sollte vorab dafür gesorgt werden, dass keine alltäglichen Anliegen in diesen Raum eindringen können, die die psychedelische Erfahrung konterkarieren. Konkret bedeutet das, beispielweise die Klingel der Wohnung abzuschalten oder einen Platz in der Natur zu suchen, der möglichst wenig von anderen Menschen besucht wird. Es sollte gesichert sein, dass man ungestört bleibt beziehungsweise nur mit Eingeweihten Kontakt hat. Die Atmosphäre des Settings ist ein starker Einflussfaktor. Die Wohnung sollte vorher entsprechend aufgeräumt sein und mit atmosphärischen Elementen wie dem Duft von Zaubersalbei oder der visuellen Wärme von Kerzen geschmückt werden. Freie Natur ist grundsätzlich eine fabelhafte Umgebung, aber auch in einem kleinen Zimmer lassen sich transformative Erfahrungen evozieren, die für das weitere Leben Weichen neu stellen können.

Einen gängigen Irrtum möchte ich aus dem Weg räumen: Es ist nicht zwingend nötig, dass man sich vor der Einnahme besonders gut fühlt. Wenn man sich immer besonders gut fühlen müsste, um psychedelische Substanzen zu nehmen, könnte Psychotherapie mit ebensolchen gar nicht stattfinden. Dass jemand sich emotional nicht gut fühlt, ist keine Vorlage für einen Horrortrip. Relevant ist vielmehr, ob man die Bereitschaft hat, zu fühlen, wie die Gefühle auftauchen, und diesbezüglich nichts kontrollieren möchte. Ein durchgängig furchterregender Trip ist eher vorprogrammiert, wenn jemand schon zum Einstieg zu Gedankenkreisen neigt, bestimmte Gefühle unbedingt zu vermeiden versucht und auch im Verlauf der Wirkung nicht bereit ist, Kontrollbemühungen loszulassen. Ein ausgeprägter Kontrollwunsch ist die schlechteste Startbedingung für eine psychedelische Erfahrung. Solange die Bereitschaft zu absoluter Hingabe vorhanden ist, wird das Gefühl zum Einstieg nicht den Ausgang der Session terminieren. Gegebenenfalls kann es durch Hingabe in der Session aufgehoben werden. Manchmal kann starkes Leid überhaupt erst der Faktor sein, der die Bereitschaft zur absoluten Hingabe aufkommen lässt.

Manche Menschen behaupten, es sei dringend erforderlich, sich eine **Intention** zu setzen, um aus der psychedelischen Erfahrung das Bestmögliche herauszuholen. Mir scheint, dass dieser Haltung eine Dringlichkeit innewohnt, die dem Duktus der Leistungsgesellschaft entspricht. Eine erzwungene Intention kann eine »inner tension«, also eine innere Spannung herbeiführen, die wir nicht benötigen. Manchmal ist es gut, von Ritualen und Intentionen abzusehen und sich ganz dem zu öffnen, was bereits ist. Wir sollten uns von der Idee der Intention nicht dazu verführen lassen, zu übersehen, was bereits komplett und vollendet ist, keiner Anstrengung bedarf und sich in Stille und Hingabe offenbart. Allerdings kann uns eine Intention durchaus dabei unterstützen, in der psychedelischen Erfahrung auf der relativen Ebene in eine bestimmte Richtung zu rudern und dort eine neue Einsicht oder Lösung zu generieren. Intentionen können insofern einen Sinn haben, sollten aber nicht zu einem psychedelischen Dogma werden. Das Gleiche gilt für Rituale, denn sie können einen angemessenen Rahmen schaffen, in dem man sich ganz hingeben kann. Wird das Ritual beendet, geht damit die Erlaubnis einher, wieder ganz Mensch sein zu dürfen. Allerdings können mit Ritualen Nachteile einhergehen. Beispielsweise lässt sich in einem Gruppensetting nicht jeder gleichermaßen in bestimmte Rahmenbedingungen einfügen und könnte von zu strengen Richtlinien eher gehindert sein. Das Ego könnte Richtlinien von Ritualen zur hintergründigen Aufrechterhaltung oder schnellen Wiederherstellung rigider Strukturen missbrauchen. Lockerheit und Freiwilligkeit sind entscheidend, wenn mit Intentionen und Ritualen praktiziert wird.

Ein weiterer wichtiger Faktor ist die Haltung gegenüber Mitmenschen. Gutmütigkeit ist eine hervorragende Startbedingung. Zorn auf einen anderen Menschen kann die Psyche in einem negativen Gedankenzirkel festhalten, insbesondere wenn man sich damit identifiziert. Fühlt man sich schlecht, bringt aber eine gutmütige, offene Gesamthaltung mit, sind die Weichen für eine gelingende innere Reise gestellt. Wer sich zwar gut fühlt, aber an Feindseligkeit festhalten möchte, weist keine guten Voraussetzungen auf. Groll gegen andere ist ein Anker, der es verunmöglicht, in hohe Bewusstheitsbereiche aufzuschwingen. Nicht umsonst ist die »Loving Kindness«-Meditation eine zentrale Methode buddhistischer Praxis.

Zudem sollte man sich vollständig der psychedelischen Erfahrung widmen. Wer am Tag der Einnahme die Steuererklärung als wichtiges Element im Hinterkopf hat, sollte die Session vermutlich verschieben. Das gilt genauso, wenn am nächsten Tag Ereignisse anstehen, die für das Ego sehr stimulierend sein können. Der nächste Tag sollte stets als Teil der Session und Integrationsraum angesehen und von großem Aufwand freigehalten werden.

Wenn du noch keine oder sehr wenig Erfahrungen oder Kenntnisse im Umgang mit psychedelischen Substanzen hast, ist es in vielen Fällen ratsam, sie nicht alleine zu nehmen. Je höher die Dosis wird, desto naheliegender ist die Sicherheitsvorkehrung, einen sogenannten **Tripsitter** anwesend zu haben. Ein Tripsitter sollte nicht unnötig in den Trip des anderen eingreifen. Wenn es jemandem schlecht ergeht, reicht es oft, ihn an die Hand zu nehmen, ihn in einen anderen Raum zu führen, die Musik zu wechseln und vielleicht besänftigende Worte zu sprechen. Die vorrangige Aufgabe eines Tripsitters ist es, Ruhe auszustrahlen beziehungsweise Beruhigung zu evozieren. Keineswegs sollte etwaige Panik, die der Psychedelisierte erfährt, vom Sitter zurückgespiegelt werden. Der Worst Case wäre ein Herbeirufen eines Krankenwagens, wenn die eingenommene Substanz wie im Fall von LSD oder Psilocybin körperlich sicher ist. Falls es wirklich so weit geht, dass eine Session dermaßen außer Kontrolle gerät, dass eine abrupte Beendigung notwendig ist, reicht die sublinguale Verabreichung eines Benzodiazepins. Das gilt, wenn ein Verhalten tatsächlich dezidiert psychotische Züge aufweist, also in extremen Ausnahmefällen. Wenn es darum geht, dass ein Austreten aus Angstzuständen ohne Hilfe nicht möglich erscheint, ist es zuträglich, 35–50 mg MDMA einzunehmen.

Ein Sitter hat nicht die Aufgabe, in den Trip eines anderen über die beschriebenen Umstände hinaus einzugreifen. Die psychedelische Erfahrung ist eine Intimität zwischen dem Effekt der Substanz und dem Individuum. Der Sitter sichert nur den äußeren Kontext. Diese Regel wird nicht dadurch hinfällig, dass sich ein Mensch Schamane nennt. Es gibt Ausnahmen dieser Regel, aber Ausnahmen sind keine Regel. Damit ein Sitter nicht verzerrend in die psychedelische Erfahrung eines Betreuten eingreift, muss er selbst auf eine stabile und integrierte Art und Weise den Vorgang von Ego-Identifikation zumindest durchschauen können und keine ausgeprägt verdrängten Energieinhalte in seinem System halten, also bereits eine gewisse Transformation durchlebt haben. Wenn dies nicht der Fall ist, werden unbewusste Prägungen des Sitters die Intimität der Erfahrung des Trippenden stören und ihre potentielle Tiefe verringern, weil er als duale Figur das Ego des anderen stimuliert und eigene ungelöste Anteile schlimmstenfalls auf den anderen überträgt. Kommunikation ist legitim, wenn vom Trippenden darum ersucht wird. Aber auch dann sollte der Sitter eine zurückhaltende Rolle innehaben, die nicht dem anderen den eigenen Zustand oder Weltentwurf überzustülpen versucht, auch nicht unterschwellig.

Die wichtigsten Aspekte für Set und Setting sind also:

- Bereitschaft zur Aufgabe von Kontrolle
- Bereitschaft zur Erlaubnis sämtlicher Gefühle
- Bedingungslose Hingabe
- Gutmütigkeit
- Ungeteilte Widmung der Erfahrung
- Garantierte Ungestörtheit
- Kontextuelle Sicherheit
- Bei Unerfahrenen eine Begleitung

3.6 Während der Wirkung

Schließe so gut es geht aus, dass der Rahmen des Raumes deiner Erfahrung von außen gestört werden kann. Wenn du zuhause bist, solltest du beispielsweise die Klingel ausstellen. Können andere Orte nicht als ungestört eingestuft werden, sollte die Session zuhause begonnen werden. Wenn man sich nach dem Wirkungspeak stabil dafür fühlt, kann man sich nach draußen begeben.

Bereite eine **Musikauswahl** vor, die dich im Prozess des Loslassens und der Hingabe unterstützt. Für manche ist das schnellere Musik wie Psy-Trance, mit der man sich freitanzt. Für andere ist es gemäßigtere Musik wie Psy-Chill, von der man sich im psychedelisierten Sinne verstanden fühlt. Andere verwenden erhabene Klassik oder spacig-tragendes Ambient. Je höher die Dosis oder die Stärke der Substanz, desto sinnvoller ist es, auf meditative Musik zu setzen. Dementsprechend empfehle ich für die Arbeit mit 5-MeO-DMT Mantramusik. Welcher Stil auch immer gewählt wird, er sollte ohne ausgeprägten Songtext auskommen. Menschliche Sprache stimuliert den Verstand und hemmt dementsprechend den gewünschten Zustand der Versunkenheit. Spezifische Sprachanteile, die die psychedelische Erfahrung meditativ supporten, bilden eine Ausnahme. Natürlich kannst du dich auch von speziellen Instrumenten wie Klangschalen beeinflussen lassen.

Falls du im psychedelisierten Zustand mit dem Verstand arbeiten möchtest, beachte, dass ***Warum?*-Fragen** limitieren können. Die nonduale Antwort darauf wird in der Regel sein: Um Erfahrungen zu machen. Natürlich kann man Einsichten über die Gründe gesellschaftlicher oder individueller Entwicklungen erhalten, insofern möchte ich die Warum-Frage nicht diskreditieren. Sie kann allerdings, wenn sie zu subjektiv aufgeladen wird, die Neutralität des psychedelischen Raums unvorteilhaft kontaminieren. Dementsprechend kann, pragmatisch gesehen, ein anderer Ansatz sinnvoller sein: ***Wie?*-Fragen.** Sie könnten theoretisch mit »gar nicht« beantwortet werden und sind insofern neutraler, vermögen aber Möglichkeiten einer erfüllteren Lebensgestaltung zu offenbaren. Ähnlich verhält es sich mit ***Wozu?*-Fragen,** die ein teleologisches Motiv einbringen. Grundsätzlich solltest du es mit Verstandesarbeit nicht übertreiben. Wenn es dir um ein bestimmtes Problem geht, frage nicht zu viele Fragen. Meditier darüber. Erkenne, wie der Verstand das reine Sein im Jetzt mit Ablenkung kontaminiert. Falls dir konkrete Einsichten kommen, kann es gut sein, dass du am nächsten Tag keinen oder einen beschränkteren Zugriff darauf hast. Notiere dir darum entsprechende Erkenntnisse, die während einer Session aufkommen. Wenn sich das Nonduale als dein wahres Sein offenbart, erübrigt sich dieser Ansatz, denn dort spielt der dual arbeitende Verstand keine Rolle mehr.

Richte deine **Körperhaltung** möglichst offen und symmetrisch aus. So kann die Energie am besten fließen und energetische Blockierung geschmälert werden. Denke daran besonders, wenn du dich schlecht fühlst. Da Psychedelika die Pforten für einen freieren Energiefluss öffnen, ist die Körperausrichtung viel entscheidender, als es der Alltagsverstand glauben mag. Gerade wenn sich der Körper bis hin zur Embryonalstellung krümmt, ist es ungemein ratsam, sich in der Yoga-Position *Shavasana* auszurichten, also gerade und offen liegend mit den Handflächen nach oben. Wenn du nicht liegen möchtest oder kannst, verändere *Shavasana* nur insofern, wie es zur aufrechten Sitzhaltung angemessen ist. Eine aufgerichtete Wirbelsäule erzeugt in der Regel rasch emotionale Stabilisierung. Der Lotussitz, in dem traditionsgemäß gerne meditiert wird, ist nicht immer von Vorteil. Er hemmt aufgrund der starken Beinverschränkung den unteren Energiefluss. Das kann sinnvoll sein, um die oberen Chakren energetisch zu betonen, scheint aber für somatische Genesungsvorgänge des Nervensystems nicht förderlich.

Lerne das **Staunen,** betrachte die Natur und die Welt wieder mit den Augen eines Kindes. Begegne allen Phänomenen mit liebender Güte. Alleine das Betrachten eines Blattes kann einen in eine wundersame Versenkung der Herrlichkeit des Wunders der Schöpfung versetzen. Verlier dich andererseits nicht zu sehr in sensorischen Eindrücken. Ihre herrliche Pracht soll uns nicht davon abhalten, uns inneren Prozessen zu widmen. Die Beschaffenheit der *Closed Eye Visuals* (CEV)repräsentiert oft den inneren Zustand. Wenn das Nervensystem reguliert ist, werden die CEV entsprechend harmonisch und von geometrischer Perfektion sein. Je klarer jemand ist und der beruhigende Vagusnerv wirkt, desto mehr werden innere Visuals friedfertig, fraktal-kaleidoskopartig und von nondualer Einheitsprägung. Wenn jemand wenig turbulente Visuals erfährt, ist vielleicht nicht die Substanz unterdosiert gewesen, sondern seine Präsenz ist besonders bewusst im Jetzt verankert, so dass seine innere Visualisation harmonisiert ist. Ist viel unregulierte Ladung im Sympathikus vorhanden, werden die CEV entsprechend wild und chaotisch erscheinen. Man sieht dann bei geschlossenen Augen eher z. B. andere Menschen oder andere dual geprägte Formationen. CEV sind sozusagen der Übergangsbereich zwischen sensorischen Phänomenen und der inneren Energiebewegung bis hin zu nondualen Bewusstseinszuständen. **Es sind die Dynamik innerenergetischer Prozesskraft und die mystische Erlebnisdimension, in denen das große Potential von Psychedelika zur Geltung kommt.** Wenn man sich nur auf die sensorischen Phänomene ausrichtet, wäre das wie zu einem Konzert großartiger Komponisten zu gehen und ausschließlich auf die Lichtshow zu achten.

Der **Blick in den Spiegel** während einer psychedelischen Erfahrung ist ein häufig beschriebenes Motiv in der psychedelischen Kultur. Öfters wird dazu geraten, davon abzulassen, da das zuweilen enorme Morphen der Gesichtserscheinung zu überwältigend für das Selbstverständnis sein kann. Insbesondere wenn Projektionen ungelöster Anteile und Unsicherheiten bezüglich des Selbstverständnisses aktiv sind, sollte man mit dem Spiegelblick vorsichtig sein. Das Gesicht wird nicht einer bestimmten Erscheinung und dementsprechend nicht einer bestimmten Identität entsprechen können. Sollten entsprechende Projektionsvorgänge von Traumainhalten vonstattengehen, kann das Gesicht zuweilen monströs erscheinen, was sich auf psychedelische Novizen verstörend auswirken kann. Sollte eine gewisse Stabilität im Ablassen von Identifikation etabliert sein, kann sich der Spiegelblick allerdings lohnen. Wenn das Bewusstsein der/den individuellen Erscheinungsform(en) mit einem gehaltenen Blick in die Augen neutral und gütig begegnet, kann realisiert werden, dass das Bewusstsein nicht der Körper ist. Auf der individuellen Ebene können Selbstliebe, Akzeptanz und Vergebung etabliert werden, wenn alle aufkommenden optischen und energetischen Veränderungen die Erscheinung durchlaufen können und das Bewusstsein in neutraler liebender Haltung bleibt.

Die Betonung der Relevanz der Erlaubnis von Gefühlen impliziert nicht, dass unangenehme Zustände unbedingt ausgehalten werden müssen. Oft reicht es schon, den Raum zu wechseln oder nach draußen zu gehen, damit sich die Gefühlslage ändert. Auch die Konzentration auf Menschen, mit denen wir besonders göttliche oder liebevolle Attribute verbinden, kann uns in einen erhebenderen Zustand bringen. Ähnliches gilt für Visualisierungsmethoden, die aus verschiedenen Meditationsarten bekannt sind. Eine Variante ist, sich vorzustellen, wie unser Inneres von hellem oder goldenen liebevollem Licht gefüllt wird, das sich mehr und mehr ausbreitet und intensiver wird. Besinnung auf transpersonale Liebe und Güte ist grundsätzlich ein Mittel, im psychedelisierten Zustand die Stimmung aufzuhellen. Sollten Phänomene äußerer Entitäten mit dunklem Charakter im subjektiven

Wahrnehmungsfeld erscheinen, sende auch ihnen Licht und Liebe und vertrau auf dein Licht, bleibe im Herz. Die Wahrheit göttlicher Liebe überragt sämtliche dualen Phänomene. Für den Ego-Verstand mag das kitschig klingen, doch er ist nicht der Protagonist der psychedelischen Erfahrung. Ein reines Herz kann durch nichts Feindliches penetriert werden. Die Herzenergie ist der Schlüssel, alles Dunkle leicht wie auf einer Teflonpfanne abfließen zu lassen.

Es gibt einige **Atemübungen**, die unter das Stichwort *Pranayama* fallen und den psychedelischen Zustand vertiefen können. Auch die bekannte Wim-Hof-Atmung fällt darunter. Ihr Ablauf ist im Internet zahlreich erklärt. Für den vollen Effekt der Wim-Hof-Methode sollte man nach mehreren Runden während des Anhaltens der tief eingeatmeten Luft nach der atmungsfreien Ruhephase von den Fußspitzen an aufwärts sukzessiv den gesamten Körper anspannen und die Konzentration auf das Kronenchakra legen. Phänomenologisch wird so Energie in die oberen Chakren gepresst. Physiologisch stößt aufsteigende Rückenmarksflüssigkeit eine Ausschüttung willkommener Neurotransmitter im Gehirn an. Die hohe Sauerstoffsättigung im Blut wird wiederum mit einer kurzen Unterdurchblutung des Gehirns ausgeglichen, was kurzzeitig mentale Ego-Prozesse zum Erliegen bringt. Da neuronale Vorgänge, die für die Illusion von Trennung zuständig sind, durch die psychedelische Substanz sowieso schon reduziert sind, kann mittels dieser physischen Übung Versenkung vertieft werden.

Sollten Angst oder ein Empfinden von Bedrohung aufkommen, dürfen wir uns stets daran erinnern, dass Furcht lediglich ein Körperzustand ist, der sich rasch wieder ändern kann. Pure Hingabe reicht zuweilen aus. Insbesondere in Momenten angstvoller Erstarrung ist es ratsam, den Körper durch Bewegung zu stimulieren. Varianten körperlichen Yogas regen den Energiefluss an, was im psychedelisierten Zustand besonders ausgeprägte Wirkung hat. Auch ein belebender Spaziergang oder herzhaftes Umarmen anderer Menschen im gegenseitigen Einverständnis kann uns aus eingefrorenen Zuständen heraushelfen.

Wenn die Möglichkeit besteht, kann auch physischer oder sprachlicher Kontakt eine entscheidende Änderung herbeiführen. Im sprachlichen Dialog sollte der Partner allerdings psychedelisch versiert sein, damit man sich nicht in einem verwirrenden Austausch von Lauten verzettelt. Wohlwollende Prosodie[10] ist entscheidender als versierte Wortwahl.

Psychedelika versetzen unsere Psyche zurück in einen kindlicheren Zustand. Damit ist nicht eine kindische Infantilität oder Minderung unseres Vermögens zur Selbstreflexion gemeint. Die psychedelische Kindlichkeit entspricht einem freieren Fluss der Lebensenergie, der uns wieder aus dem Herzen heiter lachen lassen kann. Für Kinder ist es nicht unüblich, in einem Moment bitterlich zu weinen und kurz darauf unbeschwert zu spielen. In diesem Sinne sollten Phasen emotionaler Schwere aufgrund ihrer Intensität nicht als Bedrohung für den Verlauf der psychedelischen Erfahrung angenommen werden. Folgen wir dem Prinzip der Hingabe, kann auch der bitterlichste Zustand rasch in Heiterkeit übergehen.

Wenn die Substanzwirkung abklingt, versuche, so lange wie möglich offen zu bleiben. Das kann eventuell unangenehm werden, da das Ego die gewohnte Verschlossenheit zurückerlangen möchte. Es kann zu einer körperlichen Herausforderung werden, wenn Anspannungen im Körper wieder zunehmen. Zwar waren vor der Erfahrung diese Verspannungen alltäglich vorhanden, doch durch die temporäre Aufhebung und den damit einhergehenden freieren Energiefluss werden wir ihrer beim Wiedereintreten gewahr und reagieren reflexhaft mit Widerstand, der wiederum Anspannung verstärkt. Achte darauf und relaxe immer wieder erneut aus dem Nachklang der vorher erlebten Öffnung in diese Anspannungen hinein. Du kannst zur Unterstützung bewusst langes Ausatmen anwenden. Das bedeutet nicht, dass du irgendetwas erzwingen solltest. Es bedeutet nur, trotz wieder eintretender Ego-Stabilität Achtsamkeit zu bewahren und sich nicht

10 vgl. Fußnote Seite 24

stumpf ausschließlich als das altbekannte kleine Selbst zu verstehen. Identifikationen werden unausweichlich vonstattengehen. Wenn du diese akzeptierst und achtsam beobachtest, bleibst du ihnen gegenüber in einer Metaposition. Je wachsamer du in diesem Moment bist, desto schwerer wird es für die Identifikationen, sich stramm zu verwurzeln. Sei dir klar, dass der Mensch mit all seinen Schwächen sein darf. Begegne dem, was erlebt wurde, mit Dankbarkeit und sei ebenso dankbar, wieder die Erfahrung klassischen Menschseins erleben zu dürfen. Es darf alles sein – worum es geht, ist nicht daran zu haften.

3.7 Projektion

Üblicherweise bezeichnet der Begriff **Projektion** das imaginative Abbilden innerer Inhalte und Zustände in anderen Menschen. Solange unser Nervensystem nicht in Regulation ist, geschehen Projektionen als unbewusster Mechanismus der Abwehr innerer Eingeständnis automatisch. Äußere Menschen und Gegebenheiten werden arbiträr mit einem inneren Zustand verknüpft, der schon lange zuvor existierte. Im psychedelischen Zustand gestalten sich Projektionen besonders radikal. Während im Normalzustand Menschen und Situationen projektiv Gefühle wie Wut oder Angst beziehungsweise diesbezügliche vermeintliche Gründe und Erwartungen angedacht werden, kann im psychedelisierten Zustand eine Lage oder ein Mensch in einem potenzierten Ausmaß hochsymbolisch aufgeladen werden. Ein banaler Umstand oder eine neutrale Person können zur willkürlichen Repräsentation eines Jahrzehnte zurückliegenden traumatischen Ereignisses beziehungsweise einprägsamen Erlebnisses beziehungsweise einer emotionalen Bedeutungsladung werden. Gesichter anderer Menschen können unserer Gefühlslage oder verdrängten Inhalten entsprechend karikiert dargestellt werden. Wenn du psychedelische Substanzen mit anderen Menschen einnimmst, hast du Verantwortung für die anderen. Die Verantwortung liegt nicht darin, Projektionen zu verhindern. Sie geschehen automatisch und dürfen intern zugelassen werden, damit sie bewusst reflektiert werden können. Wenn eine Projektion bewusst ist, hat sie weniger Macht. Ihr Grund kann dann bearbeitet werden. Die Verantwortung anderen gegenüber liegt darin, Projektionen nicht ungehemmt verbal zu übertragen. Wenn dir ein psychedelisierter Mensch wie der Sensenmann vorkommt, sage nicht mit schaurigem Tonfall: »Du siehst aus wie der Tod«. Es ist nicht unwahrscheinlich, dass er die Projektion energetisch übernimmt und in Irritationen bezüglich seiner selbst gerät. Durch eine unreflektiert ausgesprochene Projektion hätte man dann einen anderen in eine unbewusste Negativspirale geschickt.

Projektionen könnten in bestimmten Fällen durchaus kommuniziert werden. Es verhält sich bereits anders, wenn du sagst: »Für mich oder aus meiner subjektiven Perspektive siehst du gerade aus wie der Tod«. Wenn der andere bewusst genug ist, wird er verstehen, dass das nichts mit ihm zu tun hat. Wenn du dir aber nicht sicher bist, ob der andere mit Projektionsformulierungen umgehen kann, behalte sie für dich. Etwas anderes ist es natürlich, wenn dein Gegenüber ein nüchterner, erfahrener Tripsitter oder sogar dein Therapeut ist. Dann kann mit der Projektion gearbeitet werden. Ansonsten kannst du mit ihr alleine umgehen: Du kannst sie aufschreiben. Du kannst sie auch noch nach dem Trip kommunizieren. Es gibt nichts, was du nicht damit machen kannst, nur sie während des Trips auf andere ungehemmt übertragen solltest du nicht, wenn die Gefahr besteht, dass ein Gegenüber dadurch destabilisiert wird. Projektionen sind sehr hilfreich, weil sie uns zeigen, welche Gefahren unser Nervensystem aufgrund vergangener Erfahrungen erwartet. Sie sind die Signifkanten des im autonomen Nervensystem sitzenden Signifikats. Psychedelika bieten die erstaunliche Besonderheit, dass unter hohen Dosen die Imagination pseudohalluzinatorische Inhalte generieren kann, die als unwillentlich selbsterzeugte Projektionsfläche dienen. So könnten sich uns sogar auf einer weißen Wand subjektiv bedrohlich erscheinende Muster präsentieren, die imaginative Repräsentanten innerlich ungelöster Energiestauungen sind.

Grundsätzlich kann man beim Aufkommen von Projektion folgende Schritte durchlaufen:

1. **Erkennen der Projektion.** Erkenne, dass ein gefühlter Umstand nicht ein objektiver Eindruck eines äußeren Phänomens ist, sondern dass bestimmte Bedingungen deines inneren Gefüges imaginativ auf Menschen und Dinge übertragen werden. Die Menschen und Dinge erscheinen so, wie der innere Zustand ist. Sei dir klar, dass du ausschließlich innere Konstellationen erfährst. Auf diesem Wege kannst du viel über deine neuropsychischen Muster lernen.
2. **Beobachtung der Auswirkung.** Wenn du eine Projektion erkannt hast, frage nicht, warum dieser Umstand so ist. Diese Frage führt dich nicht weiter. Beobachte stattdessen, wie sich dein energetischer Zustand auswirkt und inwiefern er dich beeinflusst. Die Projektionsvorgänge geschehen auch im Alltag, nur dass du im psychedelisierten Zustand diese Bedingungen weitaus eindringlicher erforschen kannst. Welche Gefühle schaffen welche Eindrücke und welche Gedanken stabilisieren welche Gefühle? Werte nicht. Erkenne schlichtweg, was vor sich geht.
3. **Integration des Gefühls.** Mit einer Projektion ist immer ein innerer energetischer Zustand verbunden, von dem aus projiziert wird. Ein Gefühl repräsentiert sich in Form urteilender Gedanken. Durch wertfreie Beobachtung kommst du an einen Punkt, an dem man den Zustand zulassen kann. Von hier aus kannst du ihn fühlen, ohne dem Drang nachzugeben, seinen Grund auf ein vermeintliches Außen zu schieben. Erfahre das Gefühl, ohne etwas damit anzustellen. Gib ihm bedingungslos den inneren Raum, den es benötigt. Durch diese Erlaubnis kannst du integrieren, was vorher unbewusst nach außen geschoben werden wollte.
4. **Kommunikation des inneren Zustands.** Dieser Punkt ist nur möglich, wenn die Kommunikation innerer Zustände in der jeweiligen Beziehungskonstellation sicher ist. Wenn die Kommunikation von Gefühlen ein Gegenüber hat, das ihr urteilsfrei akzeptierend begegnet, kann daraus eine Beruhigung entstehen. Wenn auch die gedanklichen Erwartungen, die mit dem Gefühl zusammenhängen, ausformuliert werden, kann daraus eventuell sogar eine Auflösung der Projektion hervorgehen, sofern die Falschheit der Vorstellung realisiert wird. Das Nervensystem erfährt dann einen heilen zwischenmenschlichen Kontakt.

3.8 Häufigkeit

Prinzipiell gilt bei der Einnahme von Psychedelika: Weniger ist mehr. Je nach individuellen Bedingungen und Gründen kann es Ausnahmen dieser Regel geben. Da die Toleranz nach einer Einnahme von LSD oder Psilocybin erst nach zwei Wochen vollständig abgebaut ist, geben die Substanzen auf diesem Wege selbst ein Maß vor. Hohe Dosen sollten in der Regel noch seltener eingenommen werden. Es funktioniert wie bei einem Fußballspiel: Der Mitspieler schießt eine Vorlage in den freien Raum, die von dir eingeholt werden muss. Wenn eine psychedelische Substanz zu oft genommen wird, kann diese Vorlage nicht mehr erreicht werden. Dann kommt es zu Verwirrungen oder Überforderungen.

Psychedelische Substanzen sind besonders dann angebracht, wenn man in einem Prozess feststeckt. Die Blockade kann aufgehoben und aus der Öffnung heraus weiter navigiert werden. Möchte man regelmäßig mit Psychedelika arbeiten, sollte man darauf achten, dass mit ihnen ein Prozess stattfindet, der nicht von ihnen abhängig ist. Es ist die eigene Aufgabe, die von der Substanz erhaltene Vorlage einzuholen. Du wirst vermutlich nicht einen Monat nach einer Einnahme substanzfrei in dem Raum ankommen können, den dir die Substanz gezeigt hat. Aber du kannst dich ihm Stück für Stück nähern. Es ist unmöglich, feste Regeln für eine sinnvolle Einnahme auszumachen. Die beste Regel ist, der eigenen Intuition zu vertrauen sowie übliche Bedingungen eines Safer Use zu bedenken. Es wäre gegebenenfalls an der Zeit, erneut ein Psychedelikum zu einzunehmen, wenn man sich mit dem Anschwung der letzten Sessions ein Stück weiter in eine Richtung innerer Offenheit entwickelt hat und diese neue Stufe sich integriert und gefestigt anfühlt. Ich rate davon ab, in zu kurzer Zeit zu große Schritte zu gehen.

Wenn du von deiner letzten psychedelischen Erfahrung überfordert bist, gibt es zwei Möglichkeiten dafür. Vielleicht sorgte eine besonders traumabedingte Blockade dafür, dass du dich nicht in die Erfahrung ergeben konntest. Dann macht es keinen Sinn, einfach immer wieder weiter eine Substanz zu nehmen, weil es zu einem Kampf gegen dich selbst wird. Versuche zuerst anderweitig an einer inneren Auflockerung zu arbeiten, mit Traumatherapie, MDMA in einem psychotherapeutischen Setting, Yoga, Meditation, Journaling oder anderen nüchternen Methoden der Stärkung wie Pranayama und Naturverbundenheit. Die zweite Möglichkeit wäre, dass deine letzte psychedelische Erfahrung einen Prozess angestoßen hat, der während der Sitzung nicht vollendet werden konnte. In diesem Fall kann es durchaus sinnvoll sein, erneut in eine psychedelische Erfahrung zu gehen, um die angestoßenen Energien durchzuprozessieren. Ist der Vorfall von starker Angst begleitet, kann ein Entaktogen diesen Vorgang unterstützen.

Man kann Psychedelika zu oft nehmen, und darin liegen konkrete Gefahren. Man kann sie, wenn man an nachhaltiger Transformation und transzendenter Öffnung mit Hilfe von Psychedelika interessiert ist, aber auch zu selten nehmen. Was eine angemessene Häufigkeit ist, lässt sich kaum verallgemeinern. Die Toleranznachwirkung von zwei Wochen sollte als naturgegebener Grenzwert angesehen werden. Wenn es sich aus einer tieferen Intuition heraus richtig anfühlt, kann man gegebenenfalls nach einer Woche erneut dosieren oder vielleicht sogar kleinere Dosen mehrere Tage hintereinander einnehmen. In der Regel ist es jedenfalls empfehlenswert, einer Session genügend nüchternen Raum zum Nachklang zu geben. Insbesondere nach intensiven Erlebnissen wie einer Auflösung in Absolutheit mit 5-MeO-DMT könnte sogar ein ganzes Jahr Abstinenz angemessen sein. Auch hier gilt: Wir müssen unserer Intuition folgen. Im Zweifelsfall kann die Konsultation eines psychedelischen Experten helfen. Was für einen Menschen richtig ist, kann einen anderen ungemein überfordern. Ich habe einmal sechs psychedelische Sessions mit voller Dosis innerhalb von drei Wochen vollzogen und davon ungemein profitiert, war zu der Zeit aber bereits psychedelisch kundig und erfahren. Eine derart häufige Einnahme ist für die meisten Leute, die in die psychedelische Sphäre einsteigen, kontraproduktiv. Es geht nicht darum, sich vom Ego zu entfernen. Es geht darum, die Alltagspsyche in die Transformation mitzunehmen hin zur Realisation, dass es Ego und Separation nicht wirklich gibt. Ohne bodenständige Alltagspsyche können wir diese Welt nicht navigieren. Darum möchte ich davor warnen, Psychedelika zu benutzen, um vor einem dysregulierten Nervensystem in transzendente Räume zu fliehen. Stattdessen kann nonduale Öffnung als Mut stärkende Hilfe angewendet werden, uns somatisch Richtung Regulation zu bewegen. Je regulierter unser Nervensystem ist, desto beständiger können wir uns in und als Liebe, Fülle und Universalbewusstsein erfahren.

Die Gefahren bei zu häufiger Einnahme liegen auf der Hand: Der Konsument gerät in Überforderung, verliert den Bodenkontakt. Das kann die Traumatisierung betreffen, deren Material an die Oberfläche gespült wird und dort unverarbeitet hängenbleibt. In dem Fall würden Psychedelika nicht als Portal zur Genesung, sondern zu einem Aufenthalt in der Psychiatrie dienen. Der Verlust an Bodenkontakt kann auch das Selbstverständnis betreffen, indem jemand denkt, er habe nichts mehr in der irdischen Welt zu suchen. Ob man wirklich seinen Arbeitsplatz kündigen möchte, sollte man sich gründlich überlegen und nicht aus einem spontanen Reflex infolge einer psychedelischen Erfahrung entscheiden. Hochdosierte Erfahrungen haben einen intensiven Nachklang in den darauffolgenden Tagen. Diese Zeit sollte z.B. zur Meditation genutzt werden, nicht um nicht umkehrbare Lebensentscheidungen zu treffen (Ausnahmen bestätigen die Regel). Eine extrem häufige Einnahme mit einem naiven Mindset und im schlechtesten Fall regelmäßigem Schlafmangel kann psychisch sehr destabilisierende Auswirkungen haben.

3.9 Alleine oder mit anderen?

Wie sinnvoll es ist, Psychedelika alleine oder mit anderen Menschen einzunehmen, hängt von verschiedenen Faktoren ab. Grundsätzlich sollte man einen Tripsitter dabeihaben, wenn man kein gutes Gefühl bezüglich einer Solo-Einnahme hat oder schlichtweg gar nicht weiß, was man tut. Andererseits können andere Menschen einen störenden Einfluss auf die inneren Prozesse haben, die von der psychedelischen Wirkung angestoßen werden. Dazu müssen die anderen Menschen nicht einmal besonders unangenehm wirken. Die schlichte Anwesenheit von anderen Menschen kann unser Ego veranlassen, sich anders auszurichten und mehr Schutzmechanismen hochzufahren, die eine volle Ergebung in die psychedelische Erfahrung hemmen. Wenn ein anderer Mensch dann noch besonders ausgeprägt negative Ladungen unterschwellig mit sich trägt, kann das einen Menschen in der energetischen Offenheit des psychedelisierten Zustandes signifikant negativ beeinflussen. Ein Tripsitter sollte dementsprechend genügend Kenntnis über das Thema haben und sich so weit es geht zurückhalten. Ein Tripsitter ist weder Therapeut noch Schamane. Seine Aufgabe liegt in erster Linie darin, auf das physische Wohlergehen zu achten. Wenn Menschen in einer negativen Gedankenschleife feststecken, kann ein Tripsitter einen solchen Menschen an die Hand nehmen und an einen anderen Ort begleiten oder andere Musik einschalten. Es können sich auch reflektierende Gespräche ergeben, aber hier betreten wir bereits die Domäne der Therapie.

Je weniger jemand in einem psychoanalytischen oder schamanischen Kontext gebildet ist, desto mehr sollte er sich mit beeinflussenden Aspekten innerhalb der psychedelischen Erfahrung eines anderen zurückhalten. Auch ein guter Therapeut oder Schamane weiß, wie wichtig es ist, dass jemand sich innerhalb der psychedelischen Erfahrung als selbstwirksam erlebt. Der andere Mensch kann eine helfende Hand bieten, aber niemals als ursprünglicher Heiler die Erfahrung des Psychedelisierten dominieren. Es ist letztendlich der psychedelische Bewusstseinsraum in Kombination mit der Hingabe des psychedelisierten Individuums, aus dem genesungsfördernde Veränderung hervorgeht. Andere Menschen könnten diesen Umstand bei genügender Kenntnis durchaus unterstützen, aber mit Bedacht. Dass jemand Therapeut oder Schamane ist, bedeutet nicht, dass jeder mit diesen Menschen eine heilsame Erfahrung machen wird. Man sollte einerseits unbedingt auf seine Intuition hören, die weise Stimme aus der inneren Tiefe, und nachspüren, ob es sich richtig anfühlt, sich von diesem jeweiligen Menschen durch die Erfahrung begleiten zu lassen. Andererseits sollte man bei kommerziellen Angeboten eingehend recherchieren, was andere Menschen für Erfahrungen mit dem jeweiligen Anbieter gemacht haben. Eine gute Begleitung einer psychedelischen Erfahrung ergibt sich nicht nur aus professionellem Wissen, sondern auch aus der Fähigkeit einer vollständigen und liebevollen Präsenz. Ein guter Freund, der wenig psychedelisches Wissen hat, könnte sich insofern als die bessere Wahl erweisen als ein fremder Mensch mit ausgeprägter Kenntnis, der an dem Nachmittag aber lieber mit seiner Freundin Netflix schauen würde und sich des Geldes wegen zur Verfügung stellt.

Gegenüber **Gruppenerfahrungen** mit fremden Menschen bin ich skeptisch. Ein Gefühl von Sicherheit hat immer mit Vertrauen zu tun. In Freundesgruppen, in denen echtes Vertrauen von jedem gegenüber jedem gegeben ist, kann eine gemeinsame Einnahme psychedelischer Substanzen bereichernd sein. In Gruppen mit fremden Menschen muss es jedoch nur einen Menschen geben, der mit Paranoia und Abneigung auf die psychedelische Öffnung reagiert, um den gesamten Gruppenprozess signifikant nachteilig zu beeinflussen. Was in Gruppentherapien, die auf Gesprächen basieren, konkret und vereinbarend kommuniziert werden kann, kann im psychedelisierten Raum kaum verbal definiert und eingefangen werden. Der psychedelisierte Raum ist zwar suggestibler für positive Öffnungen, aber auch unkontrollierbarer und für sprachliche-reflexive Kommunikation unzugänglicher. Schlimmstenfalls kann eine Gruppenerfahrung so stark sein wie ihr schwächstes Glied: Andere Menschen können nicht ignoriert werden, und deren subjektive Erfahrungen werden im gemeinsamen Raum stets Teil der eigenen Erfahrung. Eine Gruppe, die in sich funktioniert, kann sich natürlich auch gegenseitig stärken. Andere Menschen können einem je nach Kenntnis dabei behilflich sein, auf andere Gedanken und Empfindungen zu kommen, neue Ideen und Eindrücke über sich, andere und Beziehungen zu erhalten oder im Falle eines Schamanen auf energetischer Ebene Heilungsprozesse aktiv mitzugestalten. Es kann auch schlichtweg schön sein, in die Augen eines anderen Menschen zu blicken oder dessen Hand zu halten.

Nichtsdestotrotz kann es sinnvoll sein, Psychedelika alleine zu nehmen. Andere Menschen bringen geradezu automatisch einen dualen Aspekt in den psychedelischen Kontext ein, da dem Ego-Verstand tief antrainiert ist, sich auf bestimmte Arten und Weisen gegenüber anderen Menschen zu verhalten. Alleine kann es dementsprechend einfacher sein, sich völlig in eine nonduale Auflösung hinzugeben, intensive Gefühle in voller Hingabe zu erlauben, laut zu weinen, zu lachen oder zu schreien und ohne Rücksicht den Energien freien Lauf zu lassen, in welcher Form auch immer sie auftreten mögen. Man kann alleine über das Verhältnis von sich, Gott und der Welt sinnieren, ohne die Limitierung gesellschaftlicher Umgangsformen in diesen Kontext einbeziehen zu müssen. **Letztendlich muss jeder selbst entscheiden, abhängig von seinem eigenen psychedelischen und traumaspezifischen Entwicklungsstand, der einzunehmenden Substanz, der Dosis und den sich zur Begleitung anbietenden Menschen, ob er die Erfahrung alleine oder mit anderen (oder überhaupt) eingehen soll.**

3.10 Erlauben

Der Aspekt der Aufgabe von Kontrolle nach Einnahme einer psychedelischen Substanz kann gar nicht überschätzt werden. Mit ihm steht und fällt die Qualität der Erfahrung. Es geht um das Vertrauen in die psychedelische Sphäre, inneren Widerstand gegen extreme Gefühlszustände aufgeben zu dürfen. **Nur wer sich bedingungslos hingibt, kann in einer bedingungslosen Freiheit ankommen.** Bedingungen werden vom Verstand gestellt, der nicht anders kann als Dinge zu kategorisieren und Umstände regulieren zu wollen. Der Ego-Verstand ist schließlich das, was mithilfe von psychedelischen Substanzen transzendiert wird. Damit er dem freien Energiefluss möglichst nicht in die

Quere kommt, ist es nach der Einnahme einer Substanz unabdingbar, sich zu ergeben, loszulassen und fallenzulassen. Energetisch ist das der Vorgang einer absoluten Hingabe. Wenn die Hingabe nur relativ beziehungsweise an Bedingungen geknüpft ist, wird sie in einem mächtigen Moment wie einer Dosierung mit 5-MeO-DMT keine Hilfe sein. Es ist die Hingabe an den mentalen Tod, die das erfrischende Erleben der Wiedergeburt ermöglicht. Es ist nicht unüblich, dass eine vollständige Ego-Auflösung vom erlebenden Subjekt als physischer Tod geglaubt oder befürchtet wird, obwohl diese Gefahr nicht besteht. Die Hingabe sollte allerdings so bedingungslos sein, als beträfe sie auch die Auflösung des physischen Körpers. Mental ist es der Vorgang einer absoluten Erlaubnis. Was auch immer in das Bewusstseinsfeld tritt, darf sein. Ein vorhandenes Gefühl verlangt nicht, verstärkt zu werden, und du brauchst nicht aktiv tiefer hineinzutauchen, aber gesteh dem Empfindungsphänomen den Raum zu, den es wünscht. Schließlich würdest du ebenfalls einem laut weinenden Kind zuhören, auch wenn seine Lautstärke schrill sein mag. Daraufhin kannst du Maßnahmen vornehmen, den Zustand zu rekalibrieren (zum Beispiel ein warmes Bad für Annehmlichkeit, ein Waldspaziergang für behagliche Eindrücke oder eine Partnerumarmung zur sozialen Besänftigung). Es ist unser Widerstand, der uns an immergleiche Energiemuster bindet und Leiden forciert. Dass in Kapitel 4.2 Entspannung als wesentlicher Faktor von Genesung beschrieben wird, heißt nicht, Anspannungen nicht zu erlauben. Erst Anspannungen, die eine absolute Erlaubnis erhalten haben, sind zur Entspannung freigegeben.

4 Der Genesungsprozess

Erinnern wir uns an das Schema der Polyvagaltheorie: Aus der Erstarrung infolge eines überaktiven dorsalen Vagus kann keine nachhaltige Entspannung hervorgehen, weil dazwischen eine verdrängte Überaktivierung des Sympathikus liegt. Zuerst müssen die dissoziierten Ladungen im Sympathikus zugänglich und als kraftvolle Lebensenergie erfahren werden. Gemäß diesem Schema sind psychologische Leidensphänomene Energie, die zurückgehalten wird beziehungsweise nicht frei fließt. **Angst und Wut sind die gleiche Energie, nur anders gepolt. Es ist nicht möglich, gleichzeitig Angst und Wut zu empfinden.**

Ein Genesungsprozess mit Unterstützung von Psychedelika gestaltet sich insofern zweistufig: Psychedelika reduzieren die Filter, die unser Alltagsego und unsere emotional-mentale Abschirmung aufrechterhalten. In Genesungsstufe 1 werden unterdrückte Energien freigelegt und assoziiert. Die energetische Öffnung der psychedelischen Wirkung erleichtert es, Gefühle ganz zu fühlen, bis sie ihre Dringlichkeit verlieren. Außerdem offenbart die Ego-Reduktion den transzendenten Friedensraum des Bewusstseins. Auf diesen Grundlagen wird in Stufe 2 das mobiler gewordene Nervensystem in Entspannung überführt. Heilung geschieht nicht dadurch, dass Energien freigesetzt werden, sondern dadurch, dass das System realisiert, dass die aktivierten Energien nicht mehr benötigt werden. Die freigesetzten Energien entsprechen Aktivität des Sympathikus. Der heilende Bereich des Nervensystems ist der Vagusnerv des Parasympathikus, der für Entspannung zuständig ist. Wir dürfen also zuerst eingesperrte Wut, Traurigkeit und Scham befreien, um die neu gewonnene energetische Freiheit schließlich in Beruhigung und ein Gefühl von Sicherheit zu überführen. Sobald aufgestaute Energie ins Fließen gekommen ist, wird mehr Freude empfunden. Wie man an Kindern gut beobachten kann, ist Freude a priori vorhanden und wird durch sekundäre Emotionen der Abwehr überlagert. Nachdem wir unserer Wut den gebührenden Raum als uns beschützende Kraft zugestanden haben, kann sich parasympathische Entspannung etablieren.

Es ist nicht alleine die Wiederverbindung mit dissoziierten Anteilen, aus der Genesung hervorgeht. Entscheidend ist das bereitwillige Zulassen gefolgt von einem relaxten Abfallen der Erregung. Der Vagusnerv muss involviert sein, um die Reassoziation dissoziierter Energien in einen Genesungsvorgang zu überführen. Wer sich in Dissoziation und Erstarrung befindet, muss vor einer Entspannung Aktivierung fließender Wut- beziehungsweise Lebensenergie erfahren. Es ist dann möglich, zu brüllen, zu schreien, zu jammern, zu grunzen, zu kreischen oder auch zu lachen. Das wird als befreiender Moment erlebt, meist fühlt sich das System danach befriedeter an. Solange es jedoch beim Ausagieren aufgestauter Energien bleibt, ist die daraus gewonnene Beruhigung befristet. Die unterliegenden Programme wurden nicht umgeschrieben, die damit verbundenen neuronalen Prozesse nicht neu verknüpft. Durch kontinuierliches Ausagieren würden wir die Überaktivierung des Sympathikus kontraproduktiv trainieren. Wer immerfort ausagiert, verfestigt entsprechende Muster. Das bedeutet nicht, dass es falsch wäre, mal zu brüllen und in ein Kissen zu prügeln, wenn man dies lange nicht ausgelebt hat und Druckabfuhr benötigt. Es entspricht dem ersten Schritt des Genesungsprozesses: von der Erstarrung in die Aktiviertheit des Sympathikus. Doch für eine dauerhafte Transformation ist der zweite Schritt obligatorisch: von der Aktivierung in die Entspannung mittels des Vagusnervs. Ansonsten wird die Reassoziation mit aufgestauten Energien zu einem Prinzip des Aushaltens, das zu keiner Lösung, sondern höchstens zu temporärer Entlastung führt.

Wenn wir feststellen, dass ein traumaspezifischer Gefühlsbereich aktiv ist, können wir üben, in diesen zu relaxen. Zuerst wird die vorhandene Energie – meist ein intensives Gefühl von Wut, Zorn, Angst, Verzweiflung oder Traurigkeit – voll erlaubt, also wirklich zu 100 Prozent. Sie ist bereits da, so dass es nicht darum geht, etwas Unangenehmes zu fördern oder herbeizudenken. Es geht lediglich darum, was bereits da ist, in seinem Sosein anzunehmen. Dann kann auf kurze Verstärkung des unangenehmen Zustandes eine Erleichterung folgen. Das muss kein maximales Entspannen sein, was sich sowieso nicht erzwingen ließe. Es darf ein seichtes, seufzendes Ausatmen sein, ein subtiles, friedliches Einsinken der Nackenpartie. Es ist üblich, dass sich eine Empfindung im Moment der ersten Annahme intensiviert. Das ist gewollt, denn nur was ganz an der Oberfläche ist, kann letztendlich losgelassen werden. Durch eine Entspannungsbewegung im Moment der vollen Annahme verknüpft sich das Gehirn neu, und es kommt nicht zu einer erneuten Abspaltung der Energie.

Weil unsere Traumata oft eine Folge unheilvoller Beziehungserfahrungen sind, funktioniert dieser Prozess für die meisten Menschen im nüchternen Zustand mit Hilfe anderer Menschen in einem sicheren Kontext. Der Traumatherapeut Gopal Norbert Klein hat dazu die Methode des **Floatings** entwickelt.[11] In einem Gruppensetting stellen sich ein Teilnehmer und ein weiterer vom Teilnehmer ausgewählter Partner, der ihm als Projektionsfläche dient, gegenüber. So werden traumatisierte Anteile getriggert. Dann berichtet ersterer, welche Gefühle und Gedanken der Projektionspartner ihn ihm evoziert. Die traumatisierten Anteile werden durch die Kommunikation im geteilten Raum erlaubt. Der Partner wiederum berichtet seine eigenen Gedanken diesbezüglich. Infolgedessen merkt das System des Teilnehmers, dass die Glaubenssätze und Überzeugungen, die den getriggerten Gefühlen und Gedanken unterliegen, nicht stimmen. Aus dieser Erkenntnis geht eine Entspannung hervor, die nicht nur oberflächlich ist, sondern als neue Information in den Tiefen des autonomen Nervensystems ankommt. Im ersten Schritt wird also das unangenehme Gefühl sprachlich-kommunikativ reflektiert und in einem Sosein gänzlich zugelassen. Im zweiten Schritt wird seine Willkürlichkeit offenkundig und das System in Entspannung überführt, ohne dass es zu einer erneuten Abspaltung der traumatisierten Energieanteile kommt. Die daraus hervorgegangene neuronale Neuverknüpfung ist die Basis weiterer Transformation.

11 Gopal Norbert Klein: Heilung von Beziehungen II.

Es ist ratsam, auch in einer psychedelischen Session nach diesem Prinzip vorzugehen.. Meist sind im psychedelischen Zusammenhang keine anderen Menschen für sicheres Mitteilen vorhanden. Mit einer Grundbewusstheit können wir unter Psychedelikaeinfluss den Mechanismus des Floatings in uns selbst stattfinden lassen. Wir können Partner- und Gruppenarbeit nicht ersetzen, aber Gefühle zulassen und die Willkürlichkeit tiefenpsychischer Narrative durchschauen. Im Alltagszustand wird das aufgrund der enormen neuronalen beziehungsweise mentalen Konditionierung schwierig, doch in der psychedelischen Öffnung gibt es eine reelle Chance. Im Moment des Aufkommens traumatisierter Anteile sollte uns klar werden, dass das aktuelle Empfinden nicht einer äußeren Realität entspricht, sondern im Gegenteil ein Erinnerungsecho einer lang zurückliegenden Zeit ist. Das Nervensystem kennt keine Zeit, deswegen fühlt sich der Zustand so intensiv wie zum Moment seines ersten Entstehens an. Wenn wir die Willkürlichkeit des Empfindens anerkannt haben, wissen wir, dass wir nicht tatsächlich in Gefahr sind, auch wenn es sich so anfühlen mag. Die Empfindung kann dann voll zugelassen werden. Wenn die Verspannung eine volle Erlaubnis erhalten hat, wird eine Tür für Entspannung geöffnet. In psychedelischen Zuständen geschieht die Entspannung oft von selbst, nachdem sich jemand in eine unangenehme Empfindung restlos ergeben hat.

Auch wenn innerenergetische Arbeit ein essentieller Faktor von Genesung ist, ist sie kein Allheilmittel. Insbesondere eine Aufhebung unbewusster Überzeugungen, die auf infantilen Bindungstraumatisierungen beruhen, ist auf diesem Wege nur bedingt möglich. Solche Überzeugungen haben meist mit der Erwartung zu tun, dass jemand entweder unsere Grenzen überschreiten oder uns verlassen wird, wenn wir authentisch bleiben. Zwar sind auf dem psychedelischen Wege auch solche Glaubenssätze temporär auflösbar, doch ohne neue sichere Bindungserfahrungen mit anderen Menschen werden sie sich später durch die Hintertür wieder einschleichen.

4.1 Stufe 1 – Die Freisetzung unterdrückter Energien

4.1.1 Energetische Offenheit

Mit Hingabe ist gemeint, dass von jeder Form von Kontrollversuchen abgesehen wird. Hingabe entspricht der Idee »Wenn ich nun sterben muss, dann sei es so«. Energetische Öffnung ist der Haupteffekt psychedelischer Wirkung. Einerseits ist energetische Offenheit bei innerer Hingabe ein Garant für eine erfüllende Erfahrung, andererseits ist energetische Offenheit die Konsequenz der gewünschten Wirkung. Je weniger sich jemand energetisch öffnen möchte, desto unangenehmer wird der Verlauf. Es ergibt keinen Sinn, Psychedelika einzunehmen, ohne sich energetisch öffnen zu wollen, denn die Phänomenologie ihrer Wirkung besteht maßgeblich in der energetischen Öffnung. Mental-emotionaler Kontrolldrang erzeugt energetische Blockaden im Körper, da sie Unangenehmes und Ungewünschtes verdrängen. Gefühle, die nicht zu Ende gefühlt werden, nisten sich als blockierte Energieschemata im persönlichen Unbewussten ein. Psychedelika öffnen die Starrheit des Energiesystems, so dass die Energie wieder besser fließen kann. Wenn Blockaden freigesetzt werden, sollte ihr Überschuss möglichst auch abtransportiert werden. Um dies sicherzustellen, ist die Beibehaltung einer offenen Körpersymmetrie besonders hilfreich.

Übrigens sind auch Begriffe wie Blockade und Öffnung nur Metaphern und sollten nicht allzu mechanisch beziehungsweise physikalisch gedeutet werden. Auflösung von Blockaden hat mit Erlauben, Loslassen und Hingabe zu tun, nicht mit einem physischen Wegschieben. Außerdem sollte klar sein, dass energetische Offenheit für psychedelische Arbeit relevant ist, aber beispielsweise am Arbeitsplatz auch nachteilig bis überfordernd sein kann. Die hier formulierten Ratschläge gelten also nicht für beliebige Alltagssituationen. Insbesondere ist es keine gute Idee, psychedelisch-energetische Öffnungsarbeit am Tag vor einem Businessmeeting oder vor einer stressvollen Woche in der Großstadt zu vollziehen. Im Alltag kann es sinnvoll und sogar nötig sein, sich vor den Energien anderer zu schützen. Ein Hilfsmittel, sich nicht in energetischer Resistenz zu verlieren, ist die Vorstellung des jeweiligen Menschen in einer Blase aus Licht und Liebe – bei gleichzeitiger Visualisierung des eigenen Lichts.[12]

Es gibt etliche Varianten, wie sich die Abfuhr von Energieblockaden körperlich darstellen kann. Eine Stunde lang aus tiefstem Herzen zu weinen kann beispielsweise ein ungemein heilsamer Vorgang sein. Wenn ein nachhaltiger Prozess angestoßen wird, werden entsprechende Symptome auch im nüchternen Zustand auftreten. Das ist nichts, was es zu fürchten gilt, es hat nichts mit Verrücktheit zu tun. Es ist nur so, dass der Verstand nicht nachvollziehen kann, was während einer energetischen Öffnung passiert. Die Intelligenz des Körpers weiß, was zu tun ist, so dass du den Prozessen trauen und dich ihnen hingeben kannst. Es kann Jahre dauern, bis diese Prozesse zu einem Ende kommen. Die Aufteilung in Stufe 1 und Stufe 2 ist eine relative, keine absolute. Vorgänge von Stufe 1 können sich vollziehen, während Stufe 2 sich ausdehnt. Suche nicht nach einem schnellen endgültigen Erfolg. Mit dem Prinzip Erkennen-Eingestehen-Erlauben können körperliche Reaktionen auftreten, im psychedelisierten Zustand sind sie sogar wahrscheinlich.

Mit der Aufrechterhaltung eines geistigen Inhalts wird immer auch ein bestimmtes Gefühl aufrechterhalten. Das Speichermedium solcher aufgestauter Energieformationen ist unser Körper. Wegen ihnen haben wir einen steifen Nacken, angespannte Schultern, eine krumme Haltung und viele andere körperliche Einschränkungen. Man kann eine lange Liste potentieller psychosomatischer Beschwerden aufstellen. Da jeder Mensch anders gestrickt ist und eine Beschwerde nicht immer psychosomatisch ist, beschränke ich mich auf jene, die jeder kennt – Verspannungen, die uns das Gefühl von geistiger wie körperlicher Leichtigkeit vorenthalten.

Das Geistige, Energetische und Körperliche ist also nicht nur eng

12 Vgl. Tara Springett: *Enlightenment through Kundalini.*

verknüpft, es sind verschiedene Ausdrucksformen der gleichen Grundlage. Wer mental beschwert ist, nimmt eine beschwerte Körperhaltung ein. Mentale Schwere entsteht durch die Ansammlung unterdrückter Gefühle sowie Identifikation mit damit verbundenen Gedankenmustern. Wenn wir beginnen, die Gefühle bereitwillig zu fühlen und die Gedanken ablaufen zu lassen, ohne uns auf ihren Inhalt einzulassen, geraten energetische Bewegungen in Gang. Vorher waren sie blockiert, weil wir unbewusst durch unsere Verdrängungen ein strenger Torwächter am Portal der heilenden Öffnung waren. Wir haben unseren Gedanken geglaubt und damit immer neue Vorhängeschlösser an dem Tor befestigt. Wenn wir beginnen, Bewegungen dessen zuzulassen, was bereits in uns ist, können diese Schlösser nach und nach abfallen. Die nie bewusst zugelassenen Gefühle können ihre Freiheit erleben und hören auf, als unsichtbarer Sumpf unsere Schritte zu verlangsamen oder zu blockieren. Sie hören auf, uns immer wieder in die gleichen Sackgassen hineinzulocken. Die körperlichen Phänomene sollten nicht gejagt werden. Sie sollten aber ebenso wenig unterdrückt werden. Sie dürfen zugelassen werden, ohne daran zu haften, so dass sie von selbst versiegen.

Es ist nicht ratsam, in einer Meditation plötzlich aufkommende **Körperphänomene** zu unterdrücken, dem Dogma folgend, dass man in einer Meditation stillzusitzen hätte. Vielmehr darf erkannt werden, ob das Körperphänomen eine Folge einer inneren Öffnung und Zeichen eines energetischen Befreiungsprozesses im Sinne eines Abbaus von Blockaden ist. Wenn das Körperphänomen ein ablenkender Akt des Ego-Verstandes ist, sollte man ihm keinen Wert beimessen und es fallen lassen. Ego-Akte sind beispielsweise Umherschauen, Spielen mit den Fingern oder Summen – alles, was eine zerstreuende Auswirkung auf das Bewusstsein hat. Ego-Akte sind körperlich oft asynchron und fühlen sich für den Alltagsverstand gut an, ohne die Meditation zu vertiefen. Die Phänomene, die einem Zulassen von dem, was ist, folgen, fühlen sich für den Alltagsverstand oft ungewohnt oder nicht angenehm an. Sie irritieren ihn, weil sie für ihn keine Bedeutung haben und dennoch temporär intensiv einnehmend sind. Wenn sie abgelaufen sind, stellt sich oft ein Gefühl erhöhter Leichtigkeit ein. Diese kann sehr subtil oder auch gröber ausfallen, je nach Blockade, die gerade geöffnet wurde. **Die körperlichen Reaktionen entsprechen dem Vorgang der Wiederverbindung dissoziierter Energieaufstauungen im Sympathikus und bringen Erleichterung mit sich, die nicht mit vollständiger Heilung verwechselt werden darf.** Ein durchschnittlicher Mensch in der Leistungsgesellschaft hat unzählige Miniblockaden und Verdrängungsschichten. Man sollte also keinesfalls annehmen, dass man die folgenden Symptome nur über kurze Zeit erleben müsse, bis man von inneren energetischen Blockierungen vollständig geheilt ist. Andererseits ist der Glaubenssatz obsolet, dass Transformation langwierig und schwer sein muss. Jeder Mensch ist unterschiedlich, darum gibt es keine zeitlichen Vorgaben. Auch solche Form des Nicht-Wissens gehört zu dem, was zugelassen werden darf. Mit der Zeit werden die Symptome allerdings üblicherweise milder und von kürzerer Dauer.

4.1.2 Zucken

Viele Menschen kennen es, insbesondere abends im Bett vor dem Einschlafen spontan zu zucken. Es fühlt sich an, als ob eine Stromspannung entladen wird. Biochemisch geschieht genau das – man kann Ausschläge im Hirnstrom während eines solchen Zuckens messen. Das Nervensystem geht von einer angespannten Tagesphase in eine entspanntere Schlafphase hinüber. Dieses Herunterfahren läuft aufgrund der tagsüber angehäuften Anspannungen, Verkrampfungen, Blockierungen und Anhaftungen nicht immer flüssig. Darum kann es während der abendlichen Dämmung zu Erregungsblitzen kommen, die kurzartig bestimmte Muskelregionen anspannen lassen.

Solches Zucken ist nicht nur ungefährlich, sondern auch eine gute kleine Übung, nicht in energetische Prozesse des Körpers einzugreifen. Wenn der Körper zuckt, zuckt er eben, man kann es einfach geschehen lassen. Die ungewollte Bewegung ist so gesehen eine gewollte.

Gerade weil sie nicht aus der Perspektive der Kontrolle gewollt ist, ist sie aus der Perspektive des Loslassens ein kleiner Schatz. Wenn man sich dem Zucken öffnet, geschieht es vielleicht noch ausgeprägter, weil zusätzliche Anspannungen aufgehoben werden, die diesen Reinigungsprozess erschweren. Es geschehen Bewegungen und Gegenbewegungen von Wachheit und Schlaf, Entspannung und Stimulation, Loslassen und Weitergleiten, Vorstoßen und Einsinken, Einkehr und Explosion, Ordnung und Unordnung, Kontrolle und Kontrollverlust.

Der abendliche Einschlafvorgang ist keine Voraussetzung für derartiges Zucken. Im sensitiven psychedelisierten Zustand kann es ausreichen, sich symmetrisch auf den Rücken zu legen, um es zu triggern. Da wir im Alltag meist asymmetrisch ausgerichtet sind, können durch öffnende Haltungen Bahnen freigelegt werden, die diesen energetischen Vollzug ermöglichen. Die Energie wird dann durchgängiger prozessiert und stößt auf Blockaden an Stellen, wo sie besonders geronnen ist. Zucken ist die simpelste und direkteste Variante, wie eine Energiefreisetzung somatisch bemerkbar wird.

4.1.3 Temporär heftige Anspannung

Wenn Energien in Gang gesetzt werden und sie auf Blockaden treffen, kann es zu spontanen Anspannungen in unterschiedlichsten Körperregionen kommen. Auch der ganze Körper kann angespannt werden. Der gängigste Körperteil für Anspannung sind die Schultern. Sprichwörtlich wird dort die ganze Last (des emotional-persönlichen Schmerzkörpers) getragen. Während einem energetischen Bewegungsprozess kommt die Energie meist von unten und dringt – wenn sie nicht bis zum Kopf durchfließen kann – vor die Verhärtungen der Schulterregion. Diese wiederum beginnt sich zusammenzuziehen. Die Anspannung ist meistens unangenehm und kann extrem werden, auch schmerzhaft sein. Meist ist das ganze momentane Körpererleben von ihr eingenommen. Hier gilt es, die Anspannungsbewegung bedingungslos zuzulassen. Meist ist sie dann nach kurzer Zeit vorbei und man fühlt sich erleichterter. Energie ist selten gänzlich eingefroren.

Ein Fluss bewegt sich langsam, aber stetig an den verspannten Stellen vorbei oder durch sie hindurch und lockert sie auf. Nur wenn man sich gegen eine solche selbstständig-akute Anspannung wehrt und sie mit sofortiger Wirkung loswerden möchte, bleibt sie verhärtet. Lässt man sie zu, kann man erfahren, wie die Energie wandert, indem unterschiedliche Stellen nacheinander sich anspannen und lösen, beispielsweise erst die Schultern, dann der Hals, dann das Gesicht. Schließlich kommt es zur erleichternden Entspannung. Im besten Fall ändert sich sogar der Bewusstseinszustand augenblicklich durch die Energieabfuhr.

Verspannungen sind die körperliche Manifestation unverarbeiteter Gefühle wie unterdrückter Wut oder ungewollter Scham. Da wir etliche solcher Gefühlsstaus in unserem Leben aufeinanderhäufen, kann bei einer energetischen Öffnung auf eine Anspannung schnell die nächste folgen. Es läuft also nichts verkehrt, wenn nach einer Erleichterung wieder eine Anspannung folgt. Im Gegenteil ist dies die nächste Möglichkeit, die nächste Aufstauung aufzulockern. Das Zulassen von akuten starken Anspannungen ist das gleiche wie das Zulassen von akuten intensiven Gefühlen, die aus den Tiefen plötzlich aufsteigen. In diesem Fall liegt nur der Akzent auf der Ebene des Körpers.

4.1.4 Weinen

Man kann nicht wirklich freudig werden, wenn man nicht zu weinen vermag. Ehrliches Weinen aus einer ungehemmten Tiefe ist ein Genesungszeichen. Weinen kann sehr heilsam sein. Damit Weinen sein Heilungspotential entfalten kann, darf die damit verbundene Energie nicht gehemmt werden. Menschen glauben oft, andere zu trösten, indem sie »Du brauchst nicht zu weinen« oder Ähnliches formulieren. Das Weinen wird dann zu einem zurückhaltenden Schluchzen. Hier liegt der Trugschluss zugrunde, dass Weinen ein Beschwernis sei. Stattdessen ist es eine Form der Lösung. Wenn Weinen ehrlich geschieht, drückt es den inneren Zustand friedlich nach Außen aus. Ein Teil der unangenehm gestauten Energie kann nach außen abfließen.

Man darf es geschehen lassen, wie es geschieht. Insbesondere Tonhöhe und Timbre sollten klingen, wie der Körper sie von selbst ausdrückt. Aus Scham die Lautstärke zu unterdrücken, hemmt die therapeutische Effizienz des Weinens. Das Gleiche gilt für ein intendiertes Anheben der Lautstärke, beispielsweise um eine Opferrolle möglichst theatralisch darzustellen. In beiden Fällen greift das Ego in den natürlichen Energiefluss ein. Weinen hat nicht den Zweck, dem Weinenden eine Rolle zuzuteilen, z. B. die Rolle der traurigen, unerfüllten oder verdammten Person. Es ist eine unpersönliche Ausdrucksform zur Abführung einer überschüssigen Energieintensität. Wenn dem Ereignis des Weinens ein Personennarrativ, also eine Geschichte, zugedacht wird, wird dessen Energie durch Gedanken zensiert. In den eigentlichen Fluss werden allerlei Dämme und Stämme persönlicher Narration eingeflochten. Schlimmstenfalls wird Weinen zu einer affektierten Show. Weinen darf also immer ehrlich, authentisch, aus dem Herzen heraus geschehen, pur sein, wenn Genesung die Maxime ist.

4.1.5 Jaulen

Eng verwandt mit Weinen ist das Jaulen. Es wird ein bestimmter Ton vom Körper automatisch so lange gehalten, bis eine damit verbundene Energie gelockert ist. Hierfür eignet es sich natürlich, akustischen Freiraum zu haben. Wenn bereits im Nebenzimmer andere Leute klingen, wird man kaum einem authentischen Jaulen freien Lauf lassen. Ein authentisches Jaulen kann nicht gesteuert oder intendiert ausgelöst werden. Ein intendiertes Jaulen klingt anders als ein authentisches Jaulen, das von selbst geschieht und schlichtweg zugelassen werden muss. Der Tonsitz ist ein anderer und kann nicht einfach nachgemacht werden. Ein Jauler klingt meistens höher als der sprachliche Tonbereich des Individuums.

Eine Metapher zur Funktionalität authentischen Jaulens: Manche Leute singen schief, wenn sie singen wollen oder müssen. Wenn sie wiederum gedankenverloren aus freiem Herzen ein Lied mitsingen oder ansummen, treffen sie plötzlich die Töne, weil eine intelligentere Kraft als das Ego am Werk ist. Ebenso verhält es sich mit der Heilsamkeit authentischen Jaulens. Ein Jauler mag 20 bis 30 Sekunden andauern. Bereits danach merkt man, dass sich im Energiehaushalt etwas verändert hat. Es ist eine gewisse unbestimmte Erleichterung eingetreten. Die Änderung ist so klein, dass man meinen könnte, es wären noch hunderte Jauler vonnöten, damit ein größerer Brocken vom Herzen fällt. Nichtsdestotrotz ist die Änderung im Energiehaushalt direkt konkret spürbar.

Jaulen steht hier pars pro toto für alle möglichen Laute, die ein Mensch von sich geben kann. Auch kürzere Laute wie Ächzen oder Stöhnen fallen in dieses Prinzip, solange sie der Körper von selbst ausführt. Wenn ein Ächzen vom Egoverstand ausgeht, der damit beispielsweise mehr Mitleid erreichen möchte, ist es eine Kinderei. Ein ehrliches, unpersönliches Ächzen hingegen kann ein entlastender Akt sein. Sämtliche möglichen Laute können eine heilsame Energieabführung darstellen, wenn sie frei aus dem Innenraum kommen und ohne zensierende oder kategorisierende Gedanken zugelassen werden. **Ehrliche Leidensbekundungen wie Weinen, Jaulen, Ächzen oder Stöhnen dürfen erlaubt werden, wie sie von selbst geschehen. Das ist alles.**

4.1.6 Vibrieren

Im Alltag wird der energetische Vorgang des Vibrierens kaum erlebt. Es kann durch ausgeprägte Meditation, Kriya Yoga oder andere Maßnahmen zur Veränderung des Bewusstseinszustandes ausgelöst werden. Psychedelika sind ein unmittelbarer Weg, dieses Phänomen zu erwirken. Allerdings gibt es keinen Automatismus und kein Rezept. Es ist eine tiefergehende Variante des neurogenen Zitterns, das durch die TRE-Methode *(Tension & Trauma Releasing Exercises)* angestoßen wird. Wenn somatisches Vibrieren über neurogenes Zittern hinausgeht, kann es ein Kundalini-Symptom sein. Der energetische Haushalt muss reif sein, damit es dazu kommt. Die meisten Menschen, die es erfahren, sind erfahrene Meditierende, energetisch besonders offen oder Konsumenten einer radikal wirkenden Substanz wie 5-MeO-DMT. Damit es zu einem Phänomen des Vibrierens ohne Einfluss von Meditation oder Substanzen kommt, müssen gröbere Blockaden bereits beseitigt worden sein. Zucken, Zittern oder Anspannungsbewegungen sind Vorstufen des Vibrierens. Vibrieren bedeutet, dass ein größerer Bereich des Körpers energetisch verknüpfter ist als bisher und auf dieser größeren Fläche etwas zu fließen beginnt, das vorher brach lag. Da es noch nicht frei strömen kann, entsteht der Vibrationseffekt.

Es können einzelne Körperteile wie die Arme, aber auch der ganze Körper vibrieren. Man könnte es als schwungvolles Dauerzucken beschreiben. Es gibt auch bei diesem Phänomen nichts zu tun. Wie bei der temporären Anspannung weiß der Körper, wann die jeweilige Blockade gelöst ist, und hört von selbst wieder auf. Wenn es schlichtweg erlaubt wird, stellt sich danach ein wohltuendes Gefühl ein. Währenddessen kann es sich irritierend anfühlen, da der Körper oder der Körperteil während des Vorgangs für seine eigentlichen Funktionen nicht zu gebrauchen ist. Schmerzhaft ist es aber nicht. Wichtig ist, sich von der – aus Sicht des Alltagsverstandes – Ungewöhnlichkeit und vermeintlichen Sinnlosigkeit nicht dazu bringen zu lassen, in das Geschehen einzugreifen und es zu unterdrücken. Vibrieren ist ein Zeichen für einen fortgeschrittenen Änderungsprozess und Befreiungsprozess im energetischen Haushalt.

Eine Falle ist, sich mit diesem Fortschritt zu identifizieren. Er ist kein Grund für Stolz oder Hochmut. Vibrieren ist keine persönliche Leistung. Es ist ein Zeichen für Öffnung, aber auch ein Zeichen für noch unerlöste Anteile. Daher sollte wir es bescheiden annehmen, ohne in einen Erfolgsrausch zu verfallen. Wer sich mit dem Level des Vibrierens schmücken möchte, kann in ihm stecken bleiben. Er wird sich möglicherweise sogar weiter mental von der Stille der Ewigkeit entfernen als jemand, der in Unschuld keine Vibrationsvorgänge erfährt. Insbesondere sollte man nicht beginnen, das Vibrationsphänomen aktiv zu ersuchen oder aufrechtzuerhalten.

Wenn ein neuer Zustand im Energiesystem eintritt, der von aufgehobenen Blockaden gekennzeichnet ist, werden die besprochenen Symptome abflachen und sich einstellen. Was wir letztlich wünschen, ist Beruhigung und Entspannung. Je geübter wir werden, Entspannung zu etablieren, desto rascher können körperliche Aktivierungsphänomene versiegen. Der Zweck von Vibrationen ist, einen durch Kontrolldrang und ablehnende Reaktivität energetisch zugestellten Raum für den Eintritt der Stille aufzuräumen. Kurz gesagt: Der Zweck von Körpervibrationen ist, dass selbige obsolet werden. Darüber hinaus braucht man ihnen keine Bedeutung anzudichten.

4.1.7 Körpersymmetrie

Infolge von Egotranszendenz nimmt der Körper automatisch eine offenere und symmetrischere Haltung ein. Für einen freien Energiefluss sollten weder Arme noch Beine überkreuzt sein. Kein Körperteil sollte auf die ein oder andere Art eingeklemmt sein. Die Körperseiten sollten möglichst symmetrisch parallel zueinander ausgerichtet sein. Auf dem Rücken liegend kann man die Beine ausstrecken und die Arme locker ablegen. Ob sie nach unten neben dem Oberkörper, seitlich in der Engelposition oder angewinkelt nach oben liegen, ist nicht wichtig und sollte danach entschieden werden, was sich am besten anfühlt. Die Handflächen wiederum sollten immer nach oben zeigen, so dass sie eine entsprechende Offenheit ausdrücken. Wenn man sich hinsetzt, können die Beine angewinkelt werden und die Handflächen in den Schoß oder neben den Körper gelegt werden. Wie unmittelbar sich Körpersymmetrie auswirkt, lässt sich im Alltag leicht feststellen: Nimm zuerst eine ungerade, angespannte Haltung ein und achte auf den Energiefluss im Körper. Dann nimm eine der beschriebenen symmetrischen Positionen ein, lass dich in sie sinken und fühle, wie die Energie freier fließt. Falls ein bewusster Zugang zum Energiekörper noch nicht so weit hergestellt ist, dass er detailliert nachvollzogen wird, kann in der symmetrischen Position eine allgemein erhöhte Leichtigkeit oder Stärkung erfahren werden. Unter dem Einfluss von Psychedelika ist dieser Effekt enorm potenziert.

4.1.8 Von sexueller Energie zu universaler Liebe

Vibrieren, Stöhnen, Zucken – geschehen jene Reaktionen nicht auch während eines Orgasmus? Tatsächlich sind die sexuelle Energie und die universale Lebensenergie eng verknüpft. Die Bewegungen, die während eines akuten energetischen Öffnungsprozesses autonom auftreten, sind mitunter die gleichen, die während eines Orgasmus auftreten. Im sexuellen Akt mit einem Partner geschieht ein Austausch von Energie. In der Ejakulation entsteht eine Abfuhr von Energie. Es ist eine alte fernöstliche Hypothese, dass die Aufsparung der sexuellen Energie für eine Aktivierung der Kundalini-Energie förderlich sein kann. Kundalini ist Lebensenergie mit der Qualität einer Bewusstseinsebene, die uns über die Beschränkung der Weltwahrnehmung über unsere fünf Sinne und Ego-Gedanken hinauszuheben vermag. Enthaltsamkeit führt nicht automatisch zu einem Kundalini-Erwachen. Dennoch scheint eine Verbindung zu bestehen. Der männliche Orgasmus scheint im Samenerguss Energie abzuführen, die intern zu bewusstseinsmäßig höheren Vorgängen beitragen kann. Wenn sie konserviert wird, kann sich ein Öffnungsdruck auf obere Chakren erhöhen.

Sexuelle Energie ist möglicherweise Kundalini-Energie in einer Vorstufe. In dieser Vorstufe wird sie von Lust und Begierde getrieben, von dem Drang nach unmittelbarer Triebbefriedigung. Wird aus einer bewussteren Perspektive dieser Drang zuweilen aufgehoben und auf anderen Wegen wie Psychedelika und Meditation eine fulminantere Bewusstseinsöffnung ermöglicht, kann sich das Energiegeschehen sublimieren. Es arbeitet sich dann an energetischen Blockaden, Anhaftungen und Verdrängungen ab, die durch die kurze Glückseligkeit eines Orgasmus oft noch mehr in Vergessenheit geraten. Die tierische Begierde der Triebauslebung wird umgekehrt zu einer Bewegung der Aufhebung irdischer Anhaftungen. Ich möchte keineswegs für ein spirituelles Zölibat plädieren, sondern lediglich aufzeigen, dass es sinnvoll sein kann, maßvoll mit Masturbation umzugehen. Eine Dysbalance zwischen offenem Kronenchakra und verschlossenem Wurzelchakra ist nicht wünschenswert. Die sexuelle Ebene der Lebensenergie ist wie unsere Primärgefühle allzu menschlich. Sie sollten nicht aus dogmatischen Gründen negiert werden, denn das hieße, grundlegend Vorhandenes vermeiden zu wollen – eindeutig ein Ego-Akt.

Der Ego-Verstand ist desgleichen schief gewickelt, wenn er das Kundalini-Phänomen romantisieren möchte: Zunehmende Kundalini-Aktivität fordert vom Individuum, gütig und liebevoll zum Wohle aller in der Welt und für die Welt zu handeln. Es ist nicht möglich, von Kundalini-Aktivierung geprägt zu sein und alte selbstgerechte Ego-Schienen weiter zu fahren, ohne darunter zu leiden. Alle Blockaden, Verdrängungen und falsche Glaubenssätze werden mit der Wahrnehmungserhöhung durch Kundalini-Aktivierung intensiver erlebt, als würde jemand einen Lautstärkeregler aufdrehen. Es ist wie bei einer psychedelischen Erfahrung, die viele Gemeinsamkeiten mit dem Erleben einer aktiven Kundalini hat. Wenn der Ego-Verstand über Kundalini-Aktivität liest, unterliegt er der Versuchung, sie zu idealisieren. Ihre Aktivierung bedeutet aber auch, dass energetische Offenheit alltäglich wird und gelernt werden muss, diesen neuen Bewusstseinszustand zu navigieren, um psychoemotional nicht darin unterzugehen.

Das heißt im Übrigen nicht, dass sexueller Verkehr per se etwas Niederes sei. Beim Sex geht es wie bei jedem Handeln nicht darum, ob es geschieht, sondern mit welcher Haltung es geschieht. Findet es ohne egoistisch-habgierige Intentionen statt, ist es eine Expression göttlicher Emanation wie so viele andere Phänomene harmonischer Verbindung in der Form. Mit einem weniger blockierten Energiehaushalt kann der Sex sogar meist freier und bewusster genossen und ausgelebt werden. Wenn ein Individuum für entsprechende Öffnungen bereit ist, werden Prozesse ermöglicht, in denen sexuelle Energie bedachtsam ausgelebt, aber auch in andere Ausdrucksformen wie kreative und gemeinnützige Projekte kanalisiert werden kann. Es geht darum, die unteren und die oberen Chakren zu harmonisieren.

Der Beweggrund sexueller Triebbefriedung wird überführt in transpersonale Motive bedingungsloser, universaler Liebe. In Abbildungen spiritueller Kultur wird dieser Prozess oft als Lichtenergie visualisiert, die vom Wurzelchakra zum Kronenchakra aufsteigt. Wenn Menschen unter einer aktiven Kundalini leiden, liegt das meistens nicht an dem Energiephänomen an sich, sondern am Widerstand dagegen. **Sensitivere Bewusstheit geht nicht automatisch mit höherem Frieden oder bedingungsloserer Liebe einher, sondern oft mit der Unmöglichkeit, innere Konflikte, dissoziierte Energien und ungelöste Themen zu verdrängen.** Die Öffnung des alten geistigen Paradigmas zwingt uns gewissermaßen, uns energetischer Harmonisierung zu widmen und uns über niedere Instinkte, reaktive Prägungen und Verdrängungsreflexe hinaus zu entwickeln.

4.1.9 Ausagieren oder Fühlen?

Bezüglich Wut kann es zuerst hilfreich sein, ein Kissen zu verprügeln, hineinzuschreien, eine Runde zu joggen oder den Körper anderweitig auszupowern. Das ist sinnvoll, wenn die Ladung im System zu hoch und unaushaltbar wird. Das Ausagieren der Ladung darf grundsätzlich sozialverträglich geschehen, also sich nicht auf andere Menschen richten. Es ist nur ein erster Schritt. Ab einem gewissen Stadium des Prozesses reicht es aus, Aktivierungen im Sympathikus, beispielsweise Wut oder Hass, schlichtweg als Gefühl da sein zu lassen, ohne etwas damit zu anzustellen. Das Gefühl darf sich im ganzen Körper ausbreiten beziehungsweise sich darin bewegen, wie es ihm beliebt. Achtsames Gewahrsein verfolgt den Vorgang, bis das Gefühl als eigene Kraft integriert wird, abschwillt oder wir es bewusst in Entspannung überführen können. Im fortgeschrittenen Genesungsstadium reicht ein tiefes Ausatmen und bewusstes inneres Loslassen, um in parasympathische Entspannung zu geraten. Die Überführung in Entspannung ist mit Hilfe anderer Menschen als Regulationsbegleitung erheblich leichter und alleine unter Umständen vorerst (bei starkem Bindungstrauma) kaum möglich.

4.2 Stufe 2 – Die Regulation des Nervensystems

Kundalini-Tätigkeit ist vornehmlich dem übergeordneten Energiekörper anzurechnen. Dessen ungeachtet entsprechen die beschriebenen somatischen Phänomene Aktivität des Sympathikus. Er erhöht die Aktionsfähigkeit bei tatsächlicher oder gefühlter Bedrohung oder Belastung. Wenn wir Überaktivierung des dorsalen Vagus in Form von Erstarrung aufheben und die sympathische Mobilisierungskraft erfahren, kann unsere Energie bereits besser fließen als in einem Zustand, in dem wir gehemmten oder keinen Zugang zu Gefühlen haben. Darum ist es wichtig, Emotionen und Energiephänomene überhaupt erst einmal zuzulassen. An dieser Stelle dürfen wir nicht in die Falle tappen, uns in ein Ausagieren hineinzusteigern. Die Wiederverbindung mit dissoziierten Energien sollte schrittweise erfolgen, damit wir nicht in eine Überlastung geraten. Letztendlich zielt der Genesungsprozess darauf ab, in einem Zustand der Beruhigung und einem Gefühl der Sicherheit anzukommen. Der Körper ist bei einer parasympathischen Aktivierung des ventralen Vagus nicht mehr übermäßig angespannt; insbesondere im Brustbereich ist ein Gefühl von Lockerheit, Lässigkeit und Frieden zugegen. Entspannung ist ein eindeutiges Zeichen, dass wir (traumabedingten) Stress überwunden haben.

4.2.1 Grounding

Grounding wird je nach Kontext unterschiedlich definiert. Hier ist damit gemeint, sich im Körper und mit anderen Menschen harmonisiert wohlzufühlen, anstatt mittels transzendenterer Bewusstseinszustände die Physis zu vernachlässigen. Eine übermäßige Stimulation transphysikalischer Erfahrungsdimensionen führt oft zu Angstreaktionen des Körpers. Wenn du nach einer oder mehreren psychedelischen Sitzungen einen Bedarf nach Grounding erfährst, ist es vermutlich ratsam, eine Weile zu pausieren. Adäquates Grounding impliziert, die Alltagspsyche an die Hand zu nehmen und ihr psychedelische Pausen jener Länge zu gönnen, derer sie bedarf. Grounding ist ein essentieller Teil der Arbeit mit Psychedelika, da es die notwendige Balance verschafft, die bewusstseinsbezüglichen Peak-Momente in das menschliche

Leben zu integrieren. Meistens reicht es, nach einer entsprechenden psychedelischen Öffnung, in einem dich wertschätzenden Alltag tätig zu sein, sich nüchtern mit angenehmen Menschen zu verbinden und die nächste Sitzung erst dann anzusetzen, wenn sich die Zeit definitiv reif anfühlt. Ein besinnlicher Aufenthalt in der Natur, das achtsame Kosten frischer Nahrung, ein ausgedehnter Spaziergang, ein ruhiges Wochenende mit dem Partner oder das entspannte Rezipiereneines unterhaltsamen Kinofilms können das Grounding unterstützen. Versammlungen mit Menschen, die einen Vibe von Wohlwollen, Liebe, Akzeptanz und Bewusstheit ausstrahlen, sind zuträglich.

Es kann vorkommen, dass durch eine hohe psychedelische Dosis oder Häufigkeit der Einnahme mehr Tiefenmaterial an die Oberfläche gelangt ist, als man erwartet hat, was nachträglich zu Irritation führen kann. Das ist durch einzelne Sessions wie mit 200 µg LSD sehr unwahrscheinlich, wohl aber möglich durch häufigere Einnahmen oder Verabreichungen energetisch äußerst potenter Substanzen wie 5-MeO-DMT. Vor allem sollte man in so einem Fall prinzipiell Ruhe bewahren und sich vergegenwärtigen, dass so etwas vorkommt, verarbeitbar ist und man nicht verrückt geworden ist. Im Gegenteil hat sich die Chance aufgetan, in kürzerer Zeit größere Transformationsschritte zu vollziehen, da man aus der Komfortzone herausgestoßen wurde. Sollte infolge einer psychedelischen Öffnung eine Angstdynamik ausgelöst worden sein, z. B. durch einen zu verwirrten Ego-Verstand, und diese sich auch nach einem Monat nicht legen, kann eine meditative Session, die von einem Entaktogen gestützt wird, wieder mehr Körper-Geist-Harmonie etablieren. Dies sollte jedoch kein Mittel erster Wahl sein, da die forcierte Freisetzung hoher Mengen Serotonin ein starker Eingriff ist. Es darf vorher geprüft werden, ob sich die Wogen nicht vielleicht mit milderen Methoden glätten lassen.

Es gibt diverse physische Ansätze, um uns bei Überforderungsempfindungen zu stützen. Tendenziell sollte vermieden werden, was zur Transzendierung des Körpers beiträgt, wie Fasten oder auch stimulierende Psychoaktiva inklusive THC. Mechanisch hilfreich sind milde beruhigende Mittel wie CBD, die keine Sucht erzeugen. Aber auch Mikrodosen eines klassischen Trip-Tryptamins wie Psilocybin (in Form von 0,1–0,2 mg getrockneten Pilzen) beziehungsweise 1 mg 4-AcO-DMT, 4-HO-MET und ähnlichen Substanzen können uns Erleichterung verschaffen und helfen, mehr im Körper anzukommen. Eine Mikrodosis hebt subtil die Rigidität der Ego-Griffigkeit auf, ohne dass es zu verzerrenden Beeinflussungen kommt. So wird das, was sich gegen Transformation wehrt, gemildert, ohne dass neue Transformationsbewegungen angestoßen werden. Kommt es nachts nicht zu Tiefschlaf, können milde Schlafmittel wie Doxylamin, Midazolam oder Melatonin, Hopfen und Baldrian eingenommen werden. Letztere drei sind in kombinierter Form mit Magnesium empfehlenswert. Zu regelmäßiger körperlicher Betätigung egal welcher Art ist entschieden zu raten. Insbesondere Hatha Yoga hilft, mehr Körperlichkeit herzustellen und Energiefluss im Körper zu prozessieren. Es gibt kaum eine sensitive Körperarbeit, die nicht hilfreich sein kann. Denkbar sind Massagen, lange basische Bäder, kalte Duschen, behutsamer Körperkontakt, langsames Ausatmen oder sonstige somatische Energieverfahren wie Qi Gong. Gegebenenfalls kann auch Masturbation durch die Energieabfuhr erdend wirken, während Sex mit einem Partner durch den Energieaustausch stimulierende Wirkung hat. Meistens ist diese Stimulierung augenscheinlich angenehm, man sollte sich jedoch nicht wundern, wenn nach dem Akt Kundalini-Energie exzessiver sprudelt. Regelmäßige Spaziergänge in der Natur dürfen in einer Grounding-Rezeptur nicht fehlen. Barfußlaufen und kontemplatives Sitzen auf Parkbänken wirken harmonisierend. Fleischkonsum kann eine dezidiert erdende Auswirkung haben, wenngleich ich unbedingt auf die ethischen Probleme der Fleischindustrie hinweisen und zu Fleischverzicht aufrufen möchte. Mit einer anderweitigen Protein- und Mineralienzufuhr führt Fleischverzicht meistens zu einem balancierteren Selbsterleben.

Wenn nach einem ehrlich-kommunikativen Austausch mit vertrauten Menschen Fragen offenbleiben oder Probleme ungeklärt erscheinen, kann auch der Austausch mit professionellen Helfern wie Therapeuten oder Beratern förderlich sein. Wichtig ist, sich klarzumachen, dass man nicht in einem unausweichlichen Dilemma steckt, nur weil eine psychedelische Erfahrung stärkere Nachwirkungen mit sich bringt, als es sich der Verstand in seinem Kontrolldrang wünscht. Erkläre ein geöffneteres Energiesystem nicht zu einem existentiellen Problem, sondern erkenne darin die Chance zu echter Transformation. Diesbezüglich gilt das Gleiche wie während der akuten Wirkung: Erlaube, was bereits da ist, gestehe ihm neutral den Raum zu, relaxe in die Prozesse. Meditation hat mir bisher in jeder Phase geholfen, aber es gibt Berichte von Menschen, bei denen in Meditationen zu viel Tiefenmaterial hochkam, das nicht *contained* werden konnte. *Containen* bezeichnet das Vermögen, intensive Affekte und Gefühle bereitwillig wahr- und als aktuelle Anteile des eigenen Systems anzunehmen, um sie in Bewältigung zu überführen. Wenn Meditation mehr hervorbringt, als *contained* werden kann, dient sie nicht zum Grounding. Das gilt auch für Meditation, die transzendentere Bewusstseinsbereiche (obere Chakren) zunehmend öffnet, ohne dass emotionale Blockaden transformiert werden (untere Chakren). Visualisierungsübungen mit Vorstellungen inneren Lichts sind hingegen absolut sicher.

Humor, der sich und die Welt nicht allzu ernst nimmt, sei jedem ans Herz gelegt. Ein GAU (größter anzunehmender Unfall), der durch intensive Arbeit mit Psychedelika möglich ist, wäre der Ausbau und die Verfestigung eines spirituellen Egos. Unsere Ego-Mechanismen sind sehr zäh, trickreich und suchen sich alle möglichen Schlupflöcher für die Idee, besser oder schlechter zu sein. Wenn man infolge von Psychedelika-Konsum denkt, man wüsste etwas besser als andere, und sei darum in einer elitäreren Position, ist die Zeit für nonduales Grounding ziemlich reif. Wissen ist relativ und jeder Wissende eine Konstruktion. Bewusstheit bedeutet nicht Besserwisserei, sondern friedvolle Versenkung im Formlosen. Umgekehrt sehe ich es als notwendig, sich gegen jede Form von Ideologie zu positionieren. Umstände klar zu sehen sollte nicht dazu führen, sich moralisch überlegen vorzukommen und

Selbstgerechtigkeit anheimzufallen. Was sich im gesunden Umgang mit anderen Menschen vollzieht, ergibt sich aus der liebevollen Dynamik des Jetzt. Gedankliche Wertungen gegenüber Menschen deuten auf eine mentale Abgehobenheit hin, die für nonduale Bewusstseinspraxis nachteilig ist. Das schließt nicht aus, dass Einsichten ins Bewusstseinsfeld treten, die sich auch auf andere Menschen beziehen könnten. Aber nur wenn sie ohne Anhaftung und Urteil aus einer intuitiven Tiefe erscheinen und prinzipiell für andere Menschen potentiell hilfreich sind, sind sie Weisheiten. Es gilt entsprechend wachsam zu sein, nicht in die Falle spiritueller Rechthaberei und neunmalkluger Pseudobewusstheit zu tappen, in der das Ego vermeintliche Progressivität mental simuliert. Die Idee, spiritueller zu sein als andere Menschen, fällt in diesen Bereich. Es gilt, darauf zu achten, dass durch Psychedelika initiierte temporäre Peak-Erfahrungen nicht nachträglich zur Identifikation als besonders spirituell entwickelte Person gekapert werden.

4.2.2 Meditation

Für viele Menschen dürfte Meditation der Ansatz innerer Einkehr und spiritueller Praxis sein, der den förderlichsten Einfluss auf psychedelische Erfahrungen hat. Solange sich meditative Praxis stimmig anfühlt, sei sie jedem psychedelisch Interessierten ans Herz gelegt. Wer mit Meditation beginnen möchte, hat meistens ein bestimmtes Bild vor Augen, eine bestimmte Vorstellung, was ordnungsgemäße Meditation sei, was dabei passieren sollte und was dabei nicht passieren sollte. Doch wenn ein Novize sich der Meditationspraxis widmen möchte, stellt er rasch fest, dass das, was bei ihm passiert – oder nicht passiert –, nicht dem entspricht, was seiner Meinung nach idealerweise passieren sollte. Anstatt im Lotussitz gerade sitzen zu können, bekommt man Rückenschmerzen. Anstatt in Ruhe einkehren zu können, kommt der Gedankenstrom zu keiner Rast. Anstatt Beruhigung zu finden, nehmen Unruhe und Nervosität zu. Anstatt Emotionen abzukühlen, flammen sie an die Oberfläche. Anstatt nach einer Woche Meditationspraxis stillen Einklang zu erfahren, wird man weiterhin von Angst und Wut durchwirbelt. Insbesondere die Tatsache akuter

Gedanken während der Meditation lässt Menschen zu dem Schluss kommen, dass »ihre« Gedanken zu sehr zwischen »ihnen« und der Meditation stünden und sie darum nicht meditieren könnten.

Dass Gedanken der Meditationspraxis im Wege stünden, ist aus etymologischer Sicht ein Trugschluss. Der lateinische Begriff *meditatio* bedeutet übersetzt nämlich »Nachdenken« oder »Nachsinnen«. Der Dreh- und Angelpunkt liegt vielmehr darin, wie wir auf Gedanken reagieren. Gedanken geschehen automatisch. Wenn wir dasitzen und uns über Gedanken ärgern, ist das so, als würden wir uns über das Wachsen der Fingernägel echauffieren. Doch nur weil unsere Fingernägel wachsen, heißt das nicht, dass wir ihnen eine besondere Beachtung zukommen lassen müssen. Besetze Gedanken nicht mit Relevanz, gib die Identifikation als Denker auf und schenke dem semantischen Inhalt keinen Glauben. In der Meditation darf alles sein, wie es ist, ohne Bindung und Hinzufügung. Meditation bedeutet, uns in das, was erscheint, nicht zu engagieren und das Bewusstsein sich selbst zu überlassen. Demnach dürfen die vermeintlich anstrengendsten und egozentrischsten Gedanken im Bewusstsein auftauchen. Sie werden sich formieren und von dannen ziehen, wenn wir uns auf sie nicht einlassen. Sollten sie uns doch temporär in ihren Bann gezogen haben, was aufgrund jahrelanger Konditionierung unweigerlich geschehen wird, richten wir unsere Aufmerksamkeit zurück auf den Atem, sobald wir unser Abdriften bemerken. Wenn du ein Einsteiger in die Meditationspraxis bist, sei schlichtweg beobachtend mit dem, was ist, und richte die Aufmerksamkeit stets und immer wieder erneut auf den Atem. Der Sog der Gedanken wird Tumult bereiten, doch es wird ein Moment kommen, in dem er dir bewusst wird und du die Aufmerksamkeit zurück auf den Atem lenken kannst. Diverse Gefühle können aufschäumen wie gewaltige Wellen auf dem tosenden Meer, doch solange du ihnen mit Bereitwilligkeit fühlend begegnest, ist dein Schiff unsinkbar. Es gibt kein Gefühl, das es nicht wert wäre, bereitwillig erlaubt zu werden. Durch die Konzentration auf den Atem wird Energie von Ruminationsprozessen des Default-Mode-Networks (vgl. Seite 22) abgezogen. Wenn man Übung mit auf den Atem gerichteter Meditation hat, kann man den Fokus vom Atem abziehen, so dass Gewahrsein das Gewahrsein beobachtet und alle formhaften Phänomene keine Rolle spielen. Dann meditiert Bewusstsein über Bewusstsein: Gewahrsein ist Gewahrseins gewahr.

Meditation muss nicht im Lotussitz geschehen. Jede Position, die die Wirbelsäule eher ausdehnt als einklemmt und den Körper symmetrisch geöffnet und aufrecht ausrichtet, ist dienlich. Dass vorerst Unruhe an die Oberfläche kommt, wenn wir uns jeder Ablenkung entziehen, ist normal. Wie sonst soll die Gewohnheit achtloser Zerstreuung abtrainiert werden? Nur was voll da ist und sich nicht mehr verstecken kann, kann verändert werden. Für Einsteiger ist Meditation zuweilen Übung in Geduld und Durchhaltevermögen. Es kann dauern, bis sich erste gewünschte Veränderungen bemerkbar machen, so dass vor frühem Aufgeben gewarnt sei. Die zwanghaften Mechanismen unseres Verstandes wurden über Jahrzehnte ausgebildet, so dass es vermessen wäre, innerhalb einer Woche eine signifikante Änderung zu erwarten. Das heißt nicht, dass in so kurzer Zeit nicht schon viel passieren kann, aber es ist keine erwartbare Regel. Meditation ist kein Fluchtmittel vor Gefühlen und sollte nicht zur Dissoziation vom Körper missbraucht werden. Es darf passieren, was auftaucht, gefühlt werden, was aufkommt – solange wir assoziativ beobachten, was ist, und nach Verlust des bewussten Beobachtens die Aufmerksamkeit zurück auf die Beobachtung (des Atems oder des Gewahrseins) legen, befinden wir uns in einer wunderbaren Meditationspraxis. Es gibt viele verschiedene Meditationsvarianten, doch alle zielen auf die Transzendenz unserer zwanghaften Konditionierungen und Identifikationen ab. **Meditation ist keine Tätigkeit, in der etwas in der Zukunft erreicht werden soll. Meditation ist pures Sein.**

4.2.3 Endogene Regulation

Wenn bisher unterdrückte Energien frei von Identifikation zugelassen werden und sich genügsam abspielen dürfen, wird ein Zeitpunkt eintreten, an dem sie versiegen. Das Gleiche gilt für ein Gefühl, das in seinem Kern Erlaubnis zur Daseinsberechtigung erhält: Es wird kurz besonders intensiv, bevor es sich auflöst. Beruhigung geht immer mit Erlaubnis und Bejahung, einem Daseindürfen des Vorhandenen einher. Der ventrale Vagusnerv in idealer Aktivierung entspricht einem meditativen Zustand. Darum hilft regelmäßige Meditation, das Nervensystem zu regulieren. Hochdosierte Psychedelika können uns in einen entsprechenden Zustand versetzen. Ab einem gewissen Punkt hat sich alle Turbulenz fertig abgespielt oder wurde direkt transzendiert, so dass das Bewusstsein zu seinem immanenten Frieden findet. Genesung ist ebendiese Freilegung der Turbulenz und deren Überführung in Frieden. 5-MeO-DMT ist dermaßen mächtig in seiner Ego-Auflösungswirkung, dass es am besten geeignet ist, diesen Frieden unmittelbar freizulegen.

Allerdings sollten wir nicht nur auf Psychedelika setzen, sondern auch im Alltag immer wieder Momente der Entspannung finden. Glückende Verbindungserfahrung mit anderen Menschen sind der Königsweg eines heilenden Nervensystems. Je mehr wir uns mit Partnern oder in freundlichen Gruppen sicher fühlen und tabuisierte Gefühle und Gedanken ehrlich mitteilen, desto mehr erfahren wir ideale Aktivierung des Vagusnervs. Allerdings haben viele Menschen dermaßen tiefsitzende Muster mit automatisierten Kampf-oder-Flucht-Impulsen, dass die tiefgehende Schaufel der psychedelischen Substanz vonnöten sein kann, um die verhärteten Schichten freizulegen und den Boden für eine nachhaltigere Regulation zuzubereiten. Ist das Nervensystem reguliert, fühlen wir uns in unserer Haut wohl, erleben leichtfüßig Verbindung und Harmonie mit anderen Menschen und haben ein grundsätzliches Gefühl von existentieller Richtigkeit und gutmütigem Lebenssinn. Es ist der Zustand eines befriedeten, freien Energieflusses, in dem keine energetischen Extreme notwendig sind. Das innere Selbsterleben wird als stimmig erfahren, in dem alles genug ist, so wie es ist. Der innere Raum fühlt sich energetisch balanciert an, wie ein klarer See, auf dem verschiedenste Lebensphänomene ihr Dasein fristen, aber keine stürmischen

Wellen dieses Dasein entfrieden. Es muss kein Gefühl besonderen Glücks sein, sondern ein Empfinden einer Ausgeglichenheit, auf der auch Zustände besonderer Glückseligkeit oder aufbrausender Kraft gedeihen können. Auch ein Gefühl wie Traurigkeit hat seinen Raum. Zudem hat auch Wut ihren Platz, schließlich müssen wir uns gegenüber tatsächlichen Angriffen und Ungerechtigkeiten zur Wehr setzen können. Ein reguliertes Nervensystem bedeutet nicht, dass der Sympathikus ausdruckslos wird, sondern dass übermäßige Aktivierung nicht nachteilig unseren Alltag dominiert. Der Unterschied ist, dass wir mit einem regulierten Nervensystem nicht mehr in einen ständigen Sog kämpferischer Gefühle gezogen werden, sondern der See selbst nach rohem Wellengang in stilles Wasser befriedet abflacht. Im Modus eines regulierten Nervensystems haben wir kein Bedürfnis mehr, unser Selbsterleben exogen durch Substanzen zu regulieren. Wir erkennen, dass die energetischen Unstimmigkeiten, die wir erfahren haben, ein Produkt der Überaktivität von Kampf-oder-Flucht-Impulsen des Sympathikus waren.

Genesung ist ein spiralförmiger Vorgang. Auch nach entspannten Phasen werden wir uns wieder in Momenten starker Dysregulation vorfinden. Das ist normal, schließlich geht es darum, gegebenenfalls bereits pränatal eingeprägte neurologische Schemata zu regulieren. Auch in diesem Zusammenhang ist anzuraten, jeden Zustand erst einmal so anzunehmen, wie das autonome Nervensystem ihn darbietet, ohne sich damit zu identifizieren. Fortschreitende Genesung können wir daran erkennen, dass dysregulierte Zustände seltener vorkommen und weniger lang andauern.

Es gibt einige Möglichkeiten, den Vagusnerv manuell zu aktivieren. Eine davon ist langes Ausatmen. Die ausgehende Atembewegung sollte deutlich länger dauern als der eingehende Atemzug. Schon nach wenigen Atembewegungen wird sich mehr Beruhigung einstellen. Man kann mit solchen physischen Techniken keine dauerhafte Beruhigung antrainieren, aber sie können in stürmischen Zuständen wie einer psychedelischen Energieaufwallung sehr hilfreich sein. Eine andere Methode ist, die Hände hinter dem Kopf mit den Fingern zu verschränken, so dass wir unseren Hinterkopf in der verbundenen Handschale halten. In dieser Position wird der Blick in Form der Augen, nicht des Kopfes, zuerst nach rechts gedreht und abgewartet, bis ein tiefes Ausatmen, Seufzen oder Gähnen eintritt. Normalerweise geschieht dies innerhalb einer Minute. Dann werden die Augen nach links gerichtet und auf dasselbe Signal gewartet. Es werden auf diese Weise bestimmte Nervenbahnen miteinander verschaltet, was uns phänomenologisch in ein erhöhtes Sicherheitsempfinden bringt und neurologisch den ventralen Vagus aktiviert.[13] Im Zustand der psychedelischen Erfahrung kann es oft auch ausreichen, von jemandem die Hand gereicht zu bekommen, beruhigende Musik anzuschalten oder aus dem Haus in die Natur zu gehen.

Ein reguliertes Nervensystem ist eigentlich der Normalzustand. Nur weil unsere gesamte Gesellschaft traumatisiert ist, erfahren wir Zustände tiefen Friedens als etwas Besonderes. Wie natürlich dieser Frieden ist, wird deutlich daran, wie unmittelbar er eintritt, wenn wir unter Einfluss der psychedelischen Substanz in der Natur spazieren oder entsprechende Musik auf uns wirken lassen. Seine eigentliche Unmittelbarkeit wird auch ersichtlich, wenn er mit einer Substanz wie 5-MeO-DMT, die unsere mentalen Programme innerhalb weniger Sekunden ausschaltet, augenblicklich freigelegt wird. In einer menschlichen Gemeinschaft, die ihre Grundtraumatisierung überwunden hat, in der man sich untereinander sicher und wohl fühlt, wäre dies der übliche Seinszustand. Mit einem regulierten Nervensystem hat man einen gesunden Zugriff auf seine Sexualität – weder ist sie unterdrückt, noch ist sie unstillbar, sie ist eine der frei fließenden Energiebewegungen im Gesamtsystem. Innerphänomenologisch ist auch im Kopf ein zentrales Empfinden von Stimmigkeit gegeben, die Hirnregionen sind miteinander verknüpft und bilden eine subjektive Einheit.

---

13 Rosenberg, Stanley: *Der Selbstheilungsnerv*. VAK 2019. S. 258.

Genesung ist somatisch ein Entspannungsvorgang, ein fortschreitendes Relaxen der Muskeln. Es gibt viele Ansätze, die das bei regelmäßiger Anwendung unterstützen können: Simples Stretchen, Yoga, Qi Gong, Meditation, Massage, Atemmethoden. Elementar ist, sich immer wieder vor Augen zu führen, dass es darum geht, den Vagusnerv zu involvieren. Das bedeutet, dass es nicht reicht, beim Stretchen oder Yoga die Muskeln stramm zu ziehen und zu denken, das wäre nun der heilsame Vorgang gewesen. Tatsächlich ist das erst der Einstieg in eine Muskeldehnung. Spür, wo es sich am engsten anfühlt, wo ein Muskel absichtsfrei am stärksten aktiviert ist. Atme dann in diese Bereiche hinein, und lasse den Körper sie schmelzen. Halte die Position, nimm mehrere langsame, gezielte Atemzüge, spüre bei jedem Atemzug, wo eine zusätzliche Spannung sitzt und lasse sie bewusst weich werden oder los. Spüre dann in der gleichen Position, wie viel entspannter die Muskeln im Vergleich zum ersten Mal sind. So kann man sich der großen Menge an Spannung bewusst werden, die die meisten von uns unbewusst halten.

Dieser Vorgang fällt in einem psychedelisierten Zustand besonders leicht. Der Abfall von Muskelspannung ist nicht nur ein körperliches Phänomen. Unser Gesamtempfinden beziehungsweise unser Wohlbefinden ist eng daran gebunden. Wenn ein Muskel seine Spannung verliert, werden wir das im gesamten Energiesystem bemerken. Meist verliert auch das Gesicht Spannung, wenn sich ein Rückenmuskel entspannt. Du wirst es in dem inneren psychischen Feld bemerken, so als ob ein Lichtlein mehr angeht oder ein Stück Dunkelheit verschwindet. Je tiefer die Entspannung ist, desto mehr Glückshormone werden ausgeschüttet. Die Kundalinienergie kann aktiviert werden, der Energiefluss der Chakren kann freier fließen, eine enorme Klarheit kann entstehen. Der Vorgang kann bis in eine tiefe Glückseligkeit voranschreiten. Osho soll gesagt haben, Erleuchtung sei nichts anderes, als dass man permanent tiefentspannt ist. Siehe das nicht als dringliches Ziel, sondern gehe Schritte dort, wo du stehst. Es ist wahrscheinlich, dass du es immer wieder erlebst, in einem Moment von Entspannung einen Schub von Glücksempfinden und Frieden zu erleben, um kurze Zeit später neue Anspannungen zu erfahren. Das ist normal und die Aufgabe liegt darin, immer wieder die Entspannung zu ermöglichen ohne sie zu erzwingen – so wachsam oder präsent zu sein, sich nicht wieder in mentalen Prozessen beziehungsweise Identifikation zu verzetteln und die Anhaftung an alte Muster zu Gunsten neuer Sphären aufzugeben. Das alles darf vonstattengehen, ohne dass du unangenehme Aufkommnisse vermeidest, wenn sie sowieso auftreten. Was ich sagen möchte: Verwechsle nicht die relative Ebene, auf der wir Progression und Genesung prozessieren, mit der absoluten Ebene des wahren Seins außerhalb von Raum und Zeit.

Etliche hilfreiche Übungen sind in Christian Meyers Buch *Ein Kurs in wahrem Loslassen* zusammengestellt. Im Folgenden beschreibe ich eine Übung, die als Schmelzatem[14] bezeichnet wird. Sie bezieht sich konkret auf den Reflex, unangenehmen Empfindungen einen Widerstand zu entgegnen, der sich als Anspannung manifestiert. Die Übung dient dazu, diesen Reflex durch hingebungsvolles Hineinatmen aufzuweichen. Je häufiger sie angewendet wird, desto eher kann der Reflex seine Dringlichkeit verlieren. Nimm dafür eine entspannte Position ein. Es ist sehr empfehlenswert, die Augen zu schließen. Wenn du ausatmest, vollziehe dies langsam mit einigen tiefen ehrlichen Seufzern. Es ist wichtig, dass der Seufzer nicht gestellt ist, also nicht so ausgedrückt wird, wie man sich einen optimalen Seufzer vorstellt. Vielmehr sollte genau das ausgedrückt werden, was gerade empfunden wird. Es sollte also wirklich das jeweilige Gefühl seufzen, nicht der Verstand. Erforsche, wo im Körper Stellen besonderer Anspannung vorliegen. Wenn du dann einatmest – nun durch die Nase –, lasse den Atem imaginativ an der entsprechenden Stelle vorbeifließen, durch den angespannten Muskel, so dass seine Verfestigung langsam wie Eis zu schmelzen beginnt und immer weicher wird. Langsam kannst du dann durch den Mund ausatmen und Stück für Stück ein bisschen

14 Vgl. Meyer, Christian: *Ein Kurs in wahrem Loslassen*. München: Arkana 2016. S. 281.

Anspannung wegfließen lassen. Weiterhin gilt, beim Ausatmen der Empfindung ein Geräusch zu geben, sie sich klanglich als Seufzer oder Ähnliches ausdrücken zu lassen. Wenn nach ein paar Minuten eine spürbare Lösung vonstattengegangen ist, kann sich die Operation an einer anderen Körperstelle fortsetzen.

Wenn der Energiekörper bewusst wahrgenommen wird, können Atemübungen auch über die Chakren vollzogen werden. Zuerst wird die Aufmerksamkeit auf eine bestimmte Verknappung oder Verspannung in einem Chakra gelegt. Eine solche Blockade erscheint uns als Phänomen der Verhaltensverzerrung. Nehmen wir unfreie Energie im Halschakra wahr, geht damit ein Phänomen unfreien Selbstausdrucks sprachlicher oder sonstiger Natur einher. Eine unfreie Energie im Herzchakra geht mit dem Phänomen von Schwierigkeiten menschlicher Verknüpfung einher. In einem ersten Schritt können wir unser Bewusstsein auf die energetische Dichte und das damit einhergehende menschliche Problemphänomen ausrichten. Diese Konzentration wird während des Einziehens des Atems aufrechterhalten. Beim Ausatmen wird die energetische Verzerrung nach oben abgeführt, so dass es sich im oder über dem Kronenchakra auflösen kann. So kann sukzessiv mit jedem Atemzug mehr Erleichterung herbeigeführt werden. Sollten derartige Methoden nicht in entspannterer Erleichterung, sondern in Konfusion oder gesteigerter Aktivierung münden, sind sie nicht dienlich. Wir sollten uns nicht zu Atemtechniken zwingen, die sich nicht richtig oder hilfreich anfühlen.

Entspannung, die über Beeinflussung des Körpers initiiert wird, ist grundsätzlich temporärer Natur. Nachhaltige Entspannung ist ein Geschehen, das unweigerlich auf Loslassen folgt. Dieses Loslassen kann in der Regel nicht gedanklich-mental vollzogen werden, es ist ein Loslassen ohne Loslassenden. Das Loslassen betrifft Ideen, Überzeugungen, Glaubensmuster, Widerstände, Identifikationen und letztlich der gesamten formhaften Erscheinungswelt – und ist gleichzeitig deren Erlaubnis. Es geschieht automatisch mit neuen Erfahrungen von menschlicher Sicherheit sowie Realisation der Unwirklichkeit persönlicher Vorstellungen und Aufhebung von Identifikation. Es kann die Folge sein von einer vollen Erlaubnis ungewünschter Gefühle (etwas, das wir täglich anstellen können), von neuen sicheren Kontakterfahrungen mit anderen Menschen (etwas, das einen sehr nachhaltigen Effekt haben kann), sowie natürlich von einer mystischen Erfahrung (etwas, in dem das Loslassen absolut ist). Wenn das Loslassen vollständig ist, werden wir die Existenz so erfahren, wie sie wirklich ist: **Alle Form ist imaginatives Energiespiel im Nichts der unberührbaren Stille der Ewigkeit.**

4.3 Fazit zur Integration

4.3.1 Zusammenfassung

Integration ist eher ein passiver Prozess als eine aktive Tätigkeit. Es geht um Erlauben und Zulassen und darum, im Alltag Bewusstseinspräsenz nicht gänzlich von Alltagsgedanken überschreiben zu lassen. Je geübter wir in beiden Stufen werden, desto schneller kann aus Anspannung Entspannung werden. Bestenfalls kann in Sekunden ein Trennungsimpuls des Sympathikus in verbindende Aktivierung des ventralen Vagus überführt werden. Je mehr Integration zum Versuch eines mentalen Aktivismus wird, desto weniger tief kann sie wirken. Der Verstand kennt nur die Oberfläche. Wenn du nach einer psychedelischen Erfahrung viele Notizen aufschreiben möchtest, ist das hilfreich. Ein sogenannter Tripbericht unterstützt den Verarbeitungsprozess. Bitterernst sollte dieser Part aber nicht genommen werden, da er auf der mentalen Ebene geschieht und der wichtigste Teil des Prozesses somatisch ist. Integration der psychedelischen Erfahrung ist ein energetischer Prozess, bei dem deine Aufgabe vor allem ist, nicht im Weg zu stehen. Das, was während der psychedelischen Erfahrung an Energien im Körper und insbesondere an Gefühlen angestoßen wurde, darf weiter in Bewegung bleiben. Das geschieht von alleine, solange eine vertrauende Offenheit gewahrt wird. Die Kunst der Integration ist also nichts anderes als die Abwesenheit von Resistenz gegen Energien, die ins Fließen gekommen sind. Das Stichwort ist Vertrauen. Vertrau in den Prozess, der durch die psychedelische Erfahrung angestoßen wurde, auch wenn er sich temporär unangenehm anfühlen mag. Zuweilen mag er überfordernd erscheinen, doch auf überwundene Herausforderung folgt Gewinn. Der Weg führt nicht an Gefühlen vorbei, wobei eine starke Emotion sich auch bei voller Intensität plötzlich auflösen kann – wie erwähnt sollte nichts zu ernst genommen werden. Erst durch Resistenz kann es passieren, dass man in einen festgefahrenen Kreislauf von Leid und Blockaden gerät. Transformation geht mit Verlassen der Komfortzone einher. Wenn es zu schmerzhaft oder überwältigend wird, beachte obige Grounding-Hilfen. Es finden sich Weggefährten, die dir Unterstützung bieten, wenn du dafür offen bist beziehungsweise nach ihnen suchst. Teile deine inneren Zustände Menschen, denen du vertraust, ehrlich mit. Unterschätze diesen Faktor zwischenmenschlicher Verbindung nicht: Unser primärer Leidensfaktor ist Trennung. Zu erfahren, dass im zwischenmenschlichen Raum unsere zutiefst gehüteten Gefühle Gehör finden, ist ein essentieller Stabilisierungsfaktor. Wenn sein darf, was in der Kindheit nicht sein durfte, ist die Essenz von Integration etabliert.

Wenn du einen Eindruck von Ausweglosigkeit hast, ist es ratsam, sich Hilfe zu suchen von Menschen, die sowohl psychedelische als auch Kenntnis vom Nervensystem haben. Die Anwesenheit eines sogenannten spirituellen Meisters kann einen Anstoß geben, den Prozess weiter ins Rollen zu bringen. Manchmal kann es auch sinnvoll sein, erneut eine psychedelische Erfahrung zu initiieren. Entaktogene wie MDMA oder 6-APB sind besonders tauglich, um integrative Prozesse voranzutreiben. Durch ihre hohe Ausschüttung von Serotonin, Oxytocin und Dopamin erfahren wir Sicherheit und Stabilität, in der unverarbeitete Themen durchprozessiert werden können. Eventuell reicht es, sich in die freie Natur zu begeben und zu meditieren. Den richtigen Weg kann nur das Individuum intuitiv entscheiden. Es gelten für die Integration psychedelischer Erfahrung jedenfalls keine anderen Regeln als für die psychedelische Erfahrung selbst: Es kommt darauf an, dass man einerseits erlaubt, was im System gegenwärtig stattfindet, und andererseits Wege erforscht, das System in die Regulierung zu überführen. Der Unterschied liegt nur darin, dass in der psychedelischen Erfahrung der Prozess verdichtet und geschwind stattfindet und in der nachträglichen Integration sukzessiv und gemächlich. Suche die Entspannung ohne etwas zu forcieren und setze nicht auf Eile. Es kann Jahre dauern, bis ein Integrationsprozess in wesentlichen Aspekten abgeschlossen ist. Verweigere dich keinem Gefühl, das dabei auftaucht. Wenn zwischenzeitlich etwas geschieht, das sich besonders unangenehm und intensiv anfühlt, ohne dass der Verstand etwas damit anfangen kann, stehen die Chancen gut, dass sich in Tiefen etwas bewegt, die für den Verstand nicht erfassbar sind. Ruhe, Vertrauen und Freunde sind die besten Ratgeber. Wenn psychoemotionaler Schmerz und Überforderung konstant sind, wirst du das nicht durch pures Aushalten auflösen können. Es geht nicht darum, etwas einfach nur auszuhalten. Wenn du dich in einem Aushalten gefangen fühlst, suche bitte therapeutische Unterstützung.

Nicht jede psychedelische Erfahrung stößt einen besonderen energetischen Prozess an. Es sind meistens Erfahrungen im Dosisbereich der Ego-Auflösung, die einen Tiefenprozess verursachen. Bei niedrigeren Dosen kommt es auf das individuelle Energiesystem an, inwiefern was wie ins Rollen gebracht wird. Wenn du 100 µg LSD eingenommen hast, einen netten Tag hattest und es keine nennenswerten nachhaltigen Veränderungen gibt, ist das völlig in Ordnung. Habe keine rigiden Erwartungen und erst recht keine verpflichtenden Ansprüche.

4.3.2 Andere Mittel wie SRI

Die regelmäßige Einnahme anderer Substanzen nach der psychedelischen Erfahrung kann einen Integrationsprozess beeinflussen. Dazu zählen Serotoninwiederaufnahmehemmer (SRI). Wenn man derartige Antidepressiva anwenden möchte, wäre mein Vorschlag, maximal ca. ⅓ der laut Beipackzettel höchstmöglichen Dosis einzunehmen. Bei Fluoxetin und Citalopram liegt die offiziell höchste Dosis bei 60 mg. Wird diese Dosis täglich eingenommen, werden psychedelische Substanzen aufgrund blockierter 5-HT_{2A}-Rezeptoren unwirksam. Oft haben 15 mg für den Einnehmenden bereits eine stützende Wirkung. In diesem Dosisbereich bleibt potentiell ein Freiraum für psychedelische Effekte von Substanzen wie LSD oder Psilocybin. Bei Sertralin, das bis zu 200 mg dosiert werden kann, wäre die empfehlenswerte Dosis 50–75 mg. Wenn im niederen Dosisbereich eine akute psychedelische Wirkung nicht ganz blockiert ist, ist anzunehmen, dass auch nüchternalltägliche Energieprozesse nicht ganz versperrt sind. Die Grenze ist fließend, denn auch beispielsweise 75 mg Sertralin oder 15 mg Fluoxetin können den psychedelischen Effekt hemmen. Bei den meisten Menschen lösen SRI widrige Nebenwirkungen aus. Ihr blockierender Einfluss auf den Energiehaushalt zeigt sich beispielsweise in sexueller Funktionsstörung oder Unlust. **Serotoninwiederaufnahmehemmer und Serotoninreleaser sollten aufgrund Potenzierung, die zu einem gefährlichen Serotoninsyndrom führen kann, nicht mit MAO-Hemmern kombiniert werden.**

Das Tückische an regelmäßig eingenommenen Substanzen ist, dass sie gegebenenfalls akute Stabilität verleihen können, das System sich jedoch bei längerer Einnahmedauer auf die Anwesenheit dieser Substanzen verlässt. Es kommt zu Abhängigkeit, wenn ein Absetzen emotionale Instabilität und Depression potenziert. SSRI sollten dementsprechend ein Mittel in der Not und für eine unbeeinflusste psychedelische Erfahrung nicht währenddessen im System sein. Abseits der akuten psychedelischen Erfahrung sollte man individuell abwiegen, ob der Vorteil regelmäßiger Anwendung einer Substanzklasse ihre Nachteile überwiegt. Auch Cannabis oder Kratom können Auswirkungen auf einen Integrationsprozess haben, wobei natürlich Häufigkeit und Dosis über ihren Einfluss entscheiden. Sei also achtsam, was und insbesondere wieviel du dir nach einer intensiven psychedelischen Erfahrung zuführst und inwiefern es dein Energiesystem beeinflusst. Das schließt nicht aus, dass entsprechende Mittel auf der relativen Ebene nützlich sein können und ihre Einnahme angemessen sein kann. Beobachte stets, was die Substanzen bewirken und inwieweit sie einen inneren Prozess beeinflussen. Was ich definitiv meiden würde, sind Kokain und wirkverwandte Substanzen, da sie das Gegenteil einer psychedelischen Erfahrung evozieren.

4.3.3 Was wirklich ist

Alle persönlichen Gedankenaufkommen sind energetische Emanationen eines konstruierten Systems, das weder Kern noch Substanz hat. Es war nie mehr als eine mentale Energiekontraktion unpersönlichen Geistes und wird auch nie mehr sein als ein unpersonaler Liebestraum ewigen Bewusstseins. Identifikationsmechanismen sind extrem zäh. Es kann vorkommen, dass wir beobachten, wie Egomechanismen sich wieder einschleichen und als solche erkannt werden. Infolgedessen kann Wut auf diesen Vorgang projiziert werden, weil wir nicht wollen, dass das geschieht. Als nächstes folgt eine Enttäuschung über die Wut. Und schon sind wir in eine weitere Identifikationsfalle getappt. Es empfiehlt sich, diesem Vorgang rückwirkend die Bedeutsamkeit zu entziehen, indem ihm durch Akzeptanz der Boden entzogen wird. Zuerst wird Enttäuschung erlaubt, dann die Wut, dann die identifikatorischen Gedanken. Erlaubnis ist das Tor zur Klarheit. Aufgrund der Zähigkeit des Ego-Sogs ist es üblich, immer wieder zwischen Klarheit und Vernebelung zu changieren. Je häufiger und dichter wir mit Präsenz diesen Zwischenbereich bescheinen, desto kürzer bleiben Anhaftungen und energetische Verzerrungen bestehen. **Schließlich kann sich eine Ganzheit einstellen, in der die zeitlose Präsenz des Bewusstseins ungestört sämtliche emotionalen Möglichkeiten und Gedankenformationen ohne Dissoziationsimpulse liebevoll sein lässt.**

5 Bemerkungen zu einigen Substanzen

Die Vielfalt der psychedelisch wirkenden Substanzen im Detail zu eruieren, käme dem Schreiben einer Enzyklopädie gleich. Beispielsweise sind aktuell alleine auf dem niederländischen Markt für Forschungschemikalien folgende psychedelisch aktiven Tryptamine erhältlich: 4-ACO-DPT, 4-ACO-MALT, 4-ACO-MET, 4-ACO-MIPT, 4-HO-DET, 4-HO-DPT, 4-HO-EPT, 4-HO-MCPT, 4-HO-MET, 4-HO-MPT, 4-HO-MiPT, 5-Bromo-DMT, 5-CL-DMT, 5-MEO-DIPT, 5-MEO-MET, 5-MeO-DALT, 5-MeO-MiPT, 5-cl-AMT, AMT, DPT, DiPT, EPT, MET, MPT und MiPT. Die folgenden Abschnitte können dem Leser lediglich ein Grundverständnis vermitteln, das auf anderen Wegen vertieft werden darf. Über DMT und Ayahuasca existieren ausführliche Grundlagenwerke[15] und Evaluierung effektbezogener Exorbitanz würde den Rahmen dieses Buches sprengen, so dass ich auf sie nicht eingehe. **5-MeO-DMT** hingegen findet in bisheriger Literatur weniger Erwähnung und hat eine Wirkdimension, deren energetische Direktheit und Absolutheit die von DMT radikal übertrumpft. Während DMT uns staunend das Formenspiel der Unendlichkeit als Bewusstseinsinhalt offeriert, enthüllt 5-MeO-DMT die Unendlichkeit an sich: Dich.

Das Entaktogen **MDMA** wiederum ist ein irreguläres Stimulans der Amphetaminklasse, dessen Wirkung nur psychedelische Qualitäten aufweist, wenn eine entsprechende innere Öffnung im Einnehmenden vorangelegt ist. Aufgrund der ausgeprägten therapeutischen Möglichkeiten solcher Entaktogene (Stimulanzien mit empathogener Wirkung) verdienen sie explizite Erwähnung. Ähnliches gilt für Ketamin, dessen Wirkung zwar wenig psychotherapeutische Nachhaltigkeit mit sich bringt, bezüglich unmittelbarer Aufhebung von Stress und Depression aber hervorragend dient.

---

15 Z. B. Rick Strassman: *Das Molekül des Bewusstseins.* Oder: Markus Berger: *DMT. Anwendung, Forschung, Kultur.*

5.1 Entaktogene wie MDMA

MDMA ist kein klassisches Psychedelikum wie die gängigen psychedelisch wirkenden Tryptamine und Phenethylamine. Es bewirkt statt unmittelbarer Default Mode Network-Reduktion eine hohe Ausschüttung von Serotonin, in Kombination mit anderen Botenstoffen wie Dopamin und Oxytocin. So wird eine hohe Aktivierung des ventralen Vagus erzwungen und in der Regel für die Dauer der Wirkung die traumabedingte Dysregulation aufgehoben, so dass neue Erfahrungen von Sicherheit entstehen können. Die Studien von MAPS zum Einsatz von MDMA in der Psychotherapie sind sehr erfolgreich. Bis zu 83 Prozent der Probanden mit einer Posttraumatischen Belastungsstörung weisen nach einer dreimonatigen Therapie, in der nur zweimal MDMA zum Einsatz kommt, nicht mehr genügend Kriterien der PTBS auf. Es handelt sich in diesen Studien um Patienten mit einem Schocktrauma. Die Dysregulation durch ein Entwicklungstrauma ist üblicherweise nicht derart rasch nachhaltig aufhebbar.

Meistens nehmen Menschen Entaktogene eigentlich nicht in einem therapeutischen Kontext, sondern in der Freizeit. Wenn man es richtig angeht, kann auch mit rekreationaler Erfahrungskontur ein therapeutischer Effekt generiert werden. Eine fundierte Therapie ist durch von Therapeuten unabhängigen Einnahmen keineswegs ersetzbar. Es lohnt sich dennoch, über aktuelle Möglichkeiten nachzudenken, da derzeit die wenigsten Menschen Zugang zu einer offiziellen MDMA-Therapie haben. Es gibt drei mögliche Settings, in denen MDMA außerhalb des therapeutischen Kontextes mit einem nachhaltigen Effekt eingenommen werden kann: Alleine, mit Freunden und auf einer Party, auf der viele Teilnehmer ein Entaktogen nehmen. Eine Standard-Dosis liegt zwischen 1,2–1,5 mg/kg, bei Bedarf mit einer einmaligen Nachdosierung mit der Hälfte der Menge 90 Minuten später. Eine höhere Dosis bringt stärkere Nebeneffekte und oft einen depressiven Hangover mit sich, ohne dass die nützlichen Aspekte nennenswert steigen. Gegen den sogenannten Serotonin-Kater nach dem Konsum helfen an den darauffolgenden Tagen jeweils 2 × 200 mg 5-HTP mit 400 mg ECGC

(Grünteeextrakt) pro Tag. Auf Rat von Alexander Shulgin hat sich aufgrund des starken Eingriffs von MDMA in die Neurobalance die Empfehlung eingebürgert, MDMA und ähnliche Entaktogene höchstens alle drei Monate einzunehmen.

Alleine: Man sollte meinen, alleine zuhause zu sein sei ein ungünstiges Setting für ein Entaktogen. Während der Wirkung haben die meisten Menschen ein starkes Bedürfnis nach Kontakt und Austausch mit anderen Menschen. Immer wieder tauchen in einschlägigen Internetforen Postings von Menschen unter Einwirkung von MDMA auf, die unbedingt mit jemandem kommunizieren möchten. Wenn man also MDMA alleine nimmt, sollte einem klar sein, dass sozialer Engagementwunsch stimuliert werden wird, ohne adäquate Befriedigung erhalten zu können. Dessen ungeachtet kann es eine bereichernde Erfahrung sein, wenn man den Fokus auf die Beschäftigung mit tiefenpsychologischen Themen oder Meditation legt. Bereitschaft einer Annahme verletzter Anteile und deren integrierende Ineinandersetzung kann von Solo-Erfahrungen angestoßen werden. Menschen maskieren sich oft, um ein möglichst gewünschtes Bild von sich bei anderen zu hinterlassen. Auf die gleiche Art und Weise geht die Psyche auch mit sich selbst um. Es wird ein beschränkendes Selbstbild aufrechterhalten, um sich nicht Schwächen und Traumatisierungen stellen zu müssen. Unter MDMA wird diese Schwierigkeit überwunden. Der Betroffene kann sich im geschützten Rahmen der Wirkung unerwünschten Themen stellen. Ohne die Angst, nicht gut genug zu sein, kann er vergangenes Verhalten vergeben. Er kann erkennen, wie es um ihn steht, ohne aufgrund erdachter Mängel erschrecken zu müssen. Die empathische Ausrichtung kann während einer vollen MDMA-Wirkung bedingungslos sein. So entsteht die Möglichkeit, in seiner inneren Entfaltung einen bedeutsamen Schritt zu vollziehen. Menschen können erfahren, wie sich filterfreie Akzeptanz anfühlt. Die Einnahme alleine ist nur sinnvoll, wenn bereits ein gewisses Maß an Selbstreflektion gegeben ist. Wer hilflos im traumatischen Strudel treibt, kann sich vermutlich auch nicht unter MDMA am eigenen Schopfe aus dem Wasser ziehen. **Keine Substanz kann eine heilsame Begegnung mit anderen Menschen ersetzen.**

Mit einem oder wenigen Freund/en: Dies ist neben dem therapeutischen Kontext das optimale Setting für eine nachhaltige Wirkung, da es dem therapeutischen Kernaspekt der Verbindung am nächsten kommt. Wichtig ist, dass man dem Freund wirklich vertraut und er die Offenheit und damit einhergehende Verletzlichkeit des Heilsuchenden nicht ausnutzt. Der eigentliche Prozess ist simpel: Wenn man merkt, dass man über alles reden kann, redet man über alles. Anstatt sich in etwas hineinzusteigern, kann festgestellt werden, dass Festgehaltenes losgelassen werden darf. Dabei können durchaus negative Gefühlswallungen, Tränen etc. aufkommen. Das ist nicht nur normal, sondern gut, weil bisher Aufgestautes abgelassen werden kann. Der Zuhörende sollte nicht versuchen, das Geschehen in eine bestimmte Richtung zu lenken, solange es nicht in besonderen Ausnahmefällen nötig wäre. Es kommt lediglich darauf an, dass der Heilsuchende erfährt, in Liebe urteilsfrei gehört und gesehen zu werden. Eine ungefilterte Interaktion über Themen, die sonst mit Schuld oder Scham besetzt sind, ist nachhaltig zuträglich Indem jemand offen über etwas redet, das er vorher schweigend unterdrückt hat, entsteht eine Katharsis ohne Abreagieren. Gefühle, negative Gedanken und schreckensgebundene Erfahrungen können zugelassen werden, zum Ausdruck gebracht werden und ihren somatischen Druck verlieren. Im Nachhinein wird ein Betroffener den Gegenstand seines Traumas bestenfalls nicht mehr als ein unlösbares Problem ansehen, sondern als einen Umstand, mit dem gelebt und gearbeitet werden kann und für den man sich nicht schämen muss.

Eine Party, auf der viele Teilnehmer Entaktogene einnehmen: Dieses Setting eignet sich weniger für tiefergehende Gespräche, alleine weil die Musik meist zu laut ist. Nichtsdestotrotz können hier soziale Ängste abgebaut und das Selbstwertgefühl positiv bestärkt werden. Dafür ist es relevant, unmittelbar mit anderen Menschen zu interagieren. Es sollte eine Bereitschaft da sein, das vom MDMA initiierte Gefühl der Liebe weiterzugeben. Alleine ein liebevoll erwiderter Blickkontakt kann ein Ausdruck davon sein. Eine wunderbare Übung ist es, Fremden Komplimente zu machen. Diese sollten aber ehrlich sein. Eine Frisur loben, die man in Wahrheit hässlich findet, ist nicht Sinn der Sache. Wenn die Komplimente von Herzen kommen, wird der angesprochene Mensch dies spüren und seine Freude in einer ebenso positiven Gegenreaktion ausdrücken. So kann es schnell passieren, dass man sich in einer Umarmung mit einer fremden Person wiederfindet. Natürlich kann man sich bei gegenseitiger Bereitschaft auch mit fremden Personen über innere Vorgänge austauschen. Man sollte aber Feinfühligkeit walten lassen. Auch wenn viele Leute unter dem Einfluss von MDMA stehen mögen, ist das nie für alle der Fall, und selbst wenn jemand unter dem Einfluss von MDMA steht, ist nicht auszuschließen, dass er seine Ruhe möchte. Dementsprechend sollte ein Gespür vorhanden sein, ob jemand offen für eine solche Annäherung ist, damit man niemanden belästigt.

Grundsätzlich sollten Entaktogene wie MDMA, die viel Serotonin auf einmal ausschütten, selten eingenommen werden. Es ist ein heftiger Eingriff in das Energiesystem. Bei besonders energetisch blockierten Menschen, also zum Beispiel im Falle einer PTBS, kann dies in therapeutisch begleiteten Einzelsessions die effektivste Applikation sein. Für besonders traumatisierte Menschen kann es vorteilhaft sein, mit MDMA die erste Erfahrung eines veränderten Bewusstseinszustandes zu erzeugen, bevor man die klassischen Psychedelika probiert. Wenn der energetische Genesungsprozess allerdings schon fortgeschritten ins Fließen gekommen ist, sollte man eruieren, ob man sich diesen Fortschritt einer relativen Balance temporär wieder mit einer wirkmächtigen Substanz zerschießen möchte. Bis auf die Warnung vor zu häufiger Einnahme sind in dieser Hinsicht Verallgemeinerungen kaum möglich. Davon abgesehen sind Entaktogene nicht für jeden Menschen eine angemessene Therapieform. Trotz der üblicherweise sehr behütenden Wirkung kann die starke Veränderung der Wahrnehmung für besonders destabilisierte Nervensysteme unzuträglich sein.

Es existieren etliche empathogene Alternativen zu MDMA, eine davon ist **6-APB.** Es wurde als eine weniger zu Neurotoxizität neigende entaktogene Wahlmöglichkeit entwickelt. Zwar ist dafür seine kardiotoxische Last etwas höher, was bei gesundem Herzen und seltener Einnahme allerdings vernachlässigt werden kann. 6-APB benötigt bis zu 2 Stunden nach der Einnahme bis zur vollständigen Wirkung, verliert dann aber erst nach 4 Stunden an Wirkkraft, während der Peak von MDMA 2 Stunden nach Einsetzen der Wirkung abklingt. Es wirkt außerdem beständiger und klarer, während MDMA wellenartige Intensitätsstärken mit sich bringt. 6-APB ist in unterschiedlichen Formen erhältlich, so dass bei der Dosierung zu berücksichtigen ist, ob eine Bindung an Hydrochlorid, Succinat oder Fumarat vorliegt, denn 80 mg Fumarat entsprechen 150 mg Succinat. Eine konkrete Schwäche von 6-APB ist eine geringere Ausschüttung von Dopamin und Noradrenalin, was bei Experimentierfreude durch Beigabe einer geringen Dosis eines milden Amphetamins ausgeglichen werden kann, beispielsweise mit 8–10 mg **2-FMA.** Damit das Gehirn den enormen Einschlag von Entaktogenen, die die Tore endogener Neurotransmitter brachial aufreißen, besser verarbeiten kann, ist die gleichzeitige Einnahme eines Nootropikums anzuraten, das Gehirnprozeduren beschleunigt. In Frage kommen besonders Noopept und Piracetam, die in den meisten Ländern als Nahrungsergänzungsmittel erhältlich sind.

5.1 Tryptamine und Phenethylamine

5.1.1 Substanzvielfalt

Es gibt etliche Varianten an Tryptaminen, Phenethylaminen und Lysergamiden, die meist über mehrere Stunden psychedelisch wirken. Als Standard-Substanz werden in unserer Kultur **LSD** oder **Psilocybin/Psilocin** (Magic Mushrooms) verwendet. Je nach Dosis können Substanzen für unterschiedliche Anwendungswünsche genutzt werden. Das betrifft bereits die Wirkdauer, da LSD mit 8–12 Stunden doppelt so lange wirkt wie Psilocybin. Psilocybin wirkt stärker auf das Wurzelchakra und bringt daher expliziter eingesperrte Emotionen an die Oberfläche, während LSD stärkeren Einfluss auf das Stirn- und Kronenchakra hat, so dass es rascher mentale und transpersonale Einsichten auslöst. Die Unterschiede sind relativer Natur, und im hohen Dosisbereich können beide sowohl zur somatisch-energetischen Transformation als auch zur Egoauflösung eingesetzt werden. Es folgen wenige Beispiele aus hunderten existierenden psychedelisch wirkenden Substanzen, die einen Eindruck über das diffizile Wirkspektrum erwecken sollen. Da sich das Angebot erhältlicher Substanzen stets verändert, wird auf detailliertere Beschreibung verzichtet.[16] Die meisten psychedelisch wirkenden Substanzen können die Selbstwahrnehmung drastisch verändern. Die Reaktionen des subjektiv interpretierenden Individuums auf die Assoziierungs- und Auflösungsvorgänge kann sehr unterschiedlich ausfallen: Was eine Ozeanische Selbstentgrenzung sein kann, gestaltet sich bei Resistenz als Angstvolle Ich-Auflösung. Es ist nicht ungewöhnlich, dass einer Ozeanischen Selbstentgrenzung eine meist kurze Angst-Phase vorangeht. Spezifische Erfahrungen gehen nicht unbedingt auf die spezifische Substanz zurück, die eingenommen wurde. Sie sind eine Synthese aus der Substanzwirkung und den zu dem Zeitpunkt aktiven psychischen Konstellationen des Konsumenten.

Die Wirkung von **4-HO-MET** ist der von Psilocybin ähnlich, evoziert allerdings ein erhebenderes Grundgefühl und stimuliert weniger das Aufschäumen von Traumainhalten zugunsten direkterer Geborgenheit. Es ist bei moderator Dosis[17] (20–30 mg oral) insofern für Menschen geeignet, die nicht allzu tief in verdrängte Gefilde tauchen und dennoch eine konkrete Herunterregelung des Ego-Systems wünschen. Ab 35 mg kann auch 4-HO-MET mystische Erfahrungen erzeugen. Die Wirkung von **5-MeO-MiPT** bringt eine erhöht rekreationale Komponente mit sich, die sich zuweilen wie eine Mischung aus MDMA und LSD anfühlen und bei der sexuelle Stimulation besonders betont sein kann. Wie

16 Es empfiehlt sich, auf Foren wie **reddit.com**, **eve-rave.ch** oder **bluelight.org** mehr über die Wirkung aktuell erhältlicher Substanzen in Erfahrung zu bringen.

17 Für Dosisangaben empfehlen sich **psychonautwiki.org** oder **tripsit.me**.

beim Verhältnis von 5-MeO-DMT zu DMT wird von 5-MeO-MiPT nur 25 % der Menge benötigt, die von **4-ACO-DMT** notwendig ist. Entsprechend werden 11 mg 5-MeO-MiPT oral einen viel stärkeren Impact auf das Ego haben als 6 mg, so dass mit entsprechender Genauigkeit abgewogen werden sollte. Die 5-MeO-Gruppe scheint grundsätzlich einen höheren energetischen Druck auf das Ego auszuüben, so dass man mit 20 mg 5-MeO-MiPT oral durchaus eine längere absolute Egoauflösung erreichen kann, die an 5-MeO-DMT erinnert. Wer Interesse an einer für das Ego milderen Form von LSD hat, könnte mit **AL-LAD** experimentieren. Es wirkt mit 4 Stunden deutlich kürzer und gesteht bei 150 µg dem Ego relative Stabilität zu, so dass es bevorzugt im Dosisbereich von 200–300 µg eingenommen wird. Die Einnahme milderer Psychedelika kann auch sinnvoll sein, wenn noch eine kürzliche starke Erfahrung nachklingt und man nur kleinere Bewusstseinsschrauben drehen möchte.

Auch die Dauer der Wirkung kann durch Substanz und Applikationsform reguliert werden. So wirkt das aufgrund energetischer Direktheit bei verhältnismäßig hoher mentaler Klarheit für Transformationsarbeit besonders taugliche **4-HO-DPT** intranasal höchstens 4 Stunden, sollte aufgrund des ungut schmeckenden Herabtropfens im Rachen allerdings durch Kauen von Kaugummi begleitet werden. Während bei Psilocybin, 4-AcO-DMT oder 4-HO-MET oral eine starke Dosis bereits bei 30 mg beginnt, wird von 4-HO-DPT oral die dreifache Menge für nahezu identische Effekte benötigt. 4-HO-DPT bringt weniger Verstandesverwirrung mit sich. Die intranasale Aufnahme, bei der eine starke Dosis bei 40 mg beginnt, ist entsprechend ergiebiger. Warum diese enormen Dosisunterschiede bestehen und von LSD sogar das Hundertfache weniger als von Psilocybin für eine vergleichbare Wirkung benötigt wird, ist ungeklärt und vermutlich ein Fall für magischen Realismus. Nicht nur bezüglich der Einwirkung auf die Chakren, auch hinsichtlich Form und Qualität visueller Wahrnehmungsveränderungen hat jede Substanz einen eigenen Charakter. Solche Umstände offenbaren, dass der psychoaktiven Wirkmatrix eine gewisse

Magie innewohnt, bei der die Grenze zwischen materialistisch-mechanischer Hebelwirkung und idealistisch-unmittelbarer Informationsübertragung fließend ist. Wer ein besonders leichtes psychedelisches Tryptamin sucht, könnte in **4-HO-EPT** (30 mg oral als Standarddosis) den Wunschpartner finden, das aufgrund des geringen Eingriffs in Verstandesaktivität zur mentalen Introspektion taugt. Von den Phenethylaminen ist **Meskalin** das traditionell bekannteste und **2C-B** das derzeit geläufigste. In niedrigeren Dosen bewirkt 2C-B ein typisch serotonerges Wohlbefinden, das an eine milde MDMA-Variante erinnert. Es bindet weniger stark als die gängigen Tryptamine am 5-HT_{2A}-, dafür stärker am 5-HT_{2C}-Rezeptor, und hat dementsprechend im unteren Dosisbereich (12 mg oral) eine geringere psychedelische Erlebnistiefe, dafür eine weitaus höhere aphrodisierende Komponente ohne dopaminerge Stimulation. Hochdosiert (25 mg oral) kann 2C-B nichtsdestotrotz transformative Herausforderungen im Energiesystem bewirken, prägnant dissoziierte Energien aufkommen lassen und davon unabhängig mit starken visuellen Veränderungen und beeindruckenden Closed Eye Visuals überzeugen. 2C-B hat wie viele Phenethylamine eine unliebsame Auswirkung auf den Körper, die sich zuweilen in Übelkeit äußern kann.

5.1.2 Mikrodosen

Mikrodosierungen wie circa 8–15 µg LSD oder ca. 0,1–0,2 g getrockneter Psilocybinpilz können auch im Alltag funktionieren und ein kreatives Potential sowie temporäre Milderung von Ruminationsvorgängen, Anspannung und depressiven Tendenzen evozieren. **Iboga-Wurzelrinde** eignet sich in Mengen von 100–1000 mg (je nach Gehalt des Wirkstoffs Ibogain) besonders, weil sich die Wirkung von niedrigdosiertem Ibogain ausgesprochen klar und natürlich anfühlt. LSD eignet sich besonders für eine verspieltere und Psilocybin für eine verträumtere Mikrodosis-Erfahrung. Wie jemand auf derart geringe psychedelische Dosen reagiert, muss individuell getestet werden – jedenfalls sind dies keine Dosisbereiche, in denen außerordentliche Wahrnehmungsverzerrungen geschehen. Auch eine Mikrodosis sollte bestenfalls nicht täglich eingenommen werden, damit die Besonderheit der Wirkung erhalten bleibt und sie nicht zu einem gewohnten Doping verkommt, dessen Vorteile uns bei Wegfall der Einnahme fehlen. Das Gehirn sollte auch nüchtern Möglichkeit zur Neuformierung haben. Manchmal wird ein Abstand von 2–3 Tagen empfohlen. Mir leuchtet allerdings auch das Einnahmeschema von Paul Stamets ein, nach dem man eine Mikrodosis 4 Tage hintereinander einnimmt und dann 3 Tage pausiert. Andererseits ist eine pausenlose Mikrodosiseinnahme mutmaßlich gesünder als eine tägliche SRI-Einnahme. Durch die mehrtägige Einnahme gewöhnt sich das Gehirn jedenfalls an die offenbaren Vorteile wie mehr Flow, Offenheit und Leichtfüßigkeit, so dass sie für die Tage der Nicht-Einnahme eindrücklicher im System nachschwingen. Letztendlich haben Mikrodosen in ihren Möglichkeiten klare Grenzen, und wer mit Hilfe von Psychedelika grundlegende Transformation anstoßen möchte, bedarf Volldosiserfahrungen. Um mehr Leichtigkeit im Alltagsleben anzuregen, können Mikrodosierungen gut funktionieren.

5.1.3 Psychedelisch wirkende Dosen

Eine leichte Tripdosis, die gern von Einsteigern eingenommen wird, enthebt das Ego aus seiner Starrheit, gesteht ihm aber so viel Stabilität zu, dass Interaktion mit einer nüchternen Außenwelt in einem gewissen Rahmen möglich bleibt. Übliche Dosen wären 100 µg LSD oder 1,5 g getrocknete Pilze. Bereits in diesem Dosisbereich gelangen dissoziierte Inhalte an die Oberfläche. Man könnte beispielsweise erkennen, dass ein Thema einen unbewusst jahrelang beschäftigt hat, ohne dass einem dies klar war. Was vorher energetisch unterschwellig loderte, kommt präsent zur bewussten Oberfläche. Diese Erkenntnisse oder Gefühle dürfen dankbar angenommen werden. Wenn man sie aufgrund unbequemer Unliebsamkeit ablehnt, potenziert man den damit verbundenen inneren Konflikt. Wer solche Erkenntnisse nicht möchte, sollte nicht Psychedelika einnehmen. Es gibt Einzelfälle, in denen Menschen erst durch die Einnahme von Psychedelika sich wieder erinnerten, dass sie als Kind körperliche Übergriffe erlebt haben. Aufkommnisse traumatischer Erinnerungen in psychedelischen

Sessions bieten grundsätzlich die Möglichkeit zu echter Verarbeitung mit therapeutischer Unterstützung. Während der Wirkung und bestenfalls darüber hinaus ist der einzige ratsame Modus der der Offenheit und Hingabe. Leichtere Tripdosen geben einem zwar noch eher eine Möglichkeit relativen Einflusses, doch auch sie können zu ausgesprochen unangenehmen Zuständen führen, wenn während des Trips Aufkommendes abgelehnt wird. Auch leichtere Dosierungen können zu beeindruckenden visuellen und akustischen Veränderungen führen. Die Schönheit der Natur wird ungefiltert genießbar und erlebt, wie bewundernswert die uns umgebende Gedankenwelt Gottes ist. Man kann diese wunderschönen Sinnesphänomene in vollen Zügen genießen. Lediglich zur Ablenkung vom Inneren sollte man die äußeren Erscheinungen nicht benutzen. Für eine psychedelische Genesung ist das relevant, was man fühlt.

Ab beispielsweise 250 µg LSD oder 3,5 g getrockneten Pilzen bröckeln während der Wirkung auch gröbere Ego-Strukturen weg, und es kann zu konkreten transzendenten Erfahrungen kommen. Das Bewusstsein beginnt, sich vom Körper unabhängig zu erfahren. In diesem Dosisbereich wird die Reise automatisch weiter nach innen gehen. Es ist wie ein leichter Trip in potenzierter Form. Wer nun noch versucht, Inhalte zu kontrollieren oder zu verdrängen, läuft Gefahr, sich in einen sogenannten Bad Trip hineinzusteigern. Oftmals entsteht ein als problematisch erfahrener Trip daraus, dass Menschen eine Substanz wie LSD von einem Standpunkt des Egos aus konsumieren möchten: Man will beeindruckende Farbenspiele sehen, doch der Trip wird als unkontrollierbar erfahren. Natürlich ist er aus der Sicht des Egos unkontrollierbar. Das ist überhaupt erst der Trip. Es gibt keinen kontrollierten Trip, keine genau geregelte psychedelische Erfahrung. Ein kontrollierter Trip ist ein Oxymoron. Kontrolle an sich ist eine Illusion. Bad Trips sind Folge eines Dominanzversuchs des Egos in einem Zustand hoher energetischer Öffnung. Sie sind die Folge eines »Neins« des Verstandes, der ein Empfinden von Ablehnung auf die Umwelt projiziert, die dann dementsprechend bedrohlich wirkt. Die

Wahrnehmungsinhalte können im höheren Dosisbereich sehr verändert sein. Man sollte sich nicht alleine an Orten wie Straßenkreuzungen bewegen, die ohne klare Übersicht gefährlich werden können. Die Verstandesmatrix ist derart ausgehebelt, dass Text nicht mehr lesbar ist oder komplexe Aufgaben nicht mehr verrichtet werden können.

Während leichte Tripdosen noch zu einem größeren Teil auf einer Gedanken-Ebene stattfinden, berühren hohe Tripdosen und Substanzen wie N,N-DMT oder 5-MeO-DMT die tiefsten Schichten unserer Existenz und absoluten Bereiche des Seins. Spätestens im hohen Dosisbereich werden auch früheste Programmierungen aus den ersten Lebensjahren sichtbar oder temporär aufgelöst. Eine vollständige Aufhebung des Egos ist bei LSD ab 350 µg und bei getrockneten Psilocybin-Pilzen ab 5 g erwartbar. Diese Angaben sind nur Richtwerte und können je nach Individuum unterschiedlich ausfallen. Wer sich in diesem Dosisbereich vollständig hingibt, kann tiefgehende Revitalisierungserfahrungen erleben, weil harte Energiekrusten aufgebrochen und unterste Selbstfestlegungen fallen gelassen werden können. Der im Leben zentrale Faktor der Herzenergie wird offenkundig. Es eröffnet sich eine Sphäre des Bewusstseins derart unabhängig von der Alltagsrealität, dass ein materialistisches Weltverständnis obsolet wird. Mit anderen Worten: Es dürfte sehr schwer werden, nach Hochdosis-Erfahrungen ein materialistisches oder physikalistisches Weltbild aufrechtzuerhalten.

Es gibt Faktoren, die die Effektstärke einer Dosis beeinflussen. Ein Faktor ist die Potenz: Psilocybin-Pilze können bezüglich der enthaltenen Wirkstoffmenge sehr abweichen. Auf dem Schwarzmarkt ist zudem die Reinheit einer Substanz üblicherweise ungeklärt. MAO-Hemmer können die Effektstärke sehr potenzieren. Umgekehrt können Menschen eine Toleranz gegenüber Psychedelika aufweisen, wenn diese in kurzem Abstand (unter 1–2 Wochen) eingenommen werden. Nach einer vollen 5-MeO-DMT-Erfahrung sollte man allerdings erwarten, dass andere Psychedelika durchdringender wirken. Manche

Leute haben unterdurchschnittlich oder überdurchschnittliche viele $5\text{-}HT_{2A}$-Rezeptoren und reagieren daher übermäßig stumpf oder sensibel – bei einigen sind beispielsweise visuelle Phänomene nur marginal, während andere angesichts visueller Exorbitanz frohlocken.

Psychedelisierte Öffnungen hoher Dosen bestehen in subtiler Form und in begrenzter Dauer über die Länge der Substanzwirkung hinaus. Damit sind nicht Flashbacks gemeint, sondern die Chance, sich intern zu restrukturieren und aufgestaute Gefühle in Bewegung zu bringen. Die Öffnung, die während der Session angestoßen wurde, schließt sich in der Zeit danach sukzessiv, meistens über einen Zeitraum von zwei Wochen. Da hochdosierte Erfahrungen am ehesten tiefe Schichten dissoziierter Energie anstechen und am wahrscheinlichsten mystische Erfahrungen evozieren, sind sie für Genesungstransformation am tauglichsten. Allerdings sollten psychedelische Novizen nicht den Fehler begehen, direkt mit hohen Dosen zu arbeiten. Es ist ratsam, mit kleinen Dosen das Gewässer kennenzulernen, dann Schwimmbewegungen dort zu vollziehen, wo noch Boden unter den Füßen ist und erst dann das Energiesystem dem offenen Meer ozeanischer Selbstentgrenzung auszusetzen. Grundsätzlich sollte man nur mit jenem Dosisbereich arbeiten, für den man sich intuitiv bereit fühlt. Für jeden Menschen gibt es individuelle Dosishöhen, die ihn überfordern.

5.2 Die Kombination mit Entaktogenen

Nicht alle, aber viele psychedelisch wirkende Tryptamine können mit MDMA kombiniert werden, was allerdings einige Implikationen mit sich bringt. Wird das MDMA gleichzeitig zur psychedelischen Substanz eingenommen, kann die psychedelische Wirkung nicht rein erfahren werden, unter anderem da die erhöhte Serotoninausschüttung z.B auch $5\text{-}HT_{2A}$-Rezeptoren belegt. Insofern ist die zusätzliche Entaktogeneinnahme empfehlenswert, wenn sich jemand unsicher fühlt, sich einer psychedelischen Öffnung ohne Stütze auszusetzen oder sicherstellen möchte, nur angenehme Zustände zu erfahren. Dafür reichen ⅓ bis ½ einer vollen Dosis des Entaktogens. Zudem sollte darauf geachtet werden, dass MDMA und das Psychedelikum ungefähr gleich lange wirken. Wird es beispielsweise mit LSD eingenommen, kann der Comedown, also das Wegfallen der MDMA-Wirkung, in der Mitte der LSD-Wirkung aufgrund der psychedelischen Verstärkungsfunktion als besonders unangenehm empfunden werden. Wenn eine volle Dosis MDMA (100 mg oral) in Kombination mit beispielsweise 100 µg LSD genutzt wird, muss damit gerechnet werden, dass das MDMA einen signifikanten Teil der LSD-Wirkung überschreibt. Das kann für rekreationale Zwecke gewünscht sein und es kann durchaus therapeutisch sein, diese psychedelisierte Unbeschwertheit zu erfahren. Mit der Kombination MDMA/Psychedelika kann eine enorme Stärkung von Vitalität und Lebensfreude erfahren werden, die gegebenenfalls über den akuten Effekt hinaus nachklingt. Erfahrungen von Leichtigkeit und erfrischendem Energiefluss wirken meistens über den aktiven Substanzzeitraum hinaus. **Therapeutisch ist es am effizientesten, zuerst die psychedelische Substanz wirken zu lassen und in entsprechende psychedelische Tiefen zu tauchen, um dann in der zweiten Hälfte der Wirkphase das Entaktogen hinzuzufügen.** So kann die etwaige emotionale Aufwühlung optimal integriert werden, da sie in einen Zustand dezidierten Wohlbefindens übergeht. Für vorsichtige Anwendungen reichen 30–50 mg MDMA aus. Ich empfehle allerdings, die Kombination nicht regelmäßig zu gebrauchen. Einerseits weil Serotoninreleaser wie MDMA oder 6-APB einen großen Eingriff in die Gehirnchemie bewirken, andererseits weil wir sonst nicht unser Vermögen erkennen können, uns erfolgreich ohne Stütze unangenehmen Gefühlen zu stellen.

Eine Möglichkeit, eine psychedelische Wirkung in Kombination mit einem hohen Serotoninspiegel ohne Zuführung einer zweiten Substanz zu evozieren, ist das Tryptamin **AMT.** Es wirkt neben dem üblichen Effekt psychedelischer DMN-Reduktion auch als MAO-Hemmer. Dadurch wird der Serotoninspiegel auf eine für das Gehirn mildere Art erhöht als durch Serotoninreleaser. Allerdings zieht sich der Onset über 3 Stunden und beansprucht auf eine besonders unangenehme

Weise Körper und Psyche. Beispielsweise übergeben sich viele Konsumenten in dieser Phase. Die körperlichen Nebenwirkungen dieses Come Ups lassen sich durch rektale Zuführung auf ein Mindestmaß reduzieren. Belohnt werden Konsumenten durch einen darauffolgenden friedvollen und glückseligen Zustand. Der gewünschte Effekt hält 8 Stunden an, fühlt sich bei einer Dosis von 50 mg HCl oder 80 mg Succinat außergewöhnlich ausgewogen an, wird oft als besonders therapeutisch sowie ohne unangenehme Nachwirkungen geschildert und geht in einen langen angenehmen Afterglow über.

5.3 5-MeO-DMT

Die Wirkstärke von 5-MeO-DMT ist nicht mit anderen Psychedelika vergleichbar. Es wird auch als göttliches Kronjuwel der Psychedelik bezeichnet wird. 5-MeO-DMT vermag augenblicklich eine nonduale Auflösung zu evozieren und das gesamte Energiesystem zu öffnen. Falls du mit 5-MeO-DMT noch nicht bekannt sein solltest, lies bitte zuerst die Einführung auf meiner Website.[18] Mangels anderer Worte werde ich auch für 5-MeO-DMT mit dem Begriff »Erfahrung« arbeiten. Das Wort ist für eine volle Auflösung unter 5-MeO-DMT nicht ganz stimmig, weil sich das duale Verhältnis Erfahrung/Erfahrender für die Dauer der Wirkung auch auflöst. *Samadhi* ist keine Erfahrung in einem raumzeitlichen Kontext, sondern ein Aufhören von Erfahrung, das sich sprachlich nur mit Hilfsbegriffen wie »Erfahrung« kommunizieren lässt.

Nur weil man nicht mit einem Hammer blind um sich schlagen darf, heißt das nicht, dass man nicht zum richtigen Zeitpunkt den Hammer fest auf den Nagel hauen sollte. 5-MeO-DMT ist diese psychedelische Endstufe, in der jegliche mentalen Prozesse in Sekunden hinweggeschwemmt werden können und sich das eine endlose Bewusstsein enthüllt. Die Metapher des Hammers ist aufgrund ihrer dualen Brachialität unzureichend; man müsste vielleicht eher von psychedelischer

18 lightofexistence.com/5-meo-dmt-information-und-aufklaerung.

Kernfusion sprechen. Das kann schlecht sein, wenn das individuelle System nicht bereit ist, sich darauf einzulassen. Enorm bereichernd ist es – wenn es jemandem ernsthaft darum geht –, Ego-Schleifen energetisch zu durchbrechen und in der Unendlichkeit anzukommen, um festzustellen, dass man sie nie verlassen hat, weil man sie ist. Oft wird 5-MeO-DMT von Anbietern an Personen verabreicht, die diesbezüglich unerfahren sind. Aus Gründen der Effizienz wird eine volle Dosis verabreicht, damit der Klient das volle Potential der Substanz erfahren kann: Eine vollständige Auflösung mentaler Aktivität, Wegfall von Energieblockaden und Realisation des göttlichen SELBST als das EINE. Daran ist prinzipiell nichts auszusetzen, dennoch gibt es ein »aber«: Sobald die Substanz abklingt, wird mentale Aktivität wieder einfahren und die meisten Menschen werden so schnell wieder in der Identifikation landen, dass man die Uhr danach stellen kann. Das erwachte Bewusstsein schläft einhergehend mit dem Abklingen der Wirkung wieder ein. Das hat den Vorteil, dass wir uns schnell wieder in der 3-D-Welt orientieren können. Auch der Energiefluss wird sich innerhalb von zwei Wochen in gewohnte gehemmte Bahnen einstellen. Gewissermaßen ist das gut so, weil das System von der brachialen Veränderung zu überfordert wäre, würde sie andauern. Deswegen sollte man sich nicht dazu hinreißen lassen, 5-MeO-DMT zu oft anzuwenden.

Da wir nicht nur an nondualer Öffnung, sondern auch psychischer Veränderung und Genesung interessiert sind, wäre es optimal, die Psyche an die Hand zu nehmen und sukzessiv an die Substanz zu gewöhnen. Ich habe sehr gute Erfahrungen damit gemacht, zuerst geringe Dosen zu nehmen, um zu lernen, wie die Substanz auf das Energiesystem wirkt. Nachdem ich die Dosen über einen Zeitraum von Monaten gesteigert und schließlich zwei Full-Release-Erfahrungen mit einer vollen Dosis 5-MeO-DMT geschahen, habe ich ein Jahr pausiert. Irgendwann fühlte es sich intuitiv erneut richtig an, mit 5-MeO-DMT zu arbeiten, und ich habe erneut im Abstand von Wochen bis Monaten eine jeweils volle Dosis vaporisiert. Insgesamt vergingen drei Jahre zwischen meinem Erstkontakt mit 5-MeO-DMT und dem Zeitpunkt, ab dem das Bewusstsein die Wirkung relativ elegant navigieren konnte. Während die Wirkung sich am Anfang wie ein radikales Aufbomben des Energiesystems anfühlte und abgesehen von tiefem Frieden temporär impulsive Reaktionen von Energieaufwallungen im Sympathikus evozierte, äußerte sie sich letztlich als eine aufgrund des raschen Onsets zwar nach wie vor eruptive, doch fluid-ergebungsvolle Auflösung in *Sat-Chit-Ananda*[19] und nichts als tiefster Meditation. Wie lange man solch einen Prozess der Gewöhnung dehnen sollte, ist individuell unterschiedlich. Manch einer ist nicht bereit für 5-MeO-DMT, ein anderer mag mit einer einmaligen vollen Dosis abschließend befriedigt sein. Zuviel auf einmal führt jedenfalls dazu, dass der Peak der Wirkung für die Alltagspsyche zu andersartig und energetisch zu gewaltig ist. Dann kann man sich nachträglich überfordert fühlen, wenn das Ego darum bemüht ist, wieder stabileren Fuß zu fassen. Oft berichten Menschen über Zustände wie Reaktivierungen in den Tagen nach 5-MeO-DMT-Einnahme, in denen die energetische Öffnung z. B. im nächtlichen Schlaf zurückkehrt. Für viele ist das erfreulich; andere erfahren es als Überlastung, weil der Druck auf das Ego größer ist als die verfügbare Hingebungswilligkeit. Durch einen langsamen Gewöhnungsprozess kann das Reaktivierungsproblem gemindert werden. Grundsätzlich gilt aber: Auch in den Nachwirkungen ist Hingabe das A und O für gelingenden Umgang. Üblicherweise werden solche Nachwirkungen über die folgenden zwei Wochen zunehmend milder, bis sie ausbleiben.

Eine volle Dosis 5-MeO-DMT liegt bei 13–15 mg vaporisierter Freebase. Ist das Gehirn an die Erfahrung gewöhnt, reichen auch geringere Dosen für einen Full Release. Zwischenbereiche der Dosis wie 9 mg können allerdings auch problematisch werden, weil sie einerseits einen starken Druck auf das Ego erzeugen, es andererseits noch einen Rest an Gegenwehr aufbringen kann, wenn die Hingabe nicht absolut ist. Darum plädieren manche Verabreichende, Einsteigern direkt eine

19 Seinswahrheit-Bewusstsein-Glückseligkeit.

volle Dosis zu geben, damit Reflexe der Gegenwehr aufgrund des raschen Onsets und unwiderstehbaren Drucks auf das Ego erst gar nicht entstehen können. In diesem Falle sollte man zuvor mindestens die Inhalation von 1 mg vorausschicken, damit das Energiesystem merken kann, dass die Substanz es gut mit ihm meint.

Dass im Folgenden ein optimaler Verlauf einer 5-MeO-DMT-Session skizziert wird, bedeutet nicht, dass etwas schiefgelaufen ist, wenn die Begegnung mit einer vollen Dosis 5-MeO-DMT anders verläuft. Je nach individueller Energiestruktur kann der Verlauf entsprechend unterschiedlich sein, zumal zwischen Alltagsrealität und vollständiger Formauflösung alle möglichen Bewusstheitszustände evoziert werden können. Es geht bei dem folgenden Schema darum, zu zeigen, wozu 5-MeO-DMT in der Lage ist und worauf es beim Umgang mit Psychedelika hinzuarbeiten lohnt.

1. *Die Aufnahme:* 5-MeO-DMT kann intranasal, rektal oder vaporisiert inhalativ appliziert werden. Die beiden ersten Varianten haben den Vorteil einer längeren und weniger spitzen Verlaufskurve. Um die therapeutische Tiefe zu verstärken, empfiehlt Ralf Metzner, zuerst 5 mg HCl intranasal und 5–10 Minuten später, wenn der Körper sich entspannt hat, erneut bis zu 10 mg intranasal aufzunehmen. Die inhalative Herangehensweise hat den Vorteil, dass der Ego-Verstand in wenigen Sekunden aufgehoben wird und es noch vor dem Ausatmen zu einer Auflösung kommt. Die Plötzlichkeit einer inhalativen Aufnahme kann für das System ein Schock sein, hat jedoch den Vorteil, dass das Ego meist gar keine Zeit hat, einen Widerstandsimpuls auszuagieren. Der Körper sollte in eine offene symmetrische Haltung versetzt werden.

2. *Die Auflösung:* Ist die Dosis hoch genug, wird bei Inhalation innerhalb von 10 Sekunden jegliche mentale Aktivität inhaltlicher Art zum Stillstand kommen. Das bedeutet, dass nicht nur die Identifikation mit Körper und Objektwelt aufgehoben wird, sondern der gesamte Traum

des Universums als Individuum zum temporären Stillstand kommt. Es wäre unpräzise, dies als Erlebnis oder bestimmten Zustand zu definieren, da sowohl ein persönlich Erlebender als auch ein Subjekt-Objekt-Verhältnis transzendiert sind. Übrig bleibt nur das SELBST, unauslöschbar, ewiglich, pures Sein, pure Liebe, pure Wahrheit. Ein möglicher Begriff wäre *Nirvikalpa Samadhi:* nichts als ewiges und absolut freies Bewusstsein, das sich selbst realisiert.

3. ***Die Rückkehr:*** Nach wenigen Sekunden bis Minuten Zeitlosigkeit erscheint im Bewusstsein wieder die Welt-Perspektive in Form des Blicks aus dem Körper. Temporär kam jeglicher mentaler Prozess abhanden, der die Illusion eines Anderen, einer »Welt da draußen«, generierte, und damit auch das Empfinden von Zeit. Ohne den Körper wäre es erst gar nicht möglich gewesen, 5-MeO-DMT aufzunehmen, so dass er essentiell für den Prozess ist und die Bezeichnung der Wirkung als »außerkörperliche Erfahrung« irreführen kann. Es ist eine außerformhafte Erfahrung des Bewusstseins. Der Körper ist im Bewusstsein, aber das Bewusstsein benötigt den mentalen Prozess des Körpers, um an den Punkt der Selbstrealisation zu kommen, den 5-MeO-DMT ermöglicht, so wie man eine Leiter braucht, um durch die Baumkrone in den Himmel schauen zu können. Transzendenz wird definiert als Jenseits der menschlichen Erfahrung, des gegenständlichen Seienden oder auch als das Überschreiten der Grenzen von Erfahrung und Diesseits. Das ist, was durch 5-MeO-DMT-Zufuhr geschieht. Das erste Abklingen der Wirkung ist also keine Rückkehr in den Körper, sondern die Rückkehr der Imagination einer Welt aus der Perspektive eines Körpers in einem zeitlosen Bewusstsein.

4. ***Die Reinigung:*** Sobald wieder persönliche Energie in das Bewusstseinsfeld kommt, besteht die Möglichkeit, dass das Bewusstsein aus der offenbarten Freiheit heraus aufgestaute Energien, die nicht länger dienlich sind, auflöst oder abstößt. Das Beste, was einem an dieser Stelle passieren kann, ist in die Anspannung hinein zu relaxen, so dass sie sich aufhebt. Bei besonders aufgestauter Energie kann es zu einem explosiven

Sich-Übergeben kommen, das ungefiltert zugelassen zu einer sofortigen Erleichterung führt. Oft kommt es zu einem Ausstoß von Energie in Form der in Stufe 1 beschriebenen Phänomene. Nach der 5-MeO-DMT-Einnahme gilt es, so lange wie möglich offen zu bleiben, sodass einengende blockierende Energien sich nicht in der Hingabe halten können.

5. *Der Ausklang:* Solange die Substanzwirkung noch nicht eindeutig ausgeklungen ist, sollte der Körper stets offen und symmetrisch gehalten werden. Es passiert immer wieder, dass das Ego beim Wiedereinsetzen mentaler Aktivität sich möglichst schnell reorganisieren will. Meist ist das daran zu bemerken, dass der Kopf zu den Seiten gedreht wird, begleitet von einem eindringlichen Blick. An dieser Stelle gilt es, mit Achtsamkeit aufzuwarten und sich wieder in die symmetrische Ausgangslage zu bringen. Meistens lässt der dringende Kontrollwunsch des Egos wieder nach, bis man ganz in der Ausgangslage angekommen ist. Je nach Dosis ist bei inhalativer Aufnahme nach 15–30 Minuten die Wirkung so weit abgeklungen, dass weitere Release-Vorgänge ausbleiben. Dann ist man bereits wieder alltagstauglich, wenngleich die energetische Öffnung hintergründig nachschwingt.

Ein explosives Abstoßen von Energieblockaden ist sehr befreiend, allerdings nicht so nachhaltig wie ein Auflösen durch entspannendes Loslassen. Für viele Menschen ist das Abstoßen ein friedliches Ausagieren und die ihnen zunächst zugängliche Befreiungsform. Es kursieren Behauptungen, sich unter 5-MeO-DMT zu übergeben wäre ein Zeichen eines inneren Widerstands gegen die Öffnung. Das kann in bestimmten Fällen so sein, widerspricht aber nicht dem hier beschriebenen Ablauf. Schließlich geschieht in dem hier beschriebenen Verlauf zuerst die vollständige Auflösung des Temporären und Formhaften. Infolgedessen können in der Rückkehr persönliche Energieanteile, die nicht mehr dienlich sind, abgestoßen werden. Es werden Anteile des Schmerzkörpers ausgeleitet, gemäß des von Eckhart Tolle[20] geprägten Begriffs.

---

20 Vgl. Eckhart Tolle: *The power of now.* Hodder 2001.

Solche Reinigung des Abstoßens ist kein Widerstand gegen Samadhi, sondern ein Heilungsgeschehen im Austritt aus Samadhi. Die von 5-MeO-DMT initiierte Öffnung kontrastiert die durch Entwicklungstrauma initiierte Kontraktion des Nervensystems, woraus der Impuls des Übergebens oder der Lautentstehung resultiert.

Wenn jemand nach der Einnahme keine Reaktion eines stimulierten Sympathikus aufweist, kann das mehrere Gründe haben. Möglicherweise gibt es in seinem System keine relevanten blockierten persönlichen Energien, oder er kann wie erwähnt bedingungslos hineinrelaxen. Gesamtgesellschaftlich gesehen dürfte das eine Minderheit sein. Eine weitere Möglichkeit ist, dass die psychische Dissoziationsstruktur so groß ist, dass mit Abklingen der 5-MeO-DMT-Wirkung rasch eine Dissoziation einsetzt, die die Abfuhr entsprechender Energien behindert. Besonders gehemmt kann der Freisetzungsprozess in Gruppensettings sein. Die Anwesenheit anderer Menschen stärkt Ego-Mauern, weil sie ein »Wie sollte ich mich verhalten?«-Denken anstößt. Das ist nicht mental steuerbar, sondern ein tiefimpulsiver autonomer Reflex, eine autonome Sicherheitsstrategie. Die Anwesenheit anderer Menschen unterbindet die Ausgeprägtheit und Intensität beziehungsweise das Aufkommen von Freisetzungsvorgängen wie Erbrechen, Schreien, Fauchen oder Gurgeln, weil es nicht den kulturellen Erwartungen an eine menschliche Begegnung entspricht. Dementsprechend ist eine 5-MeO-DMT-Aufnahme, die unter Beobachtern außer dem Verabreichenden – insbesondere fremden Menschen, denen man nicht vertraut – geschieht, von einem zweifelhaften Setting geprägt. Ich möchte damit nicht ausschließen, dass eine Gruppensession, in der die Teilnehmer bereits ein besonderes Vertrauen untereinander etablierten, Vorteile haben kann. Wenn die Energie unter den Teilnehmern bereits besonders gut fließt, könnte dies auch Hingabe an die Erfahrung erleichtern.

Wenn traumabedingte Energieverzerrungen wie aufgestaute Wut im Nervensystem nicht im Alltag transformiert werden, kann eine Selbstrealisation durch 5-MeO-DMT nicht gehalten werden. Die

Lebensenergie möchte fließen, und wenn sie verzerrt bis blockiert ist, hat die Quelle keinen Platz zur Entfaltung und das übliche Ich der Identifikation übernimmt schnell wieder das Lenkrad. Darum ist es essentiell, nicht nur auf 5-MeO-DMT zu setzen, auch wenn man sich in den Tagen danach so fühlen kann, als hätte man Meditation nicht nötig. Im Gegenteil ist das eine Zeit, in der man besonders tief in Meditation einsteigen und diese Tiefe über die folgenden Wochen ausdehnen darf. Meiner Meinung nach verirrt man sich, wenn man mit 5-MeO-DMT andere spirituelle Praktiken oder therapeutische Methoden ersetzen möchte. Wenn ein Individuum sich aber tagtäglich mit Traumaheilung, Sadhanas, Energiearbeit und Selbstrealisation beschäftigt, wird er von zeitlich und kontextspezifisch angemessenen Verabreichungen der Substanz profitieren, solange die bekannten Bedingungen stimmen.

Während eine volle Dosis oft ein Erwachen bewirkt, fällt das Bewusstsein meistens mit Wiedereinfahren der Egostrukturen zurück in den Traum der Identifikation. Je reifer die individuelle Bewusstheit und weniger dysreguliert das Nervensystem ist, desto schleichender geht dieser Prozess vonstatten und kann sich auch über Tage, Wochen, wenn nicht Monate ziehen. Der unbewusste Sog in Identifikation ist enorm, zäh und tückisch. Insofern gibt es bei 5-MeO-DMT die Gefahr, durch häufigen unbedachten Konsum eine Art Mega-Ego zu züchten, das aufgrund nondualer Öffnungen meint, alles durchschaut zu haben, ohne dass ebendies als ein monströses Aufplustern von Identifikationsmechanismen durchschaut wird. In solchen Fällen ist ein Teil des Systems für die nonduale Wahrheit geöffnet – bestimmte traumatisch bedingte Konditionen und Überlebenstrategien wiederum, die an Hassenergie geknüpft sind, sind nicht überwunden. Das ist an sich kein problematischer Zustand, im Gegenteil ist es normal, während der Arbeit mit Psychedelika solche Zwischenbereiche kennenzulernen. Problematisch wird es, wenn jemand aufgrund der nondualen Öffnung meint, es gäbe für ihn nichts mehr an Schatten zu bearbeiten oder jede Schattenarbeit sei nur illusionäres nonduales

Spiel. Natürlich kann man das so handhaben, aber dann bleibt man halt ein Arschloch.

Der Grenzbereich zwischen Wahrheit und Illusion ist sehr schmal, aber es gibt ihn. An dieser Stelle ist es essentiell, immer wieder klarzustellen, was der Traum ist: Das, was selbstbezogen denkt. Auch Gedankengänge wie »Ich habe jetzt alles durschaut«, »Ich habe es wieder verloren« oder »Ich muss aufpassen, dass ich nicht wieder einschlafe« und generell alle »Ich muss« oder »Ich sollte« geschehen auf der Theaterbühne der Illusion von Separation. Solange da ein selbstbezogener Ich-Gedanke ist, der nicht vom stillen Beobachter unabhängig gesehen wird, befindet sich das Bewusstsein in einem träumerischen Zustand. Alle Form im stillen Beobachter ist Traum. In der Nachfolge von 5-MeO-DMT kann es vorkommen, dass das Bewusstsein zwischen Wahrheit und Traum changiert. Der größte Fehler wäre, eine Rückkehr in den Traum mit Vorwürfen und Missbilligung zu begegnen. Der Sog in die Illusion von Separation ist ein wesentlicher Teil der imaginativen Schöpfung und jede negative Reaktion darauf paradoxerweise ein tieferer Sog in die Illusion. Das Prinzip der Erlaubnis gilt auch für die Identifikation an sich. In der Grenzschwelle gilt es demnach, sowohl automatische Identifikationsvorgänge zu erlauben, als auch bewusst zu halten, was Identifikation ist. Dadurch bleibt eine Metaebene aufrecht.

5.4 MDMA + 5-MeO-DMT

Dies ist eine Kombination, die nicht weitflächig erprobt ist. Es mehren sich Erfahrungsberichte, dass es ein enorm mächtiges Doppelpack ist. Die MDMA-Dosis sollte weder hoch noch zu niedrig sein, 70–110 mg je nach Körpergewicht reichen üblicherweise. Vom 5-MeO-DMT sollte keine volle Dosis eingenommen werden, das wäre in Kombination mit dem MDMA übermäßig stark. Stattdessen sind in der Kombination bereits 2–4 mg inhalativ mit einer enormen Wirkmächtigkeit bezüglich helfender Prozesse ausgestattet. In meiner Erfahrung hat das ausgereicht, dass sich ein tiefer Frieden offenbarte, der merkbar langsamer abklang, als wenn man eine höhere Dosis 5-MeO-DMT alleine nimmt. Diese Kombination vermittelt die Botschaft, dass alles sein darf beziehungsweise alles OK ist, besonders eindrücklich. Für die meisten Einsteiger ist MDMA alleine bezüglich Friedensfindung zu ekstatisch und 5-MeO-DMT alleine zu ruckartig. In der beschriebenen Kombination ergibt sich die Möglichkeit, tiefe Schichten des Nervensystems für Heilung zu öffnen, die sonst nicht zugängig sind, da das Entaktogen eine stabile Grundlage an Sicherheitsempfinden etabliert. Es sorgt für jenes grundlegende Sicherheitsgefühl, das dem traumatisierten Nervensystem bitterlich fehlt. Während 5-MeO-DMT alleine in niedrigen Dosen Angst- oder Erschütterungsempfindungen evozieren kann, da das Ego zwar angegangen, aber eben nicht aufgelöst wird, ist dies in Kombination mit MDMA nicht gegeben. Die kleine Dosis 5-MeO-DMT kann während der MDMA-Wirkung wiederholt werden. So kann im Zeitraum einer Stunde eine friedsame Erfahrung in das Nervensystem eingespeist werden, die als ein gutmütiges »Alles darf sein« nachwirkt.

5.5 Ketamin

Arylcyclohexylamine wie Ketamin sind keine klassisch-psychedelischen Substanzen, allerdings gibt es eine Wirkungsüberschneidung. Beispielsweise kann auch diese Substanzklasse Closed Eye Visuals bewirken, wenngleich weniger fraktalhaft, ohne ausgefallene geometrisch-bunte Ornamentik. Ketamin stößt ebenfalls eine Rekonnektivität von Gehirnzellen an und wirkt unmittelbar antidepressiv. Es sorgt für eine Neubildung von Dornfortsätzen auf Nervenzellen im präfrontalen Kortex[21], die infolge von Depression bezüglich Komplexität und Menge reduziert ist, wodurch die Signalübertragung zwischen den Neuronen erhöht wird. Ältere Studien offenbarten, dass Ketamin NMDA-Rezeptoren tangiert und eine Glutamat-Dysbalance wieder ins Gleichgewicht bringt. Glutamat ist ein für das Nervensystem essentieller Neurotransmitter, so dass sich die Modulation auf verschiedene Bereiche auswirkt, unter anderem GABA,

21 Vgl. Pham, T. u.a.: Fast-acting antidepressant activity of ketamine: highlights on brain serotonin, glutamate, and GABA neurotransmission in preclinical studies. *Pharmacology & Therapeutics* 199 (2019). S. 58-90.

einen Neurotransmitter, der für hemmende Regulation, also Beruhigung und Regeneration, essentiell ist. Aber auch die Level von Dopamin und Serotonin werden infolge einer Ketamineinnahme erhöht.[22] Zudem weist Ketamin eine Affinität für Opioid- und Acetylcholinerezeptoren auf. Die Forschung hat die Wirkmechanismen bisher nicht ergiebig erschlossen. Jedenfalls transformiert Ketamin ein gestresstes Gehirn innerhalb von Minuten in ein ungestresstes Gehirn, was einige Tage nachwirken kann.

Dabei geschieht allerdings auch etwas, dessen Bedeutung die materialistische Medizin kaum thematisiert: Auch Ketamin reduziert die Blutversorgung des Default-Mode-Networks und nimmt dem Präfrontalkortex temporär die üblichen Aktivitätsmuster, was einen meditativeren Zustand mit sich bringt. Insofern ist es nicht verwunderlich, dass Menschen nach therapeutischen Dosen (100 mg intranasal) eine Erfahrung der »Verbundenheit von allem« berichten. Bei Ketamin fühlt sich die Wirkung behütet an, ohne dass (im Unterschied zu klassischen Psychedelika) Ego-Angst vor Überwältigung angestoßen wird. Trotzdem ist die Herunterregelung des Präfrontalkortexes ein essentieller Faktor der therapeutischen Auswirkung, da unsere Energieblockaden an die separierende Selbstkonstruktion gebunden sind und durch deren temporäre Aushebelung Energie mehr ins Fließen kommen kann. So können auch während der Wirkung von Ketamin neue Perspektiven und emotionale Befriedungsvorgänge angestoßen werden.

Ketamin ist im Vergleich mit klassischen Psychedelika eine Art Selbstläufer, der kaum aktive Hingabe erfordert, allerdings auch nicht entsprechende Tiefe mit sich bringt. Verständlicherweise sollte man auch unter Ketamin von innerem Kontrollbedürfnis ablassen, allerdings geschieht das üblicherweise von selbst. Es ist wie Fahrradfahren mit Stützrädern – man kann kaum umkippen, aber auch nicht flexibel cruisen, besonders schnell fahren oder elegante Kunststücke vollziehen. Bei

---

22 Tiger, M. u. a.: A Randomized Placebo Controlled PET Study of Ketamine's Effect on Serotonin 1B Receptor Binding in Patients with SSRI Resistant Depression. *Translational Psychiatry* 10/159 (2020).

höheren Dosen dissoziiert sich das Bewusstsein von der Körperwahrnehmung und kommt in einen subjektiven Floating-Zustand, der erschrecken könnte, wenn ein gänzlich unerfahrener Konsument nicht damit rechnet, dass nur bewusster Innenraum übrigbleibt. Erfahrene Konsumenten zielen auf diese als *K-Hole* terminierte Erfahrung explizit ab. Ketamin wirkt im Vergleich mit LSD oder Psilocybin sehr gradlinig und bringt eher eine luftige Erleichterung als eine himmlische Entgrenzung. Aufgrund der relativen Milde der Ketamin-Wirkung auf das Ego eignet sich Ketamin hervorragend zur weiteren Verarbeitung und Integration vorangegangener intensiver psychedelischer Erlebnisse.

Insbesondere einige Zeit (Tage oder Wochen) nach einer 5-MeO-DMT-Session kann Ketamin gezielt benutzt werden, um eine Reaktivierung zu triggern, deren Intensität sich mit der jeweiligen Ketamindosis kontrollieren lässt. Da man sich unter Ketamin üblicherweise behütet fühlt beziehungsweise das Ego nicht den Eindruck bekommt, ruckartig den Boden unter den Füßen zu verlieren, kann der Reaktivierungszustand besser angenommen und inspiziert werden, so dass erkannt wird, dass von ihm nichts Bedrohliches ausgeht und das System während der Reaktivierung in eine Entspannung übergeht. Wenn man bei Abklingen der Ketaminwirkung erneut die Hälfte der Initialdosis (also etwa 50 mg) zuführt, baut die dadurch initiierte weitere Verarbeitung auf der vorangegangenen Dosis auf, so dass ein relativ kontrollierter Prozess von Annahme und Vertraulichkeit mit dem veränderten Bewusstseinszustand verwoben wird. Zu häufig sollte man Ketamin allerdings nicht einnehmen, da es im Unterschied zu Tryptaminen physisch ungesunde Auswirkungen haben kann: Es verändert den Urin dahingehend, dass bei regelmäßigem Konsum Zellwände der Blase beschädigt werden.[23]

5.6 MAO-Hemmer

MAO-Hemmer sollten nur mit Rezeptor(teil)agonisten kombiniert werden, also Substanzen, die einen eigenen Effekt am Rezeptor auslösen. In Kombination mit Substanzen, die unmittelbar den Serotoninspiegel

23 Kidger, E. u.a.: A Rare Urachal Cyst in a Case of Ketamine-induced Cystitis Provides Mechanistic Insights. *Urology* 90 (2016).

erhöhen, also Serotoninreleasern oder Serotoninwiederaufnahmehemmern, können MAO-Hemmer ein lebensgefährliches Serotoninsyndrom bewirken, da sie auch den Abbau von Serotonin hemmen. Kombiniert man psychedelische Tryptamin-Agonisten mit MAO-Hemmern, erhöht dies die Potenz enorm und intensiviert die Wirkung auch qualitativ. 12 mg Psilocybin kombiniert mit 100 mg Harmalin stehen 25 mg Psilocybin solo in nichts nach.

In Kombination mit MAO-Hemmern wird die Wirkung von z. B. Psilocybin oder 4-AcO-DMT Ayahuasca (MAO-Hemmer + DMT) ähnlicher. Es ist nicht nur eine potentere, sondern eine andere Erfahrung als Psilocybin alleine. Der psychedelisch geöffnete Innenraum erscheint klarer, stabiler und CEV erscheinen strukturierter und definierter, mit Geometrie höherer mathematischer Qualität und auch quantitativ auf einem höheren Level. Ohne MAO-Hemmer wird die psychedelische Öffnung meistens so erlebt, dass entweder das Alltagsego gerade über irgendetwas nachdenkt oder eine höhere Bewusstheit das Alltagsego obsolet macht. Außerdem sind psychische Vorgänge auf Psilocybin solo oft verwirrter, unkalkulierbarer, mehr durcheinander. Aufgrund der beständigeren, klareren Wirkung mit MAO-Hemmern können Ego-Anteile expliziter und leichter mit Higher-Self-Anteilen kommunizieren, so dass nicht nur ein »Entweder-oder«, sondern auch ein »Und« gegeben ist. Ungeheilte Anteile konnten gezielter navigiert werden.

Durch die durch MAO-Hemmer bewirkte Stabilität der Tryptamin-Wirkung erlangt das Individuum eine stabilere Introspektion auf einer grundlegenden tiefenpsychologischen Ebene. Es ist infolge der introspektiven Prägnanz der Kombiwirkung leichter als unter einer verwirbelteren Solo-Tryptamin-Wirkung, die Selbstbezogenheit zu durchschauen, mit der man im Alltag agiert. Allerdings kann die Direktheit, mit der die Selbstbezogenheit offengelegt wird, verblüffend eindeutig und härter fordernd sein. Auch die Dauer der Wirkung verdoppelt sich, so dass sich die Wirkung von Psilocybin beispielsweise

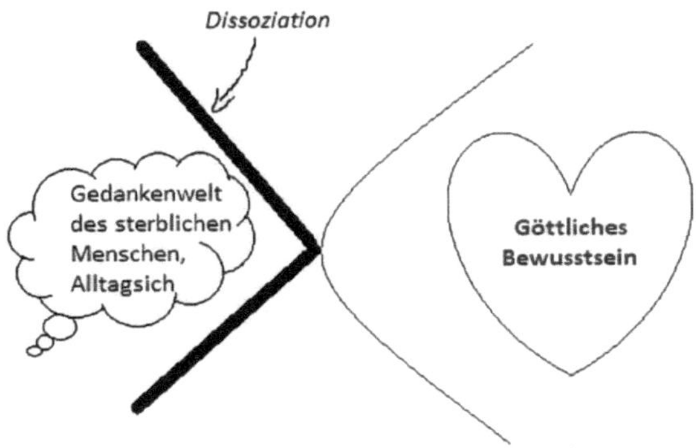

Bild 1: Üblicher Zustand des Ego-Verstands: Selbsterfahrung über Gedanken als distinkt separates Subjekt, dissoziiert von der transpersonalen Sphäre.

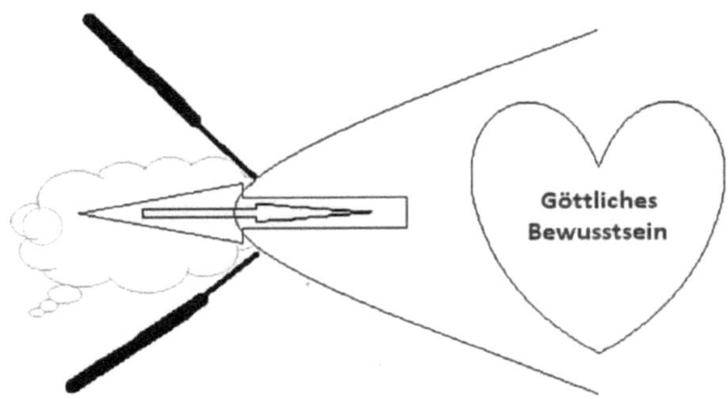

Bild 2: Psychedelische Öffnung: Aufhebung der distinkten Dissoziation von Alltags-Ich und numinoser Sphäre. MAO-Hemmer stabilisieren die Assoziation von individuellem Mentalraum und transpersonaler Sphäre: hochschwingender Informationsfluss.

auf 8 Stunden ausdehnt und ohne konkreten Endpunkt langsam ausschleicht. In Kombination mit MAO-Hemmern sind körperliche Reinigungsvorgänge wie ein Übergeben zur energetischen Reinigung wahrscheinlicher.

MAO-Hemmer sind noch weniger Spielzeuge, als es psychedelische Tryptamine alleine schon sind, und gehören nicht in die Hände psychedelisch unerfahrener Menschen. Bevor sich Menschen zu fehlgeleiteter

Experimentierfreude inspirieren lassen, sei festgehalten: Es kann nicht ausgeschlossen werden, dass sich jemand, der nicht weiß, was er tut, mit dieser Kombination statt Heilung weiteren Schaden zufügt. Wenn Pilze solo für manche Menschen vielleicht einfach nur eine interessante Erfahrung sein mögen, wird die Wirkung mit MAO-Hemmern dermaßen durchdringend, dass ohne Hingabe und psychedelisches Orientierungsvermögen das Ego sich rasch vergewaltigt vorkommen kann. Sind diese Attribute im Individuum jedoch vorhanden, hat das psychisch Durchdringende der Wirkung mit MAO-Hemmern ein hohes Genesungspotential. Ich empfehle, mit ihnen erst zu arbeiten, wenn man ohne ihre Zugabe bereits einschlägige psychedelische Erfahrungen gesammelt hat, und dann mit einer moderaten Dosis einzusteigen. Man sollte ein Gefühl für das durchdringende Moment der Kombination mit MAO-Hemmern bekommen, um dem Nervensystem keine Überlastung zuzumuten. Aus dem gleichen Grund sollte man nicht zu jeder Sitzung MAO-Hemmer ergänzen, außer man fühlt sich absolut sicher damit. Werden entsprechend eindringliche Erfahrungen zu häufig initiiert, können Anteile der Psyche aufgrund zu vieler Transformationsimpulse in zu kurzer Zeit nicht mithalten.

6 Fazit

Meditation stabilisiert unser System für Entspannungsvorgänge, für Achtsamkeit und für Präsenzrealisation. Formen körperlichen Yogas unterstützen einen freieren Energiefluss. Adäquate Therapie unterstützt uns in der Überwindung unbewusster Überzeugungen und neuronaler Dysregulation. Heilsame mitmenschliche Verbindungserfahrungen sind für diese Qualitäten essentiell. Psychedelika können einen Anschwung in diese Richtungen geben, wenn sie angemessen angewendet werden. Psychedelika ...

... lassen uns die Willkürlichkeit der Denkprozesse erkennen und können unmittelbar enthüllen, dass die Welt im Bewusstsein ist und nicht umgekehrt.

... offenbaren unmittelbar die Essenz der Liebe als eine universale Qualität.

... öffnen die Filter zum Unbewussten und ermöglichen es, uns verdrängten Themen zu widmen und dissoziierte Gefühle wiedereinzugliedern.

... lassen schwer erreichbare neuronal dysregulierte Energieladungen an die Oberfläche steigen.

... öffnen energetische Blockaden und geben uns einen nötigen Anstoß, täglicher Energiearbeit nachzugehen.

... unterstützen neuronale Rekonfiguration Richtung Regulation.

... ermöglichen die Neuvernetzung von Hirnarealen und helfen bei der Überwindung rigider Denkmuster.

... demonstrieren die Unzulänglichkeit des Verstandes und vermögen, das Potential von Intuition aufzuzeigen.

... evozieren mystische Erfahrungen und temporäre Selbstrealisation als Grundlage für weitere personale wie transpersonale Transformation.

... dekonstruieren temporär die subjektive Wirklichkeit und vermitteln uns einen Sinn dafür, stets für neue Wirklichkeiten offen zu sein.

... offenbaren uns neue Wirklichkeitsperspektiven.

Werden psychedelisch wirkende Substanzen unter angemessenen Bedingungen zur angemessenen Zeit an angemessenen Orten mit angemessenen Dosen eingenommen, sind sie eine potente Ergänzung zu allen anderen Ansätzen innerer Entwicklung und Selbsterkenntnis. Ihre unmittelbare operative Wirkkraft ist weder für jeden Menschen noch für jede Lebensphase geeignet. Früher oder später dürfte im Transformationsverlauf eines für Psychedelika offenen Menschenlebens eine Phase gegeben sein, in der deren Einsatz nicht erforderlich oder angemessen erscheint. Wann dies der Fall ist, kann – abgesehen von den objektiven Grundvoraussetzungen – jeder Mensch intuitiv nur für sich ausmachen. Das Gleiche gilt für die Entscheidung, einen symbiotischen Prozess mit Psychedelika überhaupt einzugehen.

Ich wünsche dir, solltest du dich auf psychedelische Experimente einlassen, herrliche Entspannung, wertvolle Erkenntnisse, heilsame Transformationen, sensationelle Sinneseindrücke sowie tiefbeglückende Realisationen, die Raum und Zeit transzendieren.

7 Appendix: Tripnotizen

Als Gimmick beschließen dieses Buch drei Tripnotizen, die jeweils nach einer Erfahrung mit 200 µg LSD verfasst wurden. Sie liegen länger zurück und haben in ihrer subjektiven Unvollkommenheit keinen direkten Bezug zu diesem Buch. Dennoch erfüllen sie hier mehrere Zwecke. Sie veranschaulichen, welche imposanten Einsichten eine einzige Session zu bringen vermag. Die Überlegungen könnten psychonautische Novizen unterstützen, den psychedelischen Zustandsraum besser zu begreifen. Sie sollen aber auch davor warnen, derartige Erkenntnisse für spirituelles Bypassing zu missbrauchen. Solche Überlegungen sind für Genesungstransformation nicht ausreichend, wenn die energetisch-somatischen und zwischenmenschlichen Aspekte keine Berücksichtigung finden.

Die Notizen sind Beispiele für die Höhen, in die uns eine psychedelische Erfahrung aufschwingen kann, aber auch dafür, was uns in der Alltagserfahrung üblicherweise verlustig geht. Ohne erwähnte Ansätze können wir so weit nach oben wie nur möglich steigen und werden uns nach der Landung wieder in einem Körper mit dysreguliertem Nervensystem befinden. Wenn Psychedelika nicht als Fluchtmittel dienen sollen, dann genießen wir die Magnifizenz ihrer transzendentalen Portalisierungsmöglichkeiten und nutzen gleichzeitig ihre energetischen Anstöße für explizite Transformationsarbeit auf somatisch-neuronaler und energetischer Ebene.

7.1 Tripnotiz 1

Du bist Bewusstsein.

Du bist nicht nur Körper und Verstand, sie sind in dir wie alles andere Wahrgenommene.

Alle emotionalen Aufkommnisse inklusive ihren Gedankenformationen entsprechen dem individuellen Karma. Beobachte und akzeptiere sie, ohne dich damit zu identifizieren.

Alles Seiende ist aus einem Einzigen fraktalisiert (Alles aus 1 per Selbstspiegelung). Die Unterschiede ergeben sich erst aus der nachträglichen Formgestaltung, die dermaßen komplex ist, dass der menschliche Verstand sie nicht nachvollziehen kann. Egal, wie divers und unterschiedlich etwas ist –Planeten, Disteln, Käfer, Priester –, alles ist aus dem Einen. Person A kann sich mit Person B nicht ohne Verluste verständigen, wenn sie nicht bezüglich des Themas der Kommunikation auf dem exakt gleichen Kenntnisstand sind. Das Fraktalgebilde Person A hat ein anderes Muster als Fraktalgebilde Person B. Es ist unmöglich, dass sie komplett gleich sind. Darum können sie auch nicht in der Kommunikation übereinstimmen. Das ist aber kein Grund zur Aggression gegen andere aufgrund Diversität. Da alles Seiende aus einem Einzigen stammt, sind sie trotz aller Unterschiede das Selbst. Man sollte also jeden so behandeln, wie man selbst behandelt werden möchte, weil man tatsächlich sich selbst behandelt, wenn man mit jemand anderem interagiert. Lediglich die Form ist eine andere. Sie hat eine andere Fraktalstruktur. aber die gleiche Basis. Jedes Lebewesen ist ein individuelles dynamisches Fraktalgebilde, das vom Bewusst-Sein imaginiert ist, um sich selbst zu erkunden. Irdisch ist erst der Mensch in der Lage, seine Bewusstheit als vollständige Spiegelung des Bewusstseins zu gestalten und den Ego-Antrieb zu transzendieren. Die Entwicklung des Ego-Verstands war notwendig, damit der Mensch zum Mechanismus der Selbstreflexion gelangen und das Göttliche sich selbst erkennen kann.

7.2 Tripnotiz 2

All that happens, happens in love. Not because of love, not for love, IN Love. I am Love.

Ego ist die nicht endende Abfolge von Gedanken. Psychologisch schmerzhaft ist nie ein Ereignis an sich, sondern die nachfolgenden Gedanken der Verneinung geschehener Vergangenheit: »Das soll nicht gewesen sein.« Leiden ist der eigene Widerstand. Wenn das Ereignis vollständig akzeptiert wird, ist das damit verbundene Leiden aufgehoben. Akzeptanz transzendiert die negative Aufladung eines Ereignisses.

Furcht ist prinzipiell Sorge um die beziehungsweise Furcht vor der Nicht-Existenz. Dort gilt es sich hineinfallen zu lassen, von der Klippe zu springen. Das ist der Sprung in die Freiheit. Man landet nicht im Nichts, sondern in der Ewigkeit. Jeder Mensch ist ein Halbgott. Er ist halb Tier, aber ebenfalls in der Lage, sich selbst zu reflektieren, sich bewusst zu machen, dass er Bewusstsein ist. Das Universum ist Bewusstsein, sich selbst reflektierendes Sein. Bewusstsein entspricht bereits den Atomen, die die Erde formten. Es könnte der Geist und letztendlich die Selbsterkenntnis nicht aus dem Universum hervorgegangen sein, wenn sie nicht von vornherein darin angelegt wäre. Wenn sie aber schon immer darin angelegt ist, dann ist die Erkenntnis des Selbst die Selbsterkenntnis des Universums. Und das bin ich. Und das bist du. Gott. Jetzt.

Bewusstsein = Ich = Gott.

Der Tesserakt[24] *ist exemplarisch. Er entspricht dem Torus-Prinzip. Der innere Kubus wird zum äußeren Kubus wird zum inneren Kubus wird zum äußeren Kubus ad infinitum. So bringt ein Bewusstseinsakt das Universum hervor und das Universum einen Bewusstseinsakt. Jedes Lebewesen ist eine zeitliche Seelenerscheinung und doch gleichzeitig vom Höchsten*

24 Ein Tesserakt (von altgriech. τέσσερες ἀκτίνες tésseres aktínes, deutsch ‚vier Strahlen‘) ist eine Übertragung des klassischen Würfelbegriffs auf vier Dimensionen. Man spricht dabei auch von einem vierdimensionalen Hyperwürfel. Der Tesserakt verhält sich zum Würfel wie der Würfel zum Quadrat.

durchdrungen, halb zeitlich, halb ewig. Das formlose Höchste nimmt vergängliche Form an, um Erfahrungen zu machen und sich letztlich selbst zu erkennen. Dieses Prinzip ist Liebe. Darum steht in der Bibel:

Wer nicht liebt, hat Gott nicht erkannt; denn Gott ist die Liebe.

1. JOHANNES 3.14

Liebe ist die absolute Selbstreflektion. Wenn Menschen sich in jemanden »verlieben«, konnten sie anhand dieses Menschen lediglich dieses Prinzip in sich selbst besonders gut zur Schwingung bringen. Es wird dann fälschlicherweise angenommen, dass nur dieser andere Mensch a priori mit diesem Prinzip zu tun hätte, dass die Liebe an diesen speziellen Menschen gekoppelt wäre. Aber das ist Übertragung. Infolge einer Nichterkenntnis des grundlegenden Liebesprinzips, das heißt der universalen Liebestotalität des Seins, wird der andere zur Projektionsfläche des Egos. So entsteht Begehren eines Äußeren, obwohl die Vollständigkeit bereits im Inneren ist. Es entsteht ein falsches Verständnis von Liebe, das als Ver-Lieben begriffen wird. Dies ist aber die Ebene unbewusster Projektion und nicht Wahrheit. Unbewusst heißt nicht nicht-Bewusstsein, da alles Bewusstsein ist, aber nicht sich selbst reflektierend im Sinne von sich selbst erkennend, man könnte sagen disbewusst.

»Die Liebe ist geduldig und freundlich. Sie kennt keinen Neid, keine Selbstsucht, sie prahlt nicht und ist nicht überheblich. Liebe ist weder verletzend noch auf sich selbst bedacht, weder reizbar noch nachtragend. Sie freut sich nicht am Unrecht, sondern freut sich, wenn die Wahrheit siegt. Diese Liebe erträgt alles, sie glaubt alles, sie hofft alles und hält allem stand.«

1. KORINTHER 13

7.3 Tripnotiz 3

Angst ohne akute Bedrohung, der man sich stellt, verliert ihr Angesicht und ist nur noch Körperzustand. Es geht darum, dass das Bewusstsein hinnimmt was ist – ohne Wertung. Erst durch »das ist schlimm«- oder »das ist falsch«-Gedanken (aus denen »Ich bin falsch«-Gedanken« werden), entsteht soziale Verzerrung. Die Folge ist der Spaltungsprozess der Verdrängung. Wer seiner Angst ins Angesicht schaut, wird feststellen, dass es keins gibt. Es gibt nur so lange ein Angesicht der Angst, wie es die Idee eines Anderen gibt. Der Andere ist das Angesicht der Angst. Der Andere ist die Konsequenz der Spaltung. Die visuelle Repräsentation von Schrecken im inneren Geiste ist genau dies - eine Re-Präsentation der Angst als Form. Vertrauen auf Liebe löst vermeintliche Bedrohung auf. Jede Angst, auch die existentiellste, löst sich in Liebe auf, da Liebe die Überwindung der Spaltung ist.

Was ist ohne Imagination noch übrig, vom ausgefüllten Raum, vom Wahrgenommenen? Es gibt keine Wahrnehmung, die nicht imaginiert ist. Wahrnehmung geschieht ausschließlich durch Imagination, es ist ein Prozess der Imagination. Jede Wahrnehmung ist etwas Nachträgliches. Insofern ist alles Wahrgenommene Vergangenheit, ein durch Imagination erwirktes Echo. In der Gegenwart ist nur reines Bewusstsein. Die Vorstellung im Geist geht so viel weiter bis die Welt im Geist vorgestellt ist. Das ist unendlicher Geist.

Wenn die Welt nicht in der behäbigen, klobigen, schweren, blutenden, materiellen Phänomenalität erscheinen würde, wäre auch die immaterielle weniger konkret. Die immaterielle Phänomenalität erkennt sich durch die materielle. Das eine Ewige geht in die Form, um sich in der Rückschau als Formloses zu erkennen. Ich bin in mir. Ohne meine Vorstellung von mir wäre ich nicht. Veränderungen in der Optik unter Psychedelika beruhen schlichtweg darauf, dass alles (!) immer (!) in der Vorstellung geschieht. Unter Psychedelika ist sie lebendiger. Dann werden auch Farben und Formen flexibler vorgestellt. Erleuchtung wird oft beschrieben als ein Fallen, das nicht mit einem Aufschlagen endet, sondern mit einem Schweben. Das

Schweben ist ein Zwischenzustand zwischen 1 und 0, wobei 1 für die Welt der Formen steht und 0 für das Unmanifeste. Das Empfinden der Leichtigkeit beruht auf der Auflösung der Identifikation mit der Form.

Ich habe öfters veräußert, dass »Bewusstseinserweiterung« der falsche Terminus sei, wenn man es genau nehme, da das Bewusstsein unendlich sei. Das ist aus philosophischer Sicht richtig. Aus der Sicht des Alltagsbewusstseins kann man die Erfahrung unter Psychedelika durchaus Bewusstseinserweiterung nennen. Das Ende (die Ego-Sphäre) nähert sich dem Anfang (Gott = Bewusstsein = 1). Die Erweiterung geschieht also nicht von einem Anfang in einen unbekannten Raum, sondern umgekehrt vom unbekannten Ende in das immer schon Gewesene.

Es gibt und gab Abermilliarden Menschen auf der Erde und trotzdem hält sich jeder für etwas ganz einzigartiges Besonderes. Das ist er gewissermaßen auch – er ist das/der/die Eine in singulärer Form. Aber er ist kein Separierter. Jede Beziehung kann in jedem Moment in Liebe aufgehen. Damit ist gemeint: Jegliche Konflikte sind in Liebe aufzulösen, nicht dass jede Beziehung eine partnerschaftliche Liebesbeziehung sei. Das impliziert, dass auch dem dümmlichsten Aggressionstreiber mit Liebe zu begegnen sei, solange man sich selbst schützt. Alles andere ergibt keinen Sinn. Auch der Kriegstreiber ist eine Manifestationsform des göttlichen unendlichen Einen. Kein Gegner wird entgegnerisiert, indem man ihm mit existentieller Ablehnung gegenübertritt. Es wird lediglich sein Weltbild des Separierten, Abgegrenzten, Für-sich-selbst-kämpfen-Müssenden bestätigen. Leichtigkeit des Humors ist hier angebracht.

Ohne Beobachter ist alles unmöglich. Was soll sein, wenn es keine Beobachtung des Seienden gibt? Wie kann etwas sein, wenn nicht festgestellt wird, dass es ist? Die Rolle des Beobachters ist das Höchste. Darum ist dies auch so entscheidend zur Traumabewältigung. Es muss ein liebevoller Beobachter superior zum Trauma sein. Dadurch verliert das Trauma Macht. Gott ist der In-Liebe-Beobachtende und darüber hinaus. Er präsentiert sich in direkter Begegnung als gütiger Mensch.

8 Literatur

8.1 Fußnoten

Berger, Markus: DMT. Anwendung, Forschung, Kultur. AT 2017.

Carhart-Harris, R. L. u.a.: The entropic brain: a theory of conscious states informed by neuroimaging research with psychedelic drugs. In: *Frontiers in Human Neuroscience* 8/15 (2014).

Divito, A. J. u.a..: Psychedelics as an emerging novel intervention in the treatment of substance use disorder: a review. In: *Molecular Biology Reports* 47 (2020). S. 9791–9799.

Norman, L. J. u.a.: Shared and disorder-specific task-positive and default mode network dysfunctions during sustained attention in paediatric Attention-Deficit/Hyperactivity Disorder and obsessive/compulsive disorder. In: *NeuroImage: Clinical* 15 (2017), S. 181–193.

Klein, Gopal Norbert: *Heilung von Beziehungen II*. BoD 2019.

Meyer, Christian: *Ein Kurs in wahrem Loslassen*. Arkana 2016.

Kidger, E. u.a.: A Rare Urachal Cyst in a Case of Ketamine-induced Cystitis Provides Mechanistic Insights. In: *Urology* 90 (2016). S. 1.e1-1.e7.

Kuo, L.-W. u.a.: Functional Correlates of Resting-State Connectivity in the Default Mode Network of Heroin Users on Methadone Treatment and Medication-Free Therapeutic Community Program. In: *Frontiers in psychiatry* 10 (2019). Art.-Nr. 381.

Petri, G. u.a.: Homological scaffolds of brain functional networks. In: *Journal of the Royal Society Interface* 11 (2014). Art.-Nr. 20140873.

Pham, T. u.a.: Fast-acting antidepressant activity of ketamine: highlights on brain serotonin, glutamate, and GABA neurotransmission in preclinical studies. In: *Pharmacology & Therapeutics* 199 (2019). S. 58-90.

Porges, S.: *The Pocket Guide to the Polyvagal Theory*. WW Norton & Co 2017.

Rosenberg, Stanley: *Der Selbstheilungsnerv*. VAK 2019.

Sheline, Y. I. u.a.: The default mode network and self-referential processes in depression. In: *Proceedings of the National Academy of Sciences of the United States of America* 106 (2009), S. 1942–1947.

Springett, Tara: *Enlightenment through Kundalini*. CreateSpace 2014.

Strassmann, Rick: *Das Molekül des Bewusstseins*. AT 2004.

Tiger, M. u.a.: A Randomized Placebo Controlled PET Study of Ketamine's Effect on Serotonin 1B Receptor Binding in Patients with SSRI Resistant Depression. In: *Translational Psychiatry* 10/159 (2020).

8.2 Literaturempfehlungen

Energiearbeit

- Sadhguru: *Karma*. Harmony 2021.
- Tara Springett: *Enlightenment through the path of kundalini: A guide to a positive spiritual awakening and overcoming kundalini syndrome*. CreateSpace 2014.

Nondualität

- Eckhart Tolle: *The power of now*. Hodder 2001.
- Zitatsammlung, zusammengestellt von Michael Langford: *The seven steps to awakening*. The Freedom Religion 2015.

Psychedelika

- Martin Ball: *Entheogenic liberation: Unraveling the enigma of nonduality with 5-MeO-DMT energetic therapy*. CreateSpace 2017.
- Stanislav Grof: *Der Weg des Psychonauten. Enzyklopädie für Reisen in innere Welten. Band I*. Nachtschatten Verlag 2019
- Stanislav Grof: *Der Weg des Psychonauten. Enzyklopädie für Reisen in innere Welten. Band II*. Nachtschatten Verlag 2021

Traumaheilung

- Gopal Norbert Klein: *Der Vagus-Schlüssel zur Traumaheilung: Wie ehrliche Kommunikation unser Nervensystem reguliert*. GU 2022.
- Laurence Heller, Aline LaPierre: *Healing Developmental Trauma: How early trauma affects self-regulation, self-image, and the capacity for relationship*. North Atlantic Books 2012.
- Peter Levine: *Healing trauma: A pioneering program for restoring the wisdom of your body*. Sounds True Inc 2008.

Über den Autor

Marcel Levermann studierte Germanistik an der Philipps-Universität Marburg (B.A.), Allgemeine und Vergleichende Literaturwissenschaft an der Ruhr-Universität Bochum (M.A.) sowie Soziale Arbeit an der Fachhochschule Münster (B.A.).

Beratungsangebot
Unter *psyberatung.jetzt* bietet Marcel Levermann zum Zeitpunkt des Erscheinens dieses Buches Beratung zum Themenkomplex psychoemotionaler Transformation und Psychedelika an.

Künstlerische Projekte
Unter *lightofexistence.com* veröffentlicht Marcel Levermann Artikel, Musik, Erklärvideos sowie geführte Meditationen.

psyberatung.jetzt
lightofexistence.com